新訂朱子全書

附外編

9

［宋］朱熹 撰
朱傑人 嚴佐之 劉永翔 主編

上海古籍出版社

本册書目

資治通鑑綱目（二）

嚴文儒　顧宏義　校點

資治通鑑綱目卷十五

起戊申漢後主建興六年，盡壬申漢後主延熙十五年，凡二十五年。

戊申(二二八)

建興六年。魏太和二年，吴黄武七年。

春，正月，魏陷新城，孟達死之。

丞相亮伐魏，戰于街亭，敗績。詔貶亮右將軍，行丞相事。初，魏以夏侯淵子楙都督關中。至是丞相亮將伐魏，與羣下謀之。司馬魏延曰：「楙，主婿也，怯而無謀。今假延精兵五千，負糧五千，直從褒中出，循秦嶺而東，當子午而北，不過十日，可到長安。楙聞延奄至，必棄城走。横門邸閣與散民之穀，足周食也。比東方合聚，尚二十許日，而公從斜谷來，亦足以達。如此，則一舉而咸陽以西可定矣。」亮以爲此危計，不如安從坦道，可以平取隴右，十全必克而無虞，故不用延計。揚聲由斜谷取郿，使將軍趙雲、鄧芝爲疑軍，據箕谷；魏使曹真督諸軍軍郿以拒之。亮乃率大軍攻祁山，戎陳整齊，號令明肅。始，魏以昭烈既崩，數歲寂然無聞，是以略無備豫。而卒聞亮出，朝野恐懼，於是天水、南安、安定皆舉郡應亮，關中響震。魏主叡如長安，右將軍張郃率步騎五萬拒之。亮使參軍馬謖督諸軍與郃戰于街亭。謖違亮節度，舉措煩擾，舍水上山，不下據城。郃絶其汲道，擊，大破之。亮乃拔西縣千餘家還漢中。初，亮以謖才術過人，深加器異。昭烈臨終謂曰：「謖言過其實，不可大用，君其察之。」亮未以爲然，引謖參軍事，每與談論，自晝達夜。至是乃收殺之，而自臨祭，爲之流涕，撫其遺孤，恩若平生。蔣琬謂亮曰：「昔楚殺得臣而文公喜，今天下未定而戮智計之士，豈不惜乎！」亮流涕曰：「孫武所以能制勝於天下者，用法明也。今四海分裂，兵交方始，若復廢法，何用討賊耶！」先是，裨將軍王平連規諫謖，謖不能用。及敗，衆散，惟平所領千餘人鳴鼓自守，張郃疑其有伏，不敢偪，於是平徐徐收合諸營散兵以還。亮拜平參軍，進位封侯。上疏請自貶三等，詔以右將軍，行丞相事。時趙雲亦以箕谷兵敗，坐貶。亮問鄧芝曰：「箕谷軍退，兵將初不相失，何也？」芝曰：「趙雲身自斷後，軍資什物，略無所棄，不但兵將不相失也。」雲有軍資餘絹，亮使分賜將士。雲曰：「軍事無利，何爲有賜，請須十月爲冬給。」亮大善之。或勸亮更發兵者，亮曰：「大軍在祁山、箕谷，皆多於賊，而不破賊，乃爲賊所破，此病不在兵少也，在一人耳。今欲減兵省將，明罰思過，校變通之道於將來。若不能然者，雖兵多何益！自今已後，諸有忠慮於國，但勤攻吾之闕，則事可定，賊可死，功可蹻足而待矣。」於是考微勞，甄壯烈，引咎責躬，布所失於天下，厲兵講武，以爲後圖，戎士簡練，民忘其敗矣。亮之出祁山也，天水參軍姜維詣亮降。亮美其膽智，使典軍事。魏曹真復取三郡，以亮懲祁山，必出陳倉，使將軍郝昭城守以備之。

夏，四月，魏以徐邈爲涼州刺史。邈務農積穀，立學明訓，進善黜惡，與羌、胡從事，不問小過；

若犯大罪，先告部帥，乃斬以徇。由是服其威信，州界肅清。

五月，大旱。

吴人誘魏揚州牧曹休戰于石亭，大敗之。其使鄱陽太守周魴詐以郡降於魏，魏揚州牧曹休率步騎十萬向皖以應之。魏主叡又使司馬懿向江陵，賈逵向東關，三道俱進。八月，吴主權至皖，以陸遜爲大都督，假黄鉞，親執鞭以見之。以朱桓、全琮爲左右督，各督三萬人以擊休。桓曰：「休以親見任，非智勇名將。今戰必敗，敗必走，走當由夾石、挂車。此兩道險阨，若以萬兵柴路，則彼衆可盡而休可虜。臣請將所部以斷之，若得休，則可乘勝長驅，進取壽春，以規許、洛，此萬世一時也。」權以問陸遜，遜以爲不可，乃止。戰於石亭，遜令桓、琮爲左右翼，三道俱進，衝休伏兵，因驅走之，追至夾石，斬獲萬餘，資仗略盡。初，叡命賈逵引兵東與休合。逵曰：「賊無東關之備，必并軍於皖，而休深入與戰，必敗。」乃亟進，聞休已敗，而吴遣兵斷夾石，諸將或欲待後軍，逵曰：「休兵敗路絶，進退不能，安危之機，不及終日。今疾進，出賊不意，此所謂『先人以奪其心』也。若待後軍，賊已斷險，兵多何益。」乃兼道進軍，而多設旗鼓疑兵。吴人驚退，休乃得還。初，逵與休不善，至是賴逵以免，魏亦不之罪也。

冬，十二月，右將軍亮伐魏，圍陳倉，不克而還。斬其追將王雙。右將軍亮聞曹休敗，魏兵東下，關中虚弱，欲出兵擊魏。羣臣多以爲疑。亮言於帝曰：「先帝以漢賊不兩立，王業不偏安，故託臣以討賊。以先帝之明，量臣之才，固知臣才弱敵强。然不伐賊，王業亦亡，惟坐而待亡，孰與伐之！是故託臣而弗疑也。臣受命之日，寢不安席，食不甘味，思惟北征，宜先入南，故五月渡瀘，深入不毛。臣非不自惜也，顧王業不可偏全於蜀都，故冒危難以奉先帝之遺意也，而議者謂爲非計。今賊適疲於西，又務於東，兵法乘勞，此進趨之時也。且高帝明並日月，謀臣淵深，然涉險被創，危然後安。今陛下未及高帝，謀臣不如良、平，而欲以長計取勝，坐定天下，此臣之未解一也。劉繇、王朗各據州郡，論安言計，動引聖人，羣疑滿腹，衆難塞胸，今歲不戰，明年不征，使孫策坐大，遂并江東。此臣之未解二也。臣到漢中，中間期年，已喪趙雲等及曲長、屯將七十餘人，突將、武騎一千餘人，皆數十年所糾合四方之精鋭，非一州之所有。若復數年，則損三分之二，當何以圖敵。此臣之未解三也。今民窮兵疲，而事不可息，事不可息，則住與行，勞費正等，而不及虛圖之，欲以一州之地與賊支久，此臣之未解四也。夫難平者事也，昔先帝兵敗於楚，曹操拊手，謂天下已定矣。然先帝東連吴、越，西取巴、蜀，舉兵北征，夏侯授首，此操之失計而漢事將成也。其後吴更違盟，關羽毁敗，秭歸蹉跌，曹丕稱帝。凡事如是，難可逆見。臣鞠躬盡力，死而後已。至於成敗利鈍，非臣之明所能逆覩也。」十二月，引兵數萬出散關，圍陳倉，不克。使人説郝昭，不下。昭兵纔千餘人，亮進攻之，起雲梯衝車臨城，昭以火箭逆射其梯，人皆燒死。昭又以繩連石磨壓其衝車，衝車折。亮乃更爲井闌百尺以射城中，以土丸填塹，欲直攀城。昭又於内築重墻。亮又爲地突，欲踊出於城裏，昭又於城内穿地横截之。晝夜相攻拒二十餘日。魏遣張郃救之，未至，亮糧盡，引還。將軍王雙追亮，亮擊斬之。

魏以公孫淵爲遼東太守。初，公孫康卒，子淵幼，弟恭立。及淵長，脅奪恭位，上書言狀。侍中劉曄曰：「公孫氏世權日久，今若不誅，後必生患。不如因其新立，有黨有仇，先其不意，以兵臨之，開設賞募，可不勞師而定也。」魏主不從。因有是命。

吴大司馬吕範卒。初，孫策使範典財計，時吴王權年少，私從有求，範必關白，不敢專許。及權守陽羨長，有所私用，策或料覆，功曹周谷輒爲傅著簿書，使無譴問，權以是望範而悦谷。及後統事，以範忠誠信任之，而谷能欺更簿書，不用也。至是，以範爲大司馬，印綬未下而卒。

己酉（二二九）

七年。魏太和三年，吴黄龍元年。

春，右將軍亮伐魏，拔武都、陰平，復拜丞相。

夏，四月，吴王孫權稱皇帝。吴王權即皇帝位，大赦，改元。百官畢會，權歸功於周瑜。將軍張昭舉笏欲褒贊功德，未及言，權曰：「如張公計，今已乞食矣。」昭大慚汗。權追尊父堅爲武烈皇帝，兄策爲長沙桓王，立子登爲太子。以諸葛恪爲太子左輔，張休爲右弼，顧譚爲輔正，陳表爲翼正，謝景、范慎、羊衜等爲賓客，於是東宫號多士。太子使侍中胡綜作賓友目曰：「英才卓越，則諸葛恪；精識時機，則顧譚；凝辯宏達，則謝景；究學甄微，則范慎。」羊衜私駮之曰：「元遜才而疏，子嘿精而狠，叔發辯而浮，孝敬深而隘。」恪等惡之。其後皆敗，如衜所言。

遣衛尉陳震使吴，及吴主權盟。吴主權使以並尊二帝來告，衆皆以爲交之無益而名體弗順，宜顯明正義，絶其盟好。丞相亮曰：「權有僭逆之心久矣，國家所以略其釁情者，求掎角之援也。今若加顯絶，讎我必深。更當移兵東戍，與之角力，須并其土，乃議中原。彼賢才尚多，將相輯睦，未可一朝定也。頓兵相守，坐而須老，使北賊得計，非算之上者。昔孝文卑辭匈奴，先帝優與吳盟，皆應權通變，深思遠益，非若匹夫之忿者也。議者以權利在鼎足，不能并力，且志望已滿，無上岸之情，此皆似是而非也。蓋其智力不侔，故限江自保；權之不能越江，猶魏賊之不能渡漢，非力有餘，而利不取也。若大軍致討，彼高當分裂其地以爲後圖，下當略民廣境，示武於內，非端坐者也。就其不動而睦於我，我之北伐，無東顧憂，河南之衆，不得盡西，此之爲利，亦已深矣。權僭逆之罪，未宜明也。」乃遣震賀吳。權與盟，約中分天下。

吳以張昭爲輔吳將軍。吳主權嘗於武昌臨釣臺飲酒，大醉，使人以水灑羣臣，曰：「今日醉墮臺中，乃止。」昭正色而出，權呼入，謂曰：「共作樂耳，公何爲怒乎？」昭曰：「昔紂糟丘酒池長夜之飲，當時亦以爲樂，不以爲惡也。」權默然，遂罷酒。至是昭以病告老，更拜輔吳將軍，班亞三司。昭每朝見，辭氣壯厲，義形於色，曾以直言逆旨，中不進見。後漢使來，稱漢德美，羣臣莫能屈，權復思昭，遣中使勞問，請見，昭避席謝，權跪止之。昭坐定，仰曰：「昔太后、桓王不以老臣屬陛下，而以陛下屬老臣，是以思盡臣節以報厚恩，而意慮淺短，違逆盛旨。然臣愚心所以事國，志在忠益畢命而已。若乃變心易慮以偷榮取容，此臣所不能也。」權辭焉。

秋，七月，魏制，後嗣有由諸侯入奉大統者，不得顧私親。詔曰：「禮，王后無嗣，擇建支子以繼大宗，則當纂正統而奉公義，何得復顧私親哉！其令公卿有司，深以前世行事爲戒，後嗣萬一有由諸侯入奉大統，則當明爲人後之義；敢爲導諛，建非正之號，以干正統，謂考爲皇，稱妣爲后，則股肱大臣誅之無赦。其書之金策，藏之宗廟，著于令典！」

九月，吳遷都建業，使上大將軍陸遜輔太子登守武昌。吳主權遷都建業，皆因故府，不復增改，使上大將軍陸遜輔太子登，及尚書九官留武昌。南陽劉廙嘗著先刑後禮論，同郡謝景稱之於遜，遜呵景曰：「禮之長於刑久矣，廙以細辯而詭先聖之教，君侍東宮，宜遵仁義以彰德音，若彼之談，不須講也。」太子與西陵都督步騭書，求見啓誨，騭條時事在荆州界者及諸僚吏行能以報之，且上疏曰：「人君不親小事，使百官有司各任其職，故舜命九賢，則無所用心，不下廟堂而天下治。賢人所在，折衝萬里，信國家之利器，崇替之所由也。願重以經意，則天下幸甚。」

冬，十月，魏立聽訟觀，置律博士。魏主叡常言：「獄者，天下之命。」因改平望觀爲聽訟觀。每斷大獄，詣觀臨聽之。初，魏文侯師李悝著法經六篇，蕭何定漢律，益爲九篇，後稍增至六十篇。又有令三百餘篇，決事比九百六卷。馬、鄭諸儒章句，又十餘家。至是所當用二萬六千餘條，七百七十餘萬言。乃詔但用鄭氏章句。尚書衛覬奏：「刑法者，國家之所貴重而私議之所輕賤；獄吏者，百姓之所縣命而選用者之所卑下。王政之敝，未必不由此也；請置律博士。」從之。又詔司空陳羣等删約漢法，制新律十八篇，州郡令四十五篇，尚書官令、軍中令百八十餘篇，於正律九篇爲增，於旁章科令爲省矣。

十二月，築漢、樂二城。丞相亮徙府營於南山下，築漢城於沔陽，樂城於成固。

庚戌（二三〇）

八年。魏太和四年，吳黄龍二年。

春，吳發兵浮海求夷洲、亶洲。吳主權使將軍衛温、諸葛直將甲士萬人，浮海求夷洲、亶洲，欲俘其民以益衆，陸遜、全琮皆諫，以爲：「桓王創基，兵不一旅。今江東見衆，自足圖事，不當遠涉不毛，萬里襲人，風波難測。又民易水土，必致疾疫。且其民猶禽獸，得之不足濟事，無之不足虧衆。」權不聽。温等遂行，經歲乃還，士卒疾疫死者什八九，亶洲絶遠，不可至。得夷洲數千人以歸，温等以無功坐誅。

二月，魏立郎吏課試法。尚書諸葛誕等有罪免。魏尚書諸葛誕、中書郎鄧颺等結爲黨友，更相題表，以夏侯玄等爲四聰，誕輩爲八達，中書監劉放子熙、中書令孫資子密、吏部尚書衛臻子烈以父居勢位，容之爲三豫。行司徒事董昭上疏曰：「凡有天下者，莫不貴樸忠之士，疾虚僞之人，以其毀教亂治，敗俗傷化也。竊見當今年少不復以學問爲本，專以交游爲業；國士不以孝悌清修爲首，乃以趨勢游利爲先。合黨連羣，互相褒歎，以毀訾爲罰戮，用黨譽爲爵賞，附己者則歎之盈言，不附者則作爲瑕舋。至乃往來禁奥，交通探問。凡此諸事，皆法之所不取，刑之所不赦也。」魏主叡善其言。詔：「郎吏學通一經，才任牧民博士課試，擢其高第者，亟用；其浮華不務道本者〔一〕，罷退之。」仍免誕、颺等官。

秋，七月，魏寇漢中，丞相亮出次成固。九月，魏師還。魏曹真以漢人數入，請由斜谷伐之。魏主叡詔司馬懿泝漢水，由西城與真會漢中，諸將或欲由子午谷，或欲由武威。陳羣諫曰：「太祖昔攻張魯，多收豆麥以益軍糧，魯未下而食猶乏。今既無所因，而斜谷阻險，轉運有鈔截之虞，多留兵守要，則損戰士，不可不熟慮也。」并言軍事用度之計，叡以羣議下真，真據之遂行。丞相亮聞之，次於成固赤坂以待之。召李嚴使將二萬人赴漢中。會天大雨三十餘日，棧道斷絶，魏太尉華歆上疏曰：「陛下宜留心治道，以征伐爲後事。爲國者以民爲基，民以衣食爲本。使中國無飢寒之患，百姓無離上之心，則二敵之釁可坐而待也！」少府楊阜曰：「昔武王白魚入舟，君臣變色，動得吉瑞，猶尚憂懼，況有災異而不戰竦者哉！今吳、蜀未平，而天屢降變，諸軍始進，便有天雨之患，稽閡山險，已積日矣。轉負勞苦，所費已多，若有不繼，必違本圖。」散騎常侍王肅曰：「前志有之：『千里饋糧，士有飢色，樵蘇後爨，師不宿飽。』此謂平途之行軍者也；又況深入險阻，鑿路而前，則其爲勞必相百也。今又加之以霖雨，山坂峻滑，衆迫而不展，糧遠而難繼，實行軍之大忌也。聞曹真發已踰月而行裁半谷，治道功夫，戰士悉作。是彼偏得以逸待勞，乃兵家之所憚也。遠則周武出關而復還，近則武、文臨江而不濟，豈非順天知時，通於權變者哉！」乃詔班師。

魏主叡如許昌。魏主叡如許昌，左僕射徐宣總留事。及還，主者奏呈文書，叡曰：「吾省與僕射省何異！」竟不視。

冬，十二月，吳人攻魏合肥，不克。魏征東將軍滿寵聞吳欲攻合肥，表請召兵。吳尋退還，寵以爲：「賊大舉而還，非其本意。此必欲僞退以罷吾兵，而倒還乘虛，掩不備也。」遂表不罷兵。後十餘日，吳果來攻，不克而還。

丞相亮以蔣琬爲長史。亮數外出，琬常足食足兵以相供給。亮每言：「公琰託志忠雅，當與吾共贊王業者也。」

吳廷尉監隱蕃作亂，伏誅。青州人隱蕃逃奔入吳，上書求見，吳主召入，蕃陳時務，甚有辭觀。

吳主以爲廷尉監。將軍朱據、廷尉郝普皆稱其有王佐材，於是蕃門車馬雲集。潘濬子翥，亦與周旋，饋餉之。濬聞，大怒，疏責翥曰：「吾受國厚恩，志報以命。爾等在都，當念恭順，親賢慕善。何故與降虜交，以糧餉之！疏到，急就往使受杖一百，促責所餉。」時人怪之。頃之，蕃謀作亂，伏誅。普自殺，據坐禁止，久之乃解。

辛亥(二三一)

九年。魏太和五年，吳黄龍三年。

春，二月，吳武陵蠻叛，吳主權遣潘濬擊之。吳武陵五溪蠻叛，吳主權遣太常潘濬討之。武陵太守衛旍奏濬姨兄蔣琬爲諸葛亮長史，濬密使相聞，欲以自託。權曰：「承明不爲此也。」即封表示濬而免旍官。

丞相亮伐魏，圍祁山。

自十月不雨，至于三月。

夏，五月，亮敗魏司馬懿于鹵城，殺其將張郃。魏遣司馬懿屯長安，督將軍張郃、郭淮等以禦漢。懿留精兵四千守上邽，餘衆悉救祁山。張郃欲分兵駐雍、郿，懿曰：「料前軍能獨當之者，將軍言是也。若不能當而分爲前後，此楚之三軍所以爲黥布禽也。」遂進。亮分兵攻祁山，自逆懿于上邽。魏將郭淮等徼亮，亮破之，因大芟其麥，與懿遇于上邽之東。懿斂軍依險，兵不得交，亮引還。懿躡其後至于鹵城，又登山掘營，不肯戰。賈詡、魏平數請戰，曰：「公畏蜀如虎，奈天下笑何！」懿病之。乃使張郃攻南圍，自案中道向亮。亮使魏延等逆戰，魏兵大敗，懿還保營。亮以糧盡退軍，懿遣郃追之，至木門，與亮戰，中伏弩而卒。

秋，八月，魏令其宗室王侯朝明年正月。魏黄初以來，諸侯王法禁嚴切，吏察之急，親姻皆不敢相通問。東阿王植上疏曰：「堯之爲教，先親後疏，自近及遠。周文王刑于寡妻，至于兄弟，以御于家邦。今陛下惠洽椒房，恩昭九族，羣后百寮，番休遞上，親理之路通，慶弔之情展，誠可謂恕己治人，推恩施惠者矣。至於臣者，人道絶緒，禁錮明時，婚媾不通，兄弟乖隔。又以一切之制，永無朝覲之望，至於注心皇極，結情紫闥，神明知之矣。然天實爲之，謂之何哉！願陛下沛然垂詔，使諸國慶問，四節得展，妃妾之家，膏沐之遺，歲得再通，則聖世無不蒙施之物矣。」魏主叡報曰：「諸國本無禁錮之詔，矯枉過正，下吏懼譴，以至於此耳。已敕有司，如王所訴。」植復上疏曰：「昔管、蔡放誅，周、召作弼；叔魚陷刑，叔向贊國。三監之釁，臣自當之；二南之輔，求必不遠。夫能使天下傾耳注目者，當權者是也。權之所在，雖疏必重，勢之所去，雖親必輕。蓋取齊者田族，非吕宗也；分晉者趙、魏，非姬姓也。吉專其位，凶離其患者，異姓之臣也。存共其榮，殁同其禍者，公族之臣也。今公族疏而異姓親，臣竊惑焉。不勝憤懣，拜表陳情。」叡優文答報而已。至是乃詔曰：「先帝著令，不欲使諸王留京都者，謂幼主在位，母后攝政，防微漸，關盛衰也。朕不見諸王十有二載，其令諸王及宗室公侯各將適子一人朝明年正月，後有少主、母后在宫者，自如先帝令。」

中都護李平有罪，廢徙梓潼。丞相亮之攻祁山也，命李嚴以中都護署府事，更名平。會天霖雨，平主督運，恐糧不繼，遣參軍喻指，呼亮來還。亮既退軍，平乃更言：「軍糧饒足，何爲而退！」欲殺督運以解不辦之責。又表言「軍僞退，以誘賊」。亮出其前後手書，本末違錯。平辭窮謝罪。於是亮表其前後過惡，免官，削爵土，徙梓潼郡，復以平子豐爲中郎將、參軍事，出教敕之曰：「吾與君父子戮力以獎漢室，謂至心感動，終始可保，何圖中乖乎！若都護思負一意，君與公琰推心從事，否可復通，逝可復還也。」亮又與蔣琬、董允書曰：「孝起前爲吾説正方腹中有鱗甲，鄉黨以爲不可近。吾謂鱗甲者但不當犯之耳，不圖復有蘇、張之事也。」孝起者，陳震也。

冬，十月，吴人誘敗魏兵於皁陵。吴主權遣中郎將孫布詐降於魏，以誘揚州刺史王淩，伏兵皁陵以俟之。淩騰布書，請兵迎之。征東將軍滿寵以爲必詐，不與兵，而爲淩作報書曰：「知欲避禍就順，甚相嘉尚。今欲遣兵相迎，然少則不足相衛，多則事必遠聞。且先密計以成本志，臨時節度其宜。」會寵被書入朝，又敕留府勿與兵。淩索兵不得，乃單遣一督將步騎七百人往迎之，布夜掩擊，死傷過半。先是，淩表寵年過耽酒，不可居方任。魏主叡欲召寵還，給事中郭謀曰：「寵有勳方岳二十餘年，及鎮淮南，吴人憚之。若不如所表，將爲所闚，可令還朝，問東方事以察之。」叡從之。既至，體氣康强，乃慰勞遣還。

十一月，晦，日食。

壬子（二三二）

十年。魏太和六年，吴嘉禾元年。

春，三月，魏主叡東巡。魏主叡幼女淑卒，叡痛之甚，追謚立廟，葬於南陵，取甄后從孫黄與之合葬，追封黄爲列侯，爲之置後，襲爵。欲自送葬，又欲幸許。司空陳羣諫曰：「八歲下殤，禮所不備，況未期月，而爲制服，舉朝素衣，朝夕哭臨，自古以來，未有此比。況欲自往視陵，親臨祖載乎。願陛下抑割有損無益之事，此萬國之至望也。又聞車駕欲幸許昌，將以避衰。夫吉凶有命，禍福由人，移走求安，則亦無益。且吉士賢人，猶不妄徙其家，以寧鄉邑。況帝王萬國之主，行止動靜，豈可輕脱哉！」少府楊阜曰：「文皇帝、武宣皇后崩，陛下皆不送葬，所以重社稷，備不虞也。何至孩抱赤子而送葬哉！」皆不聽。

吳遣使如遼東，徙其騎都尉虞翻於蒼梧。初，虞翻性疏直，數有酒失，又好抵忤人，多見謗毁。吳主權嘗與羣臣飲，自起行酒，翻伏地陽醉，權去，翻起坐。權大怒，手劍欲擊之。劉基諫曰：「大王以三爵之後手殺善士〔二〕，雖翻有罪，天下孰知之？」權曰：「曹孟德尚殺孔文舉，孤於虞翻何有哉？」基曰：「大王躬行德義，欲與堯、舜比隆，何乃自喻於孟德？」翻由是得免。權因敕左右：自今酒後言殺，皆不得殺。他日，與張昭論神仙，翻又指昭曰：「彼皆死人而語神仙，世豈有仙人也！」權積怒，遂徙翻交州。及周賀等行，翻聞之，以爲去人財以求馬，既非國利，而遼東絶遠，往恐無獲。欲諫不敢，作表以示吕岱，爲人所白，復徙蒼梧猛陵。

秋，九月，魏治許昌宫。

魏伐遼東，不克。還，擊吳使者，斬之。公孫淵數與吳通。魏主叡使汝南太守田豫自海道，幽州刺史王雄自陸道討之。散騎常侍蔣濟諫曰：「凡非相吞之國，不侵叛之臣，不宜輕伐。伐之不能制，是驅使爲賊也。故曰：『虎狼當路，不治狐狸。』先除大害，小害自已。今海表委質，不乏職貢，而議者先之。正使克之，無益於國；儻不如意，是爲結怨失信也。」不聽。豫等往皆無功，詔令罷軍。時吴遣將軍周賀乘海求馬於淵，豫以賀等垂還，歲晚風急，必赴成山，遂輒以兵據之。賀等還至，遇風，豫勒兵擊斬之。權始思翻言，召之，會卒，以其喪還。

魏以劉曄爲大鴻臚。魏侍中劉曄爲魏主叡所親重。叡將伐蜀，朝臣皆諫，曄入贊議，則曰：「可伐。」出與朝臣言，則曰：「不可。」曄有膽智，言之皆有形。中領軍楊暨嘗諫伐蜀，叡曰：「卿書生，焉知兵事。」暨謝曰：「臣言誠不足采，劉曄，先帝謀臣，蓋亦云然。」叡曰：「曄與吾言可伐。」暨曰：「請召質之。」乃召曄至，問之，曄終不言。後因獨見，責叡曰：「伐國，大謀也。臣得與聞，常恐眯夢漏泄爲罪，焉敢向人言之！夫兵詭道也，未發，不厭其密。陛下顯然露之，臣恐敵國已聞之矣。」魏主謝之。曄出責暨曰：「夫釣者中大魚，則縱而隨之，須可制而後牽，則無不得也。人主之威，豈徒大魚而已乎！子誠直臣，然計不足采，不可不精思也。」暨亦謝之。或謂叡曰：「曄不盡忠，善伺上意所趨而合之，陛下試反意而問之，與所問反者，是曄常與聖意合也。每問皆同者，曄之情必無所逃矣。」叡驗之，果得其情，從此疏焉。曄遂發狂，出爲大鴻臚，以憂死。

傅子曰：巧詐不如拙誠，信矣。曄獨任才智，不敦誠慤，内失君心，外困於俗，卒以自危，豈不惜哉！

吳人擊魏廬江，不克。陸遜引兵向廬江，魏人以爲宜速救之。滿寵曰：「廬江雖小，將勁兵精，守足經時。況賊舍船二百里來，後尾空絕，不來尚欲誘致，今宜聽其遂進，但恐走不可及耳。」乃整軍趨楊宜口，吳人聞之，夜遁。時吳人歲有北計。寵上疏曰：「合肥城南臨江湖，北遠壽春，賊來攻圍，必據水爲勢；官兵救之，當先破賊，然後圍解。賊往甚易，救之甚難。然其西三十里，有奇險可依，宜更立城，徙見兵以固守，此爲引賊平地而掎其歸路，於計爲便。」蔣濟以爲：「如此，既示天下以弱，且望賊煙火而壞城，此爲未攻而自拔；一至於此，劫略無限，必以淮北爲守矣。」魏主叡疑之，寵重表曰：「孫子言：『兵者，詭道也，故能而示之不能。』形實不必相應也。又曰：『善動敵者形之。』今賊未至而移城却内，引賊遠水，擇利而動，所謂形而誘之也。」尚書趙咨以寵策爲長，乃報聽之。

癸丑（二三三）

十一年。魏青龍元年，吳嘉禾二年。

春，正月，青龍見魏摩陂井中。二月，魏主叡往觀之。

吳遣使拜公孫淵爲燕王。公孫淵遣校尉宿舒等奉表稱臣於吳。吳主權大悦，遣太常張彌、執金吾許晏等將兵萬人，金寶珍貨，九錫備物，乘海授淵，封爲燕王。舉朝皆諫，以爲淵未可信，但可遣兵吏護送其使而已。權不聽。張昭曰：「淵背魏懼討，遠來求援，非本志也。若淵改圖，欲自明於魏，兩使不反，不亦取笑於天下乎！」權反覆難昭，昭意彌切。權不能堪，按刀而怒曰：「吳國士人入宮則拜孤，出宮則拜君，孤之敬君亦爲至矣，而數於衆中折孤，孤常恐失計。」昭孰視曰：「臣雖知言不用，每竭愚忠者，誠以太后臨崩，呼老臣於牀下，顧命之言故在耳。」因涕泣横流，權擲刀於地，與之對泣。然卒遣彌、晏往。昭稱疾不朝，權土塞其門，昭於内以土封之。

夏，閏，五月，朔，日食。

六月，魏洛陽宫鞠室災。

公孫淵斬吳使者，獻首於魏。魏封淵樂浪公。

淵知吳遠難恃，乃斬張彌等首，傳送於魏。魏拜淵大司馬，封樂浪公。吳主權聞之，大怒曰：「朕年六十，世事難易，靡所不嘗。近爲鼠子所前却，令人氣踊如山。不自截鼠子頭以擲于海，無顔復臨萬國，就令顛沛，不以爲恨！」陸遜上疏曰：「陛下破操烏林，敗備西陵，禽羽荆州，斯三虜者，當世雄傑，而皆摧其鋒矣。方將蕩平華夏，總一大猷。今乃不忍小忿而輕萬乘之重，違垂堂之戒，此臣之所惑也。臣聞行萬里者，不中道而輟足；圖四海者，不懷細以害大。今强寇在境，荒服未庭，乃遠惜遼東之衆與馬，而捐江東萬安之業乎？」僕射薛綜、尚書陸瑁亦上疏曰：「北寇與國，壤地連接，苟有間隙，應機而至。所以越海求馬於淵者，爲此故也。而更棄本追末，捐近治遠，忿以改規，激以動衆，斯乃猾虜所願聞，非大吳之至計也。且沓渚去淵，道里尚遠，今到其岸，兵勢三分，使强者進取，次當守船，又次運糧，行人雖多，難得悉用。若淵狙詐，與北未絶，動衆之日，唇齒相濟；若其不然，畏威遠迸，使天誅稽於朔野，山虜乘間而起，恐非萬安之長慮也！」權乃止。數遣人慰謝張昭，昭固不起。權因出，過其門呼昭，昭辭疾篤。權燒其門以恐之，昭亦不出。乃滅火，駐門良久，昭諸子共扶昭起，權載以還宫。深自克責，昭乃朝會。初，彌等至襄平，淵欲圖之，乃先分散其吏兵，中使秦旦、張羣、杜德、黄彊等六十人置玄菟。旦等議曰：「吾觀此郡，形勢甚弱，若焚其城郭，殺其長吏，爲國報恥，然後伏死，足以無恨。孰與偷生苟活，長爲囚虜乎！」於是陰相結約，未發爲人所告，旦等皆走。時羣病疽創著鄰，不能前，乃推旦彊使前，德留守羣，採菜果食之。旦彊行數日，得達句麗。因宣權詔於其主位宮，位宮即使人迎羣、德，并遣還吴，奉表稱臣。旦等至吴，皆拜校尉。

吴主權自將攻魏新城，不克。吴主權出兵欲圍新城，以其遠水，積二十餘日，不敢下船。滿寵謂諸將曰：「孫權得吾移城，必於衆中有自大之言，今來，雖不敢至，必當上岸耀兵以示有餘。」乃潛遣步騎六千，伏肥水隱處。權果上岸，伏軍卒起，擊之，斬首數百，或有赴水死者。

以馬忠爲庲降都督。庲降都督張翼用法嚴，夷帥劉冑叛。丞相亮以參軍馬忠代翼，召翼令還。其人謂翼宜速歸即罪。翼曰：「吾臨戰場，代人未至，當運糧積穀，爲滅賊之資，豈可以黜退之故而廢公家之務乎？」於是統攝不懈，代到乃發。忠因其資，破冑斬之。

甲寅（二三四）

十二年。魏青龍二年，吴嘉禾三年。

春，二月，丞相亮伐魏。初，丞相亮勸農講武，作木牛流馬，運米集斜谷口，治邸閣，息民休士，三年而後用之。至是悉衆十萬，由斜谷伐魏，遣使約吴同時大舉。

三月，魏山陽公卒。魏主叡素服發喪。山陽傳國至晉永嘉中，乃爲胡寇所滅。

夏，四月，魏大疫。崇華殿災。

丞相亮進軍渭南。魏大將軍司馬懿引兵拒守，亮始分兵屯田。丞相亮至郿，軍於渭水之南。司馬懿引軍渡渭，背水爲壘以拒之，謂諸將曰：「亮若出武功，依山而東，誠爲可憂；若西上五丈原，諸將無事矣。」亮果屯五丈原。郭淮曰：「亮若跨渭登原，連兵北山，隔絶隴道，摇蕩民夷，非國之利也。」懿乃使淮先據北原。塹壘未成，漢兵大至，淮逆擊却之。亮以前者數出，皆以運粮不繼，使己志不伸，乃分兵屯田爲久駐之基，耕者雜於渭濱居民之間，而百姓安堵，軍無私焉。

五月，吴主權擊魏。秋，七月，魏主叡自將擊却之。吴主權入居巢湖口，向合肥新城，衆號十萬。又遣陸遜、諸葛瑾入江夏、沔口，向襄陽。孫韶、張承入淮，向廣陵、淮陰。魏滿寵欲率兵救新城，將軍田豫曰：「賊欲質新城以致大軍耳。宜聽使攻城，挫其鋭氣，俟其疲怠，然後擊之，可大克也。若便進兵，適入其計矣。」散騎常侍劉劭曰：「可先遣步騎數千，揚聲進道，引出賊後，擬其歸路，要其粮道。賊必震怖遁走，不戰自破矣。」寵又欲拔新城守，致賊壽春，魏主叡不聽，曰：「先帝東置合肥，南守襄陽，西固祁山，賊來輒破於三城之下者，地有所必争也。縱權攻新城，必不能拔。敕諸將堅守，吾將自往攻之。比至，度權已走矣。」乃使秦朗督步騎二萬助司馬懿拒漢，敕懿：「但堅守以挫其鋒，彼進不得志，退無與戰，久停則粮盡，虜略無所獲，則必走。走而追之，全勝之道也。」乃御龍舟而東。滿寵募壯士焚吴攻具。吴吏士多病，又聞叡至，遂退。陸遜遣人奉表於權，爲魏邏者所得。諸葛瑾聞之甚懼，與遜書速其去。遜未答，方催人種葑豆，與諸將弈棋、射戲如常。瑾來見遜，遜曰：「今兵將意動，且當自定以安之，施設變術，然後出耳。今若便退，賊謂吾怖而來相蹙，必敗之勢也。」乃密與瑾立計，令瑾督舟船，遜悉上兵馬以向襄陽城。魏人素憚遜名，遽還赴城。瑾便引船出，遜徐整部伍，張拓聲勢，步趣船，魏人不敢逼。行到白圍，託言住獵，遣周峻等擊江夏、新市、安陸、石陽，斬獲千餘人而還。

八月，魏葬漢孝獻皇帝于禪陵。

丞相、武鄉侯諸葛亮卒于軍。長史楊儀引軍還。前軍師魏延作亂，儀擊斬之。

亮數挑戰，懿不出，乃遺以巾幗婦人之服，懿怒，上表請戰，魏主叡使衛尉辛毗杖節爲軍師以制之。姜維謂亮曰：「賊不復出矣。」亮曰：「彼本無戰情，所以固請者，以示武於衆耳。將在軍，君命有所不受，苟能制吾，豈千里而請戰耶！」亮遣使者至懿軍，懿問其寢食及事之煩簡，而不及戎事。使者曰：「諸葛公夙興夜寐，罰二十已上，皆親覽焉；所噉食不至數升。」懿告人曰：「孔明食少事煩，其能久乎！」亮病篤，帝使僕射李福省侍，因諮大計。與亮語已，別去數日，復還。亮曰：「孤知君還意，公所問者，公琰其宜也。」福謝：「前實失諮請，公百年後，誰可任大事者，故輒還耳。」又請其次，亮曰：「文偉可。」又問，亮不答。八月，薨。長史楊儀整軍而出。百姓犇告懿，懿追之。姜維令儀反旗鳴鼓，若將向懿者，懿不敢偪。於是儀結陳而去，入谷然後發喪。策贈印綬，謚曰忠武。百姓爲之諺曰：「死諸葛走生仲達。」懿聞之笑曰：「吾能料生，不能料死故也。」亮嘗推演兵法，作八陣圖。至是懿案行其營壘，嘆曰：「天下奇才也！」追至赤岸，不及而還。初，前軍師魏延勇猛過人，善養士卒。每欲請兵萬人，與亮異道會于潼關，如韓信故事，亮不許。延常謂亮怯，不能盡用己才。儀爲人幹敏，亮每出軍，儀規畫分部，籌度糧穀，咸取辦焉。延性矜高，當時皆下之，唯儀不假借，延以爲至忿。亮深惜二人之才，不忍偏廢也。費禕使吳，吴主曰：「楊儀、魏延，牧豎小人，雖嘗有鳴吠之益，然已任之，勢不得輕。若一朝無諸葛亮，必爲禍亂。諸君憒憒，獨不知慮此乎？」禕曰：「儀、延不協，起於私忿，而無黥、韓難御之心。今方掃除强賊，混一函夏，功以才成，業由才廣，若防其後患，舍而不用，是猶備風波而逆廢舟檝，非長計也。」亮病篤，作退軍節度，令延斷後，姜維次之，延或不從，軍即自發。亮薨，儀令費禕往揣延意，延曰：「丞相雖亡，吾自見在。府親官屬，便可將喪還葬，吾自當率諸軍擊賊；云何以一人死廢天下之事耶！且魏延何人，當爲楊儀作斷後將乎！」儀等乃按亮成規，引還。延果大怒，攙儀未發，率所領先歸，燒絶閣道，與儀相表叛逆，一日之中，羽檄交至。帝以問董允、蔣琬，咸保儀而疑延。儀等槎山通道，晝夜兼行，亦繼延後。延據南谷口，逆擊儀等，將軍何平叱先登曰：「公亡，身尚未寒，汝輩何敢乃爾！」士卒知曲在延，皆散。延逃奔漢中，儀遣將斬之，夷三族。始，延欲殺儀等，冀時論以己代諸葛輔政，故不北降魏而南擊儀，實無反意也。初，亮表於帝曰：「臣成都有桑八百株，薄田十五頃，子弟衣食自有餘饒，不别治生以長尺寸。臣死之日，不使内有餘帛，外有嬴財，以負陛下。」至是卒如其言。長史張裔常稱亮曰：「公賞不遺遠，罰不阿近，爵不可以無功取，刑不可以貴勢免，此賢愚所以僉忘其身者也！」

陳壽曰：亮爲相國，撫百姓，示儀軌，約官職，從權制，開誠心，布公道；盡忠益時者，雖讎必賞；犯法怠慢者，雖親必罰；服罪輸情者，雖重必釋；游辭巧飾者，雖輕必戮。善無微而不賞，惡無纖而不貶；庶事精練，物理其本，循名責實，虚僞不齒；終於邦域之内，畏而愛之，刑政雖峻而無怨者，以其用心平而勸戒明也。可謂識治之良才，管、蕭之亞匹矣。

初，長水校尉廖立，自謂才名宜爲亮副，怏怏怨謗，亮廢立爲民，徙之汶山。及亮薨，立垂泣曰：「吾終爲左衽矣！」李平聞之，亦發病死。平常冀亮復收己，得自補復，策後人不能故也。

習鑿齒曰：昔管仲奪伯氏駢邑三百，没齒而無怨言，聖人以爲難。亮使廖立垂泣，李嚴致死，豈徒無怨言而已哉！夫水至平而邪者取法，鑑至明而醜者亡怒，以其無私也。況大人君子懷樂生之心，流矜恕之德，法行於不可不用，刑加乎自犯之罪，爵之而非私，誅之而不怒，天下有不服者乎！

以吳懿爲車騎將軍，督漢中；蔣琬爲尚書令，總統國事。時新喪元帥，遠近危悚，琬拔處羣僚之右，既無戚容，又無喜色，神守舉止，有如平日，由是衆望漸服。

遣中郎將宗預使吳。吳人聞諸葛亮卒，恐魏承衰取蜀，增巴丘守兵萬人，一欲以爲救援，二欲以事分割。漢人聞之，亦增兵永安以備非常。預至吳，吳主權問之，對曰：「東益巴丘之戍，西增白帝之守，皆事勢宜然，俱不足以相問也。」權嘉其抗盡，禮之亞於鄧芝。

吳以諸葛恪爲丹陽太守。恪以丹陽山險，民多果勁，自求爲官出之，三年可得甲士四萬。衆議以丹陽地勢險阻〔三〕，周旋數千里，山出銅鐵，自鑄甲兵。俗好武尚氣，仗兵野逸。時覦間隙，出爲寇盗，戰則蜂至，敗則鳥竄，自前世所不能羈。」皆以恪計爲難，恪父瑾聞之，亦嘆曰：「恪不大興吾家，將赤吾族也！」恪盛陳其必捷，吳主乃拜爲丹陽守，使行其策。

冬，十一月，魏洛陽地震。

吳潘濬平武陵蠻。

乙卯(二三五)

十三年。魏青龍三年,吴嘉禾四年。

春,正月,魏太后郭氏卒。魏主叡數問甄后死狀於太后,由是太后以憂卒。

中軍師楊儀有罪廢,徙漢嘉,自殺。楊儀既殺魏延,自以爲宜代諸葛亮秉政。而亮平生密指,以儀狷狹,意在蔣琬。儀至成都,拜中軍師,無所統領。儀自以年宦先琬,才能踰之,由是怨憤形于聲色。後軍師費禕往慰省之,儀曰:「往者丞相初亡,吾若舉軍就魏,處世寧當落度如此耶!」禕密表其言,詔廢爲民,徙漢嘉郡。自殺。

夏,四月,以蔣琬爲大將軍,録尚書事;費禕爲尚書令。

魏作洛陽宫。魏主叡好土功,既作許昌宫,又治洛陽宫,起昭陽太極殿,築總章觀,高十餘丈,力役不已,農桑失業。陳羣諫曰:「昔禹承唐、虞之盛,猶卑宫室而惡衣服。况今喪亂之後,人民至少,邊境有事乎!昔劉備多作傳舍,興費人役,太祖知其疲民也。今中國勞力,亦吴、蜀之所願;此安危之機也,惟陛下慮之。」叡答曰:「王業、宫室,亦宜並立,滅賊之後,豈可復興役耶!此君之職,蕭何之大略也。」羣曰:「昔漢祖已滅項羽,宫室焚燒,是以蕭何建武庫、太倉,皆是要急,然高祖猶非其壯麗。今二虜未平,誠不宜與古同也。且人之所欲,莫不有辭,况乃王者,莫之敢違。若必欲作之,固非臣下言辭所屈。若卓然回意,亦非臣下所及也。漢明帝欲起德陽前殿,鍾離意諫而止,後復作之,謂羣臣曰:『鍾離尚書在,不得成此殿也。』夫王者豈憚一臣,蓋爲百姓也。」叡爲之少省。叡耽于内寵,自貴人以下至掖庭洒掃，凡數千人。廷尉高柔諫曰：「周禮，天子后妃以下百二十人，既已盛矣。竊聞後庭之數，今復過之，聖嗣不昌，殆或由此。臣愚以爲可妙簡淑媛以備内官之數，其餘盡遣還家，且以育精養神，專静爲寶，則螽斯之徵可庶而致矣。」叡報之曰：「輒克昌言，它復以聞。」

是時獵法嚴峻，殺禁地鹿者身死，財産没官。柔復上疏曰：「百姓供役，田者既減；復有鹿暴，所傷不訾。至如滎陽左右，周數百里略無所入。方今天下生財者少，而麋鹿之損者多，請除其禁。」

叡又欲平北芒，作臺觀，以望孟津。衛尉辛毗諫曰：「天地之性，高高下下。今欲反之，既非其理；加以損費人功，民不堪役。」叡乃止。

少府楊阜上疏曰：「堯尚茅茨而萬國安其居，禹卑宫室而天下樂其業；及至殷、周，或堂崇三尺，度以九筵耳。桀作琁宫象廊，紂爲傾宫鹿臺，以喪其國。楚靈築章華而身受禍，秦皇作阿房，二世而滅。夫不度萬民之力以從耳目之欲，未有不亡者也。陛下當以堯、舜、殷、周爲法，桀、紂、秦、楚爲戒，而乃自暇自逸，惟宫室是飾，必有危亡之禍矣。君作元首，臣爲股肱，存立一體，得失同之。臣雖駑怯，敢忘斯義！言不切至，不足以感寤陛下；謹叩棺沐浴，伏俟重誅！」魏主感其忠，手筆詔答。叡常着帽，被縹綾半袖。阜問曰：「此於禮何服也？」叡默然。自是不法服不見阜。

阜又上疏欲省宫人，乃召御府吏問後宫人數。吏對曰：「禁密，不得宣露。」阜怒，杖而數之曰：「國家不與九卿爲密，反與小吏爲密乎！」叡愈嚴憚之。

散騎常侍蔣濟上疏曰：「昔句踐養胎以待用，昭王恤病以雪仇。今二敵强盛，當身不除，百世之責也。以陛下神武，舍其緩者，專心討賊，臣以爲無難矣。」中書侍郎王基上疏曰：「古人以水喻民曰：『水所以載舟，亦所以覆舟。』顏淵曰：『東野子之御，馬力盡矣，而求進不已，殆將敗矣。』今事役勞苦，男女離曠，願陛下深察東野之敝，留意舟水之喻。漢文之時，唯有同姓諸侯，賈誼憂之，以爲置火積薪之下，而寢其上。今寇賊未殄，猛將擁兵，檢之則無以應敵，久之則難以遺後，使賈誼復起，必深切於曩時矣。」殿中監督役，擅收蘭臺令史，僕射衛臻奏案之。詔曰：「殿舍不成，吾所留心，卿推之，何也？」臻曰：「古制侵官之法，非惡其勤事也。誠以所益者小，所墮者大也。臣每察校事，類皆如此，若又縱之，懼羣臣遂將越職，以至陵夷矣。」

尚書孫禮固請罷役，詔曰：「欽納讜言。」促遣民作，監者復奏留一月。禮徑至作所，稱詔罷之。叡雖不能盡用直言，然皆優容之。

秋，七月，魏崇華殿災。魏主叡以殿災問太史令高堂隆曰：「此何咎也？」對曰：「易傳曰：『上不儉，下不節，孽火燒其室。』又曰：『君高其臺，天火爲災。』人君務飾宮室，不知百姓空竭，故天應以旱，火從高殿起也。」又詔問隆：「漢柏梁災，而大起宮殿以厭之，其義云何？」對曰：「此越巫所爲，非聖賢之訓也。今宜罷遣民役，清埽所災之處，不敢有所立作，則蓮莆嘉禾必生其地矣。」

八月，魏立子芳爲齊王，詢爲秦王。魏主叡無子，養二王爲己子，宮省事祕，莫知其所由來者。或云：芳，任城王楷之子也。

魏復立崇華殿。魏主叡復立崇華殿，更名九龍，通引穀水過殿前，爲玉井綺欄，蟾蜍含受，神龍吐出。使博士馬鈞作司南車，水轉百戲。作者三四萬人，陵霄闕始構，有鵲巢其上，魏主以問高堂隆，對曰：「詩曰：『惟鵲有巢，惟鳩居之。』今始構闕，而鵲巢之，天意若曰：『宮室未成，身不得居，將有他姓制御之耳。』天道無親，惟與善人。今宜休罷百役，增崇德政，則可以轉禍爲福矣。」叡性嚴急，督修宮室有稽限者，親召問之，言猶在口，身首已分。散騎常侍王肅諫曰：「陛下臨時所刑，皆有罪之吏也。然衆庶不知，謂爲倉卒。願下之吏，暴其罪而誅之，無使汙宮掖，而爲遠近所疑。且人命至重，難生易殺，是以聖賢重之。昔漢文帝欲殺犯蹕者，張釋之曰：『方其時，上使誅之則已，今下廷尉，廷尉，天下之平，不可傾也。』臣以爲大失其義。廷尉，天子之吏也，猶不可以失平，而天子之身反可以惑謬乎！斯重於爲己而輕於爲君，不忠之甚也，不可不察。」

冬，十月，魏中山王衮卒。衮疾病，令官屬曰：「男子不死於婦人之手，亟以時成東堂。」堂成，輿疾往居之。又令世子曰：「汝幼爲人君，知樂不知苦，必將以驕奢爲失者也。兄弟有不良之行，當造膝諫之，諫之不從，流涕喻之；喻之不改，乃白其母；猶不改，當以奏聞，并辭國土。與其守寵罹禍，不若貧賤全身也。此亦謂大罪惡耳，其微過細故，當掩覆之耳。」遂卒。

魏殺鮮卑軻比能。先是，軻比能誘保塞鮮卑步杜根以叛，殺魏將軍蘇尚、董弼二人，遂走幕北。復殺步杜根。至是，幽州刺史王雄使人刺殺之。種落離散，邊陲遂安。

魏張掖涌石負圖。張掖柳谷口水溢，涌寶石負圖，狀象靈龜，立于川西，有石馬七及鳳凰、麒麟、白虎、犧牛、璜玦、八卦、列宿、孛彗之象，又有文曰「大討曹」。詔書班天下，以爲嘉瑞。任令于綽以問鉅鹿張臶，臶曰：「夫神以知來，不追已往，祥兆先見，而後廢興從之。今漢久亡，魏已得之，何所追興祥兆乎！此石，當今之變異而將來之符瑞也。」

魏以馬易珍物於吴。魏主叡使人以馬易珠璣、翡翠、玳瑁於吴。吴主權曰：「此皆孤所不用，而可以得馬，孤何愛焉。」與之。

丙辰(二三六)

十四年。魏青龍四年，吴嘉禾五年。

春，吴鑄大錢。一當五百。

三月，吴婁侯張昭卒。昭容貌矜嚴，有威風，吴主權以下皆憚之。卒年八十一。遺令幅巾素冠，斂以時服。

夏，四月，帝如湔，觀汶水。旬日而還。

武都氐王苻健降。

冬，十月，有星孛于大辰，又孛于東方。魏高堂隆上疏曰：「古者將營宫室，宗廟爲先，居室爲後。今郊廟未定，而崇飾居室，士民失業。外人咸云『宫人之用與軍國之費略齊』，民不堪命，皆有怨怒。夫采椽卑宫，唐、虞、大禹之所以垂皇風也，玉臺瓊室，夏癸、商辛之所以犯昊天也。今宫室過盛，天彗章灼，斯乃慈父懇切之訓。當崇孝子祇聳之禮，不宜有忽，以重天怒。」魏主叡不悦。侍中盧毓進曰：「臣聞君明則臣直，古之聖王惟恐不聞其過，此臣等所以不及隆也。」叡意乃解。毓，植之子也。

魏司空陳羣卒。羣前後數上封事，輒削其草，雖子弟莫知也。或譏其居位拱默，及正始中，詔撰名臣奏議，朝士乃見羣諫事，皆嘆息焉。

袁子曰：或云：「楊阜豈非忠臣哉？人主之非，則勃然觸之；與人言，未嘗不道。」答曰：「夫仁者愛人，施之君謂之忠，施之親謂之孝。今爲人臣，直詆其君之非，而播揚其惡，可謂直士，未爲忠臣也。若陳羣則不然，談論終日，未嘗言人主之非；書數十上，外人不知。君子謂羣於是乎長者矣。」

魏令公卿舉才德兼備之士。時司馬懿以兗州刺史王昶應選。昶爲人謹厚，名其兄子曰默、曰沈，子曰渾、曰深，爲書戒之曰：「吾以四者爲名，欲汝曹顧名思義，不敢違也。夫物速成則疾亡，晚就則善終。朝華之草，夕而零落；松柏之茂，隆寒不衰，是以君子戒於闕黨也。夫能屈以爲伸，讓以爲得，弱以爲强，鮮不遂矣。毁譽者，愛惡之原而禍福之機，不可輕也。人或毁己，當退而求之於身。若己有可毁，則彼言當矣；無可毁，則彼言妄矣。當則無怨於彼，妄則無害於身，又何報焉！諺曰：『救寒莫如重裘，止謗莫如自修。』斯言信矣。」

丁巳(二三七)

十五年。魏景初元年，吳嘉禾六年。

春，正月，魏黃龍見，以三月爲夏四月。高堂隆以魏得土德，故其瑞黃龍見，宜改正朔，易服色，以變民耳目。魏主叡從之。遂以建丑之月爲正，服色尚黃，牲用白。

夏，六月，魏地震。

魏以陳矯爲司徒。矯初爲尚書令，劉曄嘗譖之，矯懼，其子騫曰：「主上明聖，大人大臣，今若不合，不過不作公耳。」

尚書郎廉昭以才能得幸，好抉擿羣臣細過以媚上。嘗奏左丞罰當關不依詔，抵罪，矯當連坐。黄門侍郎杜恕上疏曰：「陛下憂勞萬機，或親燈火，而庶事不康，刑禁日弛，原其所由，非獨臣不盡忠，亦委任不專，而俗多忌諱故也。臣以爲忠臣不必親，親臣不必忠。有疏者毁人，而陛下疑其私報所憎；譽人，而陛下疑其私愛所親。左右或因之以進憎愛之説，遂使疏者不敢毁譽，至於政事損益，亦有所嫌。陛下當思所以廣朝臣之心，厲有道之節。反使如廉昭者擾亂其間，臣懼大臣，遂將容身保位，坐觀得失也。昔周公戒魯侯曰：『不使大臣怨乎不以。』言不賢則不可爲大臣，爲大臣則不可不用也。故能者不敢遺其力，而不能者不得處非其任。今陛下於羣臣知其不盡力也，而代之憂其職，知其不能也，而教之治其事，豈徒主勞而臣逸哉？雖聖賢並世，終亦不能以此爲治也。陛下又患臺閣禁令不密，人事請屬不絶，作迎客出入之制，以惡吏守寺門，斯未得爲禁之本也。昔漢安帝時，少府竇嘉辟廷尉郭躬無罪之兄子，猶見奏劾。近司隸校尉孔羡辟大將軍狂悖之弟，而有司嘿然。蓋陛下自無必行之罰以絶阿黨之原耳。夫糾擿姦宄，忠事也；然而世憎小人行之者，以其不顧道理而苟求容進也。若陛下不考其終始，必以違衆忤世爲奉公，密行白人爲盡節，焉有通人大才而不能此耶？誠顧道理而弗爲耳。使天下皆背道而趨利，則人主之所最病者也，陛下何樂焉。」恕，畿之子也。

魏主叡嘗卒至尚書門，矯跪問曰：「陛下欲何之？」曰：「欲案行文書耳。」矯曰：「此自臣職分，非陛下所宜臨也。若臣不稱職，請就黜退。」叡慚而反。叡嘗問矯：「司馬公忠貞，可謂社稷之臣乎？」矯曰：「朝廷之望也，社稷則未之知也。」

魏制三祖爲不毁之廟。魏有司奏以武皇帝爲太祖，文皇帝爲高祖，今皇帝爲烈祖；三祖之廟，萬世不毁。詔從之。

孫盛曰：夫謚以表行，廟以存容。未有當年而逆制祖宗，未終而豫自尊顯。魏之羣司於是乎失正矣。

秋，七月，魏伐遼東，不利。公孫淵自稱燕王。公孫淵數對國中賓客出惡言，魏主叡欲討之，以毌丘儉爲幽州刺史。儉上疏曰：「陛下即位以來，未有可書。吳、蜀恃險，未可卒平，聊可以此方無用之士克定遼東。」光禄大夫衛臻諫曰：「淵生長海表，相承三世，外撫戎夷，内修戰射，而儉欲以偏軍長驅，朝至夕卷，妄矣。」不聽。使儉率諸軍屯遼東南界，璽書徵淵。淵遂發兵，逆儉於遼隧。儉與戰，不利，引軍還。淵因自立爲燕王，改元紹漢，置百官，誘鮮卑以擾北方。

皇后張氏崩。

九月，魏大水。

魏主叡殺其后毛氏。郭夫人有寵於魏主叡，毛后愛弛。叡遊後園，曲宴極樂。夫人請延皇后，魏主不許。因禁左右不得宣。毛后知之，明日，謂魏主曰：「昨游北園，樂乎？」叡以左右泄之，殺十餘人，因賜后死。

十月，魏營圜、方丘，南北郊。魏用高堂隆議，營洛陽南委粟山爲圜丘。詔曰：「漢承秦亂，廢無禘禮。曹氏世系出自有虞，今祀皇皇帝天於圜丘，以虞舜配；祭皇皇后地於方丘，以舜妃伊氏配；祀天神於南郊，以武帝配；祭地祇於北郊，以武宣皇后配。

吴以諸葛恪爲威北將軍。恪至丹陽，移書屬城長吏，令各保疆界，明部伍，從化平民，悉令屯居。乃内諸將，羅兵幽阻，但繕藩籬，不與交鋒，俟其穀稼將熟，輒縱兵芟刈，使無遺種。平民屯居，略無所犯。於是山民饑窮，稍稍自首。恪復厚慰撫之，敕下不得拘執。臼陽長胡伉，得舊惡民困迫暫出者，縛送府。恪以伉違教，斬以徇。民間聞之，老幼相携而出，歲期人數，皆如本規。恪自領萬人，餘分給諸將。吴主權嘉其功，拜爲威北將軍，封都鄉侯，徙屯廬江皖口。

魏鑄銅人，起土山於芳林園。魏主叡徙長安鍾簴、橐佗、銅人、承露盤於洛陽。盤折，聲聞數十里。銅人重，不可致，大發銅鑄銅人二，號曰翁仲，列坐於司馬門外。又鑄黄龍、鳳凰，置内殿前。起土山於芳林園，使公卿皆負土，樹雜木善草，捕禽獸致其中。司徒掾董尋上疏曰：「建安以來，野戰死亡，或門殫户盡，雖有存者，遺孤老弱。若宫室狹小，當廣大之，猶宜隨時，不妨農務，況作無益之物哉！陛下既尊羣臣，顯以冠冕，載以華輿，而使穿方舉土，沾體塗足，毁國之光以崇無益，甚無謂也。孔子曰：『君使臣以禮，臣事君以忠。』無忠無禮，國何以立！臣知言出必死，而自比於牛之一毛，生既無益，死亦何損。秉筆流涕，心與世辭。臣有八子，死後累陛下矣。」將奏，沐浴以待命。叡曰：「尋不畏死耶！」主者奏收之，詔勿問。

高堂隆上書曰：「今之小人，好説秦、漢之奢靡以蕩聖心，取亡國不度之器，以傷德政，非所以興禮樂之和，保神明之休也。況今吳、蜀欲與中國争衡，若有人來告：『權、禪並修德政，輕省租賦，動咨耆賢，事遵禮度。』陛下聞之，豈不惡其如此，而爲國憂乎！若告者曰：『彼並爲無道，崇侈無度，重其賦斂，民不堪命。』陛下聞之，豈不幸彼疲敝而取之不難乎！苟如此，則可易心而度，事義之數亦不遠矣！亡國之主，自謂不亡，然後至於亡；賢聖之君，自謂亡，然後至於不亡。今天下彫敝，若有寇警，臣懼版築之士不能投命虜庭矣。今將吏俸禄，稍見折減，不應輸者今皆出半，此爲官入兼多於舊，其所出與參少於昔。而度支經用，更每不足。反而推之，凡此諸費，必有所在矣。」叡覽之曰：「觀隆此奏，使朕懼哉！」

尚書衛覬上疏曰：「今議者多好悦耳：其言政治，則比陛下於堯、舜；其言征伐，則比二虜於貍鼠。臣以爲不然。四海之内，分而爲三，羣士陳力，各爲其主，是與六國分治無以異也。武皇帝之時，後宫食不過一肉，衣不用錦繡，茵蓐不緣飾，器物無丹漆，用能平定天下，遺福子孫。當今宜計校府庫，量入爲出，猶恐不及；而工役不休，侈靡日崇，帑藏日竭。昔漢武信神仙之道，謂當得雲表之露以餐玉屑，故立僊掌以承高露。陛下通明，每所非笑。漢武有求於露而猶尚見非，陛下無求於露而空設之，糜費功夫，皆聖慮所宜裁制也。」

時有詔録奪士女前已嫁爲吏民妻者，還以配士。太子舍人張茂上書曰：「陛下，天之子也，百姓吏民，亦陛下子也。今奪彼以與此，亦無以異於奪兄之妻妻弟也，於父母之恩偏矣。又，縣官以配士爲名實内之掖庭，其醜惡乃出與士。得婦者未必喜，而失妻者必有憂。夫君天下而不得萬姓懽心者，鮮不危殆。且軍師在外，日費千金，而掖庭無録之女，椒房母后之家，賞賜橫與，其費半軍。加以尚方作玩弄之物，後園建承露之盤，斯誠快耳目之觀，然亦足以騁寇讎之心矣！」皆不聽。

魏光禄勳高堂隆卒。隆疾篤，口占上疏曰：「三代之有天下，歷數百載，尺土一民莫非其有。然癸、辛縱欲，皇天震怒，宗國爲墟，紂梟白旗，桀放鳴條，天子之尊，湯、武有之；豈伊異人？皆明王之冑也。黄初之際，天兆其戒，異類之鳥，育長燕巢，此大異也，宜防鷹揚之臣於蕭墻之内。可選諸王使典兵，棊峙鎮撫皇畿，翼亮帝室。夫皇天無親，惟德是輔。民詠德政，則延期過曆。下有怨嘆，則輟録授能。由此觀之，天下乃天下之天下，非獨陛下之天下也。」魏主叡手詔慰勞之，未幾而卒。

陳壽曰：隆學業修明，志存匡君，因變陳戒，發於懇誠，忠矣哉！及至必改正朔，俾魏祖虞，所謂意過其通者與！

魏作考課法，不果行。魏主叡深疾浮華之士，詔吏部尚書盧毓曰：「選舉勿取有名，名如畫地作餅，不可啖也。」毓對曰：「名不足以致異人而可以得常士，常士畏教慕善，然後有名，非所當疾也。愚臣既不足以識異人，又主者正以循名案常爲職，但當有以驗其後耳。古者敷奏以言，明試以功；今考績之法廢，而以毁譽爲進退，故真僞渾雜，虚實相蒙。」叡納其言。詔散騎常侍劉劭作都官考課法七十二條，下百官議。司隸崔林曰：「周官考課，其文備矣。康王而下，遂以陵夷，蓋法存乎其人也。且萬目不張，舉其綱；衆毛不整，振其領，若大臣能任職，則孰敢不肅，烏在考課哉！」杜恕曰：「明試以功，三考黜陟，帝王之盛制也。然其法可粗依，其文難備舉。蓋世有亂人而無亂法，若法可專任，則唐、虞不須稷、契之佐，殷、周無貴伊、呂之輔矣。今欲使州郡考士，必由四科，皆有事效，然後察舉，試辟公府，爲親民長吏，轉以功次補郡守者，或就增秩賜爵，此最考課之急務也。臣以爲當用其言，使爲課州郡之法，法具施行，必以賞罰隨之。至於三公坐而論道，内職大臣，納言補闕，無善不紀，無過不舉，焉有守職辦課而可以致雍熙者哉！誠使容身保位，無放退之辜，而盡節在公，抱見疑之勢，公義不脩而私議成俗，雖仲尼爲課，猶不能盡一才，又況於世俗之人乎？」司空掾傅嘏曰：「建官均職，清理民物，所以立本也。循名考實，糾勵成規，所以治末也。本綱未舉而制末程，國略不崇而先考課，懼不足以料賢愚之分，精幽明之理也。」議竟不行。

司馬公曰：爲治之要，莫先用人，而知人，聖賢所難也。故求之毁譽，則愛憎競進而善惡渾殽；考之功狀，則巧詐橫生而真僞相冒。要其本在至公至明而已矣。蓋公明者，心也；功狀者，迹也。己之心不能治，而以考人之迹，不亦難乎！爲人上者，誠能不以親疏貴賤異其心，喜怒好惡亂其志，雖詢於人而決之在己，雖求於迹而察之在心，則羣下之能否，焯然形於目中，無所逃矣。安得預爲之法而悉委有司哉！苟親貴不能而任職，疏賤賢才而見遺；所喜好者敗官不去，所怒惡者有功不録，則雖復爲之善法，而繁其條，又安能得其真乎！或曰：内外之官以千萬數，考察黜陟，人君豈能獨任其事哉？曰：凡爲人上者，不特人君而已；公卿、刺史、太守各用此道以考察黜陟其在下之人，而爲人君者亦用此道以考察黜陟公卿、刺史、太守，則奚煩勞之有！或曰：考績之法，唐、虞所爲，京房、劉劭述而修之耳。曰：唐、虞之官，居位久而受任專，立法寬而責成遠。故鯀之治水，九載弗成，然後治其罪；禹之治水，九州攸同，然後賞其功；非若房、劭校米鹽之課，責旦夕之效也。事固有名同而實異者，不可不察也。

初，衛臻典選舉，蔣濟遺之書曰：「漢祖遇亡虜爲上將，周文拔漁父爲太師，布衣廝養，可登王公，何必試而後用！」臻曰：「子欲同牧野於成、康，喻斷蛇於文、景，好不經之舉，開拔奇之津，將使天下馳騁而起矣！」盧毓論選，皆先性行而後言才，人或問之，毓曰：「才所以爲善也，故大才成大善，小才成小善。今稱有才而不能爲善，是才不中器也！」時人服其言。

戊午（二三八）

延熙元年。魏景初二年，吳赤烏元年。

春，正月，魏遣太尉司馬懿伐遼東。魏主叡召司馬懿於長安，使將兵四萬討遼東。議臣或以爲兵多難供。叡曰：「四千里征伐，雖云用奇，亦當任力，不當計役費也。」因謂懿曰：「公孫淵將何計以待君？」對曰：「棄城豫走，上計也；據遼東拒大軍，其次也；坐守襄平，此成禽耳。」曰：「三者何出？」對曰：「唯明智能審量彼我，乃豫有所割棄。此非淵所及，必先拒遼東，後守襄平也。」曰：「還往幾日？」對曰：「往百日，攻百日，還百日，以六十日爲休息，如此，一年足矣。」淵聞之，復遣使稱臣，求救於吳。吳人欲戮其使，羊衜曰：「不可，是肆匹夫之怒而捐霸王之計也。不如因而厚之，遣奇兵潛往以要其成。若魏伐不克，而我軍遠赴，是恩結遐夷，義形萬里；若兵連不解，首尾離隔，則我虜其傍郡，驅略而歸，亦足以報雪囊事矣！」吳主權乃大勒兵，謂淵使曰：「請俟後問，當從簡書。」

二月，魏以韓暨爲司徒。魏主叡問盧毓：「誰可爲司徒者？」毓薦處士管寧。叡不能用，更問其次，對曰：「敦篤至行，則太中大夫韓暨；亮直清方，則司隸崔林；貞固純粹，則太常常林。」乃以暨爲之。

立皇后張氏，立子璿爲皇太子。大司農孟光問太子讀書及情性好尚於祕書郎郤正，正曰：「奉親虔恭，舉動仁恕，有古世子之風。」光曰：「此皆家户所有耳，吾欲知其權略智調何如也。」正曰：「世子之道，在於承志竭歡，既不得妄有施爲，智調藏於胸懷，權略應時而發，此其有無，焉可豫知也！」光曰：「今天下未定，智意爲先，儲君讀書，寧當傚吾等竭力博識以待訪問，如博士探策講試以求爵位耶！當務其急者。」正深然之。

吳鑄當千大錢。

秋，八月，魏司馬懿克遼東，斬公孫淵。六月，司馬懿軍至遼東，公孫淵使其將卑衍等將步騎數萬屯遼隧，圍塹二十餘里。諸將欲擊之，懿曰：「此欲以老吾兵也。攻之，正墮其計。且賊大衆在此，其巢窟空虛；直指襄平，破之必矣。」乃多張旗幟，欲出其南，衍等盡鋭趣之。懿潛濟水，出其北，直趣襄平；衍等恐，引兵夜走。諸軍進至首山，淵復使衍等逆戰，懿擊破之，遂進圍襄平。秋，大霖雨，遼水暴漲，運船自遼口徑至城下。雨月餘不止，平地水數尺；三軍恐，欲移營。懿令軍中：「敢有言徙者斬！」都督令史犯令，斬之，軍中乃定。賊恃水，樵牧自若，諸將欲取之，懿皆不聽。司馬陳珪曰：「昔攻上庸，八部並進，晝夜不息，故能一旬之半，拔堅城，斬孟達。今者遠來而更安緩，愚竊惑焉。」懿曰：「達衆少而食支一年，我軍四倍於達而糧不淹月；以一月圖一年，安可不速！以四擊一，正令失半而克，猶當爲之，是以不計死傷，與糧競也。今賊衆我寡，賊飢我飽，水雨乃爾，功力不設，雖當促之，亦何所爲！自發京師，不憂賊攻，但恐賊走。今賊糧垂盡而圍落未合，掠其牛馬，抄其樵采，此故驅之走也。夫兵者詭道，善因事變。賊憑衆恃雨，故雖飢困，未肯束手，當示無能以安之。取小利以驚之，非計也。」朝廷聞師遇雨，咸欲罷兵。魏主叡曰：「懿臨危制變，禽淵可計日待也。」雨霽，懿乃合圍，作土山地道，楯櫓鉤衝，晝夜攻之，矢石如雨。淵窘急，糧盡，人相食。八月，使其相王建、柳甫請解圍卻兵，當君臣面縛。懿命斬之，檄告淵曰：「楚、鄭列國，鄭伯猶肉袒牽羊迎之。孤天子上公，而建等欲使退舍，豈得禮耶！二人老耄，傳言失指，已相爲斬之。若意有未已，可更遣年少有明決者來！」淵復遣侍中衛演乞克日送任，懿謂演曰：「軍事大要有五：能戰當戰，不能戰當守，不能守當走；餘二事，惟降與死耳。汝不肯面縛，此爲決就死也，不須送任！」既而城潰，淵將數百騎突圍走，懿擊斬之，遂入城，誅其公卿以下及兵民七千餘人，築爲京觀。遼東、帶方、樂浪、玄菟四郡皆平。淵之將反也，將軍綸直、賈範等苦諫，淵皆殺之。懿乃封其墓，而顯其遺嗣，釋淵叔父恭之囚。遂班師。初，淵兄晃爲恭任子在洛陽，先淵未反，數陳其變；及淵謀逆，叡不忍市斬，欲就獄殺之。廷尉高柔曰：「仲尼亮司馬牛之憂，祁奚明叔向之過，晃信有言，宜貸其死，苟自無言，便當市斬。今進不赦其命，退不彰其罪，臣恐四方或疑此舉也。」不聽。竟遣使齎金屑飲之，賜以棺斂。

吳中書郎呂壹伏誅。

吳主權使中書郎呂壹典校官府州郡文書，壹因此作威福，深文巧詆，排陷無辜，毀短大臣，纖介必聞。太子登數諫，不聽，羣臣莫敢復言。壹誣故江夏太守刁嘉謗訕國政，收繫驗問。時同坐人皆畏壹，言聞之。侍中是儀獨云無聞，窮詰累日，詔旨轉厲，儀終無變辭，嘉遂得免。陸遜、潘濬憂壹亂國，每言之，輒流涕。壹白丞相顧雍過失，吳主怒，詰責雍。謝厷謂壹曰：「此公免退，潘太常得無代之乎？」壹曰：「近之。」厷曰：「潘常切齒於君，今日代顧君，恐明日便擊君矣。」壹懼，乃解散雍事。濬詣建業，欲極諫，聞太子已數言不聽，乃大請百寮，欲因會殺之，爲國除患。壹知之，稱疾不行。左將軍朱據部曲應受三萬緡，工王遂詐而受之。壹疑據自取，考問主者，死於杖下。據無以自明，藉草待罪。典軍吏劉助覺，言遂取。吳主大感寤，曰：「朱據見枉，況吏民乎！」乃賞助百萬，窮治壹罪。顧雍至廷尉，見壹和顏色而問之，曰：「君意得無欲有所道乎？」壹叩頭無言。時尚書郎懷叙面罵辱壹，雍責叙曰：「官有正法，何至於此！」

徐衆曰：雍可謂長者矣，然問所欲道，則非也。壹姦險亂法，毀傷忠賢，今乃開引其意，儻獲原宥，豈大臣忠主疾惡之義哉！

壹既伏誅，吳主因遣人告謝諸大將，問時事所當損益。諸將皆不敢有所言。權復以詔責之曰：「子瑜、子山、義封、定公皆不肯有所陳，而伯言、承明亦涕泣危怖，有不自安之心。聞之悵然，深自刻怪。夫惟聖人能無過行，明者能自見耳。人之舉厝，何能悉中，獨當己有以傷拒衆意，忽不自覺，故諸君有嫌難耳。與諸君從事，自少至長，髮有二色，義雖君臣，恩猶骨肉，榮福喜戚，相與共之。忠不匿情，知無遺計，事統是非，諸君豈得從容而已哉！齊桓有善，管子未嘗不歎，有過未嘗不諫，諫而不得，終諫不止。今孤自省無桓公之德，而諸君諫諍未嘗出口，仍執嫌難；以此言之，孤於齊桓良優，未知諸君於管子如何耳！」

冬，十二月，蔣琬出屯漢中。

魏主叡有疾，立郭夫人爲后，召司馬懿入朝，以曹爽爲大將軍。

初，魏太祖以劉放、孫資爲祕書郎。文帝更命祕書曰中書，以放爲監，資爲令，遂掌機密。魏主叡即位，尤見寵任。時親覽萬機，數興軍旅，腹心之任，皆二人管之；每大事，朝臣會議，常令決其是非，擇而行之。中護軍蔣濟上疏曰：「臣聞大臣太重者國危，左右太親者身蔽，古之至戒也。往者大臣秉事，外內扇動；陛下卓然自覽萬機，莫不祗肅。夫大臣非不忠也，然威權在下，則衆心慢上，勢之常也。陛下既已察之於大臣矣，願無忘於左右，左右忠正遠慮，未必賢於大臣，至於便辟取合，或能工之。況實握事要，日在目前，儻因疲倦之間，有所割制，衆臣見其能推移於事，即亦因而向之。一有此端，私招朋援，臧否毀譽，必有所興，功負賞罰，必有所易，直道而上者或壅，曲相比附者反達。因微而入，緣形而出，意所狎信，不復猜覺。此宜早以經意也。」叡不聽。及寢疾，深念後事，乃以武帝子燕王宇爲大將軍，與將軍夏侯獻、曹爽、曹肇、秦朗等輔政。劉放、孫資久典機任，獻、肇心不平。殿中有雞棲樹，二人相謂曰：「此亦久矣，其能復幾！」放、資懼，陰圖間之。宇性恭良，陳誠固辭。叡引放、資入卧内，問曰：「燕王正爾爲？」對曰：「燕王實自知不堪大任故耳。」叡曰：「誰可者？」時惟爽在側，放、資因薦之，且請召司馬懿與相參。叡從其言。既而中變，放、資復入説，又從之。放請爲手詔，叡曰：「我困篤，不能。」放上牀，執其手强作之，遂齎出，大言曰：「有詔免燕王宇等官，不得停省中。」皆流涕而出。遂以爽爲大將軍。叡嫌其才弱，拜尚書孫禮爲長史以佐之。時懿在汲，宇以爲關中事重，宜遣懿還長安。事已施行，至是，復得手詔，前後相違，懿疑京師有變，乃疾驅入朝。爽，真之子也。

己未(二三九)

二年。魏景初三年。吴赤烏二年。

春，正月，魏司馬懿至洛陽，與爽受遺輔政。魏主叡卒，太子芳立。

司馬懿至洛陽，入見，魏主叡執其手曰：「吾以後事屬君，君與曹爽輔小子。死乃可忍，吾忍死待君，得相見，無恨矣。」乃召二王示懿，別指齊王芳曰：「此是也，君諦視之，勿誤也。」又教芳前抱懿頸。懿頓首流涕。於是芳年八歲，即日立爲太子。叡尋卒，芳嗣位。尊皇后爲皇太后，爽、懿並加侍中，都督中外諸軍、録尚書事。諸所興作皆以遺詔罷之。明帝沈毅明敏，任心而行，簡功能，屏浮僞。行師動衆，論決大事，謀臣將相咸服之。左右小臣，官簿性行，名迹所履，及其父子兄弟，一經耳目，終身不忘。

孫盛曰：魏明帝天姿秀出，少言好斷。諸公受遺輔導者，皆以方任處之，政自己出。優禮大臣，雖犯顔極諫，無所摧戮，其君人之量偉矣。然不思建德垂風，以固維城之基，至使大權偏據，社稷無衛，悲夫！

二月，魏以司馬懿爲太傅，何晏爲尚書。

時曹爽、司馬懿各領兵三千人更宿殿内，爽以懿年位素高，常父事之，每事咨訪，不敢專行。初，畢軌、鄧颺、李勝、何晏、丁謐皆有才名，而急於富貴，趨時附勢，明帝惡其浮華，抑而不用。曹爽素與親善，及輔政，驟加引擢，以爲腹心。晏等爲爽謀曰：「重權不可委之於人。可白天子，轉懿爲太傅，外以名號尊之，内可令尚書奏事，先來由己，得制其輕重。」爽從之。以懿爲太傅，自以其弟羲、訓等皆爲將軍、侍從，出入禁闥。徙吏部尚書盧毓爲僕射，而以晏代之，以颺、謐爲尚書，軌爲司隸。晏等依勢用事，附會者升進，違忤者罷退，内外望風，莫敢忤旨。傅嘏謂羲曰：「何平叔外静内躁，銛巧好利，必先惑子兄弟，仁人將遠而朝政廢矣。」晏等遂因事免嘏官。孫禮亮直不撓，爽出之爲揚州刺史。

夏，以蔣琬爲大司馬。東曹掾楊戲素簡略，琬與言論，戲時不應。或謂琬曰：「戲慢公矣！」琬曰：「人心不同，各如其面，面從後言，古人所誡。戲欲贊吾是邪，則非其本心；欲反吾言，則顯吾之非，是以默然耳。」督農楊敏嘗毁琬曰：「作事憒憒，誠不及前人。」主者請推治之，琬曰：「吾實不如前人，無可推。」主者請問憒憒之狀，琬曰：「苟其不如，則事不理，事不理，則憒憒矣。」後敏坐事繫獄，衆猶懼其必死，琬心無適莫，敏得免重罪。

冬，十月，吴遣將軍吕岱屯武昌。岱時年八十〔四〕，躬親王事，與陸遜共領荆州文書。同心協規，有善相讓，南土稱之。

吴將周胤有罪，廢徙廬陵。吴都鄉侯周胤將兵千人屯公安，以罪廢徙。諸葛瑾、步騭爲之請。吴主權曰：「胤年少無功，爵以侯將，蓋念公瑾故也。而胤恃此，酗淫無悛，且欲苦之，使自知耳。以公瑾之子，而二君居間，苟使能改，亦何患乎！」瑜兄子偏將軍峻卒，全琮請使峻子護領其兵。權曰：「聞護性行危險，用之適爲作禍耳。孤念公瑾，豈有已哉！」

十二月，魏復以建寅之月爲正。

庚申（二四〇）

三年。魏主曹芳正始元年，吴赤烏三年。

春，以張嶷爲越巂太守。初，越巂蠻夷數叛，殺太守，太守寄治安定縣，去郡八百餘里。及嶷爲守，招慰新附，誅討强猾，郡界悉平，復還舊治。

冬，吴饑。

辛酉（二四一）

四年。魏正始二年，吴赤烏四年。

夏，四月，吴人攻魏，魏擊却之。初，吴主權將伐魏，零陵太守殷札言曰：「今天棄曹氏，喪誅累見，虎争之際而幼童涖事。陛下宜身自御戎，滌荆、揚之地，舉强羸之數，使强者執戟，羸者轉運。命益州軍隴右，諸葛瑾、朱然指襄陽，陸遜、朱桓征壽春，大駕入淮陽，歷青、徐。掎角並進，民必内應。一軍敗績，則三軍離心；便當乘勝逐北，以定華夏。若不悉軍動衆，循前輕舉，民疲威消，時往力竭，非上策也。」權不能用。四月，命全琮略淮南，朱然圍樊，諸葛瑾攻柤中。魏將軍王凌與琮戰，敗之。司馬懿曰：「柤中民夷十萬，流離無主，樊城被攻歷月，此危事也，請自討之。」遂督諸軍救樊。吴軍夜遁。

吴太子登卒。

蔣琬徙屯涪。琬以諸葛亮數出秦川，道險運難，卒無成功，乃多作舟船，欲乘漢、沔東下，襲魏興、上庸。會疾動未行，朝廷咸以爲事有不捷，還路甚難。帝遣費禕、姜維喻指，琬言：「今魏跨帶九州，根蒂滋蔓，若東西并力，首尾犄角，雖未能速如志，且當分裂蠶食，摧其支黨。然吴期二三，連不克果。輒與禕等議，以涼州胡塞之要，進退有資，且羌、胡乃心思漢如渴，宜以維爲刺史。若維征行，銜制河右，臣當帥軍爲繼。今涪水陸四通，惟急是應，若東北有虞，赴之亦易，請徙屯涪。」帝從之。

魏置淮南、北屯田，廣漕渠。魏欲廣田畜穀於揚、豫之間，使尚書郎鄧艾行陳、項已東至壽春。艾以爲：「太祖破黄巾，因爲屯田，積穀許都，以制四方。今三隅已定，事在淮南，每大軍出征，運兵過半，功費巨億。陳、蔡之間，土下田良，可省許昌左右稻田，并水東下，令淮北屯二萬人，淮南三萬人，什二分休，常有四萬人且田且守，益開河渠以增溉灌，通漕運。計除衆費，歲完五百萬斛，六、七年間，可積三千萬斛於淮上，此則十萬之衆五年食也。以此乘吴，無不克矣。」司馬懿善之。是歲，始開廣漕渠，每東南有事，大軍泛舟，達于江、淮，資食有儲而無水害。

管寧卒於魏。寧名行高潔，人望之者，邈然若不可及，即之熙熙和易。能因事導人於善，人皆化服。年八十四，卒。天下知與不知，聞之無不嗟嘆。

壬戌(二四二)

五年。魏正始三年，吴赤烏五年。

春，正月，中監軍姜維自漢中徙屯涪。

吴立子和爲太子，霸爲魯王。霸，和母弟也，吴主權愛之，與和無異。其傅是儀諫曰：「魯王兼資文武，宜出鎮四方，爲國藩輔。且使二宫有所降殺，以正上下之序。」書四上，不聽。

癸亥(二四三)

六年。魏正始四年，吴赤烏六年。

夏，五月，朔，日食，既。

冬，十月，遣前監軍王平督漢中。

十一月，以費禕爲大將軍，録尚書事。魏揚豫都督王昶徙屯新野。昶言：「地有常險，守無常勢。今屯宛，去襄陽三百餘里，有急不足相赴。」遂徙屯新野。

甲子(二四四)

七年。魏正始五年，吴赤烏七年。

春，正月，吴以陸遜爲丞相。

三月，魏曹爽寇漢中。閏月，費禕督諸軍救之。魏征西將軍夏侯玄，爽姑子也。辟李勝爲長史，勝及鄧颺欲爽立威名於天下，勸使伐蜀。司馬懿止之，不得。三月，爽至長安，發卒十餘萬，與玄自駱谷入漢中。漢中守兵不滿三萬，諸將皆恐，欲守城不出以待涪兵。王平曰：「此去涪垂千里，賊若得關，便爲深禍。遂遣護軍劉敏據興勢，多張旗幟，彌亘百餘里。閏月，帝遣費禕救漢中，將行，光禄大夫來敏詣禕別，求共圍棋。時羽檄交至，人馬擐甲，嚴駕已訖，禕與對戲，了無倦色。敏曰：「向聊觀試君耳；君信可人，必能辦賊也。」

夏，四月，朔，日食。

五月，魏軍退走。魏兵拒興勢不得進，關中及氐、羌轉輸不能供，牛畜多死，民夷號泣道路。司馬懿與夏侯玄書曰：「春秋責大德重。今興勢至險，蜀已先據之。若進不獲戰，退見邀絶，覆軍必矣，將何以任其責。」玄懼，言於爽，遂引軍還。費禕進據三嶺以截爽，爽爭險苦戰，僅乃得過，失亡甚衆，關中爲之虚耗。

冬，以費禕兼益州刺史，董允守尚書令。蔣琬以病，固讓州職於禕。時國務煩猥，禕識悟過人，爲尚書令，省讀文書，舉目究意，終亦不忘。常以朝晡聽事，其間接納賓客，飲食博戲，盡人之歡，而事無廢闕。及允代禕，始欲斅之，旬日之中，已多愆滯。乃嘆曰：「人才相遠如此，非吾所及也。」乃聽事終日，而猶有不暇焉。

乙丑（二四五）

八年。魏正始六年，吴赤烏八年。

春，吴殺其太子太傅吾粲。吴太子和與魯王同宫，禮秩如一，羣臣多以爲言，吴主權乃命分宫別僚；二子由是有隙。全琮遣其子寄事魯王，陸遜謂曰：「子弟苟有材，不憂不用，私出以要榮利，終取禍耳。聞二宮勢敵，此古人之深忌也。」寄果阿附交構。遜又與書曰：「卿不師日磾而宿留阿寄，終爲門户禍矣。」琮不納。霸曲意交結名士，將軍朱績以膽力稱，霸自詣之，欲與結好，績辭不受。於是仇黨疑貳，舉國中分。權長女適全琮，少女適朱據。全公主與太子母王夫人有隙，權寢疾，遣太子禱桓王廟，太子妃叔父張休居近廟，邀太子過所居。公主因言：「太子不至廟中，專就妃家計議。」而王夫人見上寢疾，有喜色。」權由是發怒，夫人以憂死，太子寵日衰。霸黨楊竺、全寄從而毀之，權惑焉。陸遜諫曰：「正統藩臣，當使寵秩有差，則彼此得所，上下獲安矣。」書三四上，辭情危切，權不悦。太常顧譚，遜之甥也，上疏曰：「有國家者，必明嫡庶之端，異尊卑之禮，使高下有差，等級踰邈，則骨肉之恩全，覬覦之望絶矣。臣之所陳，非有所偏，誠欲以安太子而便魯王也。」由是霸惡譚，全琮亦惡之，相與譖之，吴主徙譚於交州。太子太傅吾粲請使魯王鎮夏口，出楊竺等不得在京師，又數以消息語陸遜。霸、竺譖之，吴主怒，誅粲。

吴丞相陸遜卒。吴主權以魯王霸、楊竺之譖數遣使責問遜，遜憤恚而卒。其子抗代領其衆，送葬東還。權以竺所白遜二十事問抗，抗事事條答，權意乃稍解。

秋，八月，皇太后吳氏崩。

冬，十一月，大司馬蔣琬卒。

十二月，尚書令董允卒，以宦者黄皓爲中常侍。董允秉心公亮，獻替盡忠，帝甚嚴憚之。宦人黄皓，便僻佞慧，有寵。允數責之，皓畏允，不敢爲非，終允之世，位不過黄門丞。費禕以選曹郎陳祗代允爲侍中，祇矜厲有威容，多技藝，挾智數，褘以爲賢，越次用之。祇與皓相表裏，皓始預政，遷中常侍，操弄威柄，終以覆國。自祇有寵，而帝追怨允日深，由祇阿意迎合而皓浸潤搆間故也。

時帝數出遊觀，增廣聲樂。太子家令譙周諫曰：「昔王莽之敗，豪桀並起以爭神器，然多快情恣欲，怠於爲善。世祖初入河北，馮異勸之曰：『當行人所不能爲者。』遂理冤獄，崇節儉，北州歌嘆，聲布四遠。於是鄧禹自南陽追之，吴漢、寇恂舉兵助之，其餘望風慕德，輿病齎棺，襁負而至，不可勝數。故能以弱爲强，而成帝業。在洛陽，嘗欲小出，銚期進諫，即時還車。及潁川盗起，寇恂請身往臨賊，聞言即行。故非急務，欲小出不敢；至於急務，欲自安不爲；帝者之欲善也如此。傳曰：『百姓不徒附。』誠以德先之也。今漢遭厄運，天下三分，雄哲之士思望之時也。臣願陛下復行人所不能爲者，以副人望！且承事宗廟，所以率民尊上也。今四時之祀不臨，而池苑之觀仍出，臣所不安也。夫憂責在身者，不能盡樂。願省減樂官、後宫，凡所增造，以成先帝之志。」不聽。

丙寅(二四六)

九年。魏正始七年，吴赤烏九年。

春，魏擊高句驪，克之。幽州刺史毌丘儉以高句驪王位宫數爲侵叛，督諸軍討之。位宫敗走，儉遂屠丸都。初，句驪之臣得來數諫，位宫不從，退而嘆曰：「立見此地將生蓬蒿。」遂不食而死。儉令諸軍不壞其墓，全其妻子。遣將追位宫至肅慎氏南界，刻石紀功而還。

秋，九月，吴以步騭爲丞相。

吳分荆州爲二部。以吕岱督右部〔五〕，自武昌以西至蒲圻，諸葛恪督左部〔六〕，鎮武昌。

赦。大司農孟光於衆中責費禕曰：「赦者，偏枯之物，非明世所宜有也，必不得已，乃可權而行之。今有何急，而數施非常之恩，以惠姦宄乎！」禕顧謝，踧踖而已。初，丞相亮時，有言公惜赦者，亮答曰：「治世以大德，不以小惠，故匡衡、吴漢不願爲赦。先帝亦有言：『吾周旋陳元方、鄭康成間，每見啓告治亂之道悉矣，曾不語赦也。若劉景升父子，歲歲赦宥，何益於治乎！』」

陳壽曰：諸葛亮爲政，軍旅數興而赦不妄下，不亦卓乎！

吳罷大錢。

以姜維爲衛將軍，與費禕並録尚書事。

丁卯（二四七）

十年。魏正始八年，吴赤烏十年。

春，二月，日食。時魏主褻近羣小，遊宴後園。何晏上言：「自今游豫，宜從大臣，詢謀政事，講論經義。」不聽。而晏等朋附曹爽，亦好變改法度。太尉蔣濟上疏曰：「惟命世大才，乃能張其綱維以垂于後，下吏改易，無益於治，適足傷民。宜使文武之臣，各守其職，則和氣可致也。」

吳作太初宫。吴主詔徙武昌宫材瓦修建業宫。有司奏：「故宫歲久，恐不堪用，宜下所在通伐。」吴主曰：「大禹以卑宫爲美，今軍事未已，所在賦斂，若更通伐，恐妨農桑。武昌材瓦，自可用也。」

魏遷其太后於永寧宫。曹爽用何晏等謀，遷太后，擅朝政，多樹親黨。司馬懿不能禁，遂稱疾，不與政事。

戊辰(二四八)

十一年。魏正始九年，吴赤烏十一年。

夏，四月，魏以徐邈爲司空，不受。魏以光禄大夫徐邈爲司空，邈嘆曰：「三公論道之官，無其人則缺，豈可以老病忝之哉！」遂固辭不受。

夏，五月，費禕出屯漢中。自蔣琬及禕，雖身居於外，慶賞威刑，皆遥先諮斷，然後乃行。禕雅性謙素，當國功名，略與琬比。

己巳(二四九)

十二年。魏嘉平元年，吴赤烏十二年。

春，正月，魏司馬懿殺曹爽及何晏等，夷其族。曹爽驕奢無度，飲食衣服，擬於乘輿，又私取先帝才人以爲伎樂。作窟室，綺疏四周，與何晏等縱酒其中。弟羲泣諫，不聽。又兄弟數俱出遊，司農桓範謂曰：「總萬機，典禁兵，不宜並出，若有閉城門，誰復内人者？」爽曰：「誰敢爾耶？」初，清河、平原爭界，八年不能決。冀州刺史孫禮請天府所藏烈祖封平原時圖以決之；爽信清河之訴，云圖不可用，禮上疏自辨，辭頗剛切。爽大怒，劾禮怨望，結刑五歲。久之復爲并州，往見司馬懿，有忿色而無言。懿曰：「卿得并州少耶？恚理分界失分乎？」禮曰：「禮雖不德，豈以是爲意耶！本謂明公匡輔魏室，以報明帝之託。今社稷將危，天下兇兇，此所以不悦也！」因涕泣横流。懿曰：「且止，忍不可忍！」後李勝出刺荆州，過辭懿。懿令兩婢侍。持衣，衣落；指口言渴，婢進粥，懿不持杯而飲，粥流沾胸。勝曰：「衆謂明公舊風發動，何意乃爾！」懿使聲氣纔屬，言：「年老枕疾，死在旦夕。并州近胡，好爲之備！且以子師、昭爲託。」勝曰：「還忝本州，非并州也。」懿復錯亂其辭曰：「君方到并州？」勝曰：「當忝荆州。」懿曰：「年老意荒，不解君言。今爲本州，好建功勳！」勝退，告爽曰：「司馬公尸居餘氣，形神已離，不足慮矣。」故爽等不復設備。是月，魏主謁高平陵，爽與弟羲、訓、彦皆從。懿與師、昭謀以皇太后令，閉諸城門，勒兵據武庫，召司徒高柔假節行大將軍事，據爽營；太僕王觀行中領軍事，據羲營。奏曰：「大將軍爽背棄顧命，敗亂國典，僭擬專權，盡據禁兵，羣官要職，皆置所親，殿中宿衛，易以私人，伺察至尊，離間兩宫，天下洶洶，人懷危懼。此非先帝詔陛下及臣升御牀之本意也。太尉臣濟等皆以爽有無君之心，兄弟不宜典軍宿衛，奏永寧宫，皇太后令臣如奏施行。臣輒敕主者罷爽、羲、訓吏兵，以侯就第，敢有稽留車駕，便以軍法從事。臣輒力疾將兵屯洛水浮橋，伺察非常。」爽得奏，迫窘不知所爲。懿使爽所親信説爽，宜早自歸罪，唯免官而已。懿以太后令召桓範，範欲應命，其子曰：「車駕在外，不如南出。」範乃出，懿謂蔣濟曰：「智囊往矣。」濟曰：「駑馬戀棧豆，必不能用也。」範勸爽以天子詣許昌，發四方兵自輔。爽疑未決，範謂羲曰：「此事昭然，卿用讀書何爲！今卿門户求貧賤復可得乎！且匹夫質一人，尚欲望活；卿與天子相隨，令於天下，誰敢不應。今詣許昌，不過中宿，所憂穀食，而大司農印章在我身。」羲兄弟不從，自甲夜至五鼓，爽乃投刀於地曰：「我亦不失作富家翁。」範哭曰：「曹子丹佳人，生汝兄弟，犢耳！何圖今日坐汝族滅也。」爽乃通懿，奏請下詔免己官，奉駕還宫。爽兄弟歸家，懿發吏卒圍守之，有司奏：「黄門張當私以所擇才人與爽，疑有姦。」收付廷尉考實，辭云：「爽與何晏、鄧颺、丁謐、畢軌、李勝等謀逆。」於是收爽、羲等，并桓範、張當俱夷三族。

先是，宗室曹冏上書曰：「古者必建同姓以明親親，必樹異姓以明賢賢，親疏並用，故能保其社稷。今州郡牧守，皆跨有千里，兼軍武之任。或比國數人，或兄弟並據，而宗室子弟，王空虛之地，君不使之民，曾無一人間厠其間，與相維制，非所以强幹弱枝備萬一之虞也。語曰：『百足之蟲，至死不僵。』以其扶之者衆也。此言雖小，可以譬大。」冏欲以感寤曹爽，爽不能用。及懿閉門，爽司馬魯芝聞變，將營騎斫津門出赴爽。及爽解印綬，主簿楊綜止之曰：「公挾主握權，捨此以至東市乎？」有司奏收芝、綜，懿曰：「彼各爲其主也，宥之。」芝之出也，呼參軍辛敞欲與俱。敞謀於其姊憲英曰：「天子在外，太傅閉城門，人云將不利國家，於事可得爾乎？」憲英曰：「以吾度之，太傅誅曹爽耳。」「然則事就乎？」曰：「得無殆就！爽才非太傅偶也。」「然則可以無出乎？」曰：「職守，人之大義也。凡人在難，猶或恤之；執鞭而棄其事，不祥莫大焉。且爲人任，爲人死，親昵之職也，從衆而已。」敞遂出。事定之後，嘆曰：「吾不謀於姊，幾不獲於義。」

先是，爽辟王沈、羊祜，沈勸祜應命。祜曰：「委質事人，復何容易！」沈遂行。及爽敗，沈以故吏免，謂祜曰：「吾不忘卿前語。」祜曰：「此非始慮所及也！」

爽從弟文叔妻夏侯令女，早寡無子，其父欲嫁之，令女截耳自誓，居常依爽。爽誅，其家上書絶昏，强迎以歸，復將嫁之。令女又斷其鼻，其家驚惋，謂之曰：「人生世間，如輕塵棲弱草，何至自苦乃爾！

且夫家夷滅已盡，守此欲誰爲哉！」令女曰：「吾聞仁者不以盛衰改節，義者不以存亡易心。曹氏前盛時，尚欲保終，況今衰亡，何忍棄之！此禽獸不行，吾豈爲乎？」懿聞而賢之，聽使乞子字養爲曹氏後。

何晏等方用事，自以爲一時才傑，人莫能及。嘗爲名士品目曰：「『唯深也故能通天下之志』，夏侯泰初是也；『唯幾也故能成天下之務』，司馬子元是也；『惟神也故不疾而速，不行而至』，吾聞其語，未見其人。」蓋以自況也。晏聞平原管輅明術數，請與論易。鄧颺在座，謂輅曰：「君自謂善易，而語不及易中詞義，何也？」輅曰：「夫善易者不言易也。」晏笑而贊之曰：「可謂要言不煩。」因謂輅曰：「試爲作一卦，當至三公不？」又問：「連夢青蠅數十，來集鼻上，何也？」輅曰：「元、凱輔舜，周公佐周，皆以和惠謙恭，享有多福。今君侯位尊勢重，而懷德者鮮，畏威者衆，殆非小心求福之道。願君侯裒多益寡，非禮不履，然後三公可至，青蠅可驅也。」颺曰：「此老生之常譚。」輅曰：「老生者見不生，常譚者見不譚。」輅舅聞之，責其言太切。輅曰：「與死人語，何所畏邪！」舅怒，以爲狂。選部郎劉陶少有口辯，鄧颺之徒以伊、吕稱之。陶嘗謂傅玄曰：「智者於羣愚，如弄一丸於掌中；而仲尼不能得天下，何以爲聖？」玄曰：「天下之變無常也，今見卿窮矣。」至是陶退居里舍，乃謝其言之過。輅之舅亦謂輅曰：「爾前何以知何、鄧之敗？」輅曰：「鄧之行步，筋不束骨，脉不制肉，起立傾倚，若無手足，此爲鬼躁；何之視候，魂不守宅，血不華色，精爽煙浮，容若槁木，此爲鬼幽。二者皆非遐福之象也。」晏性自喜，粉白不去手，行步顧影。尤好老、莊書，與夏侯玄、荀粲、王弼之徒競爲清談，祖尚虛無，謂六經爲聖人之糟粕。由是天下士大夫慕效之，遂成風流，不可復制。

魏以司馬懿爲丞相。加九錫，不受。

魏護軍夏侯霸來奔。霸爲曹爽所厚，以父淵死於蜀，常切齒有報仇之志，爲征蜀護軍，統屬征西。征西將軍夏侯玄，霸之從子，爽外弟也。至是司馬懿召玄詣京師，而以郭淮代之。霸素與淮不叶，恐禍及，遂來奔。姜維問之曰：「懿既得政，當復有征伐之志不？」霸曰：「彼方營立家門，未遑外事。有鍾士季者，其人雖少，若管朝政，吴、蜀之憂也。」士季者，鍾繇之子，尚書郎會也。

三月，吴大司馬朱然卒。然氣候分明，内行修潔，終日欽欽，若在戰場，臨急膽定，過絶於人。雖世無事，每朝夕嚴鼓，兵在營者，咸行裝就隊。以此玩敵，使不知所備，故出輒有功。爲大司馬，病卒。吴主權爲之哀慟。

秋，姜維伐魏雍州，不克。維攻魏雍州，依麴山築二城，使句安、李歆守之，聚羌、胡質任，侵偪諸郡。魏郭淮使刺史陳泰進兵圍之，斷其運道及城外流水。將士窘困，分糧聚雪，以引日月。維引兵救之，出自牛頭山，與泰相對。泰敕諸軍各堅壘勿與戰，遣使白淮，使趣牛頭截其還路。淮從之，進軍洮水。維懼，遁走，安等降魏。

冬，十二月，魏即拜揚州都督王淩爲太尉。初，淩以將軍假節督揚州，其甥令狐愚爲兖州刺史，屯平阿，甥舅並典重兵，專淮南之任。陰謀以魏主制於强臣，楚王彪有智勇，欲共立之，迎都許昌。愚遣其將與楚王相聞。淩子廣諫曰：「凡舉大事，應本人情。曹爽驕奢，平叔虚華，丁、畢、鄧、桓專競於世。所存雖高，而事不下接，變易朝典，民莫之從。故同日斬戮，名士減半，而百姓不哀，失民故也。今司馬懿情雖難量，事未有逆，而擢用賢能，修先朝政令，副衆心所求。爽之所以爲惡者，彼莫不改，夙夜匪懈，以恤民爲先。父子兄弟，並握兵要，未易亡也。」淩不從。會愚病卒。

魏光禄大夫徐邈卒。盧欽曰：「徐公志高行潔，才博氣猛，其施之也，高而不狷，潔而不介，博而守約，猛而能寬。」或問欽：「徐公當武帝之時，人以爲通；自爲涼州刺史，還，人以爲介，何也？」曰：「往者毛孝先、崔季珪用事，貴清素之士，時皆變易車服以求名，而徐公不改其常，故人以爲通。比來天下奢靡相效，而徐公雅尚自若，故前日之通，乃今日之介也。是世人無常而徐公有常耳。」

庚午（二五〇）

十二年。魏嘉平二年，吴赤烏十三年。

秋，吴廢其太子和，殺魯王霸及將軍朱據。冬，十一月〔七〕，立子亮爲太子。初，潘夫人有寵於吴主權，生少子亮，權愛之。全公主既與太子和有隙，欲豫自結，數稱亮美。權以魯王霸結朋黨以害其兄，心亦惡之，謂侍中孫峻曰：「子弟不睦，將有袁氏之敗，爲天下笑。若使一人立者，安得不亂乎！」遂有廢和立亮之意，然猶沉吟歷年。至是乃幽太子和。將軍朱據諫曰：「太子，國之本根；加以雅性仁孝，天下歸心。昔晉獻用驪姬而申生不存，漢武信江充而戾太子冤死，臣竊懼太子不堪其憂，雖立思子之宫，無及矣。」不聽。據與尚書僕射屈晃率諸將吏泥頭自縛，連日詣闕請和，而無難督陳正及五營督陳象各上書切諫，吴主大怒，族誅正、象。牽據、晃入殿，據、晃猶叩頭流血，辭氣不撓，權杖之一百。遂廢和爲庶人，徙故鄣。賜霸死，殺楊竺、全寄等，據尋亦賜死。明年，立潘氏爲皇后。

吴作堂邑塗塘。遣兵十萬作之，以淹北道。

十二月，魏擊吴，戰於江陵，大破之。魏王昶言：「孫權流放良臣，適庶分爭，可乘釁擊之。」司馬懿遣新城太守州泰襲巫、秭歸，荆州刺史王基向夷陵，昶向江陵。昶引竹絙爲橋，渡水擊吴軍。吴將施績夜遁入江陵，昶欲引致平地與戰，乃先遣五軍案大道發還，使吴望見而喜，又以所獲鎧馬甲首環城以怒之，而設伏兵以待之。績果來追，昶與戰，大破之，斬其二將。王基、州泰亦破吴兵，降數千口。

辛未(二五一)

十四年。魏嘉平三年，吴大元元年。

夏，四月，魏司馬懿殺王淩及楚王曹彪，遂置諸王公於鄴。淩遣將軍楊弘以廢立事告兖州刺史黄華，華、弘連名以白司馬懿，懿將中軍乘水道討淩，先下赦赦淩罪，又爲書諭淩，已而大軍掩至百尺。淩勢窮，面縛水次，懿解其縛，送詣京師，道飲藥死。懿至洛陽，窮治其事，諸相連者悉夷三族。發淩、愚冢，剖棺暴尸。賜楚王彪死。盡録諸王公置鄴，使有司察之，不得與人交關。初，愚爲白衣時，常有高志，衆謂必興令狐氏。族父邵獨以爲：「愚性倜儻，不修德而願大，必滅我宗。」愚甚不平。及愚仕進有名稱，從容謂邵曰：「先時聞大人謂愚爲不繼，今竟云何耶？」邵熟視而不答，私謂妻子曰：「公治性度，猶如故也。不知我當坐之不耶，必逮汝曹矣。」邵没十餘年而愚滅族。初，愚以别駕單固、治中楊康爲腹心。及愚卒，康露其陰事，愚由是敗。懿至壽春以問固，固曰：「無有。」遂收繫獄，使康詰之。固辭窮，乃罵曰：「老傭！既負使君，又滅我族，顧汝當活耶！」康初自冀封侯，後以辭頗參錯，亦并斬之。

固又罵之曰：「若死者有知，汝何面目行地下乎！」

秋，八月〔八〕，魏太傅司馬懿卒，其子師自爲撫軍大將軍、録尚書事。

魏分匈奴左部爲二國。初，南匈奴自謂其先本漢室之甥，因冒姓劉氏。魏太祖留單于呼厨泉於鄴，分其衆爲五部，居并州境内。左賢王豹爲左部帥，部族最强。城陽太守鄧艾上言：「單于在内，羌夷失統，合散無主。今單于之尊日疏而外土之威日重，不可不深備也。聞劉豹部有叛胡，可因此割爲二國，以分其勢。去卑功顯前朝，宜加其子顯號，使居鴈門。離國弱寇，追録舊勳，御邊長計也。」又陳：「羌胡與民同處，宜以漸出之，使居民表，以崇廉耻之教，塞姦宄之路。」司馬師皆從之。

冬，十一月，吴以諸葛恪爲太子太傅，總統國事。吴立節中郎將陸抗自柴桑屯所詣建業治病。病差，當還，吴主權涕泣與别，謂曰：「吾前聽用讒言，與汝父大義不篤，以此負汝。前後所問，一切焚之，莫令人見也。」時權頗寤太子和之無罪，十一月，祀南郊還，得風疾，欲召和還；全公主及侍中孫峻、中書令孫弘固争之，乃止。權以太子亮幼，議所付托，峻薦恪可付大事。權嫌其剛愎自用，峻曰：「朝臣才無及恪者。」乃召之。恪將行，吕岱戒之曰：「世方多難，子每事必十思。」恪曰：「昔季文子三思而後行，夫子曰：『再斯而可矣。』今君令恪十思，明恪之劣也。」岱無以答，時咸謂之失言。恪至建業，見吴主於卧内，受詔牀下，以大將軍領太子太傅，孫弘領少傅；有司諸務一統於恪，惟殺生大事乃以聞。

虞喜曰：夫託以天下，至重也；以人臣行主威，至難也；兼二至管萬機，能勝之者鮮矣。元遜若因十思之義，廣諮當世之務，聞善速於雷動，從諫急於風移，豈得隕首殿堂，死於凶竪之刃！世人奇其英辯可觀，而哂吕侯無對爲陋，是樂春藻之繁華而忘秋實之甘口也。昔來敏以費禕對棋，意無厭倦，必能辦賊。然况長寧以爲君子臨事而懼，好謀而成，蜀爲蕞爾之國，方向大敵，何可矜己有餘，晏然無戚！斯禕性寬簡，不防細微，卒爲降人所害，豈非兆見於彼而禍成於此哉！二事體同，皆足爲世鑒也。

費禕北屯漢壽，以陳祗守尚書令。

壬申(二五二)

十五年。魏嘉平四年，吴主孫亮建興元年。

春，正月，魏司馬師自爲大將軍。

吴立故太子和爲南陽王。吴主權復封和爲南陽王，居長沙；奮爲齊王，居武昌；休爲琅邪王，居虎林。

夏，四月，吴主權卒，太子亮立，以諸葛恪爲太傅。吴主權疾病，潘后使人問孫弘以吕后稱制故事。左右畏后虐戾，伺其昏睡，縊殺之。權病困，詔諸葛恪、孫弘、太常滕胤及將軍吕據、侍中孫峻屬以後事而卒。弘素與恪不平，秘不發喪，欲矯詔誅恪；峻以告恪。恪請弘咨事，於坐殺之。乃發喪，謚權曰大皇帝。太子亮即位。以恪爲太傅，胤爲衛將軍，吕岱爲大司馬。恪乃命罷視聽，息校官，原逋責，除關税，崇恩澤，衆莫不悦。

吴徙其齊王奮於豫章。諸葛恪不欲諸王處濱江兵馬之地，乃徙齊王奮於豫章，琅邪王休於丹陽。奮不肯徙，恪遺之牋曰：「帝王之尊，與天同位，是以家天下，臣父兄。仇讎有善，不得不舉；親戚有惡，不得不誅，所以承天理物，先國後身，蓋聖人立制，百代不易之道也。大行皇帝覽古戒今，慮於千載。是以寢疾之日，分遣諸王，詔策勤渠，科禁嚴峻，誠欲上安宗廟，下全諸王，使百世相承，無凶國害家之悔也。大王宜上惟太伯順父之志，中念河間、東海恭順之節，下存前世驕恣荒亂之戒。而聞頃至武昌以來，多違詔敕，不拘制度，擅發諸將，私殺左右。小大驚怪，莫不寒心。里語曰：『明鑑所以照形，古事所以知今。』大王宜深以魯王爲戒，改易其行。若棄忘先帝法教，懷輕慢之心，臣下寧負大王，不敢負先帝遺詔；寧爲大王所怨疾，豈敢令詔敕不行於藩臣邪！」奮懼，遂徙。

冬，十月，吳諸葛恪修東興隄。十二月，魏人擊之，恪與戰於涂塘，魏人敗走。

初，吳大帝築東興隄以遏巢湖，後攻魏淮南，敗，以內船，遂廢不治。至是諸葛恪更作大隄，左右結山，俠築兩城，各留千人，使全端、留略守之。魏諸葛誕言於司馬師曰：「今因吳內侵，使文舒逼江陵，仲恭向武昌，以羈吳之上流；然後簡精卒攻其兩城，可大獲也。」是時征南王昶、征東胡遵、鎮南毌丘儉各獻征吳之策。詔以問尚書傅嘏。曰：「吳爲寇六十年，君臣相保，吉凶同患。設令列船津要，則彼堅城據險，橫行之計，其殆難捷。今邊城之守，與賊相遠，羅落重密，間諜不行。而舉大衆，臨巨險以邀功，先戰而後求勝，非長策也。唯有進軍大佃，最差完牢；可詔昶、遵等擇地居險，三方並進，奪其肥壤，使還瘠地，一也；兵出民表，寇鈔不犯，二也；招懷近路，降附日至，三也；羅落遠設，間構不來，四也；賊退其守，佃作易立，五也；坐食積穀，士不運輸，六也；釁隙時聞，討襲速決，七也。凡此七事者，軍事之急務也。不進據則賊擅便資，據之則利歸於國，不可不察也。」師不從。詔昶等三道擊吳。昶攻南郡，儉向武昌，遵、誕攻東興。恪將兵四萬救東興。遵等作浮橋以渡，陳於堤上，分兵攻兩城；城高峻，不可拔。恪使將軍丁奉與呂據爲前部，從山西上，奉曰：「諸軍行緩，若賊據便地，則難與爭鋒，我請趨之。」乃辟諸軍使下道，自率麾下三千人徑進。舉帆二日至東關，遂據徐塘。時天雪，寒，遵方置酒高會。奉見其前部兵少，使兵皆解鎧，去矛戟，兜鍪刀楯，裸身緣堨。魏人望見，大笑之，不即嚴兵。吳兵得上，便鼓譟，斫破其前屯，據等繼至；魏軍驚擾散走，爭渡橋壞，相踏藉溺死者數萬。吳獲車乘、牛馬、資器山積，振旅而歸。昶、儉聞東軍敗，各燒屯走。衆議欲貶諸將，師曰：「此我不聽公休過也，諸將何罪！」悉宥之，惟削其弟昭爵而已。後雍州刺史陳泰求敕并州討胡，未集，而雁門、新興以遠役驚反。師又曰：「此我過也，非陳雍州之責。」是以人皆愧悅。

習鑿齒曰：司馬師引二敗以爲己過，過消而業隆。若推過歸咎，執其功而隱其喪，則上下離心，賢愚解體矣。君人者，苟統斯理以御國，行失而名揚，兵挫而戰勝，雖百敗可也，況於此乎！

魏光禄大夫張緝曰：「恪其不免乎？」司馬師曰：「何也？」緝曰：「威震其主，功蓋一國，何以能久。」

校勘記

〔一〕其浮華不務道本者　「務」原作「根」，據殿本、三國志卷三魏書明帝紀、通鑑卷七一魏紀三魏明帝太和四年二月改。

〔二〕大王以三爵之後手殺善士　「手」，三國志卷五七吳書虞翻傳（中華書局校點本）謂此爲衍字。

〔三〕衆議以丹陽地勢險阻　殿本「阻」字下有「與吳郡會稽新都番陽四郡鄰接」十三字。

〔四〕岱時年八十　「年」字原脱，據殿本、通鑑卷七四魏紀六魏明帝景初三年冬十月補。

〔五〕以吕岱督右部　「右」原作「左」，據殿本、三國志卷六〇吳書吕岱傳、通鑑卷七五魏紀七魏邵陵厲公正始七年秋九月改。

〔六〕諸葛恪督左部　「左」原作「右」，據殿本、通鑑卷七五魏紀七魏邵陵厲公正始七年秋九月改。

〔七〕十一月　「一」字原脱，據月崖本、成化本、殿本、通鑑卷七五魏紀七魏邵陵厲公嘉平二年十一月補。

〔八〕八月　「八」字上原衍「七月」二字，據月崖本、成化本、殿本、通鑑卷七五魏紀七魏邵陵厲公嘉平三年八月删。

資治通鑑綱目卷十六

起癸酉漢後主延熙十六年，盡己亥晉武帝咸寧五年，凡二十七年。

癸酉(二五三)

十六年。魏嘉平五年，吴建興二年。

春，正月，盜殺大將軍費禕。初，姜維攻魏西平，獲中郎郭循，以爲左將軍。循欲刺帝，不得近，每因上壽，且拜且前。爲左右所遏，事輒不果。至是費禕與諸將大會於漢壽，歡飲沉醉，循刺殺之。禕泛愛不疑，待新附太過。張嶷嘗與書引岑彭、來歙爲戒，禕不從，故及。魏追封循爲鄉侯，使其子襲爵。

二月，吴諸葛恪擊魏。吴軍還自東興。加諸葛恪荆、揚二州牧，督中外諸軍事。恪遂有輕敵之心，復欲出軍，諸大臣以爲數出疲勞，固諫，不聽。中散大夫蔣延固爭，恪命扶出。因著論以諭衆曰：「昔秦但得關西耳，尚并吞六國。今以魏比秦，土地數倍；以吴、蜀比六國，不能半也。所以能敵之者，但以操時兵衆，於今適盡，而後生者未長。又，司馬懿隕斃，而其子幼弱專國，雖有智計之士，未得施用，是其厄會也。若順衆人之情，懷偷安之計，以爲長江之險可以傳世，不論魏之終始而以今日遂輕其後，此吾所以長歎息者也。今衆人或以百姓尚貧，欲務閑息，此不知慮其大危而愛其小勤者也。昔漢祖幸已自有三秦，何不閉關自娱而數出攻楚，豈甘鋒刃而忘安寧哉？每覽荆邯之計，近見家叔父陳表，未嘗不喟然也！」衆人皆心以爲不可，莫敢復難。獨滕胤謂曰：「君前破强敵，天下震動。今猥以勞役之後，興師出征，民疲力屈，遠主有備。若攻城不克，野掠無獲，是喪前勞而招後責也。且兵者大事，事以衆濟，衆苟不悦，君獨安之！」恪又不聽。遂大發州郡二十萬衆復擊魏，以滕胤爲都下督，掌統留事。

夏，四月，姜維伐魏，圍狄道。維負其才武，欲誘諸羌、胡以爲羽翼，謂自隴以西，可斷而有。每欲大舉，費禕常裁制不從，與兵不過萬人，曰：「丞相猶不能定中夏，況吾等乎！不如保國治民，謹守社稷，如其功業，以俟能者，無爲徼倖，決成敗於一舉，若不如志，悔之無及。」及禕死，維遂將數萬人伐魏，圍狄道。

吴師圍魏新城，不克。初，諸葛恪入淮南，或曰：「宜圍新城，俟救至而圖之，可大獲也。」恪從其計。魏司馬師問於虞松曰：「今二方皆急，而諸將意沮，若之何？」松曰：「昔周亞夫堅壁昌邑而吴、楚自敗，事有似弱而强者，不可不察也。今恪悉其鋭衆，足以肆暴，而坐守新城，欲以致一戰耳。若攻城不拔，請戰不可，師老衆疲，勢將自遁，諸將之不進，乃公之利也。姜維投食我麥，非深根之寇。且謂我并力於東，是以徑進。今若使關中諸軍倍道急赴，出其不意，殆將走矣。」師曰：「善。」乃使郭淮、陳泰解狄道之圍，敕毌丘儉等案兵自守，以新城委吴。泰至洛門，維果以糧盡引還。魏揚州牙門將張特守新城，吴人攻之連月，城中兵合三千人，疾病戰死者過半，而恪起土山急攻，城將陷，特謂吴人曰：「今我無心復戰也。然魏法，被攻過百日而救不至者，雖降，家不坐；自受敵以來，已九十餘日矣，城雖陷，尚有不欲降者，我當還爲相語，條别善惡，明早送名，且以我印綬去爲信。」吴人聽之。特乃夜徹諸屋材栅，補其缺爲二重，明日謂曰：「我但有鬬死耳！」吴人大怒，進攻之，不能拔。會大暑，吴軍病者太半，死傷塗地。恪内惟失計，忿形於色。將軍朱異以軍事迕恪，恪奪其兵。都尉蔡林數陳計，不用，策馬奔魏。魏諸將伺知其兵已疲，乃進救兵。七月，恪引去，士卒傷病，流曳頓仆，哀痛嗟呼，而恪晏然自若。詔召相銜，徐乃旋師。由是衆庶失望，而怨讟興矣。汝南太守鄧艾言於司馬師曰：「孫權已没，大臣未附，恪不念撫恤上下以立根基，乃競於外事，載禍而歸，其亡可待也。」

冬，十月，吴殺其太傅諸葛恪，以孫峻爲丞相。恪還建業，陳兵入府，即召中書令孫嘿，厲聲謂曰：「卿等何敢數妄作詔！」征行之後，曹所奏署令長職司，一罷更選，愈治威嚴，多所罪責，改易宿衛，用其親近。復嚴兵，欲向青、徐。孫峻因民怨衆嫌，構恪於吴主亮，云欲爲變。遂與亮謀置酒請恪，伏兵殺之，以葦席裹屍，投之石子岡，并夷三族。臨淮臧均表請聽故吏收葬，從之。

初，恪少有盛名，大帝深器重之，而恪父瑾常以爲戚，曰：「非保家之主也。」陸遜嘗謂恪曰：「在我前者吾必奉之同升，在我下者則扶接之。今君氣陵其上，意蔑其下，非安德之基也。」漢侍中諸葛瞻，亮之子也。恪再攻淮南，越嶲太守張嶷與之書曰：「太傅受寄託之重，而離少主履敵庭，恐非良計。郎君宜進言於太傅，旋軍務農，務行德惠，數年之後，東西並舉，未爲晚也。」至是果敗。吴羣臣共推峻爲太尉，滕胤爲司徒。有媚峻者言：「萬機宜在公族。」乃表峻爲丞相、大將軍，都督中外諸軍事，又不置御史大夫，由是士人失望。峻驕矜淫暴，國人側目。與胤雖内不洽，而外相苞容，共事如前。

吴殺其南陽王和。和妃張氏，恪甥也。峻因此賜和死，張妃亦自殺。其妾何氏曰：「若皆從死，誰當字孤。」遂撫育其子皓及諸姬子德、謙、俊，皆賴以全。齊王奮聞恪誅，欲至建業觀變，傅相諫，奮殺之，亦坐廢爲庶人。

甲戌（二五四）

十七年。魏主曹髦正元元年，吴五鳳元年。

春，二月，魏司馬師殺中書令李豐及太常夏侯玄、光禄大夫張緝，遂廢其后張氏。初，李豐年十七八，已有清名，其父恢不悦，敕使閉門斷客。後司馬師秉政，以豐爲中書令。時太常夏侯玄有天下重名，以曹爽親，故不得在勢位，居常怏怏；張緝以后父家居，亦不得意，豐皆與親善。雖爲師所擢用，而心常在玄。魏主又數獨召豐語，師知其議己，詰之，不以實告。師怒，以刀鐶築殺之，遂收玄、緝下廷尉，鍾毓案治，云：「豐等謀誅大將軍，以玄代之，緝知其謀。」遂皆夷三族，并廢張后。

夏侯霸之入蜀也，邀玄與俱，不從。及司馬懿卒，中領軍許允謂曰：「無復憂矣！」玄歎曰：「此人猶能以通家年少遇我，子元、子上不吾容也。」及下獄，玄不肯下辭，鍾毓夜爲作辭，流涕示之，玄視，頷之而已。及就東市，顔色不變，舉動自若。後允出爲鎮北將軍，與魏主别，涕泣歔欷。師諷有司奏其罪，徙樂浪，道死。

豐弟翼，爲兖州刺史，師遣使收之。翼妻荀氏曰：「可及詔書未至赴吴，何爲坐取死亡！左右可同赴水火者爲誰？」翼思未答，妻曰：「君在大州，不知可與同死生者，雖去亦不免！」乃止，死。

初，李恢與尚書僕射杜畿及東安太守郭智善，智子沖，有内實而無外觀，州里弗稱也。沖嘗與豐俱見畿，既退，畿嘆曰：「孝懿無子，非徒無子，殆將無家。君謀爲不死也，其子足以繼其業。」時人以畿爲誤，及豐死，而沖爲郡守，卒繼父業。

正始中，玄及何晏、鄧颺俱有盛名，欲交傅嘏，嘏不受。荀粲怪而問之，嘏曰：「太初志大其量，能合虚聲而無實才。何平叔言遠而情近，好辯而無誠，所謂利口覆邦國之人也。鄧玄茂外要名利，内無關鑰，貴同惡異，多言而妬前。多言多釁，妬前無親。以吾觀此三人，皆將敗家，遠之猶恐禍及，況昵之乎！」嘏又與豐不善，謂同志曰：「豐飾僞而多疑，矜小智而昧於權利，若任機事，其死必矣！」

夏，姜維伐魏。

秋，九月，魏司馬師廢其主芳爲齊王，遷之河内。冬，十月，迎高貴鄉公髦立之。

魏主芳以李豐之死，意殊不平。安東將軍司馬昭鎮許昌，詔召之使擊姜維。九月，昭領兵入見，芳幸平樂觀以臨軍過。左右勸因昭辭，殺之，勒兵以退大將軍；已書詔於前，芳懼，不敢發。司馬師以太后令召羣臣議，以魏主荒淫無度，褻近倡優，不可以承天緒；羣臣莫敢違。乃奏收璽綬，歸藩于齊。立彭城王據。芳與太后垂涕而別，乘王車，從太極殿南出，羣臣送者數十人，太尉司馬孚悲不自勝，餘多流涕。太后曰：「彭城王，季叔也，今來，我當何之！高貴鄉公，文皇帝長孫，明皇帝弟子，於禮，小宗有後大宗之義，其詳議之。」師乃更召羣臣議，迎髦於元城。髦，東海定王霖之子也，時年十四，師使請璽綬迎之。太后曰："我見高貴鄉公，小時識之，欲以璽綬手授之。"十月，髦至玄武館，羣臣奏請舍前殿，髦以先帝舊處，避止西廂；羣臣又請以法駕迎，不聽。入洛陽，羣臣迎拜，髦下輿答拜，儐者請曰："儀不拜。"髦曰："吾人臣也。"遂答拜。至止車門，左右曰："舊乘輿入。"髦曰："吾被徵，未知所爲。"遂步至太極東堂見太后。其日即位，百僚皆欣欣焉。

乙亥(二五五)

十八年。魏正元二年，吴五鳳二年。

春，正月，魏揚州都督毌丘儉、刺史文欽起兵討司馬師，師擊敗之。欽奔吴，儉走死。

初，欽以驍果見愛於曹爽，而儉素與夏侯玄、李豐善。至是皆不自安，儉乃以計厚待欽。儉子甸謂儉曰："大人居方嶽重任，國家傾覆而晏然自守，將受四海之責矣！"於是儉矯太后詔，起兵壽春，移檄州郡以討司馬師。又遣使邀鎮南將軍諸葛誕，誕斬其使。儉將五六萬衆渡淮，至項堅守，使欽在外爲游兵。師問計於河南尹王肅，肅曰："昔關羽有北向爭天下之志，孫權襲取其將士家屬，羽衆瓦解。今淮南將士家在内州，但急往禦衛，使不得前，必有土崩之勢矣。"時師新割目瘤，創甚，或謂不宜自行，肅又與尚書傅嘏、中書侍郎鍾會勸師自行，師疑未決。嘏曰："淮、楚兵勁，其鋒未易當。若諸將戰有利鈍，則公事敗矣。"師蹶然起曰："我請輿疾而東。"以弟昭兼中領軍，留鎮洛陽。師又問計於光禄勳鄭袤，袤曰："儉好謀而不達事情，欽勇而無算。今大軍出其不意，江、淮之卒，鋭而不能固，宜深溝高壘以挫其氣，此亞夫之長策也。"荆州刺史王基言於師曰："淮南之逆，非吏民思亂也，畏儉等迫脅，是以屯聚。若大兵一臨，瓦解必矣。」師從之。以基爲前軍，既復敕基停駐。基曰：「儉等詐謀已露，衆心疑沮。今不張示威形以副民望，而停軍高壘，有似畏懦，非用兵之勢也。若儉、欽略民以自益，而州郡兵家爲賊所得者，更懷離心，此爲錯兵無用之地而成姦宄之源，吴寇因之，則淮南非國家之有矣。軍宜速據南頓，南頓有大邸閣，計足四十日糧。保堅城，因積穀，先人有奪人之心，此平賊之要也。」師聽之，進據濦水。閏月，次濦橋，基復言曰：「兵聞拙速，未覩巧久。議者多言將軍持重。持重，非不行之謂也，進而不可犯耳。今以積實資虜而遠運軍糧，甚非計也。」師猶未許。基曰：「將在軍，君令有所不受。彼得則利，我得亦利，是謂爭地，南頓是也。」遂輒進據之。儉等亦往爭，聞基先到，乃還。吴孫峻率兵襲壽春，師命諸軍深壁，以待東軍之集。諸將請進攻項〔一〕，師曰：「淮南將士本無反志，儉、欽欺誘與之舉事。小與持久，詐情自露，將不戰而克矣。」乃遣諸葛誕自安豐向壽春；胡遵出譙、宋，絶其歸路。儉、欽進不得鬭，退恐壽春見襲，計窮不知所爲。將士家皆在北，降者相屬。兖州刺史鄧艾將萬餘人趨樂嘉城，儉使欽襲之。師自汝陽潛兵就艾，欽猝遇之，未知所爲。其子鴦，年十八，勇力絶人，謂之曰：「及其未定，擊之可破也。」於是分爲二隊，夜夾攻之。鴦率壯士先至鼓譟，軍中震擾。師驚駭，病目突出，恐衆知之，嚙被皆破。欽失期不應。會明，鴦見兵盛，乃還。欽引而東，鴦以疋馬拒追騎數千，所向披靡，人莫敢逼。殿中人尹大目，故曹氏家奴，從師行。知師目出，啓云：「欽本明公腹心，素與大目相信，乞爲公追解之。」乃乘馬追欽，謂曰：「君侯何苦不可復忍數日中也！」欽殊不悟，乃更怒罵，欲射之。大目涕泣曰：「世事敗矣，善自努力。」儉聞欽退，恐懼夜走，壽春亦潰。孫峻進至槖皋，欽以孤軍無繼，不能自立，遂詣峻降。

儉走慎縣，人就殺之，傳首京師。詔夷儉三族，以諸葛誕爲鎮東大將軍、都督揚州諸軍事。吴軍亦還。儉孫女適劉氏，當死，以孕繫廷尉。司隸主簿程咸議曰：「女適人者，已産育，則成他家之母，殺之不足懲亂源，而傷孝子之恩。且男不遇罪於他族，而女嬰戮於二門，非所以矜女弱，均法制也。臣以爲在室之女，可從父母之刑；既醮之婦，使從夫家之戮。」魏朝從之，遂著爲令。

魏大將軍司馬師卒。二月，師弟昭自爲大將軍，録尚書事。師疾篤，還許昌，昭自洛陽往省之。師令總統諸軍而卒。中書侍郎鍾會從師典知密事，魏主髦詔敕尚書傅嘏，以東南新定，權留昭屯許昌爲内外之援，令嘏率諸軍還。會與嘏謀，使嘏表上，輒與昭俱發，還屯洛水南。詔以昭爲大將軍，録尚書事。會由是常有自矜之色，嘏戒之曰：「子志大其量，而勳業難爲也，可不慎哉！」

秋，七月，吴孫峻殺朱公主。吴將軍孫儀等謀殺孫峻，不克，死者數十人。全公主譖朱公主，云與同謀，峻遂殺之。

八月，姜維伐魏，敗其兵於洮西，遂圍狄道，不克而還。姜維復議出軍，征西大將軍張翼廷争，以爲：「國小民勞，不宜黷武。」不聽。維遂將數萬人至枹罕，魏雍州刺史王經與戰於洮西，大敗，死者萬計，還保狄道城。翼謂維曰：「可以止矣。進或毁此大功，爲蛇畫足。」維大怒，遂圍狄道。魏詔鄧艾行安西將軍，與征西將軍陳泰并力拒維。泰進軍隴西，諸將皆曰：「王經新敗，蜀衆大盛，今以烏合之卒當之，殆必不可。不如據險自保，觀釁待敝，此計之得也。」泰曰：「維輕兵深入，正欲與我争鋒原野，求一戰之利。當高壁深壘，挫其鋭氣。今乃與戰，使賊得計。經既破走，維若以戰克之威，進兵東向據櫟陽積穀之實，招納羌、胡，東爭關、隴，傳檄四郡，此我之所惡也。今乃以乘勝之兵，挫峻城之下，攻守勢殊，客主不同。吾乘高據勢，臨其項領，不戰必走矣。」遂進軍潛行，夜至狄道東南高山上，多舉烽火，鳴鼓角。維不意救兵卒至，急攻不克，乃遁而還。泰每以一方有事，輒以虛聲擾動天下，故希簡上事，驛書不過六百里。大將軍昭曰：「陳征西沈勇能斷，救將陷之城，而不求益兵，大將不當爾耶！」

冬，吴始作太廟。

丙子(二五六)

十九年。魏甘露元年，吴太平元年。

春，正月，以姜維爲大將軍。

夏，四月，魏司馬昭始服衮冕赤舄。

魏主髦視學。初，魏主宴羣臣於東堂，與諸儒論夏少康、漢高祖優劣，以少康爲優。至是幸太學，與諸儒論書、易及禮，諸儒莫能及。常與中護軍司馬望、侍中王沈、散騎常侍裴秀及鍾會等講宴於東堂，特加禮異。魏主性急，請召欲速，以望職在外，特給追鋒車、虎賁五人，每有集會，輒馳而至。望，孚之子也。

秋，七月，姜維伐魏，與其將鄧艾戰，敗績。姜維自狄道還駐鍾提，魏人以其力竭，未能更出。安西將軍鄧艾曰：「彼有乘勝之勢，我有虛弱之實，一也；彼上下相習，我將易兵新，二也；彼以船行，我以陸軍，三也；狄道、隴西、南安、祁山各當有守，彼專爲一，我分爲四，四也；彼從南安，因食羌穀；

若趣祁山，熟麥千頃，五也，賊有黠計，其來必矣。」秋，維復出祁山，聞艾有備，乃回，趣南安。艾與戰於段谷，大破之，死者甚衆，蜀人由是怨維。

八月，魏司馬昭自爲大都督，奏事不名，假黄鉞。

吴孫峻卒，以其從弟綝爲侍中，輔政。

吴大司馬吕岱卒。始，岱親近徐原，慷慨有才志，岱賜以巾構，與共言論。後遂薦拔，官至侍御史。原好直言，岱有得失，輒諫諍，又公論之。或以告岱，岱嘆曰：「是我所以貴德淵者也！」及原死，哭之甚哀，曰：「德淵，岱之益友。今不幸，岱復於何所聞過乎？」卒年九十六。

冬，十月，吴孫綝殺大司馬滕胤、將軍吕據。吴車騎將軍吕據在江都，聞孫綝輔政，大怒，表薦滕胤爲丞相。綝更以胤爲大司馬，出駐武昌。未行，據引兵還，約胤共廢綝。綝遣從兄憲將兵逆據，而使人趣胤行。胤懼，勒兵自衛。綝表胤反，發兵攻圍之。或勸胤曰：「引兵至蒼龍門，將士必委綝就公矣。」時夜已半，胤恃與據期，又難舉兵向宫，比曉，據不至，綝兵大會，殺胤，夷三族。或勸據奔魏，據曰：「吾恥爲叛臣。」遂自殺。

魏以盧毓爲司空。魏以盧毓爲司空，毓固讓司隸校尉王祥，詔不許。祥至孝，繼母朱氏遇之無道，祥愈恭謹。朱氏子覽，年數歲，每見祥被箠，輒涕泣抱持母。母以非理使祥，覽輒與俱。及長，娶妻，母虐使祥妻，覽妻亦趨之，母爲少止。祥漸有時譽，母深疾之，密使酖祥。覽徑起主酒，祥不與，母奪而反之。後母賜祥饌，覽輒先嘗，母懼，遂止。漢末遭亂，隱居三十餘年，不應州郡之命。母終，毁瘁，杖而後起。徐州刺史呂虔檄爲别駕，委以州事，政化大行，時人歌之曰：「海、沂之康，實賴王祥；邦國不空，别駕之功。」

吴孫綝殺將軍王惇。綝負貴倨傲，多行無禮。惇與峻從弟憲謀殺之，事泄，皆死。

丁丑(二五七)

二十年。魏甘露二年，吴太平二年。

夏，四月，吴主亮始親政。吴主亮親政事，大將軍孫綝表奏，多見難問，又科兵子弟十八已下〔二〕、十五已上三千餘人，選大將子弟年少有勇力者，使將之。日於苑中教習，曰：「吾立此軍，欲與之俱長。」數出中書視大帝時舊事，問左右侍臣曰：「先帝數有特制，今大將軍問事，但令我書可耶？」嘗食生梅，使黄門至中藏取蜜，蜜中有鼠矢，召問藏吏，藏吏叩頭。亮曰：「黄門從爾求蜜耶？」吏曰：「向求，實不敢與。」黄門不服。亮令破鼠矢，矢中燥，因大笑謂左右曰：「若矢先在蜜中，中外俱濕；今外濕裏燥，必黄門所爲也。」詰之，果服。左右驚悚。

魏揚州都督諸葛誕起兵討司馬昭。六月，昭以其主髦攻之〔三〕，吴人救之，不克而還。誕素與夏侯玄等友善，玄等死，王淩、毌丘儉相繼誅滅，誕内不自安，乃傾帑振施，曲赦有罪以收衆心，養輕俠數千人爲死士。司馬昭初秉政，長史賈充請遣參佐慰勞四征，且觀其志。充至淮南，見誕論時事，因曰：「洛中諸賢，皆願禪代，君以爲如何？」誕厲聲曰：「卿非賈豫州子乎？世受魏恩，豈可以社稷輸人！若洛中有難，吾當死之。」充默然，還，言於昭曰：「誕再在揚州，得士衆心。今召之，必不來，然反疾而禍小；不召，則反遲而禍大，不如召之。」充，逵之子也。詔以誕爲司空。誕遂殺揚州刺史樂綝，斂屯田兵十餘萬及新附四五萬人，聚穀足一年食，爲閉門自守計。遣長史吴綱將小子靚至吴，稱臣請救。司馬昭奉魏主髦及太后討之。吴使將軍全懌、全端、唐咨等與文欽同救誕。六月，詔督諸軍二十六萬進屯丘頭，使將軍王基、陳騫圍壽春。圍未合，懌等將衆因山乘險，突入城。昭敕基斂軍堅壁。基累求進討，會吴朱異率三萬人屯安豐，爲欽外勢。詔基轉據北山。基曰：「今圍壘轉固，兵馬向集，當修守備以待越逸，而更移兵守險，使得放縱，雖有智者，不能善其後矣！」遂守便宜，上疏，報聽。於是四面合圍，塹壘甚峻。擊欽、異，皆破走之。秋，吴孫綝大發卒出屯鑊里，復遣異等解壽春之圍。魏人又擊破之。異走歸綝，綝使異更死戰，異以士卒乏食，不從。綝怒，斬異而還。綝既不能拔出誕，而喪敗士衆，自戮名將，吴人咸怨。昭乃縱反間，言：「吴救方至，大軍乏食，勢不能久。」誕益寬恣食，俄而乏糧，外救不至。蔣班、焦彝，誕謀主也，言於誕曰：「宜及衆心尚固，并力決死，攻其一面，猶有可全。空坐守死，無爲也。」誕不聽，欲殺之。班、彝踰城出降。全懌兄子輝等得罪於吴，奔魏。司馬昭作輝書告懌等説：「吴中怒懌等不能拔壽春城，欲盡誅諸將家，故逃來歸命。」懌等遂帥其衆出降。

姜維伐魏。姜維聞魏分關中兵赴淮南，欲乘虛向秦川，率數萬人出駱谷。時長城積穀多，而守兵少，魏都督司馬望及鄧艾進據之以拒維。維數挑戰，不應。是時維數出兵，蜀人愁苦，譙周作仇國論諷之曰：「或問往古能以弱勝强者，其術何如？曰：吾聞之，處大無患者常多慢，處小有憂者常思善；多慢則生亂，思善則生治，理之常也。故周文養民，以少取多；勾踐卹衆，以弱斃强，此其術也。或曰：曩者，項强漢弱，約分鴻溝，各歸息民。張良以爲民志既定，則難動也，率兵追羽，終斃項氏。豈必由文王之事乎？曰：商、周之際，王侯世尊，君臣久固。深根者難拔，據固者難遷。當此之時，雖漢祖安能杖劍鞭馬取天下乎！及秦罷侯置守之後，民疲秦役，天下土崩，於是豪强並争，虎裂狼分，疾搏者獲多，遲後者見吞。今我與彼，皆傳國易世矣。既非秦末鼎沸之時，實有六國並據之勢，故可爲文王，難爲漢祖。夫民之疲勞，則騷擾之兆生，上慢下暴，則瓦解之形起。諺曰：『射幸數跌，不如審發。』是故智者不爲小利移目，不爲意似改步，時可而後動，數合而後舉，故湯、武之師不再戰而克，誠重民勞而度時審也。如遂極武黷征，不幸遇難，雖有智者，將不能謀之矣！」

戊寅（二五八）

景耀元年。魏甘露三年，吴景帝孫休永安元年。

春，二月，魏司馬昭拔壽春，殺諸葛誕。文欽教諸葛誕決圍而出，不克。復還城中，食盡，降者日衆。欽欲盡出北方人省食，與吴人堅守，誕不聽，由是爭恨，遂殺欽。欽子鴦踰城自歸於魏，軍吏請誅之，司馬昭曰：「欽子固應就戮，然今以窮來歸，且城未拔，殺之是堅城内之心也。」乃使將數百騎巡城呼曰：「文欽之子猶不見殺，其餘何懼！」表爲將軍，賜爵關内侯。城中皆喜。昭因進軍，克之，斬誕，夷三族。誕麾下數百人，皆拱手爲列，不降，每斬一人，輒降之，卒不變，以至於盡。吴將于詮曰：「大丈夫受命其主，以兵救人，既不能克，又束手於敵，吾弗取也。」乃免冑冒陳而死。昭初圍壽春，王基等欲急攻之，昭曰：「城固衆多，攻之必力屈；若有外寇，表裏受敵，此危道也。今三叛相聚於孤城之中，天其或者使同就戮，吾當以全策縻之。但堅守三面，若吳賊陸道而來，軍糧必少；吾以輕騎絶其轉輸，可不戰而破也。吳賊破，欽等必成擒矣。」乃命諸軍按甲以守之，卒不煩攻而破。議者又以淮南仍叛，吳兵家在江南，宜悉坑之。昭曰：「古之用兵，全國爲上，戮其元惡而已。吳兵得亡還，適可示中國之大度耳。」一無所殺，分布三河近郡安處之。昭欲遣諸軍因釁擊吳，王基諫曰：「昔諸葛恪乘東關之勝，以圍新城，衆死太半。姜維因洮西之利，輕兵深入，軍覆上邽。夫大捷之後，上下輕敵，輕敵則慮難不深。今賊新敗於外，又內患未弭，是修備設慮之時也。」昭乃止。以基爲征東將軍，都督揚州諸軍事。時鍾會謀畫居多，昭親待日隆，委以腹心之任，時人比之子房。

姜維引兵還。維聞諸葛誕死而還。

夏，五月，魏司馬昭自爲相國，封晉公，加九錫，復辭不受。

秋，八月，魏主髦養老乞言於太學。以王祥爲三老，鄭小同爲五更。

九月，吳孫綝廢其主亮爲會稽王。冬，十月，迎立瑯邪王休。休以綝爲丞相，封兄子皓爲烏程侯。孫綝以其主亮親政，多所難問，稱疾不朝，使弟據入宿衛，恩、幹、闓分屯諸營以自固。亮惡之，陰與全公主、將軍劉承謀誅之。全后父尚爲衛將軍，亮使尚子紀語尚：「嚴整兵馬，孤當率宿衛臨橋。」且曰：「勿令卿母知，女人不曉大事，且綝妹也，邂逅漏泄，誤孤非小。」紀承詔以告尚，尚無遠慮，以語紀母。母使人密語綝，綝夜襲尚，執之，殺劉承。比明，遂圍宮。亮大怒，上馬帶鞬執弓欲出，曰：「孤大皇帝適子，在位已五年，誰敢不從者！」近臣共牽止之，不得出。綝使光祿勳孟宗告太廟，廢亮爲會稽王，以其罪班告遠近。尚書桓彝不肯署名，綝怒，殺之。遂迎瑯邪王休於會稽，遣會稽王亮之國。亮時年十六。殺全尚，遷全公主於豫章。綝以休未至，欲入居宫中，召百官會議，皆惶怖唯唯，選曹郎虞汜曰：「明公擅廢立之威，誠欲上安宗廟。今迎主未至，而欲入宫，竊恐衆聽疑惑，非所以永終忠孝，揚名後世也。」綝不懌而止。十月，休至，羣臣奉上璽符，三讓乃受，即日御正殿，大赦改元。綝稱「草莽臣」，詣闕上印綬節鉞，求避賢路。吴主休慰諭之，以爲丞相、荆州牧。

先是，丹陽守李衡數以事侵休，其妻習氏諫之，不聽。休上書得徙會稽。至是衡謂妻曰：「以不用卿言至此，吾欲犇魏，何如？」妻曰：「逃叛求活，何面目見中國人！瑯邪素好善慕名，方欲自顯於天下，終不以私嫌殺君。可自詣獄，表列前失，顯求受罪。如此，當逆見優饒，非但直活而已。」衡從之。詔遣還郡，加將軍號，授以棨戟。又封故南陽王和子皓爲烏程侯。

十二月，吴孫綝伏誅。綝奉牛酒詣休，休不受，齎詣張布；酒酣，出怨言曰：「帝非我不立，今上禮見拒，是與凡臣無異，當復改圖耳。」布以告，休銜之，恐其有變，數加賞賜。或告綝反，休執付綝，綝殺之，由是益懼，求出屯武昌，休許之。凡所請求，無一違者。將軍魏邈説休曰：「綝居外，必有變。」衛士又告綝反。休將討之，密問於張布，布曰：「左將軍丁奉，雖不能吏書，而計略過人，能斷大事。」乃召奉問計畫，奉曰：「丞相兄弟支黨甚盛，不可卒制。可因臘會有陛兵以誅之。」十二月，臘會，綝稱疾，休强起之，不得已而入，奉、布目左右縛而斬之，以其首令衆，諸同謀者，皆赦之。放仗者五千人。夷綝三族，發孫峻棺，取印綬，斲而埋之。改葬諸葛恪及胤、據等，其罹恪等事遠徙者，一切召還。有乞爲恪立碑者，詔曰：「盛夏出軍，士卒傷損，無尺寸之功，不可謂能；受託寄之任，死於豎子之手，不可謂智。」遂寢。

詔漢中兵屯漢壽，守漢、樂二城。初，昭烈定漢中，實兵諸圍以禦外敵，敵若來攻，使不得入。其後皆承此制。及姜維用事，建議以爲諸圍適可禦敵，不獲大利。不若斂兵聚穀，退就漢、樂二城，聽敵入平，重關頭鎮守以捍之。敵攻關不克，千里運糧，自然疲乏；引退之日，然後諸城並出搏之，此殄敵之術也。」於是詔督漢中胡濟却屯漢壽，王含守樂城，蔣斌守漢城。

己卯（二五九）

二年。魏甘露四年，吴永安二年。

春，正月，黄龍二見魏寧陵井中。先是，魏地井中屢有龍見，羣臣以爲吉祥，魏主髦曰：「龍者，君德也。上不在天，下不在田，而數屈於井，非嘉兆也。」作潛龍詩以自諷，司馬昭見而惡之。

秋，八月，陳祗卒，以董厥爲尚書令，諸葛瞻爲僕射。祗以巧佞有寵，姜維雖位在祗上，而多處外，權任不及祗。

庚辰（二六〇）

三年。魏元帝曹奐景元元年，吴永安三年。

春，正月，朔，日食。

夏，五月，魏司馬昭弑其主髦於南闕下，尚書王經死之。魏主髦見威權日去，不勝其忿。

召侍中王沈、尚書王經、散騎常侍王業，謂曰：「司馬昭之心，路人所知也。吾不能坐受廢辱，今日當與卿自出討之。」經曰：「昔魯昭公不忍季氏，敗走失國，爲天下笑。今權在其門，爲日久矣，朝廷四方皆爲之致死，不顧逆順之理，非一日也。且宿衛寡弱，陛下何所資用；而一旦如此，無乃欲除疾而更深之耶！禍殆不測。」髦出懷中黄素詔投地曰：「行之決矣！正使死何懼，況不必死耶！」於是入白太后。沈、業犇走告昭，呼經欲與俱，經不從。髦遂拔劍升輦，率殿中宿衛蒼頭官僮鼓譟而出。中護軍賈充入，與戰南闕下，髦自用劍。衆欲退，太子舍人成濟問充曰：「事急矣，當云何？」充曰：「司馬公畜養汝等，正爲今日。今日之事，無所問也！」濟即抽戈前刺髦，殞于車下。昭聞之，大驚，自投於地。太傅孚犇往，枕之股而哭甚哀，曰：「殺陛下者，臣之罪也。」昭入殿中，召羣臣會議。尚書僕射陳泰不至，昭使其舅尚書荀顗召之，泰曰：「論者以泰方舅，今舅不如泰也。」子弟逼之，乃入見昭，悲慟，昭亦對之泣曰：「玄伯，卿何以處我？」泰曰：「獨有斬賈充，少可以謝天下耳。」昭久之曰：「更思其次。」泰曰：「泰言惟有進於此者，不知其次。」昭乃不復言。顗，彧之子也。以太后令，罪狀髦，廢爲庶人，葬以民禮。收王經及其家屬付廷尉。經謝其母，母笑曰：「人誰不死，正恐不得其所。以此并命，何恨之有！」及就誅，故吏向雄哭之，哀動一市。王沈以功封安平侯。太傅孚等請以王禮葬髦，許之。昭言成濟大逆不道，夷三族。

六月，魏主奐立。奐，燕王宇之子也，本名璜，封常道鄉公。司馬昭迎立之，更名奐，年十五矣。

吳作浦里塘。吳都尉嚴密建議作浦里塘，羣臣皆以爲難，唯將軍濮陽興力主之。功費不可勝數，士卒多死，民大愁怨。

吳會稽王亮自殺。會稽謠言王亮當還爲天子，而亮宮人告王禱祠，有惡言。吳主遂黜亮爲候官侯。亮自殺。

冬，魏以王沈爲豫州刺史。沈初到，下教曰：「有能陳長吏可否，說百姓所患者，給穀五百斛。言刺史得失，朝政寬猛者，給穀千斛。」主簿陳廞、褚䂮入白曰：「教旨思聞苦言，示以勸賞。竊恐拘介之士或憚賞而不言，貪昧之人將慕利而妄舉。苟言不合宜，不加以賞，則遠聽者又未知當否之所在，徒見言之不用，因謂設而不行。告下之事，可小須後。」沈曰：「興益於上，受分於下，斯乃君子之操，何不言之有！」䂮曰：「堯、舜、周公所以能致忠諫者，以其款誠之心著也。冰炭不言而冷熱之質自明者，以其有實也。若好忠直，如冰炭之自然，則諤諤之言將不求而自至。若其不然，雖懸重賞，忠言未可致也。」沈乃止。

辛巳（二六一）

四年。魏景元二年，吳永安四年。

春，三月，魏遣兵迎吳降將，未行而罷。魏襄陽太守胡烈言：「吳將鄧由等十八屯同謀歸化，遣使送質。」詔王基部分諸軍徑造沮水以迎之。基遺司馬昭書，言由等可疑狀，且曰：「夷陵東西道皆險陿，竹木叢蔚，卒有要害，弩馬不陳，此事之危者。嘉平以來，累有內難，當今之宜，當務鎮安社稷，撫寧上下，力農務本，懷柔百姓，未宜動衆以求外利。」昭從之。既而由等果不降。

冬，以董厥、諸葛瞻爲將軍，共平尚書事；樊建爲尚書令。時中常侍黄皓用事，厥、瞻皆不能矯正，士大夫多附之，唯建不與皓往來。祕書令郤正久在内職，與皓比屋，周旋三十餘年，澹然自守，以書自娱，既不爲皓所愛，亦不爲所憎，故官不過六百石，而亦不罹其禍。帝弟甘陵王永憎皓，皓譖之，使十年不得朝見。吴使薛珝來聘，及還，吴主問漢政得失，對曰：「主闇而不知其過，臣下容身以求免罪，入其朝不聞直言，經其野民皆菜色。臣聞燕雀處堂，子母相樂，突決棟焚，而怡然不知禍之將及，其是之謂乎！」

鮮卑索頭貢質于魏。鮮卑索頭部世居北荒，不交南夏。至可汗毛始强大，統國三十六，大姓九十九；後五世至可汗推寅，南遷大澤；又七世至可汗鄰，使其兄弟七人及族人乙旃氏、車焜氏，分統部衆爲十族。鄰老，以位授其子詰汾，使南遷，居匈奴故地。詰汾死，力微立，復徙居定襄之盛樂，部衆浸盛，諸部畏服之。至是始遣其子沙漠汗貢于魏，因留爲質。

壬午(二六二)

五年。魏景元三年，吴永安五年。

秋，八月，吴立子𩅦爲太子。

冬，十月，姜維伐魏洮陽，不克。初，維將出軍，車騎將軍廖化曰：「兵不戢，必自焚，伯約之謂也。智不出敵而力少於寇，用之無厭，何以自存！」維遂伐魏，攻洮陽。鄧艾與戰於侯和，破之。時黄皓用事，與右大將軍閻宇親善，欲廢維樹宇。維知之，言於帝曰：「皓姦巧專恣，將敗國家，請殺之。」帝曰：「皓趨走小臣耳，往董允每切齒，吾嘗恨之，君何足介意！」維見皓枝附葉連，遜辭而出。帝敕皓詣維陳謝。維由是疑懼，返自洮陽，因求種麥沓中，不敢歸成都。

吴以濮陽興爲丞相。

初，吴主休在會稽，興爲太守，遇之厚；而張布嘗爲左右督將，及即位，二人皆貴寵用事。布典宫省，興關軍國，以佞巧更相表裏，吴人失望。休喜讀書，欲與祭酒韋昭、博士盛沖講論，布以昭、沖切直，恐入侍言己過，固諫止之。休曰：「孤欲與昭等講習舊聞，亦何所損！君特恐其道臣下姦慝，故不欲令入耳。如此之事，孤已自備之，不須昭等然後解也。」布皇恐陳謝，且言懼妨政事，休曰：「王務、學業，其流各異，不相妨也。」然休恐布疑懼，卒廢講業，不使昭等入。

魏司馬昭殺中散大夫嵇康。

康文辭壯麗，好言老、莊，而尚奇任俠，與阮籍、籍兄子咸、山濤、向秀、王戎、劉伶相友善，號「竹林七賢」。皆崇尚虚無，輕蔑禮法，縱酒昏酣，遺落世事。籍爲步兵校尉，其母卒，方與人圍棋，對者求止，籍留與決賭。既而飲酒二斗，舉聲一號，吐血數升，毁瘠骨立。居喪，飲酒無異平日。司隸何曾面質籍於司馬昭座，曰：「卿，縱情背禮，敗俗之人，不可長也！」因謂昭曰：「公方以孝治天下，而聽籍以重哀飲酒食肉於公座，何以訓人！宜擯之四裔，無令汙染華夏。」昭愛籍才，常擁護之。咸素幸姑婢；姑將婢去，咸方對客，遽借客馬追之，累騎而還。伶尤嗜酒，常乘鹿車，攜一壺酒，使人荷鍤隨之，曰：「死便埋我。」當時士大夫皆以爲賢，爭慕效之，謂之放達。鍾會聞康名，造之，康箕踞而鍛，不爲之禮。會將去，康曰：「何所聞而來，何所見而去？」會曰：「聞所聞而來，見所見而去！」遂深銜之。濤爲吏部郎，舉康自代；康與濤書，自説不堪流俗，而非薄湯、武。昭聞而怒之。康與東平呂安親善，安兄巽誣安不孝，康爲證其不然。會因譖「康嘗欲助毋丘儉，與安皆有盛名於世，而言論放蕩，害時亂教，宜因此除之」。昭遂殺安及康。康嘗詣隱者孫登，登曰：「子才多識寡，難乎免於今之世矣！」

魏以鍾會都督關中軍事。魏司馬昭患姜維數北伐，官騎路遺求爲刺客入蜀，從事中郎荀勗曰：「明公爲天下宰，宜仗正義以伐違貳，而以刺客除賊，非所以刑于四海也。」昭善之。遂欲大舉伐漢，朝臣多以爲不可，獨鍾會勸之。昭諭衆曰：「自定壽春已來，息役六年，治兵繕甲以擬二虜。今吳地廣大而下濕，攻之用力差難，不如先定巴、蜀。三年之後，因順流之勢，水陸並進，此滅虢取虞之勢也。計蜀戰士九萬，居守成都及備他境不下四萬，然則餘衆不過五萬。今絆姜維於沓中，使不得東顧，直指駱谷，出其空虛之地以襲漢中，以劉禪之闇，而邊城外破，士女内震，其亡可知也。」乃以會爲鎮西將軍，督關中。鄧艾以蜀未有釁，屢陳異議。昭使人諭之，艾乃奉命。姜維表遣左右車騎張翼、廖化督諸軍分護陽安關口及陰平之橋頭，以防未然。黄皓信巫鬼，謂敵終不自致，啓帝寢其事，羣臣莫知。

癸未（二六三）

炎興元年。魏景元四年，吳永安六年。是歲漢亡。

春，詔立故丞相亮廟於沔陽。亮初亡，所在各求爲立廟，朝議以禮秩不許，百姓遂因時節私祭之於道陌上。至是，校尉習隆等請近其墓立一廟於沔陽，以時賜祭。其故臣吏欲奉祠者皆至其廟，斷其私祀，以崇王禮。從之。

夏，五月，吳交趾殺其太守以降魏。吳交趾太守孫諝貪暴，會吳主遣使至郡，又擅調孔雀三十頭送建業，民憚遠役，遂作亂。郡吏呂興殺諝及使人，而請吏於魏，九真、日南皆應。魏以興爲將軍都督，尋爲其下所殺。

秋，魏遣鄧艾、鍾會將兵入寇，關口守將傅僉死之。姜維戰敗，還守劍閣。魏遣鄧艾督三萬餘人自狄道趣甘松、沓中以綴姜維；雍州刺史諸葛緒督三萬餘人自祁山趣武街橋頭，絕維歸路。鍾會統十萬餘衆分從斜谷、駱谷、子午谷趣漢中。以衛瓘持節監軍事，行鎮西軍司。會過幽州刺史王戎問計，戎曰：「道家有言：『爲而不恃。』非成功難，保之難也。」或以問參相國軍事劉實曰：「鍾、鄧其平蜀乎？」實曰：「破蜀必矣，而皆不還。」客問其故，實笑而不答。八月，軍發洛陽，陳師誓衆。將軍鄧敦謂蜀未可討，司馬昭斬以狥。漢人遣廖化爲姜維繼援，張翼、董厥詣陽安關口爲諸圍外助。大赦，改元。敕諸圍不得戰，退保漢、樂二城。會平行至漢中，使兵圍二城，徑趣陽安口，遣人祭諸葛亮墓。使護軍胡烈爲前鋒，攻關口。守將傅僉拒守，其下蔣舒率衆迎降，烈乘虛襲城，僉鬭而死。會遂長驅而前，大得庫藏并積穀。維聞會已入漢中，引兵還，艾遣兵追躡於疆川口，大戰，維敗走。還至陰平，合衆欲赴關城，聞其已破，遇化、翼、厥等，合兵守劍閣以拒會。

冬，十月，吳人來援。遣使告急於吳。吳使大將軍丁奉向壽春，丁封、孫異向沔中以救漢。

魏司馬昭始稱相國、晉公，受九錫。初，昭累辭進位爵賜，至是，蜀捷交至，詔復授之，昭乃受命。辟魏舒爲相國參軍。舒少時遲鈍，質朴，不爲鄉親所重。從叔父衡有名當世，亦不知之，使守水碓，每嘆曰：「舒堪數百户長，我願畢矣。」舒亦不以介意，不爲皎厲之事。唯太原王乂謂舒曰：「卿終爲台輔。」常振其匱乏，舒受而不辭。年四十餘，郡舉上計掾，察孝廉。宗黨以舒無學業，勸令不就，可以爲高。舒曰：「若試而不中，其負在我，安可竊不就之高以爲己榮乎？」於是自課，百日習一經，對策升第，累遷後將軍鍾毓長史。毓每與參佐射，舒常爲畫籌而已。後遇朋人不足，以舒滿數，舒容範閑雅，發無不中，舉坐愕然，莫有敵者。毓嘆而謝曰：「吾之不足以盡卿才，有如此射矣。」及爲參軍，府朝碎務，未嘗是非；至於廢興大事，衆人莫能斷者，舒徐爲籌之，多出衆議之表。昭深器重之。

衛將軍諸葛瞻及鄧艾戰於綿竹，敗績，及其子尚皆死之。

鄧艾進至陰平，欲與諸葛緒自江油趣成都，緒以西行非本詔，遂引軍與鍾會合。會欲專軍勢，密白緒畏懦不進，檻車徵還，軍悉屬會。姜維列營守險，會攻之不能克，糧道險遠，軍食乏，欲引還。艾上言：「賊已摧折，宜遂乘之，若從陰平由邪徑經漢德陽亭趣涪，出劍閣西百里，去成都三百餘里，奇兵衝其腹心，劍閣之守必還赴涪，則會方軌而進，如不還，則應涪之兵寡矣。」遂自陰平行無人之地七百餘里，鑿山通道，造作橋閣。山高谷深，又糧運將匱，瀕於危殆，艾以氈自裹，推轉而下。將士皆攀木緣崖，魚貫而進。先登至江油，守將馬邈降。諸葛瞻督諸軍拒艾，至涪，不進。尚書郎黄崇，屢勸瞻速行據險，無令敵得入平地，瞻不從。艾遂長驅而前，瞻退住綿竹，艾以書誘瞻曰：「若降者，表爲琅邪王。」瞻斬其使，列陳以待。艾大破之，斬瞻及崇。瞻子尚曰：「父子荷國重恩，不早斬黄皓，使敗國殄民，用生何爲！」策馬冒陳而死。

鄧艾至成都，帝出降，皇子北地王諶死之，漢亡。

漢人不意魏兵卒至，不爲城守調度。聞艾

已入平土，帝使羣臣會議，或勸奔吴，或勸入南中。譙周以爲：「自古無寄他國爲天子者，魏能并吴，吴不能并魏。等爲稱臣，爲小孰與爲大，再辱何與一辱！若欲犇南，當早爲計。今大敵已近，羣心無可保者，恐發足之日，其變不測。就能至南，遠夷平常無所供爲，猶數反叛，今外當拒敵，内供服御，耗損諸夷，其叛必矣！」乃遣使奉璽綬詣艾降。北地王諶怒曰：「若理窮力屈，禍敗將及，便當父子君臣背城一戰，同死社稷，以見先帝可也，奈何降乎！」帝不聽。諶哭於昭烈之廟，先殺妻子而後自殺。帝别敕姜維，使降鍾會。又送士民簿於艾，户二十八萬，口九十四萬，甲士十萬二千，吏四萬人。艾至成都城北，帝率羣臣面縛輿櫬詣軍門，艾持節解縛焚櫬，延見；禁將士無得虜略，輒依鄧禹故事，承制拜漢帝以下官。收黄皓將殺之，皓賂左右以免。維等及諸郡縣圍守得敕，放仗，詣會降。將士咸怒，拔刀斫石。會厚待維等，皆權還其印綬節蓋。

吴兵還。吴聞漢亡乃罷兵。中書丞華覈詣宫門上表曰：「伏聞成都不守，社稷傾覆，臣以草芥，竊懷不寧，陛下聖仁，必垂哀悼。臣不勝忡悵之情，謹拜表以聞！」魏之伐蜀也，吴人或謂襄陽張悌曰：「司馬氏得政以來，大難屢作，百姓未服，今又遠征，何以能克。」悌曰：「不然。曹操雖功蓋中夏，民畏其威而不懷其德也。丕、叡承之，刑繁役重，東西驅馳，無有寧歲。司馬懿父子累有大功，除其煩苛而布其平惠，爲之謀主而救其疾苦，民心歸之亦已久矣。故淮南三叛，腹心不擾；曹髦之死，四方不動。任賢使能，各盡其心，其本根固矣，姦計立矣。今蜀閹宦專朝，國無政令，而玩戎黷武，民勞卒敝。因危而伐，殆無不克。噫！彼之得志，我之憂矣。」吴人笑其言，至是乃服。

吴以鍾離牧爲武陵太守。吴以武陵五溪夷與蜀接界，蜀亡，懼其叛亂，乃以牧爲太守。時魏已遣郭純誘動諸夷進攻酉陽，郡中震懼。朝吏以爲：「諸夷阻兵，不可以軍驚擾，宜遣恩信吏宣教慰勞。」牧曰：「不然。外境内侵，誑誘人民，當及其根柢未深而撲取之，此救火貴速之勢也。」即率所領，晨夜進道，緣山險行垂二千里，斬惡民懷異心者凡千餘人，純等散走，五溪皆平。

魏赦益州，復半租五年。

魏以鄧艾爲太尉，鍾會爲司徒。

甲申（二六四）

魏咸熙元年，吴主孫皓元興元年。凡二國。

春，正月，魏以檻車徵鄧艾。鍾會謀反，伏誅。監軍衛瓘襲艾，殺之。鄧艾在成都，頗自矜伐，以書言於晉公昭曰：「兵有先聲而後實者，今因平蜀之勢以乘吴，吴必震恐，席卷之時也。然大舉之後，將士疲勞，不可便用，宜留隴右及蜀兵，煮鹽興冶，並作舟船，豫爲順流之事。且王劉禪以顯歸命之寵，如此，則吴人畏威懷德，望風而從矣。」昭使衛瓘諭艾：「事當須報，不宜輒行。」艾曰：「元惡既服，承制拜假，以安初附，謂合權宜。若待命往復，延引日月，春秋之義，『大夫出疆，有可以安社稷、利國家者，專之可也。』今吴人未賓，勢與蜀連，不可拘常，以失事機。兵法：『進不求名，退不避罪。』艾雖無古人之節，終不自嫌以損國家計也！」鍾會有異志，姜維知之，欲構成擾亂，乃説會曰：「君自淮南已來，算無遺策，今復定蜀，威德振世，欲以此安歸乎！何不法陶朱公泛舟絶迹，全功保身耶！」會曰：「君言遠矣，我不能行。」維曰：「其他則君智力之所能，無煩於老夫矣。」由是情好歡甚，因艾承制專事，乃與瓘密白艾有反狀。會善效人書，於劍閣要艾章表，皆易其言，令悖傲。至是，詔以檻車徵艾。昭恐艾不從命，敕會進軍成都，又遣賈充將兵入斜谷。昭自將大軍從魏主幸長安，令山濤爲行軍司馬，鎮鄴。初，會以才能見任，昭夫人王氏言於昭曰：「會見利忘義，好爲事端，寵過必亂，不可大任。」及將伐漢，西曹屬邵悌曰：「會單身無任，不若使餘人行也。」昭笑曰：「我寧不知此耶！蜀數爲邊寇，師老民疲，我今伐之，如指掌耳，而衆言蜀不可伐。夫人心豫怯則智勇並竭，强使之，適所以爲敵禽耳。惟會意與人同，今遣伐蜀，蜀必可滅。滅蜀之後，就如卿慮，蜀已破亡，遺民震恐，不足與圖事。中國將士各自思歸。會若作惡，祇自滅族耳。不須憂也。」及昭將之長安，悌復曰：「會所統兵五六倍於艾，但可敕會取艾，不須自行。」昭曰：「卿忘前言耶，雖然，所言不可宣也。我要自當以信意待人，但人不當負我耳。近日賈護軍問我：『頗疑鍾會不？』我答言：『如遣卿行，寧可復疑卿耶？』我到長安，則自了矣。」會遣瓘先至成都收艾，會以瓘兵少，欲令艾殺瓘，因以爲艾罪。瓘知其意，然不可得距，乃夜至成都，檄艾所統諸將，稱：「奉詔收艾，其餘一無所問。若來赴官軍，爵賞如先。敢有不出，誅及三族！」比至雞鳴，悉來赴瓘，唯艾帳内在焉。平旦，開門，瓘乘使者車，徑入，艾卧未起，遂執艾父子，置之檻車。諸將圖欲劫艾，整仗趣瓘營，瓘輕出迎之，僞作表草，將申明艾事，諸將信之而止。會至成都，送艾赴京師。會所憚惟艾，艾既就禽，遂決意謀反。欲使姜維爲前驅，自將隨其後。既至長安，令騎士從陸道、步兵從水道，浮渭入河，五日可到孟津，與騎兵會洛陽，一旦天下可定也。會得昭書，云：「恐艾或不就徵，吾自將屯長安，相見在近。」會驚曰：「但取艾，相國知我獨辦之。今來太重，必覺我異矣。便當速發，事成，可得天下；不成，退保蜀、漢，不失作劉備也。」會郭太后卒，會乃悉召諸將爲太后發哀，稱遺詔，使起兵廢司馬昭。更使所親信代領諸軍，所請羣官，悉閉諸曹屋中。瓘詐稱疾篤，出就外廨，會信之，無所復憚。維欲使會盡殺北來諸將，已因殺會，復立故漢帝，密書與帝曰：「願陛下忍數日之辱，臣欲使社稷危而復安，日月幽而復明。」會欲從維言誅諸將，猶豫未決。會帳下督丘建本屬胡烈，會愛信之。建愍烈獨坐，啓會，使聽内一親兵出取飲食，烈紿語親兵及疏與其子淵曰：「會已作大坑，白棓數千，欲悉呼外兵，棓殺内坑中。」一夜，轉相告，皆徧。淵遂率其父兵出門，諸軍鼓譟，爭先赴城。所閉諸人各緣屋出，與其軍士相得，斬維及會，死喪狼藉。瓘部分諸將，數日乃定。艾本營將士追出艾於檻車，迎還。瓘自以與會共陷艾，恐其爲變，乃遣護軍田續襲艾父子於綿竹西，斬之。艾之入江油也，續不進，艾欲斬續，既而捨之。及是，瓘謂曰：「可以報江油之辱矣。」鎮西長史杜預言於衆曰：「伯玉其不免乎！身爲名士，位望已高，既無德音，又不御下以正，將何以堪其責乎！」瓘聞之，不候駕而謝預。艾餘子在洛陽者悉被誅。會功曹向雄收葬會尸，昭召而責之曰：「往者王經之死，卿哭於東市而我不問，今會爲叛逆，又輒收葬，若復相容，其如王法何！」雄曰：「昔先王掩骼埋胔，仁流朽骨，當時豈卜其功罪而後收葬哉！今王誅既加，於法已備，雄感義收葬，教亦無闕。法立於上，教弘於下，以此訓物，不亦可乎。」昭悦，與宴談而遣之。會之伐漢也，辛憲英謂其夫之從子羊祜曰：「會在事縱恣，非持久處下之道，吾畏其有他志也。」會請其子琇爲參軍，憲英憂曰：「他日吾爲國憂，今日難至吾家矣。」琇固辭，不聽。憲英謂曰：「行矣，戒之，軍旅之間，可以濟者，其惟仁恕乎？」琇竟以全歸。詔以琇嘗諫會反，賜爵關内侯。

三月，魏晉公昭進爵爲王。魏詔晉公昭進爵爲王，追命其父懿爲宣王，兄師爲景王。太尉王祥、司徒何曾、司空荀顗共詣晉王，顗謂祥曰：「相王尊重，何侯與朝臣皆已盡敬，今日便當相率而拜，無疑也。」祥曰：「王、公相去一階而已，安有天子三公可輒拜人者！君子愛人以禮，我不爲也。」及入，顗拜，而祥獨長揖。昭謂祥曰：「今日然後知君見顧之重也！」

魏封故漢帝禪爲安樂公。禪舉家遷洛陽，大臣無從行者，惟祕書令郤正及殿中督張通捨妻子單身從行。正相導宜適，舉動無闕，禪乃慨然歎息，恨知正之晚。漢建寧太守霍弋聞成都不守，素服大臨三日。諸將勸弋速降，弋曰：「道路隔塞，未詳主之安危，去就大故，不可苟也。若魏以禮遇主上，則保境而降不晚也。萬一危辱，吾將以死拒之，何論遲速耶！」及得禪東遷之問，始率六郡將守上表曰：「臣聞人生於三，事之如一，惟難所在，則致其命。今臣國敗主附，守死無所，是以委質，不敢有貳。」晉王昭善之，委以本任。封禪爲安樂公。他日與宴，爲之作蜀技，旁人皆感愴，而禪喜笑自若。昭謂賈充曰：「人之無情，乃至於是。雖使諸葛亮在，不能輔之久全，況姜維耶！」他日，問禪曰：「頗思蜀否？」禪曰：「此間樂，不思蜀也。」正聞之，謂曰：「若王復問，宜泣而答曰：『先人墳墓，遠在岷、蜀，乃心西悲，無日不思。』因閉其目。」會昭復問，禪對如前，昭曰：「何乃似郤正語耶？」禪驚視曰：「誠如尊命。」左右皆笑。

夏，五月，魏復五等爵。晉王昭奏復五等爵，封騎督以上六百餘人。

秋，七月，魏以羅憲爲陵江將軍。初，漢使羅憲守永安，及漢敗，憲得其主手敕，乃帥所統，臨于都亭三日，吳聞蜀敗，起兵西上，外託救援，內欲襲憲。憲曰：「吳不恤我難，而背盟徼利，不義甚矣。」乃繕甲誓衆，厲以節義，遣使告急於魏。吳人來攻，與戰，大破之。吳主怒，復遣陸抗等帥衆三萬，增其圍。憲被攻凡六月，救援不到，或説憲棄城走，憲曰：「吾爲城主，百姓所仰，危不能安，急而棄之，君子不爲也，畢命於此矣！」魏遣荆州刺史胡烈攻西陵以救之，吳師遂退。晉王昭使仍舊任，加號將軍，封亭侯。

魏使荀顗定禮儀，賈充正法律，裴秀議官制。從晉王昭之請也。

吳主休殂，烏程侯皓立。吳主寢疾，口不能言，手書呼濮陽興入，令子𩅦出拜。把興臂指𩅦託之而卒。謚曰景帝。吳人以蜀初亡，恐懼，欲得長君，左典軍萬彧嘗爲烏程令，與烏程侯皓相善，稱：「皓才識明斷，長沙桓王之疇也；加之好學，奉遵法度。」屢言於興及左將軍張布。興、布説朱太后，欲立皓。后曰：「我寡婦人，安知社稷之慮，苟吳國無隕，宗廟有賴，可矣。」遂迎立之。吳主貶朱太后爲景皇后，追謚父和曰文皇帝，尊母何氏爲太后。

八月，魏晉王昭以其子中撫軍炎副相國。冬，十月，立爲晉世子。初，晉王昭娶王肅之女，生炎及攸，以攸繼景王後。攸性孝友，多材藝，清和平允，名過於炎，昭愛之，常曰：「天下者，景王之天下也，吾百年後，大業宜歸攸。」炎立髮委地，手垂過膝，羊琇又教以宜察時政所宜損，益豫記，以備訪問。昭欲以攸爲世子，山濤曰：「廢長立少，違禮不祥。」賈充、何曾、裴秀曰：「中撫軍聰明神武，有超世之才，人望既茂，天表如此，固非人臣之相也。」乃立炎爲世子。

十一月，吳殺其丞相濮陽興、左將軍張布。吳主初立，發優詔，恤士民，開倉廩，振貧乏，料出宮女以配無妻者，苑中禽獸皆放之。當時翕然稱爲明主。及既得志，麤暴驕盈，多忌諱，好酒色，大小失望，濮陽興、張布竊悔之。或譖諸吳主，十一月，朔，興、布入朝，執之，徙於廣州，道殺之，夷三族。

魏罷屯田官。

乙酉（二六五）

魏咸熙二年，晉世祖武皇帝司馬炎泰始元年，吳甘露元年。是歲晉代魏，凡二國。

夏，五月，魏晉王昭號其妃曰后，世子曰太子。

秋，七月，吳主殺景后及其二子。

八月，魏晉王昭卒，太子炎嗣。謚昭爲文王，葬崇陽陵。

冬，吳遷都武昌。從西陵督步闡之請也。

十二月，晉王炎稱皇帝，廢魏主爲陳留王。魏主禪位于晉，出舍金墉城。太傅司馬孚拜辭，流涕歔欷不自勝，曰：「臣死之日，固大魏之純臣也。」晉王即皇帝位，奉魏主爲陳留王，即宫于鄴。魏氏諸王皆降爲侯，追尊宣王、景王、文王爲皇帝，尊王太后曰皇太后。

晉大封宗室。晉封叔祖父孚爲安平王，太宰，都督中外諸軍事；叔父伷東莞王，弟攸齊王，其餘封拜有差。伷，宣帝之子也。晉主懲魏氏孤立之敝，故大封宗室，授以職任。又詔諸王皆得自選國中長吏，齊王獨不敢，皆上請。

晉除漢、魏宗室禁錮，罷將吏質任。時晉主承魏氏刻薄奢侈之後，欲矯以仁儉。將有事於太廟，朝議以太常許奇父允受誅，不宜接近左右，晉主乃述允之夙望，稱奇之才，擢爲祠部郎。有司言御牛青絲紖斷，詔以青麻代之。

晉以傅玄、皇甫陶爲諫官。晉初置諫官，以傅玄、皇甫陶爲之。玄以魏末士風頹敝，上疏曰：「臣聞先王之御天下，教化隆於上，清議行於下。近者魏武好法術而天下貴刑名，魏文慕通達而天下賤守節，其後綱維不攝，放誕盈朝，遂使天下無復清議。陛下龍興受禪，未舉清遠有禮之臣以敦風節，未退虛鄙之士以懲不恪，臣是以猶敢有言。」晉主嘉納，使玄草詔進之，然亦不能革也。明年，又詔：「自今雖詔有所欲，及奏已得可，而於事不便者，皆不得隱情。」

丙戌(二六六)

晉泰始二年，吴寶鼎元年。

春，正月，晉立七廟。初，漢征西將軍司馬鈞生豫章太守量，量生潁川太守儁，儁生京兆尹防，防生宣帝。至是即用魏廟祭征西府君以下，并景帝爲七室。

晉除郊祀五帝座。羣臣奏：「五帝，即天帝也，王氣時異，故名號有五。自今明堂、南郊宜除五帝座。」從之。晉主，王肅外孫，故郊祀之禮，有司多從肅義。

三月，吴遣使如晉弔祭。吴使者丁忠還，説吴主曰：「北方無守戰之備，弋陽可襲而取。」吴主以問羣臣，鎮西大將軍陸凱曰：「北方新并巴、蜀，遣使求和，非求援於我也，欲蓄力以俟時耳。敵勢方强，而欲徼幸求勝，未見其利也。」吴主雖不出兵，然遂與晉絶。凱，遜之族子也。

吴殺其散騎常侍王蕃。蕃體氣高亮，不能承顔順指，吴主不悦。萬彧、陳聲從而譖之。後，吴主會羣臣，蕃沈醉頓伏，吴主疑其詐，斬之殿下。

夏，六月，晦，日食。

秋，八月，晉主謁崇陽陵。文帝之喪，臣民皆從權制，三日除服。既葬，晉主亦除之。然猶素冠疏食，哀毁如居喪者。至是謁陵，詔：「以衰絰從行，羣臣自依舊制。」尚書令裴秀奏曰：「既除復服，義無所依。」遂止。中軍將軍羊祜謂傅玄曰：「三年之喪，雖貴遂服，禮也。而漢文除之，毁禮傷義。今主上至孝，雖奪其服，實行喪禮。若因此復先王之法，不亦善乎。」玄曰：「以日易月，已數百年，一旦復古，殆難行也。」祜曰：「不能使天下如禮，且使主上遂服，不猶愈乎！」玄曰：「主上不除而天下除之，此爲有父子而無君臣也。」乃止。羣臣請易服復膳，詔曰：「每念不得終苴絰之禮，以爲沈痛，況食稻衣錦乎！朕本諸生家，傳禮來久，何至一旦易此情於所天！可試省孔子答宰我之言，無事紛紜也！」遂以疏素終三年。

司馬公曰：三年之喪，自天子達于庶人，此先王禮經，百世不易者也。漢文師心不學，變古壞禮，絶父子之恩，虧君臣之義，後世帝王不能篤於哀戚之情，而羣臣諂諛，莫肯釐正。至於晉武獨以天性矯而行之，可謂不世之賢君；而裴、傅之徒，固陋庸臣，習常玩故，不能將順其美，惜哉！

吳以陸凱、萬彧爲左、右丞相。吳主惡人視己，羣臣莫敢舉目。凱曰：「君臣無不相識之道，若猝有不虞，不知所赴。」吳主乃聽凱視。吳主居武昌，揚州民泝流供給，甚苦之。又奢侈無度，公私窮匱。凱上疏曰：「今無災而民命盡，無爲而國財空，臣竊痛之。昔漢室既衰，三家鼎立；今曹劉失道，皆爲晉有，此目前之明驗也。臣愚但爲陛下惜國家耳。武昌土地險塉，非王者之都；且童謠云：『寧飲建業水，不食武昌魚；寧還建業死，不止武昌居。』此足明民心與天意矣。今國無一年之蓄，有露根之漸，而官吏務爲苛急，莫之或恤。大帝時，後宮女不滿百，景帝以來，乃有千數，此耗財之甚者也。又，左右率非其人，羣黨相扶，害忠隱賢，此皆蠹政病民者也。願陛下省百役，罷苛擾，料出宮女，清選百官，則天悦民附，而國安矣。」吳主雖不悦，以其宿望，特優容之。

冬，十月，朔，日食。

十一月，晉并圜方丘之祀於南北郊。

晉罷山陽督軍，除其禁制。

十二月，吳還都建業。吳主還建業，使后父衛將軍滕牧留鎮武昌。朝士以牧尊戚，推令諫諍，滕后之寵由是漸衰，遷牧蒼梧，以憂死。后不復進見，諸姬佩皇后璽紱者甚衆。又使黄門徧行州郡，料取將吏家女，其二千石大臣子女，皆歲歲言名，簡閲不中，乃得出嫁。

丁亥(二六七)

晉泰始三年，吳寶鼎二年。

春，正月，晉立子衷爲太子。詔以「近世每立太子，必有赦，曲惠小人，朕無取焉」。遂不赦。有司奏：「東宮施敬二傅，其儀不同。」晉主曰：「崇敬師傅，所以尊道重教也。何言臣不臣乎！其令太子中拜禮。」

晉殺其故立進令劉友。司隸校尉李熹劾奏故立進令劉友及前尚書山濤、中山王睦、尚書僕射武陔各占官稻田，詔曰：「友侵剥百姓，其考竟以懲邪佞。濤等不貳其過，皆勿問。熹亢志在公，當官而行，可謂邦之司直矣。其申敕羣寮，各慎所司，寬宥之恩，不可數遇也！」

司馬公曰：政之大本，在於刑賞，刑賞不明，政何以成！晉武帝赦山濤而褒李熹，其於刑賞兩失之矣。使熹言是，則濤不可赦；非，則熹不足褒。褒之使言，言而不用，怨結於下，威玩於上，將安用之！且四臣同罪，友伏誅而濤等不問，避貴施賤，可謂政乎！

晉徵犍爲李密，不至。晉主徵犍爲李密爲太子洗馬，密以祖母老，固辭，許之。密與人交，每公議其得失而切責之，常言：「吾獨立於世，顧影無儔；然而不懼者，以無彼此於人故也。」

六月，吴作昭明宫。吴主作昭明宫，二千石以下，皆自入山督伐木。大開苑囿，起土山、樓觀，窮極伎巧，功費以億萬計。陸凱諫不聽。中書丞華覈上疏曰：「今倉庫空匱，編户失業，而北方積穀養民，專心東向。乃舍此急務，盡力功作，卒有風塵之變，驅怨民而赴白刃，此乃大敵所因以爲資者也。」時吴俗奢侈，覈又上疏曰：「今民貧俗奢，轉相倣效，兵民之家，内無甔石之儲，而出有綾綺之服；上無尊卑等級之差，下有耗財費力之損，求其富給，庸可得乎！」皆不聽。

秋，九月，晉增吏俸。

晉禁星氣、讖緯之學。

晉遣索頭質子歸國。

戊子（二六八）

晉泰始四年，吴寶鼎三年。

春，正月〔四〕，晉律令成。賈充等上所刊修律令。晉主親自臨講，中書侍郎張華請抄死罪條目，懸以示民。從之。

晉主考課法〔五〕，不果行。詔河南尹杜預爲黜陟之課，預奏：「古者黜陟，擬議於心，不泥於法。末世不能紀遠而專求密微，疑心而信耳目，疑耳目而信簡書，簡書愈繁，官方愈僞。魏氏考課，即京房之遺意，其文可謂至密。然失於苛細以違本體，故歷代不能通也。豈若申唐堯舊制，取大捨小，去密就簡，委任達官，各考所統，歲第其人，言其優劣。如此六載，主者總集，採案其言，六優者超擢，六劣者廢免，優多劣少者平叙，劣多優少者左遷。其間所對不鈞，品有難易，主者固當準量輕重，微加降殺，不足曲以法盡也。其有優劣徇情，不叶公論者，當委監司彈之。若令上下公相容過，此爲清議大頽，雖有考課之法，亦無益也。」事竟不行。

晉主親耕耤田。

三月，晉太后王氏殂。晉主居喪，一遵古禮。既葬，有司請除衰服。詔曰：「受終身之愛而無數年之報，情所不忍也。」有司固請，詔曰：「患在不能篤孝，勿以毀傷爲憂。前代禮典，質文不同，何必限以近制，使達喪闕然乎！」羣臣請不已，乃許之。然猶素服以終三年。

夏，四月，晉太保王祥卒。祥卒，門無雜吊之賓。其族孫戎歎曰：「太保當正始之世，不在能言之流；及間與之言，理致清遠，豈非以德掩其言乎！」

秋，七月，衆星西流如雨而隕。

九月，晉大水。

晉揚州都督石苞罷。晉大司馬、揚州都督石苞久在淮南，威惠甚著。監軍王琛惡之，密表苞與吳通。晉主遣義陽王望帥大軍徵之。苞掾孫鑠在許昌聞之，或勸鑠無與於禍，鑠馳詣壽春，勸苞放兵，步出都亭待罪。晉主聞之，意解。苞以公還第。

己丑（二六九）

晉泰始五年，吳建衡元年。

春，二月，晉以胡烈爲秦州刺史。先是，鄧艾納鮮卑降者數萬，置雍、涼之間，與民雜居。朝廷恐其久而爲患，乃分雍、梁、涼州置秦州，以烈素著名西方，故使鎮撫之。

晉青、徐、兖州大水。

晉以羊祜都督荆州軍事。晉主有滅吳之志，使祜都督荆州，鎮襄陽。東莞王伷都督徐州，鎮下邳。祜綏懷遠近，甚得江、漢之心，與吳人開布大信，降者欲去，皆聽之，減戍邏之卒，以墾田八百餘頃。

其始至也，軍無百日之糧；及其季年，乃有十年之積。祜在軍，常輕裘緩帶，身不被甲，鈴閤之下，侍衛不過十數人。

晉録用故漢名臣子孫。濟陰太守文立言：「故蜀名臣子孫宜量才叙用，以慰巴、蜀之心，傾吴人之望。」晉主從之。詔曰：「諸葛亮在蜀，盡其心力，子瞻臨難死義，其孫京宜隨才署吏。蜀將傅僉父子，死於其主，息著、募没入奚官，宜免爲庶人。」又以立爲散騎常侍。漢故尚書程瓊，雅有德業，與立深交，晉主聞其名，以問立，對曰：「臣至知其人，但年垂八十，稟性謙退，無復當時之望，故不以上聞耳。」瓊聞之，曰：「廣休可謂不黨矣，此吾所以善夫人也。」

秋，九月，有星孛于紫宫。

冬，十月，吴左丞相陸凱卒。初，何定嘗爲大帝給使，自表舊人，求還内侍。吴主以爲都尉典知酤糴，遂專威福，吴主信任之，委以衆事。凱面責之曰：「卿見前後事主不忠，傾亂國政，寧有得以壽終者耶！宜自改厲。不然，方見卿有不測之禍。」定大恨之。凱竭心公家，忠懇内發，表疏皆指事不飾。及疾病，吴主遣中書令董朝問所欲言，凱陳：「定不可用，奚熙小吏，建起浦里田〔六〕，亦不可聽。姚信、樓玄、賀邵、張悌、郭逴、薛瑩、滕脩及族弟喜、抗，或清白忠勤，或資才卓茂，皆社稷之良輔，願訪以時務，使各盡其忠。」凱尋卒，吴主素銜其切直，且聞何定之譖，徙其家建安。

庚寅（二七〇）

晉泰始六年，吴建衡二年。

夏，四月，吳以陸抗都督諸軍，治樂鄉。抗以吳主政事多闕，上疏曰：「德均則衆者勝寡，力侔則安者制危，此六國所以并於秦，西楚所以屈於漢也。今敵之所據，廣於秦、漢，而國家外無連衡之援，內無西楚之强，庶政陵遲，黎民未乂。議者徒以長江峻山限帶封域，此乃守國之末事，非智者所先也。臣每念及此，中夜撫枕，臨餐忘食。夫事君之義，犯而勿欺，謹陳時宜十七條。」吳主不納。何定使諸將各上御犬，一犬直縑數十匹，纓紲直錢一萬，以捕兔供厨。吳主以爲忠，賜爵列侯。抗上疏曰：「小人不明理道，所見既淺，雖使竭情盡節，猶不足任，況其姦心素篤而憎愛移易哉！」吳主不從。

六月，晉胡烈討鮮卑秃髮樹機能，敗死。

辛卯（二七一）

晉泰始七年，吳建衡三年。

春，正月，晉匈奴右賢王劉猛叛走出塞。

晉豫州刺史石鑒有罪，免。鑒坐擊吳軍虚張首級，詔曰：「鑒備大臣，吾所取信。而乃下同爲詐，義得爾乎！今遣歸田里，終身不得復用。」

吳主大舉兵遊華里〔七〕，不至而還。吳人刁玄詐增讖文云：「黄旗紫蓋，見於東南，終有天下者，荆、揚之君。」吳主信之，大舉兵出華里，載太后及後宫數千人西上，行遇大雪，兵士寒凍殆死，皆曰：「若遇敵，便當倒戈。」吳主乃還。

夏，四月，晉涼州胡叛，刺史牽弘討之，敗死。初，大司馬陳騫言於晉主曰：「胡烈、牽弘皆勇而無謀，强於自用，非綏邊之材也，將爲國恥。」晉主以爲騫與弘不協而毁之，不信也。至是烈既敗死，弘討叛胡，胡與樹機能攻弘，殺之。征討連年，僅而能定，晉主乃悔之。

秋，七月，吴復取交阯。吴三攻交阯，皆敗没。至是遣陶璜、李勗等擊取之，九真、日南皆降，以璜爲交州牧。璜討降夷獠，州境皆平。

冬，十月，朔，日食。

十一月，劉猛寇晉并州。

晉安樂公劉禪卒。謚曰思。

壬辰(二七二)

晉泰始八年，吴鳳凰元年。

春，正月，匈奴殺劉猛降晉。

二月，晉太子衷納妃賈氏。初，侍中、尚書令賈充自文帝時寵任用事，晉主爲太子，充頗有力，故益有寵。充爲人巧諂，與太尉荀顗、侍中荀勗、越騎校尉馮紞相爲黨友，朝野惡之。晉主問侍中裴楷以方今得失，對曰：「陛下受命，四海承風，所以未比德於堯、舜者，以賈充之徒尚在朝耳。宜引天下賢人，與弘政道，不宜示人以私。」侍中任愷、河南尹庾純皆與充不協。會樹機能亂秦、雍，晉主以爲憂，愷曰：「宜得威望重臣有智略者以鎮撫之。」晉主曰：「誰可者？」愷及純因薦充，使督秦、涼諸軍。充患之，問計於勗，勗曰：「是行也，辭之實難，獨有結婚太子，可不辭而自留矣。」晉主初欲爲太子娶衛瓘女，充妻郭槐賂楊后左右，使后説納其女。晉主曰：「衛公女有五可，賈公女有五不可：衛氏種賢而多子，美而長白；賈氏種妬而少子，醜而短黑。」后固以爲請，至是勗又與顗、紞皆稱充女絶美，且有才德，晉主遂從之。留充復居舊任。賈妃年十五，長太子二歲，妬忌多權詐，太子嬖而畏之。

晉太宰安平王孚卒。孚性忠慎，宣帝執政，常自退損。後逢廢立之際，未嘗預謀。及晉主即位，恩禮尤重。元會，詔孚乘輿上殿，晉主於阼階迎拜。既坐，親奉觴上壽，如家人禮。孚雖見尊寵，常有憂色。臨終，遺令曰：「有魏貞士河内司馬孚字叔達，不伊不周，不夷不惠，立身行道，終始若一。當衣以時服，斂以素棺。」卒年九十三，謚曰獻。詔賜東園温明秘器，其家遵遺旨，一不施用。

晉散騎常侍鄭徽以罪免。晉主與右將軍皇甫陶論事，陶爭辯不已，徽請罪之。晉主曰：「忠讜之言，唯患不聞，徽越職妄奏，可免其官。」

夏，晉益州殺其刺史，廣漢太守王濬討平之。以濬爲益州刺史。時汶山白馬胡侵掠諸種，益州刺史皇甫晏欲討之。從事何旅諫曰：「胡夷相殘，未爲大患。盛夏出軍，必有疾疫。」不聽。牙門張弘作亂，殺晏，兵曹從事楊倉勒兵戰死。弘遂誣晏欲反，傳首京師。主簿何攀方居母喪，聞之，詣洛證晏不反。廣漢主簿李毅言於太守王濬曰：「廣漢與成都密邇，而統於梁州者，朝廷欲以制益州之衿領，正防今日之變。宜即時赴討，不可失也。」濬欲先上請，毅曰：「殺主之賊，爲惡尤大，當不拘常制，何請之有！」濬乃發兵討弘，斬之。詔以濬爲益州刺史。初，濬爲羊祜參軍，祜深知之。或曰：「濬爲人志大奢侈，不可專任。」祜曰：「濬有大才，將以濟其所欲，必可用也。」濬至益州，明立威信，蠻夷歸附。俄遷大司農。時晉主與羊祜謀伐吴，祜以爲宜藉上流之勢，密表留濬，加龍驤將軍，監梁、益軍。詔使罷屯田兵，大作舟艦。别駕何攀曰：「屯兵五六百人，作船不能猝辦，後者未成，前者已腐。宜召諸郡兵合萬餘人造之，歲終可成。」濬欲先上須報，攀曰：「朝廷猝聞召萬兵，必不聽；不如輒召，設或見却，功夫已成，勢不得止。」濬從之，令攀典造。於是作大艦，長百二十步，受二千餘人，以木爲城，起樓櫓，開四出門，其上可馳馬往來。時作船木柹，蔽江而下，吴建平太守吾彦取以白吴主曰：「晉必有攻吴之計，宜增建平兵以塞其衝。」吴主不從。彦乃爲鐵鎖横斷江路。濬雖受中制募兵，而無虎符；廣漢太守張斆收濬從事列上，晉主召斆還，責曰：「何不密啓而便收從事？」斆曰：「蜀、漢絶遠，劉備嘗用之矣。輒收，臣猶以爲輕。」晉主善之。

秋，七月，晉以賈充爲司空。充與侍中任愷皆爲晉主所寵任，充欲專名勢而忌愷，於是朝士各有朋黨。晉主召充、愷宴而謂之曰：「朝廷宜壹，大臣當和。」充、愷拜謝。既而以晉主知而不責，愈無所憚，外相崇重，内怨益深。充乃薦愷出爲吏部尚書，而與荀勖、馮紞共譖之。愷由是得罪，廢於家。

九月，吴步闡據西陵叛降晉。闡世在西陵，至是吴主徵之，闡自以失職，且懼有讒，遂據城降晉。

冬，十月，朔，日食。

十一月，吴陸抗拔西陵，誅步闡。晉羊祜等救之，不及。吴陸抗聞步闡叛，亟遣將軍吾彦討之。而晉遣荆州刺史楊肇迎闡，羊祜出江陵，徐胤擊建平以救之。抗敕西陵諸軍築嚴圍，自赤谿至于故市，内以圍闡，外禦晉兵，晝夜催切，衆甚苦之。諸將諫曰：「今宜乘鋭攻闡，何事於圍，以敝士民之力。」抗曰：「此城勢固糧足，凡備禦之具，皆抗宿規，今反攻之，不可猝拔。北兵至而無備，表裏受難，何以禦之！」諸將請不已，抗欲服衆心，聽令一攻，果無利。圍始合，而祜兵五萬至江陵。諸將咸以抗不宜上，抗曰：「江陵城固兵足，無可憂者。假令敵得之，必不能守，所損者少。若晉據西陵，則南山羣夷皆動，其患不可量也！」乃帥將赴西陵。初，抗於江陵北作大堰遏水，以絶寇叛。祜欲因水運糧，而揚聲將破堰以通步軍。抗聞即決之，諸將皆惑，屢諫不聽。祜至當陽，聞堰敗，乃以車運，大費功力。十一月，肇至西陵。抗自將憑圍對之。都督俞贊亡詣肇。抗曰：「贊舊吏，知吾虚實，吾常慮夷兵素不簡練，若敵攻圍，必先此處。」即夜易夷兵，以精兵守之。明日，肇果攻故夷兵處，衆敗夜遁。抗欲追之，而慮闡伺間，兵不足分，於是但鳴鼓，若將追者。肇衆兇懼，悉解甲挺走，抗使輕兵躡之，肇又大敗，祜等皆引軍還。抗遂拔西陵，誅闡及同謀將吏數十人，皆夷三族。東還樂鄉，貌無矜色。吴主既克西陵，志益張大，使術士尚廣筮取天下，對曰：「吉。庚子歲，青蓋當入洛陽。」吴主喜，不修德政，專爲兼并之計。祜歸自江陵，務修德信，以懷吴人。每交兵，刻日方戰，不爲掩襲之計。將帥有欲進譎計者，輒飲以醇酒，使不得言。軍行吴境，刈穀爲糧，皆計所侵，送絹償之。每游獵，常止晉地，所得禽獸或先爲吴人所傷者，皆送還之。於是吴邊人皆悦服。祜與陸抗對境，使命常通：抗遺祜酒，祜飲之不疑；抗疾，祜與之成藥，抗即服之。人多諫抗，抗曰：「豈有酖人羊叔子哉！」抗告其邊戍曰：「彼專爲德，我專爲暴，是不戰而自服。各保分界而已，無求細利。」吴主聞而責之，抗曰：「一邑一鄉不可以無信義，況大國乎！臣不如此，適足彰彼之德，於祜無傷也。」吳主用諸將謀，數侵盜晉邊。抗上疏曰：「今不務力農富國，審官任能，明黜陟，慎刑賞，訓諸司以德，撫百姓以仁，而聽諸將徇名，窮兵黷武，動費萬計，士卒彫瘁，寇不爲衰而我已大病矣。爭帝王之資而昧十百之利，此人臣之姦便，非國家之良策也！昔齊、魯三戰，魯人再克，而亡不旋踵。況今克獲，不補所喪哉！」吳主不從。祜不附結中朝權貴，荀勗、馮紞之徒皆惡之。從甥王衍嘗詣陳事，辭甚清辯，祜不然之，衍拂衣去。祜顧謂客曰：「王夷甫方當以盛名處大位，然敗俗傷化，必此人也。」及攻江陵，祜以軍法將斬王戎。衍，戎之從弟也，故皆憾之。時人爲之語曰：「二王當國，羊公無德。」

晉免其國子祭酒庾純官，尋復用之〔八〕。賈充與朝士宴，河南尹庾純醉，與充爭言。充曰：「父老，不歸養，卿爲無天地。」純曰：「高貴鄉公何在？」充慚怒，上表解職，純亦自劾。詔免純官，仍下五府正其臧否。石苞以純榮官忘親，當除名；齊王攸以爲純於禮律未有違者。詔復以純爲祭酒。

吳殺其丞相萬彧、將軍留平、大司農樓玄。吳主之遊華里也，萬彧與將軍留平密謀曰：「若至華里不歸，社稷事重，不得不自還。」吳主頗聞之，因會，以毒酒飲彧及平，不死。彧自殺，平憂懣而卒。初，彧請選忠清之士以補近職，吳主以樓玄爲宮下鎮，主殿中事。玄正身帥衆，奉法而行，應對切直，吳主浸不悅。中書令賀邵諫曰：「臣聞興國之君樂聞其過，荒亂之主樂聞其譽；聞其過者過日消而福臻，聞其譽者譽日損而禍至。陛下嚴刑法以禁直辭，黜善士以逆諫口，杯酒造次，死生不保，是以正士摧方，庸臣苟媚。人執反理之評，士吐詭道之論，遂使仕者以退爲幸，居者以出爲福，非所以保洪緒也。何定妄興事役，發江邊戍兵以驅麋鹿，老弱飢凍，大小怨歎，傳曰：『國之興也，視民如赤子；其亡也，以民爲草芥。』今法禁轉苛，賦調益繁，呼嗟之聲，感傷和氣。且國無一年之儲，家無經月之蓄，而後宮坐食萬有餘人。北敵注目，伺國盛衰，長江之限，不可久恃。苟不能守，一葦可杭也。願陛下豐基强本，割情從道，則聖祖之祚隆矣！」吴主深恨之。於是左右誣玄與邵謗訕政事，俱被詰責，徙玄於交趾，竟殺之。

癸巳(二七三)

晋泰始九年，吴鳳凰二年。

夏，四月，朔，日食。

晋以鄧艾孫朗爲郎中。初，鄧艾之死，人皆冤之，而無爲之辨者。及晋主即位，議郎段灼上疏曰：「艾本屯田掌犢人，寵位已極，功名已成，七十老公，復何所求。正以劉禪初降，遠郡未射，矯令承制，權安社稷。鍾會有悖逆之心，畏艾威名，因其疑似，構成其事。艾被詔書，即束身就縛，誠知奉見先帝，必無當死之理也。會受誅之後，艾將吏愚戇，自共追艾，脱其囚執，艾在困地，未嘗與謀，而獨受腹背之誅，豈不哀哉！謂宜聽艾歸葬，還其田宅，繼封定謚，則艾死無所恨，而天下徇名之士，思立功之臣，必投湯火，樂爲陛下死矣。」晋主善其言而未能從也。至是問給事中樊建以諸葛亮之治蜀曰：「吾獨不得如亮者而臣之乎？」建稽首曰：「陛下知鄧艾之冤而不能直，雖得亮，得無如馮唐之言乎！」晋主笑曰：「卿言起我意。」乃以朗爲郎中。

吴殺其侍中韋昭。吴人多言祥瑞者，吴主以問昭，昭曰：「此家人筐篋中物耳！」昭領國史，吴主欲爲其父作紀，昭曰：「文皇不登帝位，當爲傳。」吳主不悦。昭求去，不聽。吳主飲羣臣酒，不問能否，率以七升爲限。至昭，獨以茶代，後更見强。又酒後常使侍臣嘲弄公卿，發摘私短以爲歡。昭但難問經義而已。吳主積怒，遂誅之。

秋，七月，朔，日食。

晉選公卿女備六宮。晉主詔選公卿以下女備六宮，有蔽匿者以不敬論。采擇未畢，權禁天下嫁娶。公卿女中選者爲三夫人、九嬪，二千石、將校女補良人以下。

九月，吳殺其司市陳聲。吳主愛姬遣人至市奪民物，聲繩之以法。吳主怒，假他事燒鋸斷聲頭，投其身於四望之下。

甲午(二七四)

晉泰始十年，吳鳳凰三年。

春，正月，日食。

晉詔自今不得以妾媵爲正嫡。晉主以近世多由内寵以登后妃，亂尊卑之序，故有是詔。

三月，日食。

晉取良家女入宫。詔又取良家及小將吏女五千餘人入宫選之，母子號哭於宫中，聲聞於外。

吳殺其章安侯奮。吳民間訛言奮當爲天子。吳主誅之，及其五子。

秋，七月，晉后楊氏殂。初，晉主以太子不慧，恐不堪爲嗣，常密以訪后，后曰：「立子以長不以賢，豈可動也！」疾篤，恐晉主更立后以危太子，泣而言曰：「叔父駿女芷有德色，願以備六宮。」晉主許之。既葬，晉主及羣臣除喪，博士陳逵議，以爲：「今時所行漢帝權制；太子無國事，自宜終服。」尚書杜預曰：「古者天子、諸侯三年之喪，始同齊、斬，既葬除服，諒闇以居，心喪終制。故周公不言高宗服喪三年而云諒闇，此服心喪之文也。叔尚不譏景王除喪而譏其宴樂已早，明既葬應除，而違諒闇之節也。君子之於禮，存諸内而已。禮非玉帛之謂，喪豈衰麻之謂乎！太子出則撫軍，守則監國，不爲無事，宜卒哭除衰麻，而以諒闇終三年。」晉主從之。

司馬公曰：規矩主於方圓，然庸工無規矩則方圓不可得而制也；衰麻主於哀戚，然庸人無衰麻則哀戚不可得而勉也。杜預巧飾經傳以附人情，辯則辯矣，然不若陳逵之言質略而敦實也。

晉以山濤爲吏部尚書。濤典選十餘年，每一官缺，輒擇才資可爲者啓擬數人，得詔旨所向，然後顯奏之。晉主所用，或非舉首，衆以濤輕重任意爲言，晉主益親愛之。濤甄拔人物，各爲題目而奏之，時稱「山公啓事」。

晉以嵇紹爲秘書丞。紹，康之子也。以父得罪，屏居私門。至是山濤薦，徵之。紹欲辭不就，濤謂之曰：「爲君思之久矣，天地四時，猶有消息，況於人乎！」紹乃應命。初，東關之敗，文帝問寮屬曰：「近日之事，誰任其咎？」安東司馬王儀對曰：「責在元帥。」文帝怒曰：「司馬欲委罪於孤耶！」斬之。儀子裒痛父非命，隱居教授，三徵七辟皆不就。未嘗西向而坐，廬於墓側，旦夕攀柏悲號，涕淚著樹，樹爲之枯。讀詩至「哀哀父母，生我劬勞」，未嘗不三復流涕，門人爲之廢蓼莪。家貧，計口而田，度身而蠶。人或餽之，不受；助之，不聽。諸生密爲刈麥，裒輒棄之，遂不仕而終。

司馬公曰：昔舜誅鯀而禹事舜，不敢廢至公也。嵇康、王儀死皆不以其罪，二子不仕晉室可也。嵇紹苟無蕩陰之忠，殆不免於君子之譏乎！

吴大司馬、荆州牧陸抗卒。抗疾病，上疏曰：「西陵、建平，國之蕃表，既處上流，受敵二境。若敵泛舟順流，星奔電邁，非可恃援他部以救倒縣〔九〕，此乃社稷安危之機也。臣父遜，昔上言：『西陵國之西門，雖云易守，亦復易失。若有不守，非但失一郡，荆州非吴有也。如其有虞，當傾國爭之。』今臣所統見兵財有數萬，羸敝日久，難以待變。臣以爲諸王幼冲，無用兵馬，及黄門宦官開立占募之人，乞特詔簡閲，以補疆埸受敵常處，使臣所部足滿八萬，并力備禦，庶幾無虞。臣死之後，乞以西方爲屬。」及卒，吴主使其子晏、景、玄、機、雲分將其兵。機、雲皆善屬文，名重於世。初，周魴之子處，膂力絶人，不修細行，鄉里患之。處嘗問父老曰：「今時和歲豐而人不樂，何耶？」父老嘆曰：「三害不除，何樂之有！」處曰：「何謂也？」曰：「南山白額虎，長橋蛟，并子爲三矣。」處曰：「若所患止此，吾能除之。」乃射虎殺蛟，遂從機、雲受學，篤志讀書，砥節礪行，比及期年，州府交辟。

晉作河橋。杜預以孟津渡險，請建河橋于富平津。議者以爲：「殷、周所都，歷聖賢而不作者，必不可立故也。」預固請爲之。及橋成，晉主從百寮臨會，舉觴屬預曰：「非君，此橋不立。」對曰：「非陛下之明，臣亦無所施其巧。」

晉邵陵公曹芳卒。謚曰厲。初，芳之廢也，太宰中郎陳留范粲素服拜送，哀動左右，遂稱疾，陽狂不言，寢所乘車，足不履地。子孫有婚宦大事，輒密諮焉，合者則色無變，不合則眠寢不安。子喬等侍疾家廷，足不出邑里。及晉代魏，詔以二千石禄養病，加賜帛百疋，喬以父疾篤，辭不敢受。粲不言凡三十六年，年八十四，終於所寢之車。

吴比三年大疫。

乙未（二七五）

晉咸寧元年，吴天册元年。

春，正月，吴殺其中書令賀邵。邵中風不能言，吴主疑其詐，收掠千數，卒無一語，乃燒鋸斷其頭，徙其家於臨海。

夏，六月，索頭遣子入貢於晉。索頭拓跋力微復遣其子沙漠汗入貢于晉，將還，幽州刺史衛瓘表留之，又密賂其諸部大人離間之。

秋，七月，晦，日食。

冬，晉追尊祖宗廟。宣帝爲高祖，景帝爲世宗，文帝爲太祖。

晉大疫。

丙申（二七六）

晉咸寧二年，吴天璽元年。

春，晉徙河南尹夏侯和爲光禄勳。晉主得疾甚劇，及愈，羣臣上壽。詔曰：「每念疫死者，爲之愴然。豈以一身之休息而忘百姓耶！」諸上禮者，皆絶之。初，文帝臨終，爲晉主叙淮南王、陳思王事而泣，執齊王攸手以授之。太后臨終，亦流涕謂晉主曰：「桃符性急，而汝爲兄不慈，恐不能相容，以是屬汝，勿忘我言。」及是疾甚，朝野皆屬意於攸。攸妃，賈充長女也。河南尹夏侯和謂充曰：「卿二婿，親疏等耳。立人當立德。」充不答。攸素惡荀勖、馮紞傾諂，至是勖使紞説晉主曰：「陛下前日疾若不愈，齊王爲公卿百姓所歸，太子雖欲高讓，其得免乎！宜遣還藩。」晉主陰納之，乃徙和爲光禄勳，奪充兵權，而位遇無替。

秋，八月，吴臨平湖開，石印封發。吴人或言於吴主曰：「臨平湖自漢末蕪塞，長老言：『湖塞，天下亂；湖開，天下平。』近者無故忽開，此天下當太平，青蓋入洛之祥也。」吴主以問都尉陳訓，對曰：「臣止能望氣，不能達湖之開塞。」退而告其友曰：「青蓋入洛者，銜璧之事也。」初，吴人掘地，得銀尺，上有刻文，吴主因改元天册。至是或獻小石，刻「皇帝」字，又改元天璽。八月，歷陽長又上言：「歷陽山石印封發，俗謂當太平。」吴主遣使者祠之。使者作高梯登其上，以朱書石，還以聞。吴主大喜，封其山爲王，又改明年元曰天紀。

吴殺其郡守張詠、車浚，尚書熊睦。詠爲湘東太守，不出算緡，吴主斬之，徇首諸郡。浚爲會稽太守，公清有政績，值郡旱饑，表求振貸，吴主以爲收私恩，遣使梟首。睦微有所諫，吴主以刀鐶撞殺之，身無完肌。

冬，十月，晉加羊祜征南大將軍。祜上疏請伐吴，曰：「期運雖天所授，而功業必因人而成。不一大舉掃滅，則兵役無時得息也。夫謀之雖多，決之欲獨。凡以險阻得全者，謂其勢均力敵耳。若輕重不齊，强弱異勢，雖有險阻，不可保也。蜀之爲國，皆云一夫荷戟，千人莫當。及進兵之日，曾無藩籬之限，乘勝席卷，徑至成都。漢中諸城，皆鳥栖而不敢出，誠以力不足以相抗也。今江、淮之險不如劍閣，孫皓之暴過於劉禪，吴人之困甚於巴、蜀，而大晉兵力盛於往時，而不於此際平壹四海，而更阻兵相守，使天下困於征戍，經歷盛衰，不可長久也。今若引梁、益之兵水陸俱下，荆、楚之衆進臨江陵，平南、豫州直指夏口，徐、揚、青、兖並會秣陵，以一隅之吴當天下之衆，勢分形散，所備皆急。一處傾壞，則上下震蕩，雖有智者，不能爲吴謀矣。吴緣江爲國，東西數千里，所敵者大，無有寧息。孫皓恣虐，將疑士困，平日猶懷去就，兵臨必有應者。兼其俗急速不能持久，弓弩戟楯不如中國，唯有水戰是其所便。一入其境，則長江非復所保，還趣城池，去長入短，非吾敵也。」晉主深納之。議者多有不同，賈充、荀勗、馮紞尤以爲不可。祜歎曰：「天下不如意事十常居七八。天與不取，豈非更事者恨於後時哉！」唯杜預及中書令張華與晉主意合，贊成其計。

晉立后楊氏，以后父駿爲車騎將軍。晉主初聘后，后叔父珧上表曰：「自古一門二后，未有能全其宗者。乞藏此表於宗廟，異日得以免禍。」晉主許之。竟立后，而以駿爲將軍，封侯。尚書褚䂮、郭奕皆表駿小器〔一〇〕，不可任社稷之重。晉主不從。駿驕傲自得，鎮軍胡奮謂曰：「卿恃女更益豪耶！歷觀前世，與天家婚，未有不滅門者，但早晚事耳。」

丁酉(二七七)

晉咸寧三年，吴天紀元年。

春，正月，朔，日食。

三月，晉討樹機能，破之，降諸胡二十萬口。

秋，七月，有星孛于紫宫。

晉詔遣諸王就國，封功臣爲公侯。衛將軍楊珧等建議，以爲：「古者封建諸侯，所以藩衛王室。今諸王公皆在京師，非扞城之義。又，異姓諸將居邊，宜參以親戚。」晉主乃詔諸王各以户邑多少爲三等，大國置三軍五千人，次國二軍三千人，小國一軍一千一百人；諸王爲都督者，各徙其國使相近。八月，徙亮爲汝南王，督豫州；倫爲趙王，督鄴城；輔爲太原王，監并州；伷在徐州，徙封琅邪；駿在關中，徙封扶風；又徙顒爲河間王；柬爲南陽王。其無官者，皆遣就國。諸王公戀京師，皆涕泣而去。又封皇子瑋、允、該、遐皆爲王。其異姓之臣有大功者，皆封郡公、郡侯。羊祜封南城郡侯，固辭不受。祜每拜官爵，多避讓，至心素著，故特見申於分列之外。歷事二世，職典樞要，凡謀議，皆焚其草，世莫得聞，所進達之人皆不知所由。常曰：「拜官公朝，謝恩私門，吾所不取也。」

晉大水。

冬，十二月，吴人襲晉江夏、汝南，大略而還。吴人襲晉江夏、汝南，略千餘家。晉主遣侍臣詰羊祜不追討之意，并欲移荆州。祜曰：「江夏去襄陽八百里，比知賊問，去已經日，步軍安能追之！勞師以免責，非臣志也。昔魏武帝置都督，類皆與州相近，以兵勢好合惡離故也。疆埸之間，一彼一此，慎守而已。若輒徙州，賊出無常，亦未知州之所宜據也。」

吳司直中郎將張俶伏誅。吳主以俶多所譖白，甚見寵任。俶表置彈曲二十人，專糾司不法，於是吏民各以愛憎互相告訐，獄犴盈溢。至是俶姦利事發，車裂之。

索頭拓跋力微死。衛瓘遣拓跋沙漠汗歸國，諸部大人共譖而殺之。力微以憂卒，時年一百四。子悉禄立〔二一〕，其國遂衰。初，幽、并二州皆與鮮卑接，東有務桓，西有力微，多爲邊患。瓘密以計間之，務桓降而力微死，朝廷嘉瓘功，封其弟爲亭侯。

戊戌(二七八)

晉咸寧四年，吳天紀二年。

春，正月，日食。

夏，六月，晉羊祜入朝。祜以病求入朝，既至，晉主命乘輦入殿，不拜而坐。祜面陳伐吳之計，晉主善之。以祜病，不宜數入，更遣張華就問籌策，祜曰：「孫皓暴虐已甚，於今可不戰而克。若皓没，更立令主，雖有百萬之衆，長江未可窺也。」華深然之。祜曰：「成吾志者，子也。」晉主欲使祜卧護諸將，祜曰：「取吳不必臣行，但既平之後，當勞聖慮耳。功名之際，臣不敢居；若事了，當有所付授，願審擇其人也。」

秋，晉大水，螟。詔以水災問主者：「何以佐百姓？」杜預上疏，以爲：「今者水災東南尤劇，宜敕兖、豫等州留漢氏舊陂以蓄水，餘皆決瀝，令饑者得魚菜螺蜯之饒，此目下日給之益也。水去之後，塡淤之田，畝收數鍾，此又明年之益也。典牧種牛有四萬五千餘頭，可給民使耕，責其租税，此又數年以後之益也。」晉主從之，民賴其利。預在尚書七年，損益庶政，不可勝數，時人謂之「杜武庫」，言其無所不有也。

吳殺其中書令張尚。吳主忌勝己者。尚爲人辯捷，談論每出其表，吳主積以致恨。後問：「孤飲酒可以方誰？」尚曰：「陛下有百觚之量。」吳主曰：「尚知孔丘不王，而以孤方之。」因發怒，殺之。

冬，晉以衛瓘爲尚書令。是時，朝野咸知太子昏愚，不堪爲嗣，瓘欲啓而不敢。會侍宴凌雲臺，瓘陽醉，跪晉主前，欲言而止者三，因以手撫牀曰：「此座可惜。」晉主意悟，因謬曰：「公真大醉耶？」遂悉召東宫官宴，而密封尚書疑事，令太子決之。賈妃大懼，倩外人代對，多引古義。給使張泓曰：「太子不學，陛下所知，不如直以意對。」妃喜，謂泓曰：「便爲我好答，富貴與汝共之。」泓即具草，令太子自寫，晉主省之甚悦。先以示瓘，瓘大踧踖，衆人乃知瓘嘗有言也。賈充密遣人語妃云：「衛瓘老奴，幾破汝家。」

吳人大佃皖城，晉人攻破之。吳人大佃皖城，謀寇晉邊。晉都督揚州軍事王渾遣兵攻破之，斬首五千級，焚其積穀百八十餘萬斛，踐稻苗四千餘頃，毁船六百餘艘。

十一月，晉詔毋得獻奇技異服。晉太醫司馬程據獻雉頭裘，晉主焚之於殿前，因有是詔。

晉以杜預爲鎮南大將軍，督荆州軍事。鉅平侯羊祜卒。祜疾篤，舉預自代而卒。晉主哭之甚哀。祜遺令不得以南城侯印入柩。晉主曰：「祜固讓歷年，身没讓存，今聽復本封，以彰高美。」謚曰成。南州民聞祜卒，罷市巷哭。吴守邊將士亦爲之泣。祜好遊峴山，襄陽人建碑立廟於其地，歲時祭祀，望其碑者無不流涕，因謂之「墮淚碑」。預至鎮，簡精鋭，襲吴西陵督張政，大破之。政，吴之名將也，耻敗，不以實告吴主。預欲間之，乃表還其所獲。吴主果召政還，遣留憲代之。

晉司空何曾卒。曾厚自奉養，過於人主。司隸劉毅數劾之，晉主不問。及卒，博士秦秀議曰：「曾驕侈過度，名被九域。若生極其情，死又無貶，王公貴人復何畏哉！謹按謚法，『名與實爽曰繆，怙亂肆行曰醜』，宜謚繆醜公。」晉主策謚曰孝。

晉清泉侯傅玄卒。玄性峻急，爲司隸，每有奏劾，或值日暮，捧白簡，整簪帶，竦踊不寐，坐而待旦。由是貴游震懾，臺閣生風。卒謚曰剛。玄與尚書左丞崔洪善，洪亦清厲骨鯁，好面折人過，而退無後言，人以是重之。

己亥(二七九)

晉咸寧五年，吴天紀三年。

春，正月，樹機能陷晉凉州，晉遣將軍馬隆討之。初，樹機能久爲邊患，僕射李憙請發兵討之，朝議皆以爲出兵重事，虜不足憂。至是陷凉州，晉主臨朝而嘆曰：「誰能爲我討此虜者？」司馬督馬隆進曰：「陛下能任臣，臣能平之。」晉主曰：「必能平賊，何爲不任，顧方略何如耳？」隆曰：「臣願募勇士三千人，無問所從來，帥之以西，虜不足平也。」晉主許之，以爲討虜將軍、武威太守。隆募能引弓四鈞、挽弩九石者取之，立標簡試，自旦至日中，得三千五百人。隆曰：「足矣。」又請自至武庫選仗，御史劾之，晉主命惟隆所取，仍給三年軍資而遣之。

晉以匈奴劉淵爲左部帥。淵，豹之子也。幼而雋異，師事上黨崔游，博習經史。嘗謂同門生曰：「吾常耻隨、陸無武，絳、灌無文；隨、陸遇高帝而不能建封侯之業，絳、灌遇文帝而不能興庠序之教，豈不惜哉！」於是兼學武事。及長，猿臂善射，膂力過人，姿貌魁偉。爲任子在洛陽，王渾及其子濟皆重之，屢薦於晉主，晉主召與語，悦之。濟曰：「淵有文武長才，陛下任以東南之事，吴不足平也。」孔恂、楊珧曰：「非我族類，其心必異。淵才器誠少比，然不可重任也。」及涼州覆没，晉主問將於李憙，對曰：「陛下誠能發匈奴五部之衆，假淵一將軍之號，使將之而西，樹機能之首可指日而梟也。」恂曰：「淵果梟樹機能，則涼州之患方更深耳。」晉主乃止。東萊王彌家世二千石，彌有學術勇略，善騎射，青州人謂之「飛豹」，然喜任俠。處士陳留董養見而謂之曰：「君好亂樂禍，若天下有事，不作士大夫矣。」淵與彌友善，謂彌曰：「王、李以鄉曲見知，每相稱薦，適足爲吾患耳！」因歔欷流涕。齊王攸聞之，言於晉主曰：「陛下不除劉淵，臣恐并州不得久安。」王渾曰：「大晉方以信懷殊俗，奈何以無形之疑殺人侍子乎？何德度之不弘也！」晉主然之。會豹卒，以淵代爲左部帥。

冬，十一月，晉大舉兵，分道伐吴。吴主每宴羣臣，咸令沈醉。又置黄門郎十人爲司過，宴罷之後，各奏闕失，或剥人面，或鑿人眼。由是上下離心，莫爲盡力。王濬上疏曰：「孫皓荒淫凶逆，宜速征伐。若皓死，更立賢主，則强敵也。臣作船七年，日有朽敗。臣年七十，死亡無日。三者一乖，則難圖矣。願陛下無失事機。」晉主於是決意伐吴。會王渾言孫皓欲北上，邊戍皆戒嚴，乃更議明年出師。杜預上表曰：「賊之窮計，力不兩完，必保夏口以東，少延視息，無緣多兵西上。而陛下過聽，便用委棄大計，縱敵患生，誠可惜也。向使舉而有敗，勿舉可也。今有萬安之舉，無傾敗之慮，臣心實了，不敢以曖昧之見自取後累，惟陛下察之。」旬月未報，預復表言：「羊祜不博謀而與陛下計，故令朝臣多異同之議。凡事當以利害相校，今此舉之利十有八九，而其害止於無功耳。必使朝臣言破敗之形，亦不可得，直是以計不出己，功不在身；亦由恃恩不慮後患，而輕相同異耳。自秋已來，討賊之形頗露，今若又中止，孫皓怖而生計，徙都武昌，完修江南諸城，遠其居民，城不可攻，野無所掠，則明年之計亦無及矣！」晉主方與張華圍棋，預表適至，華推枰斂手曰：「陛下聖武，國富兵强，吴主淫虐，誅殺賢能，今討之，可不勞而定，願勿以爲疑！」晉主乃許之。以華爲度支尚書，量計運漕，賈充、荀勗、馮紞固爭之，晉主大怒，充免冠謝罪。山濤退而告人曰：「自非聖人，外寧必有内憂，今釋吴爲外懼，豈非算乎！」十一月，遣將軍琅邪王伷出涂中，王渾出江西，王戎出武昌，胡奮出夏口，杜預出江陵，王濬、巴東監軍唐彬下巴、蜀，東西凡二十餘萬。命賈充爲使持節、假黄鉞、大都督，以冠軍楊濟副之。充固陳伐吴不利，且言衰老，不堪元帥之任。詔曰：「君若不行，吾便自出。」充乃受命，將中軍屯襄陽，爲諸軍節度。

十二月，晉馬隆破樹機能，斬之。涼州平。馬隆西渡温水，樹機能等以衆數萬據險拒之。隆以山路陿隘，乃作扁箱車，爲木屋，施於車上，轉戰而前，行千餘里，殺傷甚衆。自隆之西，音問斷絶，朝廷憂之，或謂已没。及隆使至，晉主撫掌歡笑，召羣臣謂曰：「若從諸卿言，無涼州矣。」隆至武威，鮮卑大人帥萬餘落來降。隆與樹機能大戰，斬之。涼州遂平。

晉詔議省吏員。詔問朝臣以政之損益，司徒長史傅咸上書，以爲：「公私不足，由設官太多。當今之急，在并官省役務農而已。」遂議省州郡縣半吏以赴農功，中書監荀勗以爲：「省吏不如省官，省官不如省事，省事不如清心。昔蕭、曹相漢，載其清静，民以寧壹，所謂清心也。抑浮説，簡文案，略細苛，宥小失，變常以徼利者必誅，所謂省事也。以九寺併尚書，蘭臺付三府，所謂省官也。若直作大例，天下之吏悉省其半，恐郡國職業，劇易不同，不可以一概施之。若有曠闕，皆須更復，或激而滋繁，亦不可不重也。」

校勘記

〔一〕諸將請進攻項　「項」原作「頓」，據月崖本、成化本、殿本、通鑑卷七六魏紀八高貴鄉公正元二年閏正月改。

〔二〕又科兵子弟十八已下　「科」原作「料」，據月崖本、成化本、殿本、三國志卷四八吳書三嗣主傳第三、通鑑卷七七魏紀九高貴鄉公甘露二年夏四月改。

〔三〕昭以其主髦攻之　「以」，月崖本、成化本、殿本、通鑑卷七七魏紀九高貴鄉公甘露二年六月作

「奉」。

〔四〕正月　「正」原作「三」，據成化本、殿本、通鑑卷七九晉紀一武帝泰始四年春正月改。

〔五〕晉主考課法　「主」，月崖本、成化本、殿本作「詔立」。

〔六〕建起浦里田　「田」，殿本、通鑑卷七九晉紀一武帝泰始五年冬十月作「塘」。

〔七〕吳主大舉兵遊華里　「主」字原脱，據月崖本、成化本、殿本、通鑑卷七九晉紀一武帝泰始七年春正月補。

〔八〕尋復用之　「尋復用之」四字原脱，據月崖本、成化本、殿本補。

〔九〕非可恃援他部以救倒縣　「部」原作「郡」，據殿本、三國志卷五八吳書陸抗傳、通鑑卷八〇晉紀二武帝泰始十年秋七月改。

〔一〇〕郭奔皆表駿小器　「郭」原作「郎」，據殿本、通鑑卷八〇晉紀二武帝咸寧二年十二月改。

〔一一〕子悉禄立　「禄」字下原有「官」字，據月崖本、成化本、殿本、通鑑卷八〇晉紀二武帝咸寧三年删。

資治通鑑綱目卷十七

起庚子晉武帝太康元年，盡甲子晉惠帝永興元年，凡二十五年。

庚子(二八〇)

晉世祖武皇帝太康元年。

春，諸軍並進，吴丞相張悌迎戰，死之。三月，龍驤將軍王濬以舟師入石頭，吴主皓出降。正月，王渾出橫江，所向皆克。二月，王濬、唐彬擊破丹陽監盛紀。吴人於江磧要害處並以鐵鎖橫截之，又作鐵錐，長丈餘，暗置江中，逆拒舟艦。濬作大筏數十，方百餘步，縛草爲人，被甲持杖，令善水者以筏先行，遇鐵錐，錐輒著筏而去。又作大炬，長十餘丈，大數十圍，灌以麻油，在船前，遇鎖，然炬燒之，須臾融液斷絶，於是船無所礙。遂克西陵、荆門、夷道。杜預遣牙門周旨等帥奇兵八百夜渡江，襲樂鄉，多張旗幟，起火巴山。吴都督孫歆懼，與江陵督伍延書曰：「北來諸軍，乃飛渡江也。」旨等伏兵城外，歆遣軍出拒王濬，大敗而歸，伏兵隨入，虜歆而還。濬擊殺吴水軍都督陸景。預進克江陵，斬吴將伍延。於是沅、湘以南，接于交、廣，州郡皆望風送印綬。預杖節稱詔而撫之。詔：「濬與胡奮、王戎共平夏口、武昌，順流長鶩，直造秣陵。預當鎮靜零、桂，懷輯衡陽。」預遂分兵益濬。戎遣羅尚與濬合攻武昌，降之。預與衆軍會議，或曰：「百年之寇，未可盡克，方春水生，難於久駐，宜俟來冬，更爲大舉。」預曰：「昔樂毅藉濟西一戰以并强齊，今兵威已振，譬如破竹，數節之後，皆迎刃而解，無復著手處也。」遂指授羣帥方略，徑造建業。

吴丞相張悌督沈瑩、諸葛靚帥衆至牛渚，瑩曰：「上流諸軍，素無戒備，晉水軍必至此，宜畜力以待之。若幸而勝，江西自清。今渡江與戰，不幸而敗，則大事去矣。」悌曰：「吴之將亡，賢愚所知，及今渡江，猶可決戰。若其敗喪，同死社稷，無所復恨。若其克捷，兵勢萬倍，乘勝逆之，不憂不破。若坐待蜀兵之至，恐士衆散盡，君臣俱降，無復一人死難者，不亦辱乎！」三月，渡江，與晉揚州刺史周浚戰，大敗于板橋，靚欲遁去，使迎悌，悌不肯，靚自往牽之曰：「存亡自有大數，非卿一人所支，奈何故自取死。」悌垂涕曰：「仲思，今日是我死日也！且我爲兒童時，便爲卿家丞相所識拔，常恐不得其死，負名賢知顧。今以身徇社稷，復何道耶！」靚流涙而去。悌遂爲晉兵所殺，并斬瑩等，吴人大震。

初，詔王濬下建平，受杜預節度，至建業，受王渾節度。濬至西陵，預曰：「濬已得建平，則順流長驅，威名已著，不宜受制於我。」遂與書曰：「足下既摧其西藩，便當徑取建業，討累世之逋寇，釋吴人於塗炭，振旅還都，亦曠世一事也！」濬大悦，表呈預書。及張悌敗死，揚州別駕何惲謂刺史周浚，宜速渡江，直指建業。浚使白王渾，惲曰：「渾闇於事機，而欲慎己免咎，必不我從。」浚固使之，渾果曰：「受詔但屯江北，不使輕進。今者違命，勝不足多，若其不勝，爲罪已重。且詔令龍驤受我節度，但當具君舟檝，一時俱濟耳。」惲曰：「龍驤克萬里之寇，以既成之功來受節度，未之聞也。且明公爲上將，見可而進，豈一一須詔令乎！」渾不聽。濬自武昌順流而下，吴主遣將軍張象帥舟師萬人禦之，望旗而降。吴人大懼，吴主之嬖臣岑昏，以傾險諛佞，致位九列，好興功役，爲衆患苦。至是，殿中數百人請於吴主曰：「北軍日近而兵不舉刃，將如之何？」吴主曰：「何故？」對曰：「正坐岑昏耳。」吴主曰：「若爾，當以奴謝百姓！」衆共收昏屠之。吴陶濬謂吴主曰：「蜀船皆小，今當得二萬兵，乘大船以戰，自足破之。」於是合衆，授濬節鉞。未發而潰。時琅邪王伷亦臨近境。吴主分遣使者奉書渾、濬請降，而送璽綬於伷。濬舟師過三山，渾遣信要與論事，濬舉帆直指建業，報曰：「風利，不得泊也。」是日，濬戎卒八萬，方舟百里，鼓譟入于石頭，吴主皓面縛輿櫬，詣軍門降。濬解縛焚櫬，收其圖籍，克州四，郡四十三，户五十二萬三千，兵二十三萬。

朝廷聞吴已平，羣臣皆賀上壽，帝執爵流涕曰：「此羊太傅之功也。」驃騎將軍孫秀不賀，南向流涕曰：「昔討逆弱冠以一校尉創業，今後主舉江南而棄之，悠悠蒼天，此何人哉！」

吴之未下也，大臣皆以爲未可輕進，獨張華堅執以爲必克。賈充上表稱：「吴地未可悉定，方夏，江、淮下濕，疾疫必起，宜召軍還，以爲後圖。雖腰斬張華，不足以謝天下。」帝曰：「此是吾意，華但與吾同耳。」杜預聞充奏乞罷兵，馳表固爭，使至轘轅而吴已降。充慚懼，詣闕請罪，帝撫而不問。

夏，四月，賜孫皓爵歸命侯，遣使行荆、揚，除吴苛政。賜孫皓爵歸命侯，遣使分詣荆、揚，撫慰牧守已下，除其苛政，吴人大悦。

王濬之東下也，吴城戍皆望風款附，獨建平太守吾彦嬰城不下，聞吴亡乃降。帝以爲金城太守。

五月，皓至，泥頭面縛，詣東陽門。詔遣謁者解縛，賜以衣服車乘，拜其子弟爲郎。吴之舊望，隨才擢敘，孫氏將吏渡江者復十年，百姓復二十年。帝臨軒大會，引見皓謂曰：「朕設此座以待卿久矣。」皓曰：「臣於南方，亦設此座以待陛下。」賈充謂皓曰：「聞君在南方鑿人目，剥人面，此何等刑也？」皓曰：「人臣有弑其君及姦回不忠者，則加此刑耳。」充默然甚愧。帝從容問散騎常侍薛瑩，皓所以亡，對曰：「皓昵近小人，刑罰放濫，大臣諸將，人不自保，此其所以亡也。」他日，又問吾彦，對曰：「吴主英俊，宰輔賢明。」帝笑曰：「若是，何故亡？」彦曰：「天禄永終，歷數有屬，故爲陛下禽耳。」帝善之。諸葛靚逃竄不出。帝與之有舊，知其在姊琅邪王妃家，因就見焉。靚逃于厠，帝逼見之，靚流涕曰：「臣不能漆身皮面，復覩聖顔，誠爲慚恨！」詔以爲侍中，固辭不拜，歸于鄉里，終身不向朝廷而坐。

封拜平吴功臣。王濬之入建業也，其明日，王渾乃濟江，以濬不待己，意甚愧忿，將攻濬。濬參軍何攀勸濬送皓與渾，由是事得解。何惲與周浚牋，使諫止渾，渾不納，表濬違詔不受節度。渾子濟尚公主，宗黨强盛。有司請檻車徵濬，帝弗許，但以詔書責之。濬上書曰：「臣前被詔書，直造秣陵，以十五日至三山，渾在北岸，遣書邀臣，臣水軍風發，無緣迴船。及以日中至秣陵，暮乃被渾所下當受節度之符，欲令明日還圍石頭，又索諸軍人名定見。時臣以爲皓已來降，無緣空圍石頭。又，兵人定見，亦非當今之急，不可承用，非敢忽棄明制也。事君之道，苟利社稷，死生以之。若顧嫌避咎，此人臣不忠之利，非明主社稷之福也。」渾又騰周浚書云：「濬燒皓宫，得其寶物。」濬復表曰：「夫犯上干主，其罪可救；

乖忤貴臣，禍在不測。孫皓方圖降首，左右已刦其財物，放火燒宮。臣至乃救止之。周浚先入皓宮，王渾先登皓舟，及臣後入，乃無席可坐，若有遺寶，則渾、浚已先得之矣。今年平吳，誠爲大慶；於臣之身，更受咎累。」濬至京師，有司奏濬違詔，大不敬，請付廷尉，不許。渾、濬争功不已，帝命廷尉劉頌校其事，以渾爲上功，濬爲中功。帝以頌折法失理，左遷京兆太守。乃詔增賈充及渾邑八千户，進渾爵爲公；以濬爲輔國大將軍，與杜預、王戎皆封縣侯；諸將賞賜有差。策告羊祜廟，封其夫人爲萬歲鄉君，食邑五千户。濬自以功大，而爲渾父子黨與所抑，每進見陳説，或不勝忿憤，徑出不辭。益州護軍范通謂曰：「卿功則美矣，然恨所以居美者未盡善也。卿旋旆之日，角巾私第，口不言平吳之事，若有問者，輒曰：『聖主之德，羣帥之功，老夫何力之有！』此藺生所以屈廉頗也。」濬曰：「吾始懲鄧艾之禍，不得無言；其終不能遣諸胸中，是吾褊也。」時人咸以濬功重報輕，爲之憤邑。博士秦秀等上表訟之，帝乃遷濬鎮軍大將軍。渾嘗詣濬，濬嚴設備衛，然後見之。杜預還襄陽，以爲天下雖安，忘戰必危，乃勤於講武，申嚴戍守。又引滍、淯水以浸田萬餘頃，開揚口通零、陵之漕，公私賴之。預身不跨馬，射不穿札，而用兵制勝，諸將莫及。在鎮數餉遺洛中貴要，或問其故，預曰：「吾但恐爲害，不求益也。」

冬，十月，尚書胡威卒。威爲尚書，嘗諫時政之寬。帝曰：「尚書郎以下，吾無所假借。」威曰：「臣之所陳，豈在丞、郎、令史，正謂如臣等輩，始可以肅化明法耳。」

初置司州。是歲，以司隸所統郡置司州。凡州十九，郡國一百七十三，户二百四十五萬九千八百四十。

詔罷州郡兵。詔曰：「自漢末，四海分崩，刺史内親民事，外領兵馬。今天下爲一，當韜戢干戈，刺史分職，皆如漢氏故事；悉去州郡兵，大郡置武吏百人，小郡五十人。」交州牧陶璜上言：「交、廣東西數千里，不賓屬者六萬餘户，服官役纔五千餘家。二州脣齒，惟兵是鎮。又，寧州諸夷，接據上流，水陸並通，州兵未宜約損，以示單虚。」僕射山濤亦言不宜去州郡武備，帝不聽。及永寧之後，盗賊羣起，州郡不能制，天下遂大亂，如濤所言。然其後刺史復兼兵民之政，州鎮愈重矣。

辛丑(二八一)

二年。

春，三月，選吴伎妾五千人入宫。帝既平吴，頗事游宴，怠於政事，掖庭殆將萬人。常乘羊車，恣其所之，至便宴寢。宫人競以竹葉插户，鹽汁灑地，以引帝車。后父楊駿及弟珧、濟始用事，勢傾内外，時人謂之三楊。舊臣多被疏退，山濤數有規諷，帝雖知而不能改。

冬，十月，鮮卑慕容涉歸寇昌黎。初，鮮卑莫護跋始自塞外入居遼西棘城之北，號慕容部。至孫涉歸遷於遼東之北，世附中國，數從征討有功，拜大單于。至是始叛，寇昌黎。

自漢、魏以來，羌、胡、鮮卑降者多處之塞内諸郡。其後數因忿恨，殺害長吏，漸爲民患。侍御史郭欽上疏曰：「戎狄强獷，歷古爲患。魏初民少，西北諸郡，皆爲戎居，内及京兆、魏郡、弘農，往往有之。今雖服從，若百年之後有風塵之警，胡騎自平陽、上黨不三日而至孟津，北地、西河、太原、馮翊、安定、上郡盡爲狄庭矣。宜及平吴之威，謀臣猛將之略，漸徙内郡雜胡於邊地，峻四夷出入之防，明先王荒服之制，此萬世長策也。」不聽。

揚州刺史周浚移鎮秣陵。吴民之未服者，屢爲寇亂，浚皆討平之。賓禮故老，搜求俊乂，威惠並行，吴人悦服。

壬寅（二八二）

三年。

春，正月，朔，帝親祀南郊。禮畢，帝問司隸校尉劉毅曰：「朕可方漢何帝？」對曰：「桓、靈。」帝曰：「何至於此？」對曰：「桓、靈賣官錢入官庫，陛下賣官錢入私門，以此言之，殆不如也。」帝大笑曰：「桓、靈不聞此言，今朕有直臣，固爲勝之。」

毅糾繩豪貴，無所顧忌。太子鼓吹入東掖門，毅劾奏之。中護軍羊琇恃寵驕侈，數犯法。毅劾奏琇罪當死，帝遣齊王攸私請於毅，毅許之。都官從事程衛徑馳入營，收琇屬吏考問，先奏琇所犯狼藉，然後言於毅。帝不得已，免琇官。未幾，復使白衣領職。琇，景獻后之從父弟也；後將軍王愷，文明后之弟也；散騎常侍石崇，苞之子也。三人皆富於財，競以奢侈相高。車騎司馬傅咸上書曰：「先王之治天下，食肉衣帛，皆有其制。奢侈之費，甚於天災。古者人稠地狹，而有儲蓄，由於節也。今土廣人稀，而患不足，由於奢也。欲時人崇儉，當詰其奢，奢不見詰，轉相高尚，無有窮極矣！」

以張華都督幽州軍事。尚書張華以文學才識名重一時，論者皆謂宜爲三公，荀勗、馮紞以伐吴之謀深疾之。會帝問華：「誰可託後事者？」華對以「明德至親，莫如齊王」。由是忤旨，勗因而譖之，以華都督幽州。華撫循夷夏，譽望益振。帝復欲徵之，紞侍側，從容語及鍾會，紞曰：「會之反，頗由太祖。」帝變色曰：「卿是何言耶？」紞免冠謝曰：「善御者必知六轡緩急之宜，故漢高尊寵五王而誅滅，光武抑損諸將而克終。非上有仁暴之殊，下有愚智之異也，蓋抑揚與奪，使之然耳。會才智有限，而太祖誇獎無極，使會自謂算無遺策，功在不賞，遂構凶逆耳。向令録其小能，節以大禮，則亂心無由生矣。」帝曰：「然。」紞稽首曰：「陛下既然臣之言，宜思堅冰之漸，勿使如會之徒復致傾覆。」帝曰：「當今豈復有如會者耶？」紞因屏左右而言曰：「陛下謀畫之臣，著大功於天下，據方鎮，總戎馬者，皆在聖慮矣。」帝默然，由是止不徵華。

夏，四月，魯公賈充卒。充老病，自憂謚傳，從子模曰：「是非久自見，不可掩也！」至是卒，無嗣，妻郭槐欲以外孫韓謐爲世孫，曹軫諫曰：「禮無異姓爲後之文。」槐表陳之，云充遺意，帝許之，仍詔：「自非功如太宰，始封無後者，不得以爲比。」及太常議謚，博士秦秀曰：「充悖禮溺情，以亂大倫。昔鄫養外孫莒公子爲後，春秋書『莒人滅鄫』。絶父祖之血食，開朝廷之亂原。按謚法：『昏亂紀度曰荒。』請謚荒公。」帝更曰武。

冬，十二月，以齊王攸爲大司馬，都督青州軍事。齊王攸德望日隆，荀勖、馮紞、楊珧皆惡之。紞言於帝曰：「陛下詔諸侯之國，宜從親者始。齊王獨留京師，可乎？」勖曰：「百僚皆歸心齊王，陛下試詔之國，必舉朝以爲不可，則臣言驗矣。」帝以爲然。乃以攸爲大司馬，都督青州諸軍事。王渾上書：「以攸至親盛德，宜贊朝政，今出之國，假以虛號，而無典戎幹方之實，懼非陛下追述先帝、太后待攸之宿意也。若以同姓寵之太厚，則有吴、楚逆亂之謀，漢之吕、霍、王氏，皆何人也！歷觀古事輕重所在，無不爲害，唯當任正道而求忠良耳！若以智計猜物，雖親見疑，疏者庸可保乎！」於是扶風王駿、光禄大夫李憙、中護軍羊琇、侍中王濟、甄德皆切諫，濟、德又使其妻公主俱入，涕泣，請帝留攸。帝怒，謂王戎曰：「兄弟至親，今出齊王，自是朕家事，而甄德、王濟連遣婦來生哭人耶！」乃出濟、德，而憙遂以年老遜位，卒於家。憙在朝，姻親故人，與之分衣共食，而未嘗私以王官，人以此稱之。

散騎常侍薛瑩卒。或謂吴郡陸喜曰：「瑩於吴士當爲第一乎？」喜曰：「孫皓無道，吴國之士，沈默其體，潛而勿用者，第一也；避尊居卑，禄以代耕者，第二也；侃然體國，執正不懼者，第三也；斟酌時宜，時獻微益者，第四也；温恭修慎，不爲謟首者，第五也；過此以往，不足復數。故彼上士多淪没而遠悔吝，中士有聲位而近禍殃，觀瑩之處身本末，其四五之間乎！」

癸卯（二八三）

四年。

春，正月，除祭酒曹志等名，賜齊王攸備物殊禮。帝命太常議崇錫齊王之物。博士庾旉、秦秀等曰：「古禮，三公無職，坐而論道，不聞以方任嬰之。惟宣王救急朝夕，然後命召穆公征淮夷，故其詩曰：『徐方不回，王曰旋歸。』宰相不得久在外也。今天下已定，六合爲家，將數延三事，與論太平之基，而更出之，違舊章矣。」曹志嘆曰：「安有如此之才，如此之親，不得樹本助化，而遠出海隅！晉室之隆，其殆矣乎！」乃奏議曰：「古之夾輔王室，同姓則周公，異姓則太公，皆身居朝廷，五世反葬。及其衰也，雖有五霸代興，豈與周、召之治同日而論哉！自羲皇以來，豈一姓所能獨有！當推至公之心，與天下共其利害，乃能享國久長。是以秦、魏纔得沒身，而周、漢親疏爲用，此前事之明驗也。志以爲當如博士議。」帝大怒曰：「曹志尚不明吾心，況四海乎！且博士不答所問而答所不問，横造異論。」遂免志官，其餘皆付廷尉。劉頌奏旉等大不敬，當棄市。尚書奏請報聽，尚書夏侯駿曰：「宫立八座，正爲此時。」乃獨爲駁議。留中七日，乃詔旉等七人免死除名。命攸備物典策，設軒縣之樂，六佾之舞，黄鉞朝車，乘與之副從焉。

三月，朔，日食。

大司馬齊王攸卒。攸憤怨發病，乞守先后陵。不許，御醫診視，希旨，皆言無疾。河南尹向雄諫曰：「陛下子弟雖多，然有德望者少；齊王卧居京邑，所益實深，不可不思也。」帝不納，雄憤恚而卒。攸疾轉篤，猶催上道。攸歐血而卒，帝往臨喪，其子冏號踴陳訴，詔即誅醫。初，帝愛攸甚篤，爲荀勖、馮紞所搆，欲爲身後之慮，故出之。及卒，帝哀慟不已。馮紞侍側，曰：「齊王名過其實，天下歸之。今自薨殞，社稷之福也，陛下何哀之過！」帝收淚而止。攸舉動以禮，鮮有過事，帝敬憚之。每引同處，必擇言而後發。

夏，琅邪王伷卒。謚曰武，子覲嗣。

冬，河南、荆、揚大水。

歸命侯孫皓卒。

甲辰(二八四)

五年。

春，正月，龍見武庫井中。青龍二，見武庫井中，帝觀之，有喜色。百官將賀，劉毅曰：「昔龍降夏庭，卒爲周禍。尋案舊典，無賀龍之禮。」乃止。

乙巳(二八五)

六年。

春，正月，尚書左僕射劉毅卒。初，陳羣以吏部不能審覈天下之士，故令郡國及州各置中正，皆取本土之人任朝廷官、德充才盛者爲之，使銓次等級以爲九品，有言行脩著則升之，道義虧缺則降之，吏部憑以補授。行之浸久，中正或非其人，姦敝日滋。毅嘗上疏曰：「中正之設，損政者八：高下逐强弱，是非隨興衰，一人之身，旬日異狀，上品無寒門，下品無勢族，一也。置州都者，本取州里清議所服，將以鎮異同，一言議也。今重其任而輕其人，使駁論横於州里，嫌隙結於大臣，二也。本立格爲九品者，謂才德有優劣，倫輩有首尾也。今乃優劣易地，首尾倒錯，三也。陛下賞善罰惡，無不裁之以法，獨中正，無賞罰之防，又禁人訴訟，使受枉者不獲上聞，四也。一國之士，多者千數，或流徙異邦，面猶不識，不過采譽於臺府，納毁於流言，任己則有不識之蔽，聽受則有彼此之偏，五也。凡求人才，以治民也，今當官著效者或附卑品，在官無績者更獲高叙，抑功實而隆虚名，長浮華而廢考績，六也。凡官不同人，事不同能。今不狀其才之所宜而但第爲九品，以品取人，或非才能之所長，以狀取人，則爲本品之所限，徒結白論，品狀相妨，七也。所下不彰其罪，所上不列其善，各任愛憎，以植其私，天下之人焉得不懈德行而鋭人事，八也。由此論之，職名中正，實爲姦府；事名九品，而有八損。宜罷中正，更立一代之制。」衛瓘亦以爲：「魏氏承喪亂之後，人士流移，考詳無地，故立九品之制。今九域同規，宜用土斷，自公卿以下，以所居爲正，無復縣客遠屬異土，盡除中正，使舉善進才，各由鄉論，則華競自息，各求於己矣。」始平王文學李重以爲：「九品既除，宜先開移徙，聽相并就，則土斷之實行矣。」帝雖善其言而終不能改。

以王渾爲尚書左僕射。時渾子濟爲侍中，嘗坐事免官。久之，帝謂和嶠曰：「我將罵濟而後官之，如何？」嶠曰：「濟俊爽，恐不可屈。」帝召濟，責讓之，既而曰：「頗知愧不？」濟曰：「尺布、斗粟之謠，常爲陛下愧之。他人能令親者疏，臣不能令親者親，以此愧陛下耳。」帝默然。

旱。

秋，八月，朔，日食。

冬，慕容廆寇遼西。初，慕容涉歸卒，弟删篡立。至是删爲其下所殺，迎涉歸子廆立之。涉歸與宇文部有隙，廆請討之，朝廷弗許。廆怒，入寇遼西，殺略甚衆。自是每歲犯邊。

丙午(二八六)

七年。

春，正月，朔，日食。

司徒魏舒罷。舒稱疾，遜位。舒所爲，必先行而後言，遜位之際，莫有知者。衛瓘與書曰：「每與足下共論此事，日日未果，可謂『瞻之在前，忽焉在後』矣。」

丁未(一二八七)

八年。

春，正月，朔，日食。

太廟殿陷。秋，九月，改營之。

戊申(一二八八)

九年。

春，正月，朔，日食。

夏，六月，朔，日食。

大旱。

秋，八月，星隕如雨。

地震。

己酉(一二八九)

十年。

夏，四月，太廟成。

慕容廆降，以爲鮮卑都督。廆謁見東夷校尉何龕，以士大夫禮，巾衣詣門，龕嚴兵以見之。廆乃改服戎衣而入。人問其故，廆曰：「主人不以禮待客，客何爲哉！」龕聞之，甚慚。鮮卑段國單于以女妻廆，生皝、仁、昭。廆以遼東僻遠，徙居徒河之青山。

冬，十月，復明堂及南郊五帝位。

十一月，尚書令荀勖卒。勖有才思，善伺人主意，以是能固其寵。久在中書，專管機事。及遷尚書，甚罔悵。人有賀之者，勖曰：「奪我鳳凰池，諸君何賀耶！」

遣諸王假節之國，督諸州軍事，封子孫六人爲王。帝極意聲色，遂至成疾。楊駿忌汝南王亮，以爲大司馬、都督豫州諸軍事，使鎮許昌。又徙皇子南陽王柬爲秦王，都督關中；瑋爲楚王，都督荆州；允爲淮南王，都督揚、江二州諸軍事，並假節之國。立皇子乂爲長沙王，穎成都王，晏吴王，熾豫章王，演代王；孫遹廣陵王。初，帝以才人謝玖賜太子，生遹。宫中嘗夜失火，帝登樓望之，遹年五歲，牽帝裾入闇中曰：「暮夜倉猝，宜備非常，不可令照見人主。」帝奇之。嘗稱遹似宣帝，故天下咸歸仰之。帝知太子不才，然恃遹明慧，故無廢立之心。復用王佑謀，以太子母弟柬、瑋、允分鎮要害。又恐楊氏之偪，以佑爲北軍中候，典禁兵。

帝爲遹高選僚佐，以散騎常侍劉寔志行清素，命爲之傅。寔以時俗喜進趣，少廉讓，嘗著崇讓論，欲令初除官通謝章者，必推賢讓能；一官闕，則擇爲人所讓多者用之。以爲：「人情争則欲毁己所不如，而優劣難分；讓則競推於勝己，而賢智顯出。當此時也，能退身修己，則讓之者多矣。馳騖進趣而欲人見讓，猶卻行而求前也。」

時又封宗室數人，淮南相劉頌上疏曰：「陛下以法禁素寬，未可遽革。然矯時救弊，亦宜以漸。譬猶行舟，雖不橫截迅流，當漸靡而往，稍向所趣，然後得濟也。臣聞爲社稷計，莫如封建親賢。然宜審量事勢，使諸侯率義而動者，其力足以維帶京邑，包藏禍心者，其勢不足獨以有爲。其齊此甚難，陛下宜與達古今之士，深共籌之。周之諸侯，有罪身誅而國存；漢之諸侯，有罪或無子者，國隨以亡。今宜反漢循周，則下固而上安矣。天下至大，萬事至衆，是以聖王執要於己，委務於下，非憚勞而好逸，誠以政體宜然也。夫居事始以別能否，甚難也；因成敗以分功罪，甚易也。今陛下精於造始而略於考終，此政功所以未善。人主誠能居易執要，考功罪於成敗之後，則羣下無所逃其誅賞矣。古者六卿分職，冢宰爲師；秦、漢以來，九列執事，丞相都總。今尚書制斷，諸卿奉成，於古制爲太重。可出衆事付外寺，使得專之；尚書統領大綱，歲終課功，校簿而行賞罰，斯亦可矣。今動皆受成於上，故上之所失，不得復以罪下，歲終事功不建，不知所以責也。夫細過謬妄，人情之所必有，而悉糾以法，則朝野無立人矣。近世爲監司者，類大綱不振而微過必舉，蓋由畏避豪强而又懼職事之曠，則謹密網以羅微罪，使奏劾相接，狀似盡公，實則撓法。是以聖王不善碎密之案，必責凶猾之奏，則害政之姦，自然禽矣。夫創業之勳，在於立教定制，使遺風繫人心，餘烈匡幼弱，後世憑之，雖昏猶明，雖愚若智，乃足尚也。至夫修飾官署，凡諸作役，此將來所不須於陛下而自能者也。今勤所不須以傷所憑，竊以爲過矣。」帝不能用。

以劉淵爲匈奴北部都尉。淵輕財好施，傾心接物，五部豪桀，幽、冀名儒，多往歸之。

庚戌(二九〇)

孝惠皇帝永熙元年

夏，四月，以楊駿爲太尉，輔政。帝崩，太子衷即位，尊皇后曰皇太后，立皇后賈氏。帝疾篤，楊駿獨侍疾禁中。大臣皆不得在左右，駿因以私意改易要近，樹其心腹。會帝小間，正色謂曰：「何得便爾！」時汝南王亮尚未發，乃令作詔，以亮與駿同輔政，且欲擇朝士有聞望者佐之。會帝復迷亂，皇后奏以駿輔政，帝頷之。后召華廙、何劭作詔，授駿太尉，都督中外諸軍事，録尚書事。仍趣亮赴鎮。帝復小間，問汝南王來未？左右言未至，遂崩。帝宇量弘厚，明達好謀，容納直言，未嘗失色於人。太子即位，駿入居太極殿，以虎賁百人自衛。亮不敢臨喪，哭於大司馬門外，表求過葬而行。或告亮欲討駿，駿密遣兵圖之，亮夜馳赴許昌，乃免。

五月，葬峻陽陵。詔羣臣增位賜爵有差。楊駿自知素無美望，欲普進封爵以求媚於衆。將軍傅祗謂曰：「未有帝王始崩，而臣下論功者也。」駿不從。詔中外羣臣增位賜爵有差，復租調一年。散騎侍郎何攀奏曰：「帝正位東宫二十餘年，今承大業，而班賞行爵，優於革命之初，輕重不倫。且大晉卜世無窮，制當垂後，若有爵必進，則數世之後，莫非公侯矣。」不從。

以楊駿爲太傅、大都督、假黄鉞，録朝政，百官總己以聽。傅咸謂駿曰：「諒闇不行久矣。今上謙冲，委政於公，而天下不以爲善，懼明公未易當也。周公大聖，猶致流言，况上春秋非成王之年乎！進退之宜，明公當審思之。」駿不從。楊濟遺咸書曰：「諺云：『生子癡，了官事。』官事未易了也。」

戚復書曰：「衛公有言：『酒色殺人，甚於作直。』坐酒色死，人不爲悔，而逆畏以直致禍，此由心不能正，欲以苟且爲明哲耳。自古以直致禍者，當由矯枉過正，或不忠篤，而欲以亢厲爲聲，故致忿耳，安有悾悾忠益而返見怨疾乎！」駿以賈后險悍，多權略，忌之，以其甥段廣管機密，張劭典禁兵。凡有詔命，帝省訖，入呈太后，然後行之。馮翊太守孫楚謂曰：「公以外戚居伊、霍之任，而不與宗室共參萬機，禍至無日矣！」駿不從。駿姑子弘訓少府蒯欽數以直言犯駿〔一〕，人爲之懼，欽曰：「楊文長雖闇，猶知人無罪不可殺，不過疏我，我得疏，乃可以免；不然，與俱族矣。」駿辟匈奴東部人王彰爲司馬，彰逃不受。其友怪問之，彰曰：「自古一姓二后，未有不敗。況楊太傅昵小人，遠君子，專權自恣乎。吾踰海塞以避之，猶恐及禍，奈何應其辟乎！且武帝不惟社稷大計，嗣子既不克負荷，受遺復非其人，天下之亂，可立待也。」

秋，八月，立廣陵王遹爲皇太子。遹既立，以何劭、裴楷、王戎、張華、楊濟、和嶠爲師保，拜母謝氏爲淑媛。賈后常置謝氏於别室，不聽與太子相見。初，和嶠嘗言於武帝曰：「太子有淳古之風，而末世多僞，恐不了陛下家事。」後與荀勗同侍，武帝曰：「太子近進，卿可俱詣之。」既還，勗等稱太子明識雅度。嶠曰：「聖質如初。」武帝不悦而起。及是，嶠從遹入朝，賈后使帝問曰：「卿昔謂我不了家事，今定如何？」嶠曰：「臣昔事先帝，曾有是言；言之不效，國之福也。」

以劉淵爲匈奴五部大都督。

琅邪王覲卒。謚曰恭，子睿嗣。

辛亥（二九一）

元康元年。

春，三月，皇后賈氏殺太傅楊駿，廢皇太后爲庶人。初，賈后爲太子妃，常以妒，手殺數人，又以戟擲孕妾，子隨刃墮。武帝大怒，將廢之。楊后曰：「賈公閭有大勳於社稷，豈可以其女妒而忘之邪！」妃得不廢。后數誡厲妃，妃不知其助己，返以爲恨。至是不以婦道事太后，又欲預政，而爲楊駿所抑。殿中中郎孟觀、李肇皆駿所不禮也，賈后使黄門董猛與觀、肇謀誅駿，廢太后。又使報楚王瑋，瑋許之。乃求入朝。至是觀、肇啓帝，夜作詔，誣駿謀反，命東安公繇帥殿中四百人討之。瑋屯司馬門，駿聞變，召官屬謀之。主簿朱振曰：「必閹豎爲賈后謀，不利於公，宜燒雲龍門以脅之，索造事者，首引東宫及外營兵，擁皇太子入宫，取姦人，殿内震懼，必斬送之。不然，無以免難。」駿素怯懦，不決，乃曰：「雲龍門，魏明帝所造，功費甚大，奈何燒之？」皇太后題帛爲書，射城外曰：「救太傅者有賞。」賈后因宣言太后同反，尋殿中兵出，燒駿府，駿逃于廐，就殺之。遂收珧、濟及張劭、段廣等，皆夷三族。珧臨刑，告東安公繇曰：「表在石函，可問張華。」繇不聽。繇，琅邪武王之子也。賈后矯詔送太后于永寧宫，復諷羣公奏曰：「皇太后圖危社稷，自絶于天。陛下雖懷無已之情，臣下不敢奉詔。」中書監張華議：「皇太后非得罪於先帝，今黨其所親，爲不母於聖世，宜依漢廢趙太后故事，稱武皇后，居異宫，以全始終。」有司奏請廢太后爲庶人，詣金墉城，詔可。又奏：「昨詔原駿妻龐氏，以慰太后之心。今太后廢，請以龐付廷尉行刑。」詔從之。龐臨刑，太后抱持號叫，截髮稽顙，上表賈后稱妾，請全母命。不省。董養遊太學，升堂嘆曰：「朝廷建斯堂將以何爲乎！每覽赦書，謀反大逆皆赦，至於殺祖父母、父母不赦者，以爲王法所不容故也。公卿處議至此，天人之理既滅，大亂將作矣。」

徵汝南王亮爲太宰，與太保衛瓘録尚書事。亮欲悦衆，論誅楊駿功，督將侯者千八十一人。御史中丞傅咸曰：「無功而獲厚賞，則人莫不樂國之有禍，是禍原無窮也。」亮不從。亮頗專權勢，咸復諫，亦不從。賈后族兄模、從舅郭彰、女弟之子賈謐與楚王瑋、東安王繇並預政。后暴戾日甚，繇密謀廢后，繇兄澹素惡繇，屢譖於亮，詔免繇官，廢徙帶方。於是謐、彰權勢愈盛。謐雖驕奢，而喜延士大夫，彰與石崇、陸機、機弟雲、潘岳、摯虞、左思、牽秀、劉輿、輿弟琨等皆附於謐，號二十四友。崇與岳尤諂，每謐及廣城君郭槐出，皆降車路左，望塵而拜。

夏，六月，皇后殺太宰亮、太保瓘及楚王瑋。太宰亮、太保瓘以北軍中候楚王瑋剛愎好殺，欲奪其兵權，以裴楷代之。瑋怒，楷不敢拜。復謀遣瑋之國。瑋長史公孫宏、舍人岐盛勸瑋自昵於賈后，后留瑋領太子少傅。盛素善於楊駿，瓘惡其反覆，將收之。盛乃因將軍李肇矯稱瑋命，譖亮、瓘於賈后，云將謀廢立。后素怨瓘，且患二公秉政，己不得專恣。六月，使帝作手詔賜瑋曰：「太宰、太保欲爲伊、霍之事，王宜宣詔，屯諸宫門，免亮、瓘官。」夜，使黄門齎以授瑋。瑋亦欲因此復私怨，遂勒本軍，復矯詔召三十六軍，遣宏、肇以兵圍亮府，清河王遐收瓘。長史劉準謂亮曰：「此必姦謀。府中俊乂如林，猶可力戰。」不聽。遂爲肇所執，歎曰：「我之赤心，可破示天下也。」與世子矩俱死。瓘左右亦疑遐矯詔，請拒之，須自表得報，就戮未晚；瓘不聽。初，瓘爲司空，帳下督榮晦有罪，斥遣之。至是晦從遐收瓘，輒殺瓘及子孫共九人。盛因説瑋誅賈、郭以正王室，瑋未決。會天明，張華使董猛説賈后曰：「楚王既誅二公，則威權盡歸之矣，人主何以自安。宜以專殺之罪，誅之。」乃遣殿中將軍齎騶虞幡麾衆曰：「楚王矯詔，勿聽也。」衆皆釋仗。遂執瑋斬之。宏、盛夷三族。衛瓘女與國臣書曰：「先公名謚未顯，一國無言，春秋之失，其咎安在？」太保主簿劉繇等執黃幡，撾登聞鼓，訟瓘冤，乃詔族誅榮晦，追復亮、瓘爵位。謚瓘曰成。

以賈模、張華、裴頠、裴楷爲侍中，並管機要。賈后專朝，以模爲散騎常侍，加侍中。謐與后謀，以張華庶姓，無逼上之嫌，而儒雅有籌略，爲衆望所依，乃以華爲侍中、中書監，裴頠爲侍中，裴楷爲中書令，加侍中，與右僕射王戎並管機要。華盡忠帝室，彌縫遺闕，后雖凶險，猶知敬重。與模、頠同心輔政，故數年之間，雖闇主在上而朝野安靜。

壬子(二九二)

二年。

春，二月，皇后賈氏弑故皇太后楊氏于金墉城。時太后尚有侍御十餘人，賈后悉奪之，絶膳八日而卒。賈后覆而殯之。

癸丑(二九三)

三年。

夏，六月，弘農雨雹。深三尺。

甲寅(二九四)

四年。

大饑。

司隸校尉傅咸卒。咸性剛簡，風格峻整。初爲司隸，上言：「貨賂流行，所宜深絶。」奏免河南尹澹等官，京師肅然。

乙卯(二九五)

五年。

慕容廆徙居大棘城。

夏，六月，雨雹。

大水。

冬，十月，武庫火。焚累代之寶及二百萬人器械。

索頭分其國爲三部。一居上谷之北，濡源之西，禄官自統之；一居代郡參合陂之北，使兄子猗㐌統之；一居定襄之盛樂故城，使猗㐌弟猗盧統之。代人衛操與從子雄及同郡箕澹往依拓跋氏，説猗㐌、猗盧招納晉人。猗㐌悦之，任以國事，晉人附者稍衆。

丙辰(二九六)

六年。

春，以張華爲司空。

夏，匈奴郝度元反。匈奴郝度元與馮翊、北地馬蘭羌、盧水胡俱反，殺北地太守。征西大將軍趙王倫信用嬖人孫秀，與雍州刺史解系爭軍事，朝廷徵倫還，以梁王肜代之。系表請誅秀以謝氐、羌，張華以告肜，使誅之。秀友人爲之説肜得免。倫遂用秀計，深交賈、郭，賈后大愛信之，因求録尚書事，張華、裴頠固執不可，倫、秀由是怨之。

秋，八月，秦雍氐、羌齊萬年反。十一月，遣將軍周處等討之。初，御史中丞周處彈劾不避權戚，梁王肜嘗違法，處按劾之。至是秦雍氐、羌悉反，其帥齊萬年僭帝號，圍涇陽。詔以處爲建威將軍，隸安西將軍夏侯駿以討之。中書令陳準曰：「駿及梁王皆貴戚，非將帥之才，進不求名，退不畏罪。周處忠直勇果，有仇無援。宜詔孟觀以精兵萬人爲處前鋒，必能殄寇。不然，梁王當使處先驅，而不救以陷之，其敗必也。」朝廷不從。萬年聞處來，曰：「周府君有文武才，若專斷而來，不可當也；或受制於人，此成禽耳！」

關中饑疫。

十二月，略陽氐楊茂搜據仇池。初，略陽清水氐楊駒始居仇池。仇池方百頃，其旁平地二十餘里，四面斗絶而高，爲羊腸蟠道三十六回而上。至其孫千萬附魏，封爲百頃王。千萬孫飛龍浸强盛，徙居略陽，以其甥令狐茂搜爲子。茂搜避齊萬年之亂，帥部落還保仇池，自號輔國將軍、右賢王。關中人士避亂者多依之，茂搜迎接撫納；欲去者，衛護資送之。

七年。

丁巳(二九七)

春，正月，將軍周處及齊萬年戰，敗死之。齊萬年屯梁山，有衆七萬。梁王肜、夏侯駿使周處以五千兵擊之。處曰：「軍無後繼，必敗，不徒亡身，爲國取耻。」肜、駿逼遣之。處攻萬年於六陌，軍士未食，肜促令速進，自旦戰至暮，斬獲甚衆，弦絶矢盡，救兵不至。左右勸處退，處按劍曰：「是吾效節致命之日也！」遂力戰而死。朝廷雖以尤肜，而亦不能罪也。

秋，七月，雍、秦旱，疫。米斛萬錢。

九月，以王戎爲司徒。戎爲三公，與時浮沈，無所匡救，委事僚寀，輕出遊放。性復貪吝，園田徧天下，每自執牙籌，晝夜會計，常若不足。家有好李，賣之恐人得種，常鑽其核。凡所賞拔，專事虛名。阮咸之子瞻嘗見戎，戎問曰：「聖人貴名教，老、莊明自然，其旨異同？」瞻曰：「將無同！」戎咨嗟良久，遂辟之。時人謂之「三語掾」。是時，王衍爲尚書令，樂廣爲河南尹，皆善清談，宅心事外，名重當世，朝野爭慕效之。衍與弟澄，好題品人物，舉世以爲儀準。衍神情明秀，少時，山濤見之，曰：「何物老嫗，生寧馨兒！然誤天下蒼生者，未必非此人也！」廣性冲約清遠，與物無競。每談論，以約言析理，厭人之心，而其所不知，默如也。凡論人，必先稱其所長，則所短不言自見。澄及阮咸、咸從子脩、胡毋輔之、謝鯤、王尼、畢卓，皆以任放爲達，醉狂裸體，不以爲非。輔之嘗酣飲，其子謙之厲聲呼之曰：「彥國！年老，不得爲爾！」輔之歡笑，呼入共飲。卓比舍郎釀熟，因夜至甕間盜飲，爲掌酒者所縛，明旦視之，乃畢吏部也。廣聞而笑之曰：「名教内自有樂地，何必乃爾！」初，何晏等祖述老、莊，立論以爲：「天地萬物，皆以無爲本。無也者，開物成務，無往不存者也。陰陽恃以化生，賢者恃以成德。故無之爲用，無爵而貴矣！」衍等愛重之。由是士大夫皆尚浮誕，廢職業。裴頠著崇有論以釋其蔽曰：「利欲可損而未可絶有也，事務可節而未可全無也。談者深列有形之累，盛稱空無之美。遂薄綜世之務，賤功利之用，高浮游之業，卑經實之賢。人情所徇，名利從之。於是立言藉於虛無，謂之玄妙；處官不親所職，謂之雅遠；奉身散其廉操，謂之曠達；故悖吉凶之禮，忽容止之表，瀆長幼之序，混貴賤之級，無所不至。夫萬物之生，以有爲分者也。故心非事也，而制事必由於心，不可謂心爲無也。匠非器也，而制器必須於匠，不可謂匠非有也。由此而觀，濟有者皆有也，虛無奚益於已有之羣生哉！」然習俗已成，頠論亦不能救。

索頭猗㐌西略諸國。猗㐌渡漠北巡，西略諸國，降附者三十餘國。

戊午(二九八)

八年。

秋，九月，荆、豫、徐、揚、冀州大水。

遣侍御史李苾慰勞漢川流民。略陽巴氐李特、庠、流皆有材武，善騎射，性任俠，州黨多附之。及齊萬年反，關中荐饑，略陽、天水等六郡民流移入漢川者數萬家，道路有疾病窮乏者，特兄弟振救之，由是得衆心。流民至漢中，上書求寄食巴、蜀，朝議遣侍御史李苾持節慰勞，且監察之，不令入劍閣。苾受流民賂，表言：「流民十萬餘口，非漢中一郡所能振贍；蜀有倉儲，宜令就食。」從之。由是散在梁、益，不可禁止。特至劍閣，太息曰：「劉禪有如此地，而縛於人，豈非庸才耶！」遣將軍孟觀討齊萬年。張華薦觀沈毅有文武材用，使討齊萬年。觀身當矢石〔二〕，大戰十數，皆破之。

己未（二九九）

九年。春，正月，觀擊萬年，獲之。太子洗馬江統以爲戎狄亂華，宜早絶其原，乃作徙戎論以警朝廷曰：「四夷之中，戎狄爲甚，弱則畏服，强則侵叛。是以有道之君待之有備，禦之有常，雖稽顙執贄而邊城不弛固守，强暴爲寇而兵甲不加遠征，期令境内獲安，疆埸不侵而已。及至周室失統，諸侯專征，戎狄乘間得入中國，或招誘安撫以爲己用，自是四夷交侵，中國錯居。及秦始皇并天下，兵威旁達，攘胡走越，當是時，中國無復四夷也。漢建武中，馬援領隴西太守，討叛羌，徙其餘種於關中，居馮翊、河東空地。數歲之後，族類蕃息，永初叛亂，夷夏俱敝。自此之後，餘燼不盡，小有際會，輒復侵叛。魏武帝徙武都氏於秦川以禦蜀，蓋權宜之計，今已受其敝矣。夫關中，帝王所居，未聞戎狄宜在此土也。非我族類，其心必異。而士庶翫習，侮其輕弱，以貪悍之性，挾憤怒之情，候隙乘便，輒爲横逆，此必然之勢也。今宜及兵威方盛，因其死亡流散，與關中之人戶爲仇讎之際，徙諸羌，著先零、罕幵、析支之地，徙諸氐，出還隴右，著陰平、武都之界，廩其道路之糧，令足自致，各附本種，反其舊土，使屬國、撫夷就安集之。

戎、晉不雜，並得其所。縱有猾夏之心，絶遠中國，隔閡山河，爲害不廣矣。并州之胡，本匈奴桀惡之寇也。建安中，使右賢王去卑誘質呼厨泉，聽其部落散居六郡。今爲五部，户至數萬，驍勇便利，倍於氐、羌。若有不虞，則并州之域，可爲寒心。正始中，毋丘儉討句驪〔三〕，徙其餘種於滎陽。户落今以千計，數世之後，必至殷熾。今百姓失職，猶或亡叛，犬馬肥充，則有噬齧，況於夷狄，能不爲變！但顧其微弱耳！夫爲邦者，憂不在寡而在不安，以四海之廣，士民之富，豈須夷虜在内然後取足哉！此等皆可申諭發遣，還其本域，慰彼土思，惠此中國，於計爲長也。」朝廷不能用。

以成都王穎爲平北將軍，鎮鄴；河間王顒爲鎮西將軍，鎮關中。賈謐侍講東宫，對太子倨傲，穎見而叱之。謐怒，言於賈后，出之。又以顒鎮關中。初，武帝作石函之制，非至親不得鎮關中。顒，安平獻王孚之孫也，輕財愛士，朝廷以爲賢，故用之。

秋，八月，侍中賈模卒，以裴頠爲尚書僕射。賈后淫虐日甚，私於太醫令程據等。裴頠與賈模及張華議廢后，更立謝淑妃。模、華皆曰：「主上自無廢黜之意，而吾等專行之，儻上心不以爲然，將若之何！且諸王方强，朋黨各異，恐一旦禍起，身死國危，無益社稷。」頠曰：「誠如公言。然中宫逞其昏虐，亂可立待也。」華曰：「卿二人於中宫皆親戚，言或見信，宜數爲陳禍福之戒，庶無大悖，則天下尚未至於亂，吾曹得以優游卒歲而已。」頠旦夕説其從母廣城君，令戒諭賈后以親厚太子，模亦數爲后言禍福，后反以模爲毁己而疏之，模憂憤而卒。以頠爲尚書僕射。頠雖后親屬，然雅望素隆，四海惟恐其不居權位。頠拜尚書僕射，又詔專任門下事，頠上表固辭。或謂曰：「君可以言，當盡言於中宫。言而不從，當遠引而去。儻二者不立，雖有十表，難以免矣。」頠不能從。帝爲人戇騃，嘗在華林園聞蝦蟆，謂左右曰：「此鳴者，爲官乎？爲私乎？」時天下荒饉，百姓餓死，帝聞之曰：「何不食肉糜？」由是權在羣下，政出多門，勢位之家，更相薦託，有如互市。賈、郭恣横，貨賂公行。南陽魯褒作錢神論以譏之。又，朝臣務以苛察相高，每有疑議，各立私意，刑法不壹，獄訟繁滋。尚書劉頌上疏曰：「近世以來，法漸多門，令甚不一，吏不知所守，下不知所避。夫君臣之分，各有所司。法欲必奉，故令主者守文；理有窮塞，故使大臣釋滯；事有時宜，故人主權斷。主者守文，若釋之執犯蹕之平也；大臣釋滯，若公孫弘斷郭解之獄也；人王權斷，若漢祖戮丁公之爲也。自非此類，皆以律令從事。然後法信於下，可以言政矣。」乃下詔：「郎、令史復出法駁案者，隨事以聞。」然亦不能革也。頠薦平陽韋忠於張華，華辟之，忠辭疾不起。人問其故，忠曰：「張茂先華而不實，裴逸民慾而無厭，棄典禮而附賊后，此豈大丈夫之所爲！常恐其溺於深淵而餘波及我，況可褰裳而就之哉！」關内侯索靖知天下將亂，指洛陽宫門銅駝歎曰：「會見汝在荆棘中耳！」

冬，十一月，朔，日食。

十二月，廢太子遹爲庶人。初，廣城君郭槐以賈后無子，常勸后慈愛太子，欲以韓壽女爲太子妃，太子亦欲婚韓氏以自固。壽妻賈午及后皆不聽，而爲太子聘王衍少女。太子聞衍長女美，而后爲賈謐聘之，心不能平，頗以爲言。及廣城君病，臨終，執后手，令盡心於太子。又曰：「趙粲、賈午，必亂汝家。」后不從，更與粲、午謀害太子。太子幼有令名，及長，不好學，惟與左右嬉戲，后復使黄門輩誘之爲奢虐。由是名譽浸減，或廢朝侍而縱遊逸，於宮中爲市，使人屠酤，手揣斤兩，輕重不差。其母本屠家女也，故太子好之。又令西園賣葵菜、藍子、雞、麪等物而取其利。又好陰陽小數，多所拘忌。洗馬江統上書陳五事，不從。中舍人杜錫每盡忠諫，勸太子修德業，保令名，言辭懇切。太子患之，置針著錫常所坐氈中，刺之流血。太子性剛，知賈謐恃中宮驕貴，不能假借之。謐譖於后曰：「太子多畜私財以結小人者，爲賈氏故也。不如早圖之。」后乃宣揚太子之短，又詐爲有娠，内藁物産具，取妹夫韓壽子養之。時朝野咸知后有害太子之意，左衛率劉卞以問張華，華曰：「君欲如何？」卞曰：「東宮俊乂如林，四率精兵萬人；若得公命，皇太子因朝入録尚書事，廢賈后于金墉城，兩黄門力耳。」華曰：「今天子當陽，太子，人子也，吾又不受阿衡之命，忽相與行此，是無君父而以不孝示天下也。雖能有成，猶不免罪，況權戚滿朝，威柄不一，成可必乎！」后頗聞之，以卞爲雍州刺史，卞飲藥而死。十二月，后詐稱帝不豫，召太子入朝。既至，置于别室，遣婢陳舞以帝命賜酒三升，逼使盡飲之，遂大醉。后使黄門侍郎潘岳作書草，稱詔使書之，文曰：「陛下宜自了，不自了，吾當入了之。中宫又宜速自了，不自了，吾當手了之。并與謝妃共要，刻期兩發，掃除患害。」太子醉迷，遂依而寫之。字半不成，后補成之，以呈帝。帝幸式乾殿，召公卿入，以太子書示之曰：「遹書如此，今賜死。」諸王公莫有言者，張華曰：「此國之大禍，自古常因廢黜正嫡以致喪亂。願陛下詳之！」裴頠以爲宜先檢校傳書者，又請比校太子手書，恐有詐妄。議至日西不決，后懼事變，乃表免太子爲庶人，詔許之。以其子虨、臧、尚皆幽于金墉城。王衍自表離婚，許之，殺謝淑媛，虨亦尋卒。

庚申(三〇〇)

永康元年。

春，正月，幽故太子遹于許昌。賈后使黄門自首，欲與太子爲逆。詔以首辭班示公卿，遣千兵衛太子，幽于許昌。詔宫臣不得辭送。江統等五人送至伊水，拜辭涕泣，司隸收縛送獄，河南尹樂廣皆解遣之。

三月，尉氏雨血，妖星見南方，太白晝見，中台星拆。張華少子韙勸華遜位，華曰：「天道幽遠，不如静以待之。」

皇后殺故太子遹。太子既廢，衆情憤怒。衛督司馬雅嘗給事東宫，與殿中郎士猗等謀廢賈后，復太子。以右軍將軍趙王倫執兵柄，性貪冒，可假以濟事。乃説孫秀曰：「今國無嫡嗣，社稷將危，大臣將起大事，而公名奉事中宫，與賈、郭親善，太子之廢，皆云豫知，一朝事起，禍必相及，何不先謀之乎！」秀言於倫，倫然之，遂告通事令史張林，使爲内應。將發，秀又謂倫曰：「太子聰明剛猛，若還東宫，必不受制於人。明公素黨於賈后，今雖建大功，太子謂公特逼於百姓之望，以免罪耳，必不深德明公。不若遷延緩期，賈后必害太子，然後廢后，爲太子報讎，豈徒免禍，更可以得志。」倫然之。秀因使人行反間，言殿中人欲廢皇后，迎太子。后使太醫令程據和毒藥，遣黄門孫慮至許昌，逼太子，殺之。

夏，四月，朔，日食。

趙王倫廢皇后賈氏爲庶人，殺之。遂殺司空張華、僕射裴頠，自爲相國，追復故太子位號。趙王倫、孫秀使司馬雅告張華曰：「趙王欲與公共匡社稷，爲天下除害。」華拒之。雅怒曰：「刃將加頸，猶爲是言邪！」不顧而出。倫矯詔敕三部司馬曰：「中宮與賈謐等殺太子，今使車騎入廢中宮，汝等從命，賜爵關中侯；不從者，誅三族。」衆皆從之。開門夜入，遣齊王冏將百人排閤迎帝幸東堂，召賈謐，斬之。遂廢后爲庶人，收趙粲、賈午考竟。召八座以上皆夜入殿，倫陰與秀謀篡位，欲先除朝望，且報宿怨。乃執張華、裴頠、解結等於殿前。華謂張林曰：「卿欲害忠臣邪！」林稱詔詰之曰：「卿爲宰相，太子之廢，不能死節，何也？」華曰：「式乾之議，臣諫事具存，可覆按也。」林曰：「諫而不從，何不去位？」華無以對，遂皆斬之，夷三族。解結女適裴氏，明日當嫁而禍起，裴氏欲認活之，女曰：「家既若此，我何以活爲！」亦坐死。朝廷由是議革舊制，女不從死。倫送賈庶人于金墉，誅董猛、孫慮、程據等。閻纘撫張華尸慟哭曰：「早語君遜位而不肯，今果不免，命也！」於是倫自爲都督中外諸軍事、相國，侍中，孫秀等並據兵權，文武封侯者數千人。倫素庸愚，復受制於秀。秀爲中書令，威權振朝廷，天下皆事秀而無求於倫。詔追復故太子遹位號，立臧爲臨淮王。有司奏：「尚書令王衍備位大臣，太子被誣，志在苟免，請禁錮終身。」從之。倫欲收人望，選用海内名德之士，以李重、荀組爲左、右長史，王堪、劉謨爲左、右司馬，束晳爲記室，荀崧、陸機爲參軍。重知倫有異志，辭疾不就，倫逼之不已，憂憤成疾，扶曳受拜，數日而卒。倫遂矯詔遣使齎金屑酒賜賈后死于金墉城。

五月，立臨淮王臧爲皇太孫。

秋，八月，淮南王允討趙王倫，不克而死。趙王倫以允爲票騎將軍，領中護軍。允性沈毅，宿衛將士皆畏服之。知倫、秀有異志，謀討之。倫、秀轉允爲太尉，外示優崇，實奪其兵權。允遂帥國兵數百人，直出大呼曰：「趙王反，我討之，從者左袒。」於是從者甚衆，遂圍相府。倫與戰屢敗，死者千餘人。允結陣於承華門前，中書令陳淮欲應允，言於帝，遣伏胤持白虎幡以解鬬。倫子汝陰王虔在門下省，陰與胤誓曰：「富貴當共之。」胤乃詐言有詔助淮南王，允不之覺，開陣受詔，胤因殺之。坐允夷滅者數千人。

趙王倫殺黃門郎潘岳、衛尉石崇等。初，孫秀嘗爲小吏，岳屢撻之。崇之甥歐陽建素與倫有隙，崇有愛妾緑珠，秀求之，不與。及淮南王允敗，秀因稱崇、岳、建奉允爲亂，收之。崇歎曰：「奴輩利吾財耳！」收者曰：「知財爲禍，何不早散之！」崇不能答。初，岳母常誚責岳曰：「汝當知足，而乾没不已乎！」及敗，岳謝母曰：「負阿母。」遂皆族誅。

以齊王冏爲平東將軍，鎮許昌。齊王冏以功遷游擊將軍，冏意不滿，孫秀覺之，且憚其在內，乃以爲平東將軍，出鎮許昌。

趙王倫自加九錫。孫秀議加倫九錫，吏部尚書劉頌曰：「昔漢之錫魏，魏之錫晉，皆一時之用，非可通行。周勃、霍光，其功至大，不聞有九錫之命也。」張林欲殺之，秀曰：「殺張、裴已傷時望，不可復殺頌。」乃止。遂下詔加倫九錫，復加其子荂及秀、林等官，並居顯要。倫諸子頑鄙無識，秀狡黠貪淫，所與共事者，皆邪佞之士，惟競榮利，無深謀遠略，志趣乖異，互相憎疾。秀子會形貌短陋，如奴僕之下者，秀使尚帝女河東公主。

冬，十一月，立皇后羊氏。后父尚書郎玄之〔四〕，孫秀之黨也。

前益州刺史趙廞反。詔徵益州刺史趙廞爲大長秋，以成都内史耿滕代之。廞，賈后之姻親也。聞徵甚懼，且以晉室衰亂，陰有據蜀之志，乃傾倉廩，賑流民，厚遇李特兄弟，以爲爪牙。特等恃勢，聚衆爲盜，滕數密表：「流民剛剽，蜀人愞弱，主不能制客，必爲亂階，宜使還本地。」廞聞而惡之。州被詔書，遣文武千餘人迎滕。時成都治少城，益州治太城，廞猶在太城未去。滕欲入州，功曹陳恂諫曰：「今構怨已深，不如留少城以觀其變，檄諸縣合村保以備秦氏。」滕不從，廞遣兵逆戰，滕敗死。廞又遣兵逆西夷校尉陳總。總主簿趙模曰：「今當速行，助順討逆，誰敢動者！」總緣道停留，比至魚涪津，已遇廞軍，模白總，散財募兵以戰。總又不聽。衆遂自潰，廞殺之。自稱益州牧，置僚屬，易守令，李庠等以四千騎歸廞，廞委以心膂，使招合六郡壯勇萬人，以斷北道。

辛酉（三〇一）

永寧元年。

春，正月，以張軌爲涼州刺史。散騎常侍張軌以時方多難，陰有保據河西之心，欲求爲涼州〔五〕。時盜賊縱橫，鮮卑爲寇，軌以宋配、氾瑗爲謀主，悉討破之，威著西土。

趙王倫自稱皇帝，遷帝于金墉城，殺太孫臧。趙王倫逼奪璽綬，備法駕入宫，即位。帝出居金墉城，尊爲太上皇。廢皇太孫爲濮陽王，殺之。以孫秀爲侍中、中書監，其餘黨與皆爲卿將，奴卒亦加爵位。每朝會，貂蟬盈坐，時人爲之諺曰：「貂不足，狗尾續。」是歲，天下所舉賢良、秀才、孝廉皆不試；

郡國計吏及太學生年十六以上者皆署吏；守令赦日在職者皆封侯；郡縣綱紀並爲廉吏。府庫之儲，不足以供賜與。應侯者多，鑄印不給，或以白版封之。

巴氏李特殺趙廞。詔以羅尚爲益州刺史。

李庠驍勇得衆心，趙廞浸忌之。會庠勸廞稱尊號，廞以庠大逆，斬之。復用李特爲督將。特怨廞，遂攻殺之，縱兵大掠，遣使詣洛陽，陳廞罪狀。初，梁州刺史羅尚聞廞反，表：「廞素非雄才，敗亡可待。」詔拜尚益州刺史，督廣漢太守辛冉等入蜀。特聞之懼，使弟驤迎獻珍玩，尚悦，以驤爲騎督。冉説尚曰：「特等專爲盜賊，宜因會斬之；不然，必爲後患。」尚不從。

三月，齊王冏及成都王穎、河間王顒等舉兵討倫，倫遣兵拒之。

齊王冏遣使告成都王穎、河間王顒、長沙王乂及新野公歆，移檄征鎮，稱：「逆臣孫秀，迷誤趙王，當共討之。有不從命，誅及三族。」穎召鄴令盧志謀之，志曰：「杖順討逆，百姓必不召自至。」穎從之，遠近響應。至朝歌，衆二十餘萬。歆得冏檄，未知所從。嬖人王綏曰：「趙親而强，齊疏而弱，宜從趙。」參軍孫詢大言曰：「趙王凶逆，天下當共誅之，何親疏强弱之有！」歆乃從冏。顒初用長史李含謀，執冏使，遣張方將兵助倫。及聞二王兵盛，復召方還，更附二王。倫、秀聞兵起，大懼，遣孫輔、張泓、司馬雅帥兵拒冏，秀子會及士猗、許超帥兵拒穎。

閏月，朔，日食。

自正月至于是月，五星互經天，縱横無常。

夏，四月，成都王穎擊敗倫兵于湨水，左衛將軍王輿等迎帝復位，倫伏誅。張泓等與齊王冏戰於潁上，屢破之。泓攻冏營，冏出兵擊破其别將，泓等乃退。成都王穎前鋒至黄橋，爲孫會、士猗、許超所敗，穎欲退，盧志曰：「今我軍失利，敵有輕我之心。不若更選精兵，星行倍道，出敵不意，此用兵之奇也。」穎從之。倫賞黄橋之功，猗、超、會皆持節。由是軍政不一，且恃勝不設備。穎擊之于湨水，會等大敗，穎乘勝長驅濟河。自冏等起兵，百官將士皆欲誅倫、秀，及河北軍敗，左衛將軍王輿帥營兵入宫，三部司馬爲應於内，攻孫秀於中書省，斬之。使黄門將倫還第，迎帝于金墉城。自端門入，升殿，羣臣頓首謝罪。分遣使者慰勞三王，賜倫死，收其子誅之。凡百官爲倫所用者皆斥免，臺省府衛，僅有存者。穎、顒皆至洛陽。自兵興六十餘日，戰鬬死者近十萬人。

六月，以齊王冏爲大司馬，輔政；成都王穎爲大將軍、河間王顒爲太尉，各還鎮。齊王冏入洛陽，甲士數十萬，威震京都。詔以爲大司馬，加九錫，備物典策，如宣、景、文、武輔魏故事；成都王穎爲大將軍，都督中外諸軍事，假黄鉞，録尚書事，加九錫；河間王顒爲侍中、太尉；常山王乂爲撫軍大將軍；進新野公歆爵爲王。齊、成都、河間三府，各置掾屬四十人，武號森列，文官備員而已，識者知兵之未戢也。歆説冏奪穎兵權，乂亦勸穎圖冏，聞者憂懼。盧志謂穎曰：「大王逕前濟河，功無與貳。然兩雄不俱立，宜因太妃微疾，求還定省，委重齊王，以收四海之心。」穎從之。表稱冏功德，宜委以萬機，即辭歸鄴。由是士民之譽皆歸穎。冏辟劉殷爲軍諮祭酒，曹攄爲記室，江統、苟晞參軍事，張翰、孫惠爲掾，顧榮、王豹爲主簿。殷幼孤貧，養曾祖母以孝聞，人以穀帛遺之，殷受而不謝，直云：「待後貴當相酬耳。」及長，博通經史，性倜儻有大志，儉而不陋，清而不介，望之頽然而不可侵也。冏以何勗爲中領軍，董艾典樞機，又封其將佐有功者葛旟等爲縣公，委以心膂，號曰「五公」。穎至鄴，讓九錫殊禮。表論興義功臣，乞運河北邸閣米以振陽翟饑民。斂祭黄橋戰士，旌顯其家。皆盧志之謀也。穎形美而神昏，不知書，然氣性敦厚，委事於志，故得成其美焉。初，冏疑中書郎陸機爲趙王倫撰禪詔，收，欲殺之。穎爲辨理，得免，因表爲平原内史，以其弟雲爲清河内史。機友人顧榮、戴淵以中國多難，勸機還吴；機以受穎全濟之恩，且謂穎有時望，可與立功，遂留不去。

冬，十月，李特據廣漢，進攻成都。初，朝廷符下秦、雍，召還流民入蜀者，又遣御史馮該督之。李特兄輔自略陽至蜀〔六〕，言中國方亂，不足復還。特然之，累遣閻式詣羅尚求權停至秋，又納賂於尚及該，尚、該許之。璽書下益州，條列六郡流民與特同討趙廞者，將加封賞。辛冉欲以爲己功，不以實上，衆咸怨之。尚督流民七月上道，時流民布在梁、益，爲人傭力，聞州郡逼遣，人人愁怨，且水潦方盛，年穀未登，無以爲行資。特復求停至冬；辛冉及犍爲太守李苾以爲不可。冉性貪暴，欲殺流民首領，取其資貨，乃與苾白尚設關搜索。特數爲流民請留，流民皆感而恃之，多相帥歸特。特乃結大營於緜竹以處之。辛冉又分牓購募特兄弟，特取以歸，與弟驤改之爲：「募六郡豪桀侯王，一首百匹。」於是流民大懼，歸特愈衆，旬月間至二萬人。復遣閻式詣羅尚求申期，尚許之，式還謂特曰：「尚威刑不立，冉等各擁强兵，一旦爲變，非尚所能制，宜爲備。」特從之，與弟流分二營，繕甲治兵以待。至是冉、苾帥步騎三萬襲特營，特發伏擊之，死者甚衆。於是流民推特行鎮北大將軍，承制封拜，流及兄輔、弟驤皆號將軍，進兵攻冉於廣漢。冉出戰屢敗，犇德陽。特入據郡，進攻成都。與蜀民約法三章，施舍振貸，禮賢拔滯，軍政肅然，蜀民大悅。尚頻爲特所敗，乃阻長圍，緣郫水作營，連延七百里與特相拒，求救於梁州及南夷校尉。

壬戌（三〇二）

太安元年。

夏，河間王顒遣兵討李特，不克。河間王顒遣督護衙博討李特，軍于梓潼。朝廷復以張微爲廣漢太守，軍于德陽。特使其子蕩等敗博兵，博走，衆降。特自稱大將軍、益州牧。

立清河王覃爲皇太子。齊王冏欲久專政，以帝子孫俱盡，大將軍穎有次立之勢，清河王覃，武帝孫也，方八歲，乃上表請立爲皇太子。以冏爲太子太師，東海王越爲司空，領中書監。

秋，八月，廣漢太守張微討李特，敗死。羅尚擊之，亦敗。張微擊破特兵，進攻其營。李蕩引兵救之，遂破微兵，殺之。李驤軍毗橋，羅尚遣軍擊之，屢爲所敗。驤遂進攻成都，李流軍成都之北。尚遣精勇萬人攻驤，驤與流合擊，大破之，還者什一二。

冬，十二月，河間王顒使長沙王乂殺齊王冏。齊王冏驕奢擅權，起府第與西宮等，中外失望。侍中嵇紹上疏曰：「存不忘亡，易之善戒也。臣願陛下無忘金墉，大司馬無忘潁上，大將軍無忘黄橋，則禍亂之萌無由而兆矣。」冏耽於宴樂，不入朝見；坐拜百官，符敕三臺；選舉不均，嬖寵用事。南陽處士鄭方上書諫曰：「大王安不慮危，燕樂過度，一失也。宗室骨肉，互相疑貳，二失也。蠻夷不靜，不以爲意，三失也。百姓困窮，不聞振救，四失也。義兵有功，久未論賞，五失也。」孫惠亦上書曰：「天下有五難、四不可，而明公皆居之：冒犯鋒刃，一難也；聚致英雄，二難也；與將士均勞苦，三難也；以弱勝强，四難也；興復皇業，五難也。大名不可久荷，大功不可久任，大權不可久執，大威不可久居。大王行其難而不以爲難，處其不可而謂之可，惠竊所不安也。明公宜思功成身退之道，委重二王，長揖歸藩，則太伯、子臧不專美於前矣。」冏不能用，惠辭疾去。冏謂曹攄曰：「或勸吾委權還國，何如？」攄曰：「物禁太盛，大王誠能居高慮危，褰裳去之，斯善之善者也。」冏不聽。張翰、顧榮皆慮及禍，翰因秋風起，思菰菜、蓴羹、鱸魚鱠，歎曰：「人生貴適志耳，富貴何爲！」即引去。榮故酣飲，不省府事，以廢職徙爲中書侍郎。潁川處士庾衮聞冏期年不朝，歎曰：「晉室卑矣，禍亂將興！」帥妻子逃於林慮山中。王豹致牋於冏曰：「河間、成都、新野三王以方剛之年，並典戎馬，處要害之地，而明公挾震主之威，獨據京都，專執大權，未見其福也。請悉遣王侯之國，依周、召之法，以成都王爲北州伯，治鄴；王自爲南州伯，治宛；分河爲界，各統王侯，以夾輔天子。」長沙王乂見豹牋，謂冏曰：「小子離間骨肉，何不銅駝下打殺！」冏乃鞭殺之。豹將死，曰：「縣吾頭大司馬門，見兵之攻齊也。」冏以河間王顒本附趙王倫，恨之。顒長史李含因説顒曰：「成都王至親，有大功，推讓還藩，甚得衆心。齊王越親而專政，朝廷側目。今檄長沙王使討齊，齊王必誅長沙，吾因以爲齊罪而討之，去齊立成都，除逼建親，以安社稷，大勳也。」顒從之。顒表陳冏罪，請長沙王乂廢冏，以潁輔政，遂舉兵。遣李含、張方等趨洛陽。十二月，顒表至，冏大懼，會百官議之。尚書令王戎曰：「二王兵盛，不可當也。若以王就第，委權崇讓，庶可求安。」冏從事中郎葛旟怒曰：「漢、魏以來，王侯就第，寧有得保妻子者邪！議者可斬！」百官震悚，戎僞藥發，墮厠得免。李含屯陰盤，張方軍新安，檄乂使討冏。冏遣董艾襲之，乂將左右百餘人馳入宮，閉諸門，奉天子攻大司馬府。城内大戰，帝幸上東門，矢集御前，羣臣死者相枕。連戰三日，冏衆大敗，執冏，斬之。同黨皆夷三族。含等引兵還長安。乂雖在朝廷，事無巨細，皆就鄴諮穎。

陳留王曹奐卒。晉人葬之，謚曰魏元皇帝。

鮮卑宇文部圍棘城，慕容廆擊破之。廆以其臣慕輿句勤恪廉靖，使掌府庫。句心計默識，不案簿書，始終無漏。以慕輿河明敏精審，使典獄訟，覆訊清允。

癸亥(三〇三)

二年。

春，二月，羅尚大破李特，斬之。李流代領其衆。李特潛渡江擊羅尚，水上軍皆散走。蜀郡太守以少城降，特入據之，惟取馬以供軍，餘無侵掠；赦境内，改元建初。蜀民相聚爲塢者，皆送款於特，特分流民於諸塢就食。李流言於特曰：「諸塢新附，宜質其大姓子弟，聚兵自守，以備不虞。」特怒曰：「大事已定，但當安民，何爲更逆加疑忌，使之離叛乎！」朝廷遣荆州刺史宗岱等帥水軍三萬救尚，軍勢甚盛，諸塢皆有貳志。任叡言於尚曰：「特散衆就食，驕怠無備，此天亡之時也。宜密約諸塢，刻期同發，内外擊之，破之必矣！」二月，遣兵掩襲特營，諸塢皆應之，特兵大敗，斬特，傳首洛陽。李流及蕩、雄收餘衆還保赤祖。流自稱益州牧，保東營，蕩、雄保北營。尚遣督護何冲攻流，流大破之，乘勝進抵成都，尚復閉城自守。蕩中矛而死。流以宗岱將至，甚懼，欲降。李驤及特子雄迭諫，不納。雄乃誘説流民與襲擊東軍，大破之。會岱卒，軍退，流甚慚，由是奇雄才，軍事悉以任之。

夏，五月，義陽蠻張昌反，詔以劉弘都督荆州軍事。新野王歆督荆州，爲政嚴急，失蠻夷心。義陽蠻張昌聚黨數千人，欲爲亂。會州以詔發武勇討李流，民憚遠征，皆不欲行。詔書督遣嚴急，所經郡界停五日者，二千石免官。由是郡縣官長皆親出驅逐，展轉不遠，輒復屯聚爲盜。張昌因此誑惑百姓，諸流民避戍役多往從之。江夏太守弓欽討之，不勝，犇武昌。昌遂據江夏，得山都縣吏丘沈，更其姓名曰劉尼，詐云漢後，奉以爲主，而自爲相國，建元神鳳。江、沔間所在起兵以應之，旬月間衆至三萬，皆著絳帽，以馬尾作髯。昌至樊城，歆出拒之，衆潰，爲昌所殺。詔以荆州刺史劉弘代歆爲鎮南將軍，督荆州軍。弘以南蠻長史廬江陶侃爲大都護，牙門將皮初爲都戰帥，進據襄陽。昌攻之，不克。

李雄攻陷郫城。李雄攻殺汶山太守，遂取郫城。秋，李流徙屯郫。蜀民皆保險結塢，或南入寧州，或東下荆州，城邑皆空，野無煙火，流衆飢乏。唯涪陵千餘家，依青城山處士范長生。平西參軍徐轝説羅尚，求守汶山，邀結長生，與共討流。尚不許，轝怒出降於流，説長生使給流軍糧，流軍復振。

秋，七月，劉弘遣陶侃討張昌，昌走，衆降。別將石冰據臨淮不下。張昌黨石冰寇揚州，敗刺史陳徽，諸郡盡没。又破江州，攻武陵、零陵、豫章、武昌、長沙，皆陷之。於是荆、江、揚、豫、徐五州之境，多爲昌所據。昌更置牧守，皆桀盜小人，專以劫掠爲務。劉弘遣陶侃等攻昌於竟陵，大破之，昌逃于下儁山，其衆悉降。惟石冰尚據臨淮。

初，侃少孤貧，爲郡督郵，長沙太守萬嗣見而異之，命其子與結友。後察孝廉，至洛陽，郎中令楊晫薦之於顧榮，侃由是知名。既克張昌，劉弘謂曰：「吾昔爲羊公參軍，謂吾後當居其處。今觀卿，必繼老夫矣。」時荆部守宰多缺，弘請補選，詔許之。弘叙功銓德，隨才授任，人皆服其公當。表皮初補襄陽太守，朝廷以初望淺，更用弘婿夏侯陟。弘下教曰：「夫治一國者，宜以一國爲心，必若姻親然後可用，則荆州十郡，安得十女婿然後爲政哉！」乃表：「陟姻親，舊制不得相監；皮初之勳，宜見酬報。」詔聽之。弘於是勸課農桑，寬刑省賦，公私給足，百姓愛悅之。

河間王顒、成都王穎舉兵反。九月，帝自將討穎，顒將張方入城大掠。

河間王顒初用李含計，欲俟齊王冏殺長沙王乂而討之，遂廢帝，立成都王穎，以己爲相。既而不如所謀，穎亦恃功驕奢，百度廢弛，嫌乂在內，不得逞其欲，欲與顒共攻乂。盧志諫曰：「公委權辭寵，時望美矣。今宜頓軍關外，文服入朝，此霸主之事也。」參軍邵續諫曰：「人有兄弟，如左右手。今公欲當天下之敵而先去其一手，可乎！」穎皆不聽。與顒共表：「乂論功不平，與僕射羊玄之、將軍皇甫商專擅朝政，請遣乂還國，誅玄之等。」詔曰：「顒、穎敢舉兵向闕，吾將親帥六軍以討之。其以乂爲太尉、都督中外諸軍事。」顒以張方爲都督，將精兵七萬，東趨洛陽。穎引兵屯朝歌，以陸機爲前鋒都督，督王粹、牽秀、石超等軍二十餘萬向洛陽。機以羈旅事穎，一旦頓居諸將之右，粹等心皆不服。孫惠勸機讓都督於粹，機曰：「彼將謂吾首鼠兩端，適所以速禍也。」帝如十三里橋。乂使皇甫商將萬餘人拒張方於宜陽，方襲敗之。帝軍于芒山，羊玄之憂懼而卒。帝遂幸緱氏，擊牽秀，走之。張方入京城，大掠，死者萬計。

李流死，雄代領其衆。李流疾篤，謂諸將曰：「前軍英武，殆天所相，可共受事。」流卒，衆推雄爲益州牧，治郫城。

冬，十月，長沙王乂奉帝及穎兵戰于建春門，大破之。帝自緱氏還宮，穎遣將軍馬咸助陸機。乂奉帝與機戰于建春門。乂司馬王瑚使數千騎繫戟於馬，以突咸陳，咸軍亂，執而斬之。機軍大敗，赴七里澗，死者如積，水爲之不流。初，宦人孟玖有寵於穎，玖欲用其父爲邯鄲令，右司馬陸雲固執不許，曰：「此縣，公府掾資，豈有黄門父居之邪！」玖深怨之。玖弟超爲小督，未戰，縱兵大掠，機録其主者。超將鐵騎直入麾下，奪之，顧謂機曰：「貉奴，能作督不！」機司馬孫拯勸機殺之，機不能用。及戰，超不受機節度，輕兵獨戰，敗没。玖疑機殺之，譖於穎曰：「機有貳心於長沙。」牽秀等素謟事玖，相與證之。穎大怒，使秀將兵收機。機聞秀至，釋戎服，著白帢，與秀相見，爲牋辭穎，既而歎曰：「華亭鶴唳，可復聞乎！」秀遂殺之。穎又收雲及拯，下獄。記室江統、蔡克等流涕固請，穎惻然，有宥雲之色。玖扶穎入，催令殺雲，夷三族。獄吏掠拯數百，兩踝骨見，終言機冤。吏知拯義烈，謂曰：「二陸之枉，誰不知之！君可不愛身乎？」拯仰天歎曰：「陸君兄弟，世之奇士，吾蒙知愛。今既不能救其死，忍復從而誣之乎！」玖等令獄吏詐爲拯辭，亦夷三族。拯門人費慈、宰意詣獄明拯冤，拯譬遣之，曰：「吾義不負二陸，死自吾分，卿何爲爾邪！」曰：「君既不負二陸，僕又安可負君！」固言拯冤，玖又殺之。

十一月，長沙王乂奉帝討張方，不克。穎進兵逼京師，詔雍州刺史劉沈討顒。長沙王乂奉帝攻張方，方兵望見乘輿，皆退走，遂大敗。衆懼，欲夜遁，方曰：「勝負兵家之常，善用兵者能因敗爲成。今我更前作壘，出其不意，此奇策也。」乃夜潛進逼洛城七里，築壘數重，外引廩穀以足軍食。乂既戰勝，以爲方不足憂。聞方壘成，攻之，不利。穎進逼京師，公私窮踧，米石萬錢。詔命所行，一城而已。驃騎主簿祖逖言於乂曰：「劉沈忠義果毅，雍州兵力足制河間，宜啓上，詔沈發兵襲顒，顒窘急，必召張方以自救，此良策也。」乂從之。沈奉詔，合七郡之衆凡萬餘人，趣長安。

十二月，議郎周玘等起兵討石冰。議郎周玘等起兵江東以討石冰，推前吴興太守顧祕都督揚州九郡，傳檄州郡，殺冰所署將吏。於是前侍御史賀循、廬江内史華譚及丹陽葛洪、甘卓皆起兵以應祕。冰遣其將拒玘，玘擊斬之。冰自臨淮退趨壽春，征東將軍劉準不知所爲，廣陵度支陳敏統衆在壽春，謂準曰：「此等本不樂遠戍，逼迫成賊，烏合之衆，其勢易離，請爲公破之。」準乃益敏兵。

閏月，李雄攻走羅尚，遂入成都。

封鮮卑段務勿塵爲遼西公。幽州都督王浚以天下方亂，欲結援夷狄，乃以一女妻務勿塵，一女妻宇文素怒延，又表以遼西郡封務勿塵。浚，沈之子也。

甲子（三〇四）

永興元年。漢高祖劉淵元熙元年。成太宗李雄建興元年。大國一，小國一，凡二僭國。

春，正月，尚書令樂廣卒。廣女爲成都王妃，或譖諸太尉乂。乂以問廣，廣神色不動，徐曰：「廣豈以五男易一女哉！」乂猶疑之，廣以憂卒。

東海王越使張方殺長沙王乂，穎入京師，自爲丞相。尋還鎮鄴。乂屢破穎兵，而未嘗虧奉上之禮。城中糧食日窘，士卒無離心。張方以爲洛陽未可克，欲還長安。而東海王越慮事不濟，潛與殿中諸將夜收乂，啓帝下詔免官，置金墉城。大赦，改元。城既開，將士見外兵不盛，悔之，更謀劫出乂以拒穎。越懼，遣人密告張方，方炙殺之。方軍士亦爲流涕。穎入京師，復還鎮于鄴。詔以穎爲丞相，越守尚書令。穎遣石超等帥兵屯十二城門，殿中宿所忌者，皆殺之，悉代去宿衛兵。

雍州刺史劉沈及顒戰敗，死之。顒頓軍於鄭，爲東軍聲援，聞沈兵起，退入長安，急召張方。方掠洛中官私奴婢萬餘人而西。沈渡渭而軍，與顒戰，顒屢敗。沈使衙博、皇甫澹以精甲五千襲長安，入其門，力戰至顒帳下。沈兵來遲，顒黨張輔見其無繼，橫擊之，殺博及澹，沈兵遂敗，沈南走，獲之。沈謂顒曰：「知己之惠輕，君臣之義重，沈不可違天子之詔，量强弱以苟全。投袂之日，期之必死，菹醢之戮，其甘如薺。」顒怒，斬之。新平太守張光數爲沈畫計，顒執而詰之，光曰：「劉雍州不用鄙計，故令大王得有今日！」顒壯之，表爲右衛司馬。

詔羅尚權統巴東三郡。羅尚逃至江陽，遣使表狀，詔尚權統巴東、巴郡、涪陵以供軍賦。尚遣別駕李興詣劉弘求糧，弘以三萬斛給之，尚賴以存。興願留爲參軍，弘奪其手版而遣之。于時流民在荆州者十餘萬户，羈旅貧乏，多爲盜賊，弘大給其田及種糧，擢其賢才，隨資叙用，流民遂安。

二月，穎廢皇后羊氏及太子覃。

廣陵度支陳敏及周玘擊石冰於建康，斬之。冰衆十倍於敏，敏擊之，所嚮皆捷，遂與玘合攻，斬冰，揚、徐二州平。玘及賀循皆散衆還家，不言功賞。朝廷以敏爲廣陵相。

顒表穎爲皇太弟，自爲太宰、雍州牧。

秋，七月，東海王越奉帝征穎，復皇后、太子，穎遣兵拒戰蕩陰，侍中嵇紹死之。穎遂以帝入鄴，越走歸國。

穎僭侈日甚，嬖倖用事，大失衆望。東海王越與右衛將軍陳眕勒兵入雲龍門，以詔召三公百僚，戒嚴討穎。石超犇鄴。復皇后羊氏及太子覃。越奉帝北征，徵前侍中嵇紹詣行在。侍中秦準謂紹曰：「今往，安危難測，卿有佳馬乎？」紹正色曰：「臣子扈衛乘輿，死生以之，佳馬何爲！」越檄召四方兵，比至安陽，衆十餘萬。穎會羣僚問計，東安王繇曰：「天子親征，宜釋甲縞素出迎請罪。」穎不從，遣石超帥衆拒戰。陳眕弟自鄴赴行在，云鄴中皆已離散，由是不甚設備。超軍奄至，乘輿敗績於蕩陰，帝頰中三矢，百官侍御皆散。嵇紹朝服，登輦以身衛帝，兵人引紹斫之。帝曰：「忠臣也，勿殺！」對曰：「奉太弟令，惟不犯陛下一人耳。」遂殺紹，血濺帝衣。帝墮於草中，亡六璽。超奉帝幸其營，帝餒甚，超進水，左右奉秋桃。穎迎帝入鄴，改元建武。左右欲浣帝衣，帝曰：「嵇侍中血，勿浣也。」陳眕、上官巳奉太子覃守洛陽，越還東海。孫惠勸越邀結藩方，同奬王室，越以惠爲記室參軍，與參謀議。北軍中候苟晞奔豫州都督范陽王虓，虓以爲兖州刺史。

幽州都督王浚，并州刺史、東嬴公騰起兵討穎。

初，三王之討趙王倫也，王浚擁衆挾兩端，禁所部士民不得赴三王召募。穎陰圖之，不克。至是又稱詔徵之，浚遂與鮮卑段務勿塵、烏桓羯朱及并州刺史東嬴公騰同起兵討穎，穎遣石超擊之。騰，越之弟也。

八月，穎殺東安王繇，琅邪王睿走歸國。

穎怨東安王繇前議，殺之。繇兄琅邪王睿沈敏有度量，爲左將軍，與東海參軍王導善。導識量清遠，以朝廷多故，每勸睿之國。及繇死，睿從帝在鄴，恐及禍，將逃歸。穎先敕關津無得出貴人，睿至河陽，爲津吏所止。從者宋典自後來，以鞭拂睿而笑曰：「舍長，官禁貴人，汝亦被拘邪？」吏乃聽過。至洛陽，迎太妃夏侯氏俱歸國。

張方復入京城，廢皇后、太子。

劉淵自稱大單于。初，穎表匈奴左賢王劉淵監五部軍事，使將兵在鄴。淵子聰驍勇絶人，博涉經史，善屬文，彎弓三百斤。弱冠遊京師，名士莫不與交。淵從祖宣謂其族人曰：「漢亡以來，我單于徒有虚號，無復尺土。自餘王侯，降同編户。今吾衆雖衰，猶不減二萬，奈何斂手受役，奄過百年！左賢王英武超世，天苟不欲興匈奴，必不虚生此人也。今司馬氏骨肉相殘，四海鼎沸，復呼韓邪之業，此其時矣！」乃相與謀，推淵爲大單于，使其黨呼延攸詣鄴告之。淵白穎，請歸會葬，穎弗許。淵令攸先歸，告宣等使招集五部，聲言助穎，實欲叛之。及幽、并起兵，淵説穎曰：「今二鎮跋扈，恐非宿衛及近郡士衆所能禦也，請還説五部赴國難。」穎曰：「吾欲奉乘輿還洛陽，傳檄天下，以逆順制之，何如？」淵曰：「殿下武皇帝之子，有大勳於王室，威恩遠著。王浚豎子，東嬴疏屬，豈能與殿下爭衡耶！但殿下一發鄴宫，示弱於人，洛陽不可得至。雖至洛陽，威權不復在殿下也。願撫勉士衆，靖以鎮之，淵爲殿下以二部摧東嬴，三部梟王浚，二豎之首，可指日而懸也。」穎悦，拜淵爲北單于、參丞相軍事。淵至左國城，劉宣等上大單于之號，二旬之間，有衆五萬，都於離石。

幽、并兵至鄴，穎以帝還洛陽，浚大掠鄴中而還。王浚、東嬴公騰合兵敗石超於平棘，乘勝進軍。鄴中犇潰，穎將數十騎奉帝御犢車南犇，倉猝無齎，中黄門被囊中齎私錢三千，詔貸之，於道中買飯，食以瓦盆。至温，將謁陵，帝喪履，納從者之履，下拜流涕。張方迎帝還宫，犇散者稍還，百官粗備。浚入鄴暴掠，復還薊。劉淵聞穎去鄴，嘆曰：「不用吾言，逆自犇潰，真奴才也。然吾與之有言矣，不可以不救。」將發兵擊鮮卑、烏桓，劉宣等諫曰：「晉人奴隸御我，今其骨肉相殘，是天棄彼而使我復呼韓邪之業也。鮮卑、烏桓，我之氣類，可以爲援，奈何擊之！」淵曰：「善！大丈夫當爲漢高、魏武，呼韓邪何足效哉！」宣等稽首曰：「非所及也。」

冬，十月，李雄自稱成都王。雄以范長生有名德，爲蜀人所重，欲迎以爲君，長生不可。雄遂即王位，約法七章，以叔父驤爲太傅，兄始爲太保，李離爲太尉，李國爲太宰。以國、離有智謀，事必咨而後行，然國、離事雄彌謹。

劉淵自稱漢王。劉淵遷都左國城。胡、晉歸之者愈衆。淵謂羣臣曰：「昔漢有天下久長，恩結於民。吾，漢氏之甥，約爲兄弟。兄亡弟紹，不亦可乎！」乃建國號曰漢，依高祖稱漢王，尊安樂公禪爲孝懷皇帝，以右賢王宣爲丞相，崔游爲御史大夫，後部人陳元達爲黄門郎，族子曜爲建武將軍。游固辭不就。元達少有志操，淵嘗招之，不答。及淵爲王，或謂曰：「君其懼乎？」元達笑曰：「不過二三日，驛書必至。」其暮，淵果徵之。元達事淵，屢進忠言，退而削草，雖子弟莫得知也。曜生而眉白，目有赤光，幼聰慧，有膽量。早孤，養於淵。及長，儀觀魁偉，性拓落高亮，與衆不羣。好讀書，善屬文，鐵厚一寸，射而洞之。劉聰重之，以爲漢世祖、魏武帝之流。

十一月，張方遷帝於長安。僕射荀藩立留臺于洛陽，復皇后羊氏。張方在洛既久，剽掠殆竭，乃引兵入殿，以所乘車迎帝，逼使上車，帝垂泣從之。令方具車載宫人、寶物，軍人因妻略後宫，分爭府藏，割流蘇武帳爲馬帴，魏、晉蓄積，掃地無遺。方擁帝及穎、豫章王熾等趨長安，顒迎于霸上，以征西府爲宫。唯僕射荀藩及司隸劉暾等在洛陽爲留臺，承制行事。復稱永安，立羊后，號東、西臺。

十二月，太宰顒廢太弟穎，更立豫章王熾爲皇太弟。帝兄弟二十五人，時存者惟穎、熾及吴王晏。晏材庸下，熾冲素好學，故太宰顒立之。詔穎還第，而以顒都督中外。又以東海王越爲太傅，與顒夾輔帝室，王戎參録朝政。王衍爲左僕射，張方爲中領軍、録尚書事。令州郡蠲除苛政，愛民務本，清通之後，當還東京。顒以四方乖離，禍難不已，故下此詔和解之，冀獲少安。越辭太傅不受。

漢寇太原、西河郡。漢王淵遣劉曜寇太原，取泫氏；喬晞寇西河，取介休。介休令賈渾不降，晞殺之。將納其妻宗氏，宗氏罵晞而哭，晞又殺之。淵聞之大怒，曰：「使天道有知，喬晞望有種乎！」追還，降秩四等，收渾屍葬之。

校勘記

〔一〕駿姑子弘訓少府蒯欽數以直言犯駿　「蒯」原作「國」，據月崖本、成化本、殿本及通鑑卷八二晉紀四晉惠帝永熙元年改。

〔二〕觀身當矢石　「石」原作「后」，據月崖本、成化本、殿本、通鑑卷八二晉紀四晉惠帝元康八年改。

〔三〕毋丘儉討句驪　「儉」原作「險」，據月崖本、成化本、殿本、通鑑卷八三晉紀五晉惠帝元康九年春正月改。

〔四〕后父尚書郎玄之　「尚」原作「中」，據殿本、晉書卷九三羊玄之傳、通鑑卷八三晉紀五晉惠帝永康元年冬十一月改。

〔五〕欲求爲涼州　「涼」原作「梁」，據月崖本、成化本、殿本、通鑑卷八四晉紀六晉惠帝永寧元年春正月改。

〔六〕李特兄輔自略陽至蜀　「略」原作「洛」，據月崖本、成化本、殿本、晉書卷一二〇李特傳、通鑑卷八四晉紀六晉惠帝永寧元年秋七月改。

資治通鑑綱目卷十八

起乙丑晉惠帝永興二年，盡戊寅晉元帝太興元年，凡一十四年。

乙丑(三〇五)

二年。漢元熙二年。

夏，四月，張方復廢羊后。

秋，七月，東海王越自領徐州都督，傳檄討張方。東海中尉劉洽以張方劫遷車駕，勸東海王越討之。越傳檄山東，糾率義旅，迎天子還舊都。徐州長史王脩説刺史東平王楙以州授之，越乃以司空領徐州都督，楙自爲兖州刺史。於是范陽王虓及王浚等共推越爲盟主，越輒選置刺史以下，朝士多赴之。

成都故將公師藩寇掠趙、魏。成都王穎既廢，河北人多憐之。其故將公師藩等自稱將軍，起兵趙、魏，衆至數萬。初，上黨武鄉羯人石勒，有膽力，善騎射。并州大饑，東嬴公騰執諸胡於山東，賣充軍實。勒亦被掠，賣爲茌平人師懽奴，懽奇其狀貌而免之。勒乃與牧帥汲桑結壯士爲羣盜。及藩起，桑與勒帥數百騎赴之。桑始命勒以石爲姓，勒爲名。藩攻陷郡縣，轉前攻鄴。范陽王虓遣其將苟晞擊走之。

八月，東海王越、范陽王虓發兵西，豫州刺史劉喬拒之，太宰顒遣張方助喬。冬，十月，襲虓，破之。東海王越留琅邪王睿，以平東將軍監徐州軍事，守下邳。睿請王導爲司馬，委以軍事。越帥甲卒三萬，西屯蕭縣。范陽王虓自許屯于滎陽。越承制以豫州刺史劉喬爲冀州，使虓領豫州。喬以虓非天子命，發兵拒之。虓以劉琨爲司馬，越以劉蕃爲淮北護軍，劉輿爲潁川太守。喬上尚書，列輿兄弟罪惡，因引兵攻虓於許，遣其子祐拒越於靈壁。東平王楙在兗州，徵求不已，郡縣不堪命。虓遣苟晞還兗州，徙楙青州，楙不受命，與劉喬合。顒聞山東兵起，甚懼，表成都王穎都督河北諸軍事，復鎮鄴，詔越等各就國。越等不從。顒得喬上事，下詔稱：「劉輿脅虓造逆。其令鎮南將軍劉弘、征東將軍劉準，與喬并力。以張方爲都督，共會許昌，誅輿兄弟。」使穎與石超等據河橋，爲喬繼援。弘遺喬及越書，使解怨釋兵，同奬王室，皆不聽。弘又上表曰：「自頃兵戈紛亂，構於羣王，翩其反而，互爲戎首。載籍以來，骨肉之禍，未有如今者也。萬一四夷乘虛爲變，此亦猛虎交鬭自效於卞莊者矣。謂宜速詔越等，令兩釋猜疑，各保分局。自今有擅興兵馬者，天下共伐之。」時顒方拒關東，倚喬爲助，不納。喬乘虛襲許，破之。琨、輿及虓俱犇河北。弘以張方殘暴，知顒必敗，乃帥諸軍受越節度。

有星孛于北斗。

十一月，將軍周權矯詔立羊后，事覺，伏誅。於是太宰顒矯詔敕留臺賜后死。司隸校尉劉暾上奏，固執得免。顒欲收噉，噉犇青州。

十二月，成都王穎據洛陽。

范陽王虓自領冀州刺史，擊穎將石超，斬之。劉喬衆潰。劉琨説冀州刺史温羡，使讓位於范陽王虓。虓遣琨乞師於王浚，遂引兵濟河，擊斬石超於滎陽。東迎越，又擊劉祐於譙，殺之。喬衆潰而走。

東海王越進屯陽武，王浚遣將祁弘將兵助之。

陳敏據江東，劉弘遣江夏太守陶侃將兵討破之。初，敏既克石冰，自謂勇略無敵，遂據歷陽以叛，吴王常侍甘卓棄官歸。敏爲子景娶卓女，使卓假稱皇太弟令，拜敏揚州刺史；又使錢端等南略江州，弟斌東略諸郡，遂據江東。以顧榮爲右將軍，賀循爲丹陽内史，以玘爲安豐太守，豪桀名士，咸加收禮。循佯狂得免，玘亦稱疾。敏疑諸名士不爲己用，欲盡誅之。榮曰：「將軍神武不世，若能委信君子，散蔕芥之嫌，塞讒諂之口，則上方數州，可傳檄而定。不然，終不濟也。」敏乃止。太宰顒以張光爲順陽太守，帥步騎討敏。劉弘遣江夏太守陶侃屯夏口，又遣南平太守應詹督水軍以繼之。侃與敏同郡，又同歲舉吏。或謂弘曰：「侃脱有異志，則荆州無東門矣！」弘曰：「侃之忠能，吾得之已久，必無是也。」侃聞之，遣子洪詣弘以自固，弘引爲參軍，資而遣之，曰：「匹夫之交，尚不負心，況大丈夫乎！」敏遣陳恢寇武昌，侃禦之，以運船爲戰艦，或以爲不可。侃曰：「用官船擊官賊，何爲不可！」侃與恢戰，屢破之；又與皮初、張光共破錢端於長岐。或説弘曰：「張光，太宰腹心，公既與東海，宜斬光以明向背。」弘曰：「宰輔得失，豈張光之罪！危人自安，君子弗爲也。」乃表光勳，乞加遷擢。

漢離石大饑。

丙寅（三〇六）

光熙元年。漢元熙三年，成晏平元年。

春，正月，朔，日食。

太宰顒殺張方，成都王穎奔長安。東海王越之起兵也，使人説太宰顒，令奉帝還洛，約與分陝爲伯。顒欲從之，張方自以罪重，恐爲誅首，謂顒曰：「今據形勝之地，國富兵强，奉天子以號令，誰敢不從，奈何拱手受制於人！」顒乃止。及劉喬敗，顒懼，欲罷兵，恐方不從，乃誘方帳下督郅輔，使殺方，送首於越以請和。越不許，遣祁弘等帥鮮卑西迎車駕。宋胄等進逼洛陽，穎奔長安。

三月，五苓夷寇寧州，刺史李毅卒。寧州頻歲饑疫，五苓夷强盛，遂圍州城。李毅病卒，女秀明達有父風，衆推領州事。秀獎厲戰士，嬰城固守。城中糧盡，炙鼠拔草而食之。伺夷稍怠，輒出兵掩擊，破之。

夏，四月，東海王越進屯温，遣祁弘入長安，奉帝東還。太宰顒遣兵拒祁弘等於湖。弘擊破之，遂西入關。又敗其兵於霸水，顒單馬逃入太白山。弘等入長安，所部鮮卑大掠，殺二萬餘人，百官犇散，入山中，拾橡實食之。弘等奉帝乘牛車東還，關中皆服於東海王越，顒保城而已。

六月，至洛陽，復羊后。

成都王雄稱成皇帝。雄即帝位，國號大成，追尊父特曰景皇帝。初，范長生詣成都，雄門迎，執板，拜爲丞相，尊之曰范賢。至是以爲天地太師。時諸將恃恩，互爭班位，尚書令閻式請考漢、晉故事，立百官制度，從之。

秋，七月，朔，日食。

八月，以東海王越爲太傅，録尚書事；范陽王虓爲司空，鎮鄴。越以庾敳爲軍諮祭酒，胡毋輔之爲從事中郎，郭象爲主簿，阮脩爲行參軍，謝鯤爲掾。敳等皆尚虚玄，不以世務嬰心，縱酒放誕。敳殖貨無厭，象薄行，好招權。越皆以其名重辟之。

荆州都督、新城公劉弘卒。時天下大亂，弘專督江漢，威行南服。事成則曰某人之功，如敗則曰老子之罪。每有興發，手書守相，丁寧款密，人皆感悦爭赴之，咸曰：「得劉公一紙書，賢於十部從事。」辛冉説弘以從横之事，弘怒，斬之。至是卒，謚曰元。

九月，頓丘太守馮嵩執成都王穎，送鄴。兖州刺史苟晞擊斬公師藩。冬，十月，范陽王虓卒。長史劉輿誅穎。祁弘之入關也，成都王穎自武關犇新野。會劉弘卒，司馬郭勱作亂〔一〕，欲奉穎爲主，不克而誅。遂北濟河，收故將士，欲赴公師藩。頓丘太守馮嵩執送鄴，范陽王虓幽之，而苟晞亦擊斬藩。十月，虓卒。長史劉輿以穎素爲鄴人所附，僞稱詔賜死。穎官屬皆先逃散，惟盧志不去，至是收而殯之。太傅越召爲軍諮祭酒。越又將召輿，或曰：「輿猶膩也，近則污人。」及至，越疏之。輿密視天下兵簿及倉庫、牛馬、器械、水陸之形，皆默識之。每會議，應機辨畫，越傾膝酬接，即以爲左長史，軍國之務，悉以委之。

十一月，帝中毒崩。太弟熾即位，尊皇后曰惠皇后，立妃梁氏爲皇后。帝食麪中毒而崩，或曰：「太傅越之鴆也。」羊后自以於太弟熾爲嫂，恐不得爲太后，將立清河王覃。侍中華混露板馳告太傅越，召太弟入宫，即帝位，尊后曰惠皇后，居弘訓宫。懷帝始遵舊制，於東堂聽政。每至宴會，輒與羣官論衆務，考經籍。黄門侍郎傅宣歎曰：「今日復見武帝之世矣。」

十二月，朔，日食。

南陽王模誅河間王顒。太傅越以詔徵顒爲司徒，顒就徵。模自許昌遣將邀殺之。

葬太陽陵。以劉琨爲并州刺史。劉輿説太傅越遣琨鎮并州，以爲北面之重；而徙東燕王騰鎮鄴，越從之。琨至上黨，騰即自井陘東下。時并州饑饉，數爲胡寇所掠，吏民萬餘人，悉隨騰就穀冀州，號爲「乞活」，所餘户不滿二萬。寇賊縱横，道路斷塞。琨募兵上黨，得五百人，轉鬬而前。至晋陽，府寺焚毁，邑野蕭條，琨撫循勞徠，流民稍集。

丁卯（三〇七）

孝懷皇帝永嘉元年。漢元熙四年。

春，二月，羣盗王彌寇青、徐。初，惤令劉柏根反，王浚討斬之，其長史王彌遂爲羣盗。至是寇青、徐，殺東萊太守。

三月，陳敏將顧榮、周玘殺敏以降。陳敏刑政無章，子弟凶暴，顧榮、周玘等憂之。廬江内史華譚遺榮等書曰：「陳敏盜據吳、會，命危朝露。今皇輿東返，俊彥盈朝，將舉六師以清建業，諸賢何顏復見中州之士邪！」榮等素有圖敏之心，及見書，甚慚，密遣使報征東劉準，使發兵臨江，己爲內應，翦髮爲信。準遣揚州刺史劉機等討敏。敏使其弟昶將兵屯烏江，宏屯牛渚。玘密使敏司馬錢廣殺昶，因勒兵朱雀橋南。敏遣甘卓討廣，榮慮敏疑之，故往就敏。敏曰：「卿當四出鎮衛，豈得就我邪！」榮乃出，與玘共說卓曰：「敏既常才，政令反覆，其敗必矣。而吾等安然受其官祿，事敗之日，使江西諸軍函首送洛，題曰『逆賊顧榮、甘卓之首』，此萬世之辱也！」卓遂詐稱疾，迎女，斷橋，收船南岸，與玘、榮及紀瞻共攻敏。敏自帥萬餘人討卓，軍人隔水語敏衆曰：「本所以戮力陳公者，正以顧丹陽、周安豐耳。今皆異矣，汝等何爲！」敏衆狐疑未決，榮以白羽扇麾之，衆皆潰去。敏單騎走，追斬之，夷三族，傳首京師。詔徵顧榮爲侍中，瞻爲尚書郎。太傅越辟玘爲參軍，榮等至徐州，聞北方愈亂，逃歸。

西陽夷寇江夏。西陽夷寇江夏，太守楊珉請督將議之。諸將爭獻方略，騎督朱伺獨不言。珉曰：「將軍何以不言？」伺曰：「諸人以舌擊賊，伺惟以力耳。」珉又問：「將軍前後擊賊，何以常勝？」伺曰：「兩敵共對，惟當忍之；彼不能忍，我能忍，是以勝耳！」珉善之。

立清河王覃弟詮爲皇太子。

太傅越出鎮許昌。帝親覽大政，留心庶事，越不悅，固求出藩。

以南陽王模都督秦、雍軍事。

夏，五月，羣盜汲桑、石勒入鄴，殺都督、新蔡王騰，復攻兖州。太傅越遣苟晞討之。

公師藩既死，汲桑逃還苑中，更聚衆，聲言爲成都王報仇。以石勒爲前驅，所嚮輒克，遂進攻鄴。時鄴中空竭，而新蔡王騰資用甚饒，性吝嗇，無所振惠，臨急，乃賜將士米各數升，帛各丈尺，以是人不爲用。桑遂入鄴，殺騰，燒宮，大掠而去，南擊兗州。太傅越使苟晞等討之，勒、晞等相持數月，大小三十餘戰，互有勝負。

秋，七月，以琅邪王睿爲安東將軍、都督揚州諸軍事，鎮建業。睿至建業，以王導爲謀主，推心親信，每事咨焉。睿名論素輕，吴人不附，居久之，士大夫莫有至者。會睿出觀禊，導使睿乘肩輿，具威儀，導與諸名勝皆騎從，紀瞻、顧榮等見之驚異，相帥拜於道左。導因説睿曰：「顧榮、賀循，此土之望，宜引之以結人心；二子既至，則無不來矣。」睿乃使導躬造之，循、榮皆應命。以循爲吴國内史，榮爲軍司，加散騎常侍。凡軍府政事，皆與之謀。又以紀瞻爲軍祭酒，卞壼爲從事中郎，周玘、劉超、張闓、孔衍皆爲掾屬。導説睿：「謙以接士，儉以足用，以清静爲政，撫綏新舊。」故江東歸心焉。睿初至，頗以酒廢事。導以爲言，睿命酌，引觴覆之，於此遂絶。

苟晞擊汲桑、石勒，大破之，桑走死，勒降漢。苟晞追擊汲桑，破其八壘，死者萬餘人。桑犇馬牧，爲人所殺。石勒犇樂平。太傅越加晞都督青、兗諸軍事。晞屢破强寇，威名甚盛，善治繁劇，用法嚴峻。其從母依之，奉養甚厚。其子求爲將，晞不許，曰：「吾不以王法貸人，將無後悔邪！」固求之，乃以爲督護，後犯法，晞杖節斬之，從母叩頭救之，不聽。既而素服哭之曰：「殺卿者，兗州刺史；哭弟者，苟道將也。」胡部大張𩑶督等擁衆壁於上黨，石勒往從之，因説𩑶督等與俱歸漢，漢王淵以勒爲輔漢將軍、平晉王。

冬，十一月，朔，日食。以王衍爲司徒。衍説太傅越曰：「朝廷危亂，當賴方伯，宜得文武兼資以任之。」乃以弟澄爲荆州都督，族弟敦爲青州刺史，語之曰：「荆州有江漢之固，青州有負海之險，卿二人在外而吾居中，足以爲三窟矣。」澄至鎮，日夜縱酒，不親庶務，雖寇戎交急，不以爲懷。

太傅越自領兗州牧，徙苟晞爲青州刺史。初，越與晞親善，引升堂，結爲兄弟。司馬潘滔説越曰：「兗州衝要，魏武以之創業。晞有大志，非純臣也。若遷之青州，公自牧兗州，經緯諸夏，藩衛本朝，此所謂爲之於未亂者也。」越以爲然。自領兗州牧，以晞爲征東大將軍、青州刺史。越、晞由是有隙。晞至青州，以嚴刻立威，日行斬戮，州人謂之「屠伯」。

王彌及其黨劉靈降漢。靈少貧賤，力制犇牛，走及犇馬，時人雖異之，莫能舉也。靈撫膺歎曰：「天乎，何當亂也！」及公師藩起，靈自稱將軍，寇掠趙、魏，與王彌俱降漢。

慕容廆自稱鮮卑大單于。

拓跋祿官卒。弟猗盧總攝三部，與慕容廆通好。

戊辰（三〇八）

二年。漢永鳳元年。

春，正月，朔，日食。漢劉聰據太行，石勒下趙、魏。王浚擊勒，破之。

二月，太傅越殺清河王覃。

夏，五月，漢王彌寇洛陽，張軌遣督護北宮純入衛，擊破走之。王彌收集亡散，兵復大振。分遣諸將攻陷郡縣，遂入許昌。張軌遣督護北宮純將兵衛京師。彌入自轘轅，敗官軍於伊北，遂至洛陽。王衍督軍出戰，北宮純募勇士百餘人突陳，彌兵大敗，燒建春門而東。衍遣左衛將軍王秉追之，戰於七里澗，又敗之。彌走平陽，漢王淵遣侍中郊迎，令曰：「孤親行將軍之館，拂席洗爵，敬待將軍。」及至，拜司隸校尉。

詔封張軌西平郡公，軌辭不受。時州郡之使，莫有至者，軌獨貢獻不絕。

秋，七月，漢徙都蒲子。

冬，十月，漢王淵稱皇帝。

十二月，漢石勒、劉靈寇魏、汲、頓丘。勒、靈帥衆三萬寇三郡，百姓望風降附者五十餘壘，皆假壘主將軍、都尉印綬，簡其强壯五萬爲軍士，老弱安堵如故。

成尚書令楊褒卒。褒好直言，成主雄初得蜀，用度不足，諸將有以獻金銀得官者，褒諫曰：「陛下設官爵，當網羅天下英豪，何有以官買金邪！」雄謝之。

己巳(三〇九)

三年。漢河瑞元年。

春，正月，朔，熒惑犯紫微。

漢徙都平陽。漢太史令宣于脩之以星變言於其主淵曰：「不出三年，必克洛陽。蒲子崎嶇，難以久安。平陽氣象方昌，請徙都之。」淵從之。

三月，以山簡都督荆、湘等州軍事。簡，濤之子也，嗜酒，不恤政事。初，荆州寇盜不禁，詔起劉弘子璠爲順陽内史，江漢間翕然歸之。簡表璠得衆心，恐百姓刼以爲主。詔徵璠爲越騎校尉。南州由是遂亂，父老莫不追思劉弘。

太傅越入京師，殺中書令繆播、帝舅王延等十餘人。越入京師，中書監王敦謂所親曰：「太傅專執威權，而選用表請，尚書猶以舊制裁之，今來，必有所誅。」帝之爲太弟也，與繆播善，及即位，委以心膂。帝舅散騎常侍王延、尚書何綏、太史令高堂冲，並參機密。劉輿、潘滔勸越誅之。越乃誣播等欲爲亂，遣甲士三千入宫，執播等十餘人於帝側，付廷尉，殺之。帝歎息流涕而已。綏，曾之孫也。初，何曾侍武帝宴，退，謂諸子曰：「主上開創大業，吾每宴見，未嘗聞經國遠圖，惟説平生常事，非貽厥孫謀之道也。及身而已，後嗣其殆乎！汝輩猶可以免。」指諸孫曰：「此屬必及於難。」及綏死，兄嵩哭之曰：「我祖其殆聖乎！」曾日食萬錢，猶云無下箸處。子劭，日食二萬。綏及弟機、羡汰侈尤甚，與人書疏，詞禮簡傲。王尼見綏書，謂人曰：「伯蔚居亂世而矜豪乃爾，其能免乎！」人曰：「伯蔚聞卿言，必相危害。」尼曰：「伯蔚比聞我言，自已死矣。」及永嘉之末，何氏無遺種。

司馬公曰：何曾譏武帝偷惰，取過目前，不爲遠慮；知天下將亂，子孫必與其憂，何其明也。然身爲僭侈，使子孫承流，卒以驕奢亡族，其明安在哉！且身爲宰相，知其君之過，不以告而私語於家，非忠臣也。

太尉劉寔罷就第。寔連年請老，朝廷不許。劉坦言：「古之養老，以不事爲優，不以吏之爲重，宜聽寔所守。」詔寔以侯就第。

以王衍爲太尉。

太傅越使將軍何倫領國兵入宿衛。越以頃來興事，多由殿省，乃奏宿衛有侯爵者皆罷之。更使將軍何倫、王秉領東海國兵數百人宿衛。

漢寇黎陽，陷之。漢主淵遣劉景將兵攻黎陽，克之。又敗王堪於延津，沈男女三萬餘人於河。淵聞之，怒曰：「景何面復見朕！且天道豈能容之！吾所欲除者，司馬氏耳，細民何罪！」黜之。

夏，大旱。江、漢、河、洛可涉。

漢石勒寇鉅鹿、常山。勒衆至十餘萬，集衣冠人物，別爲君子營。以張賓爲謀主，刁膺爲股肱，夔安、孔萇、支雄、桃豹、逯明爲爪牙。并州諸胡羯多從之。初，張賓好讀書，闊達有大志，常自比張子房。及勒徇山東，賓謂所親曰：「吾歷觀諸將，無如此胡將軍者，可與共成大業！」乃提劍詣軍門，大呼請見，勒亦未之奇也。賓數以策干勒，已而皆如所言，由是奇之。

漢寇壺關，陷之。漢主淵使王彌與楚王聰共攻壺關，以石勒爲前鋒都督。劉琨遣軍救之，不克。越遣淮南内史王曠、將軍施融拒之。曠濟河，欲長驅而前，融曰：「彼乘險間出，且當阻水爲固，以量形勢。」曠怒曰：「君欲沮衆邪！」遂踰太行，與聰戰於長平，大敗，皆死，壺關降漢。

秋，八月，漢寇洛陽，弘農太守垣延襲敗之。聰等攻洛陽，將軍曹武等拒之，皆爲所敗。長驅至宜陽，自恃驟勝，怠不設備。垣延詐降，夜襲敗之。

冬，十月，漢復寇洛陽，北宫純擊敗之。漢主淵復遣劉聰等復寇洛陽，屯西明門。北宫純等夜帥勇士出攻漢壁，斬其將軍呼延顥。聰南屯洛水，而大司空呼延翼又爲其下所殺，衆遂潰歸。宣于脩之言於淵曰：「歲在辛未，乃得洛陽。今晉氣猶盛，大軍不歸，必敗。」淵乃召聰等還。聰、曜歸平陽，彌南出轘轅，流民之在潁川、襄城、汝南、南陽、河南者數萬家，素爲居民所苦，皆殺長吏以應彌。

庚午（三一〇）

四年。漢烈宗劉聰光興元年。

春，正月，漢寇徐、豫、兗、冀諸郡。

琅邪王睿以周玘爲義興太守。錢璯寇陽羨，玘糾合鄉里，討斬之。玘三定江南，琅邪王睿以爲吴興太守，於其鄉里置義興郡以旌之。

漢曹嶷寇東平、琅邪。

夏，四月，王浚擊漢劉靈，殺之。

蝗。

秋，七月，漢寇河内，陷之。

漢主淵卒，太子和立，其弟聰弑而代之。漢主淵寢疾，以陳留王歡樂爲太宰，楚王聰爲大司馬、大單于，並録尚書事。安昌王盛、安邑王欽、西陽王璿分典禁兵。初，盛少時，不好讀書，唯讀孝經、論語，曰：「誦此能行，足矣，安用多誦而不行乎！」李憙見之，歎曰：「望之如可易，及至，肅如嚴君，可謂君子矣！」淵以其忠篤，故臨終委以要任。淵卒，太子和即位。和性猜疑無恩。宗正呼延攸、侍中劉乘、西昌王鋭説和曰：「先帝不惟輕重之勢，使大司馬擁十萬衆屯於近郊，陛下便爲寄坐耳。宜早爲之計。」和信之，夜召盛、欽告之。盛曰：「陛下勿信讒以疑兄弟，兄弟尚不可信，他人誰足信哉！」攸、鋭怒命左右刃之，遂攻聰于單于臺，不克。鋭等走入南宫，聰前鋒隨之，殺和及鋭、攸、乘。聰以北海王乂，單后之子也，以位讓之。乂涕泣固請，聰遂即位。以乂爲皇太弟，領大單于，子粲爲河内王，都督中外諸軍事，石勒爲并州刺史。

氐酋蒲洪自稱略陽公。洪，略陽臨渭氐酋也，驍勇多權略，羣氐畏服之。漢拜洪平遠將軍，不受，自稱秦州刺史、略陽公。

流民王如寇南陽以附漢。雍州流民多在南陽，詔書遣還鄉里。流民以關中荒殘，皆不願歸。山簡遣兵促發。京兆王如潛結壯士，夜襲其軍，破之。攻城鎮，殺令長，衆至四五萬，自號大將軍，稱藩于漢。

冬，十月，漢寇洛陽。

以拓跋猗盧爲大單于，封代公。初，匈奴劉猛死，劉虎代領其衆，居新興，號鐵弗氏，與白部鮮卑皆附於漢。劉琨將討之，遣使卑辭厚禮説拓跋猗盧以請兵。猗盧使其弟弗之子鬱律帥騎二萬助之，遂破劉虎、白部。琨與猗盧結爲兄弟，表爲大單于，以代郡封之爲代公。時代郡屬幽州，王浚不許，遣兵擊猗盧，猗盧拒破之。浚由是與琨有隙。猗盧以封邑去國懸遠，民不相接，乃帥部落萬餘家自雲中入鴈門，從琨求陘北之地。琨不能制，且欲倚之爲援，乃徙樓煩、馬邑、陰館、繁畤、崞五縣民於陘南，以其地與之，由是猗盧益盛。琨遣使言於太傅越，請出兵共討劉聰、石勒。越忌苟晞爲後患，不許。琨乃謝猗盧之兵，遣歸國。

遣使徵天下兵入援。京師饑困日甚，太傅越遣使以羽檄徵天下兵，使入援京師。帝謂使者曰：「爲我語諸征鎮，今日尚可救，後則無及矣！」既而卒無至者。山簡遣督護將兵入援，爲王如所敗。如遂大掠沔、漢，進逼襄陽。朝議多欲遷都以避難，王衍以爲不可，賣車牛以安衆心。

漢石勒擊并王如兵，遂寇襄陽。十一月，太傅越率兵討之，次于項。越以胡寇益盛，内不自安，乃戎服入見，請討石勒。帝曰：「今胡虜侵逼郊畿，公豈可遠去以孤根本！」對曰：「臣出，幸而破賊，則國威可振，猶愈於坐待困窮也。」乃帥甲士四萬向許昌，留何倫防察宮省，以行臺自隨，用王衍爲軍司，朝賢素望，悉爲佐吏，名將勁卒，咸入其府。於是宮省無復守衛，荒饉日甚，盜賊公行，府寺營署並掘塹自守。越東屯項，自領豫州牧。

寧州刺史王遜滅五苓夷。初，李毅死，其子釗自洛往，州人奉之，以主州事。遣使詣京師求刺史，朝廷乃以遜爲刺史。既至，表釗爲朱提太守。時寧州内逼於成，外有夷寇[二]，城邑丘墟。遜惡衣菜食，招集離散，勞徠不倦，數年之間，州境復安。誅豪右不奉法者十餘家，擊滅五苓夷，内外震服。

漢主聰殺其兄恭。漢主聰自以越次而立，忌其兄恭，殺之。

漢太后單氏卒。單后年少美色，漢主聰烝焉。太弟乂屢以爲言，單后慚恚而死。乂寵由是漸衰。呼延后言於聰曰：「父死子繼，古今常道。太弟何爲者哉！陛下百年後，粲兄弟必無種矣。」聰心然之。乂舅沖謂乂曰：「疏不間親。主上有意於河內王矣，殿下何不避之！」乂曰：「天下者，高祖之天下。兄終弟及，何爲不可！粲等既壯，猶今日也。且子弟之間，親疏詎幾，主上寧可有此意乎！」

辛未（三一一）

五年。漢嘉平元年。成玉衡元年。

春，正月，漢曹嶷寇青州，苟晞敗走。

石勒寇江夏，陷之。勒謀保據江漢，張賓以爲不可。會軍中饑疫，死者太半，乃渡沔寇江夏。

成寇陷涪、梓潼，內史譙登死之。初，譙周之子居巴西，爲成太守馬脫所殺，其子登詣劉弘請兵復讎。弘表登爲梓潼內史，使自募巴蜀流民，得二千人，西上攻宕渠，斬脫，食其肝，遂據涪城。成人攻之，屢爲所敗。至是三年，食盡援絶，士民熏鼠食之，餓死甚衆，無一人離叛者。城陷見獲，成主雄欲宥之，登詞氣不屈，乃殺之。

湘州流民作亂，推杜弢爲刺史。巴蜀流民布在荊、湘間，爲土民所困苦，湘州參軍馮素與蜀人汝班有隙，言於刺史荀眺，欲盡誅流民。流民大懼，四五萬家一時俱反，以醴陵令杜弢爲湘州刺史。

琅邪王睿逐揚州都督周馥，以王敦爲刺史，都督征討諸軍事。馥以洛陽孤危，表請遷都壽春。太傅越以馥不先白己，大怒，召之。馥不行，睿遂攻之，馥敗走死。睿以敦爲揚州刺史，督征討諸軍。

三月，太傅越卒于項，以苟晞爲大將軍，督六州。苟晞移檄諸州，陳越罪狀。帝亦惡越專權違命，所留何倫等抄掠公卿，逼辱公主。密賜晞詔，使討之。越亦下檄罪狀晞，遣兵攻之。晞遣騎收越黨尚書劉曾、侍中程延，斬之。越憂憤成疾，以後事付王衍而卒。衆共推衍爲元帥，衍不敢當。奉越喪還葬東海。倫等以裴妃及世子毗自洛陽東走，城中士民爭隨之。帝追貶越爲縣王，以晞爲大將軍，都督青、徐、兗、豫、荆、揚諸軍事。

夏，四月，漢石勒追敗越軍於苦縣，執王衍等殺之。勒帥輕騎追太傅越之喪，及於苦縣，大敗晉兵，縱騎圍而射之，將士十餘萬人無一免者〔三〕。執太尉衍等問以晉故，衍具陳禍敗之由，云計不在己。且自言少無宦情，不豫世事。因勸勒稱尊號，冀以自免。勒曰：「君少壯登朝，名蓋四海，身居重任，何得言無宦情邪！破壞天下，非君而誰！」衆人畏死，多自陳述。獨襄陽王範神色儼然，顧呵之曰：「今日之事，何復紛紜！」勒謂孔萇曰：「吾行天下多矣，未嘗見此輩人，當可存乎？」萇曰：「彼皆晉之王公，終不爲吾用。」勒曰：「雖然，要不可加以鋒刃。」夜，使人排墻殺之。剖越柩，焚其尸，曰：「亂天下者此人也。吾爲天下報之。」世子毗及宗室四十八王皆没於勒。裴妃爲人所掠賣，久之，渡江。初，琅邪王睿之鎮建業，裴妃意也，故睿德之，厚加存撫，以其子沖繼越後。

五月，杜弢陷長沙。弢自是南破零、桂，東掠武昌，殺長吏甚衆。

漢人入寇。六月，陷洛陽，殺太子詮，遷帝於平陽，封平阿公。苟晞表請遷都倉垣，帝將從之，公卿猶豫，不果行。既而洛陽饑困，人相食，百官流亡者什八九。帝將行而衛從不備，無車輿，乃步出西掖門，至銅駝街，爲盜所掠，不得進。度支魏浚帥流民數百家保河陰之硤石，時掠得穀麥，獻之。漢主聰使呼延晏將兵二萬七千寇洛陽，比及河南，晉兵前後十二敗。劉曜、王彌、石勒皆引兵會之，晏先至，攻平昌門，克之，遂焚府寺。六月，司空荀藩及弟光禄大夫組奔轘轅。彌、晏克宣陽門，入宮大掠。帝欲奔長安，漢兵追執之。曜自西明門入，殺太子詮等，士民死者三萬餘人。遂發掘諸陵，焚宮廟，曜納羊后，遷帝及六璽於平陽。勒引兵出屯許昌，漢以帝爲左光禄大夫，封平阿公。以侍中庾珉、王儁爲光禄大夫。初，曜以彌不待己至，先入洛陽，怨之。彌説曜曰：「洛陽天下之中，山河四塞，城池宮室不假修營，宜白主上自平陽徙都之。」曜以天下未定，洛陽四面受敵，不可守，不用彌策而焚之。彌罵曰：「屠各子，豈有帝王之意邪！」遂與曜有隙，引兵東屯項關。劉暾説彌曰：「將軍建不世之功，又與始安王相失，將何以自容！不如東據本州，徐觀天下之勢，上可以混壹四海，下不失鼎跱之業。」彌心然之。

司空荀晞奉豫章王端建行臺於蒙城。荀藩奉秦王業趣許昌。

荀藩在陽城，汝陰太守李矩輸給之。藩建行臺於密，傳檄四方，推琅邪王睿爲盟主，以矩爲滎陽太守。豫章王端，太子詮弟也。東奔倉垣，荀晞奉爲皇太子，置行臺，徙屯蒙城。秦王業，吴孝王晏之子，藩甥也，年十二，南奔密，藩等奉之，以趣許昌。天水閻鼎聚西州流民數千於密，欲還鄉里。藩以鼎有才而擁衆，用爲豫州刺史，以周顗等爲參佐。

琅邪王睿遣兵擊江州刺史華軼，斬之。

時海内大亂，獨江東差安，中國士民避亂者多南渡江。

王導説睿，收其賢俊，辟掾屬刁協、王承、諸葛恢、陳頵、庾亮等百餘人，時人謂之百六掾。及承荀藩檄，承制署置。江州刺史華軼及豫州刺史裴憲皆不從命。睿遣王敦、甘卓、周訪合兵擊軼，斬之。憲奔幽州。睿以卓爲湘州刺史，訪爲尋陽太守，陶侃爲武昌太守。

秋，七月，大司馬王浚自領尚書令。浚設壇告類，立皇太子，稱受中詔承制封拜，備置百官，列署征鎮。

漢劉曜寇長安，南陽王模出降，曜殺之，遂據長安，模世子保保上邽。南陽王模使牙門趙染戍蒲坂，染帥衆降漢。漢遣染與將軍劉雅攻模于長安，劉粲、劉曜繼之。染敗模兵於潼關，長驅至下邽。涼州將北宫純自長安帥衆降漢。漢兵圍長安。模倉庫虚竭，士卒離散，遂降于漢，粲殺之。關西饑饉，白骨蔽野，士民存者百無一二。漢主聰以曜爲雍州牧，封中山王，守長安。模都尉陳安帥衆歸世子保於上邽，保遂據有秦州，尋稱大司馬，承制署隴右。氐、羌皆從之。

漢石勒陷蒙城，執苟晞及豫章王端。晞驕奢苛暴，前遼西太守閻亨數諫，殺之。從事明預有疾，自轝入諫。晞怒曰：「我殺閻亨，何關人事，而轝病罵我！」預曰：「明公以禮待預，故預以禮自盡。今明公怒預，其如遠近怒明公何！桀爲天子，猶以驕暴而亡，況人臣乎！願明公且置是怒，思預之言。」晞不從。由是衆心離怨，加以疾疫饑饉。勒襲蒙城，執晞及豫章王，鎖晞頸，以爲左司馬。

冬，十月，漢石勒誘王彌殺之。漢大將軍王彌與勒外相親而内相忌，會其將徐邈叛去，彌兵漸衰。聞勒擒苟晞，心惡之，以書賀勒曰：「公獲苟晞而用之，何其神也！使晞爲公左，彌爲公右，天下不足定也。」勒謂張賓曰：「王公位重而言卑，其圖我必矣。」賓因勸勒乘彌小衰，誘而取之。時彌與劉瑞相持甚急，請救於勒，勒未之許。賓曰：「公常恨不得王公之便，今天以王公授我矣。」勒乃引兵擊瑞，斬之。彌大喜，謂勒實親己，不復疑也。勒請彌燕，酒酣而斬之，并其衆。漢主聰大怒，遣使讓勒「專害公輔，有無君之心」。然猶加勒鎮東大將軍，以慰其心。苟晞漸謀叛勒，勒殺之，引兵掠豫州諸郡，臨江而還，屯于葛陂。初，勒之爲人所掠賣也，與其母王氏相失。劉琨得之，遣使并其從子虎送於勒，因遺書曰：「將軍用兵如神，所以周流天下而無容足之地者，蓋得主則爲義兵，附逆則爲賊衆故也。成敗之數，有似呼吸，吹之則寒，嘘之則温。今相授侍中、領護匈奴中郎將，將軍其受之！」勒報書曰：「事功殊途，非腐儒所知。君當逞節本朝，吾自夷難爲効。」遺琨名馬珍寶，厚禮其使，謝而絕之。時虎年十七，殘忍無度。勒白母除之。母曰：「快牛爲犢，多能破車，汝小忍之。」及長，便弓馬，勇冠當時。每屠城邑，鮮有遺類。然御衆嚴而不煩，莫敢犯者，指授攻討，所向無前，勒遂寵任之。

馮翊太守索綝等擊敗漢兵於長安。十二月，迎秦王業入雍城。初，索綝爲馮翊太守，與安夷護軍麴允、安定太守賈疋謀復晉室，帥衆五萬向長安。雍州刺史麴特等帥衆十萬會之，大敗劉曜於黃丘，又破劉粲於新豐，兵勢大振，關西胡、晉翕然響應。閻鼎欲奉秦王業入關，據長安以號令四方。荀藩、周顗等皆山東人，不欲西行，中塗逃散，顗奔江東，鼎與業至藍田，遣人告疋，疋遣兵迎之，入于雍城，使梁綜以兵衛之。

琅邪王睿以周顗爲軍諮祭酒。前騎都尉桓彝避亂過江，見睿微弱，謂顗曰：「我以中州多故，來此求全，而單弱如此，將何以濟！」既而見王導，共論世事，退謂顗曰：「向見管夷吾，無復憂矣！」諸名士遊宴新亭，顗中坐歎曰：「風景不殊，舉目有江河之異！」因相視流涕。導愀然變色曰：「當共戮力王室，克復神州，何至作楚囚對泣邪！」衆皆收淚謝之。陳頵遺導書曰：「中華所以傾弊者，正以取才失所，先白望而後實事，浮競驅馳，互相貢薦。加有莊、老之俗，傾惑朝廷，養望者爲弘雅，政事者爲俗人。夫欲制遠，先由近始。今宜改張，明賞信罰，拔卓茂於密縣，顯朱邑於桐鄉，然後大業可舉，中興可冀耳。」導不能從之。

劉琨遣劉希合衆於中山，王浚殺之。 劉琨長於招懷而短於撫御，一日之中，雖歸者數千，而去者亦相繼。琨遣劉希合衆於中山，幽州所統代郡、上谷、廣寧之民多歸之，衆至三萬。王浚怒，遣胡矩與段疾陸眷共攻希，殺之，驅略三郡士女而去。

慕容廆擊破鮮卑素喜、木丸部。 遼東附塞鮮卑素喜連、木丸津攻陷諸縣，屢敗郡兵。東夷校尉封釋不能討，民失業，歸慕容廆者甚衆。廆少子翰言於廆曰：「自古有爲之君，莫不尊天子以從民望，成大業。今連、津寇暴不已，不若數其罪而討之。上則興復遼東，下則并吞二部，忠義彰於本朝，私利歸於我國，此霸王之基也。」廆笑曰：「孺子乃能及此乎！」遂擊連、津，以翰爲前鋒，破斬之，盡併二部之衆。封釋疾病，屬其孫弈於廆。釋卒，廆召弈與語，說之，曰：「奇士也。」補小都督。釋子悛、抽來奔喪，廆見之曰：「此家抎抎千斤犍也。」以道不通，皆留仕廆，抽爲長史，悛爲參軍。

壬申(三一二)

六年。漢嘉平二年。

春，正月，漢主聰納劉殷二女爲貴嬪。漢主聰將納太保劉殷女，太弟乂固諫。聰以問太宰延年、太傅景，皆曰：「太保自云劉康公之後，與陛下殊源，納之何害！」聰悦，拜殷二女英、娥爲左右貴嬪，位在昭儀上。又納殷女孫四人皆爲貴人，位次貴妃。於是六劉之寵傾後宮，聰希復出外，事皆中黄門奏決。

胡亢起兵竟陵。亢，故新野王歹門將，聚衆竟陵，寇掠荆土，以杜曾爲竟陵守。曾勇冠三軍，能被甲游於水中。

二月，朔，日食。

琅邪王睿遣將軍紀瞻討石勒於葛陂，勒引兵退。石勒築壘於葛陂，課農造舟，將攻建業。睿大集江南之衆於壽春，以紀瞻爲揚威將軍討之。會大雨，三月不止，勒軍中飢疫，死者太半。集將佐議之，刁膺請送款於睿，求掃平河朔以自贖，俟其軍退，徐圖之。勒愀然長嘯。孔萇等請分道夜攻壽春，據城食粟，要以今年定江南。勒笑曰：「是勇將之計也！」顧謂張賓曰：「於君意何如？」賓曰：「將軍攻陷京師，囚執天子，殺害王公，妻略妃主，擢將軍之髮，不足以數將軍之罪，奈何復相臣奉乎！今天降霖雨於數百里中，示將軍不應留此也。鄴有三臺之固，西接平陽，山河四塞，宜北據之，以營河北，河北既定，天下無處將軍之右者矣。宜使輜重從北道先發，將軍引大兵向壽春。輜重既遠，大兵徐還，何憂進退無地乎！」勒攘袂鼓髯曰：「張君計是也。」於是黜膺，擢賓爲右長史，號曰「右侯」。勒引兵發葛陂，遣石虎向壽春，遇晉運船，虎將士爭取之，爲紀瞻所敗，追奔百里，前及勒軍，勒結陳待之，瞻不敢擊。

漢封帝爲會稽郡公。漢主聰謂帝曰：「卿昔爲豫章王，朕與王武子造卿，卿贈朕柘弓銀研，卿頗記否？」帝曰：「臣安敢忘之！但恨爾日不早識龍顔！」聰曰：「卿家骨肉何相殘如此？」帝曰：「大漢將應天受命，故爲陛下自相驅除，此殆天意，非人事也。且臣家若能奉武皇帝之業，九族敦睦，陛下何由得之！」聰喜，以小劉貴人妻帝，曰：「此名公之孫也，卿善遇之。」

張軌遣兵詣長安。涼州主簿馬魴説軌：「宜命將出師，翼戴帝室。」軌從之，馳檄關中，共尊輔秦王，且言：「今遣前鋒宋配師步騎二萬，徑趣長安，諸軍絡驛繼發。」

夏，漢封王彰爲定襄郡公。漢主聰以魚蟹不供，斬左都水使者；作温明、徽光二殿未成，斬將作大匠。觀漁於汾水，昏夜不歸。彰諫曰：「今愚民歸漢之志未專，思晉之心猶盛，劉琨咫尺，刺客縱横。帝王輕出，一夫敵耳。」聰大怒，命斬之。彰女爲夫人，叩頭乞哀，乃囚之。太后張氏以聰刑罰過差，三日不食；太弟乂、單于粲輿櫬切諫。聰怒曰：「吾豈桀、紂，而汝輩生來哭人！」太保殷等百餘人皆免冠涕泣而諫，聰慨然曰：「朕昨大醉，非其本心，微公等言之，朕不聞過。」各賜帛百匹，使侍中持節赦彰，進封定襄郡公。

雍州刺史賈疋等進圍長安，漢劉曜敗走，秦王業入長安。

漢太保劉殷卒。殷不爲犯顔忤旨，然因事進規，補益甚多。漢主聰每與羣臣議政事，殷無所是非。羣臣出，殷獨留，敷暢條理，商榷事宜，聰未嘗不從之。殷常戒子孫曰：「事君當務幾諫。凡人尚不可面斥其過，況萬乘乎！夫幾諫之功，無異犯顏，但不彰君之過，所以爲優耳！」般在公卿間，常恂恂有卑讓之色，故能處驕暴之國，保其富貴，不失令名，以壽考終。

石勒引兵據襄國。劉琨以兄子演鎮鄴，石勒濟河，演保三臺以自固。勒諸將欲攻之，張賓曰：「攻之未易猝拔，捨之，彼將自潰。方今王彭祖、劉越石，公之大敵也，宜先取之，演不足顧也。且天下饑亂，明公擁兵羈旅，人無定志，非所以保萬全，制四方也。不若擇便地而據之，廣聚糧儲，西稟平陽以圖幽、并，此霸王之業也。」勒遂進據襄國，分命諸將攻冀州郡縣，運穀以輸襄國。漢以勒爲冀州牧。

漢劉曜襲晉陽，陷之。劉琨奔常山。劉琨移檄州郡，期十月會平陽，擊漢。琨素奢豪，喜聲色。徐潤以音律得幸，驕恣，干預政事。護軍令狐盛數以爲言，琨收盛殺之。琨母曰：「汝不能駕御豪桀以恢遠略，而專除勝己，禍必及我。」盛子泥奔漢，具言虛實。漢主聰大喜，遣粲、曜將兵寇并州，以泥爲鄉導。琨聞之，東出，收兵於常山，且遣使求救於代。粲、曜乘虛襲晉陽，琨還救不及，帥數十騎奔常山。泥殺琨父母。

秋，九月，賈疋等奉秦王業爲皇太子，建行臺。疋等奉業爲皇太子，建行臺，登壇告類，建宗廟社稷。

冬，十月，代公猗盧攻晉陽，劉曜敗走，猗盧追擊，大敗之。猗盧遣其子六脩帥衆數萬爲前鋒，自帥二十萬繼之，劉琨收散卒爲鄉導。六脩與劉曜戰於汾東，曜兵敗，墜馬，中七創，夜踰蒙山而歸。猗盧追之，戰於藍谷，漢兵大敗，伏尸數百里。猗盧因大獵壽陽山，陳閱皮肉，山爲之赤。琨自營步入拜謝，固請進軍。猗盧曰：「吾遠來，士馬疲弊，且待後舉，劉聰未可滅也。」留其將箕澹等戍晉陽。琨徙居陽曲，招集亡散。

十二月，盜殺賈疋，麴允領雍州刺史。初，賈疋入關，殺漢梁州刺史彭仲蕩。至是，其子天護帥羣胡攻疋，殺之。衆推麴允領雍州。

王浚攻石勒於襄國，大敗而還。王浚遣督護王昌帥諸軍及段疾陸眷與弟匹磾、文鴦、從弟末柸攻勒於襄國。勒兵出戰，皆敗。勒召將佐曰：「吾欲悉衆決戰，何如？」諸將皆曰：「不如堅守，俟其退而擊之。」張賓、孔萇曰：「鮮卑段氏，最爲勇悍，而末柸尤甚，其鋭卒皆屬焉。今刻日來攻北城，必謂我孤弱，不敢出戰，意必懈惰。宜且勿出，示之以怯，鑿北城爲突門二十餘道，俟其來至，列守未定，出其不意，直衝末柸帳，彼必震駭，不暇爲計，破之必矣。末柸敗，則其餘不攻而潰矣。」勒從之，密爲突門。既而疾陸眷攻北城，勒登城望之，見其將士或釋仗而寢，乃命孔萇督鋭卒從突門出擊之，不克而退。末柸逐之，入其軍門，爲勒衆所獲，疾陸眷等軍皆退走。萇乘勝追擊，枕尸三十餘里。疾陸眷以鎧馬金銀賂勒，且以末柸三弟爲質而請末柸。諸將皆勸勒殺之，勒曰：「遼西鮮卑健國也，與我素無仇讎，爲王浚所使耳。今殺一人而結一國之怨，非計也。歸之，必深德我，不復爲浚用矣。」乃遣石虎與疾陸眷盟於渚陽，結爲兄弟。疾陸眷等引歸，王昌亦還薊。勒召末柸，與之燕飲，誓爲父子，遣還。由是段氏專心附勒，浚勢遂衰。

大疫。

王敦殺其兄荆州都督澄。澄少與兄衍名冠海内，劉琨謂澄曰：「卿形雖散朗，而内實動俠，以此處世，難得其死。」及在荆州，屢爲杜弢所敗，望實俱損，猶傲然自得。與内史王機日夜縱酒博弈，上下離心。故山簡參軍王冲擁衆自稱刺史，澄懼，徙治沓中。琅邪王聞之，召爲軍諮祭酒，以周顗代之。王敦方討杜弢，進屯豫章。澄過之，自以名聲素出敦右，猶以舊意侮敦。敦怒，誣其與杜弢通信，殺之。機將奴客門生千餘人入廣州。機父嘗刺廣州，將士皆其部曲，刺史郭訥遣拒機，皆迎降。訥乃避位，以州授之。

王如詣王敦降。

前太子洗馬衛玠卒。玠，瓘之孫也，美風神，善清談。常以爲人有不及，可以情恕，非意相干，可以理遣，故終身不見喜愠之色。

羌酋姚弋仲自稱扶風公。弋仲，南安赤亭羌也，東徙榆眉，戎夏襁負隨之者數萬。

癸酉(三一三)

孝愍皇帝鄴建興元年〔四〕。漢嘉平三年。

春，二月，漢主劉聰弑帝於平陽，庾珉、王儁死之。正月，朔，漢主聰宴羣臣於光極殿，使帝著青衣行酒。庾珉、王儁等不勝悲憤，因號哭，聰惡之。有告珉等謀以平陽應劉琨者，聰遂殺珉、儁等，帝亦遇害，謚曰孝懷。

三月，漢立其貴嬪劉娥爲后。漢主聰爲劉后起䳌儀殿。廷尉陳元達切諫，以爲：「天生民而樹之君，使司牧之，非以兆民之命窮一人之欲也。是以先帝身衣大布，居無重茵，后妃不衣錦綺，乘輿馬不食粟。陛下踐阼以來，已作殿觀四十餘所，加之軍旅數興，餽運不息，饑饉疾疫，死亡相繼，而益思營繕，豈爲民父母之意乎！」聰大怒曰：「朕爲天子，營一殿，何問汝鼠子乎！」命左右曳出斬之，并其妻子梟首東市。時聰在逍遥園李中堂，元達先鎖腰而入，即以鎖鎖堂下樹，呼曰：「臣所言者，社稷之計，而陛下殺臣。朱雲有言：『臣得與龍逢、比干遊，足矣！』」左右曳之不能動。大司徒任顗等叩頭出血曰：「元達爲先帝所知，盡忠竭慮，知無不言，臣等每見之，未嘗不發愧。今言雖狂直，願陛下容之。」聰默然。劉后聞之，密敕左右停刑，手疏上言：「今宫室已備，無煩更營，四海未壹，宜愛民力。廷尉之言，社稷之福也。宜加封賞，而更誅之，四海謂陛下何如哉！夫忠臣進諫者固不顧其身也，而人主拒諫者亦不顧其身也。陛下爲妾營殿而殺諫臣，使忠良結舌者由妾，遠近怨怒者由妾，公私困弊者由妾，社稷阽危者由妾，天下之罪皆萃於妾，妾何以當之！妾觀自古敗國喪家，未始不由婦人，心常疾之，不意今日身自爲之，使後世視妾由妾之視昔人也。妾誠無面目復奉巾櫛，願賜死此堂。」聰覽之變色。命顗等冠履就坐，引元達上，以表示之，曰：「外輔如公，内輔如后，朕復何憂！」更命園曰納賢園，堂曰愧賢堂，謂元達曰：「卿當畏朕，而反使朕畏卿邪！」

夏，四月，太子業即位於長安，索綝領太尉。懷帝凶問至長安，皇太子舉哀，因加元服，即帝位。以梁芬爲司徒，麴允、索綝爲僕射。是時長安城中户不盈百，蒿棘成林，公私有車四乘，百官無章服、印綬，唯桑版署號而已。尋以綝爲衛將軍、領太尉，軍國之事，悉以委之。

漢寇長安，僕射麴允拒之。

石勒遣石虎攻陷鄴而據之。初，劉琨用焦求爲兗州刺史，荀藩又用李述爲之。琨召求還。及鄴城失守，琨復以劉演爲兗州，鎮廩丘。前中書侍郎郗鑒少以清節著名，帥高平千餘家避亂保嶧山，琅邪王就用爲兗州，鎮鄒山。三人各屯一郡，兗州吏民莫知所從。

琅邪王睿以華譚爲軍諮祭酒，陳頵爲譙郡太守。譚嘗在壽春依周馥。至是睿謂譚曰：「周祖宣何故反？」譚曰：「周馥雖死，天下尚有直言之士。馥見寇賊滋蔓，欲移都以紓國難，執政不悦，興兵討馥。死未踰時，而洛都淪没。若謂之反，不亦誣乎！」睿曰：「馥位爲征鎮，召之不入，危而不持，亦天下之罪人也。」譚曰：「然，危而不持，當與天下共受其責，非但馥也。」睿參佐多避事自逸，參軍陳頵言於睿曰：「洛中承平之時，朝士以小心恭恪爲凡俗，偃蹇倨肆爲優雅，流風相染，以至敗國。今僚屬皆承西臺餘弊，養望自高，是前車已覆而後車又將尋之也。請自今，臨使稱疾者，皆免官。」不從。三王之誅趙王倫也，制己亥格以賞功，自是循而用之。頵曰：「昔趙王篡逆，惠皇失位，三王討之，故厚賞以懷嚮義之心。今功無大小，皆以格斷，乃至金紫佩士卒之身，符策委僕隸之門，非所以重名器，正紀綱也，請一切停之。」頵出於寒微，數爲正論，府中多惡之，出爲譙郡太守。

吳興太守周玘卒。玘宗族强盛，琅邪王睿頗疑憚之。睿左右用事者，多中州亡官失守之士，駕御吳人，吳人頗怨。玘自以失職，又爲刁協所輕，陰與其黨謀誅執政，以南士代之。事泄，憂憤而卒，將死，謂其子勰曰：「殺我者，諸傖子也。能復之，乃吾子也。」

慕容廆攻段氏，取徒河。初，中國民避亂者，多依王浚。浚政法不立，往往去之。段氏兄弟專尚武勇，不禮士大夫。唯廆政事修明，愛重人物，故多歸之。廆以裴嶷、陽躭爲謀主，游邃、逢羡、封抽、裴開爲股肱，宋該、皇甫岌、岌弟真及封弈、封裕典機要。嶷清方有幹略。兄武爲玄菟太守，卒，嶷與武子開以其喪歸，過廆，廆敬禮之。行及遼西，道不通，嶷欲還，開曰：「等爲流寓，段氏强，慕容氏弱，何必去此而就彼也！」嶷曰：「欲求託足之地，豈可不慎擇其人。汝觀諸段，豈有遠略，且能待國士乎！慕容公修仁行義，有霸王之志。加以國豐民安，今往從之，高可以立功名，下可以庇宗族，汝何疑焉！」既至，廆大喜。邃嘗避地於薊，後歸廆。王浚屢以手書召其兄暢，暢欲赴之，邃曰：「彭祖必不能久，宜且磐桓以俟之。」暢曰：「彭祖忍而多疑，今手書殷勤，而稽留不往，將累及卿。且亂世宗族宜分，以冀遺種。」遂從之。卒與浚俱没。

五月，以琅邪王睿爲左丞相，南陽王保爲右丞相，分督陜東、西諸軍事。詔曰：「今當掃除鯨鯢，奉迎梓宫。令幽、并兩州勒卒三十萬，直造平陽；右丞相宜帥秦、凉、梁、雍之師，徑詣長安；左丞相帥所領精兵造洛陽，同赴大期，克成元勳。」又詔睿以時進軍，與乘輿會，除中原。睿辭以方平定江東，未暇北伐。以刁協爲丞相左長史，劉隗爲司直。隗雅習文史，善伺候睿意，故特親愛之。主簿熊遠上書，以爲：「軍興以來，處事不用律令，主者不敢任法，每輒關諮，非爲政之體也。愚謂凡爲駁議者，皆當引律令、經傳，不得直以情言，無所依準，以虧舊典。若開塞隨宜，權道制物，此人君之所得行，非臣子所宜用也。」睿不能從。

左丞相睿以祖逖爲豫州刺史。逖，范陽人，少有大志，與劉琨俱爲司州主簿，同寢，中夜聞雞鳴，蹴琨覺曰：「此非惡聲也！」因起舞。及渡江，左丞相睿以爲軍諮祭酒。逖居京口，糾合驍健，言於睿曰：「晉室之亂，非上無道而下怨叛也，由宗室爭權，自相魚肉，遂使戎狄乘隙，毒流中土。今遺民思奮，大王誠能命將出師，使如逖者統之以復中原，郡國豪桀，必有望風響應者矣。」睿素無北伐之志，以逖爲豫州刺史，給千人廩，布三千疋，不給鎧仗，使自召募。逖將其部曲百餘家渡江，中流，擊楫而誓曰：「祖逖不能清中原而復濟者，有如大江。」遂屯淮陰，起冶鑄兵，募得二千餘人而後進。

陶侃破走杜弢，王敦表侃爲荆州刺史。周顗屯潯水城，爲杜弢所困。陶侃使將軍朱伺救之，弢退保泠口。侃使伺逆擊，大破之，弢遁歸長沙。敦乃表侃刺荆州，屯沔江。左丞相睿召顗，復爲軍諮祭酒。

冬，十月，氐楊難敵寇陷梁州，刺史張光卒。初，氐王楊茂搜之子難敵，遣養子販易於梁州，刺史張光殺之。及光與王如餘黨楊虎相攻，求救於茂搜，茂搜遣難敵救光。虎厚賂難敵，與夾擊光，大破之。光嬰城自守，憤激成疾，僚屬勸光退據魏興。光按劍曰：「吾受國重任，不能討賊，今得死如登仙，何謂退也！」聲絶而卒。難敵竟攻拔之。

陶侃復擊杜弢，大破之。

漢劉曜寇長安。十一月，麴允破走之。曜使趙染帥精騎襲長安，夜入外城。帝奔射雁樓。染焚龍尾及諸營，退屯逍遥園。將軍麴鑒帥衆救長安，與曜遇於零武，鑒兵大敗。曜恃勝不設備，麴允引兵襲之，漢兵大敗，殺其將軍喬智明。曜引歸平陽。

十二月，石勒遣使奉表於王浚。浚謀稱尊號，劉亮、高柔切諫，皆殺之。燕國霍原，志節清高，屢辭徵辟。浚以尊號事問之，原不答。浚誣以罪，殺而梟其首。於是士民駭怨，而浚矜豪日甚，不親政事，所任皆苛刻小人，棗嵩、朱碩，貪橫尤甚。北州謡曰：「府中赫赫，朱丘伯；十囊、五囊，入棗郎。」石勒欲襲之，未知虛實，將遣使覘之，參佐請用羊祜、陸抗故事，致書於浚。勒以問張賓，賓曰：「浚名爲晉臣，實欲廢晉自立，但患四海英雄莫之從耳；將軍威震天下，今折節事之，猶懼不信，況爲羊、陸之亢敵乎！夫謀人而使人覺其情，難以得志矣。」勒曰：「善！」遣舍人王子春奉表於浚曰：「勒本小胡，遭世饑亂，流離屯厄，竄命冀州，竊相保聚以救性命。今晉祚淪夷，中原無主，爲帝王者，非公復誰！願殿下應天順人，早登皇祚。勒奉戴殿下如天地父母，殿下察勒微心，亦當視之如子也。」浚甚喜，謂子春曰：「石公可信乎？」子春曰：「殿下中州貴望，威行夷夏，自古胡人爲輔佐名臣則有矣，未有爲帝王者也。石將軍非惡帝王不爲而讓於殿下，顧以帝王自有歷數，非智力之所取故也。又何怪乎？」浚大悦，遣使報聘。游綸兄統，爲浚鎮范陽，遣使私附於勒。勒斬其使以送浚。浚雖不罪統，卒信勒爲忠誠，無復疑矣。

左丞相睿遣世子紹鎮廣陵。以丞相掾蔡謨爲參軍。

代城盛樂及平城。代公猗盧城盛樂以爲北都，治故平城爲南都。又作新平城於灅水之陽，使右賢王六脩居之，統領南部。

甲戌(三一四)

二年。漢嘉平四年。

春,正月,有如日隕於地。又有三日相承東行。

有流星隕於平陽北,化爲肉。流星出牽牛,入紫微,光燭地,隕平陽北,化爲肉,長三十步,廣二十七步。漢主聰惡之,以問公卿。陳元達以爲「女寵太盛,亡國之徵」。聰曰:「此陰陽之理,何關人事!」

漢石勒復遣使奉表於王浚。浚使者至襄國,勒匿其勁卒、精甲,羸師虚府以視之,北面拜使者而受書。浚遺勒麈尾,勒陽不敢執,懸之於壁,朝夕拜之,曰:「我不得見王公,見其所賜,如見公也。」復遣董肇奉表于浚,期以三月中旬親詣幽州奉上尊號;亦修牋于棗嵩,求并州牧。勒問浚於王子春,子春曰:「幽州去歲大水,人不粒食,浚積粟百萬,不能賑贍,刑政苛酷,賦役殷煩,忠賢内離,夷狄外叛。人皆知其將亡,而浚意氣自若,曾無懼心,方更置立臺閣,布列百官,自謂漢高、魏武不足比也。」勒撫几笑曰:「王彭祖真可擒也。」浚使者還薊,具言:「石勒形勢寡弱,款誠無二。」浚益驕怠,不復設備。

梁州人張咸逐楊難敵,以州降成。於是漢嘉、涪陵、漢中之地皆爲成有。成主雄虚己好賢,隨才授任,命太傅驤養民於内,李鳳等招懷於外,刑政寬簡,獄無滯囚。興學校,置史官。其賦,民男丁歲穀三斛,女丁半之,疾病又半之;户調絹不過數丈,綿數兩。事少役希,民多富實,新附者給復除。是時天下大亂,而蜀獨無事,年穀屢熟,乃至閭門不閉,路不拾遺。然朝無儀品,爵位濫溢;吏無禄秩,取給於民；軍無部伍，號令不肅；此其所短也。

二月，以張軌爲太尉、凉州牧，劉琨爲大將軍。

三月，漢石勒襲薊，陷之，殺王浚。師還，薊降於段匹磾。勒纂嚴，將襲王浚而未發。張賓曰：「豈非畏劉琨及鮮卑、烏桓爲吾後患乎？」勒曰：「然。」賓曰：「彼三方智勇無及將軍者，將軍雖遠出，彼必不敢動，且彼未謂將軍便能懸軍千里取幽州也。輕軍往返，不出二旬，藉使彼有心，比其謀議出師，吾已還矣。劉琨、王浚，雖同名晉臣，實爲仇敵。若修牋于琨，送質請和，琨必喜我之服而快浚之亡，終不救浚而襲我也。用兵貴神速，勿後時也。」勒曰：「吾所未了，右侯已了之。」遂以火宵行，遣使奉牋于琨，自陳罪惡，請討浚自效。琨大喜，移檄州郡，言勒已降，當襲平陽除僭逆。三月，勒軍達易水，浚督護孫緯馳遣白浚，將勒兵拒之，游統禁之。浚將佐皆曰：「胡貪而無信，必有詭計，請擊之。」浚怒曰：「石公來，正欲奉戴我耳；敢言擊者斬！」設饗以待之。勒晨至薊，叱門者開門；猶疑有伏兵，先驅牛羊數千頭，聲言上禮，實欲塞諸街巷。浚始懼，勒升其聽事，執浚於前。浚罵曰：「胡奴調乃公，何凶逆如此！」勒曰：「公位冠元台，手握强兵，坐觀本朝傾覆，曾不救援，乃欲自尊爲天子，非凶逆乎！」即送襄國，斬之。浚將佐等詣軍門謝罪，前尚書裴憲、從事中郎荀綽獨不至，勒召而讓之，對曰：「憲等世仕晉朝，荷其榮禄，浚雖凶麤，猶是晉之藩臣，故從之，不敢有貳。明公苟不修德義，專事威刑，則憲等死自其分，請就死。」不拜而出。勒謝之，待以客禮。勒數朱碩、棗嵩等以納財亂政，責游統以不忠所事，皆斬之。籍浚將佐、親戚家貲皆巨萬，惟憲、綽止有書百餘袟，鹽米各十餘斛而已。勒曰：「吾不喜得幽州，喜得二子。」以憲爲從事中郎，綽爲參軍。分遣流民，各還鄉里。勒停薊二日，焚浚宮殿，以故尚書劉翰行幽州刺史，戍薊，置守宰而還。孫緯遮擊之，勒僅而得免。勒遣使奉浚首獻捷于漢，漢以勒爲東單于。劉琨請兵於拓跋猗盧以擊漢，會猗盧所部雜胡謀應勒，猗盧悉誅之，不果赴約。琨知勒無降意，大懼。劉翰不欲從勒，乃歸段匹磾，匹磾遂據薊城。

左丞相睿以邵續爲平原太守。王浚所署樂陵太守邵續附勒，勒以其子乂爲督護。勃海太守劉胤棄郡依續，謂曰：「君，晉之忠臣，奈何從賊以自污乎！」會段匹磾以書邀續同歸江東，續從之。其人曰：「其如乂何？」續泣曰：「我豈得顧子而爲叛臣乎！」殺異議者數人。勒聞之，殺乂。續遣胤使江東，睿以胤爲參軍，續爲平原太守。石勒圍續，匹磾救之，勒引去。

襄國大饑。時穀二升，直銀一斤。

夏，五月，太尉、凉州牧、西平公張軌卒，子寔嗣。軌寢疾，遺令：「文武將佐，務安百姓，上思報國，下以寧家。」軌卒，長史張璽等表世子寔攝父位。詔寔爲都督、刺史、西平公。謚軌曰武穆。

六月，漢寇長安，索綝大破之。漢大司馬、中山王曜、趙染寇長安，索綝出拒之。染有輕綝之色，長史魯徽曰：「晉之君臣，自知强弱不敵，將致死於我，不可輕也。」染曰：「以司馬模之强，我取之如拉朽。索綝小豎，豈能汙我馬蹄、刀刃耶！」晨，帥輕騎數百逆之，曰：「要當獲綝而後食。」綝與戰于城西，染兵敗而歸。悔曰：「我不用徽言至此，何面目見之！」先命斬徽，徽曰：「將軍愚愎以取敗，乃復忌前害勝，猶有天地，其得死於枕席乎！」染攻北地，中弩而死。

漢石勒命州郡閲實户口。户出帛二匹，穀二斛。

冬，漢主聰以子粲爲相國。漢晉王粲少有儁才，自爲相，驕奢專恣，遠賢親佞，嚴刻愎諫，國人始惡之。

乙亥(三一五)

三年。漢建元元年。

春，正月，左丞相睿以周札爲吴興太守。周勰以其父遺言，因吴人之怨，謀作亂。使吴興功曹徐馥矯稱叔父札之命，收合徒衆，以討王導、刁協，豪桀翕然附之。是月，馥殺吴興太守袁琇，欲奉札爲主。札聞之，大驚，以告義興太守孔侃。勰知札意不同，不敢發。馥黨懼，攻馥，殺之。札子續亦聚衆應馥，左丞相睿議發兵討之。王導曰：「今少發兵則不足以平寇，多發兵則根本空虚。續族弟黄門侍郎莚，忠果有謀，請獨使莚往，足以誅續。」睿從之。莚兼行至郡，將入，遇續於門，逼與俱詣侃。坐定，莚謂侃曰：「府君何以置賊在坐？」續即出衣中刀逼莚，莚叱郡傳教格殺之。因欲誅勰，札不聽，委罪於從兄邵而誅之。莚不歸家省母，遂長驅而去。睿以札爲吴興太守，莚爲太子右衛率。以周氏吴之豪望，故不窮治，撫勰如舊。

二月，以左丞相睿爲丞相、都督中外諸軍事，南陽王保爲相國，劉琨爲司空。

進代公猗盧爵爲王。詔進猗盧爵爲代王，置官屬，食代、常山二郡。猗盧請并州從事莫含於劉琨，含不欲行，琨曰：「以并州單弱，吾之不材而能自存於胡、羯之間者，代王之力也。吾傾身竭資，以長子爲質而奉之者，庶幾爲朝廷雪大耻也。卿欲爲忠臣，奈何惜共事之小誠而亡徇國之大節乎！往事代王，爲之腹心，乃一州之所賴也。」含遂行，猗盧甚重之，常與參大計。猗盧用法嚴，國人犯法者，或舉部就誅，老幼相攜而行。人問：「何之？」曰：「往就死。」無一人敢逃匿者。

三月，杜弢將張彦陷豫章，尋陽太守周訪擊斬之。王敦遣陶侃等討杜弢，前後數十戰，弢將士多死，乃請降。丞相睿以爲巴東監軍。弢既受命，諸將猶攻之不已。弢不勝憤怒，復反，遣其將張彦陷豫章，周訪擊斬之。

漢太子太傅崔瑋、少保許遐伏誅。雨血於漢東宫延明殿，太弟乂惡之，崔瑋、許遐説乂曰：「今相國威重，踰於東宫，殿下非徒不得立也，朝夕且有不測之危，不如早爲之計。」乂弗從。舍人告之，漢主聰殺瑋、遐，使將軍卜抽將兵監守東宫。乂上表乞爲庶人，且請以粲爲嗣，抽弗爲通。

漢曹嶷據臨淄。漢青州刺史曹嶷盡得齊、魯間郡縣，自鎮臨淄，有衆十餘萬，臨河置戍。石勒表稱：「嶷有專據東方之志，請討之。」漢主聰恐勒滅嶷，不可復制，弗許。

漢立三后。漢主聰納中護軍靳準二女月光、月華，立月光爲上皇后，劉貴妃與月華爲左、右皇后。陳元達極諫，以爲：「並立三后，非禮也。」聰不悅。元達又奏月光有穢行，聰不得已廢之，月光慚恚自殺，聰以是恨元達。

夏，六月，盜發漢霸、杜二陵。盜發二陵及薄太后陵，得金帛甚多。朝廷以用度不足，詔收其餘以實内府。

陶侃擊杜弢，破之，弢走死，湘州平。丞相睿加王敦都督江、揚等州軍事。陶侃與杜弢相攻，弢使王貢出挑戰，侃遥謂之曰：「弢爲益州小吏，盜用庫錢，父死不奔喪。卿本佳人，何爲隨之！天下寧有白頭賊邪！」貢遂降，弢衆潰，遁走，道死。侃進克長沙，湘州悉平。丞相睿進王敦鎮東大將軍，都督江、揚、荆、湘、交、廣六州諸軍事、江州刺史。敦始自選置刺史以下，寖益驕横。初，王如之降也，敦從弟稜愛如驍勇，請敦配己麾下，甚加寵遇。如數與敦諸將角射爭鬬，稜杖之，如深以爲耻。及敦潛畜異志，稜每諫之。敦怒，密使人激如殺稜。敦聞之，陽驚，亦捕如誅之。

荆州吏杜曾舉兵拒陶侃。王敦徙侃爲廣州刺史。初，朝廷以第五猗爲荆州刺史，杜曾迎猗於襄陽，聚兵萬人，與猗分據漢、沔。侃既破杜弢，乘勝進擊曾，有輕曾之志，反爲所敗，死者數百人。時荀崧都督荆州，屯宛，曾引兵圍之。崧兵少食盡，欲求救於故吏襄城太守石覽。崧小女灌，年十三，帥勇士數十人，踰城突圍夜出，且戰且前，遂達覽所。又爲崧書，求救於周訪。訪遣子撫帥兵與覽共救崧，曾乃遁去。曾復致牋於崧，求自效，崧許之。侃遺崧書曰：「杜曾凶狡，所謂『鴟梟食母之物』。此人不死，州土未寧，足下當識吾言！」崧以兵少，藉爲外援，不從。曾復帥流亡二千餘人圍襄陽，不克而還。王敦嬖人錢鳳，疾侃之功，屢毁之。侃詣敦自陳。敦留不遣，左轉廣州刺史，以其從弟廙刺荆州。將吏鄭攀等詣敦留侃，不許。衆情憤惋，遂迎杜曾、第五猗以拒廙。敦意攀等承侃風旨，被甲持矛將殺侃，出而復還者數四。侃正色曰：「使君雄斷，當裁天下，何此不決乎！」因起如廁。參軍梅陶言於敦曰：「周訪與侃親姻，如左右手，安有斷人左手而右手不應者乎！」敦意解，乃設盛饌以餞之。侃便夜發。時王機盜據廣州，侃至始興，州人皆言宜觀察形勢，侃不聽。直至廣州，遣督護討機，走之，廣州遂平。侃在州無事，輒朝運百甓於齋外，暮運於齋内。人問其故，答曰：「吾方致力中原，過爾優逸，恐不堪事，故習勞耳。」

冬，十月，漢寇馮翊，陷之。劉曜寇北地，進拔馮翊。麴允軍于靈武，以兵弱，不敢進。帝屢徵兵於相國保，保左右皆曰：「蝮蛇螫手，壯士斷腕。今胡寇方盛，且宜斷隴道以觀其變。」從事中郎裴詵曰：「今蛇已螫頭，頭可斷乎！」保乃以胡崧行前鋒都督，須諸軍集乃發。允欲奉帝往就保，索綝曰：「保得天子，必逞其私志。」乃止。於是自長安以西，不復貢奉，百官饑乏，採稆以自存。

張寔得璽，獻之。涼州軍士得璽，文曰「皇帝行璽」，獻於張寔。僚屬皆賀。寔曰：「是非人臣所得留。」歸之長安。

丙子(三一六)

四年。漢麟嘉元年。

春，二月，漢殺其少府陳休等七人。漢中常侍王沈、郭猗等寵幸用事。漢主聰遊宴後宮，或百日不出，政事一委相國粲，惟殺生除拜，乃使沈等入白。沈等多自以其私意決之。猗有怨於太弟乂，謂粲曰：「聞太弟與大將軍謀，因上巳大宴作亂。今禍期甚迫，宜早圖之。殿下儻不信臣言，可召大將軍從事王皮、司馬劉惇，許其歸首以問之，必可知也。」粲許之。猗密謂皮、惇曰：「二王逆狀，主上及相國具知之矣，卿同之乎？」二人驚曰：「無之。」猗曰：「兹事已決，吾憐卿親舊并見族耳！」因歔欷流涕。

二人大懼，叩頭求哀。猗曰：「相國問卿，卿但云『有之。』」皮、惇許諾。粲問之，二人至不同時，而其辭若一，粲以爲信然。靳準復説粲曰：「人告太弟爲變，主上必不信。宜緩東宮之禁，使賓客得往來。太弟雅好待士，必不以此爲嫌。輕薄小人，不能無迎合爲之謀者。然後下官爲殿下露表其罪，收其賓客考問之。獄辭既具，則主上無不信之理也。」粲乃命卜抽引兵去東宮。少府陳休、將軍卜崇爲人清直，沈等深疾之。侍中卜幹謂休、崇曰：「沈等勢力足以回天地，卿輩自料親賢孰與竇武、陳蕃？」休、崇曰：「吾輩年踰五十，職位已崇，唯欠一死。其死於忠義，乃爲得所，安能俛首低眉以事閹豎乎！」至是聰命收休、崇及特進綦毋達等七人誅之，皆宦官所惡也。卜幹泣諫，王沈叱之，聰怒，免幹爲庶人。河間王易及陳元達等諫曰：「今遺晉未殄，巴、蜀不賓，石勒謀據趙、魏，曹嶷欲王全齊，陛下心腹四支，何處無患！乃復以沈等助亂，誅巫咸，戮扁鵲，臣恐遂成膏肓之疾，後雖救之，不可及已。請免沈等官，付有司治罪。」聰以表示沈等，笑曰：「羣兒爲元達所引，遂成癡也。」聰問沈等於粲，粲盛稱其忠清，聰悦，封沈等爲列侯。易又上疏極諫，聰大怒，手壞其疏。易忿恚而卒。易素忠直，元達倚之爲援，得盡諫爭。及卒，元達哭之慟，曰：「『人之云亡，邦國殄瘁。』吾既不復能言，安用默默苟生乎！」歸而自殺。既而聰宴羣臣，引見太弟乂，見其憔悴，涕泣陳謝，聰亦慟哭，待之如初。

代六脩弑其君猗盧，普根討之而立，尋卒，鬱律立。初，代王猗盧愛其少子比延，欲以爲嗣，使長子六脩出居新平城，而黜其母。六脩來朝，猗盧使拜比延，六脩不從而去。猗盧大怒，帥衆討之，兵敗，遂爲所弑。猗㐌子普根攻六脩，滅之，代立，國中大亂。將軍衛雄、箕澹與劉琨質子遵帥晉人及烏桓三萬家、馬牛羊十萬頭歸于琨。琨兵由是復振。普根尋卒，國人立鬱律。

張寔遣兵入援。張寔下令，所部吏民有能舉其過者，賞以布帛羊米。賊曹佐隗瑾曰：「明公爲政，事無巨細，皆自決之，羣下畏威，受成而已。如此，雖賞之千金，終不敢言也。謂宜少損聰明，延訪羣下，使各盡所懷，然後采而行之，則嘉言自至，何必賞也。」寔悅，從之。增瑾位三等。寔遣將軍王該帥步騎五千入援長安，且送諸郡貢計。詔拜寔都督陝西諸軍事。

石勒寇廩丘，陷之。劉演奔段氏。

夏，六月，朔，日食。

秋，七月，漢劉曜陷北地，進至涇陽。曜圍北地，麴允救之。曜使反間紿允曰：「郡城已陷，往無及也。」衆懼而潰。曜追敗允，遂取北地。允性仁厚，無威斷，喜以爵位悅人。諸郡太守皆領征、鎮，村塢主帥，小者猶假銀青將軍之號。然恩不及下，故諸將軍驕恣，而士卒離怨。曜進至涇陽，渭北諸城悉潰。曜獲將軍魯充、梁緯，飲之酒曰：「吾得子，天下不足定也！」充曰：「身爲晉將，國家喪敗，不敢求生。若蒙公恩，速死爲幸。」曜曰：「義士也。」與之劍，令自殺。緯妻辛氏，美色，曜將妻之，辛氏大哭曰：「妾夫已死，義不獨生，且一婦人而事二夫，明公又安用之。」曜曰：「貞女也。」亦聽自殺，皆以禮葬之。

漢主聰立婢樊氏爲后。樊氏故張后侍婢也，聰立爲上皇后，三后之外，佩皇后璽綬者復七人。嬖寵用事，刑賞紊亂。大將軍敷數涕泣切諫，聰怒曰：「汝欲乃公速死邪，何以朝夕生來哭人！」敷憂憤而卒。

漢大蝗。河東平陽大蝗，民流殍者什五六。石勒遣將屯并州，招納流民，歸之者二十萬户。聰遣使讓之，勒不受命。

冬，十一月，漢劉曜陷長安，帝出降，御史中丞吉朗死之。漢封帝爲懷安侯。曜逼長安，安定太守焦嵩、新平太守竺恢引兵來救，皆畏漢兵强，不敢進。相國保遣胡崧入援，擊曜於靈臺，破之。崧恐國威復振，則麴、索勢盛，乃還槐里。曜攻陷長安外城，麴允、索綝退守小城。内外斷絶，城中饑甚，亡逃不可制，唯涼州義衆千人，守死不移。太倉有麴數十餅，允屑之爲粥以進。至是，帝泣謂允曰：「今窮厄如此，外無救援，當忍耻出降，以活士民。」因歎曰：「誤我事者，麴、索二公也！」使侍中宗敞送降牋於曜。綝潛留敞，使其子説曜曰：「若許綝以車騎、儀同萬户郡公者，請以城降。」曜斬而送之，曰：「帝王之師，以義行也。孤將兵十五年，未嘗以詭計敗人，必窮兵極勢，然後取之。今綝所言如此，天下之惡一也，輒相爲戮之。」帝乘羊車，肉袒出降，羣臣號泣攀車，帝亦悲不自勝。御史中丞吉朗歎曰：「吾智不能謀，勇不能死，何忍君臣相隨，北面事賊虜乎！」乃自殺。曜送帝于平陽。漢主聰臨光極殿，帝稽首於前，允伏地慟哭，聰怒，囚之，允自殺。聰以帝爲光禄大夫，封懷安侯。以曜爲太宰，假黄鉞，督陝西，封秦王。贈允車騎將軍，謚節愍侯。斬綝于市。

干寶曰：晉之亡也，樹立失權，託付非才，四維不張而苟且之政多也。夫基廣則難傾，根深則難拔，理節則不亂，膠結則不遷。昔之有天下者所以能長久，用此道也。今晉之興也，其基本固異於先代矣。加以朝寡純德之人，鄉乏不貳之老，風俗淫辟，恥尚失所。學者以莊、老爲宗而黜六經，談者以虚蕩爲辯而賤名檢，行身者以放濁爲通而狹節信，進仕者以苟得爲貴而鄙居正，當官者以望空爲高而笑勤恪。是以劉頌屢言治道，傅咸每糾邪正，皆謂之俗吏；而倚杖虚曠，依阿無心者，名重海内。由是毁譽亂於善惡之實，情慝犇於貨欲之塗，選者爲人擇官，官者爲身擇利，其婦女不知女工，任情而動，逆舅姑，殺妾媵，父兄弗之罪也，天下弗之非也。禮法刑政，於此大壞。「國之將亡，本必先顛。」其此之謂乎！故觀阮籍之行而覺禮教崩弛之所由，察庾純、賈充之爭而見師尹之多僻，考平吴之功而知將帥之不讓，思郭欽之謀而寤戎狄之有釁，覽傅玄、劉毅之言而得百官之邪，核傅咸之奏、錢神之論而覩寵賂之彰。民風國勢，既已如此，雖以中庸之才、守文之主治之，猶懼致亂，況惠帝以放蕩之德臨之哉！懷帝承亂得位，羈以强臣；愍帝犇播之後，徒守虚名。天下之勢既去，非命世之雄才，不能復取之矣。

石勒寇樂平，劉琨救之，大敗。樂平遂陷之。

石勒圍樂平，太守韓據請救於劉琨。琨新得猗盧之衆，欲因其鋭氣以討勒。箕澹諫曰：「此雖晉民，久淪異域，未習明公恩信，恐其難用。不若閉關守險，務農息兵。」琨不從，命澹帥騎二萬爲前驅，琨屯廣牧，爲之聲援。勒據險要，設疑兵於山上，前設二伏，出輕騎與澹戰，陽爲不勝而走。澹縱兵追之，入伏中。勒前後夾擊，大破之。澹犇代郡，據棄城走，并土震駭。

十二月，朔，日食。

劉琨長史以并州叛降石勒，琨犇薊。司空長史李弘以并州降勒，琨進退失據。段匹磾遣信邀之，琨帥衆犇薊。匹磾見琨，甚相親重，與結婚，約爲兄弟。

石勒以李回爲高陽守。勒遣孔萇攻賊帥馮䐗，久而不克。流民數萬户在遼西，迭相招引，民不安業。勒問計於張賓，賓曰：「馮䐗本非公仇，流民亦皆戀本，今班師振旅，選良牧守使招懷之，則幽、冀之寇可不日而清，遼西流民將相帥而至矣。」勒乃召萇歸，以李回爲高陽太守。䐗帥其衆降，流民歸者相繼於道。

丞相睿出師露次，移檄北征。睿聞長安不守，出師露次，躬擐甲胄，移檄四方，刻日北征。以漕運稽期，斬督運令史淳于伯。刑者以刀拭柱，血流上至柱末二丈餘而下，觀者咸以爲寃。司直劉隗上言：「伯罪不至死，請免從事中郎周筵等官。」於是王導等引咎請解職，睿曰：「政刑失中，皆吾闇塞所致。」一無所問。隗性剛訐，當時名士多被彈劾，睿率皆容貸，由是衆怨歸之。南中郎將王含，敦之兄也，以族强位顯，驕傲自恣。隗奏含文致甚苦，事雖被寢，而王氏深忌疾之。

丞相睿以邵續爲冀州刺史，劉遐爲平原内史。遐，續女婿也，聚衆河、濟之間。

丁丑（三一七）

中宗元皇帝睿建武元年。漢麟嘉二年。凉元公張寔稱建興五年。舊大國一，并成小國一，新小國一，凡三僭國。

春，正月，張寔遣司馬韓璞將兵伐漢。黄門郎史淑自長安犇凉州，稱愍帝出降前一日，使淑齎詔賜張寔，拜涼州牧，承制行事。且曰：「朕已詔琅邪王時攝大位，君其協贊，共濟多難。」淑至姑臧，寔大臨三日，辭官不受。初，寔叔父肅爲西海太守，聞長安危逼，請爲先鋒入援。寔以其老，弗許。及是肅悲憤而卒。寔遣司馬韓璞等帥步騎一萬東擊漢，遺相國保書曰：「王室有事，不忘投軀。前遣賈騫瞻公舉動，中被符命，敕騫還軍。會聞朝廷傾覆，爲忠不遂，憤痛之深，死有餘責。今遣璞等，惟公命是從。」璞等卒不能進而還。先是，長安謡曰：「秦川中，血没腕，唯有涼州倚柱觀。」及漢兵覆關中，氐、羌掠隴右，雍、秦民死者什八九，獨涼州安全。

二月，漢寇滎陽，太守李矩擊走之。漢劉暢帥兵三萬攻滎陽，矩未及爲備，乃遣使詐降，暢不復設備。矩欲夜襲之，士卒皆恇懼，乃遣其將郭誦禱於子産祠，使巫揚言曰：「子産有教，當遣神兵相助。」衆皆踴躍爭進，掩擊暢營，暢僅以身免。

三月，丞相睿即晉王位。弘農太守宋哲爲漢所攻，棄郡奔建康，稱受愍帝詔，令丞相睿統攝萬機。睿素服出次，舉哀三日。官屬上尊號，不許。固請不已，睿慨然流涕曰：「孤，罪人也。若見逼不已，當歸琅邪耳！」命駕將歸國。請依魏、晉故事，稱晉王，乃許之。遂即位，改元，置百官，立宗廟，建社稷。有司請立太子，王愛次子宣城公裒，欲立之，謂王導曰：「立子當以德。」導曰：「世子、宣城，俱有朗儁之美，而世子年長。」王從之。立世子紹爲王太子；封裒爲琅邪王，奉恭王後，鎮廣陵。以西陽王羕爲太保，封譙王遜之子承爲譙王。王敦爲大將軍，王導爲揚州刺史、領中書監、録尚書事，刁協爲僕射，周顗爲吏部尚書，賀循爲太常。時承喪亂之後，江東草創，協久官中朝，諳練舊事，循爲世儒宗，明習禮學，凡有疑議，皆取決焉。

劉琨、慕容廆皆遣使勸進。劉琨、段匹磾相與歃血同盟，翼戴晉室。琨檄告華夷，遣右司馬温嶠奉表詣建康勸進。琨謂嶠曰：「晉祚雖衰，天命未改。吾當立功河朔，使卿延譽江南。行矣，勉之。」嶠至建康，王導、周顗、庾亮等皆愛其才，爭與之交。王以慕容廆爲龍驤將軍、大單于、昌黎公，廆不受。處士高翊曰：「霸王之資，非義不濟。今晉室雖微，人心猶附之。宜遣使江東，示有所尊，然後仗大義以征諸部，不患無辭矣。」廆從之，遣長史王濟浮海詣建康勸進。

夏，四月，漢主聰殺其太弟乂。相國粲使其黨謂乂曰：「適奉中詔，云京師將有變，宜衷甲以備。」乂信之，命宫臣皆衷甲。粲遣告靳準、王沈。準白漢主聰曰：「太弟將爲亂，已衷甲矣。」聰於是誅東宫官屬，阬士卒萬五千餘人。廢乂爲北部王，粲尋使準殺之。乂形神秀爽，寬仁有器度，故士心多附之。聰聞其死，哭之慟曰：「吾兄弟止餘二人而不相容，安得使天下知吾心邪？」

五月，日食。

六月，豫、冀、青、寧等州皆上表勸進。豫州牧荀組及冀州刺史邵續、青州曹嶷、寧州王遜等皆上表勸進，王不許。

祖逖取譙城。漢石虎入寇，逖擊走之。初，流民張平、樊雅各聚衆在譙爲塢主。王之爲丞相也，遣行參軍桓宣説而下之。及逖屯蘆洲，使參軍殷乂詣平、雅。乂意輕平，視其屋曰：「可作馬厩。」見大鑊曰：「可鑄鐵器。」平曰：「此乃帝王鑊，天下清平方用之。」乂曰：「卿未能保其頭，而愛鑊邪！」平大怒，於坐斬乂，勒兵固守。逖攻之，歲餘不下。乃誘其部將，使殺之。雅猶據譙城，逖攻之不克，南中郎將王含遣桓宣將兵助逖。逖謂宣曰：「卿信義已著於彼，今復爲我説雅。」宣乃單馬從兩人詣雅曰：「祖豫州方欲平蕩劉、石，倚卿爲援。前殷乂輕薄，非豫州意也。」雅即詣降。逖既入譙城，石勒遣石虎圍譙，含復遣宣救之，虎解去。逖表宣爲譙國内史。晉王傳檄天下，稱：「石虎敢帥犬羊，渡河縱毒，今遣琅邪王裒等，水陸四道，徑造賊場，受逖節度。」尋復召裒還建康，數月而卒。

秋，七月，大旱，蝗。河、汾溢。

漢立子粲爲太子。

劉琨、段匹磾討石勒，未行而罷。匹磾推琨爲大都督，檄其兄遼西公疾陸眷及叔父涉復辰、弟末柸等共討石勒。末柸説眷、辰曰：「以父兄而從子弟，耻也。」各引兵還。琨、匹磾不能獨留，亦還薊。

杜曾攻陷揚口，周訪討破之。鄭攀等相與拒王廙，衆心不壹，攀懼，請降。杜曾亦請擊第五猗以自贖。廙將赴荆州，留長史鎮揚口壘。竟陵内史朱伺謂廙曰：「曾，猾賊也，外示屈服，宜大部分，未可便西。」廙矜厲自用，以伺爲老怯，遂行。曾等果還攻揚口，陷之。乘勝徑造沔口。王使豫章太守周訪擊之。訪有衆八千，進至沌陽，使將軍李恒督左甄，許朝督右甄，自領中軍。曾先攻左、右甄，訪於陣後射雉以安衆心。令其衆曰：「一甄敗，鳴三鼓；兩甄敗，鳴六鼓。」自旦至申，兩甄皆敗。訪選精鋭八百人，自行酒飲之，敕不得妄動，聞鼓音乃進。曾兵未至三十步，訪親鳴鼓，將士皆騰躍奔赴，曾遂大潰。訪夜追之，諸將請待明日，訪曰：「曾驍勇能戰，向者彼勞我逸，故克之；宜及其衰乘之，可滅也。」乃鼓行而進，遂定漢、沔。曾走保武當。廙始得至荆州。訪以功遷梁州刺史，屯襄陽。

冬，十一月，朔，日食。

以劉琨爲太尉。

立太學。征南軍司戴邈上疏，以爲：「世道久喪，禮俗日弊，猶火消膏，莫之覺也。今王業肇建，萬物權輿，謂宜篤道崇儒，以勵風化。」王從之。

十二月，漢主劉聰弑帝於平陽，辛賓死之。漢主聰出畋，以愍帝行車騎將軍，戎服執戟前導。見者指之曰：「此故長安天子也。」故老有泣者。太子粲言於聰曰：「昔周武王豈樂殺紂乎？正恐同惡相求，爲患故也。不如早除之！」聰曰：「前殺庾珉輩，而民心猶如是，吾未忍也，且小觀之。」十二月，聰饗羣臣，使帝行酒洗爵，已而又使執蓋。晉臣涕泣，有失聲者。尚書郎辛賓起，抱帝大哭，聰斬之。洛陽守將趙固、河内太守郭默侵漢河東，揚言曰：「要當生縛劉粲以贖天子。」帝遂遇害，謚曰孝愍。

王命課督農功。王命課督農功，二千石、長吏以入穀多少爲殿最，諸軍各自佃作，即以爲禀。

河南王吐谷渾卒。吐谷渾者，慕容廆之庶兄也，父涉歸，分户以隸之。及廆嗣位，二部馬鬭，廆遣使讓之曰：「分建有別，何不相遠異。」渾怒曰：「馬鬭乃其常，何至怒人！欲遠别甚易，恐後會爲難耳！」遂帥其衆西徙。廆遣長史追謝之。渾遂西傅陰山而居。屬永嘉之亂，因渡隴據洮水之西，極于白蘭，地方數千里。鮮卑謂兄爲阿干，廆追思之，爲之作阿干之歌。渾有子六十人，長子吐延嗣。吐延有勇力，羌、胡畏之。

戊寅(三一八)

太興元年。漢主劉曜光初元年。

春,遼西公段疾陸眷卒。疾陸眷子幼,叔父涉復辰自立。末柸乘虛襲殺之,自稱單于。

三月,王即皇帝位。愍帝凶問至建康,王斬縗居廬。百官請上尊號,不許。紀瞻曰:「晉氏統絶,於今二年,兩都燔蕩,宗廟無主。劉聰竊號於西北,而陛下高讓於東南,此所謂揖讓而救火也。」王猶不許,使殿中將軍韓績徹去御坐,瞻叱績曰:「帝坐上應列星,敢動者斬!」王爲之改容。奉朝請周嵩上疏曰:「古之王者,義全而後取,讓成而後得,是以享世長久。今梓宫未返,舊京未清,宜開延嘉謀,訓卒厲兵,先雪大耻,副四海之心,則神器將安適哉!」由是忤旨,出爲新安太守。嵩,顗之弟也。王遂即皇帝位,百官皆陪列。命王導升御牀共坐,導固辭曰:「若太陽下同萬物,蒼生何由仰照!」乃止。大赦,文武增位二等。帝欲賜諸吏投刺勸進者加位一等,民投刺者皆除吏,凡二十餘萬人。散騎常侍熊遠曰:「陛下應天繼統,率土歸戴,豈獨近者情重,遠者情輕!不若依漢法徧賜天下爵,於恩爲普,且可以息檢覈之煩,塞巧僞之端也。」帝不從。

立王太子紹爲皇太子。紹仁孝,喜文辭,善武藝,好賢禮士,容受規諫,與庾亮、温嶠等爲布衣之交。亮風格峻整,善談老、莊,帝器重之,聘其妹爲紹妃,使亮侍講東宫。帝好刑名家,以韓非書賜太子。亮諫曰:「申、韓刻薄傷化,不足留聖心。」太子納之。

以慕容廆爲龍驤將軍、大單于。廆以游邃爲龍驤長史,劉翔爲主簿,命邃創朝儀。裴嶷曰:

「晉室衰微，介居江表，中原之亂，非明公不能拯也。今諸部雖各擁兵，然皆頑愚相聚，宜以漸并取，爲西討之資。」廆以爲長史，委以軍國之謀，諸部弱小者，稍稍擊取之。

以李矩都督河南軍事。滎陽太守李矩使郭默、郭誦救趙固。誦潛遣其將耿稚等夜襲漢營，漢軍驚潰，死傷大半，太子粲走保陽鄉。稚等據其營，獲器械、軍資不可勝數。漢主聰使太尉范隆帥騎助之，稚等殺其所獲牛馬，焚其軍資，突圍犇虎牢。詔以矩都督河南三郡諸軍事。

漢螽斯則百堂災。燒殺漢主聰子二十一人。

張寔遣使上表。都尉陳安叛相國保，舉兵逼上邽，保遣使告急於張寔，寔遣步騎二萬赴之。軍至新陽，聞愍帝崩，保謀稱尊號。破羌都尉張詵言於寔曰：「南陽忘大耻而亟欲自尊，必不能成功。晉王近親，且有名德，當帥天下以奉之。」寔從之，遣牙門蔡忠奉表詣建康。比至，帝已即位。然寔竟不用江東年號，猶稱建興。

夏，四月，朔，日食。

加王導驃騎大將軍，開府儀同三司。導遣從事行揚州郡國，還見，各言二千石官長得失，獨顧和無言。導問之，和曰：「明公作輔，寧使網漏吞舟，何緣採聽風聞，以察察爲政邪！」導咨嗟稱善。

成丞相范長生卒。長生博學，多藝能，年近百歲，蜀人奉之如神。

漢殺其尚書令王鑒、中書監令崔懿之、曹恂。中常侍王沈養女有美色，漢主聰立以爲左皇后。鑒及中書監崔懿之、中書令曹恂諫曰：「借使沈之弟女，刑餘小醜，猶不可以塵汙椒房，況其家婢邪！」聰大怒，收斬之。鑒等臨刑，沈以杖叩之曰：「庸奴，復能爲惡乎？」鑒瞋目叱之曰：「豎子！滅大漢者，正坐汝鼠輩與靳準耳。」懿之謂準曰：「汝心如梟鏡，必爲國患。汝既食人，人亦當食汝。」

五月，段匹磾殺太尉廣武侯劉琨。初，琨世子羣爲段末柸所得。末柸厚禮之，許以琨爲幽州刺史，欲與之襲匹磾，密遣使齎羣書，請琨爲内應，爲匹磾邏騎所得。時琨别屯征北小城，不知也，來見匹磾。匹磾以書示琨曰：「意亦不疑公，是以白公耳。」琨曰：「與公同盟，庶雪國家之耻，若兒書密達，亦終不以一子之故，負公而忘義也。」匹磾雅重琨，初無害琨意，將聽還屯。其弟叔軍諫之，遂留琨。會代郡太守辟閭嵩潛謀襲匹磾，事泄，匹磾收琨，縊殺之。琨從事盧諶等帥琨餘衆依末柸。朝廷以匹磾尚强，冀其能平河朔，乃不爲琨舉哀。温嶠表琨盡忠帝室，家破身亡，宜在褒恤。後數歲，乃加贈太尉，謚曰愍。於是夷、晉皆不附匹磾。嶠之詣建康也，其母崔氏固止之，嶠絶裾而去。既至，屢求返命，朝廷不許。會琨死，除散騎侍郎。嶠聞母亡，阻亂不得犇喪臨葬，固讓不拜，苦請北歸。詔曰：「今桀逆未梟，諸軍奉迎梓宫猶未得進，嶠可以私難而不從王命邪！」嶠不得已受拜。

青州刺史曹嶷叛降石勒。初，嶷既據青州，乃叛漢來降。又以建康懸遠，復與石勒相結。

六月，以刁協爲尚書令。協性剛悍，與物多忤，與侍中劉隗俱爲帝所寵任。欲矯時弊，每崇上抑下，排沮豪强，故爲王氏所疾，諸刻碎之政，皆云隗、協所建。協又使酒侵毁公卿，見者側目。

秋，七月，代王鬱律擊劉虎，破之。劉虎侵拓拔西部，鬱律擊之，虎走出塞，其部落降于鬱律。於是鬱律西取烏孫故地，東兼勿吉以西，士馬精强，雄於北方。

漢主聰卒，太子粲立。八月，靳準弑而代之，石勒引兵討準。冬，十月，劉曜自立於赤壁，封勒爲趙公。漢主聰寢疾，徵劉曜、石勒，受遺詔輔政，皆固辭。乃以曜爲丞相、領雍州牧，勒爲大將軍、領幽、冀牧，上洛王景、濟南王驥並録尚書事，靳準爲大司空，皆迭決奏事。聰卒，粲即位，改元漢昌。聰后四人，皆年未二十，粲多行無禮。靳準陰有異志，私謂粲曰：「如聞諸公欲行伊、霍之事，宜早圖之。」粲乃收景、冀等殺之。遊宴後宮，軍國之事，一決於準。八月，準遂勒兵升殿，執粲殺之。劉氏男女，無少長皆斬東市。發淵、聰二陵，斬聰屍，焚其廟。自號大將軍、漢天王。謂胡嵩曰：「自古無胡人爲天子者，今以傳國璽付汝，還如晉家。」嵩不敢受，準殺之。遣使告司州刺史李矩曰：「劉淵，屠各小醜，矯稱天命，使二帝幽没。輒率衆扶侍梓宫，請以上聞。」矩馳表聞。詔遣太常韓胤等奉迎梓宫。準欲以王延爲左光禄大夫，延罵曰：「屠各逆奴，何不速殺我，以吾左目置西陽門，觀相國之入也；右目置建春門，觀大將軍之入也。」準殺之。曜聞亂，自長安赴之。勒帥精騎五萬以討準，據襄陵北原。準數挑戰，勒堅壁以挫之。十一月，曜至赤壁，即皇帝位，以勒爲大司馬，加九錫，進爵爲趙公。勒進攻準於平陽，巴及羌、羯降者十餘萬落，勒皆徙於所部。

十一月，日夜出，高三丈。

以王敦爲荆州刺史。

詔州郡秀、孝復試經策。時詔羣公卿士各陳得失。御史中丞熊遠上疏，以爲：「胡賊猾夏，梓宫未返，而不能遣軍進討，一失也。羣官不以讎賊未報爲耻，務在調戲酒食而已，二失也。選官用人，不料實德，惟在白望，不求才幹，惟事請託；當官者以治事爲俗吏，奉法爲苛刻，盡禮爲諂諛，從容爲高妙，放蕩爲達士，驕蹇爲簡雅，三失也。世所惡者，陸沈泥滓；時所善者，翱翔雲霄；是以萬機未整，風俗偽薄。朝廷以從順爲善，相違見貶，安得朝有辨爭之臣，士無禄仕之志乎！古之取士，敷奏以言。今光禄不試，甚違古義。又舉賢不出世族，用法不及權貴，是以才不濟務，姦無所懲。若此道不改，求以救亂，難矣！」先是，帝欲慰悦人心，州郡秀、孝，至者不試，皆署吏。尚書陳頵亦上言：「宜修舊制，試以經策。」從之。仍詔：「不中科者，刺史、太守免官。」於是秀、孝皆不敢行，其有到者，亦託疾，比三年無就試者。帝欲特除孝廉已到者官，尚書郎孔坦以爲：「近郡懼累君父，皆不敢行；遠郡冀於不試，冒昧來赴。若加除署，是爲謹身者失分，僥幸者得官。頹風傷教，恐從此始。不若一切罷歸，而爲之延期，使得就學，則法均而令信矣！」帝從之，聽申至七年乃試。

十二月，漢將軍喬泰討靳準，殺之。靳準使侍中卜泰送乘輿服御，請和於石勒。勒囚泰，送於漢主曜。曜謂泰曰：「先帝末年，實亂大倫。司空行伊、霍之權，使朕及此，其功大矣。若早迎大駕者，當悉以政事相委，況免死乎！」泰還言之，準未從。將軍喬泰等相與殺準，推靳明爲主，遣卜泰奉傳國六璽降漢。石勒大怒，進軍攻明，明出戰，大敗。

琅邪王涣卒。涣，鄭夫人之子，時生二年矣，帝愛之，以其疾篤，故王之。及卒，帝備吉凶儀服，營起園陵，功費甚廣。右常侍孫霄諫曰：「古者凶荒殺禮，況今喪亂，憲章舊制，猶宜節省，而禮典所無，顧崇飾如是乎！竭已罷之民，營無益之事，殫已困之財，脩無用之費，此臣之所不安也。」不從。

彭城内史周撫叛降石勒。詔下邳内史劉遐、泰山太守徐龕討之。

石勒攻拔平陽，靳明犇赤壁，漢主曜族誅之。靳明屢敗，遣使求救於漢。漢主曜使人迎之，明帥平陽士女萬五千人犇漢。曜收靳氏男女，皆斬之。石勒焚平陽宫室，修二陵，收粲已下百餘口葬之，置戍而歸。

校勘記

〔一〕司馬鄴勱作亂　「勱」原作「勵」，據殿本、通鑑卷八六晉紀八晉惠帝光熙元年八月改。

〔二〕時寧州内逼於成外有夷寇　「内逼於成外有夷寇」，殿本作「外逼於成内有夷寇」。通鑑卷八七晉紀九晉懷帝永嘉四年同殿本。

〔三〕將士十餘萬人無一免者　「餘萬」原作「萬餘」，據殿本、晉書卷五九東海王越傳、通鑑卷八七晉紀九晉懷帝永嘉五年夏四月乙正。

〔四〕孝愍皇帝鄴建興元年　「鄴」原作「業」，據月崖本、成化本、殿本、晉書卷五孝愍帝紀、通鑑卷八八晉紀十晉愍帝建興元年改。

資治通鑑綱目卷十九

起己卯晉元帝太興二年，盡丁酉晉成帝咸康三年，凡一十九年。

己卯（三一九）

二年。漢改號趙光初二年，後趙高祖石勒元年。舊大國一，成、涼小國二，新大國一，凡四僭國。

春，二月，劉遐、徐龕擊周撫，斬之。初，掖人蘇峻帥鄉里結壘以自保，遠近多附。曹嶷惡其强，將攻之，峻帥衆浮海來奔。以爲鷹揚將軍，助遐討撫有功，以爲淮陵内史。

石勒獻捷於漢，漢斬其使。勒遣左長史王脩獻捷於漢，漢主曜遣使授勒太宰，進爵趙王，加殊禮，稱警蹕。脩舍人曹平樂留仕漢，言於曜曰：「勒遣脩來，實覘强弱，俟其復命，將襲乘輿。」時漢兵疲弊，曜乃追所遣使，斬脩於市。勒大怒曰：「孤事劉氏，於人臣之職有加矣。彼之基業，皆孤所爲，今既得志，還欲相圖。趙王、趙帝，孤自爲之，何待於彼邪！」

三月，合祭天地於南郊。帝令羣臣議郊祀，刁協等以爲宜須還洛。司徒荀組等曰：「漢獻帝都許，即行郊祀，何必洛邑！」從之。立郊丘於建康城之巳地，親祀之。以未有北郊，并地祇合祭之。

尊琅邪恭王爲皇考，既而罷之。詔：「琅邪恭王宜稱皇考。」賀循曰：「禮，子不敢以己爵加於父。」乃止。

夏，四月，將軍陳川以浚儀叛降石勒。初，蓬陂塢主陳川自稱陳留太守。祖逖之攻樊雅也，川遣其將李頭助之。頭力戰有功，逖厚遇之。頭每嘆曰：「得此人爲主，吾死無恨。」川聞而殺之。大掠豫州諸郡，逖遣兵擊破之。川遂叛降石勒。

徐龕以泰山叛降石勒。周撫之敗走也，龕部將追斬之。及朝廷論功，而劉遐先之。龕怒，以郡降石勒。

漢徙都長安，立妃羊氏爲后，子熙爲太子。羊氏，即惠帝后也。曜嘗問之曰：「吾何如司馬家兒？」羊氏曰：「陛下，開基之聖主，彼亡國之暗夫；何可並言！彼貴爲帝王，有一婦、一子及身三耳，曾不能庇。妾於爾時，實不欲生，意謂世間男子皆然。自奉巾櫛已來，始知天下自有丈夫耳。」曜甚寵之，頗預國事。

南陽王保自稱晉王。保既稱王，改元建康，置百官。陳安叛降于成。上邽大饑，又爲安所逼，張寔遣韓璞救之，安乃退。

江東大饑，詔百官言事。益州刺史應詹上疏曰：「元康以來，賤經尚道，以玄虛宏放爲夷達，以儒術清儉爲鄙俗，宜崇奬儒官，以新俗化。」

祖逖討陳川，石勒遣兵救之。逖退屯淮南，勒兵守蓬關。逖攻陳川于蓬關，石勒遣石虎、桃豹救之。逖兵敗退，屯淮南。虎徙川部衆于襄國，留豹守川故城。

石勒寇幽州，陷之。段匹磾犇樂陵。

梁州刺史周訪擊杜曾，斬之。初，王敦患曾難制，謂周訪曰：「若擒曾，當相論爲荆州。」至是，訪破斬曾，而敦不用。王廙在荆州，多殺陶侃將佐，士民怨怒。帝徵爲散騎常侍，而以訪代之。敦忌訪威名，難之。從事郭舒説敦曰：「荆州雖荒弊，乃用武之國，不可以假人，宜自領之。」訪爲梁州足矣。」敦從之。乃加訪安南將軍，餘如故。訪大怒，敦手書譬解，并玉環玉椀遺之。訪抵之於地，曰：「吾豈賈豎，可以寶悦邪！」訪在襄陽，務農訓兵，陰有圖敦之志，守宰有缺輒補，然後言上，敦不能制。

漢改號趙。漢主曜立宗廟、社稷、南北郊於長安，改國號爲趙，以冒頓配天，光文配上帝。

徐龕寇濟、岱，以羊鑒爲都督討之。徐龕寇掠濟、岱，王導以太子左衛率羊鑒，龕之州里冠族，必能制之。鑒深辭，才非將帥；郗鑒亦表鑒不可使，導不從。以鑒爲征討都督，督徐州刺史蔡豹及劉遐、鮮卑段文鴦等討之。

冬，十一月，石勒稱趙王。勒即趙王位，稱元年，是爲後趙。以將軍支雄等主胡人辭訟，禁胡人不得陵侮華族，號胡爲國人。遣使循行州郡，勸課農桑。朝會始用天子禮樂，加張賓大執法，專總朝政；以石虎爲驃騎將軍，督諸軍，賜爵中山公。賓任遇優顯，羣臣莫及，而謙虚敬慎，開懷下士，屏絶阿私，以身帥物，入則盡規，出則歸美。勒甚重之，每朝，常爲之正容貌，簡辭令，呼曰右侯而不敢名。

十二月，宇文氏攻慕容廆，廆大敗之，遂取遼東，遣長史裴嶷來獻捷。平州刺史崔毖以士民多歸慕容廆，心不平。陰説高句麗、段氏、宇文氏，使共攻之。毖所親高瞻力諫，不從。三國合兵伐廆，諸將請擊之，廆曰：「彼爲毖所誘，欲邀一切之利。軍勢初合，其鋒甚鋭，不可與戰，當固守以挫之。彼烏合而來，莫相歸服，久必攜貳，然後擊之，破之必矣。」三國進攻棘城，廆閉門自守，獨以牛酒犒宇文氏，二國疑宇文與廆有謀，各引兵歸。宇文士卒數十萬，連營四十里。其大人悉獨官曰：「二國雖歸，吾當獨取之。」廆使召其子翰於徒河。翰曰：「彼衆我寡，難以力勝。請爲奇兵於外，伺其間而擊之，若并兵爲一，彼得專意攻城，非策之得也。」廆從之。悉獨官聞之，曰：「翰不入城，或能爲患，當先取之。」分遣數千騎襲翰。翰爲段氏使者，逆於道而設伏以待，奮擊獲之，乘勝徑進，遣間使語廆出兵大戰。前鋒始交，翰將千騎從旁直入其營，縱火焚之，衆遂大敗，悉獨官僅以身免。廆俘其衆，獲皇帝玉璽三紐。毖聞之，懼，奔高句麗。廆以其子仁鎮遼東，官府市里，按堵如故。以高瞻爲將軍，瞻稱疾不就，廆數臨候之，撫其心曰：「君之疾在此，不在他也。今晉室喪亂，孤欲與諸君共清世難，翼戴帝室。奈何以華夷之異，介然疏之哉！夫立功立事，惟問志略如何耳。」瞻猶不起，廆頗不平。瞻以憂卒。廆使裴嶷奉表并所得璽，詣建康獻之。

蒲洪降趙。

庚辰（三二〇）

三年。趙光初三年，後趙二年。

春，二月，後趙寇冀州，執刺史邵續。詔以其子緝代之。段末柸攻段匹磾，破之。匹磾謂冀州刺史邵續曰：「吾本夷狄，以慕義破家。君不忘久要，請相與共擊末柸。」續遂相與追擊，大破之。匹磾遂與弟文鴦進攻薊。後趙王勒知續勢孤，遣虎將兵攻之。續自出擊虎，虎伏騎斷其後，遂執續，使降其城。續呼兄子竺等謂曰：「吾志欲報國，不幸至此。汝等努力奉匹磾爲主，勿有貳心。」匹磾還，與續子緝等固守。虎送續於襄國，勒以爲忠，釋而禮之。因下令：「自今克敵，獲士人，必生致之。」吏部郎劉胤聞續被攻，言於帝曰：「北方藩鎮，惟餘邵續。如使爲虎所滅，孤義士之心，宜發兵救之。」帝不能從。聞續已没，乃詔以續位任授緝。

趙將尹安等降。安及宋始等四軍屯洛陽，降於司州刺史李矩。矩使潁川太守郭默將兵入洛。後趙石生虜宋始一軍，北渡河。於是河南之民，皆相帥歸矩，洛陽遂空。

三月，以慕容廆爲平州刺史。裴嶷至建康，盛稱廆之威德，賢儁皆爲之用，朝廷始重之。帝欲留嶷，嶷曰：「臣少蒙國恩，出入省闥，若得復奉輦轂，臣之至榮。但以舊京淪没，山陵穿毁，名臣宿將，莫能雪耻，獨龍驤竭忠王室，故使臣萬里歸誠。今臣不返，必謂朝廷以其僻陋而棄之，孤其嚮義之心，使懈於討賊，此臣之所甚惜也。」帝然之。遣使隨嶷拜廆爲安北將軍、平州刺史。

夏，五月，上邽諸將殺晉王保。保故將陳安降趙。保體重八百斤，喜睡，好讀書，而暗弱無斷，故及於難。

羊鑒有罪除名。以徐州刺史蔡豹代之。鑒討徐龕，頓兵下邳，不敢前。蔡豹敗龕於檀丘，龕求救於後趙。勒遣其將王伏都救之。伏都淫暴，龕疑其襲己，斬之。復來請降，不受。敕鑒進討。鑒猶疑憚不進，刁協劾鑒，免死除名，以豹代領其兵。王導以失舉，乞自貶，不許。

凉州殺其刺史張寔，寔弟茂立。京兆人劉弘客居凉州天梯山，以妖術惑衆，張寔左右皆事之。弘自言：「天與神璽，應王凉州。」於是帳下閻涉等謀殺寔而奉之。寔弟茂知其謀，告之。寔遣收弘，未至，涉等遂殺寔。寔所遣兵執弘轘之，誅其黨與數百人。左司馬陰元等以寔子駿尚幼，推茂爲刺史。茂以駿爲世子。

氐、羌、巴、羯叛趙，趙討平之。趙將解虎、尹車謀反，與巴酋句徐、厙彭等相結，事覺，虎、車伏誅。趙主曜囚徐、彭等五十餘人，將殺之。光禄大夫游子遠諫曰：「聖王用刑，惟誅元惡，不宜多殺。」曜怒，囚之，殺徐、彭等。於是巴衆盡反，四山氐、羌、巴、羯應之者三十餘萬，關中大亂，城門晝閉。子遠又從獄中上表諫爭，曜手毁其表，叱左右速殺之。呼延晏等諫曰：「子遠幽囚，不忘諫爭，忠之至也。奈何殺之！子遠朝誅，臣等亦當夕死，以彰陛下之過。天下將捨陛下而去，陛下誰與居乎！」曜乃止。又欲自將討之，子遠又諫曰：「彼非有大志，欲圖非望也，直畏威刑，欲逃死耳。莫若大赦，與之更始；其没入者皆縱遣之，使相招引，聽其復業。彼得生路，何爲不降！若其中自知罪重，屯結不散者，願假臣弱兵五千，必爲陛下梟之。」曜大悦，即日大赦，以子遠爲車騎大將軍，出屯安定，反者皆降。惟句氏宗黨保于陰密，進攻滅之。徙氐、羌二十餘萬于長安。曜以子遠爲大司徒、録尚書事。

趙立太學。趙立太學，選民之可教者千五百人，擇儒臣以教之。

趙以喬豫、和苞爲諫議大夫。趙主曜作酆明觀及西宮陵霄臺，又營壽陵。侍中喬豫、和苞諫曰：「前營鄴明，市道細民咸曰：『以一觀之功，足以平涼州矣。』今又欲擬阿房而建西宮，法瓊臺而起陵霄，其爲勞費，億萬鄴明。若以給軍，則可以兼吴、蜀而一齊、魏矣。又營壽陵，周圍四里，銅椁金飾，其深三十五丈，殆非國内之所能辦也。自古無不亡之國、不掘之墓，故聖人之儉葬，乃深遠之慮也。」曜下詔曰：「二侍中懇懇有古人之風，可謂社稷之臣矣。其悉罷諸役，壽陵制度，一遵霸陵之法。」以豫、苞領諫議大夫。又省鄷水囿以與貧民。

秋，七月，後趙兵退走，祖逖進屯雍丘。詔加號鎮西將軍。祖逖將韓潛與後趙將桃豹分據陳川故城，相守四旬。逖以布囊盛土，使千餘人運以饋潛；又使數人擔米息於道，豹兵逐之，即棄而走。豹兵久飢，以爲逖士衆豐飽，大懼。後趙運糧饋豹，逖又使潛邀擊，獲之。豹宵遁，逖使潛進屯封丘以逼之。逖鎮雍丘，後趙鎮戍歸逖者甚多。先是，李矩、郭默等互相攻擊，逖馳使和解，示以禍福，遂皆受逖節度。詔加逖鎮西將軍。逖與將士同甘苦，約己務施，勸課農桑，撫納新附，雖疏賤者皆結以恩禮。河上諸塢，先有任子在後趙者，皆聽兩屬。時遣游軍僞抄之，明其未附。塢主皆感恩，後趙有異謀，輒密以告，由是多所克獲，自河以南，多叛後趙歸晉。逖練兵積穀，爲取河北之計。後趙王勒患之，乃下幽州爲逖修祖、父墓，置守冢三家〔一〕，因與逖書，求通使及互市。逖不報書，而聽其互市，收利十倍。逖牙門童建降于後趙，勒復斬送其首，曰：「叛臣逃吏，吾之深仇，將軍之惡，猶吾惡也。」自是後趙人叛歸者，逖皆不納，禁諸將不使侵暴後趙之民，邊境之間，稍得休息。

八月，梁州刺史周訪卒，詔以甘卓代之。訪善於撫納士，衆皆爲致死。知王敦有不臣之心，私常切齒，敦由是終訪之世，未敢爲逆。及卒，敦遣郭舒監其軍，帝以甘卓鎮襄陽，徵舒爲右丞，敦留不遣。

蔡豹與徐龕戰敗，伏誅，龕遂降後趙。

後趙定九品，舉六科。後趙王勒用法嚴峻，使張賓領選，定九品。命公卿及州郡歲舉秀才、至孝、廉清、賢良、直言、武勇之士各一人。

十二月，以譙王承爲湘州刺史。帝之始鎮江東也，王敦與從弟導同心翼戴，帝亦推心任之，敦總征討，導專機政，羣從子弟布列顯要，時人爲之語曰：「王與馬，共天下。」後敦恃功驕恣，帝畏而惡之，乃引劉隗、刁協等以爲腹心，稍抑損王氏權，導亦漸見疏外。中書郎孔愉陳導忠賢，有佐命之勳，宜加委任。帝出愉爲長史。導能任真推分，澹如也；而敦益懷不平。其參軍沈充、錢鳳皆巧諂凶狡，知敦有異志，陰爲畫策，敦寵信之。敦上疏爲導訟屈，辭語怨望。左將軍譙王承忠厚有志行，帝親信之。夜召承，以敦疏示之。隗亦爲帝謀，出心腹以鎮方面。會敦表充爲湘州刺史，帝謂承曰：「敦姦逆已著，朕爲惠皇，其勢不遠。湘州據上流，控三州之會，欲以叔父居之，何如？」承曰：「臣奉承詔命，惟力是視，何敢有辭！然湘州經蜀寇之餘，民物彫弊，若及三年，乃可即戎。苟未及此，雖灰身，無益也。」詔以承爲湘州刺史。行至武昌，敦與之宴，謂承曰：「大王雅素佳士，恐非將帥才也。」承曰：「公未見知耳，鉛刀豈無一割之用！」敦謂錢鳳曰：「彼不知懼而學壯語，無能爲也。」乃聽之鎮。時湘土困弊，承躬自儉約，傾心綏撫，甚有能名。

辛巳（三二一）

四年。趙光初四年，後趙三年。

春，正月，徐龕復降。

三月，日中有黑子。著作佐郎郭璞上疏，以爲：「陰陽錯繆，皆繁刑所致。赦不欲數，然子産知鑄刑書非政之善，不得不作者，須以救弊故也。今之宜赦，理亦如之。」

後趙陷幽、冀、并州，撫軍將軍、幽州刺史段匹磾死之。後趙使石虎攻匹磾於厭次，孔萇攻其統内諸城，悉拔之。文鴦出戰，力盡被執，罵賊不已。匹磾欲單騎歸朝，邵續之弟洎勒兵不聽，復欲執臺使送虎。匹磾正色責之曰：「卿不能遵兄之志，逼吾不得歸朝，亦已甚矣。復欲執天子使者，我雖夷狄，所未聞也！」洎與緝、竺等出降。匹磾見虎曰：「我受晉恩，志在滅汝，不幸至此，不能爲汝敬也。」虎素與匹磾結爲兄弟，即起拜之。於是幽、冀、并三州皆入於後趙。匹磾不爲勒禮，常著朝服，持晉節。久之，與文鴦、邵續皆見殺。

夏，五月，免揚州僮客，以備征役。詔免中州良民遭難爲揚州諸郡僮客者，以備征役。刁協之謀也，由是衆益怨之。

終南山崩。

秋，七月，以戴淵都督司、豫，劉隗都督青、冀諸軍事；王導爲司空，録尚書事。以淵爲征西將軍，督六州，鎮合肥。隗爲鎮北將軍，督四州，鎮淮陰。皆假節領兵，名爲討胡，實備王敦也。隗雖在外，而朝廷機事，進退士大夫，帝皆與之密謀。敦遺隗書言，欲與之戮力王室，共静海内。隗答曰：

『魚相忘於江湖，人相忘於道術。』『竭股肱之力，效之忠貞』，吾之志也。」敦怒。帝以敦故，以導爲司空，録尚書事，而實疏忌之。御史中丞周嵩上疏，以爲：「不宜聽孤臣之言，放逐舊德，虧既往之恩，招將來之患。」帝頗感寤，導由是得全。

八月，常山崩。

九月，豫州刺史祖逖卒，以其弟約代之。逖以戴淵吴士，雖有才望，無弘致遠識；且已翦荆棘，收河南地，而淵雍容，一旦來統之，意甚怏怏。又聞王敦與劉、刁構隙，將有内難，知大功不遂，感激發病，卒於雍丘。豫州士女若喪父母，譙、梁間皆爲立祠。敦由是益無所憚。約無綏御之才，不爲士卒所附。范陽李産避亂依逖，至是見約志趣異常，乃帥子弟十餘人間行歸鄉里。

後趙以李陽爲都尉。後趙王勒悉召武鄉耆舊，詣襄國歡飲。勒微時與李陽鄰居，數爭漚麻池相毆，陽由是獨不敢來。勒曰：「孤方兼容天下，豈讎匹夫乎！」遽召與飲，引陽臂曰：「孤往日厭卿老拳，卿亦飽孤毒手。」因拜都尉。以武鄉比豐、沛，復三世。

後趙禁釀酒。勒以民始復業，資儲未豐，於是重禁釀，郊祀宗廟，皆用醴酒，行之數年，無復釀者。

以慕容廆爲車騎將軍、平州牧、遼東公。詔聽廆承制除官。廆於是備置僚屬，立子皝爲世子。作東横，使皝與諸生同受業，廆得暇，亦親臨聽之。皝雄毅多權略，喜經術，國人稱之。廆徙翰鎮遼東，仁鎮平郭。翰撫安民夷，甚有威惠。

代弒其君鬱律，子賀傉立。拓跋猗㐌妻惟氏忌代王鬱律之强，恐不利其子，乃殺鬱律而立子賀僔。鬱律之子什翼犍幼在繦褓，其母王氏匿於袴中，祝之曰：「天苟存汝，則勿啼。」久之，不啼，乃得免。

壬午(三二二)

永昌元年。趙光初五年，後趙四年。

春，正月，王敦舉兵反，譙王丞、甘卓移檄討之。敦分兵寇長沙。初，敦既與朝廷乖離，乃羅録朝士有時望者置己幕府。以羊曼、謝鯤爲長史。鯤終日酣醉，故不委以事。敦將作亂，謂曰：「劉隗姦邪，將危社稷，吾欲除君側之惡，何如？」鯤曰：「隗誠始禍，然城狐社鼠。」敦怒曰：「君庸才，豈達大體！」至是舉兵武昌，上疏稱：「劉隗佞邪讒賊，威福自由。臣輒進軍致討，隗首朝懸，諸軍夕退。昔太甲顛覆厥度，幸納伊尹之忠，殷道復昌。願陛下深垂三思，則四海乂安，社稷永固矣。」沈充亦起兵於吳興以應敦。敦至蕪湖，又上表罪狀刁協。帝大怒，詔曰：「王敦憑恃寵靈，敢肆狂逆，方朕太甲，欲見幽囚。是可忍也，孰不可忍！今親帥六軍以誅大逆，有殺敦者，封五千户侯。」太子中庶子温嶠謂僕射周顗曰：「大將軍此舉似有所在，當無濫邪？」顗曰：「人主自非堯、舜，何能無失，安可舉兵以脇之！舉動如此，豈得云非亂乎！」敦初起兵，遣使告梁州刺史甘卓，約與俱下，卓許之。後更狐疑不赴。或説卓：「且僞許敦，待至都而討之。」卓曰：「昔陳敏之亂，吾先從而後圖之，論者謂吾懼逼而思變，心常愧之。今若復爾，何以自明！」敦遣參軍桓羆説譙王丞，請爲己軍司。丞歎曰：「吾其死矣！地荒民寡，勢孤援絶，將何以濟！然得死忠義，夫復何求！」丞檄長沙虞悝爲長史。會悝遭母喪，丞往弔之，曰：「王室方危，金革之事，古人所不辭，將何以教之？」悝曰：「鄙州荒弊，難以進討。宜且收衆固守，傳檄四方，敦勢必分，分而圖之，庶幾可捷也。」丞乃囚羆，以悝爲長史，弟望爲司馬，移檄遠近，列敦罪惡，州内皆應之。惟敦姊夫鄭澹爲湘東太守，不從命。丞使望討斬之，以徇四境。又遣主簿鄧騫説甘卓曰：「劉大連雖驕蹇失衆心，非有害於天下。大將軍以私憾稱兵向闕，此忠臣義士竭節之時也。公受任方伯，奉辭伐罪，乃桓文之功也。」卓參軍李梁曰：「昔隗囂跋扈，竇融保河西以奉光武，卒受其福。今但當按兵坐待敦事，若捷，必委將軍以方面，不捷，朝廷必以將軍代之，何憂不富貴。而釋此廟勝，決存亡於一戰耶？」騫曰：「光武當創業之初，故隗、竇可以從容顧望。今將軍之於本朝，非竇融之比也。襄陽之於大府，非河西之固也。使敦克劉隗，還武昌，增石城之戍，絶荆、湘之粟，將軍欲安歸乎？勢在人手，而曰我處廟勝，未之聞也。且爲人臣，國家有難，坐視不救，於義安乎！以將軍之威名，杖節鳴鼓，以順討逆，舉武昌，若摧枯拉朽耳。武昌既定，據其軍實，招懷士卒，使還者如歸，此吕蒙所以克關羽也。」敦恐卓於後爲變，又遣參軍樂道融往邀之。道融忿其悖逆，反説卓曰：「王敦背恩肆逆，舉兵向闕。君受國厚恩，而與之同，生爲逆臣，死爲愚鬼，不亦惜乎！爲君之計，莫若僞許應命，而馳襲武昌，必不戰而自潰矣。」卓意始決，遂露檄數敦逆狀，帥所統致討。遣參軍至廣州，約陶侃。侃遣參軍高寶帥兵北下。武昌城中傳卓軍至，人皆奔散。敦遣魏乂帥兵攻長沙。長沙城池不完，資儲又闕，人情震恐。或説丞南投陶侃，或退據零、桂。丞曰：「吾之志欲死忠義，豈可貪生苟免，爲奔敗之將乎！事之不濟，令百姓知吾心耳！」乃嬰城固守。虞望戰死，甘卓亦遺丞書勸之，且云：「當以兵出沔口，斷敦歸路，則湘圍自解矣。」丞復書曰：「足下能卷甲電赴，猶有所及；若其狐疑，則求我於枯魚之肆矣。」卓不能從。

封子昱爲琅邪王。

趙封楊難敵爲武都王。趙主曜自擊楊難敵，難敵逆戰不勝，退保仇池，遣使稱藩，趙以爲武都王。

陳安叛趙。趙秦州刺史陳安求朝於曜，曜辭以疾。安怒，大掠而歸。隴上氐、羌皆附之，有衆十餘萬，自稱涼王，獲趙將呼延寔及魯憑，將用之，二人不屈，皆殺之。

三月，敦據石頭，殺驃騎將軍戴淵、尚書僕射周顗，甘卓還襄陽。夏，四月，敦還武昌。帝徵戴淵、劉隗入衛。百官迎于道，隗岸幘大言，意氣自若。與刁協勸帝盡誅王氏，帝不許。王導帥宗族，每旦詣臺待罪。周顗將入，導呼之曰：「伯仁，以百口累卿。」顗直入不顧。既見帝，言導忠誠，申救甚至。帝納其言。顗喜飲酒，至醉而出，導又呼之，顗不與言，顧左右曰：「今年殺諸賊奴，取金印如斗大，繫肘後。」既出，又上表明導無罪，言甚切。導不知，恨之。帝命還導朝服，召見之。導稽首曰：「逆臣賊子，何代無之，不意今者近出臣族！」帝跣而執其手曰：「茂弘，方寄卿以百里之命，是何言邪！」以爲前鋒大都督。詔曰：「導以大義滅親，可以吾爲安東時節假之。」將軍周札素矜險好利，帝使隗軍金城，札守石頭。敦至石頭，欲攻隗。杜弘曰：「隗死士多，未易可克。周札少恩，兵不爲用，攻之必敗，札敗則隗走矣。」敦從之，以弘爲前鋒，札果開門納弘。敦據石頭，歎曰：「吾不復得爲盛德事矣！」謝鯤曰：「何爲其然也！但使自今已往，日忘日去耳！」帝命協、隗、淵、導、顗等分道出戰，皆大敗。太子紹欲自帥將士決戰，温嶠執鞚諫曰：「殿下國之儲副，奈何以身輕天下！」抽劍斬鞅，乃止。敦擁兵不朝，放士卒劫掠，宮省奔散，惟將軍劉超按兵直衛，及侍中二人侍帝側。帝遣使謂敦曰：「公若不忘本朝，於此息兵，則天下尚可共安；如其不然，朕當歸琅邪以避賢路。」協、隗敗還，帝流涕執其手，勸令避禍。給人馬，使自爲計。協素無恩紀，募從者，皆委之，爲人所殺。隗奔後趙，官至太子太傅而卒。帝令百官詣石頭見敦，敦謂淵曰：「前日之戰，有餘力乎？」淵曰：「豈敢有餘，但力不足耳。」敦曰：「吾今此舉，天下以爲何如？」淵曰：「見形者謂之逆，體誠者謂之忠。」敦笑曰：「卿可謂能言。」又謂周顗曰：「伯仁，卿負我。」顗曰：「公戎車犯順，下官親帥六軍，不能其事，使王旅奔敗，以此負公。」敦以太子有勇略，爲朝野所嚮，欲誣以不孝而廢之。大會百官，問温嶠曰：「皇太子以何德稱？」聲色俱厲。嶠曰：「鉤深致遠，蓋非淺局所量；以禮觀之，可謂孝矣。」衆皆以爲信然，敦謀遂沮。帝召周顗，謂曰：「近日大事，二宮無恙，諸人平安，大將軍固副所望邪？」顗曰：「二宮自如明詔，臣等尚未可知。」或勸顗避敦，顗曰：「吾備位大臣，朝廷喪敗，寧可草間求活，外投胡、越邪！」敦參軍呂猗素以姦諂爲淵所惡，說敦曰：「周、戴皆有高名，足以惑衆。近者之言，曾無怍色，公不除之，恐必有再舉之憂。」敦然之，以問導曰：「周、戴，南北之望，當登三司無疑也。」導不答。又曰：「止應令僕邪？」又不答。敦曰：「若不爾，正當誅爾！」又不答。敦遂遣部將收之。顗被收，路經太廟，大言曰：「賊臣王敦，傾覆社稷，枉殺忠臣，神祇有靈，當速殺之！」收人以戟傷其口，流血至踵，容止自若，觀者皆爲流涕。并淵殺之。帝使敦弟彬勞敦。彬素與顗善，先往哭之，然後見敦。敦怪其容慘，問之。彬曰：「向哭伯仁，情不能已。」敦怒曰：「伯仁自致刑戮，且凡人遇汝，汝何哀而哭之？」彬勃然數之曰：「兄抗旌犯順，殺戮忠良，圖爲不軌，禍及門户矣！」辭氣慷慨，聲淚俱下。敦大怒，曰：「爾以吾爲不能殺汝邪！」導勸彬起謝，彬曰：「脚痛不能拜，且此復何謝！」敦曰：「脚痛孰若頸痛？」彬殊無懼容。導後料檢中書故事，乃見顗表，執之流涕曰：「吾雖不殺伯仁，伯仁由我而死。幽冥之中，負此良友。」初，敦聞甘卓起兵，大懼。卓兄子卬爲敦參軍，敦遣卬歸説卓，使旋軍。卓雖慕忠義，性多疑少決，聞周、戴死，流涕謂卬曰：「吾之所憂，正爲今日。若徑據武昌，敦勢逼，必劫天子，以絶四海之望。不如更思後圖。吾據敦上流，敦亦未敢圖危社稷也。」即命旋軍。樂道融曰：「今分兵斷彭澤，使敦上下不得相赴，其衆自然離散，可一戰擒也。將軍起義兵而中止，竊爲將軍不取也。」卓不從。道融憂憤而卒。卓本寬和，忽更强塞，徑還襄陽，意氣騷擾，識者知其將死矣。敦改易百官及諸軍鎮，惟意所欲。將還武昌，謝鯤曰：「公若朝天子，使君臣釋然，則物情皆悦服矣。」敦竟不朝而去。四月，還武昌。

敦兵陷長沙，湘州刺史譙王丞死之。魏乂等攻湘州百日，拔之，執譙王丞，殺虞悝，子弟對之號泣。悝曰：「人生會當有死，今闔門爲忠義之鬼，亦復何恨！」乂以檻車載丞送武昌，主簿桓雄、書佐韓階、從事武延毀服爲僮從丞，不離左右。乂見雄姿貌舉止非凡人，憚而殺之。王廙承敦旨，殺丞於道。階、延送丞喪至都，葬之而去。

五月，敦殺甘卓。卓家人皆勸卓備敦，卓不從，悉散兵佃作。襄陽太守周慮承敦意，襲殺之，傳首於敦。敦以從事周撫代卓鎮沔中。敦既得志，暴慢滋甚，四方貢獻多入其府，將帥岳牧皆出其門。以沈充、錢鳳爲謀主，二人所譖，無不死者。

秋，七月，後趙拔泰山，殺徐龕。

兗州刺史郗鑒退屯合肥。鑒在鄒山三年，有衆數萬。戰爭不息，百姓饑饉，爲後趙所逼，退屯合肥。僕射紀瞻以鑒雅望清德，宜從容臺閣，疏請徵之。乃徵拜尚書。徐、兗間諸塢多降於後趙，趙置守宰以撫之。

冬，十月，後趙寇譙，祖約退屯壽春。祖逖既卒，後趙屢寇河南，拔襄城、城父，圍譙。祖約不能禦，退屯壽春。後趙遂取陳留，梁、鄭之間復騷然矣。

閏十一月，帝崩，司空導受遺詔輔政，太子紹即位。帝恭儉有餘而明斷不足，故大業未復而禍亂内興，竟以憂憤成疾而崩。太子即位，尊所生母荀氏爲建安君。

後趙右長史張賓卒。賓卒，後趙王勒哭之慟，曰：「天不欲成吾事邪，何奪吾右侯之早也！」程遐代爲右長史，勒每與遐議，有不合，輒歎曰：「右侯捨我去，豈非酷乎！」因流涕彌日。

張茂取隴西、南安，置秦州。

癸未(三二三)

肅宗明皇帝太寧元年趙光初六年，後趙五年。

春，正月，成寇臺登，陷越巂、漢嘉郡。

二月，葬建平陵。

三月，後趙寇彭城、下邳，徐州刺史卞敦退保盱眙[二]。

夏，四月，敦移屯姑孰，自領揚州牧，以王導爲司徒。

敦謀篡位，諷朝廷徵己；帝手詔徵之。敦移鎮姑孰，屯于湖，以導爲司徒，自領揚州牧。敦欲爲逆，王彬諫之甚苦。敦變色，目左右，將收之。彬正色曰：「君昔歲殺兄，今又殺弟邪！」敦乃止。

寧州刺史王遜卒。

成李驤攻寧州，刺史王遜遣將軍姚嶽拒戰，大敗之，追至瀘水而還。遜以嶽不窮追，大怒，鞭之。怒甚，冠裂而卒。在州十四年，威行殊俗。詔除其子堅爲刺史。

六月，立皇后庾氏，以庾亮爲中書監。

秋，七月，趙擊陳安，斬之，封姚弋仲爲平襄公。

趙主曜圍安於隴城，安頻出戰，輒敗，突圍出奔，曜遣將軍平先追斬之。安善撫將士，與同甘苦，及死，隴上人思之，爲作壯士之歌。氐、羌皆送任請降，以赤亭羌酋姚弋仲爲平西將軍，封平襄公。

八月，敦表江西都督郗鑒爲尚書令。

帝畏王敦之逼，以鑒爲外援，使鎮合肥。敦忌之，表鑒爲尚書令。鑒還，過敦，敦與論西朝人士，曰：「樂彥輔，短才耳，考其實，豈勝滿武秋耶！」鑒曰：「彥輔道韻平淡，愍懷之廢，柔而能正；武秋失節之士，安能擬之。」敦曰：「當是時，危機交急。」鑒曰：「丈夫當死生以之。」敦惡其言，不復見。敦黨皆勸殺之，不從。鑒還臺，遂與帝謀討敦。

後趙寇青州，陷之。

石虎帥步騎四萬擊青州，郡縣多降，遂圍廣固。曹嶷出降，殺之，坑其衆三萬。虎欲盡殺嶷衆，刺史劉徵曰：「今留徵，使牧民也。無民焉牧，徵將歸耳！」虎乃留男女七百口配徵，使鎮廣固。

趙擊涼州，張茂降，趙封茂爲涼王。趙主曜自隴上西擊涼州，戎卒二十八萬，涼州大震。參軍馬岌勸張茂親出拒戰，長史氾禕請斬之。岌曰：「氾公糟粕書生，不思大計，明公父子欲爲朝廷誅曜有年矣，今曜自至，遠近觀公此舉，當立信勇之驗以副秦、隴之望，力雖不敵，勢不可以不出。」茂曰：「善。」乃出屯石頭。問計於參軍陳珍，珍曰：「曜兵雖多，皆氐、羌烏合之衆，恩信未洽，且有山東之虞〔三〕，安能曠日持久，與我爭河西邪！若二旬不退，珍請得弊卒數千，爲明公擒之。」趙諸將爭欲濟河，曜曰：「吾軍疲困，其實難用。今但按甲勿動，以威聲震之，若出中旬茂表不至者，吾爲負卿矣。」茂尋遣使稱藩。曜拜茂太師，封涼王，加九錫。

楊難敵降成，復叛，殺成將李琀、李稚。難敵聞陳安死，大懼，請降於成。成將軍李稚受其賂，遣還武都，難敵遂據險不服。稚自悔失計，亟請討之。成主雄遣稚兄琀擊之，長驅至下辨，難敵遣兵斷其歸路，四面攻之。琀、稚深入無繼，皆爲所殺。

趙封故世子胤爲永安王。初，趙主曜世子胤年十歲，長七尺五寸。既長，多力善射，驍捷如風。靳準之亂，没於黑匿郁鞠部。陳安既敗，自言於郁鞠，郁鞠禮而歸之。曜悲喜，謂羣臣曰：「義孫，故世子也，材器過人，且涉歷艱難。吾欲法周文王、漢光武，以固社稷而安義光，何如？」左光禄大夫卜泰進曰：「文王定嗣於未立之前，則可；光武以母失恩而廢其子，豈足爲法！䣕以東海爲嗣，未必不如明帝也。胤文武才略，誠高絶於世；然太子孝友仁慈，亦足爲承平賢主。況東宮，民、神所繫，豈可輕動！

臣等有死而已，不敢奉詔。」曜默然。胤進曰：「父之於子，當愛之如一，今黜熙而立臣，臣何敢自安！苟以臣爲頗堪驅策，豈不能輔熙以承聖業乎！臣請效死於此，不敢聞命。」曜亦以熙羊后所生，時后已卒，不忍廢也。泰即胤之舅也，曜嘉其公忠，以爲光禄大夫、領太子太傅。封胤永安王，都督二宫禁衛、録尚書事。命熙盡家人之禮。

趙涼王張茂城姑臧。茂大城姑臧，修靈鈞臺。别駕吴紹諫曰：「明公所以修城築臺者，蓋懲既往之患耳。愚以爲苟恩未洽於人心，雖處層臺，亦無所益，適足以疑羣下之志，示怯弱之形爾。」茂曰：「亡兄一旦失身於物，豈無忠臣義士欲盡節者哉！顧禍生不意，雖有智勇無所施耳。王公設險，勇夫重閉，古之道也。」卒爲之。

冬，十一月，敦以王含督江西軍。初，敦從子允之，方總角，敦愛其聰警，常以自隨。敦常夜飲，允之辭醉先卧。敦與錢鳳謀爲逆，允之悉聞其言，即於卧處大吐，衣面并污。鳳出，敦果照視，見允之卧於吐中，不復疑之。會其父舒拜廷尉，允之求歸省，悉以其謀白舒。舒與王導俱啓帝，陰爲之備。敦欲强其宗族，故徙含督江西，以舒、彬爲荆、江刺史。

甲申（三二四）

二年。趙光初七年，後趙六年。

春，正月，敦殺其從事周嵩、周筵及會稽内史周札。札一門五侯，宗族强盛，王敦忌之。嵩以兄顗之死，心常憤憤，敦惡之。會道士李脱以妖術惑衆，敦誣嵩及札兄子筵與脱謀不軌，殺之。遣沈充襲會稽，札拒戰而死。

後趙陷東莞、東海，攻趙河南，斬其守將。自是二趙構隙，日相攻掠，河東、弘農之間，民不聊生。

成主雄立其兄子班爲太子。成主雄后任氏無子，有妾子十餘人，雄立其兄蕩之子班爲太子，使任后母之。羣臣請立諸子，雄曰：「吾兄，先帝之嫡統，有奇材大功，事垂克而早世，朕常悼之。且班仁孝好學，必能負荷先烈。」太傅驤諫曰：「先王立嗣必子者，所以明定分而防篡奪也。宋宣公、吴餘祭，足以觀矣。」雄不聽。退而流涕曰：「亂自此始矣！」班爲人謙恭下士，動遵禮法，雄每有大議，輒令豫之。

夏，五月，趙涼王張茂卒，世子駿嗣。茂疾病，執駿手泣曰：「吾家世以孝友忠順著稱，晉室雖微，汝奉承之，不可失也。」且下令曰：「吾官非王命，苟以集事，死之日，當以白帢入棺，勿以朝服斂。」及卒，趙以駿爲凉州牧、凉王。

六月，加司徒導大都督、揚州刺史，督諸軍討敦。敦復反。秋，七月，至江寧。帝親征，破之，敦死，衆潰，其黨錢鳳、沈充伏誅。敦無子，養兄含子應爲嗣。至是疾甚，矯詔拜爲武衛將軍以自副。錢鳳曰：「脫有不諱，便當以後事付應邪？」敦曰：「非常之事，非常人所能爲。且應年少，豈堪大事。我死之後，釋兵歸朝，保全門户，上計也；退還武昌，收兵自守，貢獻不廢，中計也；及吾尚存，悉衆而下，萬一僥倖，下計也。」鳳謂其黨曰：「公之下計，乃上策也。」遂與沈充定謀。以宿衛尚多，奏令三番休二。帝親任中書令温嶠，敦惡之，請爲左司馬。嶠乃繆爲勤敬，綜其府事，時進密謀以附其欲。

深結錢鳳，爲之聲譽，每曰：「錢世儀精神滿腹。」嶠素有藻鑑之名，鳳甚悦，深與結好。會丹楊尹缺，嶠言於敦曰：「京尹咽喉之地，公宜自選。」敦然之，問：「誰可者？」嶠薦錢鳳，鳳亦推嶠〔四〕，嶠僞辭。敦不聽，遂表用之，使覘伺朝廷。嶠恐既去而鳳於後間之，因敦餞别，起行酒，至鳳，鳳未及飲，嶠佯醉，以手版擊鳳幘墜而作色曰：「錢鳳何人，温太真行酒而敢不飲！」敦以爲醉，兩釋之。嶠與敦别，涕泗横流，出閤復入者再三。行後，鳳謂敦曰：「嶠於朝廷甚密，而與庾亮深交，未可信也。」敦曰：「太真昨醉，小加聲色，何得便爾相讒！」嶠至建康，盡以敦逆謀告帝，與亮畫計討之。敦聞之，大怒曰：「吾乃爲小物所欺。」與王導書曰：「太真别來幾日，作如此事！當募人生致之，自拔其舌。」帝加導大都督、領揚州刺史，使嶠與將軍卞敦、應詹、郗鑒分督諸軍。鑒請召臨淮太守蘇峻、兖州刺史劉遐等入衛。帝屯于中堂，導聞敦疾篤，帥子弟爲之發哀，衆以爲敦信死，咸有奮志。於是尚書騰詔下敦府，曰：「敦輒立兄息以自承代，不由王命。頑凶相奬，志窺神器。天不長姦，敦以隕斃，鳳復煽逆。今遣司徒導等討之，諸爲敦所授用者，一無所問。敦之將士，從敦彌年，違離家室，朕甚愍之。其單丁遣歸，終身不調；餘皆與假三年，休訖還臺，當與宿衛同例三番。」敦見詔，甚怒，而病轉篤。將舉兵，使郭璞筮之，璞曰：「無成。」敦素疑璞助嶠，又問：「吾壽幾何？」璞曰：「明公起事，禍必不久。若住武昌，壽不可測。」敦大怒曰：「卿壽幾何？」曰：「命盡今日日中。」敦乃收璞，斬之。而使王含、錢鳳、鄧岳、周撫等帥衆向京師。鳳問曰：「事克之日，天子云何？」敦曰：「尚未南郊，何稱天子！便盡卿兵勢，但保護東海王及裴妃而已。」七月，含水陸五萬，奄至江寧南岸，人情恟懼。嶠燒朱雀桁以挫其鋒，帝欲親將擊之，聞橋已絶，大怒。嶠曰：「今宿衛寡弱，徵兵未至，若賊豕突，社稷且恐不保，何愛一橋乎！」司徒導遺含書曰：「承大將軍已不諱，兄此舉謂可如昔年之事乎？昔年佞臣亂朝，人懷不寧，如導之徒，心思外濟。大將軍來屯于湖，漸失人心，臨終之日，委重安期。諸有耳者，皆知將爲禪代，非人臣之事也。先帝中興，遺愛在民；聖主聰明，德洽朝野。兄乃欲妄萌逆節，凡在人臣，誰不憤歎！導門户大小受國厚恩，今日之事，明目張膽，爲六軍之首，寧爲忠臣而死，不爲無賴而生矣！」含不答。或以爲含、鳳衆力百倍，苑城小而不固，宜及軍勢未成，大駕自出拒戰。郗鑒曰：「羣逆縱逸，勢不可當，可以謀屈，難以力競。且含等號令不一，抄盜相尋，曠日持久，必啓義士之心。今決勝負於一朝，萬一蹉跌，雖有申胥之徒，何補既往哉！」帝乃帥諸軍出屯南皇堂，夜募壯士，遣將軍段秀等帥千人渡水，掩其未備。平旦，戰於越城，大破之。秀，匹磾弟也。敦聞含敗，大怒曰：「我兄，老婢耳。門户衰，世事去矣！我當力行。」因作勢而起，困乏，復卧。乃謂應曰：「我死，汝便即位，先立朝廷百官，然後營葬。」敦尋卒，應祕不發喪，裹尸以席，蠟塗其外，埋於廳事中，日夜縱酒淫樂。帝使人説沈充，許以爲司空。充不奉詔，遂舉兵與含合。司馬顧颺説充曰：「今舉大事，而天子已扼其咽喉，鋒摧氣沮，持久必敗。若決破栅塘，因湖水以灌京邑，縱舟師以攻之，上策也；藉初至之鋭，并東西軍，十道俱進，衆寡過倍，理必摧陷，中策也；轉禍爲福，召錢鳳計事，因斬之以降，下策也。」充不能用。劉遐、蘇峻等帥精卒萬人至，擊充、鳳，大破之。尋陽太守周光帥千餘人赴敦，求見，應辭以疾。光退，見其兄撫曰：「王公已死，兄何爲與錢鳳作賊！」衆皆愕然。含等遂燒營夜遁。明日，帝還宫。含欲奔荆州，應曰：「不如江州。」含曰：「大將軍平素與江州云何，而欲歸之？」應曰：「此乃所以宜歸也。江州當人强盛時，能立同異，此非常人所及；今覩困厄，必有愍惻之心。荆州守文，豈能意外行事邪！」含不從，遂奔荆州。王舒遣軍迎之，沈其父子於江。王彬聞應當來，密具舟待之；不至，深以爲恨。周光斬鳳，詣闕自贖。充爲故將吴儒所殺，傳首建康。敦黨悉平。有司發敦瘞，焚其衣冠，跽而斬之，與充首同懸於南桁。郗鑒曰：「前朝誅楊駿等，皆先極官刑，後聽私殯。臣以爲王誅加於上，私義行於下，宜聽敦家收葬。」帝許之。導等皆以討敦功受封賞。有司奏：「王彬等當除名。」詔曰：「司徒導以大義滅親，猶將百世宥之，況彬等皆其近親乎！」悉無所問。有詔：「敦綱紀除名，參佐禁錮。」温嶠上疏曰：「敦剛愎不仁，忍行殺戮，處其朝者，恒懼危亡，原其私心，豈遑安處。必其贊導凶悖，自當正以典刑；如其枉陷姦黨，謂宜施之寬貸。」郗鑒以爲：「先王立君臣之教，貴於伏節死義。王敦佐吏，雖多逼迫，然進不能止其逆謀，退不能脱身遠遁，準之前訓，宜加義責。」帝卒從嶠議。

代王賀傉徙居東木根山。是歲，賀傉始親國政，以諸部多未服，乃築城於東木根山，徙居之。

乙酉（三二五）

三年。趙光初八年，後趙七年。

春，二月，贈故譙王承、戴淵、周顗等官有差。詔故譙王承、戴淵、周顗及甘卓、虞望、郭璞等贈官有差。周札故吏爲札訟冤，尚書卞壼議以爲：「札開門延寇，不當贈謚。」王導以爲：「往年之事，敦姦逆未彰，自臣等有識以上，皆所未悟，與札無異。既悟其姦，札便以身許國，尋取梟夷。臣謂宜與周、戴同例。」郗鑒以爲：「周、戴死節，周札延寇，事異賞均，何以勸沮！如司徒議，則譙王、周、戴皆應受責，何贈謚之有！今三臣既褒，則札宜貶明矣。」導曰：「札與譙王、周、戴，雖所見有異同，皆人臣之節也。」鑒曰：「敦之逆謀，履霜日久，君以往年之舉，義同桓、文，則先帝可爲幽、厲邪！」然卒用導議。

許昌叛降後趙。

立子衍爲皇太子。

夏，五月，以陶侃都督荆、湘等州軍事。侃復鎮荆州，士女相慶。侃性聰敏恭勤，終日斂膝危坐，軍府衆事，檢攝無遺，未嘗少閑。常語人曰：「大禹聖人，乃惜寸陰，至於衆人，當惜分陰。豈可逸遊荒醉，生無益於時，死無聞於後，是自棄也。」諸參佐以談戲廢事者，命取其酒器、蒱博之具，悉投之於江，將吏則加鞭扑，曰：「樗蒱者，牧猪奴戲耳。老、莊浮華，非先王之法言，不益實用。君子當正其威儀，何有蓬頭跣足，自謂宏達邪！」有奉饋者，必問其所由，若力作所致，雖微必喜，慰賜參倍；若非理得之，則切厲訶辱，還其所饋。嘗出遊，見人持一把未熟稻，侃問：「用此何爲？」人云：「行道所見，聊取之耳。」侃大怒曰：「汝既不佃，而戲賊人稻！」執而鞭之。是以百姓勤於農作，家給人足。嘗造船，其木屑竹頭，侃皆令藉而掌之，人咸不解。後正會，積雪始晴，聽事前猶濕，乃以木屑布地。及桓温伐蜀，又以所貯竹頭作丁裝船。其綜理微密，皆此類也。

後趙石生寇河南，司州降趙，趙主曜擊生，大敗，司、豫、徐、兖皆陷於後趙。後趙將石生寇掠河南，司州刺史李矩、潁川太守郭默軍數敗，乃附於趙。趙主曜使劉岳、呼延謨圍生於金墉。後趙石虎救之，敗岳，擊謨，斬之。曜自將救岳，虎逆戰，曜軍無故驚潰，遂歸長安。虎擒岳殺之，曜憤恚成疾。郭默南奔建康，李矩卒於魯陽。於是司、豫、徐、兗之地，率皆入於後趙，以淮爲境矣。

秋，閏七月，帝崩，司徒導、中書令庾亮、尚書令卞壼受遺詔輔政。太子衍即位，尊皇后爲皇太后，太后臨朝稱制。右衛將軍虞胤、左衛將軍南頓王宗俱爲帝所親任，典禁兵，直殿内，多聚勇士以爲羽翼。王導、庾亮頗以爲言，帝待之愈厚，宫門管鑰，皆委之。帝寢疾，亮夜有所表，從宗求鑰；宗不與，叱亮使曰：「此汝家門户邪！」亮益忿之。及帝疾篤，羣臣無得進者。亮疑宗、胤有異謀，排闥入見，請黜之。帝不納。引太宰、西陽王羕、司徒導及尚書令卞壼、將軍郗鑒、庾亮、陸曄、丹楊尹温嶠，並受遺詔輔太子，更以亮爲中書令而崩。帝明敏有機斷，故能以弱制强，誅翦逆臣，克復大業。太子即位，生五年矣。羣臣進璽，導以疾不至。壼正色於朝曰：「王公非社稷之臣也！大行在殯，嗣皇未立，豈人臣辭疾之時耶！」導聞之，輿疾而至。太后臨朝，以導録尚書事，與亮、壼參輔朝政，然大要皆決於亮。尚書召樂謨爲郡中正，庾怡爲廷尉評。謨，廣之子；怡，珉族子也。各稱父命不就。壼曰：「人非無父而生，職非無事而立；有父必有命，居職必有悔。若父各私其子，則王者無民，而君臣之道廢矣。廣、珉受寵聖世，身非己有，況後嗣哉！」謨、怡不得已，就職。

葬武平陵。

冬，十一月，朔，日食。

十二月，段遼弑其君牙而自立。段氏自務勿塵以來，日益强盛，其地西接漁陽，東界遼水，所統胡、晉三萬餘户，控弦四五萬騎。末柸卒，子牙代立。至是疾陸眷之孫遼攻牙，殺而代之。

代王賀傉卒，弟紇那嗣。

丙戌(三二六)

顯宗成皇帝咸和元年。趙光初九年，後趙八年。

夏，四月，後趙石生寇汝南，執内史祖濟。

六月，以郗鑒爲徐州刺史。司徒導稱疾不朝，而私送鑒。卞壼奏導虧法從私，無大臣之節，請免官。雖事寢不行，舉朝憚之。壼儉素廉潔，裁斷切直，當官幹實，性不弘裕，不肯苟同時好，故爲諸名士所少。阮孚謂曰：「卿常無閑泰，如含瓦石，不亦勞乎！」壼曰：「諸君子以道德恢弘，風流相尚，執鄙吝者，非壼而誰！」時貴遊子弟多慕王澄、謝鯤爲放達，壼厲色於朝曰：「悖禮傷教，罪莫大焉，中朝傾覆，實由於此。」欲奏推之，導及庾亮不聽，乃止。

秋，八月，以温嶠爲都督江州軍事，王舒爲會稽内史。初，王導以寬和得衆。及庾亮用事，任法裁物，頗失人心。祖約自以名輩不後郗、卞，而不豫顧命。遺詔褒進大臣，又不及約與陶侃，二人皆疑亮删之。歷陽内史蘇峻有功於國，威望漸著，卒鋭器精，有輕朝廷之志。招納亡命，衆力日多，皆仰食縣官，稍不如意，輒肆忿言。亮既疑峻、約，又畏侃之得衆，乃以嶠鎮武昌，舒守會稽，以廣聲援，又修石頭以備之。丹楊尹阮孚謂所親曰：「江東創業尚淺，主幼時艱，庾亮年少，德信未孚，以吾觀之，亂將作矣。」遂求出爲廣州刺史。

冬，十月，殺南頓王宗，降封西陽王羕爲弋陽縣王。宗自以失職怨望，又素與蘇峻善，庾亮欲誅之，宗亦欲廢執政。中丞鍾雅劾宗謀反，亮收殺之。降封其兄太宰、西陽王羕爲弋陽縣王。宗，宗室近屬；羕，先帝保傅，亮一旦翦黜，由是愈失遠近之心。宗之死也，帝不之知，久之，帝問亮曰：「常日白頭公何在？」亮對以謀反伏誅。帝泣曰：「舅言人作賊，便殺之；人言舅作賊，當如何？」亮懼變色。

後趙使其世子弘守鄴。後趙王勒用程遐之謀，營鄴宮，使弘鎮之。石虎自以功多，無去鄴之意，及修三臺，遷其家室，由是怨遐。

十一月，後趙寇壽春，歷陽内史蘇峻擊走之。石聰攻壽春，祖約屢表請救，朝廷不爲出兵。聰遂進寇阜陵，建康大震。蘇峻遣其將韓晃擊走之。朝議欲作涂塘以遏胡寇，約曰：「是棄我也。」益懷憤恚。

十二月，下邳叛降後趙。

後趙始定九流，立秀、孝試經之制。

丁亥(三二七)

二年。趙光初十年，後趙九年。

夏，五月，朔，日食。

張駿遣兵攻趙，趙擊敗之，遂取河南地。駿聞趙兵爲後趙所敗，乃去趙官爵，復稱晉大將軍、涼州牧，遣辛巖等帥衆數萬，攻趙秦州。趙遣劉胤將兵擊敗之，乘勝追奔，濟河，拔令居，據振武。河西大駭。金城枹罕降之，駿遂失河南之地。

徵蘇峻爲大司農，峻與祖約舉兵反。庾亮以蘇峻在歷陽，終爲禍亂，欲下詔徵之。司徒導曰：「峻必不奉詔，不若且苞容之。」亮曰：「今縱不順命，爲禍猶淺；若復經年，不可復制，猶七國之於漢也。」卞壼曰：「峻擁强兵，逼近京邑，路不終朝，一旦有變，易爲蹉跌，宜深思之。」温嶠亦累書止亮，舉朝以爲不可，亮皆不聽。峻聞之，遣司馬詣亮辭，亮不許，徵爲大司農，以弟逸代領部曲。峻上表辭，復不許，峻遂不應命。温嶠即欲帥衆下衛建康，三吳亦欲起義兵，亮報嶠書曰：「吾憂西陲，過於歷陽，足下無過雷池一步也。」亮復遣使諭峻，峻曰：「臺下云我欲反，豈得活邪！我寧山頭望廷尉，不能廷尉望山頭。」峻知祖約亦怨朝廷，乃請共討亮。約大喜，譙國内史桓宣曰：「使君欲爲雄霸，助國討峻，則威名自舉。今乃與俱反，安得久乎！」約不從。宣遂絶之。約遣兄子沛、涣，婿許柳以兵會峻。

十二月，峻襲陷姑孰。詔庾亮督諸軍討之。宣城内史桓彝起兵赴難。尚書左丞孔坦、司徒司馬陶回言於司徒導，謂：「及峻未至，急斷阜陵，守江西當利諸口，彼少我衆，一戰決矣。今不先往，而峻先至，則人心危駭，難與戰矣。」導然之，庾亮不從。至是峻使其將韓晃等襲陷姑孰，取鹽米，亮方悔之。京師戒嚴，假亮節，都督征討諸軍。使左將軍司馬流將兵據慈湖以拒之，宣城内史桓彝欲起兵赴朝廷，長史裨惠以郡兵寡弱，山民易擾，宜且按甲以待之。彝厲色曰：「『見無禮於其君者，若鷹鸇之逐鳥雀。』今社稷危逼，義無宴安。」遂進屯蕪湖。韓晃擊破之，因攻宣城，彝退保廣德。徐州刺史郗鑒欲帥所領赴難，詔以北寇，不許。

戊子（三二八）

三年。趙光初十一年，後趙太和元年。

春，正月，温嶠以兵赴難，至尋陽。二月，尚書令成陽公卞壼督軍討峻，戰敗，死之。庾亮奔尋陽，峻兵犯闕。温嶠欲救建康，軍于尋陽。韓晃襲司馬流於慈湖。流素懦怯，將戰，食炙不知口處，兵敗而死。蘇峻濟自横江，臺兵屢敗。陶回謂庾亮曰：「峻知石頭有重戍，必向小丹楊南道步來，宜伏兵邀之，可一戰擒也。」亮不從。峻果如回言，而夜迷失道，無復部分。亮始悔之。朝士多遣家人入東避難，左衛將軍劉超獨遷妻孥入居宫内。詔以下壼都督大桁東諸軍，及峻戰于西陵，大敗。峻攻青溪柵，壼又拒擊之，峻因風縱火，燒臺省諸營皆盡。壼背癰新愈，創猶未合，力疾苦戰而死。二子眕、盱隨之，亦赴敵死。其母撫尸哭曰：「父爲忠臣，子爲孝子，夫何恨乎！」丹楊尹羊曼、黄門侍郎周導、廬江太守陶瞻皆戰死。瞻，侃子也。亮及郭默、趙胤俱奔尋陽。將行，顧謂侍中鍾雅曰：「後事深以相委。」雅曰：「棟折榱崩，誰之咎也！」峻兵入臺城，司徒導謂侍中褚翜曰：「至尊當御正殿。」翜即入抱帝登太極前殿，導及光禄大夫陸曄、荀崧、尚書張闓共登御床衛帝。劉超、鍾雅及翜侍立左右，太常孔愉朝服守宗廟。峻兵既入，叱翜令下。翜呵之曰：「蘇冠軍來覲至尊，軍人豈得侵逼！」峻兵不敢上殿，突入後宫，宫人皆見掠奪。驅役百官，裸剥士女。官有布二十萬疋，金銀五千斤，錢億萬，絹數萬疋，峻盡費之。或謂鍾雅曰：「國亂，君直，必不容於寇讎，盍早爲計。」雅曰：「國亂不能匡，君危不能濟，各遁逃以求免，何以爲臣！」峻以王導有德望，猶使以本官居己之右。以祖約爲太尉，峻自録尚書事。弋陽王羕詣峻，稱述功德，峻復以爲太宰、西陽王。温嶠聞建康不守，號慟。人有候之者，悲哭相對。庾亮至尋陽，宣太后詔，以嶠爲驃騎將軍、開府儀同三司。嶠曰：「今日當以滅賊爲急，未有功而先拜官，何以示天下！」遂不受。嶠素重亮，亮雖奔敗，嶠愈推奉，分兵給之。

三月，皇太后庾氏以憂崩。峻南屯于湖。

葬明穆皇后。

夏，五月，温嶠以陶侃入討峻，峻遷帝于石頭。郗鑒、王舒來赴難。温嶠將討峻而不知建康聲聞，會范汪至，言：「峻政令不壹，貪暴縱橫，雖强易弱，宜時進討。」嶠深納之。庾亮辟汪參護軍事，與嶠互相推爲盟主。嶠從弟充曰：「陶征西位重兵强，宜共推之。」嶠乃遣督護王愆期詣荆州，邀侃同赴國難。侃猶以不預顧命爲恨，答曰：「吾疆場外將，不敢越局。」嶠屢説不回，乃遣使謂曰：「仁公且守，僕當先下。」使行二日，參軍毛寶聞之，説嶠曰：「師克在和，不宜異同。假令可疑，猶當外示不覺，宜急追信改書，言必俱進，若不及，則更遣使可也。」嶠從之。侃果遣督護龔登帥兵詣嶠。嶠有衆七千，於是列上尚書，陳約、峻罪狀，移告征鎮，灑泣登舟。侃復追登還。嶠遺書曰：「夫軍有進而無退，可增而不可減。近已移檄遠近，言於盟府，惟須仁公軍至，便齊進耳。今乃反追軍還，疑惑遠近，成敗之由，將在於此。假令此州不守，則荆楚將來之危，乃當甚於此州之今日。仁公進當爲大晉之忠臣，參桓、文之功；退當以慈父之情，雪愛子之痛。且峻、約無道，人皆切齒。今之進討，如石投卵。若復召兵還，是爲敗於幾成。而或者遂謂仁公緩於討賊，此聲難追，願深察之。」愆期亦謂侃曰：「峻豺狼也，如得遂志，公寧有容足之地乎！」侃深感悟，即戎服登舟。瞻喪至不臨，兼道而進。郗鑒在廣陵，城孤糧少，逼近胡寇，人無固志。得詔書，即流涕誓衆，入赴國難，將士爭奮。遣將軍夏侯長等間行謂嶠曰：「或聞賊欲挾天子東入會稽，當先立營壘，屯據要害，既防其越逸，又斷賊糧運，然後清野堅壁以待賊。賊攻城不拔，野無所掠，必自潰矣。」嶠深以爲然。五月，侃至尋陽。議者謂侃欲誅亮以謝天下，亮甚懼，用嶠計詣侃拜謝。侃驚，止之曰：「庾元規乃拜陶士行邪！」亮引咎自責，侃乃釋然曰：「君侯修石頭以擬老子，今日反見求邪！」遂同趣建康，戎卒四萬，旌旗七百餘里。峻聞之，自姑孰還，遷帝於石頭，司徒導固爭，不從。帝哀泣升車。時天雨泥濘，劉超、鍾雅步侍左右，峻給馬，不肯乘，而悲哀慷慨。峻惡之。峻以倉屋爲帝宮，日肆醜言。超、雅與荀崧、華恒、丁潭等不離帝側。時饑饉米貴，峻問遺，超一無所受。繾綣朝夕，臣節愈恭，雖居幽厄之中，猶啓帝，授孝經、論語。導密令張闓以太后詔諭三吴，使起義兵。會稽内史王舒使庾冰將兵一萬，西渡浙江。於是吴興太守虞潭、吴國内史蔡謨、義興太守顧衆等皆應之。潭母孫氏謂潭曰：「汝當捨生取義，勿以吾老爲累。」盡遣家僮從軍，鬻環珮以給軍費。峻遣其將管商等拒之。侃、嶠軍于茄子浦，嶠以南兵習水，峻兵便步，令：「將士有上岸者死！」會峻送米萬斛饋祖約，毛寶爲嶠前鋒，告其衆曰：「兵法，軍令有所不從。豈可視賊可擊，不上岸擊之邪！」乃往襲取之，約由是飢乏。嶠表寶爲廬江太守。侃表舒、潭監浙東、西軍事，郗鑒都督揚州八郡軍事。鑒遂帥衆渡江，與侃等會，舟師直指石頭。峻望之，有懼色。侃部將李根請築白石壘，侃使庾亮守之，峻攻之不克。舒等數戰，不利。孔坦曰：「本不須召郗公，遂使東門無限，今宜遣還，雖晚，猶勝不也。」侃乃令鑒還據京口，立大業、曲阿、庱亭三壘以分峻兵勢。祖約遣祖渙、桓撫襲湓口，毛寶中流矢，貫髀徹鞍，寶使人蹋鞍拔箭，血流滿轊。還擊，破走之。

峻分兵陷宣城，内史桓彝死之。桓彝聞京城不守，進屯涇縣。裨惠勸彝與峻通使，以紓交至之禍。彝曰：「吾受國厚恩，義在致死，焉能忍恥與逆臣通問！如其不濟，此則命也。」彝遣將軍俞縱守蘭石，韓晃攻之。將敗，左右勸退軍，縱曰：「吾受桓侯恩厚，當以死報。吾之不可負桓侯，猶桓侯之不負國也。」遂力戰而死。晃遂進軍。至是，城陷，執彝殺之。

秋，七月，後趙攻壽春，約衆潰，奔歷陽。祖約諸將陰與後趙通謀，許爲内應。後趙石聰引兵濟淮，攻壽春。約衆潰，奔歷陽。

秋，八月，後趙攻趙蒲阪，趙主曜擊破走之，遂攻金墉。石虎帥衆四萬擊趙，攻蒲阪。趙主曜自將救之，虎懼，引退。曜追及，與戰，大破之，斬其將石瞻，枕尸二百餘里。虎奔朝歌。曜攻石生于金墉，決千金堨以灌之。滎陽、野王皆降，襄國大震。

九月，陶侃、温嶠討峻，斬之。峻弟逸代領其衆。峻腹心路永、賈寧勸峻盡誅諸大臣，更樹腹心；峻雅敬司徒導，不許。永等更貳於峻，導使袁耽誘永與皆奔白石。西軍與峻久相持不決，温嶠軍食盡，貸於陶侃。侃怒，欲西歸。嶠曰：「凡師克在和，古之善教也。光武之濟昆陽，曹公之拔官渡，以寡敵衆，杖義故也。峻、約小豎，凶逆滔天，何憂不滅！奈何捨垂立之功，設進退之計乎！且天子幽逼，社稷危殆，乃臣子肝腦塗地之日。嶠等與公並受國恩，事若克濟，則臣主同祚；如其不捷，當灰身以謝先帝耳。今之事勢，義無旋踵，譬如騎虎，安可中下哉！公若違衆獨返，人心必沮；沮衆敗事，義旗將迴指於公矣。」毛寶説侃曰：「軍政有進無退，非直整齊三軍，示衆必死而已，亦謂退無所據，終至滅亡。可試與寶兵，斷賊資糧，若不立效，然後公去，人心不恨矣。」侃然而遣之。竟陵太守李陽説侃曰：「大事不濟，公雖有粟，安得而食諸！」侃乃分米五萬石以餉嶠軍。寶燒峻句容、湖孰積聚，峻軍乏食，侃遂不去。韓晃等急攻大業壘，郗鑒參軍曹納曰：「大業，京口之扞蔽也。一旦不守，則賊兵至矣。請還廣陵，以俟後舉。」鑒大會僚佐，責納，將斬之，久乃得釋。侃將救大業，長史殷羨曰：「吾兵不習步戰，不如急攻石頭，則大業自解。」侃從之，督水軍向石頭。亮、嶠帥步兵萬人從白石南上。峻將八千人逆戰，乘醉突陳，不得入，將回馬躓，侃部將斬之，三軍皆稱萬歲。餘衆大潰。峻司馬任讓等共立峻弟逸爲主，閉城自守。嶠乃立行臺，布告遠近，凡故吏二千石以下，皆令赴臺；於是至者雲集。

冬，十二月，後趙王勒大破趙兵於洛陽，獲趙主曜以歸，殺之。

後趙王勒欲自將救洛陽，程遐等固諫，勒大怒，按劍叱遐等出。召徐光謂曰：「庸人之情皆謂劉曜鋒不可當。曜帶甲十萬，攻一城而百日不克，師老卒怠，以我初鋭擊之，可一戰而擒也。若洛陽不守，曜必自河已北，席卷而來，吾事去矣。卿以爲何如？」對曰：「曜不能進臨襄國，更守金墉〔五〕，此其無能爲可知也。以大王威略臨之，彼必望旗奔敗。平定天下，在今一舉矣。」勒笑曰：「光言是也。」乃使内外戒嚴，命石堪等會滎陽，石虎進據石門，勒自統步騎濟自大堨。謂光曰：「曜盛兵成皋關，上策也；阻洛水，其次也；坐守洛陽，此成擒耳。」至成皋，勒見趙無守兵，大喜，舉手加額曰：「天也！」卷甲銜枚，詭道兼行，出于鞏、訾之間。曜專與嬖臣飲博，不撫士卒。左右或諫，曜以爲妖言，斬之。俄而洛水候者與後趙前鋒交戰，擒羯送之，曜問之，知勒自來，色變。使攝金墉之圍，陳于洛西，衆十餘萬，南北十餘里。勒望見，曰：「可以賀我矣！」帥步騎四萬入洛陽城。虎引步卒攻趙中軍，堪以精騎擊其前鋒，大戰于西陽門，勒躬貫甲冑，出閶闔門夾擊之。曜素嗜酒，至是將戰，飲數斗。至西陽門，揮陳就平。堪因而乘之，趙兵大潰。曜昏醉墜馬，爲堪所執。勒下令曰：「所欲擒者一人耳。今已獲之，其抑鋒止鋭，縱其歸命之路。」曜至襄國，勒嚴兵圍守，使曜與其太子熙書，諭令速降。曜但敕熙與諸大臣「匡維社稷，勿以吾易意」。勒乃殺之。

己丑（三二九）

四年。趙光初十一年，後趙太和二年。是歲趙亡。大國一，成、凉小國二，凡三僭國。

春，正月，逸殺右衛將軍劉超、侍中鍾雅。初，峻逼居民聚之後苑，使其將匡術守之。至是光禄大夫陸曄及弟玩説術，以苑城附于西軍，百官皆赴之。鍾雅謀奉帝出赴西軍，事泄，蘇逸使任讓將兵入宫收超、雅。帝抱持悲泣曰：「還我侍中、右衛！」讓奪而殺之。

冠軍將軍趙胤攻拔歷陽，約奔後趙。

趙太子熙奔上邽，後趙取長安。趙太子熙與南陽王胤謀保秦州。尚書胡勳曰：「今雖喪君，境土尚完，將士不叛，當并力拒之。力不能拒，走未晚也。」胤以爲沮衆，斬之，遂奔上邽。關中大亂，蔣英擁衆數十萬據長安，遣使降于後趙，石生帥衆赴之。

二月，諸軍討逸，斬之，及西陽王羕。諸軍攻石頭，建威長史滕含大破其兵，獲蘇逸、韓晃，斬之。含部將曹據抱帝奔温嶠船，羣臣見帝，頓首號泣請罪。殺西陽王羕。陶侃與任讓有舊，爲請其死。

帝曰：「是殺吾侍中、右衛者，不可赦也。」乃殺之。司徒導入石頭，令取故節，侃笑曰：「蘇武節似不如是。」導有慚色。

以褚翜爲丹楊尹。時宮闕灰燼，嶠欲遷都豫章，三吴之豪請都會稽。導曰：「孫仲謀、劉玄德俱言『建康王者之宅』。古之帝王，不必以豐儉移都；苟務本節用，何憂彫弊！若農事不脩，則樂土爲墟矣。且北寇游魂，伺我之隙，一旦示弱，竄於蠻越，求之望實，懼非良計。今特宜鎮之以静，羣情自安。」由是不復徙都，而以翜爲丹楊尹。翜收集散亡，京邑遂安。

三月，以陶侃爲太尉，郗鑒爲司空，温嶠爲驃騎將軍、開府儀同三司，庾亮爲豫州刺史。論平蘇峻功，侃、鑒、嶠以下封拜有差。謚卞壼曰忠貞，其二子昣、盱及桓彝、劉超、鍾雅、羊曼、陶瞻皆加贈謚。路永、匡術、賈寧皆峻黨，先歸朝廷，司徒導欲賞之。嶠曰：「永等首爲亂階，晚雖改悟，未足贖罪。得全首領，爲幸多矣。」乃止。侃以江陵偏遠，移鎮巴陵。朝議欲留嶠輔政〔六〕，嶠以導先帝所任，固辭。又以京邑荒殘，留資蓄，具器用，而後還藩。庾亮泥首謝罪，欲闔門投竄山海。帝手詔慰諭曰：「此社稷之難，非舅之責也。」亮乃求外鎮自效，遂以爲豫州刺史，出鎮蕪湖。侃之討峻也，獨湘州刺史卞敦擁兵不赴，又不給軍糧。侃奏請檻車收付廷尉。司徒導以喪亂之後，宜加寬宥，乃以敦爲廣州刺史。敦憂愧而卒。

司馬公曰：庾亮以外戚輔政，首發禍機，國破君危，竄身苟免；卞敦位列方鎮，兵糧俱足，朝廷顛覆，坐觀勝負，人臣之罪，孰大於此！既不能明正典刑，又以寵禄報之，晉室無政，亦可知矣。任是責者，豈非王導乎！

夏，四月，驃騎將軍、始安公温嶠卒。以劉胤爲江州刺史。嶠卒時年四十二，謚曰忠武。胤，嶠軍司也。陶侃、郗鑒皆言胤非方伯才，王導不從。或謂導子悦曰：「自江陵至于建康三千餘里，流民萬計，國之南藩，要害之地。而胤以汰侈卧而對之，不有外變，必有内患矣。」

秋，八月，後趙石虎攻拔上邽，殺趙太子熙，遂取秦、隴。趙南陽王胤帥衆數萬自上邽趣長安，隴東戎夏皆應之。石生嬰城自守，虎救之，大破趙兵，乘勝追擊，枕尸千里。上邽潰，虎執趙太子熙及胤以下三千餘人，皆殺之。徙其臺省文武、關東流民、秦雍大族于襄國，秦、隴悉平。蒲洪、姚弋仲俱降于虎，虎表洪監六夷軍事，弋仲爲六夷左都督。徙氐、羌十五萬落于司、冀州。

冬，十二月，將軍郭默殺劉胤。胤矜豪縱酒，不恤政事。郭默被徵爲右軍將軍，求資於胤，不得。會有司奏：「朝廷空竭，百官無禄，惟資江州運漕；而胤商旅繼路，以私廢公。」詔免胤官。胤方自申理。默遂誣胤以大逆，襲斬之，傳首京師。招引譙國内史桓宣，宣固守不從。太尉侃上宣爲武昌太守。

代王紇那出奔宇文部，翳槐立。翳槐，鬱律之子也。

羌殺河南王吐延。河南王吐延爲羌酋所殺，其子葉延立，保于白蘭。葉延孝而好學，以爲禮「公孫之子得以王父字爲氏」，乃自號其國曰吐谷渾。

庚寅（三三〇）

五年。趙建平元年。

春，正月，太尉侃討郭默，斬之。劉胤首至建康。司徒導以郭默驍勇難制，梟胤首於大航，以默爲江州刺史。陶侃聞之，投袂起曰：「此必詐也。」即將兵討之。上表言狀，且與導書曰：「默殺方州即用爲方州，害宰相便爲宰相乎？」導乃收胤首，答侃書曰：「默據上流之勢，加有船艦成資，故苞含隱忍，以俟足下。豈非遵養時晦以定大事者邪！」侃笑曰：「是乃遵養時賊也！」兵至，默將縛默以降，侃斬之。

二月，趙王勒稱趙天王，以石虎爲太尉，封中山王。趙羣臣請勒即皇帝位，勒乃稱大趙天王，行皇帝事。立妃劉氏爲王后，世子弘爲太子，子宏爲大單于，中山公虎爲太尉，進爵爲王。虎怒，私謂其子邃曰：「吾身當矢石二十餘年，以成大趙之業。大單于當以授我，乃與黄吻婢兒，念之令人氣塞，不能寢食！待主上晏駕後，不足復留種也。」

趙誅祖約，夷其族。僕射程遐言於勒曰：「天下粗定，當顯明逆順，故漢高祖赦季布，斬丁公。今祖約猶存，臣竊惑之。」姚弋仲亦以爲言。勒族誅之。初，祖逖有胡奴曰王安，甚愛之。在雍丘，謂曰：「石勒是汝種類。」厚資遣之。安仕趙爲左衛將軍。及約誅，安歎曰：「豈可使祖士稚無後乎？」乃往觀刑，竊取逖庶子道重匿之。及石氏亡，復歸江南。

夏，五月，詔太尉侃兼督江州。侃遂移鎮武昌。

六月，趙以張駿爲涼州牧。駿因前趙之亡，復收河南地，至于狄道，置五屯護軍，與趙分境。趙拜駿涼州牧，駿恥爲之臣，不受。及趙破休屠王羌，駿始懼，乃稱臣入貢。

秋，九月，趙王勒稱皇帝。

趙寇陷襄陽。趙郭敬寇襄陽，南中郎將周撫拒之。敬退屯樊城，偃藏旗幟，寂若無人。偵者至，則告之曰：「汝宜自愛堅守，後七八日，大騎將至，相禁不復得走矣。」使人浴馬于津，周而復始，晝夜不絶。偵者還告，撫以爲趙兵大至，懼，奔武昌。敬毁襄陽，遷其民于沔北，城樊城以戍之。撫坐免官。

更造新宫。

辛卯（三三一）

六年。趙建平二年。

春，三月，朔，日食。

夏，趙舉賢良方正，起明堂、辟雍、靈臺。趙令公卿以下歲舉賢良方正，仍令舉人得更相薦引，以廣求賢之路。起明堂、辟雍、靈臺于襄國城西。

秋，九月，趙營鄴宫。初，趙主勒如鄴，將營新宫。廷尉續咸苦諫，勒怒，欲斬之。徐光曰：「咸言不可用，亦當容之，奈何一旦以直言斬列卿乎！」勒嘆曰：「爲人君，不得自專如是乎！匹夫家貲滿百匹，猶欲市宅，況富有四海乎！此宫終當營之，且敕停作，以成吾直臣之氣。」因賜咸絹百匹。至是復營鄴宫，以洛陽爲南都，置行臺。

冬，有事于太廟。烝祭太廟，詔歸胙於司徒導，且命無下拜，導辭疾不敢當。初，帝即位冲幼，每見導必拜，與導手詔則云「皇恐言」，中書作詔則曰「敬問」。有司議：「元會日，帝應敬導不？」博士郭熙以爲：「禮無拜臣之文。」侍中馮懷以爲：「天子臨辟雍，拜三老，況先帝師傅。謂宜盡敬。」侍中荀弈曰：「三朝之首，宜明君臣之體；若他日小會，自可盡禮。」詔從之。

慕容廆遣使詣太尉侃。廆僚屬議共表請進廆官爵。參軍韓恒駁曰：「立功者患信義不著，不患名位不高。宜繕甲兵，除凶逆，功成之後，九錫自至。比於邀君以求寵，不亦榮乎！」廆不悅。於是遣使與陶侃牋，勸以興兵北伐，共清中原。而東夷校尉封抽等疏上侃府，請封廆爲燕王。侃復書曰：「夫功成進爵，古之成制也。車騎雖未能爲官摧勒，然忠義竭誠。今騰牋上聽，可不、遲速，當在天臺也。」

壬辰(三三二)

七年。趙建平三年。

春，正月，趙大饗羣臣。趙主勒謂徐光曰：「朕可方自古何等主？」對曰：「陛下神武謀略過於漢高。」勒笑曰：「人豈不自知！卿言太過。朕若遇高祖，當北面事之，與韓、彭比肩。若遇光武，當並驅中原，未知鹿死誰手。大丈夫行事，宜礌礌落落，如日月皎然，終不效曹孟德、司馬仲達欺人孤兒寡婦，狐媚以取天下也。」勒雖不學，好使諸生讀書而聽之，時以其意論古今得失，聞者悅服。嘗使人讀《漢書》，聞酈食其勸立六國後，驚曰：「此法當失，何以遂得天下？」及聞留侯諫，乃曰：「賴有此耳。」

趙命太子弘省可尚書奏事。弘好屬文，親敬儒素。勒謂中書令徐光曰：「大雅愔愔，殊不似將家子。」光曰：「漢祖以馬上取天下，孝文以玄默守之，聖人之後，必有勝殘去殺者，天之道也。」勒甚悅。

光因説曰：「中山王雄暴多詐，陛下一旦不諱，臣恐社稷非太子所有也。宜漸奪其權，使太子早參朝政。」程遐亦曰：「中山王勇悍殘忍，威振外内，諸子皆典兵權，志願無極，若不除之，臣見宗廟不血食矣。」勒皆不聽。徐光它日承間言曰：「今國家無事，而陛下若有不怡，何也？」勒曰：「吴、蜀未平，恐後世不以吾爲受命之主。」光曰：「陛下苞括二都，平蕩八州，帝王之統不在陛下，復當在誰！且陛下不憂腹心之疾，而更憂四支乎！中山王資性不仁，見利忘義，父子並據權位，而耿耿常有不滿之心。近於東宫侍宴，有輕皇太子色。臣恐陛下萬年後，不可復制也。」勒默然，始命太子省可尚書奏事，以中常侍嚴震參綜可否，惟征伐斷斬大事乃呈之。於是震權過于主相，虎之門可設雀羅矣。虎愈怏怏。

秋，太尉侃遣南中郎將桓宣攻拔襄陽，遂留鎮之。趙郭敬南掠江西，陶侃遣桓宣乘虚攻樊城，悉俘其衆。敬旋救樊，宣與戰于涅水，破之。敬懼，遁去，遂拔襄陽。侃使宣鎮之。宣招懷初附，簡刑罰，略威儀，勸課農桑，或載鉏耒於軺軒，親帥民芸穫。在襄陽十餘年，趙再攻之，宣以寡弱拒守，趙不能勝。時人以爲亞於祖逖、周訪。

趙涼州牧張駿立其子重華爲世子。重華，駿之次子也。涼州僚屬勸駿稱涼王，置百官。駿曰：「此非人臣所宜言也。敢言此者，罪不赦！」然境内皆稱之爲王。

癸巳(三三三)

八年。趙建平四年。

春，趙遣使來修好，詔焚其幣。

三月，寧州叛降于成。

夏，五月，遼東公慕容廆卒，世子皝嗣。

秋，七月，趙主勒卒，太子弘立。趙主勒寢疾，中山王虎入侍，矯詔，羣臣親戚皆不得入。時秦王宏、彭城王堪將兵在外，皆召使還。勒疾小瘳，見宏，驚曰：「吾使王處藩，正備今日，有召王者邪？當按誅之！」虎懼曰：「秦王思慕，暫還耳，今遣之。」仍留不遣。至是勒疾篤，遺命曰：「大雅兄弟，宜善相保，司馬氏，汝曹之前車也。中山王宜深思周、霍，勿爲將來口實。」勒卒，虎劫太子弘，使收程遐、徐光，下廷尉，召其子邃使將兵入宿衛。弘大懼，讓位於虎，虎曰：「若不堪重任，天下自有大義，何足豫論！」弘乃即位。殺遐、光。夜，以勒喪潛瘗山谷，乃備儀衛，虛葬于高平陵。

八月，趙石虎自爲丞相、魏王。九月，弑其太后劉氏。冬，十月，趙河東王石生等舉兵討之，不克而死。趙石虎自爲丞相、魏王、大單于，加九錫。勒舊臣皆補散任，虎親黨悉署要職。劉太后謂彭城王堪曰：「先帝甫晏駕，丞相遽相陵藉如此。將若之何？」堪曰：「宫省之内，無可爲者，請奔兗州，與兵誅之。」遂微服輕騎襲兗州，不克，南奔譙。虎遣將追獲送襄國，并劉氏殺之。劉氏有膽略，佐勒建功業，有吕后之風。時石生鎮關中，石朗鎮洛陽，聞變，皆舉兵討虎。生遣使降晉，而蒲洪西附張駿。虎攻朗，斬之。進向長安，生麾下斬生以降。虎命麻秋討洪，洪降於虎。説虎徙關中豪桀及氐、羌以實東方，虎從之。徙十餘萬户于關東。以洪爲龍驤將軍、流民都督，居枋頭；以姚弋仲爲奮武將軍、西羌大都督，居灄頭。虎還，建魏臺〔七〕，如魏武輔漢故事。

慕容皝兄翰犇段氏，弟仁據遼東。慕容皝初嗣位，用法嚴峻，國人不安，主簿皇甫真切諫，不聽。皝庶兄翰、母弟仁皆有勇略，屢立戰功得志，有寵於廆。皝忌之，翰乃與其子出奔段氏。段遼素聞其才，甚愛重之。仁據平郭，皝遣兵討之，大敗。於是仁盡有遼東之地；段遼及鮮卑諸部皆應之。皝追思真言，以爲平州別駕。

張駿遣張淳來上表。張駿欲假道於成以通表建康，成主雄不許。駿乃遣治中從事張淳稱藩於成以假道，雄僞許之，將使盗覆諸東峽。或以告淳，淳謂雄曰：「寡君使小臣行無迹之地，通誠於建康者，以陛下嘉尚忠義，能成人之美故也。若欲殺臣，當斬之都市，宣示衆目曰：『涼州不忘舊德，通使琅邪，主聖臣明，發覺殺之。』如此，則義聲遠播，天下畏威。今使盗殺之江中，威刑不顯，何足以示天下乎！」雄大驚曰：「安有此耶！」司隷景騫言於雄曰：「張淳壯士，請留之。」雄曰：「壯士安肯留！且試以卿意觀之。」騫謂淳曰：「卿體豐大，天熱，可且遣下吏，小住須涼。」淳曰：「寡君以皇輿播越，梓宫未返，生民塗炭，莫之振救，故遣淳通誠上都。所論事重，非下吏所能傳。使下吏可了，則淳亦不來矣。雖火山湯海，猶將赴之，豈寒暑之足憚哉！」雄謂淳曰：「貴主英名蓋世，土險兵强，何不稱帝，自娱一方？」淳曰：「寡君祖考以來，世篤忠貞，以讎耻未雪，枕戈待旦，何自娱之有！」雄甚慚，厚爲禮而遣之。淳卒致命於建康。

甲午（三三四）

九年。趙主石弘延熙元年。

春，正月，仇池王楊難敵卒，子毅嗣，遣使來稱藩。

二月，以張駿爲大將軍。自是每歲使者不絶。

段遼遣兵攻柳城，破之。段遼遣其弟蘭與慕容翰將兵共攻柳城，慕容皝遣慕容汗等救之，大敗。蘭欲乘勝窮追，翰恐遂滅其國，止之曰：「受命之日，止求此捷。若貪進取敗，何以返面！」蘭曰：「此已成擒，卿正慮遂滅卿國耳！」翰曰：「吾投身相依，無復還理。國之存亡，於吾何有！但欲爲大國計耳。」乃命所部欲獨還，蘭不得已從之。

夏，六月，太尉、長沙公陶侃卒。侃晚年深以滿盈自懼，不預朝權，屢欲告老歸國，佐吏等苦留之。至是疾篤，上表遜位，奉送所假節、麾、幢、曲蓋、侍中貂蟬、太尉章、八州刺史印傳、棨戟；軍資、器仗、牛馬、舟船，皆有定簿，封印倉庫，自加管鑰。以後事付右司馬王愆期。輿車就船，將歸長沙，顧謂愆期曰：「老子婆娑，正坐諸君。」薨，謚曰桓。侃在軍四十一年，明毅善斷，識察纖密，人不能欺。自南陵迄於白帝，數千里中，路不拾遺。尚書梅陶嘗謂人曰：「陶公機神明鑒似魏武，忠順勤勞似孔明，陸抗諸人不能及也。」謝安每言：「陶公雖用法而恒得法外意。」安，鯤之從子也。

成主雄卒，太子班立。雄生瘍於頭，身素多金創。及病，舊痕皆膿潰，諸子惡而遠之。獨太子班晝夜侍側，不脱衣冠，親爲吮膿。雄召建寧王壽受遺詔輔政。及卒，班即位，政事皆委於壽及司徒何點、尚書令王瓌，班居中行喪禮，一無所預。

以庾亮都督江、荆等州軍事。亮鎮武昌，辟殷浩爲記室參軍。浩與褚裒、杜乂皆以識度清遠，善談老、易，擅名江東，而浩尤爲風流所宗。桓彝嘗謂裒曰：「季野有皮裏春秋。」言其外無臧否，而内有褒貶也。謝安曰：「裒雖不言，而四時之氣亦備矣。」

秋，以慕容皝爲鎮軍大將軍、平州刺史、遼東公。

冬，十月，成李越弑其主班而立其弟期。越，成主雄之子也。先出屯江陽，奔喪至成都。與其弟期謀作亂。班弟玝勸班遣越還江陽，以期爲梁州刺史。班以未葬，不忍，推心待之，遣玝出屯於涪。至是越因班夜哭，弑之於殯宫，奉期而立之。期以越爲相國，加大將軍壽大都督，皆録尚書事。

冬，十一月，趙石虎弑其主弘自立爲居攝天王。趙主弘自齎璽綬詣魏宫，請禪位。虎曰：「帝王大業，天下自當有議，何爲自論邪！」弘流涕還宫，請太后程氏曰：「先帝種真無復遺矣！」於是尚書奏：「魏臺請依唐、虞禪讓故事。」虎曰：「弘愚暗，居喪無禮，不可以君萬國，便當廢之，何禪讓也！」遂廢之。虎稱居攝天王，幽弘及太后，尋皆殺之。姚弋仲稱疾不賀，累召乃至。正色謂虎曰：「弋仲常謂大王命世英雄，奈何把臂受託而返奪之邪？」虎心雖不平，然察其誠實，亦不之罪。

慕容皝攻遼東，克之。皝欲悉阬遼東民，高詡諫曰：「今元惡猶存，始克此城，遽加夷滅，則未下之城，無歸善之路矣。」皝乃止。

乙未（三三五）

咸康元年。趙太祖石虎建武元年，成主李期玉恒元年。

春，正月，朔，帝冠。

三月，幸司徒導府。司徒導羸疾，不堪朝會。帝幸其府，與羣臣宴于内室，拜導及其妻曹氏。侍中孔坦密諫，以爲初加元服，動宜顧禮。時帝方委政於導，坦復言曰：「陛下春秋已長，聖敬日躋，宜博納朝臣，諮諏善道。」導聞而惡之，出爲廷尉。坦以疾去職。丹陽尹桓景諂巧，導親愛之。會熒惑守南斗經旬，導謂將軍陶回曰：「斗，揚州之分，吾當遜位以厭天譴。」回曰：「公以明德作輔，而與桓景造膝，使熒惑何以退舍。」導深愧之。導辟王濛、王述爲掾屬。濛不脩小廉，而以清約見稱。與沛國劉惔友善，惔常稱濛性至通而自然有節。濛曰：「劉君知我，勝我自知。」當時稱風流者，以惔、濛爲首。述性沈静，每坐客辯論蜂起，而述處之恬如也。年三十，尚未知名，人謂之癡。導以門地辟之。既見，唯問江東米價，述張目不答。導曰：「王掾不癡。」導每發言，一坐莫不贊美，述正色曰：「人非堯、舜，何得每事盡善。」導改容謝之。

夏，四月，趙王虎南遊，臨江而還。帝親勒兵，戒嚴，六日罷。趙王虎南遊，臨江而還。有游騎十餘至歷陽，太守袁耽表上之，不言多少。朝廷震懼。加司徒導大司馬，都督征討諸軍事。帝觀兵廣莫門，分命諸將救歷陽及戍慈湖、牛渚。郗鑒使廣陵相陳光將兵入衛。俄聞趙騎至少，又已去，遂解嚴。導解司馬，耽坐輕妄免官。

大旱。

秋，九月，趙遷都鄴。

趙聽其民事佛。初，趙主勒以天竺僧佛圖澄豫言成敗，數有驗，敬事之。及虎即位，奉之尤謹，衣以綾錦，乘以彫輦。朝會之日，太子諸公扶翼上殿。國人化之，爭造寺廟，削髮出家。至是或避賦役爲姦宄。詔中書曰：「佛，國家所奉，里閭小人無爵秩者，應得事不？」著作郎王度等議曰：「王者祭祀，典禮具存。佛，外國之神，非天子所應祠也。漢、魏唯聽西域人立寺都邑，漢人皆不得出家。今宜禁公卿以下毋得詣寺燒香禮拜，其趙人爲沙門者，皆返初服。」虎詔曰：「朕生自邊鄙，忝君諸夏，至於饗祀，應從本俗。其夷、趙百姓樂事佛者，特聽之。」

成殺其臣羅演及故主班母羅氏。成太子班之舅羅演等謀殺成主期，立班子。事覺，期殺演等，及班母羅氏。期自得志，輕諸舊臣，信任景騫、姚華、田褒、中常侍許涪等，刑賞大政，皆決於數人。褒無他才，嘗勸雄立期爲太子，故有寵。由是紀綱隳紊，雄業衰矣。

冬，十月，朔，日食。

建安君荀氏卒。荀氏，明帝母也，在禁中尊重同於太后。卒，贈豫章郡君。

代王紇那復入，翳槐奔趙。

張駿遣使上疏，請北伐。初，張軌及寔、茂保據河右，軍旅之事，無歲無之。及駿嗣位，境内漸平。駿勤修庶政，總御文武，咸得其用，民富兵强，遠近稱爲賢君。駿遣將伐龜茲、鄯善，於是西域諸國皆詣姑臧朝貢。駿有兼秦、雍之志，遣使上疏，以爲：「勒、雄既死，虎、期繼逆。先老消落，後生不識，慕戀之心，日遠日忘。乞敕司空鑒、征西亮等泛舟江、沔，首尾齊舉。」

丙申（三三六）

二年。趙建武二年。

春，正月，彗星見奎婁。

慕容皝討其弟仁，殺之。皝將討仁，司馬高詡曰：「仁叛棄君親，民神共怒。前此海未嘗凍，自仁反以來，凍者三矣。天其或者欲使吾乘冰以襲之也。」皝從之。自昌黎東踐冰而進，凡三百餘里。至歷林口，捨輜重，輕兵趣平郭。去城七里，候騎以告仁，仁狼狽出戰。皝縱擊，擒之。先爲斬其帳下之叛者，然後賜仁死。

二月，立皇后杜氏。帝臨軒，遣使備六禮逆之，羣臣畢賀。后，預孫女也。

前廷尉孔坦卒。坦疾篤，庾冰省之，流涕。坦慨然曰：「大丈夫將終，不問以濟國安民之術，乃爲兒女子相泣邪！」冰深謝之。

趙作太武殿，東、西宮。趙作太武殿於襄國，作東、西宮於鄴，皆甃以文石，以漆灌瓦，金璫銀楹，珠簾玉壁，窮極工巧。選士民之女以實之，服珠玉、被綺縠者萬餘人。教宮人占星氣、馬步射。以女騎千人爲鹵簿，皆著紫綸巾，熟錦袴，執羽儀，鳴鼓吹，遊宴以自隨。於是境内大旱，金一斤直粟二斗，百姓嗷然。而虎用兵不息，百役並興。徙洛陽鍾虡、九龍、翁仲、銅駝、飛廉於鄴。又於鄴南投石於河，以作飛橋，功費數千萬億，竟不成。

丁酉(三三七)

三年。趙建武三年。

春，正月，趙王虎稱趙天王。初，左校令成公段作庭燎於杠末，高十餘丈，上盤置燎，下盤置人，虎試而悦之。至是文武五百餘人入上尊號，庭燎油灌下盤，死者二十餘人。虎惡之，腰斬成公段。

立太學。國子祭酒袁瓌、太常馮懷以江左寖安，請興學校，帝從之。立太學，徵集生徒。而士大夫習尚老、莊，儒術終不振。

秋，七月，趙王虎殺其太子邃，更立子宣爲太子。邃素驍勇，虎愛之。常謂羣臣曰：「司馬氏父子兄弟自相殘滅，故使朕得至此；如朕有殺阿鐵理否？」既而邃驕淫殘忍，好粧飾美姬，斬其首，與賓客傳觀，又烹其肉共食之。虎荒耽酒色，喜怒無常。使邃省可尚書事，誚責笞棰，月至再三。邃私謂中庶子李顔等曰：「官家難稱，吾欲行冒頓之事，卿從我乎？」顔等伏不敢對。邃遂稱疾不視事。佛圖澄謂虎曰：「陛下不宜數往東宫。」虎將視邃疾，思澄言而還。命所親信女尚書往察之。邃抽劍擊之。虎怒，收顔等詰問，顔具言狀，殺顔等三十餘人。廢邃，殺之，并男女二十六人，同埋一棺。而立宣爲太子。

慕容皝自稱燕王。鎮軍長史封奕等勸皝稱王，皝從之。因以奕爲國相。

燕稱藩于趙。燕王皝欲伐段氏，以其數侵趙邊，乃遣使稱藩於趙，乞師討遼，而請悉衆以會之。趙王虎大悦，厚加慰答，期以明年。

趙納代王翳槐于代，紇那奔燕。

楊初殺楊毅，自稱仇池公，附於趙。

校勘記

〔一〕置守冢三家　「三」，殿本、通鑑卷九一晉紀十三晉元帝太興三年七月作「二」。

〔二〕徐州刺史卞敦退保盱眙　「刺史卞敦」四字原脱，據月崖本、成化本、殿本、通鑑卷九二晉紀十四晉明帝太寧元年三月補。

〔三〕且有山東之虞　「山東」原作「東山」，據月崖本、成化本、殿本、通鑑卷九二晉紀十四晉明帝太寧元年八月乙正。

〔四〕鳳亦推嶠　「嶠」原作「似」，據月崖本、成化本、殿本、通鑑卷九三晉紀十五晉明帝太寧二年五月改。

〔五〕更守金墉　「墉」原作「城」，據月崖本、成化本、殿本、通鑑卷九四晉紀十六晉成帝咸和三年十一月改。

〔六〕朝議欲留嶠輔政　「嶠」字原脱，據殿本、通鑑卷九四晉紀十六晉成帝咸和四年三月補。

〔七〕建魏臺　「建」字原脱，據月崖本、成化本、殿本、通鑑卷九五晉紀十七晉成帝咸和八年十月補。

資治通鑑綱目卷二十

起戊戌晉成帝咸康四年，盡己未晉穆帝升平三年，凡二十二年。

戊戌（三三八）

四年。趙建武四年。成改號漢，中宗李壽漢興元年；代高祖什翼犍建國元年。舊大國一，漢、涼小國二，新小國一，凡四僭國。

春，趙王虎、燕王皝合兵攻段氏，破之。虎拔令支，悉取其地。趙王虎擊段遼。使桃豹等將舟師十萬出漂渝津，支雄等帥步騎七萬爲前鋒。燕王皝引兵攻掠令支以北，段遼將追之，慕容翰曰：「今趙兵在南，當并力禦之；而更共燕鬭，萬一失利，何以禦南敵乎！」段蘭怒曰：「吾前爲卿所誤，以成今日之患；今不復墮卿計中矣！」乃悉衆追之。皝設伏邀擊，大破之，掠五千户而歸。虎進屯金臺。支雄長驅入薊，遼所署漁陽、上谷、代郡守相皆降，取四十餘城。北平相陽裕帥數千家登燕山以自固。諸將恐其爲後患，欲攻之。虎曰：「裕儒生，矜惜名節，耻於迎降耳，無能爲也。」遂過之，至徐無。遼不敢復戰，棄令支，奔密雲山。慕容翰奔宇文氏。虎入令支宮，徙二萬餘户於司、雍、兖、豫四州；士大夫之有才行者，皆擢叙之。陽裕詣軍門降。

夏，四月，成李壽弑其主期而自立，改國號漢。成主期驕虐日甚，多所誅殺，大臣多不自安。尤忌漢王壽威名，使出屯涪。壽懼不免，每當入朝，常詐爲邊書，辭以警急。初，巴西處士龔壯，父、叔皆爲李特所殺。壯欲報仇，積年不除喪。壽數以禮辟之，壯不應；而往見壽，壽問自安之策。壯曰：「蜀民本皆晉臣，節下若能發兵西取成都，稱藩於晉，則福流子孫，名垂不朽，豈徒脱今日之禍而已！」壽然之。遂襲成都。壽世子勢爲翊軍校尉，開門納之，遂克成都，屯兵宫門。奏殺大臣數人，縱兵大掠，數日乃定。矯太后任氏令，廢期爲縣公，幽之，期縊而卒。羅恒、解思明等勸壽如壯策，壽用任調等言，遂自稱帝，改國號曰漢，尊父驤帝號，更以舊廟爲大成廟，後竟盡殺成主雄諸子。以安車束帛徵龔壯爲太師，壯誓不仕，贈遺一無所受。

五月，趙王虎擊燕，不克。燕慕容恪追擊，大敗之。趙王虎以燕不會攻段遼而自專其利，伐之。又遣使出招誘民夷，得三十六城。遂進逼棘城。皝欲出亡，帳下將慕輿根諫曰：「趙强我弱，大王一舉足則趙之氣勢遂成，不可復敵矣。今固守堅城，其勢百倍。事之不濟，不失於走，奈何望風委去，爲必亡之理乎！」皝乃止，然猶懼形於色。玄菟太守劉佩曰：「事之安危，繫於一人。大王當自强以厲將士，不宜示弱。事急矣，臣請出擊之，縱無大捷，足以安衆。」乃將敢死數百騎出衝趙兵，所向披靡，斬獲而還。於是士氣自倍，皝意乃安。根等晝夜力戰，凡十餘日，趙兵不能克而退。皝遣其子恪帥二千騎追擊之，趙兵大敗，斬獲三萬餘級。諸軍皆潰，惟游擊將軍石閔一軍獨全。閔本姓冉，虎養爲子，能驍勇善戰，多策略，虎愛之，比諸孫。虎還鄴，蒲洪以功拜都督六夷諸軍事。閔言於虎曰：「洪雄儁，得將士死力，諸子皆有非常之才，且握强兵，據近畿，宜密除之，以安社稷。」虎曰：「吾方倚其父子以取吴、蜀，奈何殺之！」待之愈厚。䟫分兵討諸叛城，皆下之，誅滅甚衆。虎遣曹伏將青州之衆戍海島，運穀三百萬斛以給之。又以船三百艘運穀詣高句麗，使王典帥衆萬餘屯田海濱，又令青州造船千艘，謀復擊燕。

趙冀州大蝗。趙冀州八郡蝗，司隸請坐守宰。趙王虎曰：「此朕失政所致，而欲委咎守宰，豈罪己之意耶！司隸不進讜言，佐朕不逮，而欲妄陷無辜，可白衣領職！」

以司徒導爲太傅，都督中外諸軍事；郗鑒爲太尉，庾亮爲司空。六月，更以導爲丞相，罷司徒官。導性寬厚，委任諸將趙胤、賈寧等，多不奉法，大臣患之。亮與鑒牋曰：「主上自八九歲以及成人，入則在宫人之手，出則唯武官、小人，讀書無從受音句〔一〕，顧問未嘗遇君子。秦政欲愚其黔首，天下猶知不可，況欲愚其主哉！人主春秋既盛，不稽首歸政，甫居師傅之尊，多養無賴之士。公與下官並荷託付，大姦不掃，何以見先帝於地下乎！」欲共起兵廢導，鑒不聽。或勸導密爲之備，導曰：「吾與元規休戚是同，悠悠之談，宜絶智者之口。則如君言，吾便角巾還第，復何懼哉！」孫盛諫亮曰：「王公常有世外之懷，豈肯爲凡人事邪！此必佞邪之徒，欲間内外耳。」亮乃止。是時亮雖居外鎮，而遥執朝權，既據上流，擁强兵，趣勢者多歸之。導内不能平，常遇西風塵起，舉扇自蔽，徐曰：「元規塵污人。」

導以李充爲掾。充以時俗崇尚浮虚，嘗以爲老子絶仁棄義，蓋患乎情仁義者寡，而利仁義者衆耳。而凡人見形逐迹，離本逾遠，乃作學箴以祛其蔽，曰：「名之攸彰，道之攸廢；乃損所隆，乃崇所替。非仁無以長物，非義無以齊耻，仁義固不可遠，去其害仁義者而已。」

秋，漢霖雨。蜀中久雨，百姓饑疫。漢主壽命羣臣極言得失。龔壯上封事曰：「陛下起兵之初，上指星辰，昭告天地，歃血盟衆，舉國稱藩，天應人悦，大功克集。而論者未諭，權宜稱制。今淫雨百日，饑疫並臻，天其或者將以監示陛下故也。愚謂宜遵前盟，推奉建康，彼必不愛高爵重位以報大功；雖降階一等，而子孫無窮，永保福祚，不亦休哉！」壽省書内慚，祕而不宣。

冬，十月，光禄勳顔含致仕。顔含以老遜位。時論者以王導帝之師傅，百僚宜爲降禮。太常馮懷以問含。含曰：「王公雖貴重，理無偏敬。降禮之言，或是諸君事宜；鄙人老矣，不識時務。」既而告人曰：「吾聞伐國不問仁人。向馮祖思問佞於我，我豈有邪德乎！」郭璞嘗欲爲之筮，含曰：「年在天，位在人，修己而天不與者，命也；守道而人不知者，性也；自有性命，無勞蓍龜。」致仕二十餘年，年九十三而卒。

代王翳槐卒，弟什翼犍立。代王翳槐之弟什翼犍質於趙，翳槐疾病，命諸大人立之。翳槐卒，諸大人以什翼犍在遠，來未可必，謀立次弟孤。孤不可，自詣鄴迎什翼犍，請身留爲質。趙王虎義而俱遣之。什翼犍即位於繁時北，分國之半以與孤。代自猗盧卒，國多内難，部落離散。什翼犍雄勇有智略，能修祖業。始置百官，分掌衆務。以代人燕鳳爲長史，許謙爲郎中令。制反逆、殺人、姦盗之法，號令明白，政事清簡，無繫訊連逮之煩，百姓安之。於是東自濊貊，西及破落那，南距陰山，北盡沙漠，率皆歸服，有衆數十萬人。

十二月，趙遣兵迎段遼，燕慕容恪擊敗之，以遼歸，殺之。段遼自密雲山遣使求迎于趙，既而中悔，復遣使于燕。趙王虎遣麻秋帥衆迎之，敕秋曰：「受降如受敵，不可輕也！」燕王皝亦自將迎遼，遼密與燕謀覆趙軍。皝遣恪伏精騎於密雲山，大敗秋兵，獲其司馬陽裕，盡得遼衆。待遼以上賓之禮，以裕爲郎中令。久之，遼謀反，皝斬之。

己亥(三三九)

五年。趙建武五年。

春，三月，庾亮表請伐趙，詔諭止之。亮欲開復中原，表以桓宣鎮襄陽，弟懌鎮魏興，翼鎮江陵，毛寶、樊峻戍邾城。上疏：「欲帥大衆十萬移鎮石城，遣諸軍羅布江、沔，爲伐趙之規。」帝下其議。丞相導請許之。太尉鑒議，以爲：「資用未備，不可大舉。」太常蔡謨議曰：「時有否泰，道有屈伸，苟不計强弱而輕動，則亡不終日，何功之有！爲今之計，莫若養威以俟時。時之可否，繫胡之强弱。胡之强弱，繫虎之能否。自石勒舉事，虎常爲爪牙，百戰百勝，遂定中原。勒死之後，虎挾嗣君，誅將相，内難既平，翦削外寇，四境之内，不失尺土。以是觀之，虎爲能乎，將不能也？今征西欲自將大軍席卷河南，虎必親帥其衆來決勝負，欲與之戰，何如石生？若欲城守，何如金墉？欲阻沔水，何如大江？欲拒石虎，何如蘇峻？石生猛將，關中精兵，征西之戰殆不能勝也。金墉險固，劉曜十萬衆不能拔。又當是時，洛陽、關中皆舉兵擊虎，今此三鎮反爲其用。方之於前，倍半之勢也。石生不能敵其半，而征西欲當其倍，愚所疑也。蘇峻之强不及石虎，沔水之險不及大江，大江不能禦蘇峻，而欲以沔水禦石虎，又所疑也。昔祖士稚在譙，佃於城北界，豫置軍屯以禦其外。穀熟胡至，丁夫戰於外，老弱穫於内，多持炬火，急則燒穀而走。如此數年，竟不獲利。當是時，胡唯據河北，方之於今，四分之一耳。士稚不能捍其一，而征西欲以禦其四，又所疑也。然此但論征西既至之後耳，尚未論道路之慮也。自沔以西，水急岸高，魚貫泝流，首尾百里。若胡無宋襄之義，及我未陣而擊之，將如之何？今王土與胡，水陸異勢，便習不同。胡若送死，則敵之有餘，若棄江遠進，以我所短，擊彼所長，懼非廟勝之算也。」朝議多與謨同，乃詔亮不聽移鎮。

代王什翼犍求昏於燕。什翼犍會諸大人，議都灅源川。其母王氏曰：「吾自先世以來，以遷徙爲業。今國家多難，若城郭而居，一旦寇來，無所避之。」乃止。什翼犍求昏於燕，燕王皝以其妹妻之。

秋，七月，丞相、始興公王導卒。以何充爲護軍將軍，庾冰爲中書監、揚州刺史，參録尚書事。導簡素寡欲，善因事就功，雖無日用之益，而歲計有餘。輔相三世，倉無儲穀，衣不重帛。初，導與庾亮共薦丹陽尹何充於帝，且曰：「臣死之日，願引充内侍，則社稷無虞矣。」及導卒，詔喪葬參用天子之禮，謚曰文獻。徵庾亮爲丞相，亮固辭。遂以充及亮弟冰參録尚書事。冰經綸時務，不捨晝夜，賓禮朝賢，升擢後進，由是朝野翕然稱爲賢相。初，導輔政，每從寬恕，至冰頗任威刑，丹陽尹殷融諫之。冰曰：「前相之賢，猶不堪其弘，況如吾者哉！」范汪謂冰曰：「頃天文錯度，足下宜盡消禦之道。」冰曰：「玄象豈吾所測，正當勤盡人事耳！」又隱實户口，料出無名萬餘人，以充軍實。冰好爲糾察，近於繁細，後益矯違，復存寬縱，疏密自由，律令無用矣。

八月，改丞相爲司徒。

太尉、南昌公郗鑒卒。以蔡謨都督徐、兖軍事。鑒疾篤，上疏曰：「臣所統錯雜，率多北人，遷徙新附，皆有歸本之心。臣宣國恩，示以好惡，處與田宅，漸得少安。聞臣疾篤，衆情駭動，若當北渡，必啓寇心。太常臣謨，平簡貞正，素望所歸，可爲徐州。」鑒卒，即以謨代之。時左衛將軍陳光請伐趙，詔遣攻壽陽，謨上疏曰：「壽陽城小而固。又，王師在路五十餘日，前驅未至，聲息久聞，賊河北之騎，足以來赴。況停船水渚，引兵造城，前對堅敵，顧臨歸路〔二〕，此兵法之所誡也。今光所將皆殿中精兵，以國之爪士擊寇之下邑，得之則利薄而不足損敵，失之則害重而足以益寇，非長策也。」乃止。

九月，趙人入寇，攻沔南及邾城，陷之。初，陶侃在武昌，議者以江北有邾城，宜分兵戍之。侃每不答，而言者不已。侃乃渡水獵，引將佐語之曰：「我所以禦寇者，長江耳。邾城隔在江北，内無所倚，外接羣夷。夷中利深，晉人貪利，夷不堪命，必引虜入寇。此乃致禍之由也。若羯虜有可乘之會，又不資於此矣。」至是庾亮使毛寶、樊峻戍之，趙王虎遣夔安等將兵數萬入寇，敗晉兵，殺五將軍。以二萬騎攻邾城，寶求救於亮，亮不時遣。沔南、邾城皆陷，寶、峻突圍赴江死。安進寇江夏，義陽皆降。進圍石城，竟陵太守李陽拒擊，敗之，乃退。時亮猶欲遷鎮，聞邾城陷〔三〕，乃止。

趙以李巨爲御史中丞。趙王虎患貴戚豪恣，乃擢巨爲中丞，中外肅然。虎曰：「朕聞良臣如猛虎，高步曠野而豺狼避路，信哉！」

漢殺其臣李演。羅恒、解思明復議奉晉，漢主壽不從。李演復上書言之，壽怒，殺演。壽常慕漢武、魏明之爲人，恥聞父兄時事，上書者不得言先世政教，自以爲勝之也。

冬，燕王皝遣長史劉翔來獻捷。燕王皝自以稱王未受晉命，遂遣長史劉翔來獻捷論功，且言權假之意，並請刻期大舉，共平中原。皝又使其子恪、霸擊宇文別部。霸年十三，勇冠三軍。

張駿立辟雍、明堂。

庚子（三四〇）

六年。趙建武六年。

春，正月，司空庾亮卒。以何充爲中書令，庾翼都督江、荆等州軍事。時人疑翼年少，不能繼其兄。翼悉心爲治，戎政嚴明，數年之間，公私充實，人皆稱其才。

慕容翰自宇文部歸于燕。宇文逸豆歸忌翰才名，翰乃陽狂乞食，舉國賤之，不復省録。以故得往來自遂，山川形便，皆默記之。燕王皝以翰因猜嫌出奔，雖在它國，常潛爲燕計，乃遣商人王車通市於宇文部以迎之。翰遂竊逸豆歸名馬，携其二子逃歸。皝大喜，厚遇之。

有星孛于太微。

三月，代始都雲中。

秋，漢大閲於成都。趙王虎遺漢主壽書，欲連兵入寇，中分江南。壽大喜，集士卒爲舟師，大閲於成都。龔壯諫曰：「陛下與胡通，孰若與晉通？胡，豺狼也，既滅晉，不得不北面事之。若與爭天下，則强弱不敵，危亡之勢也。」羣臣亦皆叩頭泣諫，壽乃止。壯以爲人之行莫大於忠孝，既報父、叔之仇，又欲使壽事晉，壽不從。乃詐稱耳聾，辭歸，以文籍自娱，終身不復至成都。

冬，趙大發兵以伐燕。燕人襲之，入趙高陽，趙師還。趙王虎合兵五十萬，具船萬艘，自河通海，運穀千一百萬斛于樂安城。徙遼西、北平、漁陽萬餘户于兖、豫、雍、洛。自幽州以東至白狼，大興屯田。括取民馬，敢匿者腰斬，凡得四萬餘匹。大閱於宛陽，欲以擊燕。燕王皝曰：「虎自以樂安城防守重複，薊城南北必不設備，今若詭路出其不意，可盡破也。」遂帥諸軍入自蠮螉塞，直抵薊城。破武遂津，入高陽，所至焚燒積聚，略三萬餘家而去。趙兵乃還。

趙命其太子宣及弟韜迭省尚書奏事。趙王虎以韜爲太尉，與宣迭日省可尚書奏事，不復啓白。司徒申鍾諫曰：「太子職在視膳，不當預政，庶人邃覆車未遠也。且二政分權，鮮不階禍。愛之不以道，適所以害之也。」虎不聽。中謁者令申扁有寵於虎，宣亦昵之，使典機密。虎既不省事，而宣、韜皆好酣飲、畋獵，由是除拜生殺皆決於扁，自九卿以下，望塵而拜。

漢遣使如趙，趙人報之。漢主壽致書於後趙王虎，署曰「趙王石君」。虎不悦。中書監王波曰：「壽既僭大號，今以制詔與之，彼必酬返，不若復爲書與之。」會挹婁國獻楛矢石砮於趙，波因請以遺漢，曰：「使其知我能服遠方也。」虎從之，遣漢亡將李閎歸報。閎至成都，壽下詔曰：「羯使來庭，貢其楛矢。」虎聞之，怒，黜波，以白衣領職。

辛丑（三四一）

七年。趙建武七年。

春，正月，燕築龍城。燕築城於柳城之北、龍山之西，立宗廟、宮闕，命曰龍城。

二月，朔，日食。

封慕容皝爲燕王。劉翔至建康，帝引見，問慕容鎮軍平安。對曰：「臣受遣之日，朝服拜章。」翔爲皝求大將軍、燕王章璽。朝議以爲：「故事：大將軍不處邊；異姓不封王。」翔曰：「自劉、石構亂，長江以北，翦爲戎藪，未聞中華公卿之胄有能摧破凶逆者也。獨慕容鎮軍心存本朝，屢殄强敵，使石虎畏懼，蹙國千里。功烈如此，而惜海北之地不以爲封邑，何哉？吾非苟尊所事，竊惜聖朝疏忠義之國，使四海無所勸慕耳。」尚書諸葛恢，翔之姊夫也，獨主異議，以爲：「夷狄相攻，中國之利。惟器與名，不可輕許。」乃謂翔曰：「借使慕容鎮軍能除石虎，乃是復得一石虎也，朝廷何賴焉！」翔曰：「嫠婦猶知恤宗周之隕。今晉室阽危，君位侔元、凱，曾無憂國之心。慕容鎮軍枕戈待旦，志殄凶逆，而君更唱邪惑之言。四海所以未壹，良由君輩耳！」翔留歲餘，衆議終不決。會皝上表，罪狀庾氏兄弟，又與冰書，責其當國，不能雪耻。冰懼，乃與何充奏從其請。以皝爲大將軍、幽州牧、大單于、燕王，備物典策，皆從殊禮。以翔爲代郡太守。翔固辭不受。翔疾江南士大夫以驕奢酣縱相尚，嘗因宴集，謂充等曰：「四海板蕩，奄踰三紀，宗社爲墟，黎民塗炭，斯乃廟堂焦慮之時，忠臣畢命之秋也。而諸君宴安江沱，肆情縱欲，以奢靡爲榮，以傲誕爲賢。謇諤之言不聞，征伐之功不立，將何以尊主濟民乎！」充等甚慚。乃遣使持節册命，與翔偕北。公卿餞之，翔曰：「昔少康資一旅以滅有窮，句踐憑會稽以報强吳，蔓草猶宜早除，況寇讎乎！今石虎、李壽，志相吞噬，王師縱未能澄清北方，且當從事巴、蜀。一旦石虎先人舉事，併壽而有之，據形便之地以臨東南，雖有智者，不能善其後矣。」中護軍謝廣曰：「是吾心也。」

三月，皇后杜氏崩。夏，四月，葬恭皇后。

詔正土斷、白籍。

秋，代築盛樂城。燕慕容恪鎮平郭。燕王皝以恪爲度遼將軍，鎮平郭。恪撫舊懷新，屢破高麗兵，高麗畏之，不敢入境。

漢殺其僕射蔡興、李嶷。初，成主雄以儉約寬惠得蜀人心。及李閎還，盛稱鄴中繁庶，宮殿壯麗；且言趙王虎以刑殺御下，故能控制境內。壽慕之，大脩宮室；人有小過，輒殺以立威。僕射蔡興、李嶷皆坐直諫死，民疲於賦役，思亂者衆。

壬寅(三四二)

八年。趙建武八年。

春，正月，朔，日食。

二月，豫州刺史庾懌有罪，自殺。懌以酒餉江州刺史王允之。允之覺其毒，飲犬，犬斃，密奏之。帝曰：「大舅已亂天下，小舅復欲爾邪！」懌遂飲鴆而卒。

夏，六月，帝崩，琅邪王岳即位。帝幼沖嗣位，既長，頗有勤儉之德。至是不豫，或詐爲尚書符，敕宮門無得內宰相，衆皆失色。庾冰曰：「此必詐也。」推問，果然。帝二子丕、弈皆在襁褓。冰恐易世之後，親屬愈疏，爲人所間，請以母弟琅邪王岳爲嗣，帝許之。中書令何充曰：「父子相傳，先王舊典。且今將如孺子何！」冰不聽。帝乃詔冰、充及武陵王晞、會稽王昱、尚書令諸葛恢並受顧命而崩。琅邪王即位，亮陰不言，委政於冰、充。

封成帝子丕爲琅邪王，弈爲東海王。

秋，七月，葬興平陵。以何充都督徐州軍事。帝徒行送喪，至閶闔門，乃升素輿。既葬，臨軒，庾冰、何充侍坐。帝曰：「朕嗣鴻業，二君之力也。」充曰：「陛下龍飛，臣冰之力也。若如臣議，不覩升平之世。」帝有慚色。充避諸庾，出鎮京口。

冬，十月，燕遷都龍城。

十一月，燕王皝擊高句麗，入丸都，載其王釗父尸及母以歸。慕容翰言於燕王皝曰：「宇文屢爲國患。今逸豆歸篡竊得國，羣情不附。加之庸闇，將帥非才，國無防衛，軍無部伍。臣久在其國，悉其地形。今若擊之，百舉百克。然高句麗去國密邇，必乘虛掩吾不備。此心腹之患也，宜先除之。還取宇文，如返手耳。二國既平，利盡東海，國富兵强，無返顧之憂，然後中原可圖也。」皝曰：「善。」高句麗有二道，北道平闊，南道險狹，衆欲從北道。翰曰：「虜必重北而輕南。王宜帥鋭兵從南道擊之，出其不意，丸都不足取也。別遣偏師出北道，縱有蹉跌，其腹心已潰，四支無能爲也。」皝從之。自將勁兵四萬出南道，以翰及慕容霸爲前鋒。別遣長史王寓等將兵萬五千出北道以伐高句麗。其王釗果遣弟武帥精兵拒北道，自帥羸兵備南道。翰等先至，與釗合戰，皝以大衆繼之，高句麗兵大敗。諸軍乘勝，遂入丸都。釗單騎走，獲其母妻。會王寓等戰於北道，皆敗没，皝不復窮追，遣使招釗，不出。韓壽曰：「高句麗之地，不可戍守。今其主亡民散，潛伏山谷；大軍既去，必復鳩聚，收其餘燼，猶足爲患。請載其父尸，囚其生母而歸。俟其束身自歸，然後返之。撫以恩信，策之上也。」皝遂發釗父墓，載其尸，虜男女五萬餘口，毁丸都城而還。

十二月，立皇后褚氏。時徵后父豫州刺史褚裒爲侍中。裒以后父，不願居中任事，乃除江州刺史，鎮半洲。

趙作長安、洛陽宮。趙王虎作臺觀四十餘所於鄴，又營長安、洛陽二宮，作者四十餘萬人。又敕境内治南伐西討東征之計，皆三五發卒。造甲者五十餘萬人，船夫十七萬人。公侯牧宰，競營私利，百姓失業。貝丘人李弘因衆怨，謀作亂，事發，誅之，連坐者數千家。

趙徵兵入寇。濟南平陵城北石虎一夕移於城東南，有狼狐千餘迹隨之，迹皆成蹊〔四〕。虎喜曰：「石虎者，朕也；自西北徙而東南，天意欲使朕平蕩江南也。其敕諸州兵明年悉集，朕當親董六師，以奉天命。」羣臣皆賀，上皇德頌者一百七人。制：「征士五人出車一乘，牛二頭，米十五斛，絹十匹，不辦者斬。」民鬻子以供，猶不能給，自經於道樹者相望。

癸卯(三四三)

康帝建元元年。趙建武九年。

春，二月，高句麗王釗朝貢于燕。燕還其父尸，留母爲質，數年而後歸之。

秋，七月，詔議經略中原。庾翼表遣梁州刺史桓宣伐趙。翼在武昌，數有妖怪，欲移鎮樂鄉。王述與庾冰牋曰：「樂鄉去武昌千有餘里，數萬之衆，一旦移徙，興立城壁，公私勞擾。又江州當泝流供給，力役增倍。且武昌實江東鎮戍之中，非但扞禦上流而已。緩急赴告，駿奔不難。若移樂鄉，遠在西陲，一朝江渚有虞，不相接救。方嶽重將，固當居要害之地，爲内外形勢，使闚闟之心不知所向。昔秦忌亡胡之讖，卒爲劉、項之資；周惡檿弧之謠，而成褒姒之亂。是以達人君子，直道而行，禳避之道，皆所不取。正當擇人事之勝，理社稷之長計耳。」翼乃止。翼爲人慷慨，喜功名，不尚浮華。琅邪内史桓温，彝之子也，尚南康公主，豪爽有風概。翼與之友善，嘗薦於成帝曰：「温有英雄之才，願勿以常壻畜之。宜委以方、邵之任，必有弘濟之勳。」時杜乂、殷浩並才名冠世，翼獨弗之重也，曰：「此輩宜束之高閣，俟天下太平，然後徐議其任耳。」浩累辭徵辟，屏居十年，時人擬之管、葛。謝尚、王濛常伺其出處，以卜江左興亡。嘗相與省之，知浩有確然之志，既退，相謂曰：「深源不起，當如蒼生何！」翼請浩爲司馬。詔除侍中、安西軍司，浩不應。翼遺之書曰：「王夷甫立名非真，雖云談道，實長華競。明德君子，遇會處際，寧可然乎！」浩猶不起。浩父羨爲長沙相，在郡貪殘，庾冰與翼書屬之。翼報曰：「殷君驕豪，亦似由有佳兒，弟故小令物情容之。大較江東之政，嫗喣豪强。時有行法，輒施之寒劣。如往年偷石頭倉米一百萬斛，皆是豪將輩，而殺倉督監以塞責。山遐爲餘姚長，爲官出豪强所藏二千户，而衆共驅之，令不得安席。雖皆前宰惛謬，江東事去，寔此之由。兄弟不幸，橫陷此中，不能拔足於風塵之外，當共明目而治之。荆州所統二十餘郡，唯長沙最惡；惡而不黜，與殺督監者復何異邪！」翼以滅胡取蜀爲己任，使約燕、凉，刻期大舉。朝議多以爲難，唯冰意與之同，而桓温、譙王無忌皆贊成之。至是，詔議經略中原。翼欲悉衆北伐，表桓宣督諸軍趣丹水，桓温爲前鋒小督，帥衆入臨淮，並發所統六州奴及車牛驢馬，百姓嗟怨。

漢主壽卒，太子勢立。

庾翼移鎮襄陽。詔以翼都督征討軍事，庾冰都督荆、江等州軍事；徵何充爲揚州刺史，録尚書事。翼欲移鎮襄陽，恐朝廷不許，乃奏移鎮安陸。帝遣使譬止之。翼遂違詔北行，至夏口，復請鎮襄陽。翼時有衆四萬，詔加翼都督征討諸軍事。遣冰出鎮武昌以爲繼援。徵充輔政，又徵褚裒爲衛將軍，領中書令。裒以近戚畏嫌，尋復出，督兖州，鎮金城。

甲辰(三四四)

二年。趙建武十年，漢主李勢太和元年。

春，正月，趙大閱罷兵。趙主虎享羣臣於太武殿，有白雁百餘集馬道之南。時諸州兵集者百餘萬，太史令趙攬曰：「白雁集庭，宫室將空之象，不宜南行。」虎乃臨宣武觀大閱而罷。

燕王皝擊滅宇文部，逸豆歸走死。皝還，殺其兄翰。燕王皝與左司馬高詡謀伐宇文逸豆歸，詡曰：「伐之必克，然不利於將。」出而告人曰：「吾往必不返，然忠臣不避也。」於是皝自將，以慕容翰爲前鋒。逸豆歸遣南羅大涉夜干將兵逆戰，皝遣人謂翰曰：「涉夜干勇冠三軍，宜小避之。」翰曰：「涉夜干素有勇名，一國所賴。今吾克之，其國不攻自潰矣。然吾熟其爲人，雖有虛名，實易與耳。不宜避之，以挫吾兵氣。」遂進戰，斬之。宇文士卒不戰而潰，燕兵乘勝逐之，遂克其都城。逸豆歸走死漠北，宇文氏由是散亡。皝徙其部衆於昌黎，闢地千餘里。高詡中流矢卒。詡善天文，皝嘗謂曰：「卿有佳書而不見與，何以爲忠盡！」詡曰：「臣聞人君執要，人臣執職。執要者逸，執職者勞。是以后稷播種，堯不預焉。占候、天文，晨夜甚苦，非至尊之所宜親，殿下將安用之！」皝默然。翰與宇文氏戰，爲流矢所中，卧病積時。後漸差，於其家試騁馬。或告翰欲爲變，皝雖藉翰勇略，然終忌之，乃賜翰死。翰曰：「吾負罪出奔，既而復還，死已晚矣。然羯賊跨據中原，吾不自量，欲爲國家蕩壹區夏，此志不遂，没有遺恨。」飲藥而卒。

熒惑守房心。趙殺其中書監王波。趙太子宣怒領軍王朗，會熒惑守房，使趙攬言於趙主虎曰：「宜以貴臣王姓者當之。」虎曰：「誰可者？」攬曰：「無貴於王領軍。」虎問其次，攬無以對，因曰：「唯王波耳。」虎乃下詔，追罪波前議楛矢事，腰斬之。既而愍其無罪，追贈司空。

桓宣及趙兵戰于丹水，敗績。宣擊趙將李羆於丹水，爲羆所敗，慚憤而卒。庾翼遣子方之代領宣衆。

九月，帝崩，太子聃即位。尊皇后曰皇太后，太后臨朝稱制。帝疾篤，庾冰、庾翼欲立會稽王昱爲嗣，何充建議立皇子聃，乃立聃爲皇太子。帝崩，充奉太子即位，由是冰、翼深恨充。帝方二歲，太后臨朝稱制。充薦褚裒宜綜朝政，裒固請居藩，改督徐、兖，鎮京口。尚書奏：「裒見太后，在公庭則如臣禮，私覿則嚴父。」從之。

冬，十月，葬崇平陵。

荆、江都督庾冰卒。庾翼還鎮夏口。冰卒，翼留方之戍襄陽，還鎮夏口。詔翼復督江州。翼繕修軍器，大佃積穀，以圖後舉。

乙巳（三四五）

穆帝永和元年。趙建武十一年。燕王皝十二年。舊大國一，漢、凉、代小國三，新小國一，凡五僭國。

春，正月，趙大發民，治長安、洛陽宫。趙王虎發諸州四十餘萬人治未央、洛陽宫，造獵車千乘，刻期校獵。自靈昌津南至滎陽數千里爲獵場。犯其禽獸者，罪至死。增置女官二十四等，大發民女三萬餘人以配之。郡縣多强奪人妻，殺其夫，荆楚、揚、徐流叛略盡。守令坐不能綏懷，下獄誅者五十餘人。光禄大夫逯明切諫，虎怒殺之。

燕罷苑囿以給新民。燕王皝以牛假貧民，使佃苑中，税其什之八，自有牛者税其七。記室參軍封裕諫，以爲：「古者什一而税，天下之中正也。降及魏、晉，仁政衰薄，猶不取其十八也。今殿下拓地三千里，增民十萬户，其無田者十有三四，是宜悉罷苑囿以賦新民，無牛者官賜之牛，不當更收重税也。今官司猥多，皆宜澄汰。工商末利，宜立常員。學生三年無成，當歸之於農。參軍王憲、大夫劉明近以言忤旨，免官禁錮。長史宋該阿媚苟容，輕劾諫士，不忠之甚者也。」皝乃下令，悉從其言。仍賜裕錢五萬，宣示内外，欲陳過失者，勿有所諱。皝雅好文學，常親臨庠序講授，考校學徒至千餘人，頗有妄濫者，故裕及之。

以會稽王昱爲撫軍大將軍，録尚書六條事。詔徵褚裒輔政。尚書劉遐説之曰：「會稽王令德雅望，足下宜以大政授之。」裒乃固辭，歸藩。昱清虚寡欲，尤善玄言，常以劉惔、王濛、韓伯爲談客，郗超、謝萬爲掾屬。超，鑒之孫也，少卓犖不羈。父愔，簡默冲退而嗇於財，積錢至數千萬。嘗開庫任超所取，超散施親故，一日都盡。萬，安之弟也，清曠秀邁，亦有時名。

二龍見于燕之龍山。燕有黑白二龍見于龍山，交首遊戲，解角而去。燕王皝祀以太牢，命所居新宫曰和龍。是歲始不用晋年號，自稱十二年。

秋，七月，江州都督庾翼卒，以桓温都督荆、梁軍事。翼病，表子爰之爲荆州刺史，委以後任。及卒，朝議以諸庾世在西藩，人情所安，欲從其請。何充曰：「荆楚，國之西門，户口百萬，北帶强胡，西隣勁蜀。得人則中原可定，失人則社稷可憂。陸抗所謂『存則吴存，亡則吴亡』者也。豈可以白面少年當之哉！桓温英略過人，有文武器幹，西夏之任，無出温者。」丹楊尹劉惔每奇温才，然知其有不臣之志，謂會稽王昱曰：「温不可使居形勝之地，其位號常宜抑之。」勸昱自鎮上流，以己爲軍司。昱不聽，以温代翼，又以惔監沔中軍，代庾方之。

漢主勢殺其弟廣。漢主勢之弟廣，以勢無子，求爲太弟，不許。馬當、解思明諫曰：「陛下兄弟不多，若復有所廢，將益孤危。」固請許之。勢疑其與廣有謀，收斬之，襲廣於涪城，廣自殺。思明被收，歎曰：「國之不亡，以我數人在也。今其殆矣！」思明有智略，敢諫諍；當素得人心。及其死，士民無不哀之。

冬，十二月，張駿自稱涼王。是歲，駿分境内二十二郡三營爲涼、河、沙州，駿自稱大都督、大將軍、假涼王，督攝之。始置祭酒等官，車服擬於王者。

趙以姚弋仲爲冠軍大將軍。弋仲清儉鯁直，不治威儀，言無畏避，趙王虎甚重之。

丙午(三四六)

二年。趙建武十二年，漢嘉寧元年。

春，正月，揚州刺史、都鄉侯何充卒。充有器局，臨朝正色，以社稷爲己任。所選用皆以功效，不私親舊。卒，謚曰文穆。

二月，以光禄大夫蔡謨領司徒。

燕襲夫餘，拔之，虜其王玄以歸。

三月，以顧和爲尚書令，殷浩爲揚州刺史。褚裒薦顧和、殷浩，詔以和爲尚書令，浩爲揚州刺史。和有母喪，固辭不起，謂所親曰：「古人有釋衰絰從王事者，以其才足幹時故也；如和者，正足以虧孝道，傷風俗耳。」浩亦固辭。會稽王昱與浩書曰：「屬當厄運，危弊理極，足下沈識淹長，足以經濟。若復深存挹退，苟遂本懷，吾恐天下之事於此去矣。足下去就，即時之廢興也。國家不異〔五〕，宜深思之。」浩乃就職。

夏，四月，朔，日食。

五月，涼王張駿卒，世子重華立。

趙殺其尚書朱軌，立私論朝政法。

趙中黃門嚴生惡朱軌，會久雨，譖軌不修道路，謗訕朝政，趙王虎囚之。蒲洪諫曰：「陛下德政不修，天降淫雨，七旬乃霽。霽方二日，雖有鬼兵百萬，亦未能去道路之塗潦，而況人乎！願止作徒，罷苑囿，出宮女，赦朱軌以副衆望。」虎雖不悦，亦不之罪，爲之罷長安、洛陽作役，而竟誅軌。又立私論朝政之法，聽吏告其君，奴告其主。公卿以下，朝覲以目，不敢相過談語。

趙攻涼州，張重華遣主簿謝艾將兵逆戰，大破之。

後趙遣將軍王擢、麻秋擊涼州，張重華悉發境内兵，使裴恒將以禦之。久而不戰，司馬張耽曰：「國之存亡在兵，兵之勝敗在將。今議者舉將，多推宿舊。夫韓信之舉，非舊德也。蓋才之所堪，則授以事。主簿謝艾，兼資文武，可用也。」重華召艾，問以方略。艾願請兵七千人，必破趙以報。重華拜艾中堅將軍，給步騎五千。艾引兵出，夜有二梟鳴于牙中，艾曰：「六博得梟者勝。今梟鳴牙中，克敵之兆也。」進與趙戰，大破之。麻秋之克金城也，縣令車濟不降，伏劍而死。秋又遣書誘致宛戍都尉宋矩，矩曰：「爲人臣，功既不成，唯有死節耳！」先殺妻子，而後自刎。秋曰：「皆義士也。」收而葬之。

冬，漢李弈舉兵攻成都，不克而死。

漢主勢驕淫，不恤國事，罕接公卿，信任左右，讒諂並進，刑罰苛濫，由是中外離心。太保李弈自晉壽舉兵反，衆至數萬。勢登城拒戰，射殺之。蜀土先無獠，至是始出〔六〕，自巴西至犍爲、梓潼，布滿山谷十餘萬落，不可禁制，大爲民患。加以饑饉，四境蕭條。

十一月，桓温帥師伐漢。桓温將伐漢，將佐皆以爲不可。江夏相袁喬曰：「夫經略大事，固非常情所及，智者了於胸中，不必待衆言皆合也。今爲天下患者，胡、蜀二寇而已。蜀雖險固，比胡爲弱，將欲除之，宜先其易者。李勢無道，臣民不附，且恃其險遠，不修戰備。宜以精卒萬人輕齎疾趨，比其覺之，我已出其險要，可一戰擒也。蜀地富饒，户口繁庶，諸葛武侯用之抗衡中夏。若得而有之，國家之大利也。論者恐大軍既西，胡必闚鬩，此似是而非。胡聞我萬里遠征，以爲内有重備，必不敢動。縱有侵軼，緣江諸軍足以拒守，必無憂也。」温拜表即行，委長史范汪以留事。朝廷以蜀道險遠，温衆少而深入，皆以爲憂，惟劉惔以爲必克。或問其故，惔曰：「以博知之。温善博者也，不必得則不爲。但恐克蜀之後，專制朝廷耳。」

丁未(三四七)

三年。趙建武十三年。是歲漢亡，大國一，凉、代、燕小國三，凡四僭國。

春，三月，桓温敗漢兵于笮橋，進至成都，漢主勢降。詔以爲歸義侯。温軍至青衣，漢大發兵，趣合水以拒之。諸將欲設伏於江南以待晉兵，將軍昝堅不從，引兵向犍爲。温軍至彭模，議者欲分爲兩軍，異道俱進，以分漢兵之勢。袁喬曰：「今懸軍深入，當合勢力，以取一戰之捷。萬一偏敗，大事去矣。不如全軍而進，棄去釜甑，齎三日糧，以示無還心，勝可必也。」温從之。留參軍孫盛將羸兵守輜重，自將步卒直指成都。進遇漢將李權，三戰三捷，漢兵散走。昝堅至犍爲，乃知與温異道，還至，則温軍於成都之十里陌矣，堅衆自潰。勢悉衆出戰于笮橋，温前鋒不利，矢及温馬首。衆懼，欲退，而鼓吏誤鳴進鼓，袁喬拔劍督士卒力戰，遂大破之。温乘勝長驅，至成都，縱火燒其城門。漢人惶懼，無復鬭志。勢輿櫬面縛詣軍門，温送勢於建康，引漢司空譙獻之等以爲參佐，舉賢旌善，蜀人悅之。留成都三十日，振旅還江陵。詔封勢歸義侯。

夏，四月，趙攻涼州。張重華遣謝艾將兵擊破之。趙麻秋攻枹罕。晉昌太守郎坦欲棄外城。武成太守張悛曰："棄外城則動衆心，大事去矣。"固守大城。秋帥衆八萬圍塹數重，雲梯地突，百道皆進。城中禦之，秋衆死傷數萬，退保大夏。張重華遣謝艾帥步騎三萬進軍臨河。艾乘軺車，戴白帢，鳴鼓而行。秋望見，怒曰："艾年少書生，冠服如此，輕我也。"命黑矟龍驤三千人馳擊之，艾左右大擾。艾踞胡牀，指麾處分，趙人以爲有伏兵，懼不敢進。别將張瑁自間道引兵截趙軍後，趙軍退，艾乘勢進擊，大破之。趙王虎復遣孫伏都帥步騎二萬會秋軍，長驅濟河。艾又破之。虎歎曰："吾以偏師定九州，今以九州之力困於枹罕，彼有人焉，未可圖也！"

趙築華林苑。趙王虎據十州之地，聚斂財物，不可勝紀。猶以爲不足，悉發前代陵墓，取其金寶。沙門吴進言於虎曰："胡運將衰，晉當復興，宜苦役晉人以厭其氣。"虎遂發近郡男女十六萬人，車十萬乘，運土築華林苑及長墻于鄴北。然燭夜作，暴風大雨，死者數萬人。郡國前後送蒼麟十六、白鹿七，虎命司虞調之以駕芝蓋。命太子宣祈福于山川，因行遊獵。宣乘大輅，羽葆華蓋，建天子旌旗，戎卒十八萬，出自金明門。虎升陵霄觀望之，笑曰："我家父子如是，自非天崩地陷，當復何愁！但抱子弄孫，日爲樂耳。"宣所舍，縱獵，士卒飢凍，死者萬餘人。所過三州十五郡，資儲皆無子遺。虎復命秦公韜繼出，自并州至于秦、雍亦如之。宣怒其與己鈞敵，宦者趙生勸宣除之。

冬，十月，以張重華爲凉州刺史、西平公。遣侍御史俞歸授重華官爵。重華欲稱凉王，未肯受詔，使所親私謂歸曰：「主公弈世爲晉忠臣，今曾不如鮮卑，何也？」歸曰：「吾子失言！昔三代之王也，爵之貴者莫若上公；及周之衰，吴、楚始僭號稱王，而諸侯亦不之非，蓋以蠻夷畜之也。借使齊、魯稱王，諸侯豈不四面攻之乎！漢高祖封韓、彭爲王，尋皆誅滅，蓋權時之宜，非厚之也。聖上以貴公忠賢，故爵以上公，任以方伯，寵榮極矣，豈鮮卑夷狄所可比哉！且吾聞之，功有大小，賞有重輕。今貴公始繼世而爲王，若帥河右之衆，東平胡、羯，修復陵廟，迎天子返洛陽，將何以加之乎？」重華乃止。

楊初遣使稱藩，詔以初爲雍州刺史、仇池公。

戊申(三四八)

四年。趙建武十四年。

秋，八月，趙太子宣殺其弟韜，伏誅。秦公韜有寵於趙王虎，欲立之，以太子宣長，猶豫未決。宣謂所幸楊柸、趙生曰：「汝能殺韜，當以韜之國邑分封汝等。韜死，主上必臨喪，吾因行大事，蔑不濟矣！」八月，柸等殺韜，虎哀驚氣絶，久之方蘇。將出臨其喪，司空李農諫曰：「害秦公者未知何人，鑾輿不宜輕出。」虎乃止。既而事覺，虎囚宣，殺之鄴北，窮極慘酷，縱火焚之。虎登中臺觀之。取灰分置諸門交道中。殺其妻子九人，宣小子纔數歲，虎素愛之，抱之而泣，欲赦之。大臣不聽，取殺之。兒挽虎衣大叫，至於絶帶，虎因此發病。東宫衛士十餘萬人，皆謫戍凉州。

加桓温征西大將軍。朝廷論平蜀之功，欲以豫章郡封桓温。左丞荀蕤曰〔七〕：「温若復平河、洛，將何以賞之？」乃加温征西大將軍，開府儀同三司，封臨賀郡公。温既滅蜀，威名大振，朝廷憚之。會稽王昱以殷浩有盛名，朝野推服，乃引爲心膂，與參綜朝權，欲以抗温，由是與温寖相疑貳。浩以王羲之爲護軍將軍。羲之以爲內外協和，然後國家可安，勸浩不宜與温構隙，浩不從。

九月，燕王皝卒，世子儁立。皝有疾，召儁屬之曰：「今中原未平，方資賢傑以經世務。恪智勇兼濟，才堪任重，汝其委之。陽士秋士行高潔，忠幹貞固，可託大事，汝善待之。」卒，謚曰文明。

趙立子世爲太子。趙王虎議立太子，太尉張舉曰：「燕公斌有武略，彭城公遵有文德，惟陛下所擇。」虎之拔上邽也，將軍張豺獲前趙主曜幼女，有殊色，納於虎，虎嬖之，生齊公世。豺乃説虎曰：「陛下再立太子，其母皆賤，故禍亂相尋；今宜擇母貴子孝者立之。」虎納其言，令公卿上疏請之。大司農曹莫不肯署名，虎問其故，莫頓首曰：「天下重器，不宜立少，故不敢署。」虎稱其忠而不能用，遂立世爲太子，以劉昭儀爲后。

十二月，以蔡謨爲司徒。謨上疏固讓，謂所親曰：「我若爲司徒，將爲後代所哂，義不敢拜也。」

己酉（三四九）

五年。趙太寧元年。

春，正月，趙王虎稱皇帝。

趙謫戍梁犢反，虎遣兵擊斬之。趙主虎以即位大赦，故東宮高力等萬餘人謫戍凉州，行達雍城，不在赦例。高力督梁犢因衆怨作亂，攻拔下辨，掠民斧，施一丈柯，攻戰若神，所向崩潰。長驅而東，比至長安，衆已十萬。樂平王苞盡鋭拒之，一戰而敗。犢遂趣洛陽。虎遣李農統步騎十萬討之，大敗，虎大懼，以燕王斌爲大都督，統姚弋仲、蒲洪等討之。弋仲將其衆八千餘人至鄴，求見虎。虎病，未之見，引入賜食。弋仲怒曰：「主上召我來擊賊，當面授方略，我豈爲食來邪！且主上不見我，我何以知其存亡？」虎力疾見之，弋仲讓虎曰：「兒死，愁邪，何爲而病？兒幼時不擇善人教之，使至於爲逆；既誅之，又何愁焉！且汝久病，所立兒幼，汝若不愈，天下必亂，當先憂此，勿憂賊也。犢等窮困思歸，相聚爲盜，何所能至！老羌爲汝一舉了之。」弋仲性狷直，人無貴賤皆汝之，虎亦不之責。賜以鎧馬。弋仲曰：「汝看老羌堪破賊否？」乃被鎧跨馬于庭中，因策馬南馳，不辭而出。遂與斌等擊犢於滎陽，大破斬之。虎命弋仲劍履上殿，入朝不趨，進封西平郡公〔八〕，以蒲洪爲雍州刺史，都督秦、雍，封略陽郡公。

夏，四月，趙主虎卒，太子世立。其兄遵弑之，及其太后劉氏而自立。趙主虎病甚，以彭城王遵鎮關右，燕王斌爲丞相，張豺爲鎮衛大將軍，並受遺詔輔政。劉后恐斌不利於太子，矯詔免歸第。遵自幽州至鄴，敕朝堂受拜，遣之，涕泣而去。虎臨西閣，龍騰中郎二百餘人列拜於前，曰：「聖體不安，宜令燕王入宿衛，典兵馬。」虎曰：「燕王不在内邪？召以來！」左右言：「王酒病，不能入。」虎曰：「促持輦迎之，當付璽綬。」亦竟無行者。尋惛眩而入。豺遂矯詔殺斌。虎卒，世即位，劉氏臨朝稱制。遵至河内，聞喪，姚弋仲、蒲洪及征虜將軍石閔等討梁犢還，遇遵於李城，共説遵曰：「殿下長且賢，先帝亦有意以爲嗣。末年惛惑，爲張豺所誤。今若聲豺之罪，鼓行而討之，其誰不開門倒戈而迎殿下者！」遵從之。遂還趣鄴，耆舊、羯士皆出迎之，豺惶怖，亦出迎。遵命執之，擐甲曜兵，入升前殿，擗踊盡哀，斬豺于市，夷其三族。假劉氏令，以遵嗣位。封世爲譙王，廢劉氏爲太妃。尋皆殺之。以石閔爲都督中外諸軍事。於是鄴中暴風拔樹，震雷，雨雹大如盂升。太武暉華殿災，及諸門觀閣蕩然無餘，金石皆盡，火月餘乃滅。時沛王冲鎮薊，起兵討遵。遵使閔等討之，冲兵大敗，獲冲殺之，阬其士卒三萬。

蒲洪遣使來降。石閔言於趙主遵曰：「蒲洪，人傑也。今鎮關中，恐秦、雍之地非復國家之有，宜改圖之。」遵從之，罷洪都督。洪怒，歸枋頭，遣使來降。

燕以慕容恪爲輔國將軍。慕容霸上書於燕王儁曰：「石虎窮凶極暴，天人所棄，餘燼僅存，自相魚肉。今中國倒懸，企望仁恤，若大軍一振，勢必投戈。」儁以新遭大喪，弗許。霸曰：「難得而易失者，時也。萬一石氏復興，或有英豪據其成資，豈惟失此大利，亦恐更爲後患。」儁猶豫未決，將軍封弈、慕輿根曰：「用兵之道，敵强則用智，敵弱則用勢。今中國之民，困於石氏之亂，咸思易主以救湯火之急，此千載一時，不可失也。自武宣王以來，招賢養民，務農訓兵，正俟今日。若復顧慮，豈天意未欲使海内平定邪，將大王不欲取天下也？」儁從之。以慕容恪、慕容評、陽騖爲三輔將軍，霸爲前鋒都督，選精兵二十餘萬，講武戒嚴，爲進取之計。

秋，七月，征討都督褚裒率師伐趙，不克而還。桓温聞趙亂，出屯安陸，遣諸將經營北方。趙揚州刺史王浹舉壽春降，西中郎將陳逵進據壽春〔九〕。征北大將軍褚裒上表請伐趙，即日戒嚴，直指泗口。朝議以裒事任貴重，不宜深入，宜先遣偏師。裒奏言：「前已遣前鋒王頥之等徑造彭城，後遣督護麋嶷進據下邳，今宜速發，以成聲勢。」乃加裒征討大都督。裒帥衆三萬，徑赴彭城，北方士民降附者日以千計。朝野皆以中原指期可復，蔡謨獨謂所親曰：「胡滅誠爲大慶，然恐更貽朝廷之憂。」其人曰：「何謂也？」謨曰：「夫能順天乘時濟羣生於艱難者，非上聖與英雄不能爲也，自餘則莫若度德量力。觀今日之事，殆非時賢所及，必將經營分表，疲民以逞。既而材略疏短，不能副心，財殫力竭，智勇俱困，安得不憂及朝廷乎！」魯郡民五百餘家起兵附晉，求援於裒，裒遣部將王龕將鋭卒迎之。與趙將李農戰於代陂，敗没不還。裒退屯廣陵，陳逵亦焚壽春積聚，毁城遁還。裒還鎮京口，解征討都督。時河北大亂，遺民二十餘萬口渡河欲來歸附，會裒已還，威勢不接，皆不能自拔，死亡略盡。

九月，張重華自稱凉王。重華屢以錢帛賜左右，又喜博弈，頗廢政事。索振諫曰：「先王勤儉以實府庫，正以讎耻未雪，志平海内故也。今蓄積已虚，而寇讎尚在，豈可輕有耗散，以與無功之人乎！漢光武躬親萬機，章奏詣闕，報不終日，故能隆中興之業。今章奏停滯，下情不得上通，沈冤困於囹圄，殆非明主之事也。」重華謝之。

梁州刺史司馬勳伐趙，拔宛城。趙樂平王苞謀帥關右之衆攻鄴。苞貪而無謀，雍州豪桀知其無成，並遣使告晉，梁州刺史司馬勳帥衆赴之。出駱谷，破趙戍，壁于懸鉤，去長安二百里。三輔豪桀多殺守令以應之。趙主遵遣王朗帥精騎二萬以拒勳爲名，因劫苞送鄴。勳兵少，不敢進，拔宛城，殺趙南陽太守而還。

冬，十一月，趙石鑒弑其主遵而自立。初，趙主遵之發李城也，謂閔曰：「努力！事成，以爾爲太子。」既而立太子衍。閔素驍勇，屢立戰功。既總内外兵權，乃撫循殿中將士。中書令孟準勸遵誅之。十一月，遵召義陽王鑒等入議於鄭太后前，太后不可。鑒出告閔，閔遂劫李農，使將軍蘇彦、周成帥甲士執遵及太子衍殺之，推鑒即位。鑒以閔爲大將軍，李農爲大司馬，並録尚書事。

秦、雍流民立蒲洪爲主。秦、雍流民相帥西歸，路由枋頭，共推蒲洪爲主，衆至十餘萬。鑒懼其逼，欲以計遣之，乃以洪爲雍州牧。洪會官屬，議應受與不；主簿程朴請且與趙連和，分境而治。洪怒曰：「吾不堪爲天子邪！」引朴斬之。

十二月，徐、兖都督褚裒卒。以荀羡監徐、兖軍事。裒還至京口，聞哭聲甚多，以問左右，對曰：「皆代陂死者之家也。」裒慚憤發疾，卒。以羡代之，時羡年二十八。中興方伯未有如羡之少者。

趙石閔幽其主鑒，殺胡、羯二十萬人。趙主鑒使樂平王苞夜攻石閔、李農，不克。鑒懼，僞若不知者，夜殺苞。將軍孫伏都、劉銖等結羯士三千，欲誅閔、農。鑒曰：「卿好爲官陳力，勿慮無報也。」於是伏都等攻閔、農，又不克。閔、農攻斬伏都等，以兵守鑒於御龍觀，懸食給之。下令城中曰：「孫、劉構逆，支黨伏誅，良善無一預也。今日已後，與官同心者留，不同者各任所之。敕城門不禁。」於是趙人百里内悉入城，胡、羯去者填門。閔知胡之不爲己用，遂帥趙人誅胡、羯，無貴賤、男女、少長皆斬之，死者二十餘萬。其屯戍四方者，皆命趙人爲將帥者誅之，或高鼻多須濫死者半。

庚戌（三五〇）

燕遣使如凉州。約張重華共擊趙。

六年。趙主石祇永寧元年，魏主冉閔永興元年。舊大國一，涼、代、燕小國三，新大國一，凡五僭國。

春，閏正月，趙石閔弑鑒而自立，改國號魏。閔欲滅去石氏之迹，託以讖文有「繼趙李」，更國號曰衛，易姓李氏。時新興王祇鎮襄國，公侯卿校出奔，從之者萬餘人。諸將張沈、張賀度等擁衆各數萬，亦皆不附於閔。汝陰王琨帥衆伐鄴，閔與戰於城北，敗之，遂與農擊張賀度于石瀆。鑒密召張沈，使乘虛襲鄴。宦者以告閔、農，廢鑒，殺之，并殺趙主虎二十八孫，盡滅石氏。司徒申鍾等上尊號於閔，閔以讓農，農固辭。閔曰：「吾屬故晉人也，請與諸君分割州郡，各稱牧守公侯，奉迎天子還都洛陽，何如？」尚書胡睦曰：「陛下聖德應天，宜登大位。晉氏衰微，遠竄江表，豈能總馭英雄，混壹四海乎！」閔曰：「尚書可謂識機知命矣。」乃即皇帝位，國號大魏。

以殷浩督揚、豫等州軍事。朝廷聞中原大亂，復謀進取。故以浩爲中軍將軍，督揚、豫、徐、兖、青州；蒲洪爲征北大將軍，督河北諸軍事。

蒲洪自稱三秦王，改姓苻。姚弋仲、蒲洪各有據關右之志。弋仲遣其子襄擊洪，洪迎擊，破之，自稱大都督、大將軍、大單于、三秦王，改姓苻氏。以雷弱兒、梁楞、魚遵、段陵爲將相。

二月，燕王儁擊趙，拔薊城，徙都之。燕王儁與慕容霸、慕輿于將兵三道出塞以伐趙。趙守將皆走，儁遂拔薊，欲悉阬其士卒。霸諫曰：「趙爲暴虐，王興師伐之，將以拯民於塗炭而撫有中州也。今始得薊而阬其士卒，恐不可以爲王師之先聲。」乃釋之。儁入都于薊，中州士女降者相繼。燕兵至范陽，太守李產欲爲石氏拒燕，衆莫爲用，乃帥八城令長出降；儁悉置幽州郡縣守宰，引兵還薊。

魏主閔復姓冉氏。閔以李農爲太宰、録尚書事。遣使者持節赦諸軍屯，皆不從。

故趙將麻秋殺苻洪。洪子健斬秋，遣使來請命。初，趙將麻秋爲苻洪所獲，以爲軍師將軍，說洪曰：「冉閔、石祇方相持，中原未可平也。不如先取關中，基業已固，然後東爭天下。」洪深然之。既而秋因宴鴆洪，欲并其衆。世子健收秋，斬之。洪謂健曰：「吾所以未入關者，以爲中州可定。今不幸爲豎子所困，中州非汝兄弟所能辦，我死，汝急入關。」言終而卒。健代統其衆，乃去王號，稱晉官爵，告喪請命。

趙石祇稱帝於襄國。祇既稱帝，六夷據州郡擁兵者皆應之。祇以姚弋仲爲右丞相，侍以殊禮。弋仲子襄，雄勇多才略，祇以爲驃騎將軍，又以苻健爲鎮南大將軍。

魏殺其太宰李農。魏主閔既殺農，遣使臨江告晉曰：「逆胡亂中原，今已誅之。能共討者，可遣軍來也。」朝廷不應。

夏，五月，廬江太守袁真攻魏合肥，克之。

杜洪據長安，苻健擊敗之。王朗聞趙亂，自長安赴洛，其司馬杜洪據長安，自稱晉征北將軍，關西夷夏皆應之。苻健欲取之，乃治宫室於枋頭，課民種麥，示無西意。既而自稱晉征西大將軍、都督關中、雍州刺史，悉衆而西。以魚遵爲前鋒，爲浮梁以濟孟津。遣弟輔國將軍雄帥衆五千自潼關入，兄子揚武將軍菁帥衆七千自軹關入。臨别，謂菁曰：「若事不捷，汝死河北，我死河南，不復相見。」既濟，焚橋，自帥大衆隨雄而進。洪使張先逆戰于潼關之北，大敗，走還。洪懼，固守長安。

故趙將張賀度等會兵討魏，不克。趙故將張賀度等會于昌城，將攻鄴。魏主閔自將擊之，戰于蒼亭，賀度等大敗，盡俘其衆而歸。閔戎卒三十餘萬，旌旗鉦鼓百餘里，雖石氏之盛，無以過也。

魏主閔徵故散騎常侍辛謐爲太常，謐不食而卒。故晉散騎常侍隴西辛謐有高名，歷劉、石之世，徵辟皆不就。魏主閔備禮徵爲太常。謐遺閔書，以爲：「物極則反，致至則危。君王功已成矣，宜因兹大捷，歸身晉朝，必有由、夷之廉，享松、喬之壽矣。」因不食而卒。

秋，九月，燕徇冀州，取章武、河間。初，勃海賈堅，少尚氣節，仕趙爲殿中督。及趙亡，堅還鄉里，擁部曲數千家。燕慕容評徇勃海，招之，不降，與戰，擒之。以爲樂陵太守。

冬，十一月，苻健入長安，遣使來獻捷。健長驅至長安，杜洪奔司竹。健以民心思晉，乃遣參軍杜山伯詣建康獻捷，并修好於桓温。於是秦、雍夷夏皆附之。

十二月，免蔡謨爲庶人。謨除司徒，三年不就職，詔書屢下，終不受。於是帝臨軒，遣侍中黄門徵之，謨陳疾篤。自旦至申，使者十餘返，時帝方八歲，甚倦，問左右曰：「所召人何以至今不來？臨軒何時當竟？」太后乃詔罷朝。會稽王昱令曹曰：「蔡公傲違上命，無人臣之禮。若人主卑屈於上，大義不行於下，亦不復知所以爲政矣。」公卿乃奏請送廷尉。謨懼，帥子弟素服詣闕稽顙，自到廷尉待罪。殷浩欲加謨大辟，會荀羨入朝，語浩曰〔一〇〕：「蔡公今日事危，明日必有桓、文之舉。」浩乃止。詔免謨爲庶人。

辛亥（三五一）

七年。趙永寧二年，魏永興二年，秦高祖苻健皇始元年。是歲趙亡，舊大國一，涼、代、燕小國三，新大國一，凡五僭國。

春，正月，日食。

鮮卑段龕以青州來降。初，段蘭死於令支，龕領其衆，因石氏之亂，南徙廣固。至是來降，以爲鎮北將軍，封齊公。

苻健自稱秦天王。健左長史賈玄碩等請依劉備稱漢中王故事，表健爲都督關中諸軍事、大單于、秦王。健怒曰：「吾豈堪爲秦王邪！且晉使未返，我之官爵，非汝曹所知也。」既而密使梁安諷玄碩等上尊號，遂即天王、大單于位，國號大秦。

二月，魏主閔圍趙主祇於襄國，姚弋仲及燕王儁遣兵救之，魏兵敗績。魏主閔攻襄國百餘日，趙王祇危急，乃去帝號，稱王，遣太尉張舉乞師於燕，許送傳國璽；將軍張春乞師於姚弋仲。弋仲遣其子襄救之，誡襄曰：「冉閔棄仁背義，屠滅石氏。我受人厚遇，當爲復讎，老病不能自行，汝才十倍於閔，若不梟擒，不必復見我也。」燕王儁遣悦綰將兵往會之。閔遣中郎常煒使於燕。儁使封裕詰璽所在，煒曰：「在鄴。」裕曰：「張舉言在襄國，何也？」煒曰：「彼求救者，爲妄誕之辭耳。」儁乃積柴其旁，使裕以其私誘之，煒辭不變。左右請殺之，儁曰：「彼不憚殺身以徇其主，忠臣也。」使出就館。夜，使其鄉人往勞之，且曰：「君何以不實言？王怒，欲處君於遼、碣之表，奈何？」煒曰：「吾結髮以來，尚不欺布衣，況人主乎！曲意苟合，性所不能；直情盡言，雖沈東海，不敢避也。」遂卧向壁，不復言。儁乃囚之於龍城。後知張舉之妄，乃殺舉而釋煒之囚。襄及趙石琨各引兵東救襄國。閔遣將軍胡睦拒襄於長蘆，孫威拒琨於黄丘，皆敗還。閔欲自出擊之，衛將軍王泰諫曰：「今襄國未下，外救雲集，若我出戰，必腹背受敵，此危道也。不若固壘以挫其鋭，徐觀其釁而擊之。」道士法饒進曰：「太白入昴，當殺胡王，百戰百克，不可失也。」閔攘袂大言曰：「吾戰決矣，敢沮衆者斬！」乃悉衆出，與襄、琨戰。悦綰適以燕兵至，去魏兵數里，疏布騎卒，曳柴揚塵，魏人望之恟懼。襄、琨、綰三面擊之，趙主祗自後衝之，魏兵大敗，閔與十餘騎走還鄴，將士死者十餘萬人。姚襄還灄頭，姚弋仲怒其不擒閔，杖之一百。閔之爲趙相也，所徙青、雍、幽、荆之民及氐、羌、胡、蠻數百萬口，以趙法禁不行，各還本土；道路交錯，互相殺掠，其能達者什有二三。中原大亂，因以饑疫，人相食，無復耕者。

趙遣其將劉顯伐魏，不克。趙王祗使其將劉顯攻鄴，閔悉衆出戰，大破顯軍，斬首三萬餘級。顯懼，密使請降，求殺祗以自效，閔乃引歸。

秦遣使問民疾苦。秦王健分遣使者問民疾苦，搜羅儁異，寬重斂之税，弛離宫之禁，罷無用之器，去侈靡之服，凡趙之苛政不便於民者，皆除之。

夏，四月，司馬勳會杜洪等兵擊秦，敗還。杜洪遣使召梁州刺史司馬勳，勳帥步騎三萬赴之，秦王健禦之於五丈原。勳屢戰皆敗，退歸南鄭。健以賈玄碩始者不上尊號，銜之，使人告玄碩與勳通，殺之。

趙劉顯弑其主祗而自立。

秋，八月，魏徐、兖、荆、豫、洛州來降。

燕慕容恪取中山。恪入中山，遷其將帥土豪數千家詣薊，餘皆安堵，軍令嚴明，秋豪不犯。

姚弋仲遣使來降。詔以弋仲爲車騎大將軍、六夷大都督，子襄爲平北將軍、督并州。

冬，十二月，桓温移軍武昌，尋復還鎮。初，桓温請經略中原，事久不報。知朝廷杖殷浩以抗己，甚忿之；然素知浩之爲人，亦不之憚。以國無他釁，遂得相持彌年，雖有君臣之迹，羈縻而已，八州士衆資調殆不爲國家用。屢求北伐，不聽。至是拜表輒行，帥衆四五萬順流而下，軍于武昌。朝廷大懼。浩欲去位以避温，又欲以騶虞幡駐温軍。吏部尚書王彪之言於會稽王昱曰：「若浩去職，人情離駭，必有任其責者，非殿下而誰乎！」又謂浩曰：「彼若抗表問罪，卿爲之首。欲作匹夫，豈有全地邪！且當静以待之。令相王手書，爲陳成敗，彼必旋師；若不從，則遣中詔；又不從，乃當以正義相裁。奈何無故忽忽，先自猖蹶乎！」浩曰：「決大事正自難，頃日來欲使人悶。聞卿此謀，意始得了。」撫軍司馬高崧爲昱草書曰：「寇難宜平，時會宜接。此實爲國遠圖，經略大算，能弘斯會，非足下而誰！然異常之舉，衆之所駭，遊聲噂㗳，想足下亦少聞之。苟或望風振擾，一時崩散。則望實並喪，社稷之事去矣。吾與足下，雖職有内外，安社稷，保家國，其致一也。當先思寧國而後圖其外，區區誠懷，豈可顧嫌而不盡哉！」温即上疏，惶恐致謝，回軍還鎮。

朝廷將行郊祀。昱問於彪之曰：「應有赦否？」彪之曰：「自中興以來，郊祀往往有赦，愚謂非宜，凶愚之人，必將生心於徼幸矣！」昱從之。

壬子(三五二)

八年。魏永興三，秦皇始二，燕烈祖慕容儁元璽元年。是歲魏亡。舊大國一，凉、代小國二，新大國一，凡四僭國。

春，正月，日食。

秦王健稱皇帝。健以單于統壹百蠻，非天子所宜領，以授太子萇。

杜洪司馬張琚殺洪，自稱秦王。杜洪、張琚屯宜秋。洪自以右族輕琚，琚遂殺洪而自立。

魏克襄國，殺劉顯，遷其民於鄴。

趙汝陰王琨來奔，斬之。石氏遂絶。

殷浩使督統謝尚、荀羡進屯壽春，張遇據許昌叛，降于秦。尚書左丞孔嚴言於殷浩曰：「比來衆情，良可寒心，不知使君將何以鎮之。愚謂宜明受任之方，韓、彭專征伐，蕭、曹守管籥，深思廉、藺屈身之義，平、勃交歡之謀，令穆然無間，然後可以保大定功。降附之徒，皆人面獸心，恐難以義感也。」浩不從，上疏請北出許、洛。以謝尚、荀羡爲督統，進屯壽春。初，魏豫州牧張遇以州來降。至是尚等不能撫慰之，遇怒，據許昌叛，降于秦。浩軍不能進，命羡鎮下邳。

三月，姚弋仲卒，子襄率衆來歸，詔屯譙城。弋仲有子四十二人，及病，謂諸子曰：「石氏待吾厚，本欲爲之盡力。今已滅矣，中原無主。我死，汝亟自歸於晉，當執臣節，無爲不義也！」及襄與秦兵戰，敗，遂帥衆歸晉。詔襄屯譙城。襄單騎渡淮，見謝尚于壽春。尚聞其名，命去仗衛，幅巾待之，歡若平生。襄博學，善談論，江東人士皆重之。

夏，四月，燕慕容恪等擊魏，大破之，執其主閔以歸，殺之。魏主閔既克襄國，因遊食常山、中山諸郡。夏，燕王儁遣恪等擊之。閔趣常山，恪追及於魏昌之廉臺。燕兵十戰皆不勝。閔素有勇名，所將兵精銳，燕人憚之。恪巡陳，諭將士曰：「閔勇而無謀，一夫敵耳！其士卒飢疲，甲兵雖精，其實難用，不足破也。」閔所將多步卒，將趣林中。恪參軍高開曰：「吾騎兵利平地，若閔得入林，不可復制。宜亟遣輕騎邀之，既合而陽走，誘致平地，然後可擊也。」恪從之。魏兵還就平地，恪分軍爲三部，謂諸將曰：「閔性輕銳，又自以衆少，必致死於我。我厚集中軍之陳以待之，俟其合戰，卿等從旁擊之，無不克矣。」乃擇鮮卑善射者五千人，以鐵鎖連其馬，爲方陳而前。閔乘千里馬，左操雙刃矛，右執鉤戟，以擊燕兵，斬首三百餘級。望見大幢，知其爲中軍，直衝之。燕兩軍從旁夾擊，大破之。圍閔數重，閔潰圍東走，其馬忽斃，爲燕兵所執。送於龍城，斬之。遣慕容評帥精騎攻鄴。魏大將軍蔣幹及太子智閉城拒守，城外皆降於燕。

五月，秦主健擊張琚，斬之。

魏人遣使請降。鄴中大饑，人相食，故趙時宮人被食略盡。蔣幹遣侍中繆嵩奉表請降，且求救於謝尚。

六月，謝尚得傳國璽，獻之。初，謝尚使戴施據枋頭，施聞蔣幹求救，乃帥壯士百餘人入鄴，助守三臺。紿幹，得傳國璽，宣言使督護何融迎糧，陰令懷璽送于枋頭。尚迎至建康，百僚畢賀。

謝尚攻張遇于許昌，秦人救之，尚等敗績。殷浩退屯壽春。尚及姚襄共攻張遇。秦主健遣丞相東海王雄等救之。戰于潁水之誡橋，尚等大敗，犇還淮南。殷浩自許昌退屯壽春。雄徙遇及陳、潁、許、洛之民五萬餘户於關中，以楊羣爲豫州刺史，鎮許昌。尚降號建威將軍。

秋，八月，燕慕容評攻鄴，克之，遂留守鄴。

九月，殷浩進屯泗口。浩之北伐也，中軍將軍王羲之以書止之，不聽。既而無功，復謀再舉。羲之遺浩書曰：「今以區區江左，天下寒心，固已久矣，力争武功，非所當作。自頃處内外之任者，未有深謀遠慮，而疲竭根本，各從所志，竟無一功可論，遂令天下將有土崩之勢。任其事者，豈得辭四海之責哉！今軍破於外，資竭於内，保淮之志，非所復及。莫若返保長江，督將各復舊鎮。自長江以外，羈縻而已。引咎責躬，更爲善治，省其賦役，與民更始，庶可以救倒懸之急也！若猶以前事爲未工，復求之於分外，宇宙雖廣，自容何所！此愚智所不解也。」又與會稽王昱牋曰：「今雖有可喜之會，内求諸己，而所憂乃重於所喜。功未可期，遺黎殲盡，以區區吴、越經緯天下十分之九，不亡何待！而不度德量力，不弊不已，此封内所痛心歎悼者也。願殿下先爲不可勝之基，須根立勢舉，謀之未晚。」浩不從。進屯泗口，遣戴施據石門，劉遯戍倉垣。

罷遣太學生徒。浩以軍興，罷遣太學生徒，學校由此遂廢。

冬，十月，謝尚攻許昌，克之。

十一月，燕王儁稱皇帝。故趙將擁兵據州郡者，各遣使降燕。羣僚共上尊號，儁許之。始置百官，即皇帝位。詐言獲傳國璽，改元元璽。時晉使適至燕，儁謂曰：「汝還白汝天子，我承人乏，爲中國所推，已爲帝矣。」改司州爲中州，建留臺於龍都。以乙逸爲尚書，專委留務。

癸丑(三五三)

九年。秦皇始三，燕元璽二年。

夏，五月，張重華攻秦上邽，拔之。詔進重華涼州牧。

秋，七月，秦殺其司空張遇。初，張遇降秦，秦主健以爲司空，而納其繼母韓氏爲昭儀，數於衆中謂遇曰：「卿，吾從子也。」遇恥之，陰結關中豪傑，欲滅苻氏，以其地來降。事覺，伏誅。於是關中豪桀數人各擁衆數萬，遣使來請兵，秦皆攻滅之。

殷浩遣兵襲姚襄，不克。冬，十月，遂率諸軍北伐。襄邀敗之，浩走譙城。姚襄屯歷陽，以燕、秦方强，未有北伐之志。乃夾淮廣興屯田，訓厲將士。浩在壽春，惡其强盛，囚襄諸弟，屢遣刺客刺之，客皆以情告襄。浩潛遣將軍魏憬帥衆五千襲之，襄斬憬，并其衆。浩愈惡之，遷襄蠡臺，表授梁國内史。襄益疑懼，遣參軍權翼使於浩，浩曰：「身與姚平北共爲王臣，平北每舉動自專，甚失輔車之理。」翼曰：「平北英姿絶世，擁兵數萬而遠歸晉室者，以朝廷有道，宰輔明哲故也。今將軍輕信讒慝，與之有隙，愚謂猜疑之端，在此而不在彼也。」浩曰：「平北生殺自由，又掠吾馬，王臣之體，固若是乎？」翼曰：「姦宄之人，亦王法所不容也，殺之何害！」浩曰：「然則掠馬何也？」翼曰：「將軍謂平北雄武難制，終將討之，故取以自衛耳。」浩笑曰：「何至是也！」初，浩陰遣人誘秦梁安、雷弱兒，使殺秦主健，許以關右之任。弱兒等僞許之，且請兵應接。浩聞張遇作亂，以爲安等事成。遂自壽春帥衆七萬北伐，欲進據洛陽，修復園陵。王彪之上會稽王昱牋，以爲：「容有詐僞，未應輕進。」不從。浩以襄爲前驅。襄度浩將至，僞遁而陰伏甲以邀之。浩追至山桑，襄縱兵擊之，浩大敗，棄輜重，走保譙城。襄俘斬萬餘，悉收其資仗，使兄益守山桑而復如淮南。昱謂彪之曰：「君言無不中，張、陳無以過也。」

十一月，西平公張重華卒，子曜靈立。重華有疾，曜靈纔十歲，立爲世子。重華庶兄祚有勇力，吏幹，而傾巧善事内外，與嬖臣趙長等結異姓兄弟。謝艾以枹罕之功，有寵，左右譖之，出爲酒泉太守。艾上言：「權倖用事，公室將危，乞聽臣入侍。」且言：「祚及長等將爲亂，宜盡逐之。」重華疾甚，手令徵艾輔政。祚、長等匿而不宣。重華卒，曜靈立，稱涼州刺史、西平公。長等矯遺令，以祚輔政。

十二月，姚襄徙屯盱眙。襄濟淮，屯盱眙，招掠流民，衆至七萬，分置守宰，勸課農桑，遣使詣建康罪狀殷浩，并自陳謝。

以謝尚都督江西、淮南軍事。鎮歷陽。

涼州廢其主曜靈，立張祚爲涼公。涼州長史趙長等以時難未夷，宜立長君，乃廢曜靈而立祚。祚既得志，恣爲淫虐，殺重華妃裴氏及謝艾。

燕以慕容霸守常山。慕容恪屢薦霸有命世之才，宜總大任。故燕主用之。

甲寅(三五四)

十年。秦皇始四，燕元璽三年，涼王張祚和平元年。

春，正月，張祚自稱涼王。祚自稱涼王，改元，置百官，郊祀天地。尚書馬岌切諫，坐免官。郎中丁琪復諫曰：「自武公以來，世守臣節，抱忠履謙，故能以一州之衆，抗舉世之虜，師徒歲起，民不告疲。今而自尊，則中外離心，安能以一隅之地拒天下之强敵乎！」祚大怒，斬之。

殷浩以罪免爲庶人，徙信安。以王述爲揚州刺史。浩連年北伐，師徒屢敗，糧械都盡。桓温因朝野之怨，上疏請廢之。朝廷不得已，免浩爲庶人，徙之信安。自此内外大權一歸於温矣。浩少與温齊名，而心競不相下，温常輕之。浩既廢黜，雖愁怨，不形辭色，常書空作「咄咄怪事」字。久之，温謂掾郗超曰：「浩有德有言，嚮爲令僕，足以儀刑百揆，朝廷用違其才耳。」將以浩爲尚書令，以書告之。浩欣然許焉，將答書，慮有謬誤，開閉者十數，竟達空函。温大怒，由是遂絶，卒於徙所。

二月，桓温率師伐秦。温統步騎四萬發江陵，水軍自襄陽入均口，至南鄉；步兵自淅川趣武關，命司馬勳出子午道以伐秦。

姚襄叛降於燕。

夏，四月，桓温大敗秦兵于藍田，進軍灞上，三輔皆降。桓温别將攻上洛，獲秦荆州刺史郭敬，進擊青泥，破之。秦主健遣太子萇等帥衆五萬拒温。戰于藍田，秦兵大敗。温轉戰而前，進至灞上。萇等退屯城南，健與老弱六千固守長安小城，悉發精兵三萬，遣大司馬雷弱兒等與萇合以拒温。三輔郡縣皆來降。温撫諭居民，使安堵復業。民爭持牛酒迎勞，男女夾路觀之，耆老有垂泣者，曰：「不圖今日復覩官軍！」

燕以慕容恪爲大司馬。燕主儁以恪爲大司馬、録尚書事，封太原王，評爲司徒、封上庸王，霸爲吴王，德爲梁公，暐爲中山王，陽騖爲司空。初，燕王皝奇霸之才，故名之曰霸，將以爲世子，羣臣諫而止，然寵遇猶踰於世子。由是儁惡之，以其嘗墜馬折齒，更名曰缺，尋以其應讖文，更名曰垂，遷侍中，録留臺事，徙鎮龍城。垂大得東北之和，儁愈惡之，復召還。

五月，江西流民叛降姚襄。詔屯兵中堂，謝尚入衛。江西流民郭敞等千餘人，執陳留内史劉仕降於姚襄。建康震駭，以尚書周閔爲中軍將軍，屯中堂；謝尚自歷陽還衛京師，固江備守。

桓温及秦兵戰，不利。六月，師還。北海王猛，少好學，倜儻有大志，不屑細務，人皆輕之。猛悠然自得，隱居華陰。聞温入關，披褐詣之，捫虱而談當世之務，旁若無人。温異之，問曰：「吾奉天子之命，將鋭兵十萬爲百姓除殘賊，而三秦豪傑未有至者，何也？」猛曰：「公不遠數千里，深入敵境，今長安咫尺而不度灞水，百姓未知公心，所以不至。」温嘿然無以應，徐曰：「江東無卿比也！」乃署猛軍謀祭酒。温與秦丞相雄等戰于白鹿原，温兵不利，死者萬餘人。初，温指秦麥以爲糧，既而秦人悉芟麥清野以待之，温軍乏食。徙關中三千餘户而歸。欲與猛俱還，猛辭不就。秦太子萇等隨温擊之，比至潼關，温軍屢敗，失亡以萬數。苻雄擊司馬勳，勳亦奔還漢中。温之屯灞上也，順陽太守薛珍勸温徑進逼長安，温弗從。珍以偏師獨濟，頗有所獲。及温退，乃還，顯言於衆，自矜其勇而咎温之持重，温殺之。

秦東海王苻雄卒。秦主健弟東海王雄卒，健哭之嘔血，曰：「天不欲吾平四海邪！何奪吾元才之速也！」雄以佐命元勳，位兼將相，權侔人主，而謙恭泛愛，遵奉法度，故健重之，常曰：「元才，吾之周公也。」子堅襲爵。堅性至孝，幼有志度，博學多能，交結英豪，吕婆樓、彊汪及略陽梁平老皆與之善。

秦大饑。

乙卯(三五五)

十一年。秦主生壽光元，燕元璽四年。凉去年號。

春，二月，秦大蝗。百草無遺，牛馬相噉毛。

夏，秦立子生爲太子。秦太子萇拒桓温，中流矢死。淮南王生幼無一目，性麤暴。其祖洪嘗戲之曰：「吾聞瞎兒一淚，信乎？」生怒，引佩刀自刺出血，曰：「此亦一淚也。」洪大驚，鞭之。生曰：「性耐刀槊，不堪鞭棰！」洪謂健曰：「此兒狂悖，宜早除之。不然，必破人家。」健將殺之，雄曰：「兒長自應改，何可遽爾！」及長，力舉千鈞，手格猛獸，走及奔馬，擊刺騎射，冠絶一時。彊后欲立少子晉王柳；秦王健以讖文有「三羊五眼」，乃立生爲太子。

姚襄據許昌。襄所部多勸北還，襄乃進據許昌。

六月，秦王健卒，太子生立。健勤於政事，數延公卿，咨講治道，承趙人苛虐奢侈之後，易以寬簡節儉，崇儒禮士，由是秦人悦之。至是寢疾，引太師魚遵、丞相雷弱兒、太傅毛貴、司空王墮、尚書令梁楞、僕射梁安段純等受遺詔輔政。謂太子生曰：「六夷酋帥及大臣執權者，若不從汝命，宜漸除之。」健卒，生即位，大赦，改元。羣臣奏曰：「未踰年而改元，非禮也。」生怒，窮推議主，得段純，殺之。

司馬公曰：顧命大臣，所以輔導嗣子，爲之羽翼也。而教使翦之，能無斃乎！知其不忠，則勿任而已矣；任以大柄，又從而猜之，鮮有不召亂者也。

秋，九月，秦殺其后梁氏及太傅毛貴等。中書監胡文言於秦主生曰：「比有星孛于大角，熒惑入東井。不出三年，國有大喪，大臣戮死；願陛下修德以禳之！」生曰：「皇后與朕對臨天下，可以應大喪矣。毛太傅、梁車騎、梁僕射受遺輔政，可以應大臣矣。」乃殺皇后及毛貴、梁楞、梁安。

閏月，涼州弒其君祚，立張玄靚爲涼王。涼王祚淫虐，上下怨憤。惡河州刺史張瓘之强，使索孚代之。瓘斬孚起兵，傳檄州郡，廢祚，復立曜靈。將軍宋混合衆萬餘人以應之。祚殺曜靈，混聞之，爲之發哀。軍至姑臧，張瓘弟琚開門納之。趙長等懼罪，入閤呼張重華母馬氏立曜靈弟玄靚爲主。諸將收長等，殺之。祚素失衆心，莫肯爲之鬭者，遂見殺，梟其首，城内咸稱萬歲。混、琚上玄靚爲大將軍、西平公，復稱建興四十三年。時玄靚始七歲。瓘至，推爲涼王，自爲都督中外諸軍事、尚書令，以混爲尚書僕射。

冬，十月，詔謝尚鎮壽春。

十一月，燕慕容恪擊段龕。龕與燕主儁書，抗中表之儀，非其稱帝。儁怒，遣恪擊之。

十二月，秦殺其丞相雷弱兒。弱兒性剛直，以僕射趙韶、董榮亂政，每公言於朝，見之常切齒。韶、榮譖之於秦主生，殺弱兒及其九子、二十七孫。於是諸羌皆有離心。生雖在諒陰，遊飲自若，彎弓露刃以見朝臣，錘鉗鋸鑿，備置左右。即位未幾，后妃公卿下至僕隸，凡殺五百餘人。

丙辰（三五六）

十二年。秦壽光二，燕元璽五年。

春，正月，燕慕容恪大破段龕兵，進圍廣固。段龕弟羆驍勇有智謀，言於龕曰：「慕容恪善用兵，加之衆盛，若聽其濟河，進至城下，恐雖乞降，不可得也。請兄固守，羆帥精鋭拒之於河，幸而戰捷，兄帥大衆繼之。若其不捷，不若早降，猶不失爲千户侯也。」龕不從。羆固請不已，龕怒，殺之。恪遂引兵濟河，龕帥衆逆戰，恪大破之。龕友辟閭蔚被創，恪聞其賢，遣使求之，則已死矣。龕還城固守，恪進軍圍之。

秦殺其司空王墮。墮性剛峻，董榮及侍中彊國皆以佞幸進，墮疾之如讎。會有天變，榮、國言於生曰：「宜以貴臣應之。」生乃殺墮。

凉州遣使稱藩于秦。秦晉王柳遣參軍閻負、梁殊使於凉，張瓘見之曰：「我，晉臣也，臣無境外之交，二君何以來辱？」負、殊曰：「晉王與君鄰藩，故來修好，君何怪焉。」瓘曰：「吾盡忠事晉，於今六世矣。若與征東通使，是上違先君之志，下隳士民之節，其可乎！」負、殊曰：「晉室衰微久矣，凉之先王北面二趙，唯知機也。今大秦威德方盛，凉王若欲自帝河右，則非秦之敵；欲以小事大，則曷若捨晉事秦，長保福禄乎！」瓘曰：「中州好食言，嚮者石氏使車適返，而戎騎已至，吾不敢信也。」負、殊曰：「張先、楊初皆阻兵不服，先帝討而擒之，赦其罪戾，寵以爵秩，固非石氏之比也。」瓘曰：「必如君言，秦之威德無敵，何不先取江南，則天下盡爲秦有，征東何辱命焉！」負、殊曰：「江南文身之俗，道汙先叛，化隆後服。主上以爲江南必須兵服，河右可以義懷，故遣行人先申大好。若君不達天命，則江南得延數年之命，而河右恐非君之土也。」璀曰：「我跨據三州，帶甲十萬，西苞葱嶺，東距大河，伐人有餘，況於自守，何畏於秦！」負、殊曰：「貴州山河之固，孰若崤、函？民物之饒，孰若秦、雍？杜洪、張琚，因趙氏成資，有囊括關中、席卷四海之志，先帝戎旗西指，冰消雲散，旬月之間，不覺易主。主上若以貴州不服，赫然奮怒，控弦百萬，鼓行而西，未知貴州將何以待之？」璀笑曰：「兹事當決之於王，非身所了。」負、殊曰：「涼王雖英睿夙成，然年在幼冲，國家安危，繫君一舉耳。」璀懼，乃以玄靚之命遣使稱藩於秦，秦因玄靚所稱官爵而授之。

以桓温爲征討大都督，督諸軍討姚襄。温請移都洛陽，修復園陵，不許。而詔温討襄。

夏，四月，秦太后彊氏以憂卒。長安大風，發屋拔木。秦宫中驚擾，或稱賊至，宫門晝閉，五日乃止。秦主生推告賊者，刳出其心。彊太后弟平諫曰：「天降災異，陛下當愛民事神，緩刑崇德以應之，乃可弭也。」生怒，鑿其頂而殺之。太后以憂恨卒。生復下詔曰：「朕受天命，君臨萬邦，有何不善，而謗讟之音，扇滿天下！殺不過千，而謂之殘虐！行者比肩，未足爲希。方當峻刑極罰，復如朕何！」自去春以來，潼關之西，至于長安，虎狼食人。羣臣請禳之，生曰：「野獸飢則食人，飽當自止，何禳之有！且天豈不愛民哉，正以犯罪者多，故助朕殺之耳。」

秋，八月，桓温敗姚襄于伊水，遂入洛陽，修復諸陵，置戍而還。襄北走，據襄陵。初，魏將周成降晉，反據洛陽，姚襄攻之，踰月不克。長史王亮諫曰：「今頓兵堅城之下，力屈威挫，或爲他寇所乘，此危道也。」襄不從。桓温自江陵北伐，遣督護高武據魯陽，將軍戴施屯河上，自帥大兵繼進。與寮屬登平乘樓，望中原，嘆曰：「遂使神州陸沉，百年丘墟，王夷甫諸人不得不任其責！」記室袁宏曰：「運有興廢，豈必諸人之過！」温作色曰：「昔劉景升有千斤大牛，噉芻豆十倍於常牛，負重致遠，曾不若一羸牸，魏武入荆州，殺以享軍。」至伊水，襄撤圍拒之，匿精鋭於水北林中，遣使謂温曰：「承親帥王師以來，襄今奉身歸命，願敕三軍小却，當拜伏路左。」温曰：「我自開復中原，展敬山陵，無豫君事。欲來便前，何煩使人。」襄拒水戰，敗，犇北山。襄勇而愛人，雖戰屢敗，民知襄所在，輒扶老携幼，馳而赴之。温追而不及。弘農楊亮自襄所來犇，温問襄之爲人，亮曰：「襄神明器宇，孫策之儔，而雄武過之。」周成帥衆出降，温屯金墉。謁諸陵，修毁壞，各置陵令。表謝尚鎮洛陽，留潁川太守毛穆之等戍之，徙降民三千餘家於江、漢之間。襄犇平陽，秦并州刺史尹赤復以衆降襄，襄遂據襄陵。

冬，十月，朔，日食。

十一月，段龕降燕，慕容恪悉定齊地。燕諸將請急攻廣固，恪曰：「用兵之勢，有宜緩者，有宜急者。若彼我勢敵，外有强援，恐有腹背之患，則攻之不可不急。若我强彼弱，無援於外，當羈縻守之，以待其斃。兵法，十圍五攻，正謂此也。龕兵尚衆，未有離心。今憑阻堅城，上下戮力，我盡鋭攻之，計數旬可拔，然殺吾士卒必多矣。自有事中原，兵不暫息，吾每念之，夜而忘寐，奈何輕用其死乎！要在取之，不必求功之速也。」軍中聞之，人人感悦。於是爲高墻深塹以守之。龕嬰城自守，樵采路絶，城中人相食。龕面縛出降。恪撫安新民，悉定齊地。龕竟爲儁所殺，并阬其徒三千人。

遣司空車灌如洛陽，修五陵。詔遣灌等持節如洛陽，修五陵。帝及羣臣皆服緦，臨於太極殿三日。

丁巳(三五七)

升平元年。秦世祖堅永興元,燕光壽元年。

春,正月,朔,帝冠。太后歸政,徙居崇德宮。

燕以乙逸爲左光禄大夫。逸自幽州刺史被徵,夫婦共載鹿車。子璋從數十騎,服飾甚麗,奉迎於道。逸大怒,閉車不與言,到城,深責之,璋猶不悛。逸常憂其敗,而璋更被擢任,歷中書令、御史中丞。逸乃歎曰:「吾少自修立,克己守道,僅能免罪。璋不治節檢,專爲奢縱,而更居清顯,此豈唯璋之忝幸,實時世之陵夷也。」

二月,太白入東井。秦有司奏:「太白罰星,東井秦分,必有暴兵起京師。」秦主生曰:「太白入井,自爲渴耳,何所怪乎!」

夏,四月,姚襄據黄落,秦遣兵擊斬之。弟萇以衆降秦。襄將圖關中,進屯杏城,羌、胡及秦民歸之者五萬餘户,遂據黄落。秦遣廣平王黄眉、東海王堅、將軍鄧羌禦之。襄堅壁不戰。羌謂黄眉曰:「襄爲桓温所敗,鋭氣喪矣。然其爲人强狠,若鼓譟揚旗,直壓其壘,彼必忿恚而出,可一戰擒也。」乃帥騎三千壓其壘門而陳,襄怒,出戰。羌陽敗走,襄追至三原,羌迴騎擊之,黄眉等以大衆繼至,襄兵大敗,擒而斬之。弟萇帥其衆降。秦以公禮葬襄。黄眉等還長安,生不之賞,數衆辱之。黄眉怒,謀弑生,發覺,伏誅。

六月，秦苻堅弑其君生，自立爲天王。生夢大魚食蒲，又長安謡曰：「東海大魚化爲龍，男皆爲王女爲公。」生乃誅魚遵及其子孫。自以眇目，諱言「殘、缺、偏、隻、少、無、不具」之類，誤犯而死者，不可勝數。剥人面皮，使之歌舞以爲樂。羣臣得保一日，如度十年。東海王堅素有時譽，與故姚襄參軍薛讚、權翼善。讚、翼密説堅宜早爲計，勿使他姓得之。堅以問尚書吕婆樓，婆樓曰：「僕，刀鐶上人耳，不足以辦大事。僕里舍有王猛者，其人謀略不世出，宜請而咨之。」堅因婆樓以招猛，一見如舊友。語及時事，堅大悦，自謂如玄德之遇孔明也。會太史令康權言於生曰：「昨夜三月並出，孛星入太微，連東井，自去月上旬，沈陰不雨，以至於今，將有下人謀上之禍。」生怒，以爲妖言，撲殺之。夜對侍婢言曰：「阿法兄弟亦不可信，明當除之。」婢以告堅及堅兄清河王法。法與梁平老帥壯士潛入雲龍門，堅與吕婆樓帥麾下繼進，宿衛將士皆舍仗歸堅。生猶醉寐，堅兵殺之。堅以位讓法，法曰：「汝嫡嗣，且賢，宜立。」堅乃去帝號，稱大秦天王，誅生倖臣董榮、趙韶等二十餘人。大赦，改元。立子宏爲太子，法爲丞相，弟融爲陽平公，子丕爲長樂公，李威爲左僕射，吕婆樓爲司隸校尉，王猛爲中書侍郎。又以權翼爲黄門侍郎，薛讚爲中書侍郎，與猛並掌機密。融好文學，明辯過人，耳聞則誦，過目不忘。力敵百夫，善騎射擊刺，少有令譽。堅愛重之，常與共議國事。融經綜内外，刑政修明，薦才揚滯，補益弘多。丕亦有文武才幹，治民斷獄，皆亞於融。威，苟太后之姑子也，生屢欲殺堅，賴威營救得免。威知王猛之賢，常勸堅以國事任之。堅謂猛曰：「李公知君，猶鮑叔牙之知管仲也。」猛以兄事之。

秋，七月，秦冀州牧張平降。平故趙將，據新興、雁門、西河、太原、上黨、上郡之地，壁壘三百餘，夷夏十餘萬户。初降燕，又降秦，至是來降，欲以中立自固。

八月，立皇后何氏。故散騎侍郎凖之女也，禮如咸康而不賀。

十一月，燕徙都鄴。燕主儁夢趙主虎齧其臂，乃發虎墓，求尸不獲。購以百金，得於東明觀下，僵而不腐。儁數其殘暴之罪而鞭之，投於漳水。

秦王堅殺其兄東海公法。秦太后苟氏遊宣明臺，見東海公法之第門車馬輻湊，恐終不利於秦王堅，乃與李威謀，賜法死。堅與法訣於東堂，慟哭歐血。封其子陽爲東海公，敷爲清河公。

秦以王猛爲尚書左丞。秦王堅行至尚書，以文案不治，免左丞程卓官，以王猛代之。舉異才，修廢職，課農桑，恤困窮，禮百神，立學校，旌節義，繼絶世，秦民大悦。

燕作銅雀臺。

以王彪之爲左僕射。

戊午（三五八）

二年。秦永興二年，燕光壽二年。

春，二月，秦王堅擊張平，降之。秦王堅自將擊平，以鄧羌爲前鋒，軍于汾上。平使養子蚝禦之。蚝多力趫捷，能曳牛却走，超越高城。堅募人生致之，鄧羌禽之以獻，平衆大潰。請降，拜右將軍。以蚝爲虎賁中郎將，常置左右，秦人稱羌、蚝皆萬人敵。

秋，八月，以謝萬監司、豫等州軍事。會稽王昱欲以桓温弟雲爲豫州刺史，僕射王彪之曰：「温居上流，已割天下之半，其弟復處西藩，兵權萃於一門，非深根固蒂之宜也。」昱乃更以謝萬代之。王羲之與温牋曰：「謝萬才流經通，使處廊廟，固是後來之秀。今以之俯順荒餘，則違才易務矣。」又遺萬書曰：「以君邁往不屑之韻，而俯同羣辟，誠難爲意也。然所謂通識，正當隨事行藏耳。願君每與士卒之下者同甘共苦，則盡善矣。」萬不能用。

秦大旱。秦王堅減膳徹樂，命后妃以下悉去羅紈。開山澤之利，息兵養民，旱不爲災。

秦殺其特進樊世。王猛日親幸用事，勳舊多疾之，樊世本氐豪，佐秦主健定關中，謂猛曰：「吾輩耕之，君食之邪？」猛曰：「非徒使君耕之，又將使君炊之。」世大怒曰：「要當懸汝頭於長安城門，不然，吾不處世！」猛以白堅，堅曰：「必殺此老氐，然後百寮可肅。」會世入言事，與猛爭論於堅前，世欲起擊猛，堅怒，斬之。於是羣臣見猛皆屏息。

燕擊張平，平復降燕。

冬，燕陷河南。泰山太守諸葛攸攻燕東郡，入武陽。燕主儁遣大司馬恪擊之，攸敗走，還泰山。恪遂渡河略地，分置守宰。儁欲遂經營秦、晉，令州郡校寔見丁，户留一丁，餘悉發爲兵，欲使步卒滿一百五十萬，期來春大集洛陽。劉貴上書，極陳百姓彫弊，發兵非法，必致土崩之變。儁善之，乃更令三五發兵，以來冬集鄴。時燕調發繁數，官司各遣使者，道路旁午，郡縣苦之。太尉封弈奏請：「非軍期嚴急，不得遣使，自餘賦發皆責成州郡。」從之。

荀羨伐燕，不克而還。以郗曇督徐、兖軍事。燕泰山太守賈堅屯山茌，羨引兵擊之，堅所將纔七百餘人，羨兵十倍。堅歎曰：「吾自結髮，志立功名，而每值窮阨，豈非命乎！與其屈辱而生，不若守節而死。」乃開門直出。羨兵四集，擒之，遂拔山茌。羨謂堅曰：「君父祖世爲晉臣，奈何背本不降？」堅曰：「晉自棄中華，非吾叛也。民既無主，强則託命。既已事人，安可改節。吾束脩自立，涉趙歷燕，未嘗易志。君何忽忽相謂降乎！」羨怒，執置雨中。數日，憤惋而卒。燕青州刺史慕容塵遣司馬悦明救泰山，羨兵大敗，燕復取山茌。燕主以堅子活爲任城太守。羨疾篤，徵還。以郗曇督徐、兖軍，鎮下邳。

燕使慕容垂守遼東。燕吴王垂娶段末柸女，生子令、寶。段氏才高性烈，自以貴姓，不尊事可足渾后，后銜之。中常侍涅皓希旨〔一一〕，告段氏爲巫蠱，欲以連汙垂。收下廷尉考驗，終無撓辭。故垂得免禍，而段氏竟死獄中。出垂爲平州刺史，鎮遼東。垂以段氏女弟爲繼室；可足渾后黜之，以其妹妻垂，垂不悦，由是益惡之。

己未(三五九)

三年。秦甘露元，燕光壽三年。

春，二月，燕主宴羣臣于蒲池。初，燕太子曄早死，立其弟暐。至是燕主儁宴羣臣，語及周太子晉，潸然流涕曰：「才子難得。自景先之亡，吾鬢髮中白。卿等謂景先何如？」司徒長史李績對曰：「獻懷太子至孝，聰敏，沈毅，疾諛，好學，多藝，謙恭，好施。」儁曰：「卿譽之雖過，然此兒在，吾死無憂矣。景茂何如？」時太子暐侍側，績曰：「皇太子天資岐嶷，然好遊畋而樂絲竹，此其所以爲損也。」儁顧謂暐曰：「伯陽之言，藥石之惠也，汝宜誡之。」暐甚不平。

涼宋混誅張瓘。張瓘猜忌苛虐，專以愛憎爲賞罰。郎中殷郇諫之，瓘曰：「虎生三日，自能食肉，不須人教也。」由是人情不附。宋混性忠鯁，瓘憚之，欲殺混，因廢涼王玄靚而代之。混帥壯士奄入南城，宣告諸營曰：「張瓘謀逆，被太后令誅之。」瓘出戰，不勝，與弟琚皆自殺。混輔政，請玄靚去王號，復稱涼州牧。

秦以王猛爲京兆尹。秦王堅以鄧羌爲御史中丞，王猛領京兆尹。彊太后弟德酗酒豪横，掠人財貨子女。猛下車收德，奏未及報，已陳尸於市。堅馳使赦之，不及。與羌同志，疾惡糾案，無所顧忌，數旬之間，權豪貴戚，殺戮刑免者二十餘人，朝廷震栗，姦猾屏氣，路不拾遺。堅歎曰：「吾始今知天下之有法也。」

泰山太守諸葛攸伐燕，敗績。冬，十月，謝萬、郗曇復伐之，曇病引還，萬衆潰，免爲庶人。攸將水陸二萬擊燕，入自石門，屯于河渚。燕上庸王評帥步騎五萬與戰東阿，攸兵大敗。詔萬、曇復伐之。萬矜豪傲物，但以嘯詠自高，未嘗撫衆。兄安深憂之，謂萬曰：「汝爲元帥，宜數接對諸將以悦其心，豈有傲誕如此而能濟事也。」萬乃召其諸將，一無所言，直以如意指四坐云：「諸將皆勁卒。」諸將益恨之。安慮萬不免，乃自隊帥以下，無不親造，厚相親託。既而萬帥衆入渦、潁以援洛陽。曇以病退屯彭城。萬以爲燕兵大盛，故曇退，即引兵還，衆遂驚潰。萬狼狽單歸，軍士欲圖之，以安故止。詔廢萬爲庶人，降曇號建武將軍。於是許昌、潁川、譙、沛諸城相次皆没於燕。

十二月，大旱。

秦以王猛兼司隸校尉。秦王堅以猛爲輔國將軍、司隸校尉，居中宿衛，僕射、詹事、侍中、中書令、領選如故。猛薦陽平公融、光禄任羣、處士朱彤自代。堅不許，而以融爲中書監，羣爲太子家令，彤爲太子庶子。猛時年三十六，歲中五遷，權傾内外。人有毁之者，堅輒罪之，於是羣臣莫敢復言。

校勘記

〔一〕讀書無從受音句　「音」，成化本、殿本作「章」。

〔二〕顧臨歸路　「顧」原作「領」，據月崖本、成化本、殿本、通鑑卷九六晉紀十八晉成帝咸康五年八月改。

〔三〕聞郗城陷　「城」字原脱，據月崖本、成化本、殿本、通鑑卷九六晉紀十八晉成帝咸康五年九月補。

〔四〕有狼狐千餘迹隨之迹皆成蹊　「迹隨之迹」四字原脱，據月崖本、成化本、殿本、通鑑卷九七晉紀晉成帝咸康八年十二月補。

〔五〕國家不異　「國家」，殿本、通鑑卷九七晉紀十九晉穆帝永和二年三月作「家國」。

〔六〕至是始出　「出」字原脱，據月崖本、成化本、殿本、通鑑卷九七晉紀十九晉穆帝永和二年冬補。

〔七〕左丞荀蕤曰　「丞」原作「相」，據殿本、通鑑卷九八晉紀二十晉穆帝永和四年八月改。

〔八〕進封西平郡公　「西平」二字原倒，據晉書卷一〇六姚弋仲傳、通鑑卷九八晉紀二十晉穆帝永和五年正月乙正。

〔九〕西中郎將陳逵進據壽春　「中」字原脱，據月崖本、成化本、殿本、通鑑卷九八晉紀二十晉穆帝永和五年七月補。

〔一〇〕語浩曰　「浩」原作「皓」，據月崖本、成化本、殿本、通鑑卷九八晉紀二十晉穆帝永和六年十二月改。

〔一一〕中常侍涅皓希旨　「涅」原作「温」，據月崖本、成化本、殿本、通鑑卷一〇〇晉紀二十二晉穆帝升平二年十二月改。

資治通鑑綱目卷二十一

起庚申晉穆帝升平四年，盡甲申晉孝武帝太元九年，凡二十五年。

庚申(三六〇)

四年。秦甘露二年，燕幽帝暐建熙元年。

春，正月，燕主儁卒，太子暐立。初，燕主儁寢疾，謂太原王恪曰：「今二方未平，景茂冲幼，社稷屬汝，何如？」恪曰：「太子雖幼，勝殘致治之主也。臣何敢干正統！」儁怒曰：「兄弟之間，豈虛飾邪！」恪曰：「陛下若以臣能荷天下之任者，豈不能輔少主乎！」儁喜曰：「汝能爲周公，吾復何憂！李績清方忠亮，汝善遇之。」召吳王垂還鄴。至是疾篤，召恪及司空陽騖、司徒評、將軍慕輿根受遺輔政，乃卒。太子暐即位，年十一。

二月，燕以慕容恪爲太宰，專録朝政。太師慕輿根伏誅。燕人以太原王恪爲太宰，專録朝政。上庸王評爲太傅，陽騖爲太保，慕輿根爲太師，參輔朝政。根自恃勳舊，心不服恪，欲爲亂，乃言於恪曰：「主上幼冲，母后干政，俟畢山陵，殿下宜自取之。」恪曰：「公醉邪？何言之悖也！吾與公受遺詔，云何而遽有此議！」根愧謝而退。恪以告吴王垂，垂勸恪誅之。恪曰：「今新遭大喪，二鄰觀釁，而宰輔自相誅夷，恐乖遠近之望，且可忍之。」根又言於可足渾后及燕王暐曰：「太宰、太傅將謀不軌，臣請帥禁兵誅之。」后將從之，暐曰：「二公，國之親賢，先帝託以孤嫠，必不肯爾；安知非太師欲爲亂也！」乃止。根又思戀舊土，謀欲還東。恪乃密奏根罪狀，誅根并其黨與。時新遭大喪，誅夷狼藉，内外恟懼，恪舉止如常，人不見其有憂色，每出入，一人步從。或説以宜自嚴備，恪曰：「人情方懼，當安重以鎮之，奈何復自驚擾。」恪雖綜大任，而朝廷之禮，兢兢嚴謹，每事必與司徒評議之。虚心待士，諮詢善道，量才授任，人不踰位。朝臣或有過失，不顯其狀，隨宜他叙，時人以爲大愧，莫敢犯者。或有小過，自相責曰：「爾復欲望宰公遷官邪！」朝廷初聞儁卒，皆以爲中原可圖。桓温曰：「慕容恪尚在，憂方大耳。」

三月，燕遣慕容垂守蠡臺。燕所徵郡國兵，去冬集鄴，欲遣伐晉。以燕主儁病，大閱而罷。至是以燕朝多難，互相驚動，擅自散歸，自鄴以南，道路斷塞。太宰恪以吴王垂爲征南將軍，鎮蠡臺；孫希、傅顔帥騎二萬，觀兵河南，臨淮而還，境内乃安。

匈奴劉衛辰降秦。劉衛辰遣使降秦，請田内地，春來秋返。秦王堅許之。夏，雲中護軍賈雍帥騎襲之，大獲而還。堅怒曰：「朕方以恩信懷戎狄，而汝貪小利以敗之，何也！」黜雍以白衣領職，遣使還其所獲，慰撫之。衛辰於是入居塞内，貢獻相尋。

秋，八月，朔，日食，既。

桓温以謝安爲征西司馬。安少有重名，前後徵辟，皆不就，寓居會稽，以山水、文籍自娱。雖爲布衣，時人皆以公輔期之，士大夫至相謂曰：「安石不出，當如蒼生何！」安每遊東山，常以妓女自隨。會稽王昱聞之，曰：「安石既與人同樂，必不得不與人同憂，召之必至。」安妻，劉惔之妹也，見家門貴盛而安獨静退，謂曰：「丈夫不如此也！」安掩鼻曰：「恐不免耳。」及弟萬廢黜，安始有仕進之志，時已年四十餘。桓温請爲司馬，安乃赴召，温深禮重之。

冬，十月，烏桓獨孤部、鮮卑没弈干降秦。獨孤部及没弈干各帥衆數萬降秦，秦王堅處之塞内。陽平公融諫曰：「戎狄人面獸心，不知仁義。其稽顙内附，實貪地利，非懷德也。不敢犯邊，實憚兵威，非感恩也。今與民雜居，彼窺郡縣虚實，必爲邊患，不如徙之塞外。」堅從之。

燕李績卒。太宰恪欲以績爲右僕射，燕主暐不許。恪屢以爲請，暐曰：「萬機之事，皆委之叔父；伯陽一人，暐請獨裁之。」出爲章武太守，以憂卒。

辛酉（三六一）

五年。秦甘露三年，燕建熙二年。是歲涼奉升平之號。

春，正月，劉衛辰叛秦降代。

燕河内太守吕護遣使來降，燕人圍之。吕護遣使來降，拜冀州刺史。護欲引晉兵以襲鄴。燕太宰恪將兵討之，護嬰城自守。將軍傅顔請急攻之，恪曰：「老賊經變多矣，觀其守備，未易猝攻。然内無蓄積，外無救援，我深溝高壘，坐而守之，休兵養士，離間其黨，於我不勞，而賊勢日蹙，不過十旬，取之必矣，何爲多殺士卒以求旦夕之功乎！」乃築長圍守之。

夏，四月，涼宋混卒。混疾甚，張玄靚及其祖母馬氏往省之，曰：「將軍萬一不幸，寡婦孤兒將何所託？」混曰：「臣弟澄政事愈於臣，但恐其儒緩，機事不稱耳。殿下策勵而使之，可也。」混戒澄曰：「吾受國大恩，當以死報，無恃勢位以驕人。」又見朝臣，皆戒之以忠貞。及卒，行路爲之揮涕。玄靚以澄爲領軍將軍，輔政。

五月，帝崩，琅邪王丕即位。帝崩，無嗣。皇太后令曰：「琅邪王丕，中興正統，義望情地，莫與爲比，其以王奉大統。」於是百官備法駕，迎入即位。

秋，七月，葬永平陵。

燕拔野王，吕護奔滎陽。

秋，九月，立皇后王氏〔一〕。后，濛之女也。

尊何皇后爲穆皇后。

涼張邕殺宋澄。冬，十月，張天錫誅之。詔以張玄靚爲涼州刺史、西平公。張邕既殺宋澄，與玄靚叔父天錫同輔政。驕淫専權，多所刑殺，天錫殺之，盡滅其族。玄靚以天錫爲大將軍，輔政。始奉升平年號，故有是命。

秦滅張平。

秦舉四科。秦王堅命牧伯守宰各舉孝悌、廉直、文學、政事，察其所舉，得人者賞之；非其人者罪之。由是人莫敢妄舉，而請託不行。士皆自勵，雖宗室外戚，無才能者皆棄不用。當是之時，內外之官，率皆稱職。田疇修闢，倉庫充實，盜賊屏息。

呂護復奔燕。

壬戌(三六二)

哀皇帝隆和元年。秦甘露四年，燕建熙三年。

春，正月，減田租，畝收二升。

二月，以庾希爲徐、兗刺史，袁真監豫、司等州軍事。希鎮下邳，真鎮汝南。

拜母貴人周氏爲皇太妃。

燕呂護攻洛陽，桓溫遣兵救之。秋，七月，燕師引還。呂護攻洛陽，守將陳祐告急。桓溫遣庾希、竟陵太守鄧遐帥舟師三千人助祐守之。因上疏請遷都洛陽，自永嘉之亂播流江表者，一切北徙，以實河南。朝廷畏溫，不敢爲異。著作郎孫綽上疏曰：「昔中宗龍飛，非惟信順協於天人，實賴萬里長江畫而守之耳。喪亂已來，六十餘年，河、洛丘墟，函夏蕭條。士民播流江表，已經數世，存者老子長孫，亡者丘隴成行，雖北風之思感其素心，目前之哀實爲交切。溫今此舉，誠爲遠圖；而百姓震駭，豈不以反舊之樂賒，而趨死之憂促哉！臣愚以爲宜遣將帥有威名、資實者，先鎮洛陽，掃平梁、許，清壹河南。運漕之路既通，開墾之積已豐，豺狼遠竄，中夏小康，然後可徐議遷徙耳。奈何捨百勝之長理，舉天下而一擲哉！」綽少慕高尚，嘗著遂初賦以見志。溫見綽表，不悅，曰：「致意興公，何不尋君遂初賦，而知人家國事邪〔二〕！」時朝廷憂懼，將遣侍中止温。王述曰：「温欲以虚聲威朝廷耳，非事實也。但從之，自無所至。」詔從其計，温果不行。温又議移洛陽鍾虡，述曰：「永嘉不競，暫都江左，方當蕩平區宇，旋軫舊京。若其不爾，宜改遷園陵，不應先事鍾虡。」温乃止。七月，護退，希等亦還。

秦王堅臨太學。秦王堅親臨太學，考第諸生經義，與博士講論，自是每月一至焉。

冬，十二月，朔，日食。

庾希退屯山陽，袁真退屯壽陽。

癸亥（三六三）

興寧元年。秦甘露五年，燕建熙四年。

春，三月，皇太妃周氏薨。太妃薨于琅邪第，帝就第治喪，詔會稽王昱總内外衆務。帝欲爲太妃服三年，僕射江虨啓：「於禮，應服緦麻。」帝猶欲服期，虨曰：「厭屈私情，所以上嚴祖考。」乃服緦麻。

夏，五月，加桓温大司馬、都督中外諸軍、録尚書事。温以王坦之爲長史。坦之，述之子也。又以郗超爲參軍，王珣爲主簿，每事必與二人謀之。府中爲之語曰：「髯參軍，短主簿，能令公喜，能令公怒。」温氣概高邁，罕有所推，與超言，常自謂不能測，傾身待之。超亦深自結納。珣，導之孫也，與謝玄皆爲温掾，温俱重之，曰：「謝掾年四十必擁旄杖節，王掾當作黑頭公，皆未易才也。」玄，安兄弈之子也。

秋，八月，有星孛于角、亢。

涼張天錫弑其君玄靚而自立。張玄靚庶母郭氏以張天錫專政，與大臣謀誅之。事泄，天錫皆殺之，遂弑玄靚，自稱涼州牧、西平公，時年十八。遣司馬奉章詣建康請命。

汝南太守朱斌襲燕許昌，克之。

甲子（三六四）

二年。秦甘露六年，燕建熙五年。涼西平悼公張天錫元年。

春，二月，燕慕容評略地河南。

三月，大閱户口，令所在土斷。謂之「庚戌制」。

帝寢疾，皇太后臨朝攝政。帝信方士言，斷穀餌藥以求長生。侍中高崧諫，不聽。尋以藥發，不能親萬機，太后復攝政。

夏，四月，燕陷許昌、汝南、陳郡。燕李洪敗晉兵於懸瓠，汝南太守朱斌犇壽春，陳郡太守朱輔退保彭城。大司馬温遣袁真等禦之，温帥舟師屯合肥。燕人遂拔許昌、汝南、陳郡，遣將軍慕容塵屯許昌。

五月，以王述爲尚書令。述每受職，不爲虚讓，其所辭必於不受。及爲尚書令，子坦之白述故事當讓，述曰：「汝謂我不堪邪？」曰：「非也，但克讓自美事耳。」述曰：「既謂堪之，何爲復讓！人言汝勝我，定不及也。」

加大司馬温揚州牧。時召温入參朝政，辭不至。

六月，秦以張天錫爲西平公。

秋，七月，大司馬温城赭圻。詔復徵温入朝。温至赭圻，詔止之。温遂城赭圻居之，固讓内録，遥領揚州牧。

秦苻騰謀反，伏誅。秦汝南公騰，秦主生之弟也，以謀反誅。時生弟猶有五人，王猛曰：「不去五公，終必爲患。」堅不從。

燕徙其宗廟百官於鄴。燕陷河南諸城。太宰恪將取洛陽，先遣人招納士民，遠近諸塢皆歸之，乃使悦希軍盟津，孫興軍成皋。初，沈充之子勁，以其父死於逆亂，志欲立功，以雪舊耻。年三十餘，以刑家不得仕。及燕人逼洛陽，陳祐守之，兵不過二千。勁自表求配祐效力。詔補長史，令自募壯士，得千餘人以行。屢以少擊衆，摧破燕軍。而洛陽糧盡援絶，祐自度不能守，乃以救許昌爲名，留勁以五百人守之。勁喜曰：「吾志欲致命，今得之矣。」悦希引兵略河南諸城，盡取之。

秦平陽公融等降爵爲侯。秦王堅命公國各置三卿，并餘官皆聽自采辟，獨爲置郎中令。富商趙掇等車服僭侈，諸公競引以爲卿。堅乃詔：「有司推檢，辟召非其人者。自今國官皆委之銓衡。非命士，不得乘馬；工商皁隸，不得服金銀、錦繡，犯者棄市。」於是五公降爵爲侯。

乙丑（三六五）

三年。秦建元元年，燕建熙六年。

春，正月，皇后王氏崩。

劉衛辰復叛代，代王什翼犍擊走之。代王什翼犍性寬厚，郎中令許謙盜絹二匹，知而匿之，謂左長史燕鳳曰：「吾不忍視謙之面，卿慎勿泄，若謙慚而自殺，是吾以財殺士也。」嘗討西部叛者，流矢中目；既而獲射者，羣臣欲臠割之。什翼犍曰：「彼各爲其主鬭耳，何罪！」遂釋之。

大司馬温移鎮姑孰。以弟豁監荆、揚等州軍事。

三月，帝崩，琅邪王奕即位。帝崩，無嗣，皇太后詔以奕承大統。

燕陷洛陽，將軍沈勁死之。燕太宰恪及吴王垂共攻洛陽。恪謂諸將曰：「卿等常患吾不攻，今洛陽城高而兵弱，勿畏也。」乃攻克之，執沈勁。勁神氣自若，恪將宥之。將軍慕輿虔曰：「勁雖奇士，觀其志度，終不爲人用。」遂殺之。恪略地至崤、澠，關中大震，秦王堅自將屯陜城以備之。燕以慕容筑鎮金墉，吴王垂鎮魯陽。恪還鄴，謂僚屬曰：「吾前平廣固，不能濟辟閭蔚。今定洛陽，使沈勁爲戮。雖皆非本情，實有愧於四海。」朝廷嘉勁之忠，贈東陽太守。

司馬公曰：沈勁恥父之惡，致死以滌之，變凶逆之族爲忠義之門，可謂能爲子矣。

恪爲將，不事威嚴，專用恩信。撫士卒務綜大要，不爲苛令，使人人得便安。平時營中寬縱，似若可犯；然警備嚴密，敵至莫能近，故未嘗敗。

葬安平陵。

夏，四月，燕以陽騖爲太尉。騖歷事四朝，年耆望重，自太宰恪以下皆拜之。而騖謙恭謹厚，過於少時。戒束子孫，雖朱紫羅列，無敢違犯其法度者。

六月，益州刺史周撫卒。撫在益州三十餘年，甚有威惠。詔以其子楚代之。

秋，七月，徙會稽王昱爲琅邪王。昱固讓，卒自稱會稽王。

立皇后庾氏。后，冰之女也。

匈奴曹轂、劉衛辰叛秦，秦擊降之。

冬，十一月，梁州刺史司馬勳反，圍成都。大司馬温遣江夏相朱序救之。勳爲政暴酷，治中、別駕言語忤意，即於坐斬之。常有據蜀之志，憚周撫，不敢發。及撫卒，遂舉兵反，自號成都王。引兵入劍閣，圍成都。温表序爲征討都護以救之。

以王彪之爲僕射。

丙寅（三六六）

帝奕太和元年。秦建元二年，燕建熙七年。

夏，五月，皇后庾氏崩。

朱序及益州刺史周楚擊司馬勳，斬之。

代王什翼犍遣使入貢于秦。

秋，七月，葬孝皇后。

秦寇荆州，掠萬餘户而還。

冬，十月，以會稽王昱爲丞相，録尚書事，加殊禮。入朝不趨，贊拜不名，劍履上殿。

燕寇兗州，陷魯、高平數郡。

南陽督護趙億以宛城叛，燕遣趙盤戍之。

丁卯(三六七)

二年。秦建元三年，燕建熙八年。

春，二月〔三〕，燕太宰慕容恪卒。恪疾病，燕王暐親視之，問以後事。恪曰：「吴王垂文武兼資，管、蕭之亞，若任以政，國家可安；不然，秦、晉必有窺窬之計。」言終而卒。

匈奴曹轂遣使如燕。秦王堅聞慕容恪卒，陰有圖燕之計，命轂發使如燕，以西戎主簿郭辯爲之副。燕司空皇甫真兄腆及從子奮、覆皆仕秦。辯至燕，謂真曰：「僕本秦人，家爲秦所誅，故寄命曹王。貴兄常侍及奮、覆兄弟並相知有素。」真怒曰：「臣無境外之交，此言何以及我！君似姦人，得無因緣假託乎！」白暐，請窮治之，太傅評不許。辯還，爲堅言：「燕政無綱，可圖。鑒機識變，唯皇甫真耳。」堅曰：「以幽州之衆〔四〕，豈得不使有智士一人哉！」轂尋卒，秦分其部落爲二，使其二子分統之，號東、西曹。

桓豁攻宛，拔之，獲趙盤。

秋，九月，以郗愔都督徐、兗等州軍事。

冬，十月，秦苻柳、雙、廋、武舉兵反，秦遣兵討之。秦晉公柳、趙公雙與魏公廋、燕公武謀作亂，堅聞徵之，柳據蒲坂，雙據上邽，廋據陝城，武據安定反。堅遣使諭以罷兵安位，齧梨以爲信。皆不從。

代王什翼犍擊匈奴劉衛辰，走之。什翼犍擊衛辰，河冰未合，命以葦絙約流澌。俄而冰合，然猶未堅，乃散葦於其上，冰草相結，有如浮梁，兵乘以渡。衛辰不意兵猝至，遂西走，什翼犍收其部落什六七而還。衛辰犇秦，秦送還朔方，遣兵戍之。

戊辰(三六八)

三年。秦建元四年，燕建熙九年。

春，二月，燕以慕容沖爲大司馬。初，太宰恪有疾，以燕主暐幼弱，政不在己，太傅評多猜忌，謂暐兄樂安王臧曰：「今南有遺晉，西有强秦，常蓄進取之志。大司馬總統六軍，不可任非其人。我死之後，以親疏言之，當在汝及沖。汝曹雖才識明敏，然年少，未堪多難。吳王天資英傑，智略超世，汝曹若推以授之，必能混壹四海，況外寇乎。慎無冒利而忘害。」又以語評。及恪卒，評不能用。

秦苻廋以陝城降燕。秦魏公廋以陝城降燕，請兵應接，秦人大懼。燕范陽王德以爲：「苻氏骨肉乖離，投誠請援，是天以秦賜燕也。天與不取，反受其殃，吳、越之事，足以觀矣。宜命皇甫真引并、冀之衆徑趨蒲阪，吳王垂引許、洛之兵馳解廋圍，太傅總京師虎旅爲二軍後繼，傳檄三輔，示以禍福，彼必望風響應。」太傅評曰：「秦，大國也，今雖有難，未易可圖。朝廷雖明，未如先帝；吾等智略，又非太宰之比。但能閉關保境足矣。」虔遺垂及真牋曰：「苻堅、王猛，皆人傑也，謀爲燕患久矣。今不乘機取之，恐異日有甬東之悔矣。」垂謂真曰：「主上富於春秋，太傅識度，豈能敵堅、猛乎？」

三月，朔，日食。

秋，七月，秦討苻雙、武、柳，皆斬之。

冬，燕罷蔭户。燕王公貴戚多占民爲蔭户，國之户口，少於私家；倉庫空竭，用度不足。悦綰請罷蔭户，盡還郡縣。燕主暐從之，使綰專治其事，糾擿姦伏，無敢蔽匿，出户二十餘萬，舉朝怨怒。

十二月，秦拔陜城，斬苻廋。王猛等拔陜城，獲魏公廋，送長安。秦王堅問之，對曰：「臣本無反心，但以弟兄屢謀逆亂，臣懼并死，故耳。」堅泣曰：「汝素長者，固知非汝心也。且高祖不可以無後。」乃賜廋死，原其七子，以長子襲魏公，餘子嗣諸弟之無後者。

加大司馬温殊禮。位在諸侯王上。

以仇池公楊世爲秦州刺史。世亦稱臣於秦，秦以爲南秦州刺史。

己巳(三六九)

四年。秦建元五年，燕建熙十年。

夏，四月，大司馬温帥師伐燕，秦人救之。秋，九月，温及燕人戰于枋頭，不利而還。袁真以壽春叛降于燕。桓温請與徐、兖刺史郗愔、江州刺史桓冲、豫州刺史袁真等伐燕。初，愔在北府，温常云：「京口酒可飲，兵可用。」深不欲愔居之。愔遺温牋，欲共奬王室，請督所部出河上。愔子超爲温參軍，取視，毁之。更作愔牋，自陳非將帥才，加以老病，乞閑地自養，勸温并領己所統。温大喜，即以愔爲會稽内史，而自領徐、兖。夏，帥步騎五萬發姑孰。將自兖州伐燕。郗超曰：「道遠汴淺，漕運難通。」温不從。六月，至金鄉。天旱水絶，使將軍毛虎生鑿鉅野三百里，引汶會于清，引舟自清入河，舳艫數百里。超曰：「清水入河，難以通運。若寇不戰，運道又絶，因敵爲資，復無所得，此危道也。不若舉衆趨鄴，彼必望風逃潰，北歸遼、碣。若能出戰，則事可立決。若恐勝負難必，務欲持重，則莫若頓兵河、濟，控引漕運，俟資儲充備，來夏乃進。捨此二策而連軍北上，進不速決，退必愆乏。賊因此勢以日月相引，漸及秋冬，水更澀滯。北土早寒，三軍裘褐者少，恐於時所憂，非獨無食而已。」温又不從。遣攻胡陸，拔之。燕主暐使下邳王厲逆戰，敗還。前鋒鄧遐、朱序亦敗燕兵於林渚。七月，温至枋頭，暐及太傅評大懼，謀犇和龍。吴王垂曰：「臣請擊之，若其不捷，走未晚也。」暐乃使垂帥衆五萬以拒温。垂表申胤、封孚、悉羅騰從軍。暐又遣樂嵩請救于秦，許賂虎牢以西之地。秦羣臣議曰：「昔桓温伐我，燕不我救。今温伐燕，我何救焉！」王猛曰：「燕雖强大，慕容評非温敵也。若温舉山東，進屯洛邑，收幽、冀之兵，引并、豫之粟，觀兵崤、澠，則陛下大事去矣。不如與燕合兵以退温。温退，燕亦病矣，然後我承其弊而取之，不亦善乎！」堅從之。遣苟池、鄧羌帥步騎二萬以救燕。封孚問於申胤曰：「事將何如？」胤曰：「以温聲勢，似能有爲。然吾觀之，必無成功。何則？晉室衰弱，温專制其國，晉之朝臣未必皆與之同心，必將乖阻以敗其事。又，温驕而恃衆，怯於應變。大衆深入，值可乘之會，反更逍遥中流，不出赴利，欲望持久，坐取全勝。若糧廪愆懸，情見勢屈，必不戰自敗，此自然之數也。」初，温使袁真攻譙、梁，開石門以通水運，不克。九月，燕范陽王德帥騎屯石門，李邽帥兵斷温糧道。德使慕容宙帥騎一千爲前鋒，與晉兵遇。宙曰：「晉人輕剽，怯於陷敵，勇於乘退，宜設餌以釣之。」乃使二百騎挑戰，分餘騎爲三伏。挑戰者兵未交而走，晉兵追之，宙帥伏擊之，晉兵死者甚衆。温戰數不利，糧儲復竭，又聞秦兵將至，焚舟，棄輜重鎧仗，自陸道犇還。自東燕出倉垣，鑿井而飲，行七百餘里。燕將爭欲追之，吴王垂曰：「温初退，必嚴設警備，簡精鋭爲後拒，不如緩之。彼幸吾未至，晝夜疾趨，俟其氣衰擊之，無不克矣。」乃帥八千騎行躡其後。温果兼道而進。數日，垂曰：「可矣。」乃急追之，及於襄邑。德先帥勁騎伏於東澗中，與垂夾擊温，大破之，斬首三萬級。秦苟池邀擊温於譙，又破之。温收散卒，屯于山陽。深耻喪敗，乃歸罪袁真，奏免爲庶人。真不服，表温罪狀。朝廷不報。遂據壽春叛降燕。

燕遣郝晷、梁琛如秦。秦、燕既結好，燕使郝晷、梁琛相繼如秦。晷與王猛有舊，猛接以平生，問晷東方之事。晷知燕將亡，陰欲自託，頗泄其實。琛至長安，秦王堅方畋於萬年，欲引見琛，琛曰：「秦使至燕，燕之君臣朝服備禮，灑掃宫廷，然後敢見。今秦主欲野見之，使臣不敢聞命！」尚書郎辛勁謂琛曰：「天子稱乘輿，所至曰行在所，何常居之有！又，春秋亦有遇禮，何爲不可乎！」琛曰：「桓温闚我王略，燕危秦孤，是以秦主恤患結好，交聘方始，謂宜崇禮篤義，以固二國之歡。若忽慢使臣，是卑燕也，豈修好之義乎！夫天子以四海爲家，故行曰乘輿，止曰行在。今海縣瓜裂，天光分曜，安得以是爲言哉！禮，不期而見曰遇。蓋因事權行，其禮簡略，豈平居容與之所爲哉！客使單行，誠勢屈於主人。然苟不以禮，亦不敢從也。」堅乃爲設行宫，百僚陪位，然後延之。琛從兄弈爲秦尚書郎，堅使典客，館琛於奕舍。琛曰：「昔諸葛瑾爲吴聘蜀，與諸葛亮惟公朝相見，退無私面。今使之即安私室，所不敢也。」弈數問琛東事，琛曰：「兄弟本心，各有所在。欲言國美，恐非所欲聞。欲言其惡，又非使臣之所得論也。」堅使太子延琛相見。秦人欲使琛拜，先諷之曰：「隣國之君，猶其君也。隣國之儲君，亦何以異乎！」琛曰：「天子之子，尚不敢臣其父之臣，況它國之臣乎！禮有往來，情豈忘恭，但恐降屈爲煩耳。」乃不果拜。王猛勸堅留琛，堅不許。

十一月，燕慕容垂出奔秦，秦以爲冠軍將軍。吴王垂自襄邑還鄴，威名益振，太傅評愈忌之。垂奏將士功賞，皆抑而不行。太后可足渾氏素惡垂，與評謀誅之。太宰恪之子楷及垂舅蘭建知之，以告曰：「先發制人，但除評及樂安王臧，餘無能爲矣。」垂曰：「骨肉相殘而首亂於國，吾不忍爲也，寧避之於外耳。」世子令曰：「主上闇弱，委任太傅，一旦禍發，疾於駭機。今欲保族全身，不失大義，莫若逃之龍城，遜辭謝罪，以待主上之察，感寤得還，幸之大者。如其不然，則内撫燕、代，外懷羣夷，守肥如之險以自保，亦其次也。」垂曰：「善。」十一月，請畋于大陸，因微服將趨龍城。至邯鄲，少子麟，素不爲垂所愛，逃還告狀。燕主暐遣精騎追之。垂散騎滅迹，得免。世子令請給數騎襲鄴，垂曰：「不可。」乃與段夫人及令、寶、農、隆、楷、建及郎中令高弼俱犇秦。初，秦王堅聞恪卒，陰有圖燕之志，憚垂不敢發。及聞垂至，大喜，郊迎，執手曰：「天生賢傑，必相與共成大功，此自然之數也。要當與卿共定天下，告成岱宗，然後還卿本邦，世封幽州，使卿去國不失爲子之孝，歸朕不失事君之忠，不亦美乎！」堅復愛令及楷之才，皆厚禮之。王猛曰：「垂父子譬如龍虎，非可馴之物，若借以風雲，將不可復制，不如早除之。」堅曰：「吾方收攬英雄，以清四海，奈何殺之。且其始來，吾已推誠納之矣。匹夫猶不棄言，況萬乘乎！」乃以垂爲冠軍將軍。梁琛歸言於評曰：「秦人日閱軍旅，聚糧陜東，和必不久。今吴王又往，宜爲之備。」評曰：「秦主何如人？」琛曰：「明而善斷。」問王猛，曰：「名不虚得。」既又以告燕主暐，皆不然之。唯皇甫真深以爲憂，上疏請選將益兵，以防未然。不聽。

秦遣使如燕。秦石越聘於燕，太傅評示之以奢。尚書郎高泰曰：「越言誕而視遠，乃覘釁也。宜耀兵以折其謀。今乃示之以奢，益爲所輕矣。」評不從。泰遂謝病歸。時太后侵橈國政，評貪昧無厭，貨賂上流，官非才舉，羣下怨憤。尚書左丞申紹上疏，以爲：「宜精擇守宰，併官省職，存恤兵家，使公私兩遂，節抑浮靡，愛惜用度，賞必當功，罰必當罪。如此，則温、猛可梟，二方可取〔五〕，豈特保境安民而已。」疏奏，不省。

秦遣王猛等伐燕。十二月，取洛陽。初，燕人許割虎牢以西賂秦。晉兵既退，燕人謂曰：「行人失辭。有國有家者，分災救患，理之常也。」秦王堅大怒，遣猛及將軍梁成、鄧羌帥步騎三萬伐之。攻洛陽，洛陽降。

大司馬温徙鎮廣陵。温發徐、兖州民築廣陵城，徙鎮之。時征役既頻，加之疫癘，死者十四五，百姓嗟怨。秘書監孫盛作晉春秋，直書時事。温見之，怒謂盛子曰：「枋頭誠爲失利，何至乃如尊君所言！若此史遂行，自是關君門户事。」其子遽拜謝請改之。時盛年老家居，性方嚴，有軌度，子孫雖班白，待之愈峻。至是諸子號泣稽顙，請爲百口計。盛大怒，不許，諸子遂私改之。盛先已寫別本，傳之外國。及孝武帝購求異書，得之於遼東人，與見本不同，遂兩存之。

庚午（三七〇）

五年。秦建元六年，燕建熙十一年。是歲燕亡，大國一，代、涼二小國，凡三僭國。

春，正月，慕容令自秦奔燕。王猛之發長安也，請慕容令參其軍事，以爲鄉導。將行，造慕容垂，飲酒，從容謂曰：「今當遠別，卿何以贈我？使我覩物思人。」垂脱佩刀贈之。猛至洛陽，賂垂所親使，詐爲垂使者，謂令曰：「吾父子來此，以逃死也。今王猛疾人如讎，秦王心亦難知。聞東朝比來悔寤，吾今還東，汝可速發。」令疑之，躊躇終日，又不可審覆，乃犇燕軍。猛表令叛狀，垂懼而出走，及藍田，爲追騎所獲。秦王堅勞之曰：「卿家國失和，委身投朕。賢子心不忘本，亦各其志。然燕之將亡，非令所能存，惜其徒入虎口耳。且父子兄弟，罪不相及，卿何爲過懼而狼狽如是乎！」待之如舊。燕人以令叛而復還，疑爲反間，徙之沙城。

司馬公曰：敵國材臣，來爲已用，進取之良資也。慕容垂以材高功盛，無罪見疑，窮困歸秦，故秦王堅禮之以收燕望，親之以盡燕情，寵之以傾燕衆，信之以結燕心，未爲過矣。猛何汲汲於殺垂，至乃爲市井鬻賣之行，有如嫉其寵而讒之者，豈雅德君子所宜爲哉！

燕慕容臧將兵拒秦師，秦王猛擊走之。燕樂安王臧自新樂進屯滎陽，猛遣梁成、鄧羌擊走之，留羌鎮金墉，以桓寅代羌戍陝城而還。秦王堅以猛爲司徒，録尚書事，封平陽郡侯。猛固辭曰：「今燕、吴未平，戎車方駕，而始得一城，即受三事之賞，若克殄二寇，將何以加之！」堅曰：「苟不蹔抑朕心，何以顯卿謙光之美！」遂寢司徒、尚書之命。

二月，袁真死，子瑾代領其衆。燕、秦皆遣兵助之。夏，四月，大司馬温遣兵擊破之。

五月，慕容令襲燕龍城，不克而死。令自度終不得免，密謀起兵，沙城中謫戍士數千人，皆厚撫之。帥以東襲威德城，據之，諸戍皆應。將襲龍城，弟麟以告，令出走，遂爲其下所殺。

六月，秦王猛督諸軍復伐燕。秦王堅送猛於灞上，曰：「今委卿以關東之任，當先破壺關，平上黨，長驅取鄴，所謂『疾雷不及掩耳』。吾當親督萬衆，繼卿星發，舟車糧運，水陸俱進，卿勿以爲後慮也。」猛曰：「臣杖威靈，奉成筭，盪平殘胡，如風掃葉，不煩鑾輿親犯塵霧，但速敕所司部置鮮卑之所。」堅大悦。

秋，七月，朔，日食。八月，秦克壺關。王猛攻壺關，燕主暐命太傅評將中外精兵三十萬以拒之。畏猛，不敢進。猛克壺關，所過郡縣皆望風降附，燕人大震。申胤歎曰：「鄴必亡矣。然越得歲而吴伐之，卒受其禍。今福德在燕，秦雖得志，而燕之復建，不過一紀耳。」

大司馬温敗袁瑾于壽春，遂圍之。

九月，秦王猛入晉陽。冬，十月，及燕慕容評戰于潞川，敗之，遂圍鄴。秦楊安攻晉陽，久未下。猛引兵助攻，爲地道，使將軍張蚝帥壯士數百潛入城中，大呼斬關，納秦兵，遂入晉陽。評屯潞川，猛進兵與相持。遣將軍徐成覘燕軍，期以日中，及昏而返，猛將斬之，鄧羌固請曰：「成，羌郡將也，願與效戰以贖罪。」猛弗許。羌怒，還營，嚴鼓勒兵，將攻猛。猛赦之。羌詣猛謝，猛執其手曰：「吾試將軍耳。將軍於郡將尚爾，況國家乎！」評爲人貪鄙，鄣固山泉，鬻樵及水，積錢帛如丘陵。士卒怨憤，莫有鬭志。猛聞之，笑曰：「慕容評真奴才，雖億兆之衆不足畏，況數十萬乎！」乃遣將軍郭慶帥騎五千，夜從間道出評營後，燒評輜重，火見鄴中。燕主暐懼，讓評曰：「府庫之積，朕與王共之，何憂於貧！若家國喪亡，王持錢帛欲安所置之！」乃命悉以其錢帛散之軍士，且趣使戰。評大懼，請戰。猛陳於渭源而誓之曰：「王景略受國厚恩，任兼内外，今與諸君深入賊地，當竭力致死，有進無退，共立大功，以報國家。受爵明君之朝，稱觴父母之室，不亦美乎！」衆皆踊躍，破釜棄糧，大呼競進。猛望燕兵之衆，謂鄧羌曰：「今日非將軍不能破勍敵，將軍勉之。」羌曰：「若能以司隸見與者，公勿以爲憂。」猛曰：「此非吾所及也。必以安定太守、萬户侯相處。」羌不悦而退。俄而兵交，猛召羌，羌寢弗應。猛馳就許之，羌乃大飲帳中，與張蚝、徐成等跨馬運矛，馳赴燕陳，出入數四，旁若無人，所殺傷數百。及日中，燕兵大敗，俘斬五萬餘人。乘勝追擊，所殺及降又十萬餘。評單騎走還鄴。

崔鴻曰：鄧羌請郡將以撓法，徇私也；勒兵欲攻王猛，無上也；臨戰豫求司隸，邀君也，有此三者，罪孰大焉！猛能容其所短，收其所長，若馴猛虎，馭悍馬，以成大功。「采葑采菲，無以下體。」猛之謂矣。

秦兵長驅圍鄴，號令嚴明，軍無私犯，法簡政寬，燕民各安其業，更相謂曰：「不圖今日復見太原王。」猛聞之，歎曰：「慕容玄恭可謂古之遺愛矣！」設太牢以祭之。秦王堅詔猛曰：「朕今親帥六軍，星言電赴，將軍其休養將士，以俟朕至，然後取之。」

十一月，秦王堅入鄴，執燕主暐。以王猛爲冀州牧，都督關東六州軍事。秦王堅留李威輔太子，自帥精鋭十萬赴鄴，七日而至安陽，宴祖父時故老。燕主暐與慕容評等犇龍城。堅入鄴宫。慕容垂見燕公卿及故僚吏，有愠色。高弼密言曰：「今雖家國傾覆，安知其不爲興運之始邪！宜恢江海之量，慰結其心，以立覆簣之基，成九仞之功，奈何以一怒捐之。」垂悦，從之。暐既出城，衛士皆散，惟將軍孟高扶侍，極其勤瘁。所在遇盗，轉鬬而前，與將軍艾朗俱死於賊。暐失馬步走，堅使將軍郭慶追之，及於高陽，執以詣堅。堅詰其不降之狀，對曰：「狐死首丘，欲歸死於先人墳墓耳！」堅哀而釋之，令還宫，帥文武出降。暐稱高、朗之忠於堅，堅命厚加斂葬，拜其子爲郎中。評犇高句麗，高句麗執送於秦。凡得郡百五十七，户二百四十六萬，口九百九十九萬。以燕宫人、珍寶分賜將士。評之敗也，暐疑琛知秦謀，收繫獄。至是堅召釋之，謂曰：「卿不能見幾而作，反爲身禍，可謂智乎？」對曰：「臣聞『幾者動之微，吉凶之先見者也』。如臣愚暗，實所不及。然爲臣莫如忠，爲子莫如孝，是以烈士臨危不改，見死不避，以徇君親。彼知幾者，心達安危，身擇去就，不顧家國，臣雖知之，尚不忍爲，況非所及邪！」堅聞悦綰之忠，恨不及見，拜其子爲郎中。堅以猛爲使持節、都督關東六州諸軍事、冀州牧，鎮鄴，悉以評第中之物賜之。守令有闕，令以便宜補授。將士封賞各有差，州縣守長皆因其舊。以燕中紹與韋儒俱爲繡衣使者，循行關東，觀省風俗，勸課農桑，振恤窮困，收葬死亡，旌顯節行，燕政有不便於民者，皆變除之。

十二月，秦遷故燕主暐及鮮卑四萬户於長安。秦王堅遷燕主暐及其百官并鮮卑四萬餘户于長安。猛表留梁琛爲主簿。它日，與僚屬宴，語及燕使，猛曰：「人心不同，昔梁君專美本朝，郝君微説國弊。」參軍馮誕曰：「敢問取臣之道何先？」猛曰：「郝君知幾爲先。」誕曰：「然則明公賞丁公而誅季布也。」猛大笑。秦封暐爲新興侯，以評爲給事中，皇甫真爲奉車都尉。燕故太史黄泓歎曰：「燕必中興，其在吴王乎！恨吾老，不及見耳！」初，燕以宜都王桓將兵爲評後繼，聞敗，走和龍，攻遼東。時遼東已降秦，秦追將擊而殺之。其子鳳年十一，陰有復讎之志，鮮卑、丁零有氣幹者皆傾身與之交。權翼謂曰：「兒方以才望自顯，勿效爾父不識天命！」鳳厲色曰：「先王欲建忠而不遂，此乃人臣之節。君侯之言，豈奬勸將來之義乎？」翼改容謝之，言於堅曰：「鳳忼慨有才器，但狼子野心，恐終不爲人用耳！」

辛未（三七一）

太宗簡文皇帝咸安元年秦建元七年。

春，正月，大司馬温拔壽春，獲袁瑾，斬之。袁瑾求救於秦，秦遣將軍王鑒、張蚝帥步騎二萬救之。温遣桓伊等擊鑒、蚝於石橋，大破之，遂拔壽春，擒瑾，送建康斬之。

秦徙關東豪桀及雜夷十五萬户于關中。

涼州張天錫稱藩于秦。秦王堅命王猛爲書諭天錫曰：「昔貴先公稱藩劉、石者，惟審於强弱也。今秦之威，旁振無外。關東既平，將移兵河右，恐非六郡士民所能抗也。」天錫大懼，遣使稱藩。堅拜天錫涼州刺史、西平公。

吐谷渾入貢于秦。吐谷渾王辟奚遣使獻馬千匹、金銀五百斤于秦，秦以爲溵川侯。辟奚好學，仁厚而無威斷，三弟專恣，國人患之。長史鍾惡地與司馬乞宿雲收殺之。辟奚由是發病恍惚，命世子視連曰：「吾禍及同生，何以見之於地下！國事汝自治之，吾餘年殘命，寄食而已。」遂以憂卒。視連立，不飲酒遊畋者七年，軍國之事，委之將佐。惡地諫，以爲人主當自娛樂，建威布德。視連泣曰：「孤自先世以來，以仁孝忠恕相承。先王念友愛之不終，悲憤而亡。孤雖纂業，尸存而已，聲色遊娛，豈所安也！威德之建，當付之將來耳。」

代世子寔卒。初，代將長孫斤謀弑代王什翼犍，寔格之，傷脇。至是卒。寔娶東部大人賀野干之女，有遺腹子，什翼犍名之曰涉圭。

秦伐仇池，克之，執楊纂以歸。

秦以鄧羌爲鎮軍將軍。王猛以潞川之功，請以羌爲司隸。秦王堅下詔曰：「司隸校尉，董牧皇畿，吏責甚重，非所以優禮名將。光武不以吏事處功臣，實貴之也。羌有廉、李之才，朕方委以征伐之事，北平匈奴，南蕩揚、越，羌之任也，司隸何足以嬰之！其進號鎮軍將軍，位特進。」

冬，十月，秦王堅如鄴。秦王堅至鄴，獵于西山，旬餘忘返。伶人王洛叩馬諫曰：「陛下羣生所繫，今久獵不歸，一旦患生不虞，奈太后、天下何！」堅爲之罷獵還宫。王猛因進言曰：「畋獵誠非急務，洛之言不可忘也。」堅賜洛帛百匹，拜官箴左右，自是不復獵。

十一月，大司馬温入朝，廢帝爲東海王，迎會稽王昱入即位。温恃其材略位望，陰蓄不臣之志，嘗撫枕歎曰：「男子不能流芳百世，亦當遺臭萬年！」術士杜炅能知人貴賤，温問之，炅曰：「明公勳格宇宙，位極人臣。」温不悦。温欲先立功河朔以收時望，還受九錫。及枋頭之敗，威名頓挫。既克壽春，謂郗超曰：「足以雪枋頭之恥乎？」超曰：「未也。」久之，超就温宿，中夜，謂曰：「明公不爲伊、霍之舉，無以立大威權，鎮壓四海。」温遂與定議。以帝素謹無過，而床笫易誣，乃揚言：「帝早有痿疾，嬖人朱靈寶等參侍内寢，二美人生三男，將移皇基。」人莫能審其虛實。温乃詣建康，諷褚太后，請廢帝而立會稽王昱，并作令草呈之太后。太后曰：「我本自疑此！」便索筆益之曰：「未亡人不幸罹此百憂，感念存没，心焉如割！」温集百官於朝堂，百官震慄，温亦色動，不知所爲。尚書僕射王彪之命取霍光傳，禮度儀制，定於須臾，彪之朝服當階，神彩毅然。於是宣太后令，廢帝爲東海王。帝乘犢車出神虎門，侍御史將兵衛送東海第。温帥百官迎昱即位。温有足疾，詔乘輿入殿。温撰辭，欲陳述廢立本意，帝引見，便泣下數十行，温兢懼，竟不能一言而出。太宰武陵王晞好習武事，温忌之，表免其官。尊褚太后曰崇德太后。逼新蔡王晃，自列與晞及殷浩之子涓及庾蘊弟倩、柔等謀反，收付廷尉。又殺東海王三子及其母。有司承温旨，請誅晞。詔曰：「悲惋惶怛，非所忍聞。」温固請，帝手詔曰：「若晉祚靈長，公便宜奉行前詔；如大運去矣，請避賢路。」温覽之，流汗。乃奏廢晞，徙新安，免晃爲庶人，涓、倩、柔皆族誅。侍中謝安見温遥拜。温驚曰：「安石，卿何事乃爾？」安曰：「未有君拜於前，臣揖於後。」温遂還姑孰。秦王堅聞温廢立，謂羣臣曰：「温前敗灞上，後敗枋頭，不能思愆自貶以謝百姓，方更廢君以自説，六十之叟，舉動如此，將何以容於四海乎！諺曰：『怒其室而作色於父。』温之謂矣。」

十二月，降封東海王爲海西縣公。大司馬温奏：「廢放之人，不可以臨黎元。東海王宜依昌邑故事。」太后詔封海西縣公。温威振内外，帝雖處尊位，拱默而已。先是熒惑守太微端門，踰月而海西廢。至是，又逆行入太微，帝甚惡之，謂中書侍郎郗超曰：「命之修短，本所不計，故當無復近日事邪？」超曰：「大司馬臣温，方内固社稷，外恢經略，非常之事，臣以百口保之。」及超請急省其父，帝曰：「致意尊公，家國之事，遂至於此，由吾不能以道匡衛。」因詠庾闡詩云：「志士痛朝危，忠臣哀主辱。」遂泣下霑襟。帝美風儀，善容止，留心典籍，凝塵滿席，湛如也。雖神識恬暢，然無濟世大略，謝安以爲惠帝之流，但清談差勝耳。超以温故，朝中皆畏事之。謝安嘗與左衛將軍王坦之共詣超，日旰未得前，坦之欲去，安曰：「獨不能爲性命忍須臾邪？」

壬申（三七二）

二年。秦建元八年。

春，二月，秦以慕容評爲范陽太守。慕容垂言於秦王堅曰：「臣叔父評，燕之惡來輩也，不宜復汙聖朝，願爲燕戮之。」堅乃出之范陽。

司馬公曰：「古之人，滅人之國而人悦，何哉？爲人除害故也。秦王堅不以評爲誅首，又從而寵秩之，是愛一人而不愛一國之人也，其失人心多矣。是以施恩於人而人莫之恩，盡誠於人而人莫之誠，卒於功名不遂，容身無所，由不得其道故也。

三月，秦命關東禮送經藝之士。秦王堅詔：「關東之民學通一經、才成一藝者，在所郡縣以禮送之。在官百石以上，學不通一經、才不成一藝者，罷遣還民。」

夏，四月，遷海西公於吳縣。

六月，秦以王猛爲丞相，苻融爲冀州牧。

秋，七月，帝崩，太子昌明即位。帝不豫，急召大司馬温入輔，一日一夜發四詔，温辭不至。詔立皇子昌明爲皇太子，生十年矣。道子爲琅邪王，領會稽國，以奉帝母鄭太妃之祀。遺詔：「温依周公居攝故事。」又曰：「少子可輔者輔之，如不可，君自取之。」侍中王坦之持詔入，於帝前毀之。帝曰：「天下，儻來之運，卿何所嫌！」坦之曰：「天下，宣、元之天下，陛下何得專之！」帝乃使改詔曰：「家國事一稟大司馬，如諸葛武侯、王丞相故事。」是日，帝崩。羣臣曰：「當須大司馬處分。」王彪之正色曰：「天子崩，太子代立，大司馬何容得異！」朝議乃定。太子即位，太后欲令温居攝。彪之曰：「此異常大事，大司馬必當固讓，使萬機停滯，稽廢山陵，未敢奉令。」事遂不行。温望簡文臨終禪位，不爾便當居攝。既不副所望，與弟冲書曰：「遺詔使吾依武侯、王公故事耳。」疑王坦之、謝安所爲，心銜之。

八月，秦加王猛都督中外諸軍事。猛至長安，復加都督中外諸軍事。辭章三四上，秦王堅不許，曰：「朕方混壹四海，非卿誰可委者。卿之不得辭宰相，猶朕不得辭天下也。」猛爲相，堅端拱於上，百官總己於下，軍國之事，無不由之。猛剛明清肅，善惡著白，放黜尸素，顯拔幽滯，勸課農桑，練習軍旅，官必當才，刑必當罪。由是國富兵强，戰無不克，秦國大治。堅敕太子宏及長樂公丕等曰：「汝事王公，如事我也。」陽平公融年少，在冀州爲政好新奇，貴苛察。治中別駕申紹數規正，導以寬和，融雖敬之，未能盡從。後紹出爲濟北太守，融屢以過失聞，數致譴讓，乃恨不用紹言。嘗坐擅起學舍，爲有司所糾，問紹：「誰可使者？」紹曰：「燕尚書郎高泰，清辯有膽智，可使也。」使至長安，見猛曰：「昔魯僖公以泮宮發頌，齊宣王以稷下垂聲，今陽平公開建學宮，乃煩有司舉劾，明公懲勸如此，下吏何所逃罪乎？」猛曰：「是吾過也。」事遂釋。猛因歎曰：「高子伯豈陽平所宜吏乎！」言於秦王堅。堅召見，問以爲治之本，對曰：「治本在得人，得人在審舉，審舉在核真，未有官得其人而國家不治者也。」堅曰：「可謂辭簡而理博矣。」以爲尚書郎。固請還州，許之。

冬，十月，葬高平陵。

三吳大旱，饑。

癸酉(三七三)

列宗孝武皇帝寧康元年。秦建元九年。

春，二月，大司馬温來朝。桓温來朝，詔吏部尚書謝安、侍中王坦之迎于新亭。時都下恟恟，云欲誅王、謝，因移晉祚。坦之甚懼，安神色不變，曰：「晉祚存亡，決於此行。」温既至，百官拜於道側。温大陳兵衛，延見朝士。坦之流汗沾衣，倒執手版。安從容就席，謂温曰：「安聞諸侯有道，守在四鄰，明公何須壁後置人邪！」温笑曰：「正自不能不爾。」遂命撤之，與安笑語移日。郗超卧帳中聽其言，風動帳開，安笑曰：「郗生可謂入幕之賓矣。」時天子幼弱，外有强臣，安與坦之盡忠輔衛，卒安晉室。三月，温有疾，還姑孰。

秋，七月，大司馬温卒。以桓沖都督揚、豫、江州軍事。初，温疾篤，諷朝廷求九錫，屢使人趣之。謝安、王坦之故緩其事，使袁宏具草。宏以示王彪之，彪之歎其文辭之美，因曰：「卿固大才，安可以此示人！」安見其草，輒改之，由是歷旬不就。温弟江州刺史沖問安、坦之所在，温曰：「渠等不爲汝所處分也。」温以世子熙才弱，使沖領其衆。温卒，熙及弟濟謀殺沖，沖徙之長沙。稱温遺命，以少子玄爲嗣，時方五歲，襲封南郡公。沖既代温居任，盡忠王室。或勸誅除時望，沖不從。始，温在鎮，死罪皆專決。沖以爲生殺之重，當歸朝廷，須報後行。

皇太后臨朝攝政，以王彪之爲尚書令，謝安爲僕射。謝安以天子幼沖，欲請崇德太后臨朝。彪之曰：「上年垂及冠婚，反令從嫂臨朝，豈所以光揚聖德乎！」安不欲委任桓沖，故使太后臨朝，己得專決，遂不從其言。彪之與共掌朝政。安每歎曰：「朝廷大事，衆所不能決者，以諮王公，無不立決。」

秦寇梁、益，陷之。秦王堅使王統、朱肜帥卒二萬出漢川，毛當、徐成帥卒三萬出劍門，以寇梁、益。梁州刺史楊亮拒之，戰敗，肜遂拔漢中。徐成亦克劍門。楊安進攻梓潼，太守周虓固守涪城，遣步騎送母妻趣江陵，肜邀而獲之，虓遂降。十一月，秦取二州，邛、莋、夜郎皆附之。秦以楊安鎮成都，毛當鎮漢中，姚萇屯墊江，王統鎮仇池。堅欲以周虓爲尚書郎，虓曰：「蒙晉厚恩，但老母見獲，失節於此。母子獲全，秦之惠也。雖公侯之貴，不以爲榮。」遂不仕。每見堅，或箕踞而坐，呼爲氐賊。嘗值元會，儀衛甚盛，堅問之曰：「晉朝元會，與此何如？」虓攘袂厲聲曰：「犬羊相聚，何敢比擬天朝！」秦人以虓不遜，屢請殺之，堅待之彌厚。

以王坦之爲中書令，領丹楊尹。

彗星見。彗星出于尾、箕，長十餘丈，經太微，掃東井。自四月見，及冬不滅。秦太史令張孟言：「尾、箕，燕分；東井，秦分也。今彗起尾、箕而掃東井，十年之後，燕當滅秦。二十年之後，代當滅燕。慕容氏布列朝廷，臣竊憂之，宜剪其魁傑以消天變。」堅不聽。陽平公融亦上疏言之，堅報曰：「朕方混六合爲一家，視夷狄爲赤子，汝宜息慮，勿懷耿介。夫惟修德可以攘災，苟能内求諸己，何懼外患乎！」其後有人入秦明光殿大呼曰：「甲申、乙酉，魚羊食人，悲哉無復遺！」堅命執之，不獲。朱肜、趙整固請誅諸鮮卑，堅不聽。整，宦官也，博聞强記，能屬文，好直言面諫。慕容垂夫人得幸於堅，堅與之同輦遊于後庭。整歌曰：「不見雀來入燕室，但見浮雲蔽白日。」堅改容謝之，命夫人下輦。

甲戌（三七四）

二年。秦建元十年。

春，二月，以王坦之都督徐、兗等州軍事。詔謝安總中書。安好聲律，期功之慘，不廢絲竹，士大夫效之，遂以成俗。坦之屢書苦諫曰：「天下之寶，當爲天下惜之。」安不能從。又嘗與王羲之登冶城，悠然遐想，有高世之志。羲之謂曰：「夏禹勤王，手足胼胝；文王旰食，日不暇給。今四郊多壘，宜思自效。而虚談廢務，浮文妨要，恐非當世所宜。」安曰：「秦任商鞅，二世而亡，豈清言致患耶！」

乙亥（三七五）

三年。秦建元十一年。

夏，五月，徐、兖都督、藍田侯王坦之卒。坦之臨終，與謝安、桓冲書，惟以國家爲憂，言不及私，卒，謚曰獻。

以桓冲爲徐州刺史，謝安領揚州刺史。冲以安素有重望，以揚州讓之，自求外出。桓氏族黨莫不苦諫，冲處之澹然。

秋，七月，秦丞相王猛卒。猛寢疾，秦王堅親爲祈郊廟、社稷，分遣侍臣徧禱河嶽。疾少瘳，爲之赦殊死以下。猛上疏曰：「不圖陛下以臣之命而虧天地之德，開闢已來，未之有也。臣聞報德莫如盡言，謹以垂没之命，竊獻遺款。夫善作者不必善成，善始者不必善終。古先哲王，知功業之不易，戰戰兢兢，如臨深谷。伏惟陛下，追蹤前聖，天下幸甚。」堅覽之悲慟。七月，堅親至猛第視疾，訪以後事。猛曰：「晉雖僻處江南，然正朔相承，上下安和，臣没之後，願勿以晉爲圖。鮮卑、西羌，我之仇敵，終爲人患。宜漸除之，以便社稷。」言終而卒。堅比斂，三臨哭，謂太子宏曰：「天不欲使吾平壹六合耶，何奪吾景略之速也？」葬之如漢霍光故事。謚曰武。

八月，立皇后王氏。后，濛之孫也。

九月，以徐邈爲中書舍人。帝講孝經，始覽典籍，延儒士。謝安薦邈補中書舍人，每被顧問，多所匡益。帝或宴集，酣樂之後，好爲詩章，文詞穢雜。邈應時收斂，還省刊削，經帝重覽，然後出之。

冬，十月，朔，日食。

秦置聽訟觀。遣太子入學。禁老、莊、圖讖之學。秦王堅詔曰：「新喪賢輔，百司或未稱朕心。可置聽訟觀，五日一臨，以求民隱。今天下雖未大定，權可偃武修文，以稱武侯雅旨。其增崇儒教，禁老、莊、圖讖之學，犯者棄市。」妙簡學生，太子及羣臣之子皆就學受業。尚書郎王佩讀讖，堅殺之，讖學遂絶。

丙子（三七六）

太元元年。秦建元十二年。是歲涼、代皆亡，凡僭國一。

春，正月，朔，帝冠，太后歸政。以謝安爲中書監，録尚書事。

秦遣侍臣分巡郡縣。秦王堅下詔曰：「往得丞相，常謂帝王易爲。自丞相違世，鬢髮半白。今天下既無丞相，或政教淪替，可遣侍臣分巡郡縣，問民疾苦。」

秋，七月，秦遣兵擊涼州。八月，敗其兵，涼將掌據死之，張天錫降。天錫荒于酒色，不親庶務，黜世子大懷而立嬖妾之子大豫，人情憤怨。秦王堅以天錫臣道未純，遣將軍茍萇、梁熙等將兵臨西河，尚書郎閻負、梁殊奉詔徵之。若有違命，即進師撲討。負、殊至姑臧。天錫會官屬謀之，皆怒曰：「吾世事晉朝，忠節著於海内。今一旦委身賊庭，醜莫大焉！且河西天險，若悉境内精兵，右招西域，北引匈奴以拒之，何遽知其不捷也。」天錫攘袂大言曰：「孤計決矣，言降者斬！」使謂負、殊曰：「君欲生歸乎，死歸乎？」殊等辭氣不屈，天錫怒，射殺之。其母嚴氏泣曰：「秦主横制天下，兵不留行。汝若降之，猶可延數年之命。今既抗衡，又殺其使者，亡無日矣。」天錫使將軍馬建帥衆二萬拒秦。八月，秦師濟河，天錫又遣掌據帥衆三萬軍于洪池。茍萇使姚萇爲前驅，馬建迎降。據兵敗，就帳免胄，西向稽首，伏劍而死。秦兵遂至姑臧，天錫面縛出降，涼州郡縣悉下。秦以梁熙爲涼州刺史，鎮姑臧。封天錫歸義侯。初，秦兵之出也，先爲天錫築第於長安，至則居之。熙清儉愛民，河右安之。初，桓沖聞秦攻涼州，遣兵分道橈秦以救涼，不克而罷。

詔除度田收租之制。初，哀帝減田租，畝收二升。至是除之。王公以下，口税米三斛，蠲在役之身。

冬，十一月，朔，日食。

秦遣兵擊代，敗之。十二月，代寔君弑其君什翼犍，秦討殺之，遂分代爲二部。劉衛辰爲代所逼，求救於秦，秦王堅遣行唐公洛、鄧羌、朱肜等將兵擊之，以衛辰爲鄉導。代王什翼犍使南部大人劉庫仁將兵拒戰，大敗。什翼犍病，不能自將，乃奔陰山之北。聞秦兵稍退，復還雲中。初，什翼犍世子寔早卒，寔子珪尚幼，慕容妃諸子皆長，繼嗣未定。庶長子寔君遂殺諸弟，并弑什翼犍。秦兵趨雲中，部衆逃潰，國中大亂。珪母賀氏以珪走依賀訥。秦王堅召代長史燕鳳，問代亂故，鳳具以對。堅曰：「天下之惡一也。」乃執寔君至長安，車裂之。堅欲遷珪於長安，鳳固請曰：「代王遺孫冲幼，莫相統攝。庫仁勇而有知，衛辰狡猾多變，皆不可獨任。宜分諸部爲二，令此兩人統之。兩人素有深讎，而勢莫敢先發。俟其孫稍長立之，是陛下有存亡繼絶之德於代，使其子孫永爲不侵不叛之臣，此安邊之良策也。」堅從之。分代爲二部，自河以東屬庫仁，自河以西屬衛辰，使統其衆。賀氏以珪依庫仁。庫仁招撫離散，恩信甚著。奉事拓跋珪恩勤周備，不以廢興易意。常謂諸子曰：「此兒有高天下之志，必能恢隆祖業，汝曹當謹遇之。」慕容紹私謂其兄楷曰：「秦恃其强大，務勝不休。北戍雲中，南守蜀、漢，轉運萬里，道殣相望，兵疲民困，危亡近矣。」

丁丑(三七七)

二年。秦建元十三年。

春，高句麗、新羅、西南夷皆遣使朝貢于秦。

秦以熊邈爲將作長史。趙故將作功曹熊邈屢爲秦王堅言石氏宮室器玩之盛，堅以邈爲將作長史，大修舟艦、兵器，飾以金銀，頗極精巧。慕容農私言於垂曰：「自王猛之死，秦之法制，日以穨靡。今又重之以奢侈，殃將至矣。大王宜結納英傑，以承天意。」垂笑曰：「天下事非爾所及。」

以朱序爲梁州刺史，鎮襄陽。

秋，八月，以謝安都督揚、豫等州軍事。

冬，十月，以桓沖都督江、荆等州軍事，謝玄監江北軍事。桓沖以秦人强盛，欲移阻江南，奏自江陵徙鎮上明，使劉波守江陵，楊亮守江夏。初，中書郎郗超自以其父愔位遇應在謝安之右，而優遊散地，常憤邑形於詞色，由是與謝氏有隙。時朝廷方以秦寇爲憂，詔求文武良將可鎮禦北方者，安以兄子玄應詔。超聞之，歎曰：「安之明，乃能違衆舉親；玄之才，足以不負所舉。」衆咸以爲不然。超曰：「吾嘗與玄共在桓公府，見其使才，雖履屐間未嘗不得其任，是以知之。」玄鎮廣陵，募驍勇之士，得彭城劉牢之等數人。以牢之爲參軍，常領精鋭爲前鋒，戰無不捷。時號「北府兵」，敵人畏之。

散騎常侍王彪之卒。初，謝安欲增修宮室，彪之曰：「中興之初，即東府爲宮，殊爲儉陋。蘇峻之亂，成帝止蘭臺都坐，不蔽風雨，是以更營新宮。比之漢、魏則爲儉，比之初過江則爲侈矣。今寇敵方强，豈可大興功役，勞擾百姓邪〔六〕？」安曰：「宮室弊陋，後世謂人無能。」彪之曰：「凡任天下之重者，當保國寧家，緝熙政事，乃以修室屋爲能邪！」安不能奪，故終彪之之世，無所營造。

臨海太守郗超卒。初，超黨於桓氏，以父愔忠於王室，不令知之。及病甚，出一箱書授門生曰：「公年尊，我死之後，若以哀惋害寢食者，可呈此。不爾，即焚之。」超卒，愔果成疾，門生呈箱，皆與桓温往反密計。愔大怒，曰：「子死已晚矣！」遂不復哭。

戊寅（三七八）

三年。秦建元十四年。

春，二月，作新宮。

秦寇梁州。夏，四月，陷南陽。秦王堅遣長樂公丕、將軍苟萇、石越、慕容垂等四道會攻襄陽。梁州刺史朱序以秦無舟檝，不以爲虞。既而石越帥騎五千浮渡漢水，序惶駭，固守中城。越克其外郭，獲船百餘艘以濟餘軍。丕督諸將攻中城。序母韓氏聞秦兵將至，自登城履行西北隅，以爲不固，帥百餘婢及城中女丁築邪城於其內。及秦兵至，西北隅果潰，移守新城，襄陽人謂之夫人城。桓冲在上明，擁衆七萬，憚秦兵，不敢進。丕欲急攻襄陽，苟萇曰：「吾衆十倍於敵，糗糧山積，但稍遷漢、沔之民於許、洛，塞其運道，絶其援兵，譬如網中之禽，何患不獲，而多殺將士，急求成功哉！」丕從之。慕容垂拔南陽，執太守鄭裔，與丕會。

秋，七月，新宫成。

秦遣兵分道寇盱眙、彭城、魏興。彭超請攻沛郡太守戴逯於彭城，且曰：「願更遣重將攻淮南，爲棊劫之勢，東西並進，丹楊不足平也。」秦王堅從之，使俱難帥步騎七萬寇淮陽、盱眙。八月，超攻彭城。詔右將軍毛虎生帥衆鎮姑孰以禦之。秦又使韋鍾圍魏興太守吉挹於西城。

九月，秦王堅宴羣臣。秦王堅與羣臣飲酒，以極醉爲限。趙整作酒歌曰：「地列酒泉，天垂酒池，杜康妙識，儀狄先知。紂喪殷邦，桀傾夏國，由此言之，前危後則。」堅大悦，命整書之以爲酒戒，自是宴羣臣，禮飲而已。

冬，十月，大宛獻馬于秦。不受。大宛獻汗血馬于秦。秦王堅曰：「吾嘗慕漢文帝爲人，用千里馬何爲！」命羣臣作止馬詩而反之。

秦豫州刺史苻重謀反，赦就第。北海公重鎮洛陽，謀反。秦王堅曰：「長史呂光忠正，必不與之同。」即命光收重，檻車送長安，赦之，以公就第。

己卯(三七九)

四年。秦建元十五年。

春，二月，秦陷襄陽，執刺史朱序以歸。秦御史中丞李柔劾奏：「長樂公丕等擁衆十萬，攻圍小城，日費萬金，久而無效，請徵下廷尉。」秦王堅遣使持節切讓丕等，賜丕劍曰：「來春不捷，汝可自裁，勿復持面見吾也！」丕等惶恐，命諸軍并力攻襄陽。堅欲自將來攻，陽平公融諫曰：「陛下欲取江南，固當博謀熟慮，不可倉猝。若止取襄陽，親勞大駕，所謂『以隨侯之珠，彈千仞之雀』也！」乃止。朱序屢破秦兵，遂不設備。丕命諸軍進攻，督護李伯護爲内應，遂克襄陽，執序送長安。堅以序能守節，拜度支尚書。以伯護爲不忠，斬之。秦將慕容越拔順陽，執太守丁穆，堅欲官之，穆固辭不受。堅以梁成爲荆州刺史，鎮襄陽，選其才望，禮而用之。

秦陷彭城、淮陰。謝玄帥衆萬餘救彭城，軍于泗口，欲遣間使報戴逯而不可得。部典將田泓請没水潛行，玄遣之，爲秦人所獲，厚賂使云南軍已敗，泓僞許之。既而告城中曰：「南軍垂至，勉之。」秦人殺之。彭超置輜重於留城，玄揚聲遣軍向留城，超聞之，釋彭城圍，引兵還保輜重。逯帥衆奔玄，超遂據彭城，留徐褒守之，南攻盱眙。俱難克淮陰，留邵保戍之。

三月，詔減省用度。詔：「以疆埸多虞，年穀不登，其供御所須，事從儉約。九親供給，衆官廪俸，權可減半。凡諸役費，非軍國事要，皆宜停省。」

夏，四月，秦陷魏興，太守吉挹死之。秦韋鍾拔魏興，吉挹引刀欲自殺，左右奪其刀。會秦人至，執之，挹不言不食而死。秦王堅歎曰：「周孟威不屈於前，丁彦遠潔己於後，吉祖冲閉口而死，何晉氏之多忠臣也！」挹參軍史頴逃歸，得挹臨終手疏，詔贈益州刺史。

五月，秦陷盱眙，進圍三阿，謝玄連戰敗走之。秦俱難、彭超拔盱眙，執内史毛璪之，遂圍田洛于三阿，去廣陵百里。朝廷大震，臨江列戍。謝玄自廣陵救三阿，難、超戰敗，退保盱眙。六月，玄進攻之，又敗，退屯淮陰。玄遣何謙帥舟師乘潮而上，夜焚淮橋，難、超退屯淮北。玄、謙共追之，戰于君川，復大破之，難、超北走，僅以身免。玄還廣陵，加領徐州刺史。秦王堅大怒，徵超下廷尉，超自殺。難削爵爲民。謝安爲相，秦人屢入寇，衆心危懼，安每鎮以和静。其爲政，務舉大綱，不爲小察。時人比安於王導，而謂文雅過之。

秦大饑。

庚辰(三八〇)

五年。秦建元十六年。

春，秦復以苻重爲鎮北大將軍，守薊。

秦作教武堂。秦作教武堂於渭城，命太學生明陰陽兵法者教授諸將。朱肜諫曰：「陛下四海之地，什得其八。宜稍偃武修文，乃更始立學舍，教人戰鬭之術，殆非所以馴致升平也。且諸將皆百戰之餘，何患不習於兵，而更使受教於書生，非所以强其志氣也。此無益於實而有損於名。」堅乃止。

夏，四月，秦幽州刺史苻洛及苻重舉兵反，秦遣兵擊之，斬重，擒洛，赦之。秦行唐公洛勇而多力，能坐制奔牛，射洞犁耳。自以有滅代之功，求開府儀同三司，不得，由是怨憤。秦王堅以洛爲益州牧。洛謂官屬曰：「孤不得入爲將相，而又投之西裔，於諸君意何如？」治中平規曰：「主上窮兵黷武，民思息肩者，十室而九。宜聲言受詔，盡幽州之兵，南出常山，陽平公必郊迎，因而執之，進據冀州。總關東之衆以圖西土，天下可指麾而定也。」洛從之。四月，帥衆七萬發和龍。堅遣將軍竇衝、吕光討之。北海公重悉薊城之衆與洛會，屯中山。五月，衡等與戰，敗之，擒洛送長安。重走還薊，光追斬之。幽州悉平。堅赦洛不誅，徙西海郡。

司馬公曰：夫有功不賞，有罪不誅，雖堯、舜不能爲治，況它人乎！秦王堅每得反者輒宥之，使其臣狃於爲逆，行險徼幸，雖力屈被擒，猶不憂死，亂何自而息哉！

以謝安爲衛將軍，與桓沖並開府儀同三司。朝廷以秦兵之退爲謝安、桓沖之功，故有是命。

六月，秦以苻融爲中書監，都督諸軍，録尚書事；苻丕爲冀州牧；苻暉爲豫州牧。秦王堅以諸氐種類繁滋，分三原、九嵕、武都、汧、雍氐十五萬户，使諸宗親領之，散居方鎮，如古諸侯。以其子長樂公丕鎮鄴，平原公暉鎮洛陽，石越、梁讜、毛興、王騰等皆爲諸州刺史。堅送丕至灞上，丕所領氐三千户別其父兄，皆慟哭。趙整因侍宴，援琴而歌曰：「阿得脂，阿得脂，博勞舅父是仇綏，尾長翼短不能飛。遠徙種人留鮮卑，一旦緩急當語誰！」堅笑而不納。

秋，九月，皇后王氏崩。十一月，葬定皇后。

辛巳(三八一)

六年。秦建元十七年。

春，正月，立佛精舍於内殿。帝初奉佛法，立精舍於殿内，引諸沙門居之。左丞王雅諫，不從。

二月，東夷、西域六十二國朝貢于秦。

夏，六月，朔，日食。

冬，十一月，秦寇竟陵，桓沖擊破之，遂拔管城，獲其將閻振、吴仲。

江東大饑。

壬午（三八二）

七年。秦建元十八年。

三月，秦司農苻陽、侍郎王皮、尚書郎周虓謀反，事覺，徙邊。秦東海公陽及王皮、周虓謀反，事覺，收下廷尉。秦王堅問其反狀，陽曰：「臣父哀公死不以罪，臣爲父復讎耳！」堅泣曰：「哀公之死，事不在朕。」皮曰：「臣父丞相，有佐命之勳，而臣不免貧賤，欲圖富貴耳。」堅曰：「丞相臨終託卿，以十具牛爲治田之資，未嘗爲卿求官。知子莫若父，何其明也。」虓曰：「世荷晉恩，生爲晉臣，死爲晉鬼，復何問乎！」先是，虓屢謀反，左右請殺之。堅曰：「孟威烈士，秉志如此，豈憚死乎！殺之適足成其名耳。」皆赦不誅，徙陽高昌，皮、虓朔方之北。以皮兄永清脩好學，擢爲幽州刺史。

秦徙鄴銅駝、馬，飛廉，翁仲于長安。

秦以苻融爲征南大將軍。謀伐晉也。

夏，五月，幽州蝗。蝗生，廣袤千里。秦王堅遣使發民撲除之。

秋，八月，秦以裴元略爲巴西、梓潼太守。爲伐晉故，使密具舟師也。

九月，秦遣將軍吕光將兵擊西域。車師、鄯善入朝于秦，請爲鄉導，以伐西域之不服者，因如漢法置都護以統理之。秦王堅以吕光爲都督，總兵十萬以伐西域。陽平公融諫曰：「西域荒遠，得其民不可使，得其地不可食，漢武征之，得不補失，臣竊惜之。」不聽。

桓冲遣兵伐襄陽。桓冲遣將軍朱綽擊襄陽，焚踐沔北屯田，掠六百餘户而還。

冬，十月，秦會羣臣于太極殿。秦王堅會羣臣于太極殿，議曰：「今四方略定，唯東南一隅，未霑王化。計吾士卒，可得九十七萬，欲自將討之，何如？」左僕射權翼曰：「昔紂爲無道，三仁在朝，武王猶爲之旋師。今晉雖微弱，未有大惡。謝安、桓冲皆江表偉人，君臣輯睦，未可圖也。」太子左衛率石越曰：「今歲鎮守斗，福德在吴，伐之必有天殃。且彼據長江之險，民爲之用，殆未可伐也。」堅曰：「天道幽遠，未易可知。以吾之衆，投鞭於江，足斷其流，又何險之足恃乎！」於是羣臣各言利害，久之不決。堅曰：「此所謂築室道旁，無時可成。吾當内斷於心耳。」羣臣皆出，獨留陽平公融，問之，對曰：「今伐晉有三難：天道不順；晉國無釁；我數戰兵疲，民有畏敵之心。羣臣言晉不可伐者，皆忠臣也。願陛下聽之。」堅作色曰：「汝亦如此，吾復何望。」融泣曰：「晉未可滅，昭然甚明。且臣之所憂，不止於此。陛下寵育鮮卑、羌、羯，布滿畿甸。太子獨與弱卒留守京師，臣懼變生肘腋，不可悔也。臣之頑愚，誠不足采。王景略一時英傑，陛下常比之諸葛武侯，獨不記其臨没之言乎！」堅不聽。於是朝臣進諫者衆，堅曰：「以吾擊晉，猶疾風之掃秋葉，而内外皆言不可，何也？」太子宏曰：「今歲在吴分，又晉君無罪，若大舉不捷，恐威名外挫，財力内竭耳。」堅曰：「昔吾滅燕，亦犯歲而捷。秦滅六國，豈皆暴虐乎！」冠軍慕容垂獨言於堅曰：「陛下神武，威加海外，而蕞爾江南，獨違王命，豈可復留之以遺子孫哉！詩云：『謀夫孔多，是用不集。』陛下斷自聖心足矣。晉武平吴，所仗者張、杜二三臣而已，若從衆言，豈有混一之功乎！」堅大悦曰：「與吾共定天下者，獨卿而已。」堅鋭意欲取江東，寢不能旦，融復諫曰：「自古窮兵極武，未有不亡者。江東雖微弱，然中華正統，天意必不絶之。」堅曰：「帝王曆數，豈有常邪，惟德之所在耳！」堅素信重沙門道安，羣臣使乘間進言。堅與遊東苑，曰：「朕將與公南遊吴、越，泛長江，臨滄海，不亦樂乎！」安曰：「陛下應天御世，居中土而制四維，自足以比隆堯、舜，何必櫛風沐雨，經略遐方。」堅不聽。所幸張夫人諫曰：「天地之生萬物，聖王之治天下，皆因其自然而順之，故功無不成。黄帝服牛乘馬，因其性也；禹濬九川，障九澤，因其勢也；后稷播殖百穀，因其時也；湯、武帥天下而攻桀、紂，因其心也。今朝野皆言晉不可伐，陛下獨決意行之，妾不知何所因也。自秋冬以來，雞夜鳴，犬哀嗥，廐馬多驚，武庫兵器自動，皆非出師之祥也。」堅曰：「軍旅之事，非婦人所當預。」堅幼子詵最有寵，亦諫曰：「國之興亡，繫賢人之用捨。今陽平公，國之謀主，而陛下違之。晉有謝安、桓沖，而陛下伐之。臣竊惑焉！」堅曰：「天下大事，孺子安知。」

秦大熟。秦劉蘭討蝗，不能滅。有司請徵下廷尉。秦王堅曰：「災降自天，非人力所能除。此由朕之失政，蘭何罪乎！」是歲大熟，蝗不食麻豆。

癸未（三八三）

八年。秦建元十九年。

夏，五月，桓沖帥師伐秦，拔筑陽。桓沖帥衆十萬伐秦，攻襄陽。别將攻筑陽，拔之。秦遣慕容垂來救，進臨沔水。夜命軍士人持十炬，繫于樹枝，光照數十里。沖懼，退還上明，表其兄子石民領襄城太守，戍夏口。自求領江州刺史，詔許之。

秋，八月，秦王堅大舉入寇。詔征討都督謝石、冠軍將軍謝玄等帥師拒之。秦王堅下詔大舉，民每十丁遣一兵。其良家子年二十已下，有材勇者，皆拜羽林郎。又曰：「其以司馬昌明爲尚書左僕射，謝安爲吏部尚書，桓沖爲侍中，先爲起第。」良家子至者三萬餘騎，拜趙盛之爲少年都統。是時，朝臣皆不欲堅行，獨慕容垂、姚萇及良家子勸之。陽平公融諫曰：「垂、萇，我之仇讎。良家少年，皆富饒子弟，不閑軍旅，何可聽也。」堅不聽。八月，遣融督張蚝、慕容垂等步騎二十五萬爲前鋒；以姚萇爲龍驤將軍，督益、梁州諸軍。謂曰：「昔朕以龍驤建業，未嘗輕以授人，卿其勉之。」竇衝曰：「王者無戲言，此不祥之徵也。」堅默然。慕容紹言於垂曰：「主上驕矜已甚，叔父建中興之業，在此行也。」堅遂發長安，戎卒六十餘萬，騎二十七萬。九月，至項城，凉州兵始達咸陽，蜀、漢兵方順流而下，幽、冀兵至于彭城，東西萬里，水陸齊進，運漕萬艘。融等兵三十萬先至潁口。詔以謝石爲征討大都督，謝玄爲前鋒都督，與將軍謝琰、桓伊、胡彬等督衆八萬拒之。時都下震恐，玄入，問計於謝安，安夷然，答曰：「已別有旨。」既而寂然。遂命駕出遊山墅，親朋畢集，與玄圍棊賭墅。安棋常劣於玄，是日，玄懼，便爲敵手而又不勝。安遂遊陟，至夜乃還。桓沖深以根本爲憂，遣精鋭三千入援，安固却之，曰：「朝廷處分已定，兵甲無闕，宜留以防西藩。」沖歎曰：「安石有廟堂之量，不閑將略。今大敵垂至，方遊談不暇，遣諸不經事少年拒之，衆又寡弱，天下事已可知，吾其左衽矣！」

以琅邪王道子録尚書六條事。

冬，十一月，謝石、謝玄等大破秦兵于肥水，殺其大將苻融，秦王堅走還長安。秦陽平公融等攻壽陽，克之。胡彬退保硤石，融進攻之。梁成等屯于洛澗，柵淮以遏東兵。謝石、謝玄等憚不敢進。彬糧盡，潛遣使告石等曰：「今賊盛糧盡，恐不復見大軍！」秦人獲之，送於融。融馳使白秦王堅曰：「賊少易擒，但恐逃去，宜速赴之。」堅乃留大軍於項城，引輕騎八千，兼道就融。遣朱序來説石等，不如速降。序私謂石等曰：「若秦衆盡至，誠難與爲敵。今乘諸軍未集，宜速擊之。若敗其前鋒，則彼已奪氣，可遂破也。」十一月，玄遣廣陵相劉牢之帥精兵五千趣洛澗，成阻澗爲陳以待之。牢之直前渡水，擊成，大破斬之。分兵斷其歸津，秦步騎崩潰，赴淮死者萬五千人。於是石等水陸繼進。堅與融登壽陽城望之，見晉兵部陣嚴整，又望見八公山上草木，皆以爲晉兵，顧謂融曰：「此亦勍敵，何謂弱也！」憮然始有懼色。秦兵逼肥水而陳，玄使謂融曰：「君懸軍深入，而置陳逼水，此乃持久之計，非欲速戰者也。若移陳小却，使我兵得渡，以決勝負，不亦善乎。」秦諸將皆曰：「我衆彼寡，不如遏之，使不得上，可以萬全。」堅曰：「但使半渡，我以鐵騎蹙而殺之，蔑不勝矣！」融亦以爲然，遂麾兵使却。秦兵遂退，不可復止。玄等引兵渡水擊之。融馳騎略陳，欲以帥退者，馬倒，爲晉兵所殺，秦兵遂潰。玄等乘勝追擊，至于青岡。秦兵大敗，自相蹈藉而死者，蔽野塞川。其走者聞風聲鶴唳，皆以爲晉兵且至，晝夜不敢息，草行露宿，重以飢凍，死者什七八。初，秦兵小却，朱序在陳後呼曰：「秦兵敗矣。」衆遂大奔。序因與張天錫皆來奔。獲堅所乘雲母車及儀服、器械不可勝計。復取壽陽。堅中流矢，單騎走至淮北，飢甚，民有進壺飧豚髀者，堅賜之帛，辭曰：「陛下厭苦安樂，自取危困。臣爲陛下子，陛下爲臣父，安有子飼其父而求報乎！」弗顧而去。堅謂張夫人曰：「吾今復何面目治天下乎！」潸然流涕。是時惟慕容垂所將三萬人獨全，堅以千餘騎赴之。世子寶言於垂曰：「此時不可失，願不以意氣微恩忘社稷之重！」垂曰：「彼以赤心投我，若之何害之！天苟棄之，何患不亡。不若保護其危以報德，徐俟其釁而圖之，既不負宿心，且可以義取天下。」慕容德曰：「此爲報仇，非負宿心也。」垂曰：「吾昔爲太傅所不容，置身無所，秦主以國士遇我，後復爲王猛所賣，秦主獨能明之，此恩何可忘也。若氐運必窮，吾當懷集關東，以復先業耳。」悉以兵授堅。謝安得驛書，知秦兵已敗，方與客圍棋，攝書置牀上，了無喜色，圍棋如故。客問之，徐答曰：「小兒輩遂已破賊。」既罷，還内，過户限，不覺屐齒之折。石等歸建康，得秦樂工，能習舊聲，於是宗廟始備金石之樂。堅收集離散，比至洛陽，衆十餘萬。慕容農謂垂曰：「尊不迫人於險，其義聲足以感動天地。夫取果於未熟與自落，不過晚旬日之間，然其難易美惡，相去遠矣！」垂善其言，行至澠池，言於堅曰：「北鄙聞王師不利，輕相扇動，臣請奉詔書以鎮慰之。」堅許之。權翼諫曰：「垂勇略過人，世豪東夏，譬如養鷹，飢則附人，每聞風飆之起，常有陵霄之志。正宜謹其絛籠，豈可解縱，任所欲哉！」堅曰：「卿言是也。然朕已許之，匹夫猶不食言，況萬乘乎。若天命有廢興，固非智力所能移也。」翼曰：「陛下重小信而輕社稷，臣見其往而不返，關東之亂，自此始矣。」堅不聽。翼密遣壯士邀垂於河橋，垂疑之，自凉馬臺結草筏以渡。堅至長安，哭陽平公融而後入。

以謝石爲尚書令。進謝玄號前將軍，固讓不受。

以王國寶爲尚書郎。安婿王國寶，坦之之子也。安惡其爲人，每抑而不用，由是怨安。國寶從妹爲會稽王道子妃，帝與道子皆嗜酒狎昵，國寶乃譖安於道子，使離間之。安功名既盛，而險詖求進之徒，多毀短安，帝稍疏忌之。

初開酒禁，增民税米，口五石。

秦吕光攻龜兹。吕光行越流沙，焉耆等諸國皆降，惟龜兹王帛純固守，光進攻之。

秦將軍乞伏國仁叛，據隴右。國仁本隴西鮮卑，居勇士川，爲秦前將軍，從秦王堅入寇。叔父步頹聞秦師敗，率隴西叛之。秦使國仁討之，國仁遂與步頹合，衆至十萬，據隴右。

丁零翟斌起兵攻洛陽，秦使慕容垂討之，垂叛秦，與斌合。慕容垂至安陽，修牋於長樂公丕。丕身自迎之。趙秋勸垂於座取丕，因據鄴起兵，垂不從。丕謀襲擊垂，侍郎姜讓諫曰：「垂反形未著，而擅殺之，非臣子之義。不如待以上賓，嚴兵衛之，密表情狀，聽敕而後圖之。」丕從之，館垂於鄴西。垂潛與燕故臣謀復燕祚。會丁零翟斌叛秦，謀攻洛陽。秦王堅驛書使垂討之。石越言於丕曰：「垂有興復舊業之心，今復資之以兵，此爲虎傅翼也。」丕曰：「垂在此常恐爲肘腋之變，今遠之於外，不猶愈乎。」乃以羸兵弊鎧給之，又遣苻飛龍帥氐騎一千爲之副。密戒龍飛曰：「垂爲三軍之帥，卿爲謀垂之將，行矣，勉之。」垂請入鄴城拜廟，丕弗許，乃潛服而入。亭吏禁之，垂怒，斬吏燒亭而去。石越言於丕曰：「垂反形已露，可因此除之。」丕曰：「淮南之敗，垂侍衛乘輿，此功不可忘也。」越退告人曰：「公父子皆爲小仁，不顧大計，終當爲人擒耳。」垂留慕容農及楷、紹於鄴，行至安陽，聞丕與飛龍謀，因激怒其衆曰：「吾盡忠於苻氏，而彼專欲圖吾父子，吾雖欲已，得乎！」乃停河内募兵，旬日間，有衆八千。夜襲飛龍氏兵，盡殺之。以書遺秦王堅言其故。而慕容鳳等亦各帥部曲歸翟斌。會秦豫州牧、平原公暉遣毛當討斌。鳳擊破斬之。垂遂濟河，焚橋，有衆三萬。遣人告農等使起兵，農等遂以晦日，將數十騎微服出鄴，奔列人，止於烏桓魯利家。利爲之置饌，農笑而不食。利謂其妻曰：「惡奴，郎貴人，家貧無以饌之，奈何？」妻曰：「郎有雄才大志，今無故而至，必將有異，非爲飲食來也。君亟出，遠望以備非常。」利從之。農謂利曰：「吾欲集兵列人以圖興復，卿能從我乎？」利曰：「死生唯郎是從。」農乃詣烏桓張驤，説之，驤再拜曰：「得舊主而奉之，敢不盡死。」

甲申(三八四)

九年。秦建元二十年，燕世祖慕容垂元年，後秦太祖姚萇白雀元年。舊大國一，新大國二，凡三僭國。

春，正月，慕容垂自稱燕王，大破秦兵，斬其將石越。正月朔，秦長樂公丕大會賓客，請慕容農不得，始覺有變。遣人四出求之，乃知其在列人，已起兵矣。慕容鳳勸翟斌奉垂爲盟主，斌從之。垂至洛陽，平原公暉閉門拒之。斌勸垂稱尊號，垂曰：「新興侯，吾主也，當迎歸反正耳。」垂以洛陽四面受敵，欲取鄴而據之，乃引兵東至滎陽。羣下固請上尊號，垂乃稱燕王，立統府，承制行事。封德爲范陽王，楷爲太原王，翟斌爲河南王。帥衆二十餘萬，自石門濟河，長驅向鄴。而農亦驅列人居民爲卒，斬桑榆爲兵，裂襜裳爲旗，使趙秋説屠各及東夷、烏桓各帥部衆數千赴之。攻破館陶，收其軍資器械，取康臺牧馬數千匹。於是步騎雲集，衆至數萬。推農爲驃騎大將軍，監統諸將，隨才部署，上下肅然。農以垂未至，不敢行賞。趙秋曰：「軍無賞，士不往。今之來者，皆欲建功規利，宜承制封拜，以廣中興之基。」農從之，於是赴者相繼。農號令整肅，軍無私掠，士女喜悦。長樂公丕使石越討之。農曰：「越有智勇之名，今不南拒大軍而來此，是畏王而陵我也。必不設備，可以計取之。」衆請治列人城，農曰：「今起義兵，唯敵是求。當以山河爲城池，何列人之足治也！」越至列人西，農參軍趙謙請急擊之，農曰：「彼甲在外，我甲在心，晝戰，則士卒見其外貌而憚之，不如待暮擊之，可以必克。」令軍士嚴備以待，毋得妄動。越立栅自固，農笑曰：「越兵精士衆，不乘其初至之鋭以擊我，方更立栅，吾知其無能爲也。」向暮，農鼓譟出，陳于城西。牙門劉本帥壯士四百，騰栅而入，農督大衆隨之，大敗秦兵，斬越。越與毛當皆秦驍將，相繼敗没，秦人騷動，盜賊羣起。垂至鄴，改元，服色朝儀，皆如舊章。農引兵會垂，遂立世子寶爲太子，封拜王公百餘人。丕使姜讓誚讓垂，垂曰：「孤受主上不世之恩，故欲安全長樂公，使赴京師，然後修復舊業，永爲鄰好。若不以鄴城見歸，當窮極兵勢，恐單馬求生，亦不可得也。」讓厲色責之曰：「將軍不容於家國，投命聖朝，燕之尺土，將軍豈有分乎？主上與將軍風殊類别，一見傾心，親如宗戚，寵踰勳舊。一旦因王師小敗，遽有異圖！長樂公受分陝之任，寧可束手輸將軍以百城之地乎？將軍欲裂冠毁冕，自可極其兵勢，但惜將軍以七十之年，懸首白旗，高世之忠，更爲逆鬼耳！」垂默然。左右請殺之，垂曰：「彼各爲其主耳，何罪！」禮而歸之。上秦王堅表，請送丕歸長安。堅怒，復書切責之。

遣將軍劉牢之伐秦，拔譙城。桓冲伐秦，拔魏興、上庸、新城。

二月，荆江都督、豐城公桓冲卒。冲聞謝玄等有功，自以失言，慚恨成疾而卒，謚曰宣穆。朝議欲以玄爲荆、江刺史。謝安自以父子名位太盛，又懼桓氏失職怨望，乃以桓石民爲荆州，桓石虔爲豫州，桓伊爲江州。

燕王垂圍鄴。燕王垂攻鄴，拔其外郭。長樂公丕退守中城，垂築長圍守之。關東六州郡縣多降於燕。秦征東府官屬疑參軍高泰有貳心，泰懼，與同郡吴韶逃歸勃海。韶曰：「燕軍近在肥鄉，宜從之。」泰曰：「吾以避禍耳。去一君，事一君，吾所不爲也。」

燕擊秦枋頭、館陶，取之。燕范陽王德擊秦枋頭，取之。東胡王晏據館陶，爲鄴中聲援。夷夏不從燕者亦尚衆。燕王垂遣太原王楷與陳留王紹擊之。楷謂紹曰：「今大業始爾，人心未洽，唯宜綏之以德，不可震之以威。」乃屯于辟陽，紹帥騎數百往説王晏，晏降，於是民夷降者數十萬口。楷留其老弱，置守宰以撫之，發其丁壯十餘萬，與晏詣鄴。垂大悦，曰：「汝兄弟才兼文武，足以繼先王矣。」

三月，以謝安爲太保。

燕慕容泓起兵華陰，慕容冲起兵平陽，秦遣苻叡擊泓，敗死。夏，四月，叡司馬姚萇起兵北地，自稱秦王。泓爲秦北地長史，聞燕王垂攻鄴，亡奔關東，收集鮮卑，還屯華陰，其衆遂盛，自稱雍州牧。秦王堅謂權翼曰：「不用卿言，使鮮卑至此。關東之地，吾不復爭，將若泓何？」乃使廣平公熙鎮蒲坂，徵鉅鹿公叡都督中外諸軍事，配兵五萬，以竇衝爲長史，姚萇爲司馬以討泓。平陽太守慕容冲亦起兵於平陽，進攻蒲坂，堅使竇衝討之。泓聞秦兵且至，懼，帥衆將奔關東。叡粗猛輕敵，欲馳兵邀之。姚萇諫曰：「鮮卑皆有思歸之志，故起而爲亂。宜驅令出關，不可遏也。夫執鼷鼠之尾，猶能反噬於人，但可鳴鼓隨之，彼將奔敗不暇矣。」叡弗從，與戰，果敗見殺。萇遣其長史詣堅謝罪，堅怒，殺之。萇懼，奔渭北馬牧，於是天水尹緯、尹詳，南安龐演等糾扇羌豪五萬餘家，推萇爲盟主。萇自稱秦王，進屯北地，羌、胡降者十餘萬。

秦苻定、苻紹以信都、高城降燕。

秦遣兵擊慕容冲，破之。冲奔華陰，泓遂進逼長安。秦竇衝擊冲，破之。冲奔華陰。泓衆至十餘萬，遣使謂秦王堅曰：「吴王已定關東，可速備大駕，送家兄皇帝還鄴都，與秦以虎牢爲界。」堅大怒，召慕容暐責之曰：「卿之宗族，可謂人面獸心，不可以國士期也。」命暐以書招諭泓、冲及垂。暐密遣使謂泓曰：「吾籠中之人，必無還理。且燕室之罪人也，不足復顧。汝勉建大業，聽吾死問，便即尊位。」泓於是進向長安。

竟陵太守趙統伐襄陽，克之。

梁州刺史楊亮帥兵伐蜀，屯巴郡。

五月，秦洛州刺史張五虎據豐陽來降。

六月，崇德太后褚氏崩。

秦王堅擊後秦，敗之。後秦王萇進屯北地，秦華陰、北地、新平、安定羌胡降之者十餘萬。秦王堅自帥步騎二萬以擊之。後秦兵屢敗，軍中無井，秦人塞安公谷堰水以困之，有渴死者。會天大雨，後秦營中水三尺，營外寸餘而已，後秦軍復振。堅嘆曰：「天亦佑賊乎！」

燕諸將殺慕容泓，立沖爲皇太弟。慕容泓謀臣高蓋等以泓德望不如沖，且持法苛峻，乃殺泓，立沖爲皇太弟，承制行事，置百官。後秦王萇遣其子嵩爲質於沖以請和。

燕將軍慕容麟拔常山、中山，慕容沖大破秦兵，遂據阿房城。秦平原公暉帥洛陽、陝城之衆七萬歸于長安。秦王堅聞沖去長安浸近，乃引兵歸，遣暉拒沖，戰於鄭西，沖大破之，遂據阿房城。

秦梓潼太守壘襲以涪城來降。

葬康獻皇后。

燕殺丁零翟斌。翟斌恃功驕縱，邀求無厭。又以鄴城久不下，潛有貳心。太子寶請除之，燕主垂曰：「河南之盟，不可負也。若其爲難，罪由於斌。今事未有形而殺之，人必謂我忌其功能。吾方收攬豪桀以隆大業，不可示人以狹，失天下之望。藉彼有謀，吾以智防之，無能爲也。」斌果密與秦長樂公丕通謀，事覺，垂殺之。

秦呂光大破龜茲，入據其城。龜茲王帛純窘急，重賂獪胡以求救。獪胡王引諸國兵七十餘萬以救之。呂光與戰，大破之，帛純出走，光入其城。城如長安市邑，宮室甚盛。光撫寧西域，威恩甚著，遠方諸國，前世所不能服者，皆來歸附。光立帛純弟震爲龜茲王。

八月，燕王垂解鄴圍，趨新城。初，燕王垂以鄴城猶固，會僚佐議之。右司馬封衡請引漳水灌之，從之。垂行圍，因飲於華林園，秦人密出兵掩之，矢下如雨，垂幾不得出。冠軍隆將騎衝之，垂僅而得免。至是，鄴中芻糧俱盡，削松木以飼馬。垂曰：「苻丕必無降理，不如開丕西歸之路，以謝秦王疇昔之恩。」乃解圍趨新城。遣慕容農徇清河、平原，徵督租賦。農明立約束，均適有無，軍令嚴整，無所侵暴。由是穀帛屬路，軍資豐給。

遣謝玄率師伐秦，取河南。太保安奏請乘苻氏傾敗，開拓中原，以玄爲前鋒都督，帥桓石虔等伐秦。玄至下邳，秦徐州刺史趙遷棄彭城走，玄進據之。使彭城内史劉牢之攻秦兗州刺史張崇，崇棄鄄城奔燕。牢之據鄄城，河南城堡皆來歸附。

加太保安都督十五州諸軍事，加黄鉞。

慕容沖進逼長安。

冬，十月，朔，日食。

謝玄遣兵攻秦青州，降之。

燕慕輿文殺劉庫仁。庫仁欲救苻丕，發雁門、上谷、代郡兵，屯繁畤。燕慕輿句之子文在庫仁所，知三郡兵不樂遠征，因作亂，夜攻庫仁，殺之，竊其駿馬奔燕。庫仁弟頭眷代領部衆。

加謝玄都督七州軍事。秦長樂公丕進退路窮，謀於僚佐。司馬楊膺請自歸於晉，丕未許。會謝玄遣劉牢之等據碻磝，郭滿據滑臺，顔肱、劉襲軍于河北。襲克黎陽，丕懼，乃遣參軍焦逵致書於玄，稱欲假途求糧，西赴國難。逵與參軍姜讓密告楊膺，改書爲表，許以王師之至，當致身南歸。且議丕若不從，則逼縛與之。於是玄遣晉陵太守滕恬之渡河守黎陽。朝廷以兗、青、司、豫既平，加玄都督徐、兗、青、司、冀、幽、并州諸軍事。

後秦王萇攻新平。後秦王萇聞慕容冲攻長安，會羣僚議進止，皆曰：「宜先取長安，建立根本，然後經營四方。」萇曰：「燕人因其衆思歸以起兵，若得志，必不久留關中。吾當移屯嶺北，廣收資實，以待秦亡燕去，然後拱手取之耳。」乃留長子興守北地，自將其衆攻新平。初，新平人殺其郡將，秦王堅缺其城角以耻之，新平民望深以爲病，欲立忠義以雪之。及萇至，太守苟輔欲降，郡人馮傑等諫曰：「昔田單以一城存齊。今秦猶連城過百，奈何遽爲叛臣乎！」輔喜曰：「此吾志也。但恐久而無救，郡人横被無辜。諸君能爾，吾豈顧生哉！」於是憑城固守。後秦爲土山地道，輔亦於内爲之，或戰地下，或戰山上，後秦之衆死者萬餘人。輔詐降以誘萇，萇將入城，覺之而返。輔伏兵邀擊，幾獲之，又殺萬餘人。

十二月，秦殺其新興侯慕容暐。鮮卑在長安城中者猶千餘人，慕容肅與慕容暐謀伏兵殺堅，事覺，堅召暐、肅曰：「吾相待何如，而起此意？」肅曰：「家國事重，何論意氣！」堅乃并鮮卑無少長男女皆殺之。燕王垂幼子柔與太子寶之子盛乘間得出，奔慕容冲。

燕王垂復圍鄴。謝玄遣劉牢之救之，且饋之粟。

秦梁州刺史潘猛棄漢中走。

校勘記

〔一〕立皇后王氏　「氏」字下原有「爲皇后」三字，據月崖本、成化本、殿本删。

〔二〕而知人家國事邪　「事」字原脱，據月崖本、成化本、殿本、通鑑卷一〇一晉紀二十三晉哀帝隆和元年五月補。

〔三〕二月　「二」，通鑑卷一〇一晉紀二十三晉海西公太和二年五月作「五」。

〔四〕以幽州之衆　「幽」，殿本、通鑑卷一〇一晉紀二十三晉海西公太和二年五月作「六」。

〔五〕二方可取　「方」原作「石」，據月崖本、成化本、殿本、通鑑卷一〇二晉紀二十四晉海西公太和四年十一月改。

〔六〕勞擾百姓邪　「勞」字原脱，據月崖本、成化本、殿本、通鑑卷一〇四晉紀二十六晉孝武帝太元二年十月補。

資治通鑑綱目卷二十二

起乙酉晉孝武帝太元十年，盡戊戌晉安帝隆安二年，凡一十四年。

乙酉（三八五）

十年。秦王苻丕大安元，燕二，後秦白雀二年，西燕主慕容冲更始元年，西秦王乞伏國仁建義元年。舊大國三，新大國一，小國一，凡五僭國。

春，正月，燕慕容冲稱帝於阿房。是爲西燕。冲稱帝改元，頗有自得之志，賞罰任情。慕容盛年十三，謂慕容柔曰：「十人之長，亦須才過九人，然後得安。今中山王才不逮人，功未成而驕已甚，殆難濟乎！」

西燕主冲襲長安。秦王堅與戰，敗之。秦王堅與西燕主冲戰於仇班渠及雀桑，皆破之。又戰於白渠，秦兵敗。冲遣尚書令高蓋夜襲長安，入其南城，秦將軍竇衝等擊破之。秦王堅與戰於城西，又大破之，追奔至阿城而還。

秦益州刺史王廣棄成都走。

燕將軍平規攻薊，拔之。

西燕馮翊太守韋謙來奔。西燕主冲執秦尚書韋鍾，以其子謙爲馮翊太守，使招集三輔。壘主邵安民責之曰：「君雍州望族，今乃從賊，與之爲不忠不義，何面目以行於世乎！」謙以告鍾，鍾自殺，謙來奔。

滎陽郡降。

燕遣將軍慕容麟屯信都，温屯中山。燕王垂攻鄴，久不下，將北詣冀州，乃命趙王麟屯信都，樂浪王温屯中山，召遼西王農還鄴。於是遠近以燕爲不振，頗懷去就。農至高邑，遣從事眭邃近出，違期不還。長史張攀請討之，農不應，假邃高陽太守，參佐家在趙北者，悉假署遣歸。退謂攀曰：「君所見殊誤，當今豈可自相魚肉！俟吾北還，邃等當迎於道左耳。」温在中山，兵力甚微。撫舊招新，勸課農桑，民歸附者相繼，壁壘爭送軍糧，倉庫充溢。翟真夜襲中山，温擊破之。乃遣兵運糧以餉垂，且營中山宫室。

夏，四月，劉牢之進兵至鄴，燕王垂逆戰，敗走中山。牢之追擊，大敗而還。牢之至枋頭，楊膺、姜讓謀泄，長樂公丕收殺之。牢之聞之，盤桓不進。及是乃至鄴，燕王垂逆戰而敗，遂撤圍北遁。牢之引兵追之，疾趨二百里，至五橋澤，爭燕輜重，垂邀擊，大破之。牢之單馬走，會秦救至，得免。鄴中饑甚，丕帥衆就晉穀於枋頭。牢之入屯鄴城，兵復少振。尋坐軍敗，徵還。丕亦還鄴。燕、秦相持經年，幽、冀人相食，邑落蕭條。垂以桑椹爲軍糧，北趨中山，使農先驅，眭邃等皆來迎，上下如初。

太保安出鎮廣陵。會稽王道子專權，復爲姦諂所構，與安有隙。會秦來求救，安乃請自將救之。出鎮廣陵，築新城而居之。

蜀郡太守任權攻拔成都，復取益州。

後秦攻秦新平，拔之。秦新平太守苟輔堅守以拒後秦，糧竭矢盡，外救不至。後秦王萇使人謂曰：「吾方以義取天下，豈讎忠臣邪！卿但帥衆還長安，吾止欲得城耳。」輔帥民出，萇圍而阬之。

五月，西燕攻長安，秦王堅出奔五將山。西燕主冲攻長安，秦王堅身自督戰，飛矢滿體。冲縱兵暴掠，士民流散，道路斷絶。有堡壁三十餘結盟，冒難遣兵糧助堅，多爲西燕兵所殺。三輔民爲冲所略者，密遣人告堅，欲縱火爲内應。堅曰：「甚哀諸卿忠誠！吾以猛士利兵，困於烏合之虜，豈非天乎！恐徒使諸卿夷滅，吾不忍也！」其人固請，果不克而死。堅驍將楊定戰復被擒，堅大懼，以讖書云：「帝出五將久長得。」乃留太子宏守長安，帥騎數百與張夫人、中山公詵奔五將山，告州郡，期以孟冬救長安。

六月，秦太子宏奔下辨，西燕主冲入長安。宏不能守，出奔。冲入長安，縱兵大掠，死者不可勝計。

秋，七月，旱，饑，井竭。

後秦圍五將山，執秦王堅以歸。

秦太子宏來奔，處之江州。

八月，太保、建昌公謝安卒。安有疾求還，至建昌而卒。詔加殊禮以葬，謚曰文靖。

以琅邪王道子領揚州刺史，録尚書，都督中外諸軍事。

後秦王萇弑秦王堅。後秦王萇幽秦王堅于别室，使求傳國璽。堅叱之曰：「五胡次序，無汝羌名。璽已送晉，不可得也。」萇復遣右司馬尹緯説堅，堅問緯：「在朕朝何官？」緯曰：「尚書令史。」堅嘆曰：「卿，王景略之儔，而朕不知，宜其亡也。」堅自以平生遇萇有恩，尤忿之，數罵萇求死。萇遣人縊之，張夫人、中山公詵皆自殺。後秦將士亦皆哀慟。萇欲隱其名，謚堅曰壯烈天王。

司馬公曰：論者皆以爲堅之亡，由不殺慕容垂、姚萇，臣獨以爲不然。使堅治國無失其道，則垂、萇皆秦之能臣也，烏能爲亂哉！李克有言：「數戰則民疲，數勝則主驕，以驕主御疲民，未有不亡者也。」堅似之矣。

秦苻丕稱帝於晉陽。秦長樂公丕將赴長安，時幽州刺史王永自薊走壺關，遣使招之。丕乃帥鄴中男女六萬餘口西如潞川，將軍張蚝、并州刺史王騰迎入晉陽，永以騎來會。丕始知堅死。乃發喪即位。

燕遣南中郎將慕容和守鄴。

劉顯弑其君頭眷而自立。

九月，秦吕光還自龜兹，擊凉州，殺其刺史梁熙而代之。初，吕光以龜兹饒樂，欲留居之。天竺沙門鳩摩羅什曰：「此不足留。將軍但東歸，自有福地可居。」光乃以駝二萬餘頭載外國珍寶奇玩，驅馬萬匹而還。兵至宜禾，涼州刺史梁熙謀閉境拒之。高昌太守楊翰曰：「光新破西域，兵强氣鋭，聞中原喪亂，必有異圖。若出流沙，其勢難敵。高梧谷口險阻之要，宜先守之而奪其水。彼既窮渴，可以坐制。如以爲遠，伊吾關亦可拒也。度此二阨，雖有子房之策，無所施矣！」熙不聽。美水令張統曰：「行唐公洛，上之從弟，勇冠一時，若奉爲盟主以帥郡豪，則光雖至，不敢有異心。資其精鋭，東合四州，掃凶逆，寧帝室，此桓、文之舉也。」熙又不聽，而殺洛於西海。光聞翰謀，懼，不敢進。杜進曰：「熙文雅有餘，機鑒不足，終不能用。宜及其上下離心，速取之。」光至高昌，翰以郡降。至玉門，熙移檄責光擅命還師，遣其子胤帥衆拒之。光破禽之。武威太守彭濟執熙以降，光殺之。入姑臧，自領涼州刺史。郡縣皆降，獨酒泉西郡宋皓、索泮不下。光攻而執之，責泮不降，泮曰：「將軍受詔平西域，不受詔亂涼州，梁公何罪而將軍殺之？泮力不足，不能報讎。主滅臣死，固其宜也。」光皆殺之。主簿尉祐姦佞傾險，與濟同執熙，光寵信之。祐譖殺名士十餘人，涼州人由是不悦。

乞伏國仁自稱單于。國仁稱單于，置將相，分其地置十二郡，築勇士城而都之。秦封以爲宛川王，是爲西秦。

河北州郡復降於秦。苻定、苻紹、苻謨、苻亮皆自河北遣使謝罪，中山太守王兖，固守博陵，爲秦拒燕。丕以定等皆爲河北牧守。楊定自西燕亡奔隴右，收集舊衆。竇衝據玆川，有衆數萬。與定及秦州刺史王統、河州毛興、益州王廣、南秦州楊璧皆自隴右遣使邀丕，共擊後秦。丕各進其位號。定尋徙治歷城，自稱仇池公，遣使稱藩于晉。後又取天水、略陽之地，自稱隴西王。

冬，十一月，燕以慕容農爲幽州牧，守龍城。燕將軍餘巖叛，據令支，而高句麗亦擊取其遼東二郡。燕王垂遣農討巖，斬之。進擊高句麗，復取二郡。還至龍城，繕修陵廟。垂以農爲幽州牧，留鎮之。農法制寬簡，清刑獄，省賦役，勸農桑，居民富贍，四方流民至者數萬。

十二月，燕慕容麟攻秦博陵，守將王兗死之。麟攻博陵，城中糧竭矢盡，功曹張猗踰城出，聚衆以應麟。兗臨城數之曰：「卿是秦民，吾是卿君，卿起兵應賊，而號義兵，何名實之相違也！古人求忠臣必於孝子之門，卿母在城，棄而不顧，吾何有焉！今人取卿一時之功則可矣，寧能忘卿不忠不孝之罪乎？不意中州禮義之邦，乃有如卿者也！」麟攻博陵，執兗殺之。

燕定都中山。燕王垂北如中山，謂諸將曰：「樂浪王招流散，實倉廩，外給軍糧，内修宫室，雖蕭何何以加之！」乃定都焉。

丙戌（三八六）

十一年。秦王苻登太初元，燕建興元，後秦建初元，西燕主慕容永中興元年，魏太祖道武帝拓跋珪登國元年，凉王吕光大安元年。舊大國四，西秦小國一，新大國一，小國一，凡七僭國。

春，正月，拓跋珪復立爲代王。珪從曾祖紇羅與諸部大人共請賀訥推珪爲主，大會於牛川，即代王位。以長孫嵩、叔孫普洛爲南、北部大人，分治其衆。以張衮爲左長史，許謙爲右司馬，王建等爲外朝大人，奚牧爲治民長，皆掌宿衛及參謀議。長孫道生等出納教命。

燕王垂稱皇帝。始置公卿百官，繕治宗廟社稷。

丁零翟遼據黎陽。翟斌之死也，遼奔黎陽，太守滕恬之甚愛信之。恬之喜畋獵，不愛士卒，遼潛施姦惠以收衆心，遂執恬之而據其郡。

二月，西燕弑其主冲，立段隨爲燕王。冲樂在長安，且畏燕主垂之强，課農築室，爲久安計。鮮卑咸怨，將軍韓延因衆心殺之，立冲將段隨爲燕王。

張大豫起兵攻姑臧。初，張天錫之南奔也，秦長水校尉王穆匿其世子大豫，與俱奔河西。至是魏安人焦松聚兵迎大豫爲主，攻拔昌松，進逼姑臧。穆曰：「吕光糧豐城固，甲兵精鋭，不如席卷嶺西，礪兵積粟，然後東向，不及期年，光可取也。」大豫不從，自稱凉州牧，使穆説諭嶺西諸郡，皆起兵應之，保據楊塢。

代徙都盛樂。代王珪徙居定襄之盛樂，務農息民，國人悦之。

三月，泰山太守張願叛，謝玄退屯淮陰。初，謝玄欲使朱序屯梁國，而自屯彭城，以北固河上，西援洛陽。朝議以征役既久，欲令玄置戍而還。至是張願以郡叛降翟遼，北方騷動，玄謝罪，乞解職。詔慰諭，令還淮陰。

燕主垂追尊母蘭氏爲文昭皇后。燕主垂欲遷文明段后於别室，而以蘭后配享太祖，議者皆以爲當然。博士劉詳、董謐以爲：「堯母爲帝嚳妃，位第三，不以子貴陵姜原。文昭后宜立别廟。」垂怒，逼之，詳、謐曰：「上所欲爲，無問於臣。臣按經奉禮，不敢有貳。」垂乃不復問而卒行之。又以可足渾后傾覆社稷，追廢之。尊烈祖昭儀段氏爲景德皇后，配享。

崔鴻曰：齊桓公命諸侯無以妾爲妻。夫之於妻，猶不可以妾代之，况子而易其母乎！春秋所稱母以子貴者，君母既没，得以妾母爲小君也。至於享祀，則不得爲配矣。君父之所爲，臣子必習而效之。寶之殺母，由垂爲之漸也。可足渾氏雖有罪於前朝，然小君之禮成矣。垂以私憾廢之，又立兄妾之無子者，皆非禮也。

西燕人殺段隨而東，至聞喜，立慕容忠，復稱帝。燕慕容恒、慕容永殺段隨，立宜都王子顗，帥鮮卑男女四十餘萬口去長安而東。恒弟韜殺顗，恒又立冲之子瑤，永又殺之，乃立弘之子忠爲帝。忠以永爲丞相。永持法寬平，鮮卑安之。至聞喜，聞燕主垂已稱帝，不敢進，築燕熙城而居之。永，廆弟之孫也。

夏，四月，代改稱魏。

後秦王萇取長安，稱皇帝。鮮卑既東，長安空虚，萇取之。始稱皇帝，置百官。

六月，以楊亮爲雍州刺史，鎮衛山陵。荆州刺史桓石民取弘農，初置湖、陜二戍。

西燕弑其主忠，立慕容永爲河東王。

秦河北州郡復降於燕。

關、隴諸郡復起兵爲秦。秦主丕以王永爲左丞相，傳檄四方，共討姚萇、慕容垂。於是天水、馮翊、河東、京兆、扶風咸起兵，遣使詣秦。

秋，八月，秦以苻登爲南安王。枹罕諸氐以河州刺史衛平衰老，議欲廢之。會七夕宴，氐啖青抽劍而前曰：「天下大亂，非賢主不可濟。衛公老矣，宜返初服。狄道長苻登，王室疏屬，志略雄明。請共立之。有不同者，即下異議。」乃奮劍攘袂，將斬異己者。衆皆從之。於是推登爲雍、河二州牧，帥衆五萬下隴，攻南安，拔之。馳使請命，秦主丕即而命之，仍封南安王。

冬，十月，西燕擊秦，敗之。秦主丕奔東垣，將軍馮該擊殺之。慕容永遣使詣秦主丕求假道東歸，丕不許，與戰于襄陵，秦兵大敗，丞相王永等皆死。丕帥騎數千南奔東垣，謀襲洛陽。馮該自陝邀擊，殺之，執其太子寧等送建康，詔赦不誅。

西燕慕容永稱帝於長子。永進據長子，即位。將以秦后楊氏爲上夫人，楊氏引劍刺之，爲永所殺。

海西公奕薨於吳。

秦苻登及後秦主萇戰，大破之。登既克南安，夷夏歸之者三萬餘户，遂進攻後秦主萇之弟碩德于秦州，萇自往救之。登與戰，大破之。啖青射萇，中之。萇走保上邽，碩德代統其衆。

十一月，秦苻登稱帝於南安。

十二月，吕光自稱酒泉公。初，光得秦主堅凶問，舉軍縞素。至是自稱凉州牧、酒泉公。

秦主登伐後秦。秦主登立世祖神主於軍中，載以輜軿，衛以虎賁，凡所欲爲，必啓而後行。引兵五萬，東擊後秦，將士皆刻鉾鎧爲「死」、「休」字。每戰以劍矟爲方圓大陣，知有厚薄，從中分配，故人自爲戰，所向無前。初，長安之將敗也，將軍徐嵩、胡空各聚衆結壘自固，既而受後秦官爵。後秦以王禮葬秦主堅於二壘之間。及登至，嵩、空以壘降。登拜嵩雍州刺史，空京兆尹，改葬堅以天子之禮。

丁亥(三八七)

十二年。秦太初二，燕建興二，後秦建初二，魏登國二年。

春，正月，以朱序爲青、兖刺史，鎮淮陰。謝玄爲會稽内史。

燕冠東阿，陷之。濟北太守温詳屯東阿。燕主垂觀兵河上，分兵擊之，詳奔彭城，其衆皆降。垂以太原王楷爲兖州刺史，鎮之。初，垂在長安，秦主堅嘗與之交手語，冗從僕射光祚言於堅曰：「陛下頗疑慕容垂乎？垂非久爲人下者。」及燕取鄴，祚奔晉，晉以爲河北郡守。至是詣燕軍降，垂見之流涕曰：「秦主待吾深，吾事之亦盡。但爲公猜忌，懼死而負之。每一念之，中宵不寐。」祚亦悲慟。垂賜祚金帛，祚辭，垂曰：「卿復疑耶？」祚曰：「臣昔者惟知忠於所事，不意陛下至今懷之，臣敢逃死！」垂曰：「此卿之忠，固吾之所求也，前言戲之耳。」待之彌厚。

秦封苻纂爲魯王。初，纂自長安奔晉陽，襄陵之敗，奔杏城。至是秦主登遣使拜纂爲大司馬，封魯王。纂怒曰：「渤海王先帝之子，南安王何以不立而自立乎？」長史王旅諫曰：「南安王已立，理無中改。今寇虜未滅，不可宗室中自爲仇敵也。」纂乃受命。於是盧水胡彭沛穀、新平羌雷惡地等皆附於纂，有衆十餘萬。

燕擊張願，破之。以慕容紹爲青州刺史，守歷城。青、兖、徐州郡縣壁壘多降於燕。垂以陳留王紹爲青州刺史，鎮歷城。

夏，四月，尊帝母李氏爲皇太妃。

燕慕容柔等自長子歸于燕。燕主垂之子柔及孫盛、會皆在長子。盛謂柔、會曰：「主上中興，東西未壹，吾屬居嫌疑之地，爲智爲愚，皆將不免。不若以時東歸，無爲坐待魚肉也。」遂相與亡歸。垂問長子人情如何？盛曰：「西軍擾擾，人有東歸之志。若大軍一臨，必投戈而來，若孝子之歸慈父也。」後歲餘，西燕殺垂子孫無遺者。

五月，燕使其太原王楷擊翟遼，降之。高平人翟暢執太守，以郡降遼。燕主垂曰：「遼以一城之衆，反覆三國之間，不可不討。」乃帥諸將南攻遼，以太原王楷爲前鋒。遼衆皆燕、趙人，聞楷至，曰：「太原王子，吾之父母也。」相帥歸之。遼懼，遣使請降。

徵處士戴逵，不至。詔徵會稽處士戴逵，逵累辭不就。郡縣敦逼不已，逵逃匿于吴。内史謝玄上疏曰：「逵自求其志，今王命未回，將罹風霜之患。陛下既已愛而器之，宜使其身名並存，請絶召命。」帝許之。

秋，七月，西秦擊鮮卑三部，降之。

後秦主萇軍陰密，以太子興守長安。

魏王珪以燕師擊劉顯，大破之。顯奔西燕。劉顯地廣兵强，雄於北方。會其兄弟乖爭，魏張衮言於魏王珪曰：「顯志在并吞，今不乘其内潰而取之，必爲後患。請與燕攻之。」珪乃遣使乞師於燕。會柔然獻馬於燕而顯掠之，燕主垂怒，遣兵會魏擊顯，大破之。顯奔西燕。垂立其弟爲烏桓王以撫其

衆，徙八千餘落於中山。〔一〕

呂光殺張大豫。

八月，立子德宗爲皇太子。

秦苻師奴殺其兄纂，後秦擊走之，而降其衆。秦馮翊太守蘭櫝帥衆二萬，與魯王纂謀攻長安。纂弟師奴勸纂稱尊號，纂不從。師奴殺而代之，櫝遂與師奴絶。後秦攻之，師奴敗走，其衆悉降。

秦主登進據將軍胡空堡。戎夏歸之者十餘萬。

冬，十月，翟遼復叛燕。

十二月，後秦攻秦，拔將軍徐嵩壘，嵩死之。後秦姚方成拔嵩壘，執而數之。嵩罵曰：「汝姚萇罪當萬死，先帝赦之，授任内外，榮寵極矣。曾不如犬馬識所養之恩，親爲大逆，汝羌輩豈可以人理期也，何不速殺吾，早見先帝，取萇於地下治之。」方成怒，三斬嵩，悉坑其士卒。萇掘秦主堅屍，鞭撻剥裸，薦之以棘，坎土而埋之。

涼州大饑，人相食。

戊子（三八八）

十三年。秦太初三，燕建興三，後秦建初三，魏登國三年，西秦王乞伏乾歸太初元年。

春，正月，康樂公謝玄卒。謚獻武。

秦主登軍朝那，後秦主萇軍武都。

翟遼自稱魏天王。遼遣使謝罪於燕。燕主垂以其反覆，斬之。遼乃自稱魏王，徙屯滑臺。

呂光殺其武威太守杜進。光之定涼州也，進功居多，貴寵用事，羣僚莫及。光甥石聰自關中來，光問之曰：「中州人言我爲政何如？」聰曰：「但聞有杜進耳，不聞有舅。」光由是忌進，殺之。他日，與羣僚語及政事，參軍段業曰：「明公用法太峻。」光曰：「吴起無恩而楚强，商鞅嚴刑而秦興。」業曰：「起喪其身，鞅亡其家，皆殘酷之致也。明公慕之，豈此州士女所望哉！」光改容謝之。

夏，四月，以朱序都督司、雍等州軍事，戍洛陽。譙王恬都督兖、冀等州軍事，鎮淮陰。

六月，西秦王乞伏國仁卒，弟乾歸立。乾歸號河南王，遷都金城。秦封以爲金城王。秦涼鮮卑、羌、胡多附之。

秋，七月，兩秦兵各引還。兩秦自春相持，屢戰，互有勝負，至是各解歸。關西豪桀以後秦無成功，多去而附秦。

八月，魏遣使如燕。魏王珪密有圖燕之志，遣九原公儀奉使至中山。還言於珪曰：「燕主衰老，太子闇弱，范陽王自負材氣，非少主臣。燕主既没，内難必作，於時乃可圖也。今則未可。」珪善之。

己丑（三八九）

十四年。秦太初四，燕建興四，後秦建初四，魏登國四年，凉麟嘉元年。

春，正月，燕以慕容隆爲幽州牧，守龍城。遼西王農在龍城五年，庶務修舉，表請代還。燕主垂乃召農還爲侍中、司隸校尉，而以高陽王隆代之。農建留臺龍城，使隆録留臺尚書事。隆因農舊規，修而廣之，遼、碣遂安。

二月，吕光自稱三河王。

秋，八月，秦主登擊安定，後秦主萇襲破其輜重，秦后毛氏死之。初，後秦主萇以秦戰屢勝，謂得秦王堅之助，亦於軍中立堅像而禱之曰：「新平之禍，臣爲兄襄報讎耳。且陛下命臣以龍驤建業，臣敢違之！」秦主登升樓遥謂之曰：「爲臣弑君，而立像求福，庸有益乎！」因大呼曰：「弑君賊姚萇何不自出，吾與汝決之！」萇不應。久之，以軍未有利，斬像首以送秦。至是，登留輜重於大界，自將輕騎攻安定。諸將勸萇決戰，萇曰：「與窮寇爭勝，兵家之忌也。吾將以計取之。」乃留兵守安定，夜，帥騎三萬襲大界，克之。禽名將數十人，掠男女五萬口。登后毛氏美而勇，善騎射。兵入其營，猶彎弓跨馬，帥壯士力戰，殺七百餘人。衆寡不敵，爲後秦所執。萇將納之，毛氏罵且哭曰：「姚萇，汝已殺天子，又欲辱皇后，皇天后土，寧容汝乎！」萇殺之。諸將欲因秦軍駭亂擊之，萇曰：「登衆雖亂，怒氣猶盛，未可輕也。」遂止。登收餘衆屯胡空堡。

冬，十一月，以范甯爲豫章太守。初，帝既親政事，威權己出，有人主之量。已而溺於酒色，委政於瑯邪王道子。道子亦嗜酒，日夕與帝以酣歌爲事。又崇尚浮屠，窮奢極費，所親昵者皆姏姆、僧尼。近習弄權，交通請託，賄賂公行，官爵濫雜，刑獄繆亂。尚書令陸納望宫闕歎曰：「好家居，纖兒欲撞壞之邪！」左衛將軍許營上疏曰：「局吏衛官、僕隸婢兒，皆爲守令，或帶内職。僧尼乳母，競進親黨，又受貨賂。輒使臨官，政教不均，暴濫無罪。且佛者，清遠玄虛之神，今僧尼於五誡粗法尚不能遵，而流俗競加敬事，以致侵漁百姓，取財爲惠，亦未合布施之道也。」疏奏，不省。道子勢傾中外，帝漸不平。侍中王國寶以讒佞有寵於道子，諷八座啓道子宜加殊禮。護軍車胤曰：「此乃成王所以尊周公者。今主上當陽，豈得爲此。」乃稱疾不署。疏奏，帝大怒，而喜胤有守。中書侍郎范甯、徐邈爲帝所親信，數進忠言，補正闕失，指斥姦黨。國寶，甯之甥也，甯尤疾其阿諛，勸帝黜之。國寶遂與道子譖甯出爲豫章太守。甯臨發，上疏曰：「今邊烽不舉而倉庫空匱。古者使民歲不過三日，今之勞擾，殆無三日之休，至有生兒不復舉養，鰥寡不敢嫁娶。臣恐社稷之憂，厝火積薪，不足喻也。」又言：「中原士民流寓江左，歲久安業。謂宜正其封疆，户口皆以土斷。又，人性無涯，奢儉由勢。今并兼之室，亦多不瞻，由用之無節，爭以靡麗相高故也。禮十九爲長殤，以其未成人也。今以十六爲全丁，十三爲半丁，傷天理，困百姓。謂宜二十爲全丁，十六爲半丁，則人無夭折，生長滋矣。」帝多納用之。甯在豫章，遣十五議曹下屬城，採求風政。并吏假還，訊問官長得失。徐邈與甯書曰：「足下聽斷明允，庶事無滯，則吏慎其負而人聽不惑矣，豈須邑至里詣，飾其游聲哉！非徒不足以致益，乃實蠶漁之所資。豈有善人君子而干非其事，多所告白者乎！自古以來，欲爲左右耳目者，無非小人，皆先因小忠而成其大不忠，先藉小信而成其大不信，遂使讒諂並進，善惡倒置，可不戒哉！足下慎選紀綱，必得國士以攝諸曹，諸曹皆得良吏以掌文按，又擇公方之人以爲監司，則清濁能否，與事而明。足下但平心而處之，何取於耳目哉！昔明德馬后未嘗顧左右與言，可謂遠識，況大丈夫而不能免此乎！」甯好儒學，性質直，常謂王弼、何晏之罪，深於桀、紂。或以爲貶之太過，甯曰：「王、何蔑棄典文，幽沈仁義，游辭浮説，波蕩後生。使縉紳之徒，翻然改轍，以至禮壞樂崩，中原傾覆，遺風餘俗，至今爲患。桀、紂縱暴一時，適足以喪身覆國，爲後世戒，豈能回百姓之視聽哉！故我以爲一世之禍輕，歷代之患重，自喪之惡小，迷衆之罪大也。」

秦將軍雷惡地降於後秦。後秦主萇使人詐招秦主登，許開門納之。登將從之，將軍雷惡地在外聞之，馳騎見登曰：「萇多詐，不可信也。」萇聞之，謂諸將曰：「此羌見登，事不成矣。」登亦以惡地勇略過人，憚之。惡地乃降於後秦。

庚寅（三九〇）

十五年。秦太初五，燕建興五，後秦建初五，魏登國五年。

春，正月，西燕主永寇洛陽，朱序擊走之。還擊翟遼，又走之。西燕主永引兵向洛陽，朱序自河陰北濟河，擊敗之。永走還上黨，序追至白水。會翟遼謀向洛陽，序乃引兵還，擊走之。留將軍朱黨守石門，使其子略督護洛陽，身還襄陽〔二〕。

二月，以王恭都督青、兖等州軍事。琅邪王道子恃寵驕恣，帝浸不能平，欲選時望爲藩鎮以潛制之。問於太子左衛率王雅曰：「吾欲用王恭、殷仲堪，何如？」雅曰：「恭風神簡貴，志氣方嚴。仲堪謹於細行，以文義著稱。然皆峻狹自是，幹略不長。天下無事，足以守職。若其有事，必爲亂階矣！」帝不從。使恭鎮京口。恭，藴之子也。

夏，四月，秦將軍魏揭飛攻後秦之杏城，雷惡地應之。後秦主萇擊斬揭飛，惡地降。秦將軍魏揭飛帥氐、胡攻後秦將姚當成於杏城，將軍雷惡地應之，攻李潤。後秦主萇欲自擊之，羣臣曰：「陛下不憂六十里苻登，乃憂六百里魏揭飛，何也？」萇曰：「登非可猝滅，吾城亦非登所能猝拔。惡地智略非常，若南引揭飛，東結董成，得杏城、李潤而據之，長安東北非吾有也。」乃潛引精兵一千六百赴之。揭飛、惡地有衆數萬，氐、胡赴之者首尾不絕。見後秦兵少，悉衆攻之。萇固壘不戰，示之以弱，潛遣騎出其後。揭飛兵擾亂，萇縱兵擊之，斬揭飛及其將士萬餘級。惡地請降，萇待之如初。命姚當成於所營之地，每柵孔中樹一木以旌戰功。歲餘，問之，當成曰：「營地太小，已廣之矣。」萇曰：「吾自結髮以來，與人戰，未嘗如此之快，以千餘兵破三萬之衆，營地惟小爲奇，豈以大爲貴者哉！」

秋，七月，馮翊人郭質起兵應秦，不克。質起兵廣鄉，移檄三輔曰：「姚萇凶虐，毒被神人。吾屬世蒙先帝之仁，非常伯、納言之子，即卿校、牧守之孫也。與其含恥而存，孰若蹈道而死。」於是三輔壁壘皆應之，獨鄭縣人苟曜不從，聚衆數千附於後秦。擊質，質走洛陽。

八月，劉牢之擊翟遼，敗之。張願來降。

九月，以王國寶爲中書令，王珣爲尚書僕射。

辛卯（三九一）

十六年。秦太初六，燕建興六，後秦建初六，魏登國六年。

夏，五月，秦主登及後秦主萇戰，秦師敗績。苟曜密召秦主登，許爲內應。登自曲牢赴之，軍於馬頭原。後秦主萇率衆逆戰，登擊破之，斬其右將軍吴忠。萇收兵復戰，姚碩德曰：「陛下慎於輕戰，每欲以計取之，今失利而更前，何也？」萇曰：「登用兵遲緩，不識虚實。今輕兵直進，此必苟曜與之有謀也。緩之則其謀得成，故及其未合，急擊之耳。」遂進伐，大敗之，登退屯郿。

西燕寇河南，太守楊佺期擊破之。

魏王珪遣其弟觚如燕。初，燕遣趙王麟會魏兵伐賀訥，破之。歸言於燕主垂曰：「臣觀拓跋珪舉動，終爲國患，不若攝之還朝，使其弟監國事。」垂不從。至是珪遣觚獻見於燕。垂衰老，子弟用事，留觚以求良馬。珪弗與，遂與燕絶。

秋，九月，黜博士范弘之爲餘杭令。弘之論殷浩宜加贈謚，因叙桓温不臣之跡。王珣，温故吏也，以爲温廢昏立明，有忠貞之節。遂黜弘之。

冬，十月，魏王珪擊柔然，大破之，徙之雲中。初，柔然部人世服於代，及秦滅代，遂附於劉衛辰。魏王珪即位，高車諸部皆服，獨柔然不下。珪引兵擊之，柔然舉部遁走，珪追奔六百里。諸將曰：「賊遠糧盡，不如早還。」珪曰：「殺副馬，足以爲三日食矣。」乃復倍道追之，及於大磧南牀山下，大破之，悉徙其部衆於雲中。

翟遼死，子釗代領其衆。

劉衛辰攻魏南部，魏王珪大破之。衛辰走死，諸部悉降。劉衛辰遣子直力鞮率衆九萬攻魏南部。魏王珪引兵五六千人大破之。乘勝追奔，部落駭亂，珪遂直抵其所居悦跋城，衛辰父子出走。

分遣輕騎追之，獲直力鞮，衛辰爲其下所殺。珪誅其宗黨五千人，河南諸部悉降，獲馬三十餘萬匹，牛羊四百餘萬頭，國用由是遂饒。衛辰少子勃勃亡奔薛干部，薛干部送於没奕干，没奕干以女妻之。

十二月，秦主登攻安定，後秦主萇擊敗之。秦主登攻安定，後秦主萇如陰密以拒之，謂太子興曰：「苟曜聞吾北行，必來見汝，汝執誅之。」萇既行，曜果至長安，興誅之。萇敗登於安定城東，登退據路承堡。萇置酒高會，諸將皆曰：「若值魏武王，不令此賊至今，陛下將牢太過耳。」萇笑曰：「吾不如亡兄有四：身長八尺五寸，臂垂過膝，人望而畏之，一也；將十萬之衆，望麾而進，前無横陣，二也；温古知今，講論道藝，收羅英儁，三也；董帥大衆，人盡死力，四也。所以得建立功業，驅策諸賢者，正望算略中有片長耳。」

壬辰（三九二）

十七年。秦太初七，燕建興七，後秦建初七，魏登國七年。

春，三月，後秦殺其將軍王統、徐成。後秦主萇寢疾，召興詣行營。姚方成言於興曰：「今寇敵未滅，王統等皆有部曲，終爲人患。」興殺統及王廣、苻胤、徐成、毛盛等。萇怒曰：「統兄弟，吾之州里。成等前朝名將，吾方用之，奈何輒殺之！」

夏，五月，朔，日食。

燕主垂擊翟釗，釗奔西燕。燕主垂擊翟釗，釗求救於西燕。西燕主永謀於羣臣，尚書郎鮑遵曰：「使兩寇相弊，吾乘其後，此卞莊子之策也。」侍郎張騰曰：「垂强釗弱，何弊之乘！不如速救之，以成鼎足之勢。今我引兵趨中山，晝多疑兵，夜多火炬，垂必懼而自救。我衝其前，釗躡其後，此天授之機，不可失也。」永不從。垂軍黎陽，臨河欲濟，釗列兵南岸以拒之。垂徙營就西津，去黎陽西四十里，爲牛皮船百餘艘，僞列兵仗，泝流而上。釗亟引兵趨之，垂潛遣王鎮等自黎陽津夜濟，營於河南，比明營成。釗亟還攻，垂命堅壁勿戰。釗兵往來疲暍，攻營不拔，將引去，鎮等出戰，慕容農自西津濟，夾擊，大破之，盡獲其衆及所統七郡三萬餘户。釗奔長子，歲餘，謀反，永殺之。垂以章武王宙鎮滑臺，崔蔭爲司馬。蔭明敏强正，善規諫，宙嚴憚之。簡刑法，輕賦役，流民歸之，户口滋息。

秋，七月，秦主登引兵逼安定，後秦主萇拒卻之。秦主登聞後秦主萇病，大喜，秣馬厲兵，進逼安定。萇疾小瘳，出兵拒之。登懼而還。萇夜引兵躡其後，旦而候騎告曰：「賊營已空，不知所向。」登驚曰：「彼爲何人，去來不令吾覺，謂其將死，忽然復至。朕與此羌同世，何其厄哉！」登遂還雍，萇亦還安定。

冬，十一月，以殷仲堪都督荆、益、寧州軍事。仲堪雖有時譽，資望猶淺，到官好行小惠，綱目不舉。南郡公桓玄負其才地，以雄豪自處，朝廷疑而不用。年二十三，始拜洗馬。嘗詣琅邪王道子，值其酣醉，張目謂衆客曰：「桓温晚塗欲作賊，云何？」玄伏地流汗，不能起。由是不自安，而切齒於道子。後出補義興太守，鬱鬱不得志，嘆曰：「父爲九州伯，兒爲五湖長！」遂棄官歸國，上疏自訟，不報。桓氏累世臨荆州，玄復豪横，士民畏之。嘗與仲堪聽事前戲馬，以矟擬仲堪。參軍劉邁曰：「馬矟有餘，精理不足。」玄不悦。既出，仲堪謂邁曰：「卿，狂人也。玄夜遣殺卿，我豈能相救邪！」使邁避之，玄果使人追之，不及。征虜參軍胡藩過江陵，見仲堪曰：「玄志趣不常，節下崇待太過，非計也。」藩内弟羅企生爲仲堪功曹，藩謂曰：「殷侯倒戈授人，必及於禍。君不早去，悔無及矣。」

立子德文爲琅邪王，徙道子爲會稽王。

李遼表請修孔子廟，不報。清河人李遼上表請勑兗州修孔子廟，給户灑掃。仍立庠序，以教學者，曰：「事有如賒而實急者，此之謂也。」疏奏，不省。

癸巳（三九三）

十八年。秦太初八，燕建興八，後秦建初八，魏登國八年。

秋，七月，秦竇衝叛，秦主登討之。後秦使太子興救衝，遂襲平凉。秦丞相竇衝叛，稱秦王，改元。秦主登討之，衝求救於後秦。尹緯言於後秦主萇曰：「太子仁厚有聞，而英略未著，請使擊登。」萇從之。使興將兵攻胡空堡，登解衝圍以赴之。興因襲平凉，大獲而歸，復鎮長安。

冬，十月，燕主垂擊西燕。燕主垂議伐西燕，諸將曰：「永未有釁，我連年征討，士卒疲弊，未可也。」范陽王德曰：「永，國之枝葉，僭舉位號，宜先除之，以壹民心。」垂曰：「司徒意正與我同。我雖老，叩囊底智，足以取之，終不留此賊以遺子孫也。」遂發中山，次于鄴。

十二月，後秦主萇卒，太子興帥兵擊秦。萇疾甚，還長安。召太尉姚旻、僕射尹緯等受遺輔政。謂太子興曰：「有毁此諸公者，慎勿受之。汝撫骨肉以恩，接大臣以禮，待物以信，遇民以仁，四者不失，吾無憂矣。」萇卒，興祕不發喪，自稱大將軍，帥衆伐秦。

甲午(三九四)

十九年。秦主苻崇延初元，燕建興九，後秦主姚興皇初元，魏登國九年。是歲秦及西燕亡。大三，小二，凡五僭國。

春，正月，三河王光以禿髮烏孤爲河西都統。烏孤本鮮卑别種，與拓跋同祖，後徙河西。烏孤雄勇有大志，與大將紛陁謀取涼州。紛陁曰：「公必欲得涼州，宜先務農講武，禮賢修政，然後可也。」烏孤從之。吕光遣使拜烏孤鮮卑大都統。羣下皆曰：「吾士馬衆多，何爲屬人。」石真若留曰：「吾根本未固，大小非敵，不如受以驕之，俟釁而動。」烏孤乃受之。

夏，四月，秦主登及後秦戰，敗績，奔平涼。秦主登聞後秦主萇死，喜曰：「姚興小兒，吾折杖笞之耳。」乃留安成王廣守雍，太子崇守胡空堡，盡衆而東。後秦太子興使尹緯據廢橋以待之。秦兵爭水，不得，渴死什二三。緯與戰，大敗之。其衆夜潰，登單騎奔雍。崇、廣皆棄城走。登奔平涼，收遺衆入馬毛山。

五月，西燕主永及燕戰，敗績。燕主垂以二月部分諸將出壺關、滏口、沙庭以擊西燕，標榜所趣，軍各就頓。西燕主永聞之，分道拒守，聚糧臺壁，遣兵戍之。既而垂頓軍鄴西南，月餘不進。永疑垂欲詭道由太行入，乃悉斂諸軍杜太行口，惟留臺壁一軍。四月，垂引大軍出滏口，入天井關。五月，至臺壁，破之。永召太行軍還，自將拒之。垂陳于臺壁南，遣千騎伏澗下。及戰，僞退，永衆追之。澗中伏發，斷其後，諸軍四面俱進，大破之，永走歸長子。

後秦主興立。

六月，追尊會稽太妃鄭氏曰簡文宣太后。羣臣或謂宣太后應配食元帝，太子前率徐邈曰：「太后平素不伉儷於先帝，子孫豈可爲祖考立配。」國學明教臧燾曰：「尊號既正，則罔極之情申。別建寢廟，則嚴禰之義顯。繫子爲稱，兼明貴之所由。一舉而合三義，不亦善乎。」乃立廟於太廟路西。

秋，七月，後秦主興擊秦主登，殺之。秦太子崇立，奔湟中。

八月，尊太妃李氏爲皇太后。居崇訓宫。

燕主垂圍長子，拔之。殺西燕主永。永困急，求救於晉、魏。兵皆未至，將士開門納燕兵。燕主垂執永，斬之，得所統八郡七萬餘户。

冬，秦主崇及隴西王楊定攻西秦，兵敗皆死。定弟盛遣使來稱藩。西秦主乾歸攻秦主崇，崇奔隴西王楊定。定帥衆三萬，與崇共攻乾歸，大敗見殺，苻氏遂亡。乾歸於是盡有隴西之地，自稱秦王。定叔父之子盛先守仇池，自稱秦州刺史、仇池公，乃遣使稱藩於晉。分氏、羌爲二十部護軍，各爲鎮戍，不置郡縣。

秦遣使如燕。是後姚氏止稱秦。

乙未(三九五)

二十年。燕建興十，秦皇初二，魏登國十年。

春，正月，燕遣使如秦。

三月，朔，日食。

以丹陽尹王雅領太子少傅。時會稽王道子專權奢縱，趙牙本倡優，茹千秋本捕賊吏也，皆以諂賂得進。道子以牙爲郡守，千秋爲參軍。牙爲道子開東第，築山穿池，功用鉅萬。帝嘗幸其第，謂道子曰：「府内乃有山，甚善。然修飾太過。」道子無以對。帝去，道子謂牙曰：「上若知山是人力所爲，爾必死矣！」牙曰：「公在，牙何敢死。」營作彌盛。千秋賣官招權，聚貨累億。博平令聞人奭上疏言之，帝益惡道子，而逼於太后，不忍廢黜。乃擢王恭、殷仲堪、王珣、王雅等居内外要任以防之，道子亦引王國寶、王緒爲心腹。由是朋黨競起，無復鄉時友愛之驩矣。太后每和解之。徐邈言於帝曰：「漢文明主，猶悔淮南。會稽王雖有酣媟之累，宜加弘貸，以慰太后之心。」帝納之，委任道子如故。

夏，五月，燕遣其太子寶擊魏。秋，七月，降其别部，進軍臨河。魏王珪叛燕，侵逼附塞諸郡。燕主垂遣太子寶帥衆八萬，自五原伐魏。散騎常侍高湖諫曰：「魏與燕世爲婚姻，結好久矣。間以求馬不獲而留其弟，曲在於我，奈何遽擊之。涉珪沈勇有謀，幼歷艱難，兵精馬强，未易輕也。太子年少氣壯，必小魏而易之，萬一不如所欲，傷威損重，願陛下圖之。」垂怒免湖官。湖，泰之子也。魏張袞言於珪曰：「燕狃於屢勝，有輕我心，宜羸形以驕之，乃可克也。」珪從之，悉徙部落畜産，西渡河千餘里以避之。燕軍至五原，降魏别部三萬餘家，收穄田百餘萬斛，進軍臨河，造船爲濟具。

秃髮烏孤徙都廉川。烏孤擊乙弗、折掘部，降之，徙都廉川。廣武趙振少好奇略，棄家從烏孤。

烏孤喜曰：「吾得趙生，大事濟矣！」拜左司馬。

長星見。有長星見自須女，至于哭星。帝心惡之，於華林園舉酒祝之曰：「長星，勸汝一盃酒，自古何有萬歲天子邪！」

九月，魏王珪將兵拒燕。冬，十月，燕軍夜遁。十一月，追至參合陂，大敗之。九月，魏王珪進軍臨河。燕太子寶列兵將濟，風漂其船泊南岸，魏獲其甲士三百餘人，皆釋而遣之。寶之發中山也，燕主垂已有疾，既至五原，珪使人邀中山之路，伺其使者，盡執之。寶等數月不聞垂起居，珪使所執使者臨河告之曰：「若父已死，何不早歸！」寶等憂恐，士卒駭動。珪使略陽公遵將七萬騎塞燕軍之南。十月，燕軍燒船夜遁。時河冰未結，寶以魏軍必不能渡，不設斥候。十一月，暴風，冰合，珪引兵濟河，選精銳二萬餘騎急追之。燕軍至參合陂，有大風，黑氣如堤，自軍後來覆軍上。沙門支曇猛曰：「魏軍將至之候，宜遣兵禦之。」寶不應。司徒德勸寶從之，寶乃遣趙王麟帥騎三萬居軍後以備非常。麟亦以曇猛言爲妄，縱騎遊獵，不復設備。魏軍晨夜兼行，至參合陂西。燕軍在陂東山南水上。珪夜部分諸部，令士卒銜枚束馬口潛進。旦日登山，下臨燕營。燕軍大驚擾亂。珪縱兵擊之，死者以萬數。略陽公遵還兵擊其前，復禽四五萬人。寶等單騎僅免。珪擇燕臣之有才用者留之，其餘悉給衣糧遣還，以招懷中州之人。中部大人王建曰：「燕衆强盛，不如悉殺之，則國空虛，取之爲易。」乃盡坑之而還。燕司徒德言於垂曰：「虜以參合之捷，有輕太子心，宜及陛下神略以服之，不然，將爲後患。」垂乃會兵中山，期以明年，大舉擊魏。

丙申（三九六）

二十一年。燕主慕容寶永康元，秦皇初三，魏皇始元年，涼龍飛元年。

春，閏三月，燕主垂襲魏平城，克之。夏，四月，還，卒於上谷。太子寶立。燕主垂留范陽王德守中山，引兵密發，踰青嶺，經天門，鑿山通道，出魏不意，直指雲中。魏陳留公虔鎮平城，垂襲之，虔出戰，敗死。燕軍盡收其部落。魏王珪震怖欲走，諸部皆有貳心，珪不知所適。垂之過參合陂也，見積骸如山，爲之設祭，軍士慟哭，聲震山谷。垂慚憤嘔血，由是發疾，至是轉篤，乃築燕昌城而還，卒于上谷。寶即位。

五月，燕以慕容德爲冀州牧，守鄴；慕容農爲并州牧，守晉陽。

燕主寶弑其太后段氏。初，燕主垂先段后生子令、寶，後段后生子朗、鑒，愛諸姬子麟、農、隆、柔、熙。寶初爲太子，有美稱，已而荒怠，中外失望。後段后嘗言于垂曰：「今國步多艱，太子非濟世之才也。遼西、高陽，陛下賢子，宜擇一人，付以大業。趙王奸詐强愎，必爲國患，宜早圖之。」寶善事垂左右，多譽之者，故垂以爲賢，謂段氏曰：「汝欲使我爲晉獻公乎！」段氏泣而退，告其妹范陽王妃曰：「太子不才，天下所知，我爲社稷言之，主上乃以我爲驪姬，何其苦哉！太子必喪社稷，范陽王有非常器度，若燕祚未盡，其在王乎！」寶、麟聞而恨之。至是寶使麟謂段氏曰：「宜早自裁，以全段宗。」段氏怒曰：「汝兄弟不難逼殺其母，況能守先業乎！吾豈愛死，但念國亡不久耳。」遂自殺。寶議以段后謀廢適統，無母后之道，不宜成喪。中書令眭邃颺言於朝曰：「子無廢母之義，漢安思閻后親廢順帝，猶得配享太廟，況先后曖昧之言乎！」乃成喪。

六月，燕定士族舊籍。燕主寶定士族舊籍，分辨清濁，校閱户口，罷軍營封蔭之户，悉屬郡縣。由是士民嗟怨，有離心。

三河王光自稱涼天王。光即天王位，國號大涼，置百官，遣使拜禿髮烏孤爲益州牧。烏孤謂使者曰：「吕王諸子貪淫，三甥暴虐，遠近愁怨，我安可違百姓之心，受不義之爵乎！」留其鼓吹、羽儀，謝遣之。

秋，八月，魏王珪擊燕。魏羣臣勸魏王珪稱尊號，珪始建天子旌旗，出入警蹕。參軍張恂勸珪進取中原，珪善之。燕遼西王農鎮晉陽，部曲數萬，并州素乏儲偫，民不能供。農又遣護軍分監諸胡，民夷皆怨，潛召魏軍。八月，珪大舉伐燕，步騎四十餘萬，南出馬邑，踰句注，旌旗二千餘里，鼓行而進。遣別將從東道襲幽州。

燕立子策爲太子。燕主寶之子清河公會，母賤而年長，雄俊有器藝，燕主垂愛之。及伐魏，遣鎮龍城，委以東北之任，國官府佐，皆選一時才望。遺言命寶以爲嗣。而寶愛少子策，立之。會聞之，愠懟，始有異志。

九月，燕慕容農及魏師戰，敗走，魏遂取并州。魏王珪軍至晉陽，慕容農出戰，大敗奔還。司馬慕輿嵩閉門拒之，農遂東走，魏追獲其妻子。燕軍盡没，農獨與三騎逃歸中山。魏遂取并州。初建臺省，置刺史、太守、尚書郎以下官，悉用儒生爲之。士大夫詣軍門者，皆引入存慰，使人人盡言，少有才用，咸加擢敘。以張恂等爲諸郡守，招撫離散，勸課農桑。燕主寶聞魏軍將至，議于東堂。苻謨曰：「魏軍乘勝氣鋭，若縱之入平土，不可敵也。宜杜險以拒之。」眭邃曰：「魏多騎兵，馬上齎糧，不過旬日。宜令郡縣聚民，千家爲一堡，清野以待之。彼不過六旬，食盡自退。」封懿曰：「魏兵數十萬，民雖築堡，不能自固，是聚兵及糧以資之也。且動摇民心，示之以弱，不如阻關拒戰。」趙王麟曰：「魏鋒不可當，宜完守中山，待其弊而乘之。」於是修城積粟，爲持久之備，悉以軍事委麟。

貴人張氏弑帝於清暑殿，太子德宗即位。會稽王道子進位太傅。冬，十月，葬隆平陵。

帝嗜酒，流連内殿，外人罕得進見。張貴人寵冠後宫，時年近三十，帝戲之曰：「汝以年亦當廢矣，吾意更屬少者。」已而醉，寢清暑殿。貴人使婢以被蒙帝面而弑之，重賂左右，曰：「因魘暴崩。」時太子闇弱，會稽王道子昏荒，遂不復推問。王國寶夜叩禁門，欲入爲遺詔，侍中王爽拒之曰：「大行晏駕，皇太子未至，敢入者斬！」國寶乃止。爽，恭之弟也。太子即位，道子進位太傅、揚州牧，假黄鉞。太子幼而不慧，口不能言，至於寒暑饑飽亦不能辨，飲食寢興皆非己出。母弟琅邪王德文嘗侍左右，爲之節適。初，國寶黨附道子，驕縱不法，武帝惡之。國寶懼，遂更媚於帝。道子大怒，以劍擲之。及帝崩，國寶復事道子，與王緒共爲邪諂，道子又倚爲心腹，遂參管朝權，威震内外。王恭入赴山陵，每正色直言，道子憚之，深布腹心，而恭每及時政，輒厲聲色，道子遂欲圖之。或勸恭誅國寶，王恂曰：「彼罪逆未彰，今先事而發，必失朝野之望。若其不改，惡布天下，然後順衆心以除之，亦無不濟也。」恭乃止。既而謂恂曰：「比來視君一似胡廣。」恂曰：「王陵廷争，陳平慎默，但問歲晏何如耳！」山陵既畢，恭將還鎮，謂道子曰：

「主上諒闇，冢宰之任，伊、周所難，惟大王親萬機，納直言，放鄭聲，遠佞人。」國寶等愈懼。

魏王珪拔常山。魏王珪使冠軍將軍于栗磾潛自晉陽開韓信故道，自井陘趨中山，進攻常山，拔之。郡縣皆降，唯中山、鄴、信都三城爲燕守。珪命東平公儀攻鄴，冠軍王建攻信都，珪進攻中山。既而謂諸將曰：「中山城固，急攻則傷士，久圍則費糧，不如先取信都，然後圖之。」乃引兵而南，軍于魯口。高陽太守崔宏奔海渚。珪素聞其名，遣吏追獲，以爲黃門侍郎，與張衮對掌機要，創立法度。博陵令屈遵降，以爲中書令，出納號令，兼總文誥。

魏別將拓跋儀攻鄴，燕慕容德擊破之。魏東平公儀攻鄴，燕范陽王德使南安王青等夜擊破之，魏軍退屯新城。青等請追擊之，別駕韓諱曰：「古人先計而後戰。魏軍不可擊者四：懸軍遠客，利在野戰，一也；深入近畿，頓兵死地，二也；前鋒既敗，後陳方固，三也；彼衆我寡，不敵，四也。我軍自戰其地，動而不勝，衆心難固，城隍未修，敵來無備。不如深壘固軍以老之。」德從之，召青還。

封楊盛爲仇池公。

秦陷蒲阪。初，永嘉之亂，汾陰薛氏聚族阻河自保，不仕劉、石、苻氏。至是後秦主興以禮聘薛彊，以爲鎮東將軍，彊引秦兵取蒲阪。

丁酉(三九七)

安皇帝隆安元年。燕永康二，秦皇初四，魏皇始二年〔三〕，南涼王禿髮烏孤太初元年，北涼王段業神璽元年，舊大國三，西秦、涼小國二，新小國二，凡七僭國。

春，正月，帝冠。

以王珣爲尚書令，王國寶爲左僕射。

魏拓跋儀軍潰，慕容德追擊，破之。賀納遣弟賴盧帥騎二萬會東平公儀攻鄴，自以王舅，不受儀節度。儀司馬丁建陰與燕通，從而間之。會賴盧營失火，建曰：「賴盧燒營爲變矣。」儀遂引退，賴盧亦退。建帥衆降燕，且言儀師老可擊。范陽王德遣兵追擊，大破之。

魏王珪擊信都，降之。

凉王光擊西秦。西秦與戰，殺其弟延。凉王光以西秦主乾歸數反覆，舉兵伐之。西秦羣臣請東奔成紀，乾歸曰：「軍之勝敗，在於巧拙，不在衆寡。光兵衆而無法，弟延勇而無謀，不足憚也。且其精兵盡在延所，延死，光自走矣。」光軍長最，遣子太原公纂攻金城〔四〕，天水公延攻臨洮、武始、河關，皆克之。乾歸使人紿延曰：「乾歸衆潰，奔成紀矣。」延欲引輕騎追之，司馬耿稚諫曰：「乾歸勇略過人，安肯望風自潰。且告者視高色動，殆必有姦，宜整陳而前，使步騎相屬，俟諸軍畢進，然後擊之，無不克矣。」延不從。進，與乾歸遇，戰死，光引兵還姑臧。

禿髮烏孤自稱西平王，攻凉，取金城。是爲南凉。

二月，燕主寶襲擊魏軍，大敗，奔還。燕主寶聞魏王珪攻信都，悉出珍寶及宫人，募羣盗以擊之，營於滹沱水北。魏軍至，營水南。寶潛師夜濟，襲魏營，因風縱火，魏軍大亂，珪棄營走。既而燕兵無故自相斫射，珪望見之，乃擊鼓收衆，多布火炬於營外，縱兵衝之。燕兵大敗，引還，魏兵隨而擊之，燕兵屢敗。寶懼，棄軍，以二萬騎奔還。時大風雪，凍死者相枕。朝臣將卒多降於魏。先是，張袞常爲珪言燕秘書監崔逞之材，珪得之，甚喜，以爲尚書，任以政事。珪欲撫慰新附，甚悔參合之誅，并州刺史素延坐討反者殺戮過多，免官。燕尚書郎慕輿皓謀弒寶，立趙王麟，不克奔魏，麟由是不安。

三月，燕幽、平牧慕容會引兵至薊。慕容麟作亂，出走。魏王珪進圍中山，燕主寶奔會軍，慕容詳城守拒魏。

初，燕清河王會表求赴難，而無行意，遣將軍庫傉官偉、餘崇將兵五千爲前鋒。偉頓盧龍近百日，會不發。燕主寶怒，切責之。會不得已，以治行簡練爲名，復留月餘。偉使輕軍前行通道，且張聲勢，諸將皆畏避不欲行。餘崇奮曰：「今巨寇滔天，京都危逼，匹夫猶思致命以救君父，諸君荷國寵任，而更惜生乎！若社稷傾覆，臣節不立，死有餘辱。諸君安居於此，崇請當之。」偉給步騎五百人。崇至漁陽，遇魏兵，擊却之，衆心稍振。會乃上道，至是始達薊城。魏圍中山既久，城中將士皆思出戰。高陽王隆曰：「涉珪雖獲小利，然頓兵經年，士馬死傷大半，人心思歸，諸部離解。若因我之銳，乘彼之衰，往無不克。如持重不決，將卒氣喪，事久變生，雖欲用之，不可得也。」寶然之。而趙王麟每沮其議，隆成列而罷者數四，衆大忿恨。麟以兵劫北地王精，使帥禁兵弒寶。精以義拒之，麟怒，殺精，出奔西山，依丁零餘衆。於是城中震駭。寶恐麟奪會軍據龍城，乃召隆及遼西王農，謀走保龍城。隆曰：「今欲北遷，亦事之宜。然龍川地狹民貧，若以中國之意取足其中，難望有功。若節用愛民，務農訓兵，數年之中，公私充實，而趙、魏之間，厭苦寇暴，民思燕德，庶幾返旆，克復故業。如其未能，則憑險自固，猶足以優游養銳耳。」寶然之。遂夜與太子策及隆、農等萬餘騎出赴會軍。城中無主，百姓惶惑，魏王珪欲夜入城，將軍王建志在虜掠，乃言恐士卒盜府庫物，請俟明旦，珪乃止。燕開封公詳從寶不及，城中立以爲主，閉門拒守。珪盡衆攻之，不拔。使人臨城諭之，皆曰：「羣小無知，恐復如參合之衆，故苟延旬月之命耳。」珪顧王建而唾其面。

尊皇太后李氏爲太皇太后，立皇后王氏。

魏兵追燕主寶，慕容會擊卻之。夏，四月，寶至龍城。會作亂，不克，奔中山，伏誅。燕主寶出中山，清河王會帥騎卒二萬迎于薊南，寶怪會有恨色，減其兵分給遼西王農及高陽王隆，盡徙薊中府庫北趣龍城。魏石河頭引兵追之，及寶於夏謙澤。會整陳與戰，隆、豐等將南來騎衝之，魏兵大敗，追奔百餘里。隆謂陽璆曰：「中山積兵數萬，不得展吾意，今日之捷，令人遺恨。」因慷慨流涕。會既敗魏兵，矜狠滋甚。隆屢訓責之，會益忿怒，遂謀作亂。寶謂農、隆曰：「觀道通志趣，必反無疑，宜早除之。」農、隆曰：「會遠赴國難，逆狀未彰而遽殺之，豈徒傷父子之恩，亦恐大損威望。」會聞之，益懼。夜遣其黨襲殺隆於帳下，農被重創，寶欲討會，乃陽爲好言以安之。明日，召羣臣食，會就坐，寶目慕輿騰斬會，傷首不死，走赴其軍，勒兵攻寶。寶帥數百騎馳至龍城。會引兵頓城下，城中將士皆憤怒，出戰，大破之。侍御郎高雲復夜襲之，會衆潰。奔中山，慕容詳殺之。寶以雲爲將軍，養以爲子。雲，高句麗之支屬也。

王恭舉兵反。詔誅僕射王國寶、將軍王緒，恭罷兵還鎮。王國寶、王緒依附會稽王道子，納賄窮奢，不知紀極。惡王恭、殷仲堪，勸道子裁損其兵權。恭等繕甲勒兵，表請北伐。道子疑之，詔以盛夏妨農，悉使解嚴。恭遣使與仲堪謀討國寶等。桓玄亦以仕不得志，欲假仲堪兵勢以作亂，乃說仲堪曰：「國寶與君，惟患相斃之不速耳。今既執大權，無不如志。若發詔徵君，何以處之？」仲堪曰：「計將安出？」玄曰：「孝伯疾惡深至，宜潛與之約，興晉陽之甲以除君側之惡。玄雖不肖，願帥荆、楚豪桀，荷戈先驅，此桓文之勳也。」仲堪然之，乃外結雍州刺史郗恢，內與從兄南蠻校尉覬、南郡相江績謀之。覬曰：「人臣當各守職分，朝廷是非，豈藩屏所制也。晉陽之事，不敢預聞。」績亦極言其不可。覬恐績及禍，和解之。績曰：「大丈夫何至以死相脅邪！江仲元行年六十，但未獲死所耳！」仲堪憚其堅正，以楊佺期代之。朝廷聞之，徵績爲御史中丞。覬遂以疾辭位，仲堪往省之，曰：「兄病殊可憂。」曰：「我疾不過身死，汝病乃當滅門。宜深自愛，勿以我爲念！」郗恢亦不肯從。仲堪疑未決，會恭使至，仲堪乃許之。恭大喜，上表罪狀國寶，舉兵討之。表至，內外戒嚴。國寶懼，不知所爲，遣數百人戍竹里，夜遇風雨，散歸。緒說國寶殺王珣、車胤以除時望，挾君相以討二藩。國寶許之。珣、胤至，不敢害，更問計於珣。珣曰：「王、殷與卿素無深怨，所競不過勢利之間耳！」國寶曰：「將曹爽我乎？」珣曰：「是何言歟！卿寧有爽之罪，孝伯豈宣帝之儔邪？」又問計於車胤，胤曰：「今朝廷遣軍，恭必城守。若京口未拔，上流奄至，何以待之？」國寶遂上疏解職待罪。道子闇懦，欲求姑息，乃賜國寶死，斬緒於市。遣使謝恭，恭乃罷兵，還京口。仲堪初猶豫不敢下，聞國寶死，始抗表舉兵。道子以書止之，仲堪乃還。

以會稽世子元顯爲征虜將軍。

元顯年十六，有儁材，爲侍中。說會稽王道子以王、殷終必爲患，請潛爲之備。道子乃拜元顯征虜將軍，以其衛府及徐州文武悉配之。

涼沮渠蒙遜叛，拔臨松，據金山。初，張掖盧水胡沮渠羅仇，匈奴沮渠王之後也，世爲部帥。涼王光以爲尚書。及呂延敗死，羅仇弟三河太守麴粥謂羅仇曰：「主上荒耄信讒，今軍敗將死，正其猜忌智勇之時也。我兄弟必不見容，不若勒兵向西平，出苕藋，奮臂一呼，涼州不足定也。」羅仇曰：「吾家世以忠孝著於西土，寧使人負我，我不忍負人也。」已而光果殺羅仇及麴粥。羅仇弟子蒙遜，雄傑有策略，涉書史。以其喪歸葬，會者萬餘人。蒙遜哭謂衆曰：「呂王無道，多殺不辜。今欲與諸部雪二父之耻，復上世之業，何如？」衆稱萬歲。遂結盟起兵，攻涼臨松郡，拔之，屯據金山。

燕慕容詳稱帝於中山。中山城無定主，民恐魏兵乘之，男女結盟，人自爲戰。魏王珪罷圍，就穀河間，封東平公儀爲衛王。慕容詳自謂能卻魏兵，威德已振，遂即帝位。

涼段業叛，自稱建康公。沮渠蒙遜以衆歸之。涼王光遣呂纂將兵擊沮渠蒙遜，破之。蒙遜從兄男成亦合衆攻建康，遣使説太守段業曰：「呂氏政衰，人無容處，瓦解之形，昭然在目。府君奈何以蓋世之才，欲立忠於垂亡之國。男成等既唱大義，欲屈府君撫臨鄙州，何如？」業許之。男成推業爲涼州牧、建康公，以男成爲輔國將軍，委以軍國之任。蒙遜帥衆歸之，業以爲鎮西將軍。光命呂纂討之，不克。是爲北涼。

秋，七月，燕慕容麟襲殺詳而自立。魏襲中山，入郛而還。詳嗜酒奢淫，刑殺無度，羣下離心，城中饑窘。麟襲殺之，自立拒魏。魏軍大疫，人畜多死，將士皆思歸。魏王珪問疫於諸將，對曰：「在者纔什四五。」珪曰：「此固天命，將若之何！四海之民，皆可爲國，在吾所以御之耳，何患無民！」

羣臣乃不敢言。

八月，涼郭麐、楊軌叛。涼太常郭麐善天文，國人信之。會熒惑守東井，麐謂僕射王詳曰：「涼分野，有大兵。吾欲與公同舉大事，何如？」詳從之。事泄，被誅。麐遂據東苑以叛。涼王光召太原公纂討之。纂將還，諸將曰：「段業必躡軍後，宜潛師夜發。」纂曰：「業無雄才，憑城自守。若潛師夜去，適足張其氣勢耳。」乃遣使告業曰：「郭麐作亂，吾今還都。卿能決者，可早出戰。」於是引還，業不敢出。纂司馬楊統欲殺纂而推其從兄桓爲主。桓怒曰：「吾爲呂氏臣，安享其禄，危不能救，豈可復增其難乎！呂氏若亡，吾爲弘演矣。」統遂降麐。纂擊麐，大破之，乃得入姑臧。涼人張捷等招集戎夏，據休屠城，與麐共推涼後將軍楊軌爲盟主。

九月，秦太后虵氏卒。秦太后卒，秦主興哀毀過禮，不親庶政。羣臣請依漢、魏故事，既葬即吉。尚書郎李嵩上疏曰：「孝治天下，先王之高事也。宜遵聖性以光道訓，既葬之後，素服臨朝。」尹緯駁曰：「嵩矯常越禮，請付有司論罪。」興曰：「嵩忠臣孝子，有何罪乎！其如嵩議。」興勤於政事，延納善言，杜瑾等以論事得顯拔，姜龕等以儒學見尊禮，古成詵等以文章參機密。詵剛介雅正，以風教爲己任。京兆韋高慕阮籍爲人，居母喪，彈琴飲酒。詵聞之而泣，持劍欲殺之，高懼而逃匿。

秦寇陷湖、陝。

冬，十月，魏王珪及燕慕容麟戰，大破走之，遂克中山。中山饑甚，魏王珪進攻之。太史令鼂崇曰：「不吉。紂以甲子亡，謂之疾日。」珪曰：「紂以甲子亡，周武不以甲子興乎？」遂進，與慕容麟戰於義臺，大破之，麟奔鄴。魏克中山，得燕璽綬、圖書、府庫珍寶以萬數，班賞將士。麟至鄴，復稱趙王，説范陽王德曰：「魏將乘勝攻鄴。鄴城大難固，且人心恇懼，不可守也。不如南趣滑臺，阻河以待魏。伺釁而動，河北庶可復也。」時魯王和鎮滑臺，亦遣使迎德，德許之。

戊戌(三九八)

二年。燕主慕容盛建平元，秦皇初五，魏天興元年，南燕主慕容德元年。舊大國三，西秦、涼、南涼、北涼小國四，新小國一，凡八僭國。

春，正月，燕慕容德徙居滑臺，稱燕王。麟謀反，伏誅。魏拓跋儀入鄴。燕范陽王德自鄴帥户四萬南徙滑臺。魏衛王儀入鄴，追德至河，弗及。慕容麟上尊號於德，德用兄垂故事，稱燕王，以統府行帝制，置百官，是爲南燕。麟復謀反，德殺之。

魏置行臺於鄴、中山，以和跋、拓跋儀守之。魏王珪自中山南巡至高邑，得王永之子憲，喜曰：「王景略之孫也。」以爲本州中正，領選曹事。至鄴，置行臺，以和跋爲尚書鎮之。珪還中山，將北歸，發卒治直道，自望都鑿恒嶺至代五百餘里。復置行臺於中山，命衛王儀鎮之。

魏王珪北還，徙山東民夷十餘萬口以實代。

二月，燕主寶將兵發龍城，衛卒段速骨作亂，衆潰而還。初，燕人有自中山至龍城者，言拓跋涉珪衰弱。於是燕主寶欲復取中原，調兵悉集。至是聞中山已陷，乃命罷兵。遼西王農曰：「遷都尚新，未可南征，宜因成師襲庫莫奚，取其牛馬以充軍資。」寶從之。北行，渡澆洛水。會南燕王德遣使言：「涉珪西上，中國空虛。」寶大喜，即日引還。詔諸軍就頓，不聽罷散。農及長樂王盛切諫，以爲兵疲力弱，魏新得志，未可與敵。寶將從之，慕輿騰曰：「今師衆已集，宜獨決聖心，乘機進取。」乃留盛統後事，以騰爲前軍，農爲中軍，寶爲後軍，相去各一頓。長上段速骨因衆心憚征役，遂作亂，逼立高陽王隆之子崇爲主。寶將十餘騎奔農營，農、騰營兵亦厭役，奔潰，寶乃奔還龍城。

以王愉都督江、豫州軍事。會稽王道子忌王、殷之逼，以譙王尚之及弟休之有才略，引爲腹心。尚之曰：「今方鎮强盛，宰輔權輕，宜樹腹心於外以自衛。」道子乃以其司馬王愉爲江州刺史，都督江州及豫之四郡軍事。日夜謀議，以伺四方之隙。

魏給新徙民田及牛。

魏封爾朱羽健於秀容川。秀容川酋長爾朱羽健從魏王珪攻晉陽、中山有功，環其所居，割地三百里以封之。

三月，燕段速骨攻陷龍城，燕主寶出奔，尚書蘭汗誘而殺之。燕尚書蘭汗陰與段速骨等通謀，引兵營龍城東。遼西王農夜出赴之，速骨將以徇城。農素有忠節威名，城中恃以爲强，忽見在城下，無不驚愕喪氣，遂皆逃潰。速骨入城，縱兵殺掠。燕主寶及長樂王盛等輕騎南走。速骨以高陽王崇幼弱，欲更立農。崇黨聞之，遂殺農。蘭汗襲擊速骨，殺之。廢崇，奉太子策，承制，遣使迎寶及於薊城。盛等曰：「汗之忠詐未可知，不如南就范陽王，合衆以取冀州。若其不捷，徐歸龍城，未晚也。」寶從之。行至黎陽，遣中黃門令趙思告范陽王德奉迎。德遣慕輿護帥壯士數百人隨思而北，聲言迎衛，其實圖之。寶既遣思，而聞德已稱制，亦懼而北走。護至，無所見，執思以歸。德以其練習典故，欲留而用之。思曰：「犬馬猶知戀主，思雖刑臣，乞還就上。」德固留之，思怒曰：「殿下親則叔父，位爲上公，不能帥先羣后以匡帝室，而幸根本之傾，爲趙王倫之事。思雖不能如申包胥之存楚，猶慕龔君賓之不偷生於莽世也。」德斬之。寶遣長樂王盛收兵冀州，行至鉅鹿，説諸豪桀，皆願起兵。會蘭汗復遣使奉迎，寶以汗燕主垂之舅而盛妃之父，謂必無他，遂行。盛流涕固諫，不聽。盛乃與將軍張真下道避匿。寶去龍城四十里，汗遣弟加難帥五百騎迎入外邸而殺之。殺太子策及王公卿士百餘人。自稱昌黎王。盛欲赴哀，張真止之。盛曰：「我今以窮歸汗，汗性愚淺，必念婚姻，不忍殺我，旬月之間，足以展吾志。」遂往見汗。汗妻乙氏及盛妃皆涕泣請盛，汗惻然哀之，乃舍盛於宮中，以爲侍中、親待如舊。汗兄提驕狠荒淫，事汗無禮，盛因而間之。汗兄弟浸相嫌忌。

北涼攻涼，取西郡、晉昌、燉煌、張掖。

夏，六月，涼呂纂擊楊軌、郭麐，破之。

秋，七月，燕長樂王盛討殺蘭汗，攝行統制。燕太原王奇，楷之子，蘭汗外孫也，汗以爲將軍。長樂王盛潛使逃出起兵。汗遣仇尼慕將兵討之。於是龍城自夏不雨至於七月，汗日詣燕諸廟禱請，委罪加難。加難聞之怒，率所部襲敗慕軍。汗遣太子穆討之。穆與汗謀殺盛，不果。李旱、張真皆盛素所厚也，而穆引爲腹心。旱等潛與盛結謀。穆擊破加難，還，饗將士，汗、穆皆醉，盛因踰垣入東宮，與旱等殺穆。諸軍聞盛得出，皆呼躍爭先，攻汗，斬之。内外帖然，士女相慶。盛告于太廟，因下令曰：

「賴五祖之休，文武之力，社稷幽而復顯，不獨孤以眇眇之身免不同天之責，凡在臣民皆得明目當世。」遂大赦，改元。以長樂王攝行統制。命奇罷兵，奇不受命，勒兵三萬進至横溝。盛出擊，破之，執奇賜死。

魏遷都平城。 魏遷都平城，始營宫室，建宗廟，立社稷。宗廟歲五祭，用分、至及臘。

王恭、殷仲堪及南郡公桓玄舉兵反。玄陷江州。 桓玄求爲廣州，會稽王道子忌玄在荆州，因從之。玄受命而不行。豫州刺史庾楷以道子割其四郡屬王愉，上疏言：「江州内地，而西府北帶寇戎，不應使愉分督。」朝廷不許。楷怒，遣其子鴻説王恭曰：「尚之兄弟復秉機權，欲削方鎮，宜早圖之。」恭以爲然，以告殷仲堪及玄，皆許之。推恭爲盟主，刻期同趣京師。司馬劉牢之諫曰：「會稽王道子，叔父也，而又當國秉政，鄉爲將軍戮其所愛，其伏將軍已多矣。頃所授任，雖未允愜，亦無大失。割庾楷四郡以配王愉，於將軍何損！晉陽之甲，豈可數興乎！」恭不從，上表請討王愉、司馬尚之兄弟。朝廷憂懼，内外戒嚴。道子不知所爲，悉以事委世子元顯，日飲醇酒而已。元顯聰警，頗涉文義，志氣果鋭，以安危爲己任。附之者謂其英武，有明帝之風。仲堪聞恭舉兵，勒兵趣發。悉以軍事委南郡相楊佺期兄弟。佺期帥舟師五千爲前鋒，桓玄次之，仲堪帥精兵二萬繼下。佺期自以其先漢太尉震至父亮，九世皆以材德著名，矜其門地，謂江左莫及。而時流以其晚過江，婚宦失類，兄弟皆粗獷，每排抑之。佺期常切齒，欲因事際以逞其志，故亦贊成仲堪之謀。八月，佺期及玄奄至湓口，王愉無備，惶遽奔臨川，玄追獲之。

魏遣使循行郡國。 魏王珪命有司正封畿，標道里，平權衡，審度量。遣使循行郡國，察守宰不法者，親考察黜陟之。

九月，加會稽王道子黃鉞，討王恭。恭司馬劉牢之執恭以降，斬之。以牢之都督青、兗七州軍事。桓玄爲江州刺史。楊佺期爲雍州刺史。敕殷仲堪使回軍。

九月，加會稽王道子黃鉞，以世子元顯爲征討都督，遣王珣將兵討王恭，譙王尚之將兵討庾楷。尚之大破楷於牛渚，楷奔桓玄。玄大破官軍於白石，進至横江，尚之退走。道子屯中堂，元顯守石頭，珣守北郊以備之。恭素以才地陵物，既殺王國寶，自謂威無不行。仗劉牢之爲爪牙而以部曲將遇之；牢之負才懷恨。元顯知之，遣人說牢之使叛恭，事成，授以恭位號。牢之謂其子敬宣曰：「恭爲帝舅，不能翼戴帝室，數舉兵向京師，吾欲討之，何如？」敬宣曰：「朝廷雖無成、康之美，亦無幽、厲之惡。而恭恃其兵威，暴蔑王室。大人親非骨肉，義非君臣，今日討之，於情義何有！」參軍何澹之知其謀，以告恭。恭不信，更置酒，拜牢之爲兄，精兵堅甲，悉以付之，使帥帳下督顏延爲前鋒。牢之至竹里，斬延以降。遣敬宣還襲恭。恭兵潰亡走，爲人所獲，送京師，斬之。恭臨刑神色自若，謂監刑者曰：「我闇於信人，所以至此。然其本心，豈不欲忠於社稷邪！但令百世之下知有王恭耳。」詔以牢之代恭爲都督刺史，鎮京口。俄而楊佺期、桓玄至石頭，殷仲堪至蕪湖，上表理王恭，求誅牢之。牢之帥北府之衆馳赴京師，軍於新亭。佺期、玄見之皆失色，回軍蔡州。朝廷未知西軍虛實，内外憂逼。桓修言於道子曰：「今若以重利啗玄及佺期，二人必内喜。玄能制仲堪，佺期可使倒戈，取仲堪矣。」道子納之，以玄爲江州刺史，佺期爲雍州刺史。黜仲堪爲廣州刺史，遣使宣詔，敕使回軍。

南涼取嶺南五郡。楊軌屯廉川，收集夷夏，衆至萬餘，遣使降於南涼。軌尋爲羌酋梁饑所敗，西奔傉海。饑遂進攻西平，南涼王烏孤欲救之，羣臣憚饑兵强，多以爲疑。左司馬趙振曰：「楊軌新敗，吕氏方强，洪池以北，未可冀也，嶺南五郡，庶幾可取。大王若無開拓遠志，振不敢言。必欲經營四方，此機不可失也。使羌得西平，夷夏震動，非我之利也。」烏孤喜曰：「吾亦欲乘時立功，安能坐守窮谷乎！」遂進擊饑，大破之。樂都、湟河、澆河太守皆以郡降，嶺南羌、胡數萬落皆附於烏孤。烏孤更稱武威王。

冬，十月，燕長樂王稱皇帝。

復以殷仲堪督荆、益軍，仲堪等罷兵還鎮。殷仲堪得詔書，大怒，趣桓玄、楊佺期進軍。玄等喜於朝命，欲受之。仲堪遽自蕪湖南歸，告喻蔡洲軍士曰：「汝輩不散，吾至江陵，盡誅汝餘口。」佺期所部二千人先歸，玄等大懼，狼狽西還，追仲堪至尋陽，及之。仲堪既失職，倚玄等爲援，玄等亦資仲堪兵，雖内相疑阻，勢不得不合。乃以子弟交質而盟，連名上疏，申理王恭，求誅劉牢之及譙王尚之，并訴仲堪無罪。朝廷深憚之，乃復以荆州還仲堪，優詔慰諭，仲堪等乃受詔。推玄爲盟主，玄愈自矜倨。佺期甚恨，密説仲堪襲之，仲堪忌佺期兄弟勇健，恐既殺玄，不可復制，苦禁之。於是各還所鎮。玄知之，亦有取佺期之志，乃屯於夏口，引卞範之爲謀主。時詔書獨不赦庾楷，玄以楷爲武昌太守。

十二月，魏王珪稱皇帝。魏王珪命吏部郎鄧淵立官制，協音律，儀曹郎董謐制禮儀，三公郎王德定律令，太史令鼂崇考天象，尚書崔宏總而裁之，以爲永式。十二月，珪即皇帝位，命朝野皆束髮加帽。追尊遠祖毛以下二十七人皆爲皇帝。魏之舊俗，孟夏祀天及東廟，季夏帥兵郤霜於陰山，孟秋祀天於西郊。至是，始做古制，定郊廟祭饗禮樂。又用崔宏議，自謂黄帝之後，以土德王。徙六州二十二郡守宰、豪桀二千家于代都，東至代郡，西及善無，南極陰館，北盡參合，皆爲畿内。其外四方、四維，置八部師以監之。

妖人孫泰謀亂，伏誅。初，泰學妖術於杜子恭，士民多奉之。王珣惡之，流泰於廣州。王雅薦於武帝，云知養性之方，召還，累官至新安太守。泰知晉祚將終，以討王恭爲名，收兵聚貨謀作亂。以中領軍元顯與之善，無敢言者。會稽内史謝輶發其謀，會稽王道子誘而斬之，并其六子。兄子恩逃入海，愚民猶以爲泰蟬蜕不死，就海中資給之。恩乃聚合亡命，得百餘人，以謀復讎。

校勘記

〔一〕徙八千餘落於中山　「千」，殿本作「萬」。

〔二〕「庚寅」以下至「身還襄陽」共一一八字原脱，據月崖本、成化本、殿本補。

〔三〕魏皇始二年　「二」原作「三」，據殿本、通鑑卷一〇八晉紀三十晉孝武帝太元二十一年七月改。

〔四〕遣子太原公纂攻金城　「子」原作「弟」，據殿本、晉書卷一二二吕纂傳改。

資治通鑑綱目卷二十三

起己亥晉安帝隆安三年，盡庚戌晉安帝義熙六年，凡一十二年。

己亥(三九九)

三年。燕長樂元，秦弘始元，魏天興二年。涼王呂纂咸寧元，北涼天璽元年。

春，正月，南涼徙治樂都。南涼王秃髮烏孤謂羣臣曰：「隴右、河西，本數郡之地，遭亂，分裂至十餘國，呂氏、乞伏氏、段氏最强，今欲取之，三者何先？」楊統曰：「乞伏本吾部落，終當服從。段氏書生，無能爲患，且結好於我，攻之不義。呂光衰耄，嗣子微弱，纂、弘雖有才而内相猜忌，若使浩亹、廉川乘虚迭出，彼必疲於奔命，不過二年，兵勞民困，則姑臧可圖也。姑臧舉，則二寇不待攻而服矣。」烏孤曰：「善。」

二月，魏主珪襲高車，大破之。魏主珪北巡，分命諸將三道襲高車，大破高車三十餘部，獲七萬餘口，馬三十餘萬匹。衛王儀別將三萬騎絶漠千餘里，破其七部，諸部大震。

段業自稱涼王。業以沮渠蒙遜爲尚書左丞，梁中庸爲右丞。

三月，魏分尚書諸曹，置五經博士。魏主珪分尚書三十六曹及外署，凡置三百六十曹，令八部大人主之。吏部尚書崔宏通署三十六曹，如令、僕統事。置五經博士，增國子太學生員合三千人。珪問博士李先曰：「天下何物可以益人神智？」對曰：「莫若書籍。」珪曰：「書籍有幾，如何可集？」對曰：「自書契以來，世有滋益，至今不可勝計。苟人主所好，何憂不集。」珪遂命郡縣大索書籍，悉送平城。

南燕苻廣叛，南燕王德擊斬之。滑臺降魏，德遂東寇青、兖。初，秦主登之弟廣帥衆依南燕王德，德處之乞活堡。至是自稱秦王。時滑臺孤弱，土無十城，衆不過萬，附德者多去附廣。德乃留魯王和守滑臺，自帥衆討廣，斬之。和長史李辯殺和，以滑臺降魏。魏行臺尚書和跋帥輕騎自鄴赴之〔一〕，悉收德宫人府庫。陳、潁之人多附於魏。將軍慕容雲斬辯，帥將士家屬出赴德。德欲還攻滑臺，韓範曰：「嚮也魏爲客，吾爲主。今也吾爲客，魏爲主。人心危懼，不可復戰，不如先據一方，自立基本，乃圖進取。」張華欲取彭城，潘聰曰：「彭城土曠人稀，平夷無嶮，且晉之舊鎮，未易可取。又密邇江淮，夏秋多水。乘舟而戰者，吴之所長，我之所短也。青州沃野二千里，精兵十餘萬，左有負海之饒，右有山河之固，廣固城曹嶷所築，地形阻峻，三齊英傑，思得明主以立功於世久矣。晉刺史辟閭渾昔爲燕臣，今宜遣辯士馳説，而以大兵繼其後，若其不服，取之如拾芥耳。既得其地，然後閉關養鋭，伺隙而動，此乃陛下之關中、河内也。」德乃引師而南，兖州北鄙諸郡縣皆降。德置守宰以撫之，禁軍士虜掠，百姓大悦。

追尊所生母陳氏爲德皇太后。

夏，四月，以會稽世子元顯爲揚州刺史。會稽王道子有疾，且無日不醉。元顯知朝望去之，諷朝廷解道子揚州以授元顯。道子醒而知之，大怒，無如之何。元顯以盧江太守張法順爲謀主，多引樹親黨，朝貴皆畏事之。

燕除公侯金帛贖罪法。燕主盛十日一決獄，不加拷掠，多得其情。下詔曰：「法例律，公侯有罪，得以金帛贖，此不足以懲惡而利於王府，甚無謂也。自今皆令立功以自贖。」

秋，七月，秦寇洛陽。八月，魏人來救。後秦齊公崇寇洛陽，河南太守辛恭靖嬰城固守。雍州刺史楊佺期遣使求救於魏。魏遣太尉穆崇將六萬騎救之。

魏殺其御史中丞崔逞。初，魏將軍張袞以才謀爲魏主珪腹心。袞薦中州士人盧溥及崔逞，珪皆用之。及圍中山，久未下，軍食乏，問計於羣臣，逞對曰：「桑椹可以佐糧，飛鴞食而改音者也。」珪雖用其言，然心銜之。秦人寇襄陽，雍州刺史郗恢以書求救於魏常山王遵，謂珪爲賢兄。珪以恢無禮，命袞及逞爲復書，必貶其主，而袞、逞謂帝爲貴主，珪遂大怒。逞之降魏也，以天下方亂，恐無復遺種，使妻子留冀州。至是珪并以是責逞，賜死。而溥亦受燕爵命，侵掠魏境。珪謂袞所舉皆非其人，黜爲尚書令史。袞闔門不通人事，手校經籍，歲餘而終。

南涼王烏孤卒，弟利鹿孤立，徙治西平。

南燕王德陷廣固，殺幽州刺史辟閭渾，遂都之。南燕王德使説幽州刺史辟閭渾，不從，遂遣北地王鍾帥步騎擊之。德進據琅邪，徐、兗之民歸附者十餘萬。勃海太守封孚，燕舊臣也，聞德至，出降。德大喜曰：「孤得青州不爲喜，喜得卿耳！」遂委以機密。渾守廣固，其下多出降。渾懼，奔魏，德追斬之。渾子道秀自詣德，請與父俱死。德曰：「父雖不忠而子能孝。」特赦之。渾參軍張瑛爲渾作檄，辭多不遜，德執而讓之。瑛神色自若，徐曰：「渾之有臣，猶韓信之有蒯通。通遇漢祖而生，臣遭陛下而死，比之古人，竊爲不幸耳！」德殺之。遂定都廣固。

九月，燕遼西太守李朗謀叛其主，盛討誅之。燕遼西太守李朗在郡十年，威行境内，燕主盛疑之，累徵不赴。朗亦以家在龍城，未敢顯叛，陰召魏兵，許以郡降。事覺，盛滅朗族，遣將軍李旱討之。旱既行，急召而復遣之。朗聞其家被誅，擁二千餘户以自固。及聞旱還，謂有内變，不復設備，留其子守令支，自迎魏師於北平。旱襲克令支，追朗斬之。

秦主興降號稱王。興以災異屢見，降號稱王，詔羣公、卿士、將牧、守宰各降一等，存問孤貧，舉拔賢俊，簡省法令，清察獄訟，守令有政迹者賞之，貪殘者誅之，遠近肅然。

冬，十月，秦陷洛陽。秦寇洛陽，辛恭靖固守百餘日，魏救未至，秦兵拔洛陽獲之。恭靖見秦王興，不拜，曰：「吾不爲羌賊臣。」興囚之，恭靖逃歸。淮、漢以北多降於秦。

孫恩寇陷會稽，殺内史王凝之。詔徐州刺史謝琰及劉牢之討破之。以琰爲會稽太守。會稽世子元顯性苛刻，生殺任意，發東土諸郡免奴爲客者，置京師以充兵役，東土囂然。孫恩因民心騷動，自海島攻會稽。内史王凝之世奉天師道，不出兵，亦不設備，官屬請討之，凝之曰：「我已請大道，借鬼兵守諸津要，不足憂也。」恩遂陷會稽，殺凝之。於是八郡之人，一時起兵，殺長吏以應恩，旬日中，衆數十萬。時三吴承平日久，民不習戰，郡縣兵皆望風奔潰。恩據會稽，自稱征東將軍，號其黨曰「長生人」，臨諸縣令以食其妻子，不食，則支解之。所過焚掠，刊木堙井。表會稽王道子及元顯之罪，請誅之。自帝即位以來，内外乖異，石頭以南，皆爲荆、江所據，以西皆豫州所專，京口及江北皆劉牢之及廣陵相高雅之所制，朝政所行，三吴而已。及恩作亂，八郡皆爲恩有，畿内盗賊蜂起，恩黨亦有潛伏在建康者，人情危懼。於是内外戒嚴，加道子黄鉞，元顯領中軍將軍，命徐州刺史謝琰討之。牢之亦發兵討恩，拜表輒行。琰擊斬義興、吴郡羣盗，與劉牢之轉鬬而前，所向輒克。琰留屯烏程，遣司馬高素助牢之，進臨浙江。詔以牢之都督吴郡諸軍事。初，彭城劉裕，生而母死，父翹僑居京口，家貧，將棄之。同郡劉懷敬之母，裕從母也，往救而乳之。及長，勇健有大志。僅識文字，以賣履爲業，好樗蒲，爲鄉閭所賤。至是牢之引參軍事，使將數十人覘賊。遇賊數千人，即迎擊之，從者皆死，裕墜岸下。賊臨岸欲下，裕奮長刀仰斫殺數人，乃得登岸，仍大呼逐之，殺傷甚衆。劉敬宣怪裕久不返，引兵尋之，見裕獨驅數千人，咸共嘆息。因進擊賊，大破之。恩驅男女二十餘萬口東走，多棄寶物、子女於道，官軍競取之，恩由是得脱，復逃入海島。牢之縱軍暴掠，士民失望。朝廷憂恩復至，以琰爲會稽太守、都督五郡軍事，戍海浦。

以會稽世子元顯録尚書事。時謂道子爲東録，元顯爲西録。西府車騎填湊，東第門可張羅。元顯所親信，率皆佞諛，諷禮官立議，公卿以下，見者皆拜。時國用虚竭，公卿日廪七升，而元顯聚斂不已，富踰帝室。

桓玄舉兵攻江陵，殺殷仲堪及雍州刺史楊佺期。殷仲堪恐桓玄跋扈，乃與佺期結婚爲援。佺期屢欲攻玄，仲堪每止之。玄恐終爲殷、楊所滅，乃求廣其所統，執政亦欲構使乖離，乃加玄都督荆州四郡軍事，又以玄兄偉代佺期兄廣爲南蠻校尉。佺期忿懼，欲與仲堪共襲玄。仲堪多疑少決，苦禁止之。參軍羅企生謂其弟遵生曰：「殷侯仁而無斷，必及於難。吾蒙知遇，義不可去，必將死之。」是歲，荆州大水，仲堪竭倉廩以賑饑民。玄欲乘其虚而伐之，乃發兵西上，聲言救洛，先遣兵襲取巴陵積穀食之。仲堪遣楊廣等拒之，皆爲所敗。江陵乏食，以胡麻廩軍。急召佺期自救。佺期曰：「江陵無食，可來相就，共守襄陽。」仲堪紿之曰：「比來收集，已有儲矣。」佺期帥步騎八千至江陵，仲堪唯以飯餉之。佺期大怒曰：「今兹敗矣！」不見仲堪，與其兄廣共擊玄，大敗，單騎奔還。仲堪亦奔酇城。玄遣將軍馮該追獲，皆殺之。仲堪奉天師道，禱請鬼神，不吝財賄，而嗇於周急。好爲小惠以悦人，病者自爲診脈分藥，用計倚伏煩密，而短於鑒略，故至於敗。仲堪之走也，文武無送者，惟羅企生從之。路經家門，遵生曰：「作如此分離，何可不一執手！」企生旋馬授手，遵生牽下之，曰：「家有老母，去將何之！」企生揮淚曰：「今日之事，我必死之。汝等奉養，不失子道。一門之中有忠與孝，亦復何恨！」遵生抱之愈急，遂不得去。及玄至，荆州人士無不詣玄者，企生獨不往，而營理仲堪家事。玄遣人謂曰：「若謝我，當釋汝。」企生曰：「吾爲殷荆州吏，荆州敗，不能救，尚何謝爲！」玄乃收之，復問欲何言。企生曰：「從公乞一弟以養老母。」玄乃殺企生而舍其弟。

凉王光卒，太子紹立，庶兄纂殺而代之。光疾甚，立紹爲天王，自號太上皇。以太原公纂爲太尉，常山公弘爲司徒。謂紹曰：「今三鄰伺隙，吾没之後，使纂統六軍，弘管朝政，汝恭己無爲，委重二兄，庶幾可濟。若内相猜忌，則蕭墻之變至矣。」又謂纂、弘曰：「永業才非撥亂，直以立嫡有常，猥居元首。汝兄弟緝睦，則祚流萬世。若内自相圖，則禍不旋踵。」纂、弘泣曰：「不敢。」及光卒，紹祕不發喪，纂排閤入哭，盡哀而出。紹懼，以位讓之，纂不許。光弟子超謂紹曰：「纂爲將積年，威震内外，臨喪不哀，步高視遠，必有異志，宜早除之。」紹曰：「先帝言猶在耳，奈何棄之！縱其圖我，我視死如歸，終不忍有此意也。」弘謂纂曰：「主上闇弱，未堪多難。兄宜爲社稷計，不可徇小節也。」纂、弘於是夜帥壯士攻廣夏門，左衛將軍齊從抽劍直前，斫纂中額，左右禽之。纂曰：「義士也，勿殺。」呂超帥卒二千赴難，衆素憚纂，不戰而潰。纂入升殿，紹自殺，超奔廣武。纂憚弘兵强，以位讓之，弘不受。纂乃即天王位。以弘爲大都督、録尚書事，纂叔父方鎮廣武，纂遣使謂曰：「超實忠臣，義勇可嘉，但不識權變之宜。方賴其用，可以此意諭之。」超上疏陳謝，復其爵位。

庚子（四〇〇）

四年。燕長樂二，秦弘始二，魏天興三年。南燕建平元，南凉王禿髮利鹿孤建和元年。西凉公李暠庚子元年。是歲，西秦降秦。舊大國三，凉、南凉、北凉、南燕小國四，新小國一，凡八僭國。

春，正月，燕主盛自貶號爲庶人天王。

西秦遷都苑川。

二月，燕主盛襲高句麗，拔二城。高句麗王安事燕禮慢，燕主盛自將兵三萬襲之，拔新城、南蘇，開境七百餘里。

三月，魏立慕容氏爲后。初，魏主珪納劉頭眷之女，寵冠後庭，生子嗣。及克中山，獲燕主寶之幼女。將立皇后，用其國故事，鑄金人以卜之，慕容氏所鑄成，遂立爲后。

桓玄都督荆、江八州軍事〔二〕。玄既克荆、雍，表求領荆、江。詔以玄都督荆、司等七州軍事，領荆州刺史。玄固求江州，乃加督八州，領二州刺史。玄輒以兄偉爲雍州刺史，朝廷不能違。

涼吕弘作亂，涼王纂殺之。涼王纂忌大司馬弘功高地逼，弘亦自疑，遂以東苑之兵作亂。纂遣兵擊之，弘衆潰，出走。纂兵大掠，悉以東苑婦女賞軍，弘妻子亦在其中。侍中房晷曰：「天禍涼室，憂患仍臻。雖弘自取夷滅，亦由陛下無常棣之恩，當省己責躬以謝百姓。乃更縱掠士女，百姓何罪！且弘妻，陛下之弟婦；弘女，陛下之姪也。奈何使無賴小人辱爲婢妾乎！」遂歔欷流涕。纂改容謝之。召弘妻子寘東宫，厚撫之。弘將奔南涼，道過廣武，吕方見之，大哭曰：「天下甚寬，汝何爲至此！」乃執弘送獄，纂遣人殺之。

北涼以李暠爲敦煌太守。初，隴西李暠好文學，有令名。孟敏爲沙州刺史，以暠爲效穀令。敏卒，治中索仙等以暠温毅有惠政，推爲敦煌太守，請於段業，業因授之。將軍索嗣言於業曰：「暠不可使處敦煌。」業以嗣代暠，使帥五百騎之官。暠遣同母弟宋繇逆擊之，嗣敗走還。暠表業請誅嗣，業乃殺之。

夏，五月，孫恩復寇會稽，太守謝琰敗死。恩轉寇臨海，遣兵討之，不克。謝琰鎮會稽，不能綏懷，又不爲武備。諸將咸諫曰：「賊近在海浦，伺人形便，宜開其自新之路。」琰不聽。既而恩寇浹口，入餘姚，破上虞，乘勝徑至會稽。琰出戰，兵敗，爲帳下所殺。恩轉寇臨海，朝廷大震，遣將軍桓不才〔三〕、高雅之等拒之，爲恩所敗。

六月，朔，日食。

秋，七月，太皇太后李氏崩。

秦擊西秦，西秦王乾歸戰敗，奔南涼，遂奔秦〔四〕。後秦遣姚碩德伐西秦，西秦王乾歸使將軍慕兀等屯守，秦軍樵采路絶，秦王興潛引兵救之。乾歸聞之，自將輕騎數千前候秦軍。會大風昏霧，與中軍相失，入於外軍。戰敗，走歸，其衆皆降。興進軍枹罕。乾歸奔金城，將復西走，謂諸豪帥曰：「今舉國而去，必不得免。卿等宜留此降秦，以全宗族。」皆曰：「死生願從陛下。」乾歸曰：「吾今將寄食於人。若天未亡我，庶幾異日克復舊業，復與卿等相見。今相隨而死，無益也。」乃大哭而別。遂奔允吾，乞降於南涼。南涼王利鹿孤待以上賓。秦兵既退，南羌梁戈等密招乾歸，乾歸將應之。或以白利鹿孤，乾歸懼爲所殺，乃送太子熾磐等於西平，南奔枹罕，遂降於秦。久之，熾磐亦逃歸。

九月，地震。

冬，十一月，詔劉牢之討孫恩，走之。劉牢之討孫恩，恩走入海。牢之東屯上虞，使劉裕戍句章。吴國内史袁崧築滬瀆壘以備之。

以會稽世子元顯都督揚、豫等十六州軍事。

李暠自稱涼公。北涼晉昌太守唐瑶叛，移檄六郡，推暠爲沙州刺史、涼公。暠遣宋繇東伐涼興，并擊玉門已西諸城，皆下之。是爲西涼。

十二月，有星孛于天津。會稽世子元顯解録尚書事。元顯以星變解録尚書事，復加尚書令。吏部尚書車胤以元顯驕恣，白會稽王道子，請禁抑之。元顯問道子曰：「車武子屏人言及何事？」道子怒曰：「爾欲幽我，不令與朝士語耶！」元顯出，謂其徒曰：「胤間我父子。」胤懼，自殺。魏太史屢奏天文乖亂。魏主珪自覽占書，云當改王易政。乃下詔風厲羣下，以帝王繼統，皆有天命，不可妄干。又數變易官名，欲以厭塞災異。

魏置仙人博士。儀曹郎董謐獻服餌仙經，珪置仙人博士，立仙坊，煮鍊百藥。成，令死罪者試服之，不驗，而訪求不已。

魏殺其左將軍李粟。魏主珪常以燕主垂諸子分據勢要，使權柄下移，遂至敗亡，深非之。博士公孫表希旨，上韓非書，勸珪以法制御下。李粟性簡慢，對珪舒放不肅，咳唾任情。珪積其宿過，誅之，羣下震栗。

南燕王德稱帝，更名備德。備德嘗問羣臣：「朕可方古何主？」鞠仲曰：「陛下中興聖主，少康、光武之儔也。」備德顧左右賜仲帛千匹，仲以多辭。備德曰：「卿知調朕，朕不知調卿耶！」韓範進曰：「天子無戲言。今日之論，君臣俱失。」備德大悦，賜範絹五十匹。

辛丑(四〇一)

五年。燕昭文帝慕容熙光始元，秦弘始三，魏天興四年。凉王呂隆神鼎元，北凉王沮渠蒙遜永安元年。

春，正月，南凉置都督中外、録尚書官。南凉王利鹿孤欲稱帝，將軍鍮勿崙曰：「吾國被髮左衽，無冠帶之飾，逐水草遷徙，無城郭室廬，故能雄視沙漠，抗衡中夏。今舉大號，誠順民心。然建都立邑，難以避患，儲畜倉庫，啓敵人心。不如處晉民於城郭，勸課農桑，以供資儲。帥國人以習戰射，鄰國弱則乘之，强則避之，此久長之策也。且虛名無實，徒爲世之質的，將安用之！」利鹿孤乃更稱河西王，以其弟傉檀都督中外、録尚書事。

二月，孫恩寇句章，劉牢之擊走之。

秦使乞伏乾歸還鎮苑川。

涼吕超弑其君纂而立其兄隆，纂后楊氏自殺。纂嗜酒好獵，太常楊穎諫之，不悛。番禾太守吕超擅擊鮮卑思盤，纂命超及思盤入朝。超懼，至姑臧，深自結於殿中監杜尚。纂見超，責之曰：「卿恃兄弟桓桓，乃敢欺吾，要當斬卿，天下乃定！」然實無意殺之也。因引超、思盤及羣臣宴於内殿。超兄中領軍隆數勸纂酒，纂醉，超取劍擊殺之。纂后楊氏命禁兵討超，杜尚止之，皆捨仗不戰。超讓位於隆，隆遂即天王位，以超都督中外、録尚書事。楊后將出宫，超恐其挾珍寶，命索之。后曰：「爾兄弟不義，手刃相屠，我旦夕死人，安用寶爲！」超又問玉璽所在。后曰：「已毁之矣。」后有美色，超將納之，謂其父桓曰：「后若自殺，禍及卿宗。」桓以告后，后曰：「大人賣女與氐以圖富貴，一之謂甚，其可再乎！」遂自殺。桓奔河西。

三月，孫恩寇海鹽，劉牢之參軍劉裕擊破之。恩北趣海鹽，劉裕隨而拒之。城中兵少，裕夜偃旗匿衆，明晨開門，使羸疾數人登城。賊遥問裕所在。曰：「夜已走矣。」賊爭入城，裕奮擊，大破之。

恩乃進向滬瀆，裕復追之，不利引歸。

南涼擊涼，徙其民二千户以歸。其後南凉王利鹿孤命羣臣極言得失。從事史暠曰：「陛下命將出征，往無不捷。然不以綏寧爲先，唯以徙民爲務。民安土重遷，故多離叛，此所以斬將搴旗而地不加廣也。」利鹿孤善之。

夏〔五〕，五月，北涼沮渠蒙遜弑其君業。北凉王業憚沮渠蒙遜勇略，蒙遜亦深自晦匿。張掖太守馬權素豪雋，爲業所親重，意輕蒙遜。蒙遜譖而殺之，乃謂其兄男成曰：「段公非撥亂之主，向所憚者馬權，今權已死，欲除之以奉兄，何如？」男成曰：「人親信我，圖之，不祥。」蒙遜乃求爲西安太守。因與男成約同祭蘭門山，而陰使人先告男成欲爲亂，以求祭蘭門山爲驗。至期，果然。業收男成賜死。男成曰：「蒙遜先與臣謀反，臣以兄弟之故，隱而不言。今以臣在，恐部衆不從，故約臣祭山而返誣臣，其意欲王之殺臣也。乞詐言臣死，暴臣罪惡，蒙遜必反。然後使臣討之，無不克矣。」業不聽，殺之。蒙遜泣告衆曰：「男成忠於段王，而無故枉殺之，諸君能爲報仇乎？」男成素得衆心，衆皆憤怒爭奮，比至氐池，羌、胡多起兵應之。業先疑將軍田昂，囚之。至是召之，使討蒙遜。昂以衆降，業軍遂潰。蒙遜入張掖，業謂曰：「孤孑然一己，爲君家所推，願丐餘命，東還與妻子相見。」蒙遜斬之。業儒素長者，無他權略，威禁不行，羣下擅命，尤信卜筮巫覡，故至於敗。

孫恩陷滬瀆，殺吳國内史袁崧。六月，孫恩寇丹徒，劉裕擊破之。恩北走，陷廣陵。孫恩浮海奄至丹徒，戰士十餘萬，樓船千餘艘，建康震駭，内外戒嚴。劉牢之使劉裕自海鹽入援。裕兵不滿千人，倍道兼行，與恩俱至丹徒。守軍莫有鬬志，恩帥衆鼓譟，登蒜山，居民皆荷檐而立。裕帥所領奔擊，大破之，恩狼狽僅得還船。然恩猶恃衆，復整兵向京師。譙王尚之帥精鋭馳至。恩樓船高大，泝風不得疾行，數日乃至白石，聞尚之在建康，牢之至新洲，乃浮海北走郁洲，攻陷廣陵。桓玄厲兵訓卒，常伺朝廷之隙。聞恩逼京師，建牙聚衆，請討之。後將軍元顯大懼，會恩退，以詔書止之，玄乃解嚴。

沮渠蒙遜自稱張掖公。亦號北涼。

秋，七月，魏徇許昌，東至彭城。

秦伐涼，大破之。西涼、南涼、北涼皆遣使入貢於秦。涼王隆多殺豪望，人不自保。魏安人焦朗使人説後秦姚碩德曰：「呂氏兄弟相賊，政亂民飢，乘其篡奪之際，取之易於反掌，不可失也。」碩德以告其主興而從之。自金城濟河，直趣姑臧。隆遣呂超等逆戰，碩德大破之。隆嬰城固守。於是西涼公暠、河西王利鹿孤、張掖公蒙遜各遣使奉表入貢於秦。秦主興聞楊桓之賢而徵之，利鹿孤不敢留。

八月，以劉裕爲下邳太守，討孫恩於郁洲，大破之。恩由是衰弱，復緣海南走，裕隨而擊之。

燕段璣弑其君盛。太后丁氏立盛叔父熙，討璣，殺之。燕王盛懲其父寶以懦弱失國，自矜聰察，多所猜忌，羣臣有纖介之嫌，皆先事誅之，人不自保。初，段太后兄之子璣，爲反者段登辭所連及，逃奔遼西。復還歸罪，盛赦之，使尚公主，入直殿内。至是作亂，盛帥左右出戰，被傷而卒。中壘將軍慕容拔白太后丁氏，以國家多難，宜立長君。時衆望在盛弟平原公元，而河間公熙素得幸於丁氏，乃廢太子定，迎熙入宫，即天王位。捕璣等，夷三族。元、定皆賜死。

九月，涼王隆遣使降秦。秦隴西公碩德圍姑臧累月，撫納夷夏，分置守宰，節食聚粟，爲持久計。呂超言於涼王隆曰：「今資儲内竭，上下嗷嗷，當卑辭以退敵。敵去之後，修政息民，若卜世未窮，何憂舊業之不復！若天命去矣，亦可保全宗族。」隆乃遣使請降於秦。碩德表隆爲涼州刺史。碩德軍令嚴整，秋毫不犯，祭先賢，禮名士，西土悦之。

十一月，劉裕追擊孫恩，破之。

涼攻魏安，南涼救之。涼呂超攻焦朗於魏安，朗請迎於南涼。利鹿孤遣將軍傉檀赴之。比至，超已退，朗閉門拒之。傉檀怒，將攻之。將軍俱延曰：「朗孤城無食，今年不降，後年自服，何必多殺士卒以攻之。若其不捷，彼必去從他國。棄州境士民以資鄰敵，非計也，不如以善言諭之。」傉檀乃與朗連和，尋伐取之。

桓玄表桓偉鎮夏口，刁暢鎮襄陽。桓玄表其兄偉爲江州刺史，鎮夏口；司馬刁暢督八郡，鎮襄陽。遣其將馮該戍溢口。自謂有晉國三分之二，數使人上己符瑞，欲以惑衆。又致牋於會稽王道子曰：「賊造近郊，以風不得進，食盡故去，非力屈也。昔國寶死後，王恭不乘此威入統朝政，足見其心非侮於明公也，而謂之不忠。今之腹心，誰有時望，豈無佳勝，直是不能信之耳！」元顯見之，大懼。張法順謂曰：「玄承藉世資，素有豪氣。既并殷、楊，專有荆楚，第下所控引止三吴耳。今東土塗地，公私困竭，玄必乘此縱其姦兇。」元顯曰：「爲之奈何？」法順曰：「玄始得荆州，人情未附。若使劉牢之爲前鋒，而以大軍繼進，玄可取也。」元顯以爲然。會武昌太守庾楷密使人自結於元顯，請爲内應。元顯大喜，遣法順至京口，謀於牢之，牢之以爲難。法順還，曰：「觀牢之言色，必貳於我，不如召入殺之。不爾，敗人大事。」元顯不從。於是大治水軍，謀討玄。

壬寅（四〇二）

元興元年。燕光始二，秦弘始四，魏天興五年。南涼王禿髮傉檀弘昌元年。

春，正月，以會稽世子元顯爲征討大都督，加黄鉞，討桓玄。下詔罪狀桓玄，以元顯爲驃騎大將軍、征討大都督、加黄鉞，劉牢之爲前鋒，譙王尚之爲後部。張法順言於元顯曰：「桓謙兄弟每爲上流耳目，而牢之反覆，萬一有變，則禍敗立至。可令牢之殺謙兄弟以示無貳，若不受命，當逆爲其所。」元顯曰：「今非牢之，無以敵玄。且始事而誅大將，人情不安。」又以桓沖有遺惠於荆土，而謙，其子也，乃除謙荆州刺史，以結西人之心。

柔然據漠北，自稱可汗。初，魏主珪遣賀狄干獻馬求昏於秦，秦王興聞魏已立慕容后，止狄干而絶其昏。由是魏與秦有隙，攻其屬國没弈干、黜弗、素古延。柔然社崙方睦於秦，遣將救之，大敗，遠遁漠北，奪高車之地而居之。遂吞併諸部，士馬繁盛，雄於北方。其地西至焉耆，東接朝鮮，南臨大漠，旁側小國皆羈屬焉。自號豆代可汗。始立約束，以千人爲軍，軍有將；百人爲幢，幢有帥。攻戰先登者賜以虜獲，畏懦者以石擊其首殺之。

南涼攻涼顯美，克之。南涼王禿髮傉檀克顯美，執太守孟禕而責其不早降。禕曰：「禕受吕氏厚恩，分符守土。若明公大軍甫至，望旗歸附，恐獲罪於執事矣。」傉檀釋而禮之，以爲左司馬。禕辭曰：「緯爲人守城不能全，復忝顯任，於心竊所未安。若蒙明公之惠，使得就戮姑臧，死且不朽。」傉檀義而遣之。

桓玄舉兵反。東土遭孫恩之亂，因以饑饉，漕運不繼。桓玄禁斷江路，商旅俱絶，公私匱乏，以粰橡給士卒。玄謂朝廷多虞，必未暇討己，可以蓄力觀釁。及聞大軍將發，乃大驚，欲完聚保江陵。長史下範之曰：「明公威振遠近，元顯口尚乳臭，劉牢之大失物情，若兵臨近畿，示以禍福，土崩之勢可翹足而待，何有延敵入境，自取窮蹙者乎！」玄從之，留桓偉守江陵，抗表傳檄，罪狀元顯，舉兵東下。檄至，元顯大懼，下船而不發。

二月，魏襲没弈干，没弈干奔秦。魏常山王遵等率兵襲没弈干，至高平，没弈干棄其部衆，帥數千騎與劉勃勃奔秦州。魏軍盡獲其府庫蓄積，馬四萬餘匹，徙其民於代都。復遣兵侵河東，長安大震。

秦立子泓爲太子。泓孝友寬和，喜文學，善談詠，而懦弱多病。秦主興欲以爲嗣，而狐疑不決，久乃立之。

北涼攻涼姑臧，不克。姑臧大饑，餓死者十餘萬口。城門晝閉，樵采路絶。沮渠蒙遜引兵攻之，涼王隆擊破其軍。蒙遜請盟，留穀萬餘斛遺之。

玄兵至姑孰。三月，劉牢之叛，附於玄，元顯軍潰。玄入建康，自以太尉，總百揆。殺元顯等，以牢之爲會稽内史，牢之自殺。桓玄發江陵，慮事不捷，常爲西還計。及過尋陽，甚喜。

詔遣齊王柔之以騶虞幡止之，爲玄所殺。玄至歷陽，襄城太守司馬休之敗走。譙王尚之衆潰，玄捕獲之。劉牢之素惡元顯，又慮功高，不爲所容。自恃材武，擁强兵，欲假玄以除執政，復伺玄隙而自取之。參軍劉裕請擊玄，牢之不許。玄使牢之族舅何穆説之曰：「自古戴震主之威，挾不賞之功而能自全者，誰耶？今戰勝則傾宗，戰敗則覆族，不若翻然改圖，則可以長保富貴矣。」牢之遂與玄通。東海何無忌，牢之之甥也，與劉裕極諫，不聽。其子敬宣又諫，牢之怒曰：「吾豈不知！今日取玄如反覆手。但平玄之後，令我奈驃騎何！」遂遣敬宣詣玄請降。玄陰欲誅牢之，乃與敬宣宴飲，陳名書畫共觀之，以安悦其意。敬宣不覺也。元顯將發，聞玄已至新亭，棄船退軍，二日，復出陳於宣陽門外。軍中相驚，言玄已至南桁，元顯遂引兵欲還宫。玄遣人拔刀隨後大呼曰：「放仗！」軍人皆崩潰，元顯走入東府，玄遣從事收縛數之。元顯曰：「爲張法順所誤耳。」玄入京師，稱詔解嚴，自爲丞相，總百揆，都督中外，録尚書事，揚州牧。復讓丞相，而爲太尉。以桓偉爲荆州刺史，桓脩爲徐、兖刺史，桓石生爲江州刺史，卞範之爲丹陽尹，王謐爲中書令。徙會稽王道子於安成郡，斬元顯、尚之、庾楷、張法順。以劉牢之爲會稽内史。牢之曰：「始爾，便奪我兵，禍其至矣。」敬宣勸牢之襲玄，牢之猶豫，告劉裕曰：「今當北就高雅之於廣陵，舉兵以匡社稷，卿能從我乎？」裕曰：「將軍以勁卒數萬，望風降服，彼新得志，威震天下，朝野人情皆已去矣，廣陵可得至耶！裕當反服還京口耳。」退謂何無忌曰：「吾觀鎮北必不免，卿可隨我還京口。玄若守臣節，當與卿事之，不然，當與卿圖之。」於是牢之大集僚佐，議據江北以討玄。參軍劉襲曰：「事之不可者莫大於反。將軍往年反王兖州，近日反司馬郎君，今復反桓公，一人三反，何以自立！」語畢，趨出，佐吏多散走。牢之懼，帥部曲北走，至新洲，縊而死。

孫恩寇臨海，郡兵擊破之，恩赴海死。玄以恩黨盧循爲永嘉太守。孫恩寇臨海，太守辛景擊破之。恩所虜三吴男女死亡殆盡，恐爲官軍所獲，乃赴海死，其黨從死者以百數，謂之水仙。餘衆數千人復推恩妹夫盧循爲主。循，諶之曾孫也。神采清秀，雅有才藝。少時，沙門惠遠嘗謂之曰：「君雖體涉風素，而志存不軌，如何？」桓玄欲撫安東土，乃以循爲永嘉守。循雖受命，而寇暴不已。

南凉王利鹿孤卒，弟傉檀立。始稱凉王，徙樂都。

夏，四月，玄出屯姑孰。玄辭録尚書事，出屯姑孰，大政皆就諮焉，小事則決於尚書令桓謙及卞範之。自隆安以來，人厭禍亂。玄初至，黜姦佞，擢儁賢，京師欣然，冀得少安。既而奢豪縱逸，陵侮朝廷，裁損乘輿供奉，帝幾不免飢寒，衆由是失望。

三吴大饑。三吴大饑，户口減半，臨海、永嘉殆盡，富室皆衣羅紈，懷金玉，閉門餓死。

五月，盧循寇東陽，劉裕擊走之。

秦主興攻魏，敗績，其將姚平死之。秦主興大發諸軍，遣義陽公平等將以伐魏，興自將大軍繼之。平攻魏乾壁，拔之。魏主珪遣長孫肥爲前鋒，自將大軍繼發以禦之。平遣驍將帥精騎二百覘魏軍，肥逆擊，盡禽之。平退走，珪追及於柴壁，平嬰城固守，魏軍圍之。興將兵四萬救之，將據天渡運糧以餽平。魏博士李先曰：「兵法：高者爲敵所棲，深者爲敵所囚。今秦皆犯之，宜遣奇兵先據天渡，柴壁可不戰而取也。」珪命增築重圍，内防平出，外拒興入。將軍安同曰：「汾東有蒙阬，東西三百餘里，蹊徑不通。興來，必從汾西直臨柴壁，如此，虜聲勢相接，重圍雖固，不能制也。不如爲浮梁，渡汾西，築圍以拒之。虜至，無所施其智力矣。」珪從之，帥步騎三萬逆擊興於蒙阬之南，興退走四十餘里，平亦不敢出。興屯汾西，束柏材從汾上流縱之，欲以毀浮梁，魏人皆鉤取爲薪。平糧竭矢盡，夜，悉衆突圍。不得出，乃帥麾下赴水死，餘衆二萬餘人皆斂手就禽。興力不能救，舉軍慟哭。數遣使求和於魏，珪不許，乘勝進攻蒲坂。會柔然謀伐魏，乃引兵還。

將軍司馬休之、劉敬宣、高雅之奔南燕。玄殺吴興守高素、將軍竺謙之及劉襲等，皆劉牢之北府舊將也。襲兄軌邀司馬休之、劉敬宣、高雅之等共據山陽，欲起兵攻玄，不克而走。將軍袁虔之、劉壽等皆往從之，將奔魏。至陳留南，分爲二輩：軌、休之、敬宣奔南燕，虔之、壽等奔秦。魏主初聞休之等當來，大喜。後怪其不至，令兗州求訪，獲其從者，問之，皆曰：「聞崔逞被殺，故奔二國。」魏主深悔之，自是士人有過，頗見優容。

燕王熙殺其太后丁氏。燕王熙納苻謨二女，有寵。丁太后怨恚，與兄子尚書信謀廢熙立章武公淵。事覺，熙逼丁太后令自殺，併殺淵及信。

玄殺會稽王道子。玄使御史杜林防衛道子至安成，林承玄旨，酖殺之。

北涼梁中庸奔西涼。北涼西郡太守梁中庸叛，奔西涼。西涼公暠問曰：「我何如索嗣？」中庸曰：「未可量也。」暠曰：「嗣才度若敵我者，我何能於千里之外以長繩絞其頸邪？」中庸曰：「智有短長，命有成敗。若以身死爲負，計行爲勝，則公孫瓚豈賢於劉虞邪？」暠默然。

秦遣使授南凉、北凉、西凉官爵。

癸卯(四〇三)

二年燕光始三，秦弘始五，魏天興六年。是歲凉亡。大三，小四，凡七僭國。

春，盧循使其黨徐道覆寇東陽，建武將軍劉裕擊破之。道覆，循之姊夫也。

桓玄自爲大將軍。玄上表請帥諸軍平關、洛，而諷朝廷不許，乃云：「奉詔故止。」玄初欲飭裝，先命作輕舸，載服玩、書畫。或問其故。對曰：「兵凶戰危，脱有意外，當使輕而易運。」衆皆笑之。

夏，四月，朔，日食。

南燕遣使隱覈蔭户。南燕主備德優遷徙之民，使之長復不役。民緣此迭相蔭冒，或百室合户，或千丁共籍，以避課役。尚書韓諄請加隱覈，備德從之，使諄巡行郡縣，得蔭户五萬八千。

五月，燕作龍騰苑。燕王熙作龍騰苑，方十餘里，役徒二萬人。築景雲山於苑内，基廣五百步，峰高十七丈。

秋，七月，魏殺其平原太守和跋。跋奢豪喜名，魏主珪惡而殺之，使其弟毗等就與訣。跋曰：「灅北土瘠，可遷水南，勉爲生計。」毗等諭其意，逃入秦。魏主怒，滅其家。將軍鄧淵從弟暉與跋善，或譖之曰：「毗之出亡，暉實送之。」魏主疑淵知其謀，賜淵死。

秦徵吕隆爲散騎常侍，以王尚爲凉州刺史。南、北凉互出兵攻吕隆，秦之謀臣言於秦主興曰：「隆今飢窘，尚能自支，若將來豐贍，終不爲吾有。不如因其危而取之。」興乃徵呂超入侍，遣齊難帥兵迎之。隆素車白馬迎于道旁。難以司馬王尚行凉州刺史，鎮姑臧，徙隆宗屬及民萬户于長安。興以隆爲散騎常侍，超爲安定守。郭馨奔晉，秦人追殺之。

劉裕追盧循至晉安，破之。何無忌潛詣裕，勸於山陰起兵討桓玄。裕謀於土豪孔靖，孔靖曰：「山陰去都道遠，舉事難成。不如待玄篡位，於京口圖之。」裕從之。

九月，玄自爲相國，封楚王，加九錫。殷仲文、卞範之勸玄早受禪。朝廷册命玄爲相國，總百揆，封楚王，加九錫，楚國置丞相以下官。桓謙私問彭城内史劉裕曰：「楚王勳德隆重，朝廷之情，咸謂宜有揖讓，卿以爲何如？」裕曰：「楚王勳德蓋世，晉室民望久移，乘運禪代，有何不可！」謙喜曰：「卿謂之可即可耳。」

南燕講武城西。高雅之表南燕主備德請伐玄，曰：「縱未能廓清吴、會，亦可收江北之地。」韓範亦上疏曰：「晉室衰亂，戎馬單弱。重以桓玄悖逆，上下離心，拓地定功，正在今日。失時不取，彼之豪桀誅滅桓玄，更修德政，則無望矣。」備德因講武城西，步卒三十七萬人，騎五萬三千匹，車萬七千乘。公卿皆以玄新得志，未可圖，乃止。

冬，十一月，楚王桓玄稱皇帝，廢帝爲平固王，遷于尋陽。玄表請歸藩，使帝作手詔固留之。詐言錢塘臨平湖開，江州甘露降，使百僚集賀，爲己受命之符。又以前世皆有隱士，耻獨無之，求得皇甫希之，給其資用，使居山林。徵爲著作郎，又使固辭，然後下詔旌禮，號曰高士。時人謂之「充隱」。

又欲廢錢用穀帛及復肉刑，制作無定，卒無所施。性復貪鄙，人士有法書好畫及佳園宅，必假蒲博而取之。尤愛珠玉，未嘗離手。至是卞範之爲禪詔，逼帝書之，遣司徒王謐禪位于楚，出居永安宫。百官詣姑孰勸進。玄築壇於九井山北，即帝位。改元永始，封帝爲平固王，遷於尋陽。玄入建康宫，登御坐而床忽陷，羣下失色。殷仲文曰：「將由聖德深厚，地不能載。」玄大悦。玄臨聽訟觀閲囚徒，罪無輕重，多得原放。有干輿乞者，時或恤之。以其祖彝以上名位不顯，不復追尊，獨納桓温神主于太廟。下承之曰：「宗廟之祭上不及祖，有以知楚德之不長矣。」玄性苛細，好自矜伐。主者奏事，或一字片辭之謬，必加糾摘，以示聰明。或手注直官，或自用令史，詔令紛紜，有司奉答不暇。而紀綱不治，奏案停積，不能知也。又性好遊畋，更繕宫室，朝野騷然，思亂者衆。

益州刺史毛璩起兵討玄。玄遣使加璩左將軍。璩不受命，傳檄列玄罪狀，進屯白帝。

魏初制冠服。魏始命有司制冠服，以品秩爲差。然法度草創，多不稽古。

甲辰（四〇四）

三年。燕光始四，秦弘始六，魏天賜元年。

春，二月，劉裕起兵京口討玄，玄使弟謙拒之。劉裕從徐、兖刺史桓脩入朝，玄謂王謐曰：「裕風骨不常，蓋人傑也。」每遊集，必引接殷勤，贈賜甚厚。玄妻劉氏亦謂玄曰：「裕龍行虎步，視瞻不凡，恐終不爲人下，不如早除之。」玄曰：「我方平蕩中原，非裕莫可用者。俟關、河平定，别議之耳。」玄以桓弘鎮廣陵，刁逵鎮歷陽。裕與何無忌同舟還京口，密謀興復。劉邁弟毅家於京口，亦與無忌謀之。

無忌曰：「桓氏强盛，其可圖乎？」毅曰：「天下自有强弱，苟爲失道，雖强易弱，正患事主難得耳。」無忌曰：「草澤之中非無英雄也。」毅曰：「所見唯有劉下邳。」無忌笑而不答，還以告裕，遂與定謀。平昌孟昶爲桓弘主簿，至建康還，裕謂之曰：「草間當有英雄起，卿頗聞乎？」昶曰：「今日英雄有誰，正當是卿耳！」於是裕、毅、無忌、昶及裕弟道規、諸葛長民等相與合謀起兵。道規爲桓弘參軍，裕使毅就道規、昶共殺弘，據廣陵；長民爲刁逵參軍，使殺逵，據歷陽。無忌夜草檄文，其母密窺之，泣曰：「吾不及東海呂母明矣。汝能如此，吾復何恨！」裕托以遊獵，與無忌收合徒衆，得百餘人。詰旦，京口門開，無忌著傳詔服，稱敕使，居前，徒衆隨之入，斬桓脩以徇。裕問無忌曰：「急須一府主簿，何由得之？」無忌曰：「無過劉道民。」道民者，東莞劉穆之也。裕曰：「吾亦識之。」即馳信召焉。時穆之聞京口讙譟聲，晨起，出陌頭，屬與信會。直視不言者久之，退室壞布裳爲袴往見裕。裕曰：「始舉大義，須一軍吏甚急，卿謂誰堪其選？」穆之曰：「倉猝之際，略當無見踰者。」裕笑曰：「卿能自屈，吾事濟矣。」即於坐署主簿。孟昶勸桓弘其日出獵，天未明，開門出獵人。昶與劉毅、劉道規帥壯士數十人直入，斬之，因收衆濟江。衆推裕爲盟主，總督徐州事。以昶爲長史，守京口。裕帥二州之衆千七百人，軍于竹里，移檄遠近。玄加桓謙征討都督。謙等請亟遣兵擊裕，玄曰：「彼兵鋭甚，計出萬死，若有蹉跌，則彼氣成而吾事去矣。不如屯大衆於覆舟山以拒之，彼空行二百里無所得，鋭氣已挫，忽見大軍，必驚愕。我按甲堅陣，勿與交鋒，彼求戰不得，自然散走，此策之上也。」謙等固請，乃遣吳甫之、皇甫敷相繼北上。玄憂懼特甚。或曰：「裕等烏合微弱，勢必無成，何慮之深？」玄曰：「劉裕足爲一世之雄，劉毅家無檐石之儲，樗蒲一擲百萬，何無忌酷似其舅，共舉大事，何謂無成！」甫之，玄驍將也。

南涼去年號，罷尚書官。傉檀畏秦之强，乃去年號，罷尚書丞郎官，遣參軍關尚使于秦。秦主興曰：「車騎獻款稱藩，而擅造大城，豈爲臣之道乎？」尚曰：「車騎僻在遐藩，密邇勍敵，蓋爲國家重門之防耳。」興善之。傉檀求領涼州，興不許。

三月，劉裕及桓謙戰于覆舟山，大破之。玄出走，裕立留臺於石頭。三月，朔，裕軍與吳甫之遇於江乘，斬之。至羅落橋，皇甫敷帥數千人逆戰，又斬之。玄使桓謙屯東陵，卞範之屯覆舟山西，合衆二萬。明日，裕軍食畢，悉棄餘糧，數道並前。裕與劉毅身先士卒，進突其陳，將士皆殊死戰，因風縱火，謙等大潰。玄先已潛使殷仲文具舟，至是遂將其子昇鞭馬趣石頭，浮江南走，經日不食，悲不自勝。裕入建康，明日徙屯石頭城，立留臺百官，焚桓温神主，造晉新主，納于太廟。遣諸將追玄，尚書王嘏帥百官奉迎乘輿，誅玄宗族在建康者。使臧熹入宫收圖籍、器物，封閉府庫。玄司徒王謐與衆議推裕領揚州，裕固辭。乃以謐爲侍中、領揚州刺史、録尚書事。謐推裕爲都督八州、徐州刺史，劉毅爲青州刺史，何無忌爲琅邪内史，孟昶爲丹楊尹，劉道規爲義昌太守。諸大處分皆委於劉穆之，倉猝立定，無不允愜。裕遂託以腹心。時晉政寬弛，綱紀不立，豪族陵縱，小民窮蹙。穆之斟酌時宜，隨方矯正。裕以身範物，先以威禁，内外肅然。初，謐爲玄佐命元臣，手解帝璽綬以授玄。及玄敗，衆謂宜誅，裕特保全之。劉毅嘗因朝會，問謐璽綬所在。謐内不自安，逃犇曲阿。裕追還復位。諸葛長民至豫州，失期，不得發。刁逵執之，檻車送桓玄。未至而玄敗，送人共破檻出長民，還趣歷陽。逵棄城走，其下執以送裕，斬於石頭，子姪皆死。裕初名微位薄，輕狡無行，盛流皆不與相知，惟王謐獨奇貴之，謂曰：「卿當爲一代英雄。」裕嘗與刁逵樗蒱，不時輸直，逵縛之馬枊。謐責逵而代償。由是裕憾逵而德謐。

蕭方等曰：夫蛟龍潛伏，魚蝦褻之。是以漢高赦雍齒，魏武免梁鵠，安可以布衣之嫌而成萬乘之隙也！今王謐爲公，刁逵亡族，讎恩報怨，何其狹哉！

初，袁真殺梁國內史朱憲，憲弟綽奔桓温。温克壽陽，綽輒發真棺，戮其尸。温怒，將殺之，桓沖請而免之。綽事沖如父，沖卒，綽嘔血而卒。至是，綽子齡石爲劉裕參軍，從至江乘，將戰，齡石請曰：「世受桓氏厚恩，不欲以兵刃相向，請在軍後。」裕義而許之。

魏詔縣户不滿百者罷之。

玄至尋陽，逼帝西上青州，刺史劉毅等率兵追之。桓玄於道自作起居注，叙討劉裕經略，舉無遺策，諸軍違節度，以致奔敗。專覃思著述，不暇與羣下議事。

劉裕推武陵王遵承制行事。裕稱受密詔，以遵承制，入居東宮，内外畢敬。遷除稱制，教稱令。

劉敬宣、司馬休之自南燕來歸。劉敬宣、高雅之結青州大姓及鮮卑豪帥謀殺南燕王備德，推司馬休之爲主。謀泄南走，南燕人追殺雅之。敬宣、休之至淮、泗間，聞桓玄敗，遂來歸。劉裕以敬宣爲晉陵太守，休之爲荆州刺史。

夏，四月，玄挾帝入江陵。桓玄挾帝至江陵，恐威令不行，更峻刑罰，衆益離怨。

琅邪内史何無忌等及玄兵戰于桑落洲，大破之，得太廟神主送建康。桓玄遣庾稚祖、何澹之等守湓口。何無忌、劉道規至桑落洲，澹之等逆戰。澹之常所乘舫，旗幟甚盛。無忌曰：「賊帥必不居此，欲詐我耳。今衆寡不敵，戰無全勝。此舫戰士必弱，我以勁兵攻之〔六〕，必得之。得之，則彼勢沮而我氣倍，因而薄之，破賊必矣。」遂攻得之，因傳呼曰：「已得何澹之矣。」賊軍驚擾，官軍亦以爲然，乘勝大破之，遂克湓口，進據尋陽，遣使奉送宗廟主祏還京師。

玄挾帝東下。桓玄收集荆州兵，曾未三旬，有衆二萬。復帥諸軍挾帝東下，使徐放說劉裕等散甲，裕等不聽。

以劉敬宣爲江州刺史。

燕起逍遥宫。燕王熙於龍騰苑起逍遥宫，連房數百，鑿曲光海。盛夏，士卒不得休息，暍死太半。

五月，劉毅等及玄戰于崢嶸洲，大破之。玄復挾帝入江陵。寧州督護馮遷擊玄〔七〕，誅之。帝復位。劉毅、何無忌、劉道規帥衆自尋陽西上，與桓玄遇於崢嶸洲。毅等兵不滿萬人，而玄戰士數萬，衆憚之，欲退。道規曰：「不可！彼衆我寡，强弱異勢，今若不進，必爲所乘。雖至尋陽，豈能自固。夫決機兩陣，將雄者克，不在衆也。」因麾衆先進，毅等從之。玄常漾舸於舫側以備敗走，由是衆莫有鬬心。毅等乘風縱火，盡鋭争先，玄衆大潰。玄挾帝單舸西走，留永安何皇后及王皇后於巴陵。殷仲文因叛玄，奉二后還建康。玄與帝入江陵，欲奔漢中，而人情乖沮，乃與腹心百餘人夜出，更相殺害，僅得至船，左右分散。荆州别駕王康産奉帝入南郡府舍。毛璩之弟子脩之爲校尉，誘玄入蜀，玄從之。會璩弟寧州刺史璠卒官，璩使兄孫祐之及參軍費恬帥數百人送其喪，遇玄於枚回洲，迎擊之。督護馮遷抽刀而前，玄曰：「汝何人，敢殺天子！」遷曰：「我殺天子之賊耳！」遂斬之。乘輿反正於江陵，以脩之爲驍騎將軍。大赦，諸以畏逼從逆者一無所問。奉神主于太廟。毅等傳送玄首，梟于大桁。

閏月，桓振襲江陵，陷之。劉毅等進兵討之，不克。

毅等既戰勝，以爲大事已定，不急追躡。玄死幾一旬，諸軍猶未至。桓謙及振竄匿復出，聚衆襲江陵，陷之，殺王康產。振見帝於宮，欲行弒逆，謙苦禁之，乃拜而出。爲玄舉哀追謚。謙帥羣臣奉璽綬於帝，侍御左右，皆振腹心。何無忌、劉道規進攻謙於馬頭，破之。無忌欲直趣江陵，道規曰：「兵法屈申有時，諸桓世居西楚，羣小皆爲竭力。振勇冠三軍，難與爭鋒。且可息兵養銳，徐以計縻之，不憂不克。」無忌不從。振逆戰於靈溪，無忌等大敗，退還尋陽。

六月，毛璩遣兵攻梁州，誅玄所署刺史桓希。

秋，七月，永安皇后何氏崩。

九月，魏改官制。

魏主置六謁官，準古六卿。臨昭陽殿親加銓擇，列爵四等：王封大郡，公封小郡，侯封大縣，伯封小縣。其品第一至第四，舊臣有功無爵者追封之，宗室疏遠及異姓襲封者降爵有差。又置散官五等，其品第五至第九，文官才能秀異、武官堪爲將帥者，其品亦比第五至第九；百官有闕，則取於其中以補之。其官名多倣上古龍官、鳥官，謂諸曹之使爲鳬鴨，取其飛之迅疾也；謂候官伺察者爲白鷺，取其延頸遠望也。餘皆類此。

冬，十月，盧循陷番禺，徐道覆陷始興。

劉毅等復攻桓振諸城壘，皆克之。劉敬宣在尋陽聚糧繕船，未嘗無備，故何無忌等雖敗退，賴以復振。進至夏口，桓振遣馮該守東岸，孟山圖據魯山城，桓仙客守偃月壘，衆合萬人，水陸相援。毅等悉攻拔之，生禽山圖、仙客，該走石城。

十一月，魏命宗室州郡各置師。魏主命宗室置宗師，八國置大師、小師，州郡亦各置師，以辨宗黨，舉才行，如魏、晉中正之職。

燕王熙與其后苻氏遊白鹿山。后，苻謨幼女也。是行也，士卒爲虎狼所害及凍死者五千餘人。

十二月，劉毅等進克巴陵。毅號令嚴整，所過百姓安悅。

乙巳(四〇五)

義熙元年。燕光始五，秦弘始七，魏天賜二年。南燕主慕容超太上元，西凉建初元年。

春，正月，入江陵，桓振亡走，謙奔秦。南陽太守魯宗之起兵襲襄陽，桓蔚走江陵。劉毅等軍至馬頭。桓振挾帝出屯江津，遣使求割江、荆二州，奉送天子。毅等不許。宗之進屯紀南，振留桓謙、馮該守江陵，引兵與宗之戰，大破之。而毅等亦擊破該於豫章口，謙棄城走。毅等入江陵，執卞範之等斬之。振還，知城已陷，其衆皆潰，乃逃于涢川。詔大處分悉委冠軍將軍劉毅。大赦，改元，惟桓氏不原。以桓冲盡忠王室，特宥其孫胤，徙新安。以宗之爲雍州刺史，毛璩爲征西將軍、督梁、益等五州，弟瑾爲梁、秦刺史，瑗爲寧州刺史。桓謙、何澹之等皆奔秦。

燕伐高句麗，不克而還。燕王熙伐高句麗。攻遼東，城且陷，熙命將士：「毋得先登，俟剗平其城，朕與皇后乘輦而入。」由是城中得爲備，卒不克而還。

秦以鳩摩羅什爲國師。秦主興以鳩摩羅什爲國師，奉之如神，帥羣臣及沙門聽講。又命羅什翻譯西域經、論。大營塔寺，沙門坐禪者常以千數。由是州郡化之，事佛者十室而九。

西涼公暠遣使來上表。西涼公暠自稱大將軍，領秦、涼二州牧。遣黄始、梁興間行奉表詣建康。

二月，帝東還。留臺備法駕迎帝於江陵，劉毅、劉道規留屯夏口，何無忌奉帝東還。

益州參軍譙縱殺其刺史毛璩，自稱成都王。初，毛璩聞桓振陷江陵，帥衆三萬順流東下，將討之。使其弟瑗出外水，參軍譙縱出涪水。蜀人不樂遠征，逼縱爲主。璩聞變，奔還成都，遣兵討之，不克。營户開城納縱，殺璩及瑗，滅其家。縱自稱成都王。於是蜀大亂，漢中空虚，氐王楊盛遣其兄子撫據之。

三月，桓振復襲江陵，將軍劉懷肅與戰，誅之。

帝至建康，除拜琅邪王德文、武陵王遵、劉裕以下有差。帝至建康。百官詣闕待罪，詔令復職。尚書殷仲文以朝廷音樂未備，言於劉裕，請治之。裕曰：「今日不暇給，且性所不解。」仲文曰：「好之自解。」裕曰：「正以解則好之，故不習耳。」以琅邪王德文爲大司馬，武陵王遵爲太保，劉裕爲侍中、車騎將軍、都督中外諸軍事，加録尚書事。裕皆不受而請歸藩。

以劉敬宣爲宣城内史。初，劉毅嘗爲劉敬宣參軍，時人或以雄傑許之。敬宣曰：「非常之才自有調度，此君外寛而内忌，自伐而尚人，若一旦遭遇，亦當以陵上取禍耳！」毅聞而恨之。及敬宣爲江州，毅使人言於裕曰：「敬宣不豫建義，授郡已爲過優，聞爲江州，尤用駭惋。」敬宣不自安，請解職。乃召還，爲宣城内史。

夏，四月，以劉裕都督十六州軍事，出鎮京口。

以盧循爲廣州刺史。時朝廷新定，未暇征討。以循爲廣州，徐道覆爲始興相。循遺使貢獻，因遺劉裕益智粽，裕報以續命湯。循之陷番禺也，執刺史吴隱之。至是裕與循書，令遣隱之還，循不從。長史王誕曰：「孫伯符豈不欲留華子魚邪？但以一境不容二君耳。」循乃遣之。

南燕主備德封其兄子超爲北海王。初，南燕主備德仕秦爲張掖守，從秦王堅寇淮南，留金刀與其母公孫氏别。備德與燕主垂舉兵，張掖守收備德兄納及諸子殺之。公孫氏以老獲免，納妻段氏方娠，未決。獄掾呼延平，備德之故吏也，竊以逃羌中。段氏生超，十歲而公孫氏卒，以金刀授超。平又以超母子犇凉。及吕隆降秦，徙長安，而平卒，段氏爲超娶其女。超恐爲秦所録，乃陽狂行乞。備德遣人往視之，超不敢告其母妻，潛變姓名逃歸。備德聞超至，大喜，遣騎迎之。超以金刀獻備德，備德悲慟不自勝。封超爲北海王。備德無子，欲以爲嗣。

五月，劉毅、何無忌討滅桓玄餘黨，荆、湘、江、豫皆平。桓玄餘黨苻宏等擁衆寇郡縣者以十數，劉毅等分兵討滅之，荆、湘、江、豫皆平。詔以毅爲都督淮南五郡、豫州刺史，何無忌都督江東五郡、會稽内史。

秋，七月，劉裕遣使求和於秦，得南鄉等十二郡。劉裕遣使求和於秦，且求南鄉諸郡。秦主興許之，羣臣以爲不可，興曰：「天下之善一也。劉裕拔起細微，能討桓玄，復晉室，内釐庶政，外修封疆，吾何惜數郡，不以成其美乎！」遂以十二郡歸晉。

九月，南燕主備德卒，太子超立。汝水竭，南燕主備德惡之，俄而寢疾。北海王超請禱之，備德曰：「人命在天，非汝水所能制也。」病篤，召羣臣議立超爲太子。俄而地震，君臣震恐，是夕卒。爲十餘棺，夜分出四門，潛瘞山谷。超即位，虚葬備德於東陽陵。超引所親公孫五樓爲腹心。備德故舊大臣北地王鍾、段宏等皆不自安，求補外職。封孚諫曰：「臣聞親不處外，羇不處内。鍾、宏出藩，五樓内輔，臣竊未安。」超不從。鍾、宏相謂曰：「黄犬之皮，恐終補狐裘也。」五樓聞而恨之。

西凉徙都酒泉。西凉公暠與長史張邈謀徙都酒泉以逼沮渠蒙遜。暠手令戒諸子曰：「從政者當審慎賞罰，勿任愛憎，近忠正，遠佞諛，勿使左右竊弄威福。毁譽之來，當研覈真僞。聽訟折獄，必和顔任理，慎勿逆詐億必，輕加聲色。務廣咨詢，勿自專用。吾莅事五年，雖未能息民，然含垢匿瑕，朝爲寇讎，夕委心膂，粗無負於新舊，事任公平，坦然無類，初不容懷，有所損益。計近則如不足，經遠乃爲有餘，庶亦無愧於前人也。」

丙午（四〇六）

二年。燕光始六，秦弘始八，魏天賜三年。

春，正月，魏增置刺史、守、令。魏諸州置三刺史，郡置三太守，縣置三令長。功臣爲州者皆徵還京師，以爵歸第。

燕王熙襲高句麗，不克。燕王熙襲契丹，至陘北，畏其衆，欲還，苻后不聽。遂棄輜重，輕兵襲高句麗，士馬疲凍，死者屬路。夕陽公雲傷於矢，且畏熙之虐，遂以疾去官。

夏，六月，秦姚碩德自上邽還長安。秦隴西公碩德自上邽入朝，秦王興爲之大赦。及歸，送至雍。興事晉公緒及碩德皆如家人禮，車馬、服玩，先奉二叔而自服其次，國家大政，皆咨而後行。

秦以禿髮傉檀爲涼州刺史，守姑臧。南涼傉檀伐北涼還，獻馬三千匹、羊三萬口于秦。秦王興以爲忠，以爲涼州刺史，鎮姑臧，徵王尚還。涼州人遣主簿胡威請留尚，弗許。威見興，流涕言曰：「臣州僻遠，仗良牧仁政，保全至今。陛下奈何以臣等貿馬羊乎？若軍國須馬，直煩尚書一符，臣州三千餘户，朝下而夕可辦也。昔漢武帝傾天下資力，開拓河西，以斷匈奴右臂。今無故棄五郡之地忠良華族，以資暴虜，豈惟臣州士民墜於塗炭，恐方爲聖朝旰食之憂。」興悔之，使人馳止尚，則傉檀已軍五澗，逼遣尚行矣。別駕宗敞送尚還長安，傉檀謂曰：「吾得涼州三千餘家，情之所寄，唯卿一人，奈何捨我去乎！」敞曰：「今送舊君，所以忠於殿下也。」傉檀因問新政所宜，敞曰：「惠撫其民，收用賢俊。」因薦本州名士十餘人，傉檀嘉納之。傉檀宴於宣德堂，仰視嘆曰：「古人有言：『作者不居，居者不作。』信矣。」孟禕曰：「昔張文王始爲此堂，於今百年，十有二主矣，惟履信思順者可以久處。」傉檀善之。傉檀雖受秦爵命，然其車服、禮儀皆如王者。

魏築灅南宮。魏主規度平城，發八部男丁築灅南宮，闕門高十餘丈，穿溝池，廣苑囿，規立外城，方二十里。

秋，八月，劉裕遣將軍毛脩之討譙縱。裕遣龍驤將軍毛脩之將兵與益州刺史司馬榮期等共討譙縱。榮期爲其參軍楊承祖所殺，脩之還白帝。

南燕段宏奔魏，慕容鍾奔秦。南燕主超猜虐日甚，政出權倖，盤于遊畋，封孚、韓諄屢諫不聽。公孫五樓欲擅朝權，譖北地王鍾於超，請誅之。鍾懼，遂與段宏謀反，不克，乃出奔。超好變更舊制，又欲復肉刑，增置烹轘之法，衆議不合而止。

冬，十月，論建義功，封賞劉裕等有差。劉裕豫章郡公，劉毅南平郡公，何無忌安城郡公，自餘封賞有差。

西秦乞伏乾歸如秦。

丁未(四〇七)

三年。秦弘始九，魏天賜四年。燕王高雲正始元，夏主赫連勃勃龍升元年。是歲，燕慕容氏亡。舊大國二，南涼、北涼、南燕、西涼小國四，新小國二，凡八僭國。

春，正月，秦以乞伏乾歸爲主客尚書。秦王興以乾歸寖强難制，留爲主客尚書，以其世子熾磐行西夷校尉，監其部衆。

閏二月，劉裕殺東陽太守殷仲文及桓沖孫胤，夷其族。仲文素有才望，自謂宜當朝政，出爲東陽太守，悒悒不樂。何無忌素慕其名，仲文許便道修謁，無忌喜，欽遲之。而仲文失志恍惚，遂不過府。無忌以爲薄己，大怒。會南燕入寇，無忌言於劉裕曰：「桓胤、殷仲文乃腹心之疾，北虜不足憂也。」會裕府將駱球謀作亂，伏誅。裕因言球與仲文、桓胤有謀，皆族誅之。

夏，四月，燕后苻氏卒。燕主熙爲其后苻氏起承華殿，負土北門，與穀同價。典軍杜靜載棺詣闕極諫，熙斬之。苻氏嘗季夏思凍魚，熙下有司，切責不得，斬之。至是苻氏卒，熙哭之絶而復蘇，斬衰食粥，命百官哭，無淚者罪之。又以其嫂張氏爲殉。

燕主熙廢其太后段氏。

六月，赫連勃勃自稱大夏天王。勃勃魁岸，美風儀，性辯慧，秦王興見而奇之，與論大事，寵遇踰於勳舊。興弟邕曰：「勃勃不可近也。」興曰：「勃勃有濟世才，吾方與之平天下，奈何逆忌之！」乃以爲將軍，使助没弈干鎮高平，伺魏間隙。邕固爭曰：「勃勃貪猾不仁，輕爲去就，恐終爲邊患。」興乃止。久之，竟配以雜虜二萬餘落，使鎮朔方。會魏主珪歸所虜秦將于秦，興歸賀狄干以報之。勃勃怒，遂謀叛秦。柔然獻馬於秦，勃勃掠取之，襲殺没弈干而并其衆。自謂夏后氏之苗裔，稱大夏天王，置百官。賀狄干久在長安，常幽閉，因習讀經史，舉止如儒者。及還，魏主見其言語衣服皆類秦人，以爲慕而效之，怒，并其弟歸殺之。

秋，七月，朔，日食。

燕高雲弑其主熙，自立爲天王。燕主熙葬其后苻氏，被髪徒跣，步從二十餘里。初，將軍馮跋得罪於熙，亡命山澤，因民之怨，欲舉大事。潛入龍城，匿於孫護家。及熙出送葬，跋等與將軍張興等作亂，推熙養子夕陽公雲爲主，帥衆入宫授甲，閉門拒守。熙馳還，攻北門，不克。雲遂即天王位，大赦改元，執熙殺之，復姓高氏。以跋爲都督中外諸軍，録尚書事。

南燕遣使稱藩，獻太樂伎于秦。冬，秦遣其母妻還之。南燕主超母妻猶在秦，遣封愷使於秦以請之。秦王興曰：「昔苻氏太樂諸伎悉入于燕。燕今稱藩，送伎或送吴口千人，乃可得也。」超與羣臣議之，段暉曰：「陛下嗣守社稷，不宜以私親之故遂降尊號。且太樂先代遺音，不可與也。不如掠吴口與之。」張華曰：「侵掠鄰國，兵連禍結，非國家之福也。陛下慈親在人掌握，豈可靳惜虚名，不爲之屈乎！」乃使韓範聘于秦，稱藩奉表。秦使韋宗報聘。張華請北面受詔，封逞曰：「大燕七聖重光，奈何一旦爲豎子屈節。」超曰：「吾爲太后屈，願諸君勿復言！」遂北面受詔。使華獻太樂伎一百二十人於秦，秦王興乃還超母妻，厚其資禮而遣之。

夏王勃勃破薛干等部，降之。遂進攻秦及南凉，大破之。夏王勃勃破鮮卑薛干等三部，降其衆以萬數，進攻秦三城已北諸戍，斬秦將楊丕、姚石生等。諸將皆曰：「陛下欲經營關中，宜先固根本，使人心有所憑係。高平險固饒沃，可以定都。」勃勃曰：「吾大業草創，姚興亦一時之雄，未可圖也。今專固一城，彼必并力於我，亡可立待。不如以驍騎風馳，出其不意，救前則擊後，救後則擊前，使彼疲於奔命，我則游食自若。不及十年，嶺北、河東盡爲我有。待興既死，嗣子闇弱，徐取長安，在吾計中矣。」於是侵掠嶺北諸城。秦王興乃歎曰：「吾不用黄兒之言，以至於此！」勃勃求婚於南凉，傉檀不許。勃勃帥騎二萬擊破之，名臣勇將死者什六七。勃勃積尸而封之，號曰髑髏臺。

涼公暠復遣使來上表。

戊申（四〇八）

四年。秦弘始十，魏天賜五年。南涼嘉平元年。

春，正月，劉裕自爲揚州刺史，録尚書事。王謐既卒，劉毅等不欲劉裕入輔政，議以謝混爲揚州刺史。或欲令裕於丹徒領揚州，以内事付孟昶。遣皮沈以二議諮裕。沈先見劉穆之，具道朝議。穆之密白裕曰：「晉命已移，公勳高位重，豈得遂爲守藩之將耶！劉、孟與公俱起布衣，立大義以取富貴，一時相推，非委體心服，宿定臣主之分也。力敵勢均，終相吞噬。揚州根本所係，不可假人。前者以授王謐，事出權道。今若復以他授，便應受制於人。一失權柄，何由可得。今但答以『此事既大，非可懸論。便暫入朝，共盡同異。』公至京邑，彼必不敢越公更授餘人矣。」裕從之。朝廷乃徵裕爲侍中、揚州刺史、録尚書事。裕解兖州，以諸葛長民鎮丹徒，劉道憐戍石頭。

南燕祀南郊。南燕主超祀南郊，有獸如鼠而赤，大如馬，來至壇側。須臾，大風晝晦，羽儀帷幄皆毀裂。超懼，以問太史令成公綏，對曰：「陛下信用姦佞，誅戮賢良，賦斂繁多，事役殷重之所致也。」超乃黜公孫五樓等，俄復用之。

夏，五月，譙縱稱藩于秦。譙縱請桓謙於秦，欲與共擊劉裕。秦王興以問謙，謙因請行。興曰：「小水不容巨魚。若縱才力自足辦事，亦不假君爲羽翼矣。」遂遣之。謙至成都，虛懷引士。縱疑之，置於龍格，使人守之。

秦遣兵襲南涼，討夏，皆敗績。秦主興以傉檀内外多難，欲因而取之，使韋宗往覘之。傉檀與宗論當世大略，縱横無窮。宗退，嘆曰：「奇才英器，不必華夏。明智敏識，不必讀書。吾乃今知九州之外，五經之表，復自有人也。」歸言於興曰：「涼州雖弊，傉檀權譎過人，未可圖也。」興曰：「劉勃勃以烏合之衆猶能破之，況我舉天下之兵以加之乎！」宗曰：「不然。形移勢變，返覆萬端，陵人者易敗，戒懼者難攻。傉檀之所以敗於勃勃者，輕之也。今我以大軍臨之，彼必懼而求全。竊觀羣臣才略，無傉檀比者。雖以天威臨之，亦未敢保其必勝也。」興不聽。使其子廣平公弼、將軍斂成，帥步騎三萬襲傉檀；僕射齊難帥騎三萬討勃勃。弼長驅至姑臧，傉檀嬰城固守，出奇兵擊破之。命郡縣悉散牛羊於野，斂成縱兵鈔掠，又擊敗之。勃勃聞秦兵且至，退保河曲。齊難遂縱兵野掠，勃勃潛師襲破禽之，及其將士萬三千人。於是嶺北夷夏附於勃勃者以萬數，勃勃皆置守宰以撫之。

遣將軍劉敬宣督毛脩之討譙縱，不克引還。毛脩之擊斬楊承祖，請討譙縱。劉裕表劉敬宣帥衆五千伐之。敬宣入峽，轉戰而前，軍至黄虎，去成都五百里。秦遣兵救之，縱亦悉衆拒險，相持六十餘日，軍中飢疫，死者大半，乃引軍還。敬宣坐免官，裕降號中軍將軍。

冬，十一月，南涼復稱王。

南燕汝水竭。南燕汝水竭，河凍皆合，而澠水不冰。南燕主超惡之，問於李宣，對曰：「澠水無冰，良由逼帶京城，近日月也。」超大悦。

己酉（四〇九）

五年。秦弘始十一，魏太宗拓跋嗣永興元年。燕王馮跋太平元年。西秦更始元年。舊大國二，南涼、北涼、南燕、西涼、燕、夏小國六，新小國一，凡九僭國。

春，正月，秦封譙縱爲蜀王。

二月，南燕寇掠宿豫。南燕主超正旦朝會羣臣，嘆太樂不備，議掠晉人以補伎。韓諲曰：「先帝以舊京傾覆，戢翼三齊。陛下不養士息民，伺釁恢復，而更侵掠南鄰以廣讎敵，可乎？」超曰：「我計已定，不與卿言。」遂遣公孫五樓兄歸將兵寇宿豫，拔之，大掠而去，簡男女二千五百付太樂教之。時五樓專總朝政，宗親並居顯要，内外無不憚之。尚書都令史王儼諂事五樓，比歲屢遷，官至左丞。國人爲之語曰：「欲得侯，事五樓。」超又遣歸等侵淮南〔八〕，俘男女千餘人而去。詔劉道憐鎮淮陰以備之。

乞伏乾歸自秦逃歸。乞伏熾盤入見秦太原公懿於上邽，彭奚念乘虚伐之。熾磐聞之，怒，不告而歸，擊奚念破之，遂克枹罕。乾歸逃還苑川，留熾磐鎮枹罕，收其衆，得二萬人。

三月，恒山崩。

夏，四月，雷震魏天安殿。雷震魏天安殿東序，魏主惡之，命以衝車攻東、西序，皆毁之。初，魏主服寒食散，藥發，躁怒無常，至是寖劇。又災異數見，占者言有急變生肘腋。魏主憂懣廢寢食，追記平生成敗得失，獨語不止。每百官奏事至前，記其舊惡，輒殺之。其餘或顔色變動，或鼻息不調，或步趨失節，或言辭差謬，皆以爲懷惡在心，發形於外，往往手擊殺之，死者皆陳天安殿前。羣臣多不敢求親近，唯著作郎崔浩恭勤不懈。其父吏部尚書宏未嘗諂諛，亦不忤旨，故父子獨不被譴。

夏，四月，劉裕伐南燕。六月，及燕師戰於臨朐，大破之，遂圍廣固。劉裕抗表伐南燕，朝議皆以爲不可，惟孟昶、謝裕、臧熹勸行。裕以昶監留府事。初，苻氏之敗，王猛孫鎮惡來奔。騎射不能及人，而有謀略，善果斷，喜論軍國大事。至是或薦於裕，與語，悦之，因留宿。明旦，謂參佐曰：「吾聞將門有將，信然。」即以爲中軍參軍。四月，裕帥舟師自淮入泗。五月，至下邳，留輜重。步進至琅邪，所過皆築城，留兵守之。或謂裕曰：「燕人若塞大峴之險，或堅壁清野，大軍深入，不唯無功，將不能自歸，奈何？」裕曰：「吾慮之熟矣。鮮卑貪婪，不知遠計，進利虜獲，退惜禾苗，謂我孤軍遠入，不能持久。不過進據臨朐，退守廣固，必不能守險清野，敢爲諸君保之。」南燕主超召羣臣會議。公孫五樓曰：「吴兵輕果，利在速戰。宜據大峴，使不得入，曠日延時，沮其鋭氣。然後徐簡精騎，循海而南，絶其糧道。敕段暉帥兖州之衆，緣山東下，腹背擊之，此上策也。各命守宰依險自固，校其資儲，餘悉焚芟，使敵無所得，旬月之間，可以坐制，此中策也。縱賊入峴，出城逆戰，此下策也。」超曰：「今歲星居齊，以天道推之，不戰自克。客主勢殊，以人事言之，彼遠來疲弊，勢不能久。奈何芟苗徙民，先自蹙弱乎！不如縱使入峴，以精騎蹂之，何憂不克。」桂林王鎮曰：「陛下必以騎兵利平地者，宜出峴逆戰，戰而不勝，猶可退守。不宜縱敵入峴，自棄險固也。」超不從。鎮出歎曰：「既不能逆戰，又不肯清野，延敵入腹，坐待攻圍，酷似劉璋矣。」超聞之，怒，收鎮下獄。裕過大峴，燕兵不出。裕舉手指天，喜形于色。左右曰：「公未見敵而先喜，何也？」裕曰：「兵已過險，士有必死之志。餘糧棲畝，人無匱乏之憂。虜已入吾掌中矣。」六月，裕至東莞，超先遣五樓及段暉等將步騎五萬屯臨朐，聞晉兵入峴，自將步騎四萬往就之。裕以車四千乘爲左右翼，方軌徐進，與燕兵戰於臨朐南，日向昃，勝負未決。參軍胡藩言於裕曰：「燕悉兵出戰，臨朐城中留守必寡。願以奇兵從間道取其城，此韓信所以破趙也。」裕遣藩等潛師出燕兵後，攻臨朐，聲言輕兵自海道至，遂克之。超大驚，單騎就暉於城南。裕因縱兵奮擊，大敗之，斬暉等大將十餘人，乘勝逐北至廣固，克其大城。超入保小城，裕築長圍守之，撫納降附，采拔賢俊，因齊地糧儲，停江、淮漕運。超遣張綱乞師於秦，赦桂林王鎮以爲都督，且問計焉。鎮曰：「百姓之心，係於一人。今陛下親董六師，奔敗而還，士民喪氣。聞秦自有內患，恐不暇救人。今散卒尚有數萬，宜悉出金帛以餌之，更決一戰。若天命助我，必能破敵；如其不然，死亦爲美。」樂浪王惠曰：「晉軍氣勢百倍，我以敗卒當之，不亦難乎！秦與我如唇齒也，安得不來相救！」超從惠計，復遣韓範如秦。裕圍城益急，超請割地稱藩，不許。秦王興遣使謂裕曰：「今遣鐵騎十萬屯洛陽，晉軍不還，當長驅而進矣。」裕謂其使者曰：「語汝姚興，我克燕之後，息兵三年，當取關洛。今能自送，便可速來。」劉穆之聞裕言，尤之曰：「此語不足威敵，適足以怒之。」若廣固未拔，羌寇奄至，不審何以待之？」裕笑曰：「此正是兵機，非卿所解。夫兵貴神速，彼若審能赴救，必畏我知，寧容先遣信命，逆設此言！是自張大之辭耳。晉師不出，爲日久矣。羌見伐齊，始將內懼，自保不暇，何能救人邪！」

秋，七月，西秦復稱王。

九月，秦王興伐夏。夏王勃勃襲而敗之。秦王興自將擊夏，至貳城，遣將軍姚詳等分督租運。夏王勃勃乘虛奄至，秦兵大敗。初，興遣將軍姚强帥步騎隨韓範往救南燕，至是追强兵還。範嘆曰：「天滅燕矣。」遂降於裕。張綱亦爲晉軍所獲。裕將範循城，升綱樓車，使周城呼曰：「秦爲劉勃勃所敗，無兵相救。」城中莫不失色。綱復爲裕造攻具，盡諸奇巧。南燕王超怒，懸其母於城上，支解之。

冬，十月，西秦以焦遺爲太子太師。西秦王乾歸以焦遺爲太子太師，與參軍國大謀。謂熾磐曰：「焦生非特名儒，乃王佐才也。汝事之當如事吾。」熾磐拜遺於牀下。遺子華至孝，乾歸欲以女妻之，辭曰：「娶妻者，欲與之共事二親也。今以王姬下嫁蓬茅之士，臣懼其闕於中饋也。」乾歸曰：「卿之所行，古人之事，孤女不足以强卿。」乃以爲尚書郎。

燕弑其君雲，馮跋自立爲天王。北燕王雲自以無功德而居位，内懷危懼，常畜養壯士以爲腹心爪牙。寵臣離班、桃仁專典禁衛，賞賜巨萬，衣食起居皆與之同。而班、仁志願無厭，猶有怨憾。至是殺雲。馮跋升門觀變，帳下共斬班、仁。跋遂即天王位，以其弟范陽公素弗録尚書事。素弗少豪俠放蕩，嘗請婚於尚書左丞韓業，業拒之，及爲宰輔，待業尤厚。好申拔舊門，謙恭儉約，以身帥下，百僚憚之，論者美其有宰相之度。

魏清河王紹弑其君珪，齊王嗣討紹殺之而自立。魏主珪將立齊王嗣爲太子。魏故事，凡立嗣子輒先殺其母，乃賜嗣母劉貴人死。召嗣諭之，嗣性孝，哀泣不自勝。珪怒。嗣還舍，日夜號泣，珪復召之。左右曰：「上怒甚，入將不測，不如且避之。」嗣乃逃匿於外，唯帳下車路頭、王洛兒隨之。初，珪見賀太后之妹美，請納之。太后曰：「不可。是過美，必有不善。且已有夫，不可奪也。」珪密令人殺其夫而納之，生清河王紹。紹兇狠無賴，好輕遊里巷，劫剥行人以爲樂。珪嘗倒懸井中，垂死，乃出之。

至是譴責賀夫人，將殺之，未決。夫人密使告紹曰：「何以救我？」紹年十六，夜與宦者宫人通謀，踰垣入宫弑珪。大出布帛賜王公已下，崔浩獨不受。嗣聞變，遣洛兒夜入平城，告將軍安同等。衆翕然響應，争出奉迎。衛士執紹送嗣，嗣并賀氏及爲内應者皆臠食之。乃即位，謚珪曰宣武，廟號烈祖，公卿先罷歸第者悉召用之。詔長孫嵩與安同、奚斤、崔宏等八人坐止車門右，共聽時政，時人謂之「八公」。又以尚書燕鳳逮事什翼犍，使與都坐大官封懿等入侍講論，出議政事。以洛兒、路頭爲散騎常侍。嘗問舊臣爲先帝所親信者爲誰？洛兒言李先。因召問先：「卿以何才何功爲先帝所知？」對曰：「臣不材無功，但以忠直爲先帝所知耳。」乃令常宿於内，以備顧問。

十二月，太白犯虚、危。南燕靈臺令張光勸南燕主超出降，超手殺之。

六年。秦弘始十二，魏永興二年。是歲南燕亡。大二，小六，凡八僭國。

庚戌（四一〇）

春，正月，魏伐柔然。

二月，魏寇盗羣起，魏主嗣赦其罪，遣兵討餘寇，平之。魏主嗣以郡縣豪右多爲民患，優詔徵之。民戀土不樂内徙，長吏逼遣之，於是寇盗羣起。嗣引八公議之，曰：「朕欲爲民除蠹，而守宰不能綏撫，使之紛亂。今犯者既衆，不可盡誅，吾欲大赦以安之，何如？」元城侯屈曰：「民逃亡爲盗，不罪而赦之，是爲上者反求於下也。不如誅其首惡，赦其餘黨。」崔浩曰：「聖王御民，務在安之而已，不與較勝負也。夫赦雖非正，可以行權。屈欲先誅後赦，要爲兩不能去，曷若一赦而遂定乎！赦而不從，誅未晚也。」嗣從之。既而遣于栗磾討不從命者，所向皆平。

劉裕拔廣固，執南燕主超，送建康，斬之。南燕城久閉，男女病脚弱者大半，出降者相繼。尚書悦壽曰：「今戰士彫瘁，絶望外援，豈可不思變通之計！」超嘆曰：「廢興，命也。吾寧奮劍而死，不能銜璧而生。」劉裕悉衆攻城。或曰：「今日往亡，不利行師。」裕曰：「我往彼亡，何爲不利！」四面急攻之。壽開門納晉師，超突圍出走，追獲之。裕數以不降之罪，超神色自若，一無所言，惟以母託劉敬宣而已。裕忿廣固久不下，欲盡阬之，以妻女賞將士。韓範諫曰：「晉室南遷，中原鼎沸，士民無援，强則附之，既爲君臣，必須爲之盡力。彼皆衣冠舊族，先帝遺民。今王師弔伐而盡阬之，竊恐西北之人無復來蘇之望矣！」裕改容謝之，然猶斬王公以下三千人，没入家口萬餘，夷其城隍，送超詣建康，斬之。

司馬公曰：晉自濟江以來，威靈不競，戎狄横騖，虎噬中原。劉裕始以王師翦平東夏，不於此際旌禮賢俊，慰撫疲民，使羣士嚮風，遺黎企踵，而更恣行屠戮以快忿心。迹其施設，曾苻、姚之不如，宜其不能蕩壹四海，成美大之業也，豈非有智勇而無仁義使之然哉！

盧循寇長沙、南康、廬陵、豫章，陷之。劉裕引軍還。初，徐道覆聞劉裕北伐，勸盧循襲建康，不從。自至番禺説之曰：「本住嶺外，豈將以此傳之子孫邪？正以劉裕難與爲敵也。今裕頓兵堅城之下，未有還期。我以此思歸死士掩擊何、劉之徒，如反掌耳。不乘此機而苟求一日之安，裕平齊後，以璽書徵君，自將屯豫章，遣諸將帥鋭師過嶺，恐將軍不能當也。若先克建康，傾其根蒂，裕雖南還，無能爲矣。」循乃從之。初，道覆使人伐船材於南康山，至始興賤賣之，居人爭市之。至是悉取以裝艦，旬日而辦。循自始興寇長沙，道覆寇南康、廬陵、豫章，皆陷之。道覆順流而下，舟械甚盛。朝廷急徵裕。裕方議留鎮下邳，經營司、雍，會得詔，乃以韓範爲都督八郡軍事，封融爲勃海太守，引兵還。久之，劉穆之稱範、融謀反，皆殺之。

三月，江、荆都督何無忌討徐道覆，戰敗死之。無忌自尋陽引兵拒盧循。長史潛之諫曰：「循兵艦盛，勢居上流，宜決南塘，守二城以待之，彼必不敢捨我遠下。蓄力養鋭，俟其疲老，然後擊之，此萬全之策也。今決成敗於一戰，萬一失利，悔將無及。」參軍殷闡曰：「循所將皆三吴舊賊，百戰餘勇，始興溪子，拳捷善鬭。宜留屯豫章，徵兵屬城，兵至合戰，未爲晚也。」無忌不聽，與徐道覆遇於豫章。賊令强弩數百登山邀射，乘風暴急，以大艦逼之，衆遂奔潰。無忌厲聲曰：「取我蘇武節來！」節至，執以督戰。賊衆雲集，遂握節而死。中外震駭，謚曰忠肅。

南凉擊北凉，敗績，遂遷于樂都。傉檀自將五萬騎伐蒙遜，戰于窮泉，傉檀大敗。蒙遜乘勝進圍姑臧，夷夏萬餘户降于蒙遜。傉檀懼，納質請和。蒙遜徙其衆八千餘户而去。傉檀畏逼，遷于樂都，姑臧人推焦朗爲主，降于蒙遜。

夏，四月，劉裕至建康。劉裕至下邳，以船載輜重，自帥精鋭步歸。聞何無忌敗死，卷甲兼行。將濟江，風急，衆咸難之。裕曰：「若天命助國，風當自息。不然，覆溺何害！」即命登舟，舟移而風止。四月，至建康。青州刺史諸葛長民、兖州刺史劉藩、并州刺史劉道憐各將兵入衛。藩，毅之從弟也。

五月，豫州都督劉毅及盧循戰于桑落洲，敗績。循進逼建康。毅將自拒盧循，裕與書曰：

「賊新獲利，其鋒不可輕。今修船垂畢，當與弟同舉。」又遣劉藩諭止之。毅怒謂藩曰：「往以一時之功相推耳，汝謂我真不及劉裕邪！」投書於地，帥舟師二萬發姑孰。五月，與循戰于桑落洲，毅兵大敗，棄船步走，其衆皆爲循所虜。循聞裕已還，與其黨相視失色。欲退還尋陽，取江陵，據二州以抗朝廷。徐道覆謂宜乘勝徑進，固爭累日，循乃從之。裕募人爲兵，賞之同京口赴義之科。發民治石頭城。議者謂宜分兵守津要，裕曰：「賊衆我寡，若分兵屯守，則測人虛實。且一處失利，則沮三軍之心。今聚衆石頭，隨宜應赴，既令彼無以測，又於衆力不分。若徒旅轉集，徐更論耳。」朝廷聞劉毅敗，人情恟懼。時北師始還，將士多創病，建康戰士不盈數千。循既克二鎮，戰士十餘萬，舟車百里，樓船高十二丈。孟昶、諸葛長民欲奉乘輿過江，裕不聽。參軍王仲德言於裕曰：「明公新建大功，威震六合。妖賊既聞凱還，自當奔潰。若先自遁逃，則勢同匹夫。匹夫號令，何以威物！」裕甚悅。昶固請不已，裕曰：「今重鎮外傾，强寇内逼，人情危駭，莫有固志。若一旦遷動，便自土崩瓦解，江北亦豈可得至！設令得至，不過延日月耳。今兵士雖少，自足一戰。若其克濟，則臣主同休。苟厄運必至，我當横尸廟門，遂其由來以身許國之志，不能草間求活也。」昶恚甚，請死。裕怒曰：「卿且一戰，死復何晚！」昶乃抗表曰：「臣贊北伐之計，使狂賊乘間至此，謹引咎以謝天下。」乃仰藥而死。循至淮口，中外戒嚴。琅邪王德文都督宫城，裕屯石頭，謂將佐曰：「賊於新亭直進，其鋒不可當，宜且避之。若迴泊西岸，此成禽耳。」道覆請於新亭至白石焚舟而上，數道進攻。循曰：「大軍未至，孟昶望風自裁。以大勢言之，當計日潰亂。今決勝負於一朝，既非必克之道，且多殺傷士卒，不如案兵待之。」道覆嘆曰：「我終爲盧公所誤，事必無成。

使我得爲英雄驅馳，天下不足定也。」裕登城見循軍引向新亭，顧左右失色。既而迴泊蔡洲，乃悦。遂栅石頭淮口，修治越城，築查浦、藥園、廷尉三壘，皆以兵守之。明日，循伏兵南岸，使老弱乘舟向白石，聲言悉衆自白石步上。裕留沈林子、徐赤特戍南岸，斷查浦，戒令堅守勿動。裕北出拒之。林子曰：「妖賊此言未必有實，宜深爲之防。」裕曰：「石頭城險，淮栅甚固，留卿在後，足以守之矣。」又明日，循焚查浦，赤特將擊之，林子曰：「衆寡不敵，不如守險以待大軍。」赤特不從，出戰，大敗。林子據栅力戰，賊乃退。復引兵大上，至丹陽郡。裕帥諸軍馳還石頭，斬赤特，出陳於南塘。

柔然圍魏師於牛川，魏主嗣救之。可汗社崘走死，弟斛律立。

六月，劉裕自爲太尉、中書監，加黄鉞。復辭官而受黄鉞。

宗室司馬國璠自弋陽奔秦。桓玄之亂，河間王曇之子國璠、叔璠奔南燕，還，寇陷弋陽。至是奔秦。秦王興曰：「劉裕方誅桓玄，輔晉室，卿何爲來？」對曰：「裕削弱王室，臣宗族有自修立者，裕輒除之。方爲國患，甚於桓玄耳。」

秋，七月，盧循退還尋陽，劉裕遣兵追之。盧循寇掠諸縣無所得，謂徐道覆曰：「師老矣，不如還尋陽，并力取荆州，據天下三分之二，徐更與建康争衡耳。」遂還。劉裕使將軍王仲德等帥衆追之。

劉裕遣將軍孫處等率兵襲番禺。劉裕還東府，大治水軍，遣將軍孫處、沈田子自海道襲番禺。衆以爲海道艱遠，必至爲難，且分撤見力，非目前之急。裕不從，敕處曰：「大軍十二月之交必破妖虜，卿至時先傾其巢窟，使彼走無所歸也。」

譙縱使桓謙會秦將苟林入寇荆州，刺史劉道規大破斬之。譙縱遣使請兵於秦。以桓謙爲荆州刺史，使帥衆二萬寇荆州，秦主興遣將軍苟林帥騎兵會之。謙於道召募義舊，投之者二萬人。謙屯枝江，林屯江津，江陵士民多懷貳心。道規乃會將士告之曰：「聞諸長者頗有去就之計，吾東來文武足以濟事。若欲去者，不相禁也。」因夜開城門，達曉不閉。衆咸憚服，莫有去者。魯宗之帥衆數千自襄陽赴救。或謂宗之情未可測，道規單馬迎之，宗之感悦。道規使之居守，委以腹心。自帥諸軍攻謙，水陸齊進，戰於枝江。天門太守檀道濟先進陷陳，大破之，謙、林皆走，並追斬之。初，謙至枝江，江陵士民皆與書，言城中虚實，許爲内應。至是檢得之，道規悉焚不視，衆乃大安。桓石綏亦起兵於洛口，梁州刺史傅韶討斬之，桓氏遂滅。

西秦攻秦略陽、隴西諸郡，克之。

冬，十月，劉裕南擊盧循。劉毅還至建康，降爲後將軍，固求追討盧循。長史王誕密言於劉裕曰：「毅既喪敗，不宜復使立功。」裕乃帥劉藩、檀韶等南擊循，以毅監留府。

徐道覆寇江陵，劉道規大破之。徐道覆帥衆三萬趣江陵，奄至破冢。江、漢士民感劉道規焚書之恩，無復貳志。道規使劉遵别爲遊軍，自拒道覆於豫章口。前驅失利，遵自外横擊，大破之，斬首萬餘級，餘悉赴水死，道覆單舸走還湓口。初，道規使遵爲遊軍，衆咸以爲强敵在前，唯患衆少，不應分割見力，置無用之地。至是乃服。

十一月，孫處攻番禺，拔之。盧循兵守廣州者不以海道爲虞。孫處乘海奄至，會大霧，四面攻之，即日拔其城。處撫其舊民，戮循親黨，勒兵謹守，分遣沈田子等擊嶺表諸郡。

十二月，劉裕及盧循戰於大雷，又戰於左里，大破之〔九〕。循及道覆南走，裕遣將軍劉藩等追之。劉裕軍雷池，盧循揚聲不攻雷池，當乘流徑下。裕知其欲戰，進軍大雷。循及徐道覆帥衆數萬塞江而下，裕悉出輕艦，帥衆軍擊之。又分步騎屯於西岸，先備火具。裕以勁弩射循軍，因風水之勢以蹙之。循艦悉泊西岸，岸上軍投火焚之，循兵大敗，將趣豫章，乃悉力柵斷左里。裕至攻之，麾兵將戰，麾折幡沈，衆皆懼。裕笑曰：「往年覆舟之戰如是，今乃復然，必破賊矣。」即破柵而進，殺溺死者萬餘人。循收散卒，徑還番禺，道覆走保始興。裕遣劉藩、孟懷玉等追之，遂還建康。劉毅惡劉穆之，每言其權太重，裕益親任之。

校勘記

〔一〕魏行臺尚書和跋帥輕騎自鄴赴之　「魏」字原脱，據月崖本、成化本、殿本、通鑑卷一一一晉紀三十三晉安帝隆安三年三月補。

〔二〕桓玄都督荆江八州軍事　月崖本、成化本、殿本作「詔桓玄都督荆江八州軍事荆江州刺史」。

〔三〕遣將軍桓不才　「不」原作「石」，據晉書卷八一桓宣傳、通鑑卷一一一晉紀三十三晉安帝隆安四年五月改。

〔四〕遂奔秦　「奔」，成化本、殿本作「降」。

〔五〕夏　「夏」字原脱，據月崖本、成化本、殿本補。

〔六〕我以勁兵攻之　「之」字原脱，據殿本、通鑑卷一一三晉紀三十五晉安帝元興三年四月補。

〔七〕寧州督護馮遷擊玄　「寧」，晉書卷九九桓玄傳、通鑑卷一一三晉紀三十五晉安帝元興三年四月作「益」。

〔八〕超又遣歸等侵淮南　「淮」，通鑑卷一一五晉紀三十七晉安帝義熙五年二月作「濟」。

〔九〕大破之　「大破之」三字原脱，據月崖本、成化本、殿本補。

資治通鑑綱目卷二十四

起辛亥晉安帝義熙七年，盡丁卯宋文帝元嘉四年，魏太武帝始光四年，凡一十七年。

辛亥(四一一)

七年。秦弘始十三，魏永興三年。

春，正月，秦王興以其子弼爲尚書令。秦廣平公弼有寵於秦王興，爲雍州刺史，鎮安定。姜紀諂而附之，勸弼結興左右以求入朝。興召以爲尚書令，弼遂傾身結納朝士，收采名勢，以傾東宫，國人惡之。

西秦復降于秦。秦使太尉索稜鎮隴西，招撫西秦。乞伏乾歸遣使謝罪請降，秦拜乾歸河南王，太子熾磐平昌公。

秦王興命羣臣舉賢才。秦王興命羣臣搜舉賢才，右僕射梁喜曰：「臣累受詔而未得其人，世可謂乏才矣。」興曰：「自古帝王之興，未嘗取相於昔人，待將於將來，隨時任才，皆能致治。卿自識拔不明，安得遠誣四海乎！」羣臣咸悦。

夏攻秦杏城，斬其守將姚詳。遂攻安定、東鄉，皆克之。秦姚詳屯杏城，爲夏王勃勃所逼，南奔大蘇，勃勃追斬之。遂攻安定，破楊佛嵩，降其衆數萬。進攻東鄉，下之。秦鎮北參軍王買德奔夏，勃勃問以滅秦之策，買德曰：「秦德雖衰，藩鎮猶固，願且蓄力以待之。」勃勃以爲軍師中郎將。

劉藩等克始興，斬徐道覆。

北涼拔姑臧，遂攻南涼，不克。北涼王蒙遜拔姑臧，執焦朗，以弟挐鎮之。遂攻南涼，圍樂都，不克，取質而還。

南涼攻北涼，大敗而還。南涼王傉檀欲伐北涼，護軍孟愷諫曰：「蒙遜新并姑臧，凶勢方盛，不可攻也。」不聽。發兵五道俱進，至番禾、苕藋，掠五千餘户而還。將軍屈右曰：「今既獲利，宜倍道旋師，早渡險阨。蒙遜若輕軍猝至，大敵外迫，徙户内叛，此危道也。」又不聽。俄而昏霧風雨，蒙遜兵大至，傉檀敗走。蒙遜進圍樂都，復取其子染干爲質而還。

三月，劉裕始受太尉、中書監之命。裕以劉穆之爲司馬。穆之舉孟昶故吏謝晦，裕以爲參軍。晦博贍多通，裕深加賞愛。

夏，四月，盧循寇番禺，不克，走交州，刺史杜慧度擊斬之。盧循行收兵至番禺，遂圍之，孫處拒守二十餘日。沈田子言於劉藩曰：「番禺本賊巢穴，恐有内變。且孫季高兵力寡弱，不能持久。」乃引兵擊之，循兵屢敗，遂奔交州，至龍編津。刺史杜慧度悉散家財以賞軍士，與循合戰。擲雉尾炬焚其艦，以步兵夾岸射之。循艦然，衆潰，自投于水。慧度取尸斬首，函送建康。

詔劉毅兼督江州軍事。初，劉毅在京口，貧困，與知識射於東堂。司徒長史庾悦後至，奪其處，衆皆避之，毅獨不去。悦廚饌甚盛，不以及毅。毅從悦求子鵝炙，悦又不與。至是，悦爲江州刺史，毅因求兼督江州，詔許之。毅即奏：「江州内地，以治民爲職，不當置軍府耗民力，宜罷軍府移鎮豫章。惟尋陽接蠻，可即州府千兵以助郡戍。」於是解悦都督，徙鎮豫章，而以親將趙恢守尋陽。悦府文武三千悉入毅府，符攝嚴峻。悦忿懼而卒。

秋，七月，柔然獻馬求昏於燕。柔然可汗斛律遣使獻馬求昏於燕，燕王跋命羣臣議之。素弗曰：「前世皆以宗女妻六夷，公主不宜下降非類。」跋曰：「朕方崇信殊俗，奈何欺之！」乃以其女妻斛律。跋勤於政事，勸課農桑，省傜役，薄賦斂，每遣守宰，必親引見，問爲政之要，以觀其能。燕人悦之。

西秦攻南凉，敗其兵。

北凉襲西凉，不克。北凉王蒙遜帥輕騎襲西凉。西凉公暠曰：「兵有不戰而敗敵者，挫其鋭也。蒙遜新與吾盟，而遽來襲我，我閉門不戰，待其鋭氣竭而擊之，蔑不克矣。」頃之，蒙遜糧盡而歸，暠遣兵邀擊，大敗之。

西秦攻秦柏陽堡、水洛城，皆克之。

壬子（四一二）

八年。秦弘始十四，魏永興四年。西秦王熾磐永康元，北凉玄始元年。

夏，四月，以劉毅都督荆、寧、秦、雍軍事。荆州刺史劉道規以疾求歸，詔以劉毅代之。道規在州累年，秋毫無犯。及歸，府庫帷幕，儼然若舊。隨身甲士二人遷席於舟中，道規刑之於市。毅剛愎，自謂功與裕埒。雖權事推裕而心不服。及居方岳，常怏怏不得志。裕每柔而順之，毅驕縱滋甚。及敗於桑落，知物情去己，彌復憤激。裕素不學，而毅頗涉文雅，故朝士有清望者多歸之，與僕射謝混、丹陽尹郗僧施深相憑結。既據上流，陰有圖裕之志。求兼督交、廣，以僧施爲南蠻校尉，毛脩之爲南郡太守，裕皆許之。復表求至京口辭墓，裕往會之。將軍胡藩言於裕曰：「公謂劉衛軍終能爲公下乎？」裕默然，久之，曰：「卿謂何如？」藩曰：「連百萬之衆，攻必取，戰必克，毅固以此服公。至於涉獵傳記，一談一詠，自許以爲雄豪，是以搢紳白面之士輻湊歸之。恐終不爲公下，不如因會取之。」裕曰：「吾與毅俱有克復之功，其過未彰，不可自相圖也。」道規尋卒。

六月，西秦乞伏公府弒其君乾歸。秋，世子熾磐討殺之而自立。乞伏公府弒西秦王乾歸及其子十餘人，走保大夏。熾磐遣其弟智達討之。秦人多勸秦王興乘亂取熾磐，興曰：「伐人喪，非禮也。」夏王勃勃欲攻之，王買德曰：「熾磐，吾之與國，今遭喪亂，吾不能恤，而又伐之，匹夫且猶耻爲，況萬乘乎！」勃勃乃止。七月，智達擊破公府，獲而轘之於譚郊。八月，熾磐自立爲河南王，遷都枹罕。

皇后王氏崩。

葬僖皇后。

冬，太尉裕帥師襲荆州，殺都督劉毅。毅至江陵，多變易守宰，輒割豫、江文武兵力萬餘人以自隨。會疾篤，郗僧施勸毅請從弟兗州刺史藩以自副，劉裕僞許之。藩自廣陵入朝，裕以詔書罪狀毅與藩及謝混共謀不軌，賜藩、混死。遂帥諸軍發建康，王鎮惡請給百舸爲前驅。晝夜兼行，揚聲言劉兗州上。十月，至豫章口，去江陵城二十里。捨船步上，舸留一二人，對舸岸上立六七旗，旗下置鼓，語所留人：「計我將至城，便鼓嚴，令若後有大軍狀。」又分遣人燒江津船艦。鎮惡徑前襲城，未至五六里，毅乃覺之，行令閉諸城門。未及下關，鎮惡已馳入，與城内兵鬬，穴其金城而入。城中兵散，毅帥左右突出，夜投佛寺，寺僧拒之。乃縊而死。初，謝混與毅款昵，混從兄澹常以爲憂，漸與之疏，且謂弟璞曰：「益壽此性，終當破家。」至是果驗。毅季父鎮之閑居京口，不應辟召，常謂毅及藩曰：「汝輩才器，足以得志，但恐不久耳。我不就爾求財位，亦不同爾受罪累。」每見毅、藩導從到門，輒詬之。毅甚敬畏，未至宅數百步，悉屏儀衛。至是裕奏徵爲散騎常侍，固辭不至。十一月，裕至江陵，殺郗僧施。毛脩之素自結於裕，故特宥之。裕問毅故吏申永曰：「今日何施而可？」對曰：「除宿釁，倍惠澤，叙門次，擢才能，如此而已。」裕用其言，荆人悦之。

秦楊佛嵩攻夏，夏王勃勃與戰，殺之。

北涼遷于姑臧。蒙遜始稱河西王，置官僚。

十二月，遣益州刺史朱齡石帥師伐蜀。劉裕謀伐蜀，以齡石有武幹，練吏職，欲以爲元帥。衆皆以齡石資名尚輕，難當重任，裕不從。以齡石爲益州刺史，率將軍臧熹、蒯恩、劉鍾等伐蜀。熹，裕之妻弟，位居齡石之右，亦使隸焉。裕與齡石密謀曰：「往年劉敬宣出黄虎，無功而還。賊謂我今應從外水往，而料我當出其不意猶從内水來也。如此，必以重兵守涪城以備内道。若向黄虎，正墮其計。今以大衆自外水取成都，疑兵出内水，此制敵之奇也。」而慮此聲先馳，賊審虚實。別有函書封付齡石，署函邊曰：「至白帝乃開。」諸軍雖進，而未知處分所由。

太尉裕自加太傅、揚州牧，復辭不受。

癸丑(四一三)

九年。秦弘始十五，魏永興五年。夏鳳翔元年。

春，太尉裕還建康，殺豫州刺史諸葛長民。初，裕之西征也，留長民監留府事，而疑其難獨任，乃加劉穆之建武將軍，置吏給兵以防之。既而長民驕縱貪侈，爲百姓患，懼裕歸按之。聞劉毅被誅，謂所親曰：「『往年醢彭越，今年殺韓信。』禍其至矣。」問穆之曰：「人言太尉與我不平，何以至此？」穆之曰：「公泝流遠征，以老母稚子委節下。若一豪不盡，豈容如此！」長民意乃小安。弟黎民說長民因裕未還圖之，長民猶豫未發，既而歎曰：「貧賤常思富貴，富貴必履危機。今日欲爲丹徒布衣，豈可得耶！」因遺冀州刺史劉敬宣書曰：「盤龍專恣，自取夷滅。異端將盡，世路方夷，富貴之事，相與共之。」敬宣報曰：「下官常懼福過災生，方思避盈居損。富貴之旨，非所敢當。」且使以書呈裕，裕曰：「阿壽故爲不負我也。」穆之憂長民爲變，問參軍何承天，承天曰：「公昔年自左里還入石頭，甚脱爾。今還，宜加重慎。」穆之曰：「非君，不聞此言。」至是裕自江陵東還，前刻至日，而每淹留不進。長民與公卿頻日奉候於新亭。二月晦，裕乃輕舟徑進，潛入東府。三月朔，長民聞之，驚趨至門。裕伏壯士丁旿等於幔中，引長民却人閑語，平生所不盡者皆及之。長民甚悅。旿自幔後出，拉殺之。輿尸付廷尉，并殺其三弟。

修土斷法〔一〕，併省流寓郡縣。太尉裕上表曰：「大司馬温以『民無定本，傷治爲深』，庚戌土斷以一其業。于時財阜國豐，實由於此。今漸頽弛，請申前制。」於是依界土斷，諸流寓郡縣多所併省。

秦索稜以隴西降西秦。

夏，築統萬城。夏王勃勃以叱干阿利領將作大匠，發夷夏十萬人，築都城於朔方黑水之南，曰：「朕方統一天下，君臨萬邦，新城宜名統萬。」阿利性巧而殘忍，蒸土築城，錐入一寸，即殺作者而并築之。勃勃以爲忠，委任之。凡造兵器成，呈之，工人必有死者：射甲不入則斬弓人，入則斬甲匠。由是器物皆精利。勃勃自謂其祖從母姓劉，非禮。乃改姓赫連氏，言其徽赫與天連也。其非正統者爲鐵伐氏，言剛鋭如鐵，堪伐人也。

秋，七月，朱齡石入成都，譙縱走死。詔齡石監六州軍事。齡石等至白帝發函書，曰：「衆軍悉從外水取成都，臧熹從中水取廣漢，老弱乘高艦，從内水向黄虎。」於是諸軍倍道兼行。譙縱果使譙道福以重兵守涪城，備内水。齡石至平模，去成都二百里。縱遣侯暉夾岸築城以拒之。齡石謂劉鍾曰：「今賊嚴兵固險，攻之未必可拔。且欲養鋭以伺其隙，何如？」鍾曰：「不然。前聲言大衆向内水，道福不敢捨涪城。今重軍猝至，侯暉之徒已破膽矣。所以阻兵守險，是其懼不敢戰也。因而攻之，其勢必克。若緩兵相守，彼將知人虚實。涪軍忽來，并力拒我，求戰不獲，軍食無資，二萬餘人悉爲蜀子虜矣。」齡石從之。七月，攻其北城，克之，斬侯暉，南城亦潰。於是捨船步進，賊營望風相次奔潰。譙縱棄城出走，尚書令馬耽封府庫以待晉師。齡石遂入成都，誅縱宗親，餘皆按堵，使復其業。縱出辭墓，其女曰：「走必不免，祇取辱焉。死於先人之墓，可也。」不從。去投道福，不納，乃縊而死。齡石徙馬耽於越嶲，耽曰：「朱侯不送我京師，欲滅口也，我必不免。」乃盥洗而卧，引繩而死。詔以齡石進監梁、秦州六郡知諸軍事。

冬，魏遣使請昏于秦。

以索邈爲梁州刺史。初，邈寓居漢川，與别駕姜顯有隙，凡十五年而邈鎮漢川，顯乃肉袒迎候，邈無愠色，待之彌厚。退而謂人曰：「我昔寓此，失志多年，若讎姜顯，懼者不少。但服之自佳，何必逞志。」於是闔境皆悦。

甲寅(四一四)

十年。秦弘始十六，魏神瑞元年。是歲，南凉亡。大二小五，凡七僭國。

春，三月，太尉裕廢譙王文思爲庶人。荆、雍都督司馬休之頗得江漢民心。子譙王文思在建康，性凶暴，好通輕俠，劉裕惡之。有司奏文思擅殺國吏，詔誅其黨而宥文思。休之上疏謝罪，請解所任。裕不許，而執文思送之，令自訓厲，欲使殺之。休之但表廢文思，以書陳謝。裕不説，使江州刺史孟懷玉兼督豫州六郡以備之。

夏，五月，秦尚書令姚弼有罪免。秦廣平公弼有寵於秦王興，言無不從。興左右掌機要者，皆其黨也。僕射梁喜等言於興曰：「父子之際，人所難言。然君臣之義，不薄於父子，故臣等不得默然。廣平公弼，潛有奪嫡之志，陛下寵之太過，無賴之徒，輻湊附之。道路皆言陛下將有廢立之計，信有之乎？」興曰：「豈有此邪！」喜曰：「苟無之，則陛下愛弼，適所以禍之。願去其左右，損其威權，非特安弼，乃所以安宗社也。」興不應。會興有疾，弼潛聚衆欲作亂。將軍劉羌泣以告興。梁喜等復請誅弼，興不得已，乃免弼尚書令，還第。姚宣入朝，流涕極言。姜虬亦上疏，請斥散凶徒，以絶禍端。皆不聽。

西秦襲滅南涼，以傉檀歸，殺之。唾契汗、乙弗等部叛南涼，南涼王傉檀欲討之。孟愷諫曰：

「今連年飢饉，南逼熾磐，北逼蒙遜，百姓不安。遠征雖克，必有後患。不如與熾磐結盟通糴，慰撫雜部，足食繕兵，俟時而動。」傉檀不從，謂太子虎臺曰：「蒙遜不能猝來。熾磐兵少易禦，汝謹守樂都，吾不過一月必還矣。」乃帥騎七千襲乙弗，大破之。西秦王熾磐聞之，帥步騎二萬襲樂都。虎臺憑城拒守，熾磐四面攻之。一夕，城潰，熾磐入樂都，徙虎臺及其文武百姓萬餘户于枹罕。傉檀兄子樊尼馳告傉檀，將士聞亂皆逃散，唯樊尼不去。傉檀曰：「四海之廣，無所容身。與其聚而同死，不若分而或全。汝，吾長兄之子，宗部所寄。蒙遜方招懷士民，存亡繼絶，汝其從之。吾老矣，所適不容，寧見妻子而死。」遂歸於熾磐，唯陰利鹿隨之。傉檀謂曰：「吾親屬皆散，卿何獨留？」對曰：「臣老母在家，非不思歸。然委質爲臣，忠孝之道，難以兩全。臣不才，不能爲陛下泣血求救於鄰國，敢離左右乎！」傉檀諸城皆降於熾磐，獨尉賢政屯浩亹，固守不下。熾磐使人謂之曰：「樂都已潰，卿妻子皆在吾所，獨守一城，將何爲也？」對曰：「受涼王厚恩，爲國藩屏。雖知樂都已陷，妻子爲禽，不知主上存亡，未敢歸命。妻子小事，何足動心。若貪一時之利，忘委付之重者，大王亦安用之！」熾磐乃遣虎臺以手書諭之，賢政曰：「汝爲儲副，不能盡節，面縛於人，棄父忘君，墮萬世之業，賢政義士，豈效汝乎！」聞傉檀至左南，乃降。熾磐聞傉檀至，遣使郊迎，待以上賓之禮。歲餘，使人鴆之，并殺虎臺，復稱秦王，置百官。

柔然步鹿真逐其可汗斛律而自立，大檀殺而代之。柔然可汗斛律將嫁女於燕，兄子步鹿真謂諸大臣曰：「斛律欲以汝女爲媵。」大臣恐，遂執斛律，與女皆送於燕，而立步鹿真爲可汗。大檀者，社崘季父之子，領別部，得衆心。或告步鹿真國人欲立大檀，步鹿真發兵襲之，兵敗見殺，而大檀遂自立。斛律至和龍，燕王跋待以客禮。斛律請還，跋遣萬陵帥騎送之。陵憚遠役，殺之而還。

秋，八月，魏遣于什門如燕。魏主嗣遣謁者于什門使於燕。至和龍，不肯入見，曰：「大魏皇帝有詔，須馮王出受，然後敢入。」燕王跋使人牽逼令入，什門不拜，跋使人按其項，什門曰：「馮王若拜受詔，則吾自以賓主禮見，何苦見逼耶！」跋怒，幽執什門，欲降之，什門終不屈。久之，衣冠弊壞略盡，蟣蝨流溢。跋遺之衣冠，什門不受。

九月，朔，日食。

冬，十一月，魏遣使者巡行諸州。校閱守宰資財，非家所齎者，悉簿爲贓。

十二月，柔然侵魏。柔然可汗大檀侵魏，魏主嗣擊之。大檀走，魏兵追之，遇大雪，士卒凍死墮指者什二三。

乙卯(四一五)

十一年。秦弘始十七，魏神瑞二年〔二〕。

春，太尉裕帥師擊荆州，都督司馬休之距戰，衆潰。正月，劉裕收司馬休之次子文寶、兄子文祖，賜死。自領荆州刺史，將兵擊之。以將軍劉道憐監留府事，劉穆之兼右僕射，事皆決焉。雍州刺史魯宗之自疑不爲裕所容，與其子竟陵太守軌起兵助休之。二月，休之上表罪狀裕，勒兵距之。裕密書招休之録事韓延之，延之復書曰：「辱疏，知以譙王前事。親帥戎馬，遠履西畿，良增歎息。司馬平西體國忠貞，款懷待物。以公有匡復之勳，家國蒙賴，推德委誠，每事詢仰。譙王見劾，自表遜位。又奏廢之，所不盡者命耳！而公以此遽興兵甲，所謂『欲加之罪，其無辭乎！』劉裕足下，海内之人，誰不見足下此心，而欲欺誑國士！自謂『處懷期物，自有由來』乎？夫劉藩死於閶闔，諸葛斃於左右。甘言詫方伯，襲之以輕兵。今又伐人之君，啗人以利，真可謂『處懷期物，自有由來』矣！吾誠鄙劣，嘗聞道於君子，以平西之至德，寧可無授命之臣乎！假令天長喪亂，九流渾濁，當與臧洪遊於地下耳。」裕視書歎息，以示將佐曰：「事人當如此矣！」延之以裕父名翹，字顯宗，乃更其字曰顯宗，名其子曰翹，以示不臣劉氏。裕遂使參軍檀道濟、朱超石將步騎出襄陽。江夏太守劉虔之聚糧以待，魯軌襲擊殺之。裕又使婿徐逵之統蒯恩、沈淵子出江夏口，與軌戰，敗皆死。裕怒甚。三月，帥諸將濟江。休之兵臨峭岸，裕軍士無能登者。裕自被甲欲登，諸將諫，不從，怒愈甚。主簿謝晦前抱持裕，裕抽劍指晦曰：「我斬卿！」晦曰：「天下可無晦，不可無公。」將軍胡藩以刀頭穿岸，劣容足指，騰之而上。隨者稍衆，直前力戰。休之兵稍却，裕兵乘之，休之兵遂大潰。裕克江陵，休之、宗之皆走，軌留石城。

秦遣姚弼將兵守秦州。秦廣平公弼譖姚宣於秦王興，興遣使就杏城收宣下獄，命弼將三萬人守秦州。尹昭曰：「廣平公與太子不平，今握强兵於外，陛下一日不諱，社稷必危。」興不從。

夏攻秦杏城，拔之。

北涼攻西秦，拔廣武。

青、冀參軍司馬道賜殺其刺史劉敬宣〔三〕。道賜，宗室疏屬也。殺敬宣以應司馬休之，爲敬宣府吏所殺。

司馬休之出奔秦，秦以爲揚州刺史。劉裕遣兵攻破石城，休之與魯宗之、軌等俱奔秦。宗之素得士民心，爭爲之衛送出境，追兵盡境而還。休之至長安，秦王興以爲揚州刺史，使侵擾襄陽。尋復使宗之將兵寇襄陽，未至而卒。

太尉裕劍履上殿，入朝不趨，贊拜不名。

北涼遣使上表内附。益州刺史朱齡石遣使詣北涼，諭以朝廷威德。北涼王蒙遜遣使詣齡石，且上表言：「伏聞車騎將軍裕欲清中原，願爲右翼，驅除戎虜。」

秋，七月，晦，日食。

八月，太尉裕還建康。

以劉穆之爲左僕射。

魏荐饑。魏比歲霜旱，雲、代民多饑死。太史令王亮言於魏主嗣曰：「按讖書，魏當都鄴，可得豐樂。」嗣以問羣臣，博士祭酒崔浩、特進周澹曰：「遷都於鄴，可救今年之饑，非長久計也。山東人以國家居廣漠之地，人畜無涯，號曰『牛毛之衆』。今留兵守舊都，分家南徙，不能滿諸州之地，情見事露，恐四方皆有輕侮之心。且百姓不便水土，疫死必多。而舊都兵少，屈丐、柔然將有窺窬之心。朝廷隔桓、代千里之險，難以赴救，此則聲實俱損也。今居北方，山東有變，則輕騎南下，布濩林薄之間，孰能測其多少！百姓望塵懾服，此國家所以威制諸夏也。來春草生，湩酪將出，兼以菜菓，得及秋熟，則事濟矣。」嗣曰：「今倉庫已竭，若來秋又饑，則若之何？」對曰：「宜簡饑貧之户，使就食山東。若來秋復饑，當更圖之，但方今不可遷都耳。」嗣悦從之。嗣又躬耕藉田，勸課農桑。明年，大熟，民遂富安。初，浩爲嗣講易洪範，嗣因問天文術數，浩占決多驗，由是有寵，凡軍國密謀皆預之。

秦姚弼謀作亂，其黨唐盛等伏誅。秦王興藥動，廣平公弼稱疾不朝，聚兵於第。興聞之，怒，收弼黨唐盛、孫玄，誅之。將殺弼，太子泓流涕固請，乃赦之。泓待弼如初，無忿恨之色。

熒惑不見八十餘日，復出東井。秦大旱。魏太史奏：「熒惑在匏瓜中，忽亡不知所在，於法當入危亡之國，先爲童謡訛言，然後行其禍罰。」魏主嗣召名儒數人與太史議熒惑所詣。崔浩曰：「春秋傳：『神降于莘。』以其至之日推知其物。今熒惑之亡在庚午、辛未二日之間，庚午主秦，辛爲西夷。熒惑其入秦乎？」後八十餘日，果出東井，留守句己，久之乃去。秦大旱，昆明池竭，童謡訛言，國人不安，間一歲而亡。

冬，十月，秦送女於魏，魏以爲夫人。

丙辰（四一六）

十二年。秦主姚泓永和元，魏泰常元年。

春，正月，太尉裕自加都督二十二州軍事。

秦姚弼、姚愔作亂，伏誅。秦王興卒，太子泓立。秦王興如華陰，使太子泓監國。興疾篤，還長安。弼黨侍郎尹沖謀因泓出迎殺之，奉興幸弼第作亂，皆不果。興既入宫，命泓録尚書事，東平公紹典禁中兵，收弼第中甲仗，内之武庫。興疾轉篤，南陽公愔即與尹沖帥甲攻端門。興力疾臨前殿，賜弼死。禁兵見興，喜躍，爭進赴賊，愔等大敗。興乃引紹及姚讚、梁喜、尹昭、斂曼嵬入受遺詔。明日卒，泓祕不發喪，捕愔等誅之，乃即位稱皇帝。

三月，太尉裕自加中外大都督，戒嚴伐秦。詔遣琅邪王德文修敬山陵。

氐王楊盛攻秦，拔祁山，殺其守將姚嵩。

夏攻秦，克上邽、陰密、安定、雍城。秦遣兵擊卻之，復取安定。

秋，八月，太尉裕督諸軍發建康。寧州獻琥珀枕於劉裕。裕以琥珀治金瘡，命碎之以賜北征將士。以世子義符爲中軍將軍，監留府事。劉穆之領軍司，入居東府，總攝内外，司馬徐羡之副之。遂發建康，遣將軍王鎮惡、檀道濟將步軍自淮、淝向許、洛，朱超石、胡藩趨陽城，沈田子、傅弘之趨武關，沈林子、劉遵考將水軍出石門，自汴入河，以王仲德督前鋒，開鉅野入河。穆之謂鎮惡曰：「公今委卿以伐秦之任，卿其勉之！」鎮惡曰：「吾不克關中，誓不復濟江！」穆之内總朝政，外供軍旅，決斷如流，事無壅滯。求訴洛稟，盈階滿室。穆之目覽耳聽，手答口酬，不相參涉，悉皆贍舉。又喜賓客，談笑無倦。裁有閑暇，手自寫書，尋覽校定。性奢豪，食必方丈，未嘗獨餐。嘗白裕曰：「穆之家本貧賤，贍生多闕。自叨忝以來，朝夕所須，微爲過豐，然此外一毫不以負公。」裕至彭城，王鎮惡、檀道濟入秦境，所向皆捷。秦諸屯守望風款附，道濟遂至許昌。沈林子自汴入河，克倉垣。

冀州刺史王仲德入魏滑臺。仲德水軍入河，將逼滑臺。魏兗州刺史尉建棄城北渡，仲德入城，宣言曰：「晉本欲以布帛七萬匹假道於魏，不謂守將遽去。」魏主嗣聞之，遣叔孫建、公孫表引兵濟河，斬尉建於城下。呼晉軍，問以侵寇之狀。仲德使人對曰：「劉太尉使王征虜自河入洛，掃清山陵，借空城以息兵，行當西引，無損於好也。」嗣又使建問裕，裕謝之曰：「洛陽，晉之舊都，而羌據之。諸桓宗族、休之兄弟，晉之蠹也，而羌收之。晉欲伐之，故假道於魏，非敢爲不利也。」

冬，十月，將軍檀道濟克洛陽。秦陽城、滎陽皆降，檀道濟等兵至成皋。秦陳留公洸守洛陽，遣使求救於長安。秦主泓遣兵救之，將軍趙玄言於洸曰：「今晉寇益深，衆寡不敵，若出戰不克，則大事去矣。宜攝諸戍之兵，固守金墉，以待西師之救。金墉不下，晉必不敢越我而西，是我不戰而坐收其弊也。」司馬姚禹陰與晉通，言於洸曰：「殿下以英武之略，受任方面。今嬰城示弱，得無爲朝廷所責乎！」洸然之，遣玄將兵千餘南守柏谷。玄泣曰：「玄受三帝重恩，所守正有死耳。但明公不用忠言，爲姦人所誤，後必悔之。」既而成皋、虎牢皆來降，道濟等長驅而進。玄戰敗，被十餘創，其司馬蹇鑒冒刃抱玄而泣，玄曰：「吾創已重，君宜速去！」鑒曰：「將軍不濟，鑒去安之！」與之皆死。姚禹踰城奔道濟，道濟遂進逼洛陽。洸出降，道濟獲秦人四千餘〔四〕。議者欲盡阬之；道濟曰：「弔民伐罪，正在今日。」皆釋而遣之。於是夷夏感悦，歸者日衆。

遣司空高密王恢之修謁五陵。

十二月，太尉裕自加相國、揚州牧，封宋公，備九錫，復辭不受。裕遣長史王弘還建康，諷朝廷求九錫。時劉穆之掌留任，而旨從北來，穆之由是愧懼發病。詔以裕爲相國，總百揆，封十郡爲宋公，備九錫之禮。裕辭不受。

西秦遣使内附。西秦王熾磐遣使詣太尉裕，求擊秦自效。裕以爲平西將軍、河南公。

秦蒲阪守將姚懿反，伏誅。

魏丁零翟猛雀作亂，魏討平之。猛雀驅略吏民，入白㵎山爲亂。魏内都大官張蒲、冀州刺史長孫道生討之。道生欲進兵，蒲曰：「吏民非樂爲亂，爲猛雀所迫脅耳。今不分别，并擊之，雖欲返善，其道無由，必同力據險以拒我，未易猝平也。不如先遣使諭之，以不與猛雀同謀者皆不坐，則必喜而離散矣。」道生從之。降者數千家，使復其業。猛雀與其黨出走，蒲等追討，悉誅之。

丁巳(四一七)

十三年。秦永和二，魏泰常二年。西凉公李歆嘉興元年。是歲，秦亡。大一，小五，凡六僭國。

春，正月，朔，日食。秦朝會前殿，君臣相泣。

秦安定守將姚恢反，伏誅。晉師之過許昌也，秦東平公紹言於秦主泓曰：「晉兵已逼，安定孤遠難救。宜遷其鎮戸，内實京畿，可得精兵十萬，雖晉、夏交侵，猶不亡國。」僕射梁喜曰：「齊公恢有威名，爲嶺北所憚，且鎮人已與夏爲深仇，理應無貳，勃勃終不能越安定而寇京畿。若無安定，則虜馬至鄠矣。今關中兵足以拒晉，無爲豫自損削也。」泓從之。吏部郎懿横密言曰：「恢有忠勳，今未加殊賞而置之死地，安定人以孤危逼寇，思南遷者十室而九，若恢擁之以向京師，得不爲社稷之憂乎！宜徵還以慰其心。」泓又不聽。至是恢帥鎮戸三萬八千趨長安，移檄州郡，長安大震。泓使東平公紹擊之，恢敗而死。

太尉裕引水軍發彭城。

二月，西涼公李暠卒，世子歆立。暠寢疾，遺命長史宋繇曰：「吾死之後，世子猶卿子也，善訓導之。」及卒，官屬奉世子歆爲涼公，以繇録三府事。謚暠曰武昭王。初，暠司馬索承明勸暠伐北涼，暠謂之曰：「蒙遜爲百姓患，孤豈忘之，顧勢力未能除耳。卿有必禽之策，當爲孤陳之。直唱大言，使孤東討，此與言『石虎小竪，宜肆諸市朝』者何異？」承明慚懼而退。

吐谷渾樹洛干死，弟阿柴立。阿柴稍用兵侵併旁小種，地方數千里，遂爲强國。

三月，將軍王鎮惡攻潼關，與秦太宰姚紹戰，大破之。王鎮惡進軍潼關，檀道濟、沈林子自陝北渡河，拔襄邑堡，攻尹昭於蒲阪，不克。秦主泓以東平公紹爲太宰，封魯公，督將軍姚鸞等步騎五萬守潼關，遣别將姚驢救蒲阪。林子謂道濟曰：「蒲阪城堅兵多，不可猝拔。不如還與鎮惡并力，以争潼關。若得之，則尹昭不攻自潰矣。」道濟從之。三月，至潼關。紹引兵出戰，道濟等奮擊，大破之。紹退屯定城，據險拒守。遣姚鸞屯大路絶晉糧道。晉獲鸞別將尹雅，將殺之，雅曰：「夷夏雖殊，君臣之義一也。晉以大義行師，獨不使秦有守節之臣乎！」乃免之。林子夜襲殺鸞。紹又遣東平公讚屯河上，以斷水道。林子擊走之。

太尉裕遣使假道於魏，魏遣兵屯河北，裕遂引兵入河。劉裕將水軍自淮、泗入清河，將泝河西上，先遣使假道於魏。秦主泓亦遣使求救於魏。魏主嗣使羣臣議之，皆曰：「潼關天險，劉裕以水軍攻之甚難。若登岸北侵，其勢甚易。裕聲言伐秦，其志難測。且秦，婚姻之國，不可不救。宜發兵斷河上流，勿令得西。」崔浩曰：「裕圖秦久矣。今乘其危而伐之，其志必取。若遏其上流，裕心忿戾，必上岸北侵，是我代秦受敵也。今柔然寇邊，民食又乏，若復與裕爲敵，南赴則北寇愈深，救北則南州復危，非良計也。不若聽裕西上，然後屯兵以塞其東。使裕克捷，必德我之假道。不捷，吾不失救秦之名。此策之得者也。且南北異俗，借使國家棄恒山以南，裕必不能以吳、越之兵守之，安能爲吾患！且夫爲國計者，惟社稷是利，豈顧一女子乎！」議者猶曰：「裕西入關，則恐吾斷其後。北上，則姚氏必不能出關助我，此必聲西而實北也。」嗣乃遣長孫嵩、阿薄干等將兵十萬屯河北岸。裕乃引軍入河，而使將軍向彌留戍碻磝。

弘農人送義租給王鎮惡等軍。初，劉裕命鎮惡等：「若克洛陽，須大軍俱進。」鎮惡等乘利徑趨潼關，爲秦所拒，久之，乏食。衆心疑懼，欲棄輜重還赴大軍。沈林子按劍怒曰：「相公志清六合，今許、洛已定，關右將平，事之濟否，繫於前鋒。奈何沮乘勝之氣，棄垂成之功乎！且大軍尚遠，賊衆方盛，雖欲求還，亦不可得。下官授命不顧，今日之事，當爲將軍辦之。但未知二三君子，將何面以見相公之旗鼓耳！」鎮惡等遣使馳告裕，求糧援。裕呼使者，開舫北户，指河上魏軍以示之曰：「我語令勿輕進，今岸上如此，何由得遣軍！」鎮惡乃至弘農，說諭百姓，競送義租，軍食復振。

夏，四月，太尉裕遣兵擊魏兵於河上，大破之。魏人以數千騎緣河隨裕軍西行，船有漂渡北岸者，輒爲魏人所殺略。裕遣軍擊之，輒走，退則復來。四月，裕遣丁旿帥仗士七百人、車百乘，渡北岸，去水百餘步，爲卻月陣，兩端抱河，車置七仗士。事畢，使豎一白毦。裕先命朱超石戒嚴，毦舉，超石帥二千人馳赴之。魏人以三萬騎圍之，四面肉薄，弩不能制。超石斷矟千餘，皆長三四尺，以大鎚鎚之，一矟輒洞貫三四人。魏兵奔潰，斬其將阿薄干。魏主嗣乃恨不用崔浩之言。

將軍沈林子擊秦姚紹，破之。紹病卒。秦魯公紹遣兵屯河北之九原，絶晉糧援。沈林子邀擊，破之，殺獲殆盡。紹憤恚嘔血，以兵屬東平公讚而卒。

太尉裕入洛陽。齊郡太守王懿降魏，上書言：「劉裕在洛，宜發兵絶其歸路，可不戰而克。」魏主嗣善之，以問崔浩曰：「劉裕克乎？」對曰：「克之。」嗣曰：「何故？」對曰：「姚興好事虛名而少實用，子泓懦弱，兄弟乖爭。裕乘其危，兵精將勇，何故不克！」嗣曰：「裕才何如慕容垂？」對曰：「垂藉父兄之資，修復故業，國人歸之，易以立功。裕奮寒微，不階尺土，討滅羣盜，所向無前，其才優矣。」嗣曰：「裕既入關，不能進退，我以精騎直擣彭城，裕將若之何？」對曰：「今屈丐、柔然伺我之隙，而諸將用兵皆非裕敵。興兵遠攻，未見其利，不如靜以待之。裕克秦而歸，必篡其主。關中華戎雜錯，風俗勁悍。

裕欲以荆、揚之化施之函、秦，此無異解衣包火，張羅捕虎。雖留兵守之，人情未洽，趨尚不同，適足資敵耳。願且按兵息民，以觀其變。秦地終爲國家之有，可坐而守也。」嗣笑曰：「卿料之審矣。」浩曰：「臣嘗私論近世將相：若王猛之治國，苻堅之管仲也；慕容恪之輔幼主，慕容暐之霍光也；劉裕之平禍亂，司馬德宗之曹操也。」嗣曰：「屈丐何如？」浩曰：「屈丐國破家覆，寄食姚氏，受其封殖。不思報恩，而乘時徼利，盜有一方，結怨四鄰。雖能縱暴於一時，終爲人所吞耳。」嗣大悦，語至夜半，賜御縹醪十觚，水精鹽一兩，曰：「朕味卿言如此，故欲共饗其美。」然猶命長孫嵩、叔孫建各簡精兵伺裕西過，南侵彭、沛。

魏置六部大人。以天地四方爲號，命諸公爲之。

秋，七月，將軍沈田子入武關。八月，秦主泓自將擊之，大敗而還。沈田子、傅弘之入武關，秦戍將皆委城走。田子等進屯青泥。八月，太尉裕至闅鄉，秦主泓欲自將禦裕，恐田子等襲其後，欲先擊滅田子等，然後傾國東出。乃帥步騎數萬，奄至青泥。田子本爲疑兵，所領裁千餘人，聞泓至，欲擊之。弘之以衆寡不敵止之，田子曰：「兵貴用奇，不必在衆。今衆寡相懸，勢不兩立，若彼圍既固，則我無所逃矣。不如乘其始至，營陳未立，而先薄之，可以有功。」遂進兵。秦兵合圍數重。田子慰撫士卒曰：「諸君遠來，正求此戰，死生一決，封侯之業，於此在矣！」士卒皆踴躍鼓譟，執短兵奮擊，秦兵大敗，斬萬餘級，泓奔還灞上。

太尉裕至潼關，遣王鎮惡帥水軍自河入渭，大破秦兵，遂入長安，秦主泓出降。裕至潼關，王鎮惡請帥水軍自河入渭以趨長安，裕許之。秦主泓使姚丕守渭橋以拒之。鎮惡泝渭而上，乘蒙衝小艦，行船者皆在船内，秦人但見艦進，驚以爲神。至渭橋，鎮惡令軍士食畢，皆持仗登岸，後者斬。既登，即密使人解放舟艦，渭水迅急，倏忽不見。乃諭士卒曰：「此爲長安北門，去家萬里，舟楫衣糧皆已隨流。今進戰而勝，則功名俱顯；不勝，則骸骨不返，無它歧矣。」乃身先士卒，衆騰踊争進，大破姚丕軍。泓引兵救之，爲敗卒所蹂踐，不戰而潰。鎮惡入自平朔門，泓將出降，其子佛念，年十一，言於泓曰：「晉人將逞其欲，雖降必不免，不如引決。」泓憮然不應，佛念登宫墻自投死。泓乃將妻子、羣臣詣壘門降，鎮惡以屬吏。城中夷晉六萬餘户，鎮惡以國恩撫慰，號令嚴肅，百姓安堵。

九月，太尉裕至長安，送姚泓詣建康，斬之。鎮惡性貪，盗秦府庫不可勝紀。裕至知之，以其功大，不問。收秦彝器、渾儀、土圭、記里鼓、指南車送建康，金帛珍寶皆以頒將士。送姚泓至建康，斬之。議將遷都洛陽。王仲德曰：「暴師日久，士卒思歸，未可議也。」北凉王蒙遜聞裕滅秦，怒甚。門下校郎劉祥入言事，蒙遜曰：「汝聞劉裕入關，敢研研然也。」斬之。

夏人進據安定。夏王勃勃聞裕伐秦，曰：「裕取關中必矣。然不能久留，必將南歸。若留子弟及諸將守之，吾取之如拾芥耳。」乃秣馬養士，進據安定，嶺北郡縣皆降之。裕遣使遺勃勃書，約爲兄弟。勃勃報之。

冬，十月，魏遣將軍刁雍屯固山。司馬休之、魯軌、韓廷之、刁雍等皆降魏。休之尋卒，刁雍表求南鄙自效。魏以爲將軍，使聚衆河、濟閒，擾徐、兖。劉裕遣兵討之，不克。雍進屯固山，衆至二萬。

太尉裕自進爵爲王，增封十郡，復辭不受。

十一月，劉穆之卒。

十二月，太尉裕東還，留子義真都督雍、梁、秦州軍事。裕欲留長安經略西北，而諸將佐久役思歸，多不欲留。會聞劉穆之卒，裕以根本無託，決意東還。欲以王弘代穆之，謝晦曰：「休元輕易，不若羨之。」乃以徐羨之爲丹楊尹，管留任。而以次子義真爲安西將軍，守關中。王脩爲長史，王鎮惡爲司馬，沈田子、毛德祖、傅弘之皆爲參軍從事。先是，隴上流户寓關中者，望因兵威，得復本土。至是知裕無復西略之意，皆歎息失望。關中人素重王猛，而是役也，鎮惡功爲多，故南人忌之。沈田子與鎮惡爭功，尤不平。裕將還，田子等屢言：「鎮惡家在關中，不可保信。」裕曰：「鍾會不得遂其亂者，以有衛瓘故也。語曰：『猛獸不如羣狐。』卿等十餘人，何懼鎮惡耶！」三秦父老聞裕將還，詣門流涕曰：「殘民不霑王化，於今百年。始覩衣冠，人人相賀，捨此欲何之乎！」裕爲之愍然，慰諭遣之。十二月，裕發長安，自洛入河，開汴渠以歸。義真生十二年矣。

司馬公曰：古人有言：「疑則勿任，任則勿疑。」裕既委鎮惡以關中，而復與田子有後言，是鬬之使爲亂也。惜乎，百年之寇，千里之土，得之艱難，失之造次。荀子曰：「兼并易能也，堅凝之難。」信哉！

魏置南雍州。秦、雍人流入魏境以萬數，魏乃置南雍州，以寇讚爲刺史，治洛陽以撫之。讚善招懷流民，歸之者三倍其初。

夏王勃勃遣兵向長安。夏王勃勃聞劉裕東還，大喜，召王買德問計。買德曰：「關中形勝之地，而裕以幼子守之，狼狽而歸，正欲急成篡事，不暇復以中原爲意。此天以關中賜我，不可失也。青泥、上洛，南北之險，宜先遣遊軍斷之。東塞潼關，絶其水陸之路。然後傳檄三輔，施以恩德，則義真在網罟之中，不足取矣。」勃勃乃使其子璝帥騎二萬向長安，别將屯青泥及潼關，而自將大軍爲後繼。

戊午（四一八）

十四年。魏泰常三年，夏昌武元年。

春，正月，王鎮惡、沈田子帥師拒夏兵。田子矯殺鎮惡，安西長史王脩討田子，斬之。參軍傅弘之擊夏兵，卻之。夏赫連璝至渭，關中民降之者屬路。沈田子將兵拒之，畏其衆盛，不敢進。王鎮惡聞之曰：「公以十歲兒付吾屬，當共竭力。而擁兵不進，虜何由得平。」遂與田子俱出。田子與鎮惡素有相圖之志，至是益忿懼。軍中又訛言鎮惡欲盡殺南人，據關中反。田子遂請鎮惡至傅弘之營計事。因屏人語，使人斬之，矯稱受太尉令。義真與王脩被甲登門，以察其變。脩執田子，數以專戮而斬之。弘之破夏兵，夏兵乃退。

太尉裕至彭城，解嚴。琅邪王德文還建康。

以劉義隆爲荆州刺史。劉裕欲以世子義符鎮荆州，張邵諫曰：「儲貳之重，四海所繫，不宜居外。」乃以義隆爲荆州刺史，以到彦之、張邵、王曇首、王華等爲參佐。義隆尚幼，府事皆決於邵。裕謂義隆曰：「曇首沈毅有器度，宰相才也，汝每事諮之。」

三月，遣使如魏。

夏，五月，魏人襲燕，不克。初，和龍有赤氣四塞蔽日，自寅至申。太史令張穆言於燕王跋曰：「此兵氣也。今魏方强，而執其使者，臣竊懼焉。」至是魏遣長孫道生帥兵襲燕，拔乙連城〔五〕，進至和龍。跋嬰城自守，魏人攻之，不克，掠其民萬餘家而還。

六月，太尉裕始受相國、宋公、九錫之命。裕既受命，崇繼母蕭氏爲太妃，以孔靖爲尚書令，王弘爲僕射，傅亮、蔡廓爲侍中，謝晦爲右衛將軍，殷景仁爲祕書郎。靖辭不受。景仁學不爲文，敏有思致，口不談義，深達理體。至於國典、朝儀、舊章、記注，莫不撰録，識者知其有當世之志。

冬，十月，以西涼公李歆爲鎮西大將軍。歆遣使來告襲位，故有是命。仍封酒泉公。

魏天部大人白馬公崔宏卒。謚曰文貞。

劉義真殺其長史王脩，關中大亂。十一月，夏王勃勃陷長安，義真逃歸。劉義真賜與無節，王脩每裁抑之。左右皆怨，譖脩欲反，義真殺之。於是人情離駭，莫相統一。義真悉召外兵，閉門拒守。關中郡縣悉降於夏。夏王勃勃進據咸陽，長安樵采路絶。劉裕聞之，使蒯恩召義真東歸，而以朱齡石守關中，謂曰：「卿至，可敕義真輕裝速發，出關然後徐行。若關右必不可守，可與義真俱歸。」十一月，齡石至長安。義真將士大掠而東，多載寶貨子女，方軌徐行，日不過十里。傅弘之諫不聽。赫連璝帥衆追之，弘之、蒯恩斷後，力戰連日。至青泥，大敗，爲夏兵所禽。義真左右盡散，獨逃草中。參軍段宏追尋得之，束之於背，單馬而歸。義真曰：「今日之事，誠無算略。然丈夫不經此，何以知艱難。」勃勃欲降傅弘之，弘之不屈，叫罵而死。勃勃積人頭爲京觀，號髑髏臺。長安百姓逐朱齡石，齡石焚宫殿，奔潼關。夏兵追殺之。勃勃入長安，大饗將士，舉觴屬王買德曰：「卿往日之言，一期而驗，可謂筭無遺策矣。」裕聞青泥之敗，未知義真存亡，怒甚，刻日北伐。謝晦諫以士卒疲弊，請俟它年。鄭鮮之亦言：「今諸州大水，民食寡乏。三吴羣盗攻没諸縣，皆由困於征役故也。江南士庶引領顒顒，以望返旆。聞更北出，不測還期。臣恐返顧之憂，更在腹心也。」會知義真得免，乃止。但登城北望，慨然流涕而已。以段宏爲黄門郎，毛德祖守蒲阪。

夏王勃勃稱皇帝。

彗星見。彗星出天津，入太微，經北斗，絡紫微，八十餘日而滅。魏主嗣復召諸儒、術士問之曰：「今四海分裂，咎在何國？朕甚畏之，卿其無隱。」崔浩曰：「災異之興，皆象人事。人事無釁，又何畏焉。昔王莽將簒，星變如此。今國家主尊臣卑，民無異望。晉室陵夷，危亡不遠。彗之爲異，其劉裕將簒之應乎！」

宋公劉裕弑帝于東堂，奉琅邪王德文即位。裕以讖云：「昌明之後，尚有二帝。」乃使中書侍郎王韶之與帝左右密謀弑帝而立德文。德文常在帝左右，韶之不得間。會德文有疾，出居於外。韶之以散衣縊帝於東堂。裕因稱遺詔，奉德文即位。

己未（四一九）

以北凉王蒙遜爲凉州刺史。蒙遜稱藩，故有是命。

恭皇帝元熙元年。魏泰常四年，夏真興元年。

春，正月，立皇后褚氏。

葬休平陵。

夏人陷蒲阪。夏人攻蒲阪，毛德祖不能禦，全軍歸彭城。劉裕以德祖爲滎陽太守，戍虎牢。

夏主勃勃殺隱士韋祖思。夏主勃勃徵隱士京兆韋祖思。既至，恭懼過甚，勃勃怒曰：「我以國士待汝，汝乃以非類遇我。汝昔不拜姚興，今何獨拜我？我在，汝猶不以我爲帝王。我死，汝曹弄筆當置我於何地耶！」遂殺之。

夏主勃勃還統萬。夏羣臣請都長安，夏主勃勃曰：「朕豈不知長安帝都，沃饒險固。然統萬距魏境裁百餘里，朕在長安，統萬必危。若在統萬，則魏必不敢濟河而西。諸卿適未見此耳。」乃置南臺於長安，以赫連璝録尚書事而還。勃勃性驕虐，視民如草芥。常置弓劍於側，羣臣迕視者鑿其目，笑者決其脣，諫者先截其舌，然後斬之。

宗室司馬楚之據長社。劉裕誅翦宗室之有才望者，楚之叔兄皆死，楚之亡匿蠻中。及從祖休之奔秦，楚之乃亡之汝、潁間，聚衆以謀復讎。楚之少有英氣，折節下士，有衆萬餘，屯據長社。裕使沐謙往刺之。楚之待謙甚厚，謙未得間。乃夜稱疾，欲因楚之問疾而刺之。楚之果自齎藥往視，情意勤篤，謙不忍發，乃出匕首以狀告曰：「將軍深爲劉裕所忌，願勿輕率，以自保全。」遂委身事之，爲之防衛。轉屯柏谷塢。

夏，四月，魏主嗣有事於東廟。助祭者數百國。

西涼地震，星隕。涼公歆用刑過嚴，又好治宮室，從事中郎張顯上疏曰：「涼土三分，勢不支久。兼并之本，在於務農；懷遠之略，莫如寬簡。今陰陽失序，風雨乖和。是宜減膳徹懸，側身修道。而更繁刑峻罰，繕築不止，殆非所以致興隆也。沮渠蒙遜，胡夷之傑，内修政事，外禮英賢，攻戰之際，身先士卒。百姓懷之，樂爲之用。臣謂殿下非但不能平殄蒙遜，亦懼蒙遜方爲社稷之憂也。」主簿氾稱亦諫曰：「天之子愛人主，殷勤至矣。故政之不修，下災異以戒告之。改者雖危必昌，不改者雖安必亡。屬者謙德堂陷，效穀地裂，昏霧四塞，日赤無光，狐上南門，地頻五震，星隕建康，皆變異之大者也。昔年西平地裂，狐入殿前，而秦師奄至。姑臧門崩，隕石於堂，而梁熙見殺。及段業稱制，三年之中，地震五十餘所，而先王龍興，蒙遜篡弒。此皆目前之成事，殿下所明知。願亟罷宮室之役，止遊畋之娛，禮賢愛民，以應天變。」歆皆不從。

秋，七月，宋公裕始受進爵之命，移鎮壽陽。

九月，以劉義真爲揚州刺史。劉裕以義真刺揚州，鎮石頭。蕭太妃謂裕曰：「道憐汝布衣兄弟，宜以爲揚州。」裕曰：「揚州根本，事務至多，非道憐所了。」太妃曰：「彼年出五十，豈不如汝十歲兒耶？」裕曰：「義真雖爲刺史，而事悉由寄奴。道憐年長，若不親事，則於聽望不足矣。」道憐愚鄙貪縱，故裕不肯用。

十一月，朔，日食。

十二月，宋王裕加殊禮，進太妃爲太后，世子曰太子。

庚申（四二〇）

二年。宋高祖武帝劉裕永初元，魏太宗明元帝拓拔嗣泰常五年。西秦文昭王乞伏熾磐建弘元年，夏世祖赫連勃勃真興二年，燕太祖馮跋太平十一年，北凉武宣王沮渠蒙遜玄始九年，西凉公李恂永建元年。是歲，晉亡宋代，凡七國。

夏，四月，長星出竟天。六月，宋王裕還建康，稱皇帝。廢帝爲零陵王，以兵守之。宋主裕欲受禪而難於發言，乃集朝臣宴飲，從容言曰：「桓玄簒位，鼎命已移。我唱義興復，平定四海，功成業著，遂荷九錫。今年將衰暮，崇極如此，物忌盛滿，非可久安。今欲奉還爵位，歸老京師。」羣臣莫喻其意。日晚，坐散。中書令傅亮乃悟，叩扉請見曰：「臣暫宜還都。」裕解其意，無復它言。亮出，見長星竟天，拊髀歎曰：「我常不信天文，今始驗矣！」亮至建康。四月，徵裕入輔。裕留子義康鎮壽陽，以參軍劉湛爲長史，決府事。湛自幼年即有宰物之志，常自比管、葛，博涉書史，不爲文章，不喜談議。裕甚重之。六月，裕至建康。亮具詔草使帝書之，帝欣然操筆，謂左右曰：「桓玄之時，晉氏已無天下，重爲劉公所延，將二十載。今日之事，本所甘心。」遂書赤紙爲詔，遜于琅邪第，百官拜辭，祕書監徐廣流涕哀慟。裕爲壇於南郊，即位。廣又悲感流涕，侍中謝晦謂之曰：「徐公得無小過！」廣曰：「君爲宋朝佐命，身是晉室遺老，悲歡之事，固不可同。」宋主臨太極殿，大赦，改元。其犯鄉論清議，一皆蕩滌，與之更始。奉晉恭帝爲零陵王，即宮于故秣陵縣，使將軍劉遵考將兵防衛。

裴子野曰：昔重華受終，四凶流放。武王克殷，頑民遷洛。天下之惡一也，鄉論清議，除之，過矣！

宋尊王太后爲皇太后。宋主事蕭太后素謹，及即位，春秋已高，每旦入朝，未嘗失時刻。

宋改晉封爵，封拜功臣子弟有差。宋以晉氏封爵當隨運改，獨置始興、廬陵、始安、長沙、康樂五公，奉王導、謝安、温嶠、陶侃、謝玄之祀。以道憐爲太尉，封長沙王，徐羡之等增位進爵各有差。

宋交州刺史杜慧度擊林邑，大破降之。慧度爲政纖密，一如治家，吏民畏而愛之。城門夜開，道不拾遺。

北凉王蒙遜誘西凉公歆與戰，殺之，遂滅西凉。北凉王蒙遜欲伐西凉，先引兵攻秦浩亹。既至，潛師還屯川巖。凉公歆欲乘虚襲張掖，宋繇、張體順切諫，不聽。太后尹氏謂曰：「汝新造之國，地狹民希，自守猶懼不足，何暇伐人！先王臨終，殷勤戒汝，深慎用兵。蒙遜非汝之敵，汝國雖小，足爲善政，修德養民，静以待之。彼若昏暴，民將歸汝。若其休明，汝將事之。豈得輕爲舉動，僥冀非望。以吾觀之，非但喪師，殆將亡國！」亦不聽。繇歎曰：「大事去矣！」歆將步騎三萬東出。蒙遜聞之曰：「歆已入吾術中。然聞吾旋師，必不敢前。」乃露布西境，云已克浩亹，將進攻黄谷。歆聞之喜，進入都瀆澗。蒙遜引兵擊之，戰於懷城，歆大敗。或勸歆還保酒泉。歆曰：「吾違老母之言以取敗，不殺此胡，何面目復見我母！」遂勒兵戰於蓼泉，爲蒙遜所殺。歆弟酒泉太守翻、敦煌太守恂奔北山。蒙遜入酒泉，禁侵掠，士民安堵。以宋繇爲吏部郎中，委之選舉。凉舊臣有才望者，咸禮而用之。以其子牧犍爲酒泉太守，索元緒行敦煌太守。蒙遜還姑臧，見尹氏而勞之。尹氏曰：「吾老婦人，國亡家破，豈惜復生爲人臣妾！惟速死爲幸耳。」蒙遜嘉而赦之，娶其女爲牧犍婦。

八月，宋立子義符爲皇太子。

宋爲晉諸陵置守衛。

冬，涼李恂入敦煌，稱刺史。恂在敦煌有惠政。索元緒粗險好殺，大失人和。郡人宋承、張弘密信招恂。恂帥數十騎入敦煌，元緒東奔涼興。承等推恂爲刺史。蒙遜遣世子政德攻之。

辛酉(四二一)

宋永初二，魏泰常六年。是歲西涼亡。凡六國。

春，二月，宋祀南郊，大赦。

裴子野曰：郊祀天地，修歲事也。赦彼有罪，夫何爲哉！

宋以廬陵王義真爲司徒，徐羡之爲尚書令，揚州刺史傅亮爲僕射。

魏築苑。魏主發代都六千人築苑，東包白登，周三十餘里。

北涼屠敦煌，殺李恂。於是西域諸國皆詣蒙遜稱臣朝貢。

夏，四月，宋毁淫祠。宋詔所在淫祠自蔣子文以下皆除之。其先賢以勳德祠者，不在此例。

秋，九月，宋主劉裕弑零陵王於秣陵。初，宋主劉裕以毒酒一罌授前琅邪郎中令張偉，使酖零陵王。偉歎曰：「献君以求生，不如死！」乃自飲而卒。太常褚秀之、侍中褚淡之皆王妃兄也，王每生男，裕輒令秀之兄弟殺之。王深慮禍及，與褚妃共處一室，自煮食於牀前，飲食所資，皆出褚妃，故宋人莫得伺其隙。至是裕令淡之與兄叔度往視妃，妃出別室相見。兵人踰垣而入，進藥於王，王不肯飲，曰：「佛教自殺者，不復得人身。」兵人以被掩殺之。裕帥百官臨于朝堂三日。

冬，十一月，葬晉恭帝于沖平陵。

涼晉昌守唐契叛。

宋豫章太守謝瞻卒。初，宋臺始建，瞻爲中書侍郎，其弟晦爲右衛將軍。時晦權遇已重，自彭城還都迎家，賓客輻湊。瞻驚駭，謂晦曰：「汝名位未多，而人歸趣乃爾！　吾家素以恬退爲業，不願干豫時事，交遊不過親朋。而汝遂勢傾朝野，此豈門户之福邪！」乃以籬隔門庭曰：「吾不忍見此。」及還彭城，言於宋公曰：「臣本素士，父祖位不過二千石。弟年始三十，志用凡近，榮冠臺府，福過災主，其應無遠。特乞降黜，以保衰門。」晦或以朝廷密事語瞻，瞻故向親舊陳説，用爲戲笑，以絶其言。及宋主即位，晦以佐命功，位任益重，瞻愈憂懼。至是遇病不療，臨終遺晦書曰：「吾得啓體幸全，亦何所恨！　弟思自勉勵，爲國爲家。」

壬戌(四二二)

宋永初三年，魏泰常七年。

春，宋以徐羡之爲司空，録尚書事。羡之起自布衣，無術學，直以志力局度。一旦居廊廟，朝野推服，咸謂有宰臣之望。沈密寡言，不以憂喜見色。頗工弈棊、觀戲，常若未解。傅亮、蔡廓常言：「徐公曉萬事，安異同。」嘗與傅亮、謝晦宴聚。亮、晦才學辯博，羨之風度詳整，時然後言。鄭鮮之歎曰：「觀徐、傅言論，不復以學問爲長。」

宋以廬陵王義真都督豫、雍等州軍事。宋主有疾，長沙王道憐、徐羨之、傅亮、謝晦、檀道濟並入侍醫藥。羣臣請祈禱神祇，不許，唯使侍中謝方明以疾告宗廟而已。道濟出鎮廣陵，監淮南諸軍。太子多狎羣小，謝晦言於宋主曰：「陛下春秋既高，宜思存萬世，神器至重，不可使負荷非才。」上曰：「廬陵何如？」晦曰：「臣請觀焉。」出造義真，義真盛欲與談，晦不甚答。還曰：「德輕於才，非人主也。」出義真爲都督六州諸軍、南豫州刺史，鎮歷陽。是後大州率加都督，多者或至五十州，不可復詳載矣。

秦、雍流民入梁州，宋遣使賑之。

夏，四月，宋封楊盛爲武都王。

五月，宋主裕殂，太子義符立。宋高祖疾甚，召太子義符誡之曰：「檀道濟雖有幹略，而無遠志，非難御之氣也。徐羨之、傅亮，當無異圖。謝晦數從征伐，頗識機變，若有同異，必此人也。」又爲手詔曰：「後世若有幼主，朝事一委宰相，母后不煩臨朝。」羨之、亮、晦、道濟同被顧命。遂殂。高祖清簡寡欲，嚴整有法度，被服居處，儉於布素，遊宴甚稀，嬪御至少。嘗得後秦高祖從女，有盛寵，頗以廢事。謝晦微諫，即時遣出。財帛皆在外府，內無私藏。嶺南嘗獻入筒細布，一端八丈，惡其精麗勞人，即付有司彈太守，以布還之，并制嶺南禁作此布。公主出適，遣送不過二十萬，無錦繡之物。內外奉禁，莫敢爲侈靡。性不信奇怪。微時多符瑞，及貴，史官審以所聞，拒而不答。義符即位，年十七，立妃司馬氏爲皇后。后，晉恭帝女海鹽公主也。七月，葬初寧陵。

魏立子燾爲太子，監國。魏主服寒食散，頻年藥發，災異屢見。遣中使密問崔浩曰：「屬者日食趙、代之分，朕疾彌年不愈，恐一旦不諱，諸子並少，將若之何？」浩曰：「陛下春秋富盛，行就平愈。必不得已，請陳瞽言。聖代龍興，不崇儲貳，是以永興之始，社稷幾危。今宜早建東宮，選賢公卿以爲師傅，左右信臣以爲賓友。入總萬機，出撫戎政。如此，則陛下可以優遊無爲，頤神養壽。萬歲之後，國有成主，民有所歸，姦宄息望，禍無自生矣。皇子燾年將周星，明叡温和，立子以長，禮之大經也。」魏主復以問長孫嵩，對曰：「立長則順，置賢則人服。燾長且賢，天所命也。」從之，立燾爲太子，使居正殿臨朝，爲國副主。以嵩及奚斤、安同爲左輔，坐東廂，西面；崔浩與穆觀、丘堆爲右弼，坐西廂，東面；百官總己以聽。魏主避居西宮，時隱而窺之，聽其決斷，大悦，謂侍臣曰：「嵩宿德舊臣，歷事四世，功存社稷。斤辯捷智謀，名聞遐邇。同曉解俗情，明練於事。觀達政要，識吾旨趣。浩博聞强識，精察天人。堆雖無大用，然在公專謹。以此六人輔相太子，吾與汝曹巡行四境，伐叛柔服，足以得志於天下矣。」嵩實姓拔拔，斤姓達奚，觀姓丘穆陵，堆姓丘敦。時魏臣出代北者，姓多重複，及高祖遷洛，始皆改之。舊史患其煩雜難知，故皆從後姓以就簡易，今從之。魏主又以劉絜、古弼、盧魯元忠謹恭勤，分典機要，宣納辭令。太子聰明大度，羣臣時奏所疑，帝曰：「此非我所知，當決之汝曹國主也。」

六月，宋以傅亮爲中書監、尚書令，謝晦爲中書令，謝方明爲丹楊尹。方明善治郡，所至有能名。承代前人，不易其政，必宜改者，則以漸移變，使無迹可尋。

冬，魏遣司空奚斤督諸將擊宋，取青、兖諸郡。宋遣南兖州刺史檀道濟救之。初，魏主聞宋高祖克長安，大懼，遣使請和，自是歲聘不絶。及高祖殂，沈範等奉使在魏，還，及河，魏主遣人追執之，議發兵取洛陽、虎牢、滑臺。崔浩諫曰：「陛下不以劉裕歘起，納其使貢，裕亦敬事陛下。今乘喪伐之，雖得之不足爲美。且國家今日亦未能一舉取江南也，而徒有伐喪之名，竊爲陛下不取。臣謂宜遣人弔祭，存其孤弱，恤其凶災，使義聲布於天下，則江南不攻自服矣。況裕新死，黨與未離。不如緩之，待其强臣爭權，變難必起，然後命將出師，可以兵不疲勞，坐收淮北也。」魏主曰：「劉裕乘姚興之死而滅之，今我乘裕喪而伐之，何爲不可？」浩曰：「不然。姚興死，諸子交爭，故裕乘釁伐之。今江南無釁，不可比也。」魏主不從。假司空奚斤節，使督將軍周幾、公孫表伐宋。十月，將發，公卿議以攻城略地何先？奚斤欲先攻城，崔浩曰：「南人長於守城。昔苻氏攻襄陽，經年不拔。今以大兵坐攻小城，若不時克，挫傷軍勢，敵得徐嚴而來，我怠彼鋭，此危道也。不如分軍略地，至淮爲限，列置守宰，收斂租穀，則洛陽、滑臺、虎牢更在軍北，絶望南救，必沿河東走。不則爲囿中之物，何憂其不獲也！」公孫表固請攻城，魏主從之。斤等帥步騎三萬濟河，營於滑臺之東。宋司州刺史毛德祖遣翟廣等將步騎三千救之。先是，司馬楚之聚衆陳留之境，聞魏兵濟河，遣使迎降。魏以爲荆州刺史，使侵擾宋北境。德祖遣將戍邵陵、雍丘以備之。魏尚書滑稽引兵襲倉垣，兵吏悉踰城走，陳留太守嚴稜詣斤降。斤等攻滑臺，不拔，求益兵。魏主怒責之，自將諸國兵五萬餘人南出天關，爲斤等聲援。十一月，太子燾將兵出屯塞上。斤等急攻滑臺，拔之。東郡太守王景度出走，司馬陽瓚爲魏所執，不降而死。乘勝進逼虎牢，毛德祖與戰，屢破之。魏主别遣將軍于栗磾屯河陽，謀取金墉，德祖遣竇晃等拒之。十二月，魏主至冀州，遣叔孫建將兵徇青、兖，宋豫州刺史劉粹遣騎據項城，徐州刺史王仲德將兵屯湖陸。于栗磾濟河，與斤并力攻晃等，破之。魏主遣領軍娥清、閭大肥將兵會周幾、叔孫建南渡河，軍於碻磝。宋兖州刺史徐琰南走。於是泰山、高平、金鄉等郡皆没於魏。叔孫建等入青州。宋遣南兖州刺史檀道濟監征討諸軍事，與王仲德共救之。

癸亥(四二三)

宋主義符景平元年，魏泰常八年。

春，正月，魏取宋金墉。魏于栗磾攻金墉，河南太守棄城走。魏主以栗磾爲豫州刺史，鎮洛陽。

宋以蔡廓爲吏部尚書，不受。宋以廓爲吏部尚書，廓謂傅亮曰：「選事若悉以見付，不論。不然，不能拜也。」亮以語徐羨之，羨之曰：「黄、散以下悉以委蔡，以上故宜共參同異。」廓曰：「我不能爲徐干木署紙尾。」遂不拜。干木，羨之小字也。選按黄紙，録尚書與吏部尚書連名，故廓云然。

沈約曰：廓固辭銓衡，耻爲志屈。豈不知選、録同體，義無偏斷乎！良以主闇時難，不欲居通塞之任，遠矣哉！

魏以刁雍爲青州刺史。宋檀道濟軍于彭城。魏叔孫建入臨淄，所向奔潰。宋青州刺史竺夔聚民保東陽城，不入城者，使各依據山險，芟夷禾稼，魏軍至，無所得食。刁雍見魏主於鄴，魏主曰：「叔孫建等入青州，民皆藏避，攻城不下。彼素服卿威信，今遣卿助之。」乃以爲刺史，給騎，使行募兵，以取青州。魏兵濟河向青州者凡六萬騎。雍募兵得五千人，撫慰士民，皆送租供軍。

二月，魏築長城。柔然寇魏邊。魏築長城，自赤城至五原二千餘里，置戍以備之。

涼吐谷渾入貢于宋。

魏攻宋虎牢，不克。殺其將公孫表。魏奚斤、公孫表等共攻虎牢，魏主自鄴遣兵助之。毛德祖於城内穴地入七丈，分爲六道，出魏圍外。募敢死士四百，從穴中出，襲其後。魏兵驚擾，斬首數百，焚其攻具而還。魏兵退散復合，攻之益急。斤别攻潁川太守李元德於許昌，敗之。德祖出兵與表大戰，從朝至晡，殺魏兵數百。會斤自許昌還，合擊德祖，大破之。初，德祖在北，與表有舊。表有權略，德祖患之，乃與交通音問。密遣人説奚斤，云表與之連謀。每答表書，輒多所治定。表以書示斤，斤疑之，以告魏主。魏主使人夜就帳中縊殺之。

魏攻宋東陽城，宋檀道濟帥師救之。魏主如東郡、陳留，叔孫建將三萬騎逼東陽城，城中文武纔一千五百人。竺夔及濟南太守垣苗悉力固守，時出奇兵擊魏，破之。魏步騎繞城列陳十餘里，大治攻具。夔作四重塹，魏人填其三重，爲橦車以攻城。夔遣人從地道中出，以大麻絙挽之令折。魏人復作長圍，進攻逾急。歷久城壞，戰士多死。檀道濟至彭城，以司、青二州並急，而所領兵少，不足分赴。青州道近，竺夔兵弱，乃與王仲德兼行先救之。

夏，四月，魏師還〔六〕，留刁雍戍尹卯。魏主遣并州刺史伊樓拔助奚斤攻虎牢。毛德祖隨方抗拒，頗殺魏兵，而將士稍零落。四月，魏主如成皋，絶虎牢汲河之路。停三日，自督衆攻城，竟不能下，遂如洛陽觀石經。遣使祀嵩高。叔孫建攻東陽，墮其北城三十許步，刁雍請速入，建不許，遂不克。及聞檀道濟等將至，雍又謂建曰：「賊畏官軍突騎，以鎖連車爲函陳。大峴已南，處處狹隘，車不得方軌，雍請將所募兵五千據險以邀之，破之必矣。」時天暑，魏軍多疫。建曰：「兵人疫病過半，若相持不休，兵自死盡，何須復戰！今全軍而返，計之上也。」道濟軍于臨朐，建等燒營及器械而遁。道濟以糧盡，不能追。竺夔以東陽城壞，不可守，移鎮不其城。魏留刁雍鎮尹卯，招集民五千餘家，置二十七營以領之。

諸蠻入貢于魏。初，諸蠻居江、淮間，其後種落滋蔓，東連壽春，西通巴、蜀，北接汝、潁。在魏世不甚爲患，及晉，稍益繁昌，漸爲寇暴。及劉、石亂中原，諸蠻漸復北徙，伊闕以南，滿於山谷矣。

涼攻晉昌，克之。唐契及甥李寶奔伊吾，招集遺民，歸附者二千餘家，臣於柔然。寶，恂弟子也。

秦遣使入貢于魏。秦王熾磐謂羣臣曰：「今宋雖奄有江南，夏人雄據關中，皆不足與也。獨魏主奕世英武，賢能爲用，吾將舉國而事之。」乃遣使入見于魏，貢黄金二百斤，并陳伐夏方略。

閏月，魏拔虎牢，執宋司州刺史毛德祖，遂取司、豫諸郡。叔孫建就奚斤共攻虎牢。虎牢被圍二百日，無日不戰，勁兵殆盡，而魏增兵轉多。毀其外城，德祖於内更築三重城以拒之。魏人又毁其二重，德祖唯保一城，晝夜相拒，將士眼皆生創，德祖撫之以恩，終無離心。檀道濟、劉粹等皆畏魏兵强，不敢進。魏人作地道以洩城中井，城中人馬渴乏，被創者不復出血，重以飢疫。魏仍急攻之，城遂陷，將士欲扶德祖出走，德祖曰：「我誓與此城俱斃，義不使城亡而身存也。」魏主命將士得德祖者必生致之。將軍豆代田執以獻。將佐皆爲所虜，唯參軍范道基將二百人突圍南還。魏士卒疫死者亦什二三。奚斤等悉定司、兖、豫諸郡縣，置守宰以撫之。魏主命周幾鎮河南，河南人安之。徐羡之、傅亮、謝晦以亡失境土，上表自劾，詔勿問。

秋，七月，柔然攻北凉，殺其世子政德。

冬，十月，魏廣西宫。外垣周二十里。

十一月，魏取宋許昌、汝陽。

魏主嗣殂，太子燾立。魏太宗殂，世祖即位。自司徒長孫嵩以下普增爵位。以盧魯元爲中書監，劉絜爲尚書令，尉眷、劉庫仁等八人分典四部。以羅結爲侍中、外都大官，總三十六曹事。結時年一百七，精爽不衰，燾以其忠慤，親任之，使兼長秋卿，監典後宫，出入卧内，年一百一十，乃聽歸老，朝廷每有大事，遣騎訪焉。又十年乃卒。

魏立天師道場。魏光禄大夫崔浩研精經術，練習制度，凡朝廷禮儀，軍國書詔，無不關掌。不好老、莊書，曰：「此矯誣之説，不近人情。老聃習禮，仲尼所師，豈肯爲敗法之書以亂先王之治乎！」尤不信佛法，曰：「何爲事此胡神！」左右多毁之，魏主不得已，命浩以公歸第。然素知其賢，每有疑議，輒召問之。浩纖妍潔白如美婦人，常自謂才比張良而稽古過之。既歸第，因修服食養性之術。初，嵩山道士寇謙之修張道陵之術，自言嘗遇老子降，命繼道陵爲天師，授以辟穀輕身之術，使之清整道教。又遇神人李譜文，云老子之玄孫也。授以圖籙真經，使之輔佐北方太平真君。出天宫静輪之法，謙之奉其書獻於魏主。朝野多未之信，浩獨師受其術，且上書曰：「聖王受命，必有天應。河圖、洛書皆寄言於蟲獸之文，未若今日人神接對，手筆粲然，辭旨深妙，自古無比，豈可以世俗常慮而忽上靈之命哉！」帝欣然使謁者奉玉帛牲牢祭嵩嶽，迎致謙之弟子，以崇奉天師，顯揚新法。起天師道場於平城東南，重壇五層，月設厨會數千人。

司馬公曰：老、莊欲同死生，輕去就。而爲神仙者，服餌修鍊，以求輕舉，鍊草石爲金銀，其爲術正相戾矣。是以劉歆七略叙道家爲諸子，神仙爲方技。其後復有符水、禁呪之術，至謙之遂合而爲一。至今循之，其訛甚矣！浩不喜佛、老而信謙之之言，何哉？

甲子（四二四）

宋景平二，太祖文帝義隆元嘉元，魏世祖太武帝燾始光元年。

春，正月，宋廢其廬陵王義真爲庶人。宋主義符居喪無禮，好與左右狎暱，遊戲無度。特進致仕范泰上書諫之，不聽。泰，寧之子也。廬陵王義真警悟好文，而性輕易，與謝靈運、顔延之、慧琳道人情好款密。嘗云：「得志之日，以靈運、延之爲宰相，慧琳爲西豫州都督。」靈運，玄之孫也，性褊傲，不遵法度，自謂才能宜參權要，常懷憤邑。延之，含之曾孫也，嗜酒放縱。徐羨之等惡義真與兩人遊，義真故吏范晏從容戒之，義真曰：「靈運空疏，延之隘薄，魏文帝所謂『古今文人類不護細行』者也。但性情所得，未能忘言於悟賞耳。」於是羨之等以爲靈運、延之構扇異同，非毁執政，皆出爲郡守。始，義真至歷陽，多所求索，執政每裁量不盡與。義真怨之，表求還都，參軍何尚之屢諫，不聽。時羨之等已密謀廢宋主，而次立者應在義真，乃因義真與宋主有隙，先奏列其罪惡，廢爲庶人，徙新安郡。前吉陽令張約之上疏曰：「廬陵王少蒙先皇優慈之遇，長受陛下睦愛之恩，故在心必言，容犯臣子之道。宜在容養，録善掩瑕，訓盡義方，進退以漸。今猥加剥辱，幽徙邊郡，上傷陛下常棣之篤，下令遠近恇然失圖。臣伏思大宋開基造次，根條未繁，宜廣樹藩戚，敦睦以道。人誰無過，貴能自新。以武皇之愛子，陛下之懿弟，豈可以其一眚，長致淪棄哉！」書奏，見殺。

夏，五月，宋徐羡之、傅亮、謝晦廢其主義符爲營陽王，遷于吴。六月，弑之。迎宜都王義隆于江陵，弑庶人義真。以謝晦行都督荆、湘等州軍事。羡之等將廢義符，以檀道濟先朝舊將，威服殿省，乃召道濟及江州刺史王弘入朝，以謀告之。謝晦聚將士於府内，使中書舍人邢安泰、潘盛爲内應。夜，邀道濟同宿，晦悚動不得眠，道濟就寢便熟。時義符於華林園爲列肆，親自沽賣。與左右即龍舟而寢。道濟引兵入雲龍門。安泰等先誡宿衛，莫有禦者。軍士進殺二侍者，扶義符出，收璽綬。羣臣拜辭，衛送故太子宫。侍中程道惠勸羡之等立南豫州刺史義恭。羡之等以宜都王義隆素有令望，乃稱皇太后令，數義符過惡，廢爲營陽王〔七〕。以義隆纂承大統。遷義符於吴，使邢安泰就弑之。義符多力，突走出昌門，追者以門關踣而弑之。

裴子野曰：古者人君養子，能言而師授之辭，能行而傅相之禮。宋之教誨，雅異於斯，居中則任僕妾，處外則近趨走。帥侍二職，皆臺皂也。制其行止，授其法則，導達臧否，罔弗由之。言不及於禮義，識不達於今古，謹敕者能勸之以吝嗇，狂愚者或誘之以凶慝。雖有師傅，多以耆艾大夫爲之。友及文學，多以膏粱年少爲之，具位而已，亦弗與遊。幼王臨州，長史行事。宣傳教命，又有典籤。往往專恣，竊弄威權，是以本枝雖茂，而端良甚寡。降及太宗，舉天下而棄之，亦昵比之爲也。

嗚呼！有國有家，其鑑之矣！

傅亮帥行臺百官奉法駕迎義隆于江陵。尚書蔡廓謂曰：「營陽在吴，宜厚加供奉。一旦不幸，卿諸人有弑主之名，欲立於世，將可得邪！」時亮已與羡之議害義符，乃馳信止之，不及。羡之大怒曰：「與人共計議，如何旋背即賣惡於人邪！」羡之等遣使殺義真。以荆州地重，恐義隆至，或别用人，乃亟以録命除謝晦都督刺史，欲令居外爲援，精兵舊將，悉以配之。七月，行臺至江陵，立行門於城南，題曰「大司馬門」。傅亮帥百僚詣門上表，進璽紱。義隆時年十八，下教曰：「猥以不德，謬降大命，顧己兢悸，何以克堪！當暫歸朝廷，展哀陵寢，并與賢彦申寫所懷。望體其心，勿爲辭費。」府州佐史並稱臣，請牓諸門，一依宫省，義隆不許。教綱紀，宥見刑，原逋責。諸將佐聞二王死，皆疑不可東下。司馬王華曰：「先帝有大功於天下，四海所服。雖嗣主不綱，人望未改。羡之中才寒士，亮布衣諸生，受寄崇重，未容遽敢背德。畏廬陵嚴斷，將來必不自容。以殿下寬慈，越次奉迎，冀以見德。悠悠之論，殆必不然。又，此五人同功並位，孰肯相讓！就懷不軌，勢必不行。廢主若存，慮其將來受禍，致此殺害。蓋由貪生過深，不過欲握權自固，以少主仰待耳。」義隆曰：「卿復欲爲宋昌邪！」長史王曇首、南蠻校尉到彦之皆勸行。乃命華留鎮荆州，欲使彦之將兵前驅，彦之曰：「了彼不反，便應朝服順流。若使有虞，此不足恃，更開嫌隙之端，非所以副遠邇之望也。」會雍州刺史褚叔度卒，乃遣彦之權鎮襄陽。義隆遂發江陵，引見傅亮，號泣，哀動左右。既而問義真及少帝薨廢本末，悲哭嗚咽，侍側者莫能仰視。亮流汗，不能對，乃布腹心於到彦之、王華等，深自結納。義隆以府州文武自衛，臺官衆力不得近部伍。參軍朱容子抱刀處舟户外，不解帶者累旬。

秦攻凉，敗之。

八月，宋主義隆立。宜都王義隆至建康，羣臣迎拜於新亭。徐羨之問傅亮曰：「王可方誰？」亮曰：「晉文、景以上人。」羨之曰：「必能明我赤心。」亮曰：「不然。」義隆謁初寧陵，還，止中堂。百官奉璽綬，義隆辭讓數四乃受之，遂即位。大赦，謁太廟。復廬陵王先封，迎其柩還建康。以行荆州刺史謝晦爲真。晦將行，問蔡廓曰：「吾其免乎？」廓曰：「卿受先帝顧命，任以社稷，廢昏立明，義無不可。但殺人二兄而以之北面，挾震主之威，據上流之重，以古推今，自免爲難。」晦始懼不得去，既發，喜曰：「今得脱矣。」徐羨之等進位有差。有司奏車駕依故事臨華林園聽訟。詔曰：「政刑多所未悉，可如先者，二公推訊。」乃以王曇首、王華爲侍中，竟陵王義宣鎮石頭。羨之等欲遂以彦之爲雍州，不許。徵爲中領軍，委以戎政。彦之自襄陽南下，謝晦慮彦之不過己。彦之至楊口，步往江陵，深布誠款。晦亦厚自結納，由此大安。

柔然寇魏。柔然紇升蓋可汗聞魏太宗殂，將六萬騎入雲中，攻拔盛樂宫。魏主自將輕騎討之，三日二夜至雲中。紇升蓋引騎圍之五十餘重，騎逼馬首，相次如堵。將士大懼，魏主顔色自若，衆情乃安。紇升蓋弟子於陟斤爲大將，魏人射殺之。紇升蓋懼遁去。

冬，十一月〔八〕，吐谷渾王阿柴卒，弟慕璝立。阿柴有子二十人，疾病，召諸子弟謂之曰：「先公車騎，捨其子拾虔而授孤。孤敢私於緯代而忘先君之志乎！我死，汝曹當奉慕璝爲主。」緯代者，阿柴之長子。慕璝者，阿柴之母弟、叔父烏紇提之子也。阿柴又命諸子各獻一箭，取一箭授其弟慕利延使折之〔九〕。慕利延折之。又取十九箭使折之，不能折。阿柴乃諭之曰：「汝曹知之乎？孤則易折，衆則難摧。汝曹當戮力一心，然後可以保國寧家。」言終而卒。慕璝亦有才略，撫納秦、涼失業之民及氐、羌雜種至五六百落，部衆轉盛。

十二月，魏伐柔然，大獲。

宕昌朝貢于魏。宕昌，羌之別種也。羌地東接中國，西通西域，長數千里，各有酋帥，部落分地，不相統攝。而宕昌最强，有民二萬餘落，諸種畏之。

夏世子璝殺其弟倫，倫兄昌討璝，殺之。夏主將廢太子璝而立少子倫。璝將兵伐倫，倫拒之，敗死。倫兄昌襲璝，殺之，并其衆歸于統萬。夏主大悦，立昌爲太子。夏主好自矜大，名其四門：東曰招魏，南曰朝宋，西曰服涼，北曰平朔。

乙丑(四二五)

宋元嘉二年，魏始光二年。夏主赫連昌承光元年。

春，正月，宋主始親聽政。徐羨之、傅亮上表歸政，三上，許之。羨之仍遜位還第，徐珮之等並謂非宜，敦勸甚苦，乃復奉詔視事。

二月，燕有女子化爲男。燕有女子化爲男。燕主以問羣臣。傅權對曰：「西漢之末，雌雞化雄，猶有王莽之禍。況今女化爲男，臣將爲君之兆也。」

三月，魏主尊保母竇氏爲保太后。魏主母密太后杜氏之殂也，太宗以竇氏慈良，有操行，使保養之。竇氏撫視有恩，訓導有禮，世祖德之，故加以尊號，奉養不異所生。

魏以長孫嵩爲太尉，長孫翰爲司徒，奚斤爲司空。

夏，四月，秦襲凉于臨松，敗之。

魏遣使如宋。始復通也。

六月，武都王楊盛卒，子玄立。初，盛聞晉亡，不改義熙年號，謂世子玄曰：「吾老矣，當終爲晉臣。汝善事宋帝。」及卒，玄自稱武都王，遣使告喪于宋，始用元嘉年號。宋因而封之。

秦擊黑水羌，破之。

八月，夏主勃勃殂，世子昌立。

冬，十月，魏主伐柔然，走之。魏大舉伐柔然，五道並進。軍至漢南，舍輜重，輕騎，賫十五日糧，渡漠擊之。柔然大驚，絶迹北走。

丙寅（四二六）

宋元嘉三年，魏始光三年。

春，正月，宋討徐羨之、傅亮，殺之。以王弘爲司徒、揚州刺史、録尚書事，彭城王義康都督荆、湘等州軍事。謝晦舉兵反江陵。初，宋主在江陵，孔甯子爲參軍。及即位，以爲步兵校尉，與侍中王華並有富貴之願，疾徐羨之、傅亮專權，構之於宋主。宋主欲誅二人，并發兵討謝晦，乃聲言當伐魏，取河南。又言拜京陵，治行裝艦。處分異常，其謀頗泄。晦弟皭馳使告晦，晦猶謂不然。江夏内史程道惠得尋陽人書，言「朝廷將有大處分，其事已審」，封以示晦。晦以問參軍何承天，承天對曰：「以王者之重，舉天下以攻一州，大小既殊，逆順又異。境外求全，上計也。以腹心屯義陽，將軍帥衆戰於夏口。若敗，即趨義陽以出北境，其次也。」晦良久曰：「荆州用武之地，兵糧易給，聊且決戰，走復何晚！」乃使承天造立表檄，又與參軍顔邵謀舉兵，邵飲藥而死。晦立幡戒嚴，謂司馬庾登之曰：「今當自下，屈卿守城。」登之曰：「親老在都，素無部衆，情計二三，不敢受旨。」晦仍問諸將佐：「戰士三千，足守城否？」周超對曰：「非徒守城而已。若有外寇，可以立功。」登之因請解司馬以授之。晦即命超爲司馬，而轉登之爲長史。宋主以王弘、檀道濟始不預廢弑之謀，弘弟曇首又所親委，密使報弘，且召道濟，欲使討晦。王華等皆以爲不可。宋主曰：「道濟止於脅從，本非創謀，殺害之事，又所不關。吾撫而使之，必將無慮。」道濟至，乃下詔暴羨之、亮、晦殺二王之罪，命中領軍到彦之、征北將軍檀道濟以時收翦。又命雍州刺史劉粹等斷其走伏。是日，詔召羨之、亮。謝皭遣人報之，羨之走至新林，自經死。亮出走被執，宋主使以詔書示之，亮曰：「亮受先帝布衣之眷，遂蒙顧託。黜昏立明，社稷之計也。欲加之罪，其無辭乎！」於是伏誅。宋主問討晦之策於檀道濟，對曰：「臣昔與晦同從北征，入關十策，晦有其九，才略明練，殆爲少敵。然未嘗孤軍決勝，戎事恐非其長。臣悉晦智，晦悉臣勇。今奉王命以討之，可未陳而擒也。」徵王弘爲侍中、司徒、録尚書事、揚州刺史，彭城王義康爲荆湘都督、荆州刺史。晦聞徐、傅等已誅，自出射堂勒兵。數日間，四遠投集，得精兵三萬。奉表稱：「羨之、亮等忠貞，横被冤酷，皆王弘、王曇首、王華險躁猜忌，讒構成禍。今當舉兵，以除君側之惡。」

閏月，宋子劭生。初，袁皇后生皇子劭，后自詳視，使馳白宋主曰：「此兒形貌異常，必破國亡家，不可舉。」即欲殺之。宋主狼狽至后殿户外，禁之，乃止。以尚在諒闇，故祕之。至是始言劭生。

宋主自將討謝晦。二月，殺之。宋主下詔戒嚴，諸軍進路以討謝晦。晦帥衆二萬發江陵，列舟艦自江津至于破冢，旌旗蔽日，歎曰：「恨不得以此爲勤王之師。」晦欲遣兵襲湘州刺史張邵，何承天以邵兄茂度與晦善，曰：「邵意趣未可知，不宜遽擊之。」晦以書招邵，不從。宋主發建康。謝晦下至江口，到彦之已至彭城洲。庾登之據巴陵，畏懦不敢進。會霖雨連日，參軍劉和之曰：「彼此有雨耳。東軍方强，唯宜速戰。」登之作大囊，貯茅懸於帆檣，云可焚艦，宜須晴，以緩戰期。晦然之，停軍十五日。乃使孔延秀攻彭城洲及洲口栅，陷之。諸將欲還夏口，到彦之不可，乃保隱圻。初，晦與徐、傅爲自全之計，以爲晦據上流，而道濟鎮廣陵，各有强兵，羨之、亮居中秉權，可得持久。至是聞道濟來，惶懼無計。道濟既至，與彦之軍合。晦始見艦數不多，不即出戰。至晚，因風帆上，前後連咽。西人離沮，無復鬭心。一時皆潰。晦夜還江陵。先是，宋主遣劉粹自陸道帥步騎襲江陵，周超逆戰，破之。晦舊與粹善，又以其子曠之爲參軍。宋主疑之，王弘曰：「粹無私，必無憂也。」及受命南討，一無所顧。晦亦不殺曠之，遣還粹所。俄而晦敗問至，超詣彦之降。晦衆散略盡，乃擕其弟遯等北走，爲人所執，檻送建康。何承天自歸於彦之，彦之因監荆州府事。於是誅晦、皭及其黨孔延秀、周超等。晦女彭城王妃被髮徒跣，與晦訣曰：「大丈夫當横尸戰場，柰何狼藉都市！」晦之走也，左右皆棄之，唯延陵蓋追隨不捨，宋主以蓋爲鎮軍功曹督護。

三月，宋以謝靈運爲祕書監，顔延之爲中書侍郎。宋主還建康。既徵靈運、延之用之，又以慧琳善談論，因與議朝廷大事，遂參權要，賓客輻湊，四方贈賂相係。琳著高屐，披貂裘，置通呈、書佐。會稽孔覬曰：「遂有黑衣宰相，可謂冠屨失所矣！」

夏，五月，宋以檀道濟爲江州刺史，到彦之爲南豫州刺史。

宋遣使巡行郡縣。遣散騎常侍袁渝等十六人分行諸州郡縣，觀察吏政，訪求民隱。又使郡縣各言損益。

宋主親臨聽訟。宋主臨延賢堂聽訟，自是每歲三訊。左僕射王敬弘性恬淡，有重名。關署文按，初不省讀。嘗預聽訟，宋主問以疑獄，敬弘不對。宋主變色，問左右：「何故不以訊牒副僕射？」敬弘曰：「臣乃得訊牒讀之，正自不解。」宋主甚不悦，雖加禮敬，不復以時務及之。

六月，宋以王華、王曇首、殷景仁、劉湛爲侍中，謝弘微爲黄門侍郎。王華以王弘輔政，王曇首爲宋主所親任，與己相埒，自謂力用不盡，每歎息曰：「宰相頓有數人，天下何由得治！」是時宰相無常官，唯人主所與議論政事、委以機密者，皆宰相也。亦有任侍中而不爲宰相者，然尚書令、僕，中書監、令，侍中，侍郎，給事中，皆當時要官也。華與劉湛、王曇首、殷景仁俱爲侍中，風力局幹，冠冕一時。黄門侍郎謝弘微與華等皆宋主所重，當時號曰五臣。弘微精神端審，時然後言，婢僕之前不妄語笑。由是尊卑小大，敬之若神。從叔混特重之，常曰：「微子異不傷物，同不害正，吾無間然。」初，混尚晉晉陵公主。混死，詔絶婚。公主悉以家事委弘微。混仍世宰輔，僮僕千人，唯有二女，年數歲。弘微爲之紀理生業，一錢尺帛，皆有文簿。九年而晉亡，公主降號東鄉君，聽還謝氏。入門，室宇倉廩，不異平日，田疇墾闢，有加於舊。東鄉君歎曰：「僕射平生重此子，可謂知人。僕射爲不亡矣！」親舊見者，爲之流涕。及東鄉君卒，公私咸謂貲財宜歸二女，田宅僮役應屬弘微。弘微一無所取，自以私禄葬東鄉君。混女夫殷叡好樗蒱〔一〇〕，奪其妻妹及伯母兩姑之分以還戲責，内人皆化弘微之讓，一無所争。或譏之曰：「謝氏累世財産，充殷君一朝戲責，卿視而不言，譬棄物江海以爲廉耳。」弘微曰：「親戚争財，爲鄙之甚。今内人尚能無言，豈可導之使争乎？分多共少，不至有乏，身死之後，豈復見關也。」宋主欲封王曇首、王華等，拊御牀曰：「此坐非卿兄弟，無復今日。」因出封詔示之。曇首固辭曰：「近日之事，賴陛下英明，罪人斯得。臣等豈可因國之災以爲身幸。」乃止。

宋遣使如魏。

秋，秦攻凉，夏襲秦苑川，秦師還。

宋大旱，蝗。

冬，十月，魏主自將攻夏。魏主問公卿：「今當用兵，赫連、蠕蠕，二國何先？」長孫嵩等皆曰：

「赫連土著，未能爲患。不如先伐蠕蠕，若追而及之，可以大獲。不及，則獵於陰山，取其禽獸皮角以充軍實。」太常崔浩曰：「蠕蠕鳥集獸逃，舉大衆追之則不能及，輕兵追之又不足以制敵。赫連氏土地不過千里，政刑殘虐，人神所棄，宜先伐之。」魏主亦聞夏世祖殂，諸子相圖，國人不安，欲伐之。嵩等曰：「彼若城守，以逸待勞，大檀聞之，乘虛入寇，此危道也。」浩曰：「往年以來，熒惑再守羽林，鉤己而行，其占秦亡。今年五星并出東方，利於西伐。天人相應，不可失也。」於是遣奚斤襲蒲阪，周幾襲陝城，以薛謹爲鄉導。魏主欲以李順總前驅之兵，崔浩曰：「順誠有籌略，然其爲人，果於去就，不可專委。」乃止。浩與順由是有隙。

十一月，夏攻秦，入枹罕。

魏主入統萬，别將取蒲阪及長安。魏主行至君子津，會天暴寒，冰合，帥輕騎濟河襲統萬。夏主方燕羣臣，魏師奄至，上下驚擾。夏主出戰而敗，退走入城。門未及閉，魏豆代田帥衆乘勝入西宮，焚其西門。宮門閉，代田踰垣而出。魏分兵四掠，殺獲數萬。魏主謂諸將曰：「統萬未可得也，它年當與卿等取之。」乃徙其民萬餘家而還。夏弘農太守不戰而走，魏周幾乘勝長驅，遂入三輔。蒲阪守將棄城奔長安，奚斤遂克蒲阪。夏主之弟助興自長安奔安定。十二月，斤入長安，秦、雍氐羌皆降。河西王蒙遜及氐王楊玄聞之，皆遣使附魏。

魏罷漏户繒，以屬郡縣。魏初得中原，民多逃隱。天興中，詔采諸漏户，令輸繒帛。不隸郡縣，賦役不均。是歲始詔罷之，以屬郡縣。

丁卯(四二七)

宋元嘉四年，魏始光四年。

春，正月，魏主還平城。魏主還平城。統萬徙民道多死，能至平城者什纔六七。夏平原公定帥衆向長安。魏主聞之，伐木陰山，大造攻具，再謀伐夏。

宋主謁京陵。初，高祖命藏微時耕具以示子孫。宋主至故宮，見有慚色。近侍或進曰：「大舜躬耕歷山，伯禹親事水土。陛下不覩遺物，安知先帝之至德，稼穡之艱難乎！」

夏，四月，魏遣使如宋。

宋前交州刺史杜弘文卒。弘文有疾，被徵，自輿就路。或勸之待病愈，弘文曰：「吾杖節三世，常欲投軀帝庭，況被徵乎！」遂行，卒於廣州。弘文，慧度之子也。

五月，魏主發平城。魏奚斤與夏平原公定相持於長安。魏主欲乘虛伐統萬。五月，發平城，命將軍陸俟督諸軍鎮大磧以備柔然。魏主至拔鄰山，築城，捨輜重，以輕騎三萬，倍道先行。羣臣咸諫曰：「統萬城堅，非朝夕可拔。不若與步兵攻具一時俱往。」魏主曰：「用兵之術，攻城最下。必不得已，然後用之。今以步兵攻具皆進，彼必懼而堅守。若攻不時拔，食盡兵疲，外無所掠，進退無地。不如以輕騎直抵其城，彼見步兵未至，意必寬弛。吾羸形以誘之，彼或出戰，則成擒矣。吾軍去家二千餘里，又隔大河，所謂『置之死地而後生』者也。以攻城則不足，決戰則有餘矣。」遂行。

宋中護軍王華卒。

六月，朔，日食。

夏主及魏主戰于統萬，敗走上邽，魏取統萬。魏主至統萬，分軍伏於深谷，以少衆至城下。夏將狄子玉降，言：「夏主聞有魏師，召平原公定，定曰：『統萬堅峻，未易攻拔。待我擒奚斤，然後徐往。內外擊之，蔑不濟矣。』故夏主堅守以待之。」魏主患之，乃退軍以示弱，遣娥清及永昌王健西掠居民。魏軍士有亡奔夏者，言魏軍糧盡，輜重在後，步兵未至，宜急擊之。夏主從之，將步騎三萬出城。長孫輔等皆言：「夏兵步陳難陷，宜避其鋒。」魏主曰：「遠來求賊，唯恐不出。今既出矣，乃避而不擊，彼奮我弱，非計也。」遂收衆僞遁，引而疲之。夏兵爲兩翼，鼓譟追之，行五六里，會有風雨從東南來，揚沙晦冥。宦者趙倪曰：「今風雨從賊上來，我向彼背，天不助人。願攝騎避之。」崔浩叱之曰：「是何言也！吾千里制勝，一日之中，豈得變易！賊貪進不止，後軍已絶，宜隱軍分出，奄擊不意。風道在人，豈有常也！」魏主曰：「善。」乃分騎爲左右隊以掎之。魏主馬蹶而墜，幾爲夏兵所獲。拓跋齊以身捍蔽，魏主騰馬得上，身中流矢，奮擊不輟，夏衆大潰。魏人乘勝逐夏主至城北，夏主遂奔上邽。魏主微服逐奔者，入其城。夏人覺之，諸門悉閉。魏主與齊等入其宫中，得婦人裙，繫之槊上，乘之而上，僅乃得免。明日入城，獲夏王公卿校及婦女以萬數，馬三十餘萬匹，牛羊數千萬頭，府庫珍寶、車旗、器物不可勝計。頒賜將士有差。初，夏世祖性豪侈，築統萬城，高十仞，基厚三十步，上廣十步，宫墻高五仞，其堅可以厲刀斧〔一一〕。臺榭壯大，皆彫鏤圖畫，被以錦繡。魏主曰：「蕞爾國而用民如此，欲不亡，得乎？」納夏世祖三女爲貴人。夏平原公定聞統萬破，奔上邽。魏主詔奚斤等班師。斤言：「赫連昌亡保上邽，鳩合餘燼。今因其危，滅之爲易。請益鎧馬，平昌而還。」不許。固請，許之，給兵萬人，馬三千匹，并留姚清、丘堆使共擊夏。魏主還，以常山王素爲征南大將軍、假節，鎮統萬。

秦遣使入貢于魏。

秋，八月，魏主還平城。魏主壯健鷙勇，臨城對陳，親犯矢石，左右死傷相繼，神色自若。由是將士畏服，咸盡死力。性儉率，服膳取給而已。羣臣請峻京城修宫室，曰：「此易所謂設險守國，蕭何所謂『天子以四海爲家，不壯不麗，無以重威』者也。」魏主曰：「古人有言：『在德不在險。』屈丏蒸土築城而朕滅之，豈在城也？今天下未平，方須民力，土功之事，朕所未爲。蕭何之對，非雅言也。」每以爲財者軍國之本，不可輕費。賞賜皆死事勳績之家，親戚貴寵未嘗横有所及。命將出師，指授節度，違者多致負敗。明於知人，或拔士於卒伍之中，唯其才用所長，不論本末。聽察精敏，下無遁情，賞不遺賤，罰不避貴，雖所甚愛之人，終無寬假。常曰：「法者，朕與天下共之，何敢輕也。」然性殘忍，果於殺戮，往往已殺而復悔之。

夏安定降魏。

冬，十一月，魏封楊玄爲南秦王。十一月，魏主遣公孫軌奉策拜楊玄爲南秦王。及境，玄不出迎。軌讓之，欲奉以還，玄懼，乃出郊迎。

晉處士陶潛卒。潛字淵明，尋陽人，侃之曾孫也。少有高趣，博學不羣，以親老家貧，爲州祭酒。少日，自解歸。州召主簿，不就。躬耕自資，遂抱羸疾。後復爲彭澤令，不以家自隨。送一力給其子，書曰：「此亦人子也，可善遇之。」在官八十餘日，郡遣督郵至，縣吏請曰：「應束帶見之。」潛歎曰：「我豈能爲五斗米折腰，向鄉里小兒。」即日解印綬去。賦歸去來辭，著五柳先生傳以自見。徵著作郎，不就。妻翟氏亦與同志，能安勤苦。夫耕於前，妻鋤於後。潛自以先世爲晉宰輔，耻復屈身後代。自宋高祖王業漸隆，不復肯仕。是歲將復徵之，會卒，世號靖節先生。

校勘記

〔一〕修土斷法　月崖本、成化本、殿本作「詔申土斷之法」。

〔二〕魏神瑞二年　「二」原作「元」，據月崖本、成化本、殿本及上文改。

〔三〕青冀參軍司馬道賜殺其刺史劉敬宣　「冀」原作「兖」，據成化本、殿本、晉書卷八四劉敬宣傳、宋書卷四七劉敬宣傳改。

〔四〕道濟獲秦人四千餘　「四」字原脱，據成化本、殿本、通鑑卷一一七晉紀三十九晉安帝義熙十二年冬十月補。

〔五〕拔乙連城　「連」原作「速」，據成化本、殿本、通鑑卷一一八晉紀四十晉安帝義熙十四年五月改。

〔六〕魏師還　月崖本、成化本、殿本作「魏主攻虎牢不克魏攻東陽城不克而退」。

〔七〕廢爲營陽王　「營」原作「滎」，據月崖本、成化本、殿本、宋書卷四少帝本紀、通鑑卷一二〇宋紀二宋文帝元嘉元年五月改。

〔八〕十一月　通鑑卷一二〇宋紀二宋文帝元嘉元年十月作「十月」。

〔九〕取一箭授其弟慕利延使折之　「取一箭」三字原脱，據成化本、殿本、通鑑卷一二〇宋紀二宋文帝元嘉元年冬十月補。

〔一〇〕混女夫殷叡好樗蒱　「好樗蒱」三字原脱，據成化本、殿本、宋書卷五八謝弘微傳補。

〔一一〕其堅可以厲刀斧　「刀斧」二字原脱，據成化本、殿本、通鑑卷一二〇宋紀二宋文帝元嘉四年六月補。

資治通鑑綱目卷二十五

起戊辰宋文帝元嘉五年、魏太武神䴥元年，盡庚寅宋文帝元嘉二十七年、魏太武太平真君十一年，凡二十三年。

戊辰(四二八)

宋元嘉五年，魏神䴥元年。西秦王乞伏暮末永弘元年，北凉承玄元年，夏主赫連定勝光元年。

春，二月，魏人及夏戰于上邽，執其主昌以歸。夏赫連定稱帝於平凉，魏人追之，敗績。夏復取長安。

魏將軍尉眷攻上邽，夏主退屯平凉。奚斤進軍安定，與丘堆、娥清軍合。斤以馬疫糧少，深壘自固。遣堆行督租，士卒暴掠，不設儆備。夏主襲之，堆敗還城。夏主乘勝，日來鈔掠，不得芻牧，諸將患之。監軍侍御史安頡曰：「受詔滅賊，今更爲賊所困。若不爲賊殺，當坐法誅，進退皆無生理，而諸王公晏然曾不爲計乎？」斤曰：「今以步擊騎，必無勝理，當須京師救騎至合擊之。」頡曰：「今猛寇遊逸於外，吾兵疲食盡，不一決戰，則死在旦夕，救騎何可待乎！等死，死戰不亦可乎！」斤又以馬少爲辭。頡曰：「今斂諸將所乘，可二百匹，頡請募死士擊之。就不能破敵，亦可以折其鋭。且赫連昌狷而無謀，好勇而輕，每自出挑戰，衆皆識之。若伏兵掩擊，昌可擒也。」斤猶難之。頡乃陰與尉眷等謀，選騎待之。既而夏主來攻城，頡出應之。夏主自出搏戰，軍士爭赴之。夏主敗走，頡追擒之。夏平原王定收其餘衆，奔還平涼，即位。昌至平城，魏主以妹妻之，賜爵會稽公。頡賜爵西平公，眷進爵漁陽公。奚斤以昌爲偏裨所擒，深耻之。乃捨輜重，齎三日糧，追夏主於平涼。娥清欲循水而往，斤不從，自北道邀其走路。夏軍將遁，會魏小將有罪亡歸夏，告以魏軍食少無水。夏主乃分兵夾擊之，魏兵大潰，斤、清皆爲所擒，士卒死者六七千人。丘堆棄輜重奔長安，與高涼王禮偕奔蒲坂，夏人復取長安。魏主大怒，命安頡斬丘堆，代將其衆，鎮蒲坂以拒之。昌後竟以謀叛見殺。

夏，五月，秦王乞伏熾磐卒，世子暮末立。

六月，宋以王弘爲衛將軍，開府儀同三司。光禄大夫范泰説弘曰：「天下事重，權要難居。卿兄弟盛滿，當存降挹。」弘納其言，固請遜位，不許，故有是命。

涼侵秦。秋，秦及涼平。初，西秦文昭王疾病，謂暮末曰：「吾死之後，汝能保境則善矣。沮渠成都，蒙遜所重，汝宜歸之。」至是北涼因秦喪而伐之，攻樂都，克其外城。暮末遣使許歸成都以求和，蒙遜引兵還，遣使入秦弔祭。暮末厚資送成都，遣將軍王伐送之。蒙遜疑之，伏兵執伐以歸。既而遣還，并遺暮末甚厚。

冬，十一月，朔，日食。

涼復攻秦。

己巳(四二九)

宋元嘉六年，魏神䴥二年。

春，正月，宋以彭城王義康爲司徒、録尚書事，江夏王義恭都督荆、湘等州軍事。王弘乞解州、録，以授義康，宋主不許，而以義康爲司徒、録尚書事、領南徐州刺史，與弘共輔朝政。弘既多疾，且欲遠權，由是義康專總内外之務。以義恭爲荆州刺史，督八州；劉湛爲南蠻校尉，行府州事。宋主與義恭書，誡之曰：「天下艱難，家國事重，雖曰守成，實亦未易。隆替安危，在吾曹耳，豈可不感尋王業，大懼負荷！汝性褊急，志之所滯，其欲必行。意所不存，從物回改。此最弊事，宜念裁抑。衛青遇士大夫以禮，與小人有恩。西門、安于矯性齊美。關羽、張飛任偏同弊。行己舉事，深宜鑒此。若事異今日，嗣子幼蒙，司徒當周公之事，汝不可不盡祗順之理。爾時天下安危，決汝二人耳。汝一月自用錢不可過三十萬，府舍不須改作。訊獄虛懷博盡，慎無以喜怒加人。能擇善者而從之，美自歸己。不可專意自決，以矜獨斷之明也。名器深宜慎惜，爵賜尤應裁量。吾於左右雖爲少恩，如聞外論，不以爲非也。以貴凌物，物不服；以威加人，人不厭。聲樂嬉遊，不宜令過。蒲酒漁獵，一切勿爲。供用奉身，皆有節度，奇服異器，不宜興長。又宜數引見佐史，相見不數，則彼我不親。不親，無因得盡人情。人情不盡，復何由知衆事也。」義康欲得揚州，形於辭旨。以王曇首居中，爲宋主所親委，愈不悦，謂人曰：「王公久病不起，神州詎宜卧治。」曇首勸弘減府中文武之半以授義康，宋主聽割二千人，義康乃悦。

丁零降魏。

三月〔一〕，宋立子劭爲太子。

宋以殷景仁爲中領軍。宋主以章太后早亡，奉太后所生蘇氏甚謹。蘇氏卒，宋主臨哭，欲追加封爵，使羣臣議之，景仁以爲古典無之，乃止。

秦殺其尚書辛進。進嘗從文昭王遊陵霄觀，彈飛鳥，誤中秦王暮末之母，傷其面。至是暮末殺進并其五族二十七人。

夏，四月，魏主伐柔然。魏主將擊柔然，羣臣皆不欲行，獨崔浩勸之。尚書令劉絜等共推太史令張淵、徐辯使言曰：「今兹己巳，三陰之歲，歲星襲月，太白在西方，不可舉兵。北伐必敗，雖克，不利於上。」浩曰：「陽爲德，陰爲刑。故日食修德，月食修刑。今出兵討罪，以修刑也。比年以來，月行掩昴，其占，三年天子大破旄頭之國。蠕蠕、高車，旄頭之衆也。願陛下勿疑。」淵、辯曰：「蠕蠕，荒外無用之物，得其地不可耕而食，得其民不可臣而使，有何汲汲，而勞士馬以伐之？」浩曰：「淵、辯言天道，猶是其職，至於人事，非其所知。此乃漢世常談，施之於今，殊不合事宜。何則？蠕蠕本國家邊臣，中間叛去。今誅其元惡，收其良民，令復舊役，非無用也。」魏主大悦。既罷，公卿或尤浩曰：「南寇伺隙，而捨之北伐，若蠕蠕遠遁，前無所獲，後有强寇，將何以待之？」浩曰：「不然。今不先破蠕蠕，則無以待南寇。南人聞國家克統萬，内懷恐懼，故揚聲動衆以衛淮北。比吾破蠕蠕，往還之間，南寇必不敢動。且彼步我騎，彼能北來，我亦南往。在彼甚困，於我未勞。況南北殊俗，水陸異宜，與之河南，亦不能守。以劉裕之雄傑，吞併關中，留其愛子，輔以良將，精兵數萬，猶不能守，況義隆今日君臣，非裕時之比。主上英武，士馬精强，彼若果來，如以駒犢鬭虎狼，何懼之有！蠕蠕恃其絶遠，謂國家力不能制，夏則散衆放畜，秋肥乃聚，背寒向温，南來寇抄。今掩其不備，必望塵駭散。牡馬護牝，牝馬戀駒，驅馳難制，不得水草，不過數日，必聚而困弊，可一舉而滅也。暫勞永逸，時不可失。」寇謙之謂浩曰：「蠕蠕果可克乎？」浩曰：「必克。但恐諸將瑣瑣，前後顧慮，不能乘勝深入，使不全舉耳。」先是，宋主因魏使還，告魏主曰：「汝趣歸我河南地，不然，將盡我將士之力。」魏主聞之大笑，謂公卿曰：「龜鼈小豎，夫何能爲！就使能來，若不先滅蠕蠕，乃是坐待寇至，腹背受敵，非良策也。吾行決矣。」遂發平城。

五月，朔，日食。

宋以王敬弘爲光禄大夫。初，宋主以敬弘爲尚書令，敬弘固讓，表求還東，故有是命。

涼及吐谷渾侵秦，秦敗之，獲涼世子興國。

柔然紇升蓋可汗大檀出走，魏主追至涿邪山。秋，七月，引還。大檀死，子敕連可汗吴提立。魏主至漠南，捨輜重，帥輕騎兼馬襲擊柔然，至栗水。柔然紇升蓋可汗先不設備，遂燒廬舍，絶迹西走。部落四散。魏主分軍搜討，東西五千里，南北三千里，俘斬甚衆。高車諸部乘勢抄掠，柔然種類前後降魏者三十餘萬落，獲戎馬百餘萬匹，畜産車廬亡慮數百萬。魏主循弱水西行，至涿邪山，諸將慮有伏兵，寇謙之以崔浩之言告魏主，不從。引兵還至黑山，盡以所獲班將士。既得降人言：「可汗被病，以車自載，入南山。民畜窘聚，方六十里無人統領，相去百八十里，追兵不至，乃徐西遁。若復前行二日，則盡滅之矣。」魏主深悔之。紇升蓋可汗憤悒而卒，子吴提立，號敕連可汗。

武都王楊玄卒，弟難當廢其子保宗而自立。

八月，魏遣兵擊高車，降之。魏主至漢南，聞高車東部屯巳尼陂，人畜甚衆，去魏軍千餘里。遣左僕射安原將萬騎擊之，高車諸部迎降者數十萬落，獲馬牛羊百餘萬。十月，魏主還平城。徙柔然、高車降民於漢南，東至濡源，西暨五原陰山，三千里中，使之耕牧而收其貢賦。命長孫翰、劉絜、安原及侍中古弼同鎮撫之。自是魏之民間馬牛羊及氈皮爲之價賤。

冬，十月，魏以崔浩爲撫軍大將軍。魏主加崔浩侍中、特進、撫軍大將軍，以賞其謀畫之功。浩善占天文，常置銅鋌酢器中，夜有所見，即以鋌畫紙作字記之。魏主每如浩家，問以災異，或倉猝不及束帶。奉進疏食，魏主必爲之舉筯，或立嘗而還。嘗謂浩曰：「卿才智淵博，著忠三世，故朕引以自近。卿宜盡忠規諫，勿有所隱。朕雖或時忿恚，不從卿言，然至久深思卿言也。」嘗指浩以示高車渠帥曰：「此人尫纖懦弱，不能彎弓持矛，然其胸中所懷，乃過於兵甲。朕之前後有功，皆此人所教也。」又敕尚書曰：「軍國大計，汝曹所不能決者，皆當咨浩，然後施行。」

十一月，朔，日食，星晝見。秦地震。日食不盡如鉤，星晝見，至晡。河北地闇。秦地震，野草皆自反。

庚午（四三〇）

宋元嘉七年，魏神䴥三年。

春，三月，宋遣將軍到彥之等伐魏。宋主有恢復河南之志。詔簡甲卒五萬，給右將軍到彥之，統將軍王仲德、竺靈秀舟師入河，又使將軍段宏將精騎直指虎牢，劉德武將兵繼進，長沙王義欣監征討諸軍事，出鎮彭城，爲衆軍聲援。先遣將軍田奇告魏主曰：「河南舊是宋土，中爲彼所侵，今當修復舊境，不關河北。」魏主大怒曰：「我生髮未燥，已聞河南是我地。必若進軍，當權斂戍相避，冬寒冰合，自更取之。」

魏敕勒叛，擊滅之。魏有新徙敕勒千餘家，苦將吏侵漁，出怨言，期以草生亡歸漠北。劉絜、安原請徙之河西，魏主曰：「此曹習俗，放散日久，如囿中之鹿，急則奔突，緩之自定。吾區處自有道，不煩徙也。」絜等固請，乃聽之。敕勒皆驚曰：「圈我於河西，欲殺我也。」遂叛走。絜追討之，皆餓而死。

夏，六月，宋以楊難當爲武都王。

秋，七月，魏河南諸軍退屯河北。宋到彦之等取河南。魏南邊諸將表稱：「宋將入寇，請兵三萬，先其未發，逆擊之，以挫其鋭。」因請悉誅河北流民在境上者，以絶其鄉導。魏主使公卿議之，皆以爲然。崔浩曰：「不可。南方下濕，入夏水潦，草木蒙密，地氣鬱蒸，易生疾厲，不可行師。且彼既嚴備，城守必固。留屯久攻，則糧運不繼。分軍四掠，則衆力單寡。以今擊之，未見其利。彼若果能北來，宜待其勞倦，秋凉馬肥，因敵取食，徐往擊之，此萬全之計也。西北守將，從陛下征伐，多獲美女珍寶，牛馬成羣。南邊諸將聞而慕之，亦欲南鈔以取資財，皆營私計，爲國生事，不可從也。」魏主乃止。諸將復表，乞簡幽州以南勁兵助己戍守，及就漳水造船。公卿皆以爲宜如所請。仍署司馬楚之、魯軌、韓延之等爲將帥，使招誘南人。浩曰：「楚之等皆彼所畏忌，今聞國家悉發精兵，大造舟艦，謂國家欲存立司馬氏，誅除劉宗。必舉國震駭，悉發精鋭，以死爭之，則我南邊諸將無以禦之。欲以却敵而反速之，張虛聲而召實害，此之謂矣。且楚之等皆纖利小才，止能招合輕薄無賴而不能成大功，徒使國家兵連禍結而已。」魏主未以爲然。浩乃復陳天時，以爲南方舉兵必不利，曰：「今茲害氣在揚州，一也；庚午自刑，先發者傷，二也；日食晝晦，宿值斗牛，三也；熒惑伏於翼、軫，主亂及喪，四也；太白未出，進兵者敗，五也。夫興國之君，先修人事，次盡地利，後觀天時，故萬舉萬全。今劉義隆新造之國，人事未洽。災變屢見，天時不協。舟行水涸，地利不盡。三者無一可，而義隆行之，必敗無疑。」魏主不能違衆，乃詔造船三千艘，簡幽州以南戍兵集河上，以司馬楚之爲安南大將軍，封琅邪王，屯潁川。到彥之自淮入泗，泗水滲，日行纔十里，七月始至須昌。乃泝河西上。魏主以河南四鎮兵少，命悉衆北渡。彥之留朱脩之守滑臺，尹冲守虎牢，杜驥守金墉，諸軍進屯靈昌津，列守南岸，至于潼關。於是司、兗既平，諸軍皆喜，王仲德獨有憂色，曰：「諸賢不諳北土情僞，必墮其計。胡虜雖仁義不足，而凶狡有餘，今斂戍北歸，必并力完聚。若河冰既合，將復南來，豈可不以爲憂乎！」

八月，魏遣將軍安頡擊宋師。魏主遣安頡督護諸軍擊到彥之。彥之遣姚聳夫渡河攻冶坂，與頡戰。聳夫兵敗，死者甚衆。

林邑入貢于宋。

九月，燕王馮跋殂，弟弘殺其太子翼而自立。燕太祖寢疾病，輦而臨軒，命太子翼攝國事，勒兵聽政，以備非常。宋夫人欲立其子受居，謂翼曰：「上疾將瘳，奈何遽欲代父乎！」翼性仁弱，遂還東宮，日三往省疾。宋夫人矯詔絶内外，遣閹寺傳問而已。翼及大臣並不得見，唯中給事胡福獨得出入，專掌禁衛。福慮宋夫人遂成其謀，乃言於中山公弘，弘與壯士數十人被甲入禁中，宿衛皆不戰而散。夫人命閉東閤，弘家僮踰閤而入，射殺女御，太祖驚懼而殂。弘遂即天王位，太子翼帥東宮兵出戰而敗，兵皆潰去，弘遂殺翼及太祖諸子百餘人。

魏主如統萬。夏主遣使求和於宋，約合兵滅魏，遥分河北：自恒山以東屬宋，以西屬夏。魏主聞之，治兵將伐夏。羣臣咸曰：「劉義隆兵猶在河中，捨之西行，前寇未可必克，而義隆乘虚濟河，則失山東矣。」崔浩曰：「義隆與赫連定遥相招引，以虚聲唱和，莫敢先入。譬如連雞，不得俱飛，無能爲害。臣始謂義隆軍來，當屯止河中，兩道北上，東道向冀，西道衝鄴，如此，則陛下當自討之，不得徐行。今則不然。東西列兵徑二千里，一處不過數千，形分勢弱。此不過欲固河自守，無北渡意也。赫連定殘根易摧，擬之必仆。克定之後，東出潼關，席卷而前，則威震南極，江淮以北，無立草矣。」魏主從之，遂如統萬，謀襲平涼。

秦自正月不雨，至于是月。

冬，十月，宋鑄四銖錢。

宋到彦之保東平。魏攻宋金墉、虎牢，取之。宋到彦之、王仲德沿河置守，還保東平。魏安頡自委粟津濟河，攻金墉。杜驥欲棄城走，恐獲罪。初，高祖滅秦，遷其鍾虡於江南，有大鍾没於洛水，帝使姚聳夫往取之。驥紿之曰：「金墉修完，糧食亦足，所乏者人耳。今虜騎南渡，相與并力禦之。大功既立，牽鍾未晚。」聳夫從之。既至，見城不可守，乃引去，驥遂南遁。安頡拔洛陽，驥歸言於宋主曰：「本欲以死固守，姚聳夫及城遽走，人情沮敗，不可復禁。」宋主大怒，誅聳夫於壽陽。聳夫勇健，諸偏裨莫及也。頡與將軍陸俟進攻虎牢，拔之。

秦遷保南安。秦王暮末爲北凉所逼，請迎於魏，魏許以平凉、安定封之。暮末乃焚城邑，毁寶器，帥户萬五千，東如上邽。夏主發兵拒之，暮末留保南安，其故地皆入於吐谷渾。

十一月，魏主襲平凉，夏主與戰，敗績。魏主至平凉，使將軍古弼等將兵趣安定。夏主自安定北救平凉，與弼遇。弼僞退以誘之，夏主追之，魏主使高車馳擊之，夏兵大敗，走鶉觚原，魏兵圍之。

宋遣將軍檀道濟伐魏，到彦之棄軍走。宋加檀道濟都督征討諸軍事，帥衆伐魏。魏叔孫建、長孫道生濟河而南。到彦之聞洛陽、虎牢不守，欲引兵還。將軍垣護之以書諫之，以爲宜使竺靈秀助朱脩之守滑臺，帥大軍進擬河北，且曰：「昔人有連年攻戰，失衆乏糧，猶張膽爭前，莫肯輕退。況今青州豐穰，濟漕流通，士馬飽逸，威力無損。若空棄滑臺，坐喪成業，豈朝廷受任之旨邪！」彦之不從，欲焚舟步走，王仲德曰：「洛陽既陷，虎牢不守，自然之勢也。虜去我猶千里，滑臺尚有强兵，若遽捨舟南走，士卒必散。」彦之乃引兵自清入濟，南至歷城，焚舟棄甲，步趨彭城。時青、兖大擾，長沙王義欣在彭城，將佐皆勸委鎮還都，義欣不從。魏攻濟南，太守蕭承之帥數百人拒之。魏衆大集，承之使偃兵開門，衆曰：「賊衆我寡，奈何輕之！」承之曰：「今懸守窮城，事已危急。若復示弱，必爲所屠，唯當見强以待之耳。」魏人疑有伏兵，遂引去。

夏主及魏人戰，敗走上邽。魏取安定、隴西。魏軍圍夏主數日，斷其水草，人馬飢渴。夏主引衆下鶉觚原。魏軍擊之，夏衆大潰。夏主中重創，單騎走，取餘衆西保上邽。魏兵遂取安定。魏主還，臨平涼，掘塹圍之。安慰初附，赦秦、雍之民，賜復七年。夏隴西守將降魏。

魏攻宋滑臺。

涼遣使入貢于魏。北涼王蒙遜遣宗舒入貢于魏，魏主與之宴，執崔浩之手以示舒等曰：「汝所聞崔公，此則是也。才略之美，於今無比。朕動止咨之，豫陳成敗，若合符契。」

十二月，宋以長沙王義欣爲豫州刺史。壽陽土荒民散，城郭頹敗，盜賊公行。義欣隨宜經理，境内安業，道不拾遺，城府完實，遂爲盛藩。芍陂久廢，義欣修治隄防，引淠水入陂，溉田萬餘頃，無復旱災。

魏人克平涼，復取長安。魏克平涼，豆代田得奚斤、娥清等以獻，關中悉入於魏。魏主以將軍王斤鎮長安而還，以奚斤爲宰士，使負酒食以從。王斤驕矜不法，民不堪命，南奔漢川者數千家。魏主斬斤以徇。

宋以垣護之爲高平太守。到彦之、王仲德下獄免官，上見垣護之書而善之，以爲北高平太守。彦之之北伐也，甲兵資實甚盛。及敗還，委棄盪盡，府藏武庫爲之空虚。

辛未（四三一）

宋元嘉八年，魏神䴥四年，燕主弘太興元年，北涼義和元年。是歲，秦、夏皆亡，凡四國。

春，正月，宋檀道濟救滑臺，敗魏師于壽張。道濟等自清水救滑臺，至壽張，遇魏安平公乙旃眷。道濟帥王仲德、段宏奮擊，大破之。轉戰至高梁亭，斬魏濟州刺史悉煩庫結。

夏滅秦，以秦王暮末歸，殺之。夏主擊西秦將姚獻，敗之，遂遣其叔父韋伐攻南安。城中大饑，人相食。秦出連輔政等奔夏，秦王暮末窮蹙，輿櫬出降，送於上邽。秦太子司直焦楷奔廣寧，泣謂其父遺曰：「大人荷國寵靈，居藩鎮重任。今本朝顛覆，豈得不帥見衆唱大義以殄寇讎！」遺曰：「今主上已陷賊庭，吾非愛死而忘義，顧以大兵追之，是趣絶其命也。不如擇王族之賢者，奉以爲主而伐之，庶有濟也。」楷乃築壇誓衆，二旬之間，赴者萬餘人。會遺病卒，楷不能獨舉事，亡奔河西。夏主竟殺暮末，夷其族。

二月，魏克滑臺。檀道濟等至濟上，與魏三十餘戰，道濟多捷。至歷城，叔孫建等縱輕騎邀其前後，焚燒穀草，道濟軍乏食，不能進。由是安頡、司馬楚之等得專力攻滑臺。魏主復使將軍王慧龍助之。朱脩之堅守數月，糧盡，與士卒熏鼠食之。魏遂克滑臺，執脩之，嘉其守節，以爲侍中。

魏主還平城，復境内租一歲。魏主還平城，大饗，告廟，將帥及百官皆受賞，戰士賜復十年。於是魏南鄙大水，民多餓死。劉絜言於魏主曰：「郡國之民，雖不從征討，而服勤農桑，以供軍國，實經世之大本，府庫之所資。今自山以東，徧遭水害，應加哀矜，以弘覆育。」魏主從之，復境内一歲租賦。

宋檀道濟引兵還，青州刺史蕭思話棄城走。道濟等食盡，自歷城還。士有亡走魏者，具告之。魏人追之，衆恟懼，將潰。道濟夜唱籌量沙，以所餘少米覆其上。及旦，魏軍見之，謂資糧有餘，以降者爲妄而斬之。時道濟兵少，魏兵甚盛，道濟命軍士皆被甲，己白服乘輿，引兵徐出。魏人以爲有伏兵，不敢逼，稍稍引退。道濟全軍而返。青州刺史蕭思話棄東陽奔平昌，參軍劉振之戍下邳，亦委城走。魏軍竟不至，而東陽積聚已爲百姓所焚。思話坐徵，繫尚方。

魏以王慧龍爲滎陽太守。魏司馬楚之以爲諸方已平，請大舉伐宋，魏主以兵久勞，不許。徵楚之爲散騎常侍，以慧龍爲滎陽太守。慧龍在郡十年，農戰並修，大著聲績，歸附者萬餘家。宋主縱反間於魏，云：「慧龍自以功高位下，欲引宋人入寇，因執司馬楚之以叛。」魏主聞之，賜慧龍璽書曰：「劉義隆畏將軍如虎，欲相中害。朕自知之，不足介意。」宋主復遣刺客呂玄伯刺之，玄伯詐爲降人，求屏人語。慧龍疑之，使探其懷，得尺刀。玄伯叩頭請死，慧龍曰：「各爲其主耳。」釋之。左右諫曰：「不殺玄伯，無以制將來。」慧龍曰：「死生有命，彼亦安能害我！我以仁義爲扞蔽，又何憂乎！」遂捨之。後慧龍卒，玄伯守其墓，終身不去。

夏，六月，夏主定擊涼，吐谷渾襲敗之，執定以歸。夏主畏魏人之逼，擁秦民十餘萬口，自治城濟河，欲擊北涼王蒙遜而奪其地。吐谷渾王慕璝遣騎三萬，乘其半濟，邀擊之，執夏主定以歸。

閏月，柔然請平于魏。魏之邊吏獲柔然邏者二十餘人，魏主賜衣服而遣之。柔然感悦，於是敕連可汗遣使詣魏，魏主厚禮之。

魏遣使如宋求昏。魏主遣周紹聘于宋，且求昏。宋主依違答之。

宋以劉湛爲太子詹事、給事中。荆州刺史江夏王義恭年寖長，欲專政事，長史劉湛每裁抑之，遂有隙。宋主心重湛，使人詰讓義恭，且和解之。是時王華、王曇首皆已卒，領軍殷景仁素與湛善，白徵湛爲太子詹事，加給事中，共參政事。而以張邵代湛。頃之，邵坐贓當死。將軍謝述上表，陳邵先朝舊勳，宜蒙優貸。宋主手詔酬納，免邵官，削爵土。述謂其子綜曰：「主上矜邵夙誠，特加曲恕，吾所言謬會，故特見酬納耳。若此迹宣布，則爲侵奪主恩，不可之大者也。」使綜對前焚之。

秋，八月，涼遣子入侍于魏。

吐谷渾奉表于魏。

九月，魏以崔浩爲司徒，長孫道生爲司空。道生性清儉，一熊皮鄣泥，數十年不易。魏主使歌工歷頌羣臣曰：「智如崔浩，廉若道生。」

魏遣使授涼王蒙遜官爵。魏主欲選使者詣北涼，崔浩薦尚書李順，乃以順爲太常，拜蒙遜爲涼王，王七郡，置將相、羣卿、百官，建天子旌旗，出入警蹕，如漢初諸侯王故事。

魏徵世胄遺逸。魏主詔曰：「今二寇摧殄，將偃武修文，理廢職，舉逸民。范陽盧玄、博陵崔綽、趙郡李靈、河間邢穎、勃海高允、廣平游雅、太原張偉等，皆賢儁之胄，冠冕州邦。如此比者，盡敕州郡以禮發遣。」遂徵玄等數百人，差次叙用。崔綽以母老固辭。玄等皆拜中書博士。其未至者，州郡多逼遣之。魏主復詔守宰，以禮申諭，任其進退。崔浩每與玄言，輒歎曰：「對子真使我懷古之情更深。」浩欲大整流品，明辨姓族。玄止之曰：「夫創制立事，各有其時。樂爲此者，詎有幾人！宜加三思。」浩不從，由是得罪於衆。

冬，十月，魏使崔浩定律令。初，魏昭成帝始制法令：「反逆者族。其餘當死者，聽入金馬贖罪。殺人者，聽與死家馬牛葬具以平之。盜官物，一備五；私物，一備十。」四部大人共坐王庭決辭訟，無繫訊連逮之苦，境內安之。太祖入中原，患前代律令峻密，命三公郎王德删定，務崇簡易。季年被疾，刑罰濫酷。太宗承之，吏文亦深。至是，命崔浩更定律令，除五歲、四歲刑，增一年刑。巫蠱者，負羖羊、抱犬沈諸淵。初令官階九品者得以官爵除刑。婦人當刑而孕，産後百日乃決。闕左懸登聞鼓以達冤人。

壬申(四三二)

宋元嘉九年，魏延和元年。

春，正月，魏尊保太后爲皇太后。立子晃爲太子。

三月，宋以王弘爲太保。檀道濟爲司空，還鎮尋陽。

吐谷渾送故夏主定于魏，魏人殺之。魏既殺赫連定，因進吐谷渾王慕璝官爵。慕璝上表曰：「臣俘擒僭逆，獻捷王府，爵秩雖崇而土不增廓，車旗既飾而財不周賞。願垂鑒察。」魏主下其議。公卿以爲：「慕璝所致唯定而已，塞外之民皆爲己有，而貪求無厭，不可許也。」自是慕璝貢使至魏者稍簡。

魏改代爲萬年，尋復舊號。魏方士祁纖奏改代爲萬年。崔浩曰：「皆太祖應天受命，兼稱代、魏以法殷商。國家積德，當享年萬億，不待假名以爲益也。纖之所聞，皆非正義，宜復舊號。」魏主從之。

夏，五月，宋太保王弘卒。弘明敏有思致，而輕率褊隘，好折辱人。雖貴顯，不營財利。及卒，家無餘業。宋主聞之，特賜錢百萬、米千斛。

宋遣使如魏。

六月，宋以司徒義康領揚州刺史。

秋，七月，宋以殷景仁爲尚書僕射，劉湛爲領軍將軍。

吐谷渾告捷于宋。

秋，宋益州人趙廣作亂，圍成都。宋益州刺史劉道濟信任長史費謙、別駕張熙，聚斂興利，傷政害民，商賈失業，吁嗟滿路。流民許穆之變姓名稱司馬飛龍，自云晉室近親，往依氐王楊難當。難當因民之怨，資飛龍以兵，使侵擾益州。飛龍招合蜀人，得千餘人，攻殺巴興令，逐陰平太守。道濟遣軍斬之。道濟欲以帛氐奴、梁顯爲參軍督護，費謙固執不與。氐奴等與鄉人趙廣構扇縣人，詐言司馬殿下猶在陽泉山中，聚衆向廣漢。參軍程展會李抗之擊之，皆敗死。廣等進攻涪城，陷之。於是涪陵、江陽、遂寧諸郡守皆棄城走，蜀土僑舊俱反。廣等進攻成都，道濟嬰城自守。賊屯聚日久，不見司馬飛龍，欲散去。廣懼，將三千人及羽儀詣陽泉寺，謂道人程道養曰：「汝但自言是飛龍，則坐享富貴，不則斷頭。」道養惶怖許諾。廣乃推道養爲蜀王，以其弟道助鎮涪城，奉道養還成都。衆至十萬餘，四面圍城。使人謂道濟曰：「但送費謙、張熙來，我輩自解去。」道濟遣參軍裴方明、任浪之出戰，皆敗還。

魏主攻燕，圍和龍。魏主伐燕，石城太守李崇等十郡降魏。魏主發其民三萬穿圍塹以守和龍。八月，燕王使數萬人出戰，魏擊破之。攻羌胡固、帶方、建德、冀陽郡，皆拔。九月，魏主引兵西還，徙營丘、成周、遼東、樂浪、帶方、玄菟六郡民三萬家於幽州。燕尚書郭淵勸燕王送款獻女於魏，乞爲附庸。燕王曰：「負釁在前，結忿已深，降附取死，不如守志更圖也。」魏主之圍和龍也，宿衛之士多在戰陳，行宫人少。雲中鎮將朱脩之謀與南人襲殺魏主，因入和龍，浮海南歸。以告將軍毛脩之，不從，乃止。既而事泄，朱脩之逃奔燕。魏人數伐燕，燕王遣脩之南歸求救。脩之泛海至東萊，遂還建康，拜黄門侍郎。

冬，十二月，燕長樂公崇以遼西叛降魏。燕王嫡妃王氏，生長樂公崇，於兄弟爲最長。及即位，立慕容氏爲王后，王氏不得立，又黜崇，使鎮肥如。崇母弟朗、邈相謂曰：「今國家將亡，王復受譖，吾兄弟死無日矣。」乃相與亡奔遼西，説崇使降魏，崇從之。使邈如魏，請舉郡降。燕王聞之，使其將封羽圍遼西。

宋益州參軍裴方明討趙廣，破之。裴方明擊程道養營，破之。賊楊孟子屯城南，參軍梁雋之説諭邀見道濟，版爲主簿，克期討賊。趙廣知其謀，孟子懼，將所領奔晉原，晉原太守文仲興與之同守。趙廣遣帛氏奴攻晉原，破之，仲興、孟子皆死。裴方明復出擊賊，屢戰破之，賊遂大潰。道養收衆還廣漢，趙廣還涪城。道濟糧儲俱盡，方明出城求食，爲賊所敗，單馬獨還，賊衆復大集。方明夜縋而上，道濟爲設食，涕泣不能食。道濟曰：「卿非大丈夫，小敗何苦！賊勢既衰，臺兵垂至，但令卿還，何憂於賊！」即減左右以配之。賊揚言方明已死，城中大恐。道濟夜列炬火，出方明以示衆，衆乃安。道濟悉出財物，令方明募人。時傳道濟已死，莫有應者。梁雋之説道濟遣左右給使三十餘人出外，且告之曰：「吾病小損，聽歸休息。」給使既出，城中乃安，應募者日有千餘人。

魏遣太常李順如凉。魏李順復奉使至凉。凉王蒙遜延入庭中，箕坐隱几，無動起之狀。順正色大言曰：「不謂此叟無禮乃至於此！今不憂覆亡而敢陵侮天地，魂魄逝矣，何用見之！」握節將出。蒙遜使追止之，曰：「傳聞朝廷有不拜之詔，是以敢自安耳。」順曰：「齊桓公九合諸侯，一匡天下。周天子賜胙，命無下拜，桓公猶不敢失臣禮，下拜登受。今王雖功高，未如齊桓。朝廷雖相崇重，未有不拜之詔。而遽自偃蹇，此豈社稷之福邪！」蒙遜乃起，拜受詔。使還，魏主問以凉事。順曰：「蒙遜控制河右，踰三十年，經涉艱難，粗識機變，綏集荒裔，羣下畏服。雖不能貽厥孫謀，猶足以終其一世。然禮者德之輿，敬者身之基也。蒙遜無禮不敬，以臣觀之，不復年矣。」魏主曰：「易世之後，何時當滅？」順曰：「蒙遜諸子，臣略見之，皆庸才也。如聞敦煌太守牧犍，器性粗立，繼蒙遜者，必此人也。然比之於父，皆云不及。此殆天之所以資聖明也。」魏主曰：「朕方有事東方，未暇西略。如卿所言，不過數年之外，不爲晚也。」初，罽賓沙門曇無讖，自云能使鬼治病，且有祕術。蒙遜重之，謂之聖人，諸女婦皆往受術。魏主徵之，蒙遜留不遣而殺之。魏主由是怒凉。蒙遜荒淫猜虐，羣下苦之。

癸酉（四三三）

宋元嘉十年，魏延和二年。北凉王沮渠牧犍永和元年。

春，正月，魏以樂安王範爲長安鎮都大將。魏主以範年少，更選舊德將軍崔徽、張黎爲之副。範謙恭寬惠，徽務敦大體，黎清約公平，政刑簡易，輕徭薄賦，關中遂安。

二月，魏以馮崇爲遼西王。

魏以陸俟爲散騎常侍。初，俟嘗爲懷荒鎮大將，未期歲，高車諸莫弗訟俟嚴急無恩，復請前鎮將郎孤。魏主徵俟還，以孤代之。俟既至，言曰：「不過期年，郎孤必敗，高車必叛。」魏主怒，切責之。明年，諸莫弗果殺郎孤而叛。魏主大驚，立召俟問之，俟曰：「高車不知上下之禮，故臣臨之以威，制之以法，欲以漸訓導，使知分限。而諸莫弗惡臣所爲，訟臣無恩，稱孤之美。臣以罪去，孤獲還鎮，悦其稱譽，益收名聲，專用寬恕待之。無禮之人，易生驕慢，不過期年，無復上下，孤所不堪，必將復以法裁之。如此，則衆心怨懟，必生禍亂矣。」魏主笑曰：「卿身雖短，思慮何長也！」即日以爲散騎常侍。

宋荆州遣兵救成都，擊賊，破之。劉道濟卒，梁儁之、裴方明詐爲道濟教命以答籤疏，雖其母妻，亦不知也。方明出擊賊，大敗之，賊退保廣漢。荆州刺史臨川王義慶遣巴東太守周籍之將二千人救成都。趙廣等自廣漢至郫，連營百數。籍之與方明等合攻，克之，進擊廣漢。廣等走還涪。義慶，道規之子也。

夏，四月，凉王蒙遜卒，子牧犍立。蒙遜病甚，國人以世子菩提幼弱，而其兄牧犍聰穎好學，和雅有度量，立以爲世子。蒙遜卒，牧犍即位，遣使請命于魏。魏主謂李順曰：「卿言蒙遜死，牧犍立，皆驗。朕克凉州，亦不遠矣。」進號安西將軍，寵待彌厚，政事無巨細皆與之參議。遣順拜牧犍河西王。牧犍尊敦煌劉昞爲國師，親拜之，命官屬以下皆北面受業。

五月，林邑遣使入貢于宋。

宋裴方明擊趙廣等，大破平之。

魏人攻燕。

秋，九月，宋以甄法崇爲益州刺史。法崇至成都，收費謙誅之。程道養逃入郪山，時出爲寇。

十一月，楊難當襲宋漢中〔二〕，據之。宋主聞梁、秦刺史甄法護刑政不治，失氐、羌之和，乃自徒中起蕭思話，使代之。未至，楊難當舉兵襲法護。法護棄城奔洋川，難當遂有漢中之地。

宋謝靈運有罪，誅。靈運好爲山澤之遊，窮幽極險，從者數百人，伐木開徑，百姓驚擾，以爲山賊。會稽太守孟顗表其有異志，靈運詣闕自陳，宋主以爲臨川内史。靈運遊放自若，爲有司所糾，遣使收之。靈運執使者，興兵逃逸，作詩曰：「韓亡子房奮，秦帝魯連恥。」追討，擒之。廷尉論正斬刑。宋主愛其才，降死，徙廣州。或告靈運令人買兵器，結健兒，欲於三江口篡取之，不果。詔於廣州棄市。靈運恃才放逸，多所陵忽，故及於禍。

甲戌（四三四）

宋元嘉十一年，魏延和三年。

春，宋秦、梁刺史蕭思話討楊難當，破之。難當以克漢中告捷於魏。蕭思話至襄陽，遣司馬蕭承之爲前驅。承之緣道收兵，進據磝頭。楊難當焚掠漢中，引衆西還，留趙温守梁州，薛健據黄金山。思話遣陰平太守蕭坦攻鐵城戍，拔之。臨川王義慶遣將軍裴方明助承之拔黄金戍。温棄州城，思話繼至，與承之共擊，屢破之。

魏及柔然和親。魏主以西海公主妻柔然敕連可汗，又納其妹爲夫人，遣潁川王提逆之。

宋復取漢中。楊難當遣其子和將兵與蒲甲子等共擊蕭承之，相拒四十餘日，圍承之數十重，短兵接，弓矢無所復施。氐悉衣犀甲，戈矛不能入。承之斷矟長數尺，以大斧椎之，一矟輒貫數人。氐不能當，走據大桃。閏月，承之追擊，斬獲甚衆，悉收漢中故地，置戍於葭萌水。蕭思話徙鎮南鄭，甄法護坐賜死。難當奉表謝罪，詔赦之。

燕王弘稱藩于魏。燕王遣高顒稱藩請罪于魏，以季女充掖庭。魏主許之，徵其太子王仁入朝。燕王送魏使者于什門還平城。什門在燕二十一年，不屈節。魏主下詔褒稱，以比蘇武，拜治書御史，策告宗廟，頒示天下。

凉遣使奉表于宋。

六月〔三〕，魏人伐燕。燕王不遣太子質魏，散騎常侍劉滋諫曰：「昔劉禪有重山之險，孫皓有長江之阻，皆爲晉擒。何則？强弱之勢異也。今吾弱於吳、蜀而魏强於晉，不從其欲，將有危亡之禍。願亟遣太子，而修政事，撫百姓，收離散，賑飢窮，勸農桑，省賦役，社稷猶庶幾可保。」燕王怒殺之。魏主遣永昌王健等伐燕，收其禾稼，徙民而還。

秋，魏主擊山胡，克之。七月，魏主命陽平王它督諸軍擊山胡白龍於西河，而自引數十騎登山臨視。白龍伏壯士十餘處掩擊之，魏主墜馬，幾爲所擒。内入行長陳建以身扞之，大呼奮擊，殺胡數人，身被十餘創，魏主乃免。九月，大破胡衆，斬白龍，屠其城。

乙亥（四三五）

宋元嘉十二年，魏太延元年。

春，正月，朔，日食。

燕王弘稱藩于宋。燕王數爲魏所攻，遣使詣建康稱藩奉貢。宋封爲燕王，江南謂之黄龍國。

涼有神投書于敦煌東門。有老父投書于敦煌東門，求之不獲。書曰：「涼王三十年若七年。」涼王牧犍以問奉常張慎，慎對曰：「昔虢之將亡，神降于莘。願殿下崇德修政，以享三十年之祚。若盤于遊田，荒于酒色，臣恐七年將有大變。」牧犍不悦。

夏，四月，宋以殷景仁爲中書令、中護軍。宋領軍將軍劉湛與僕射殷景仁素善，湛之入也，景仁實引之。湛以景仁位遇素不踰己，而一旦居前，意甚憤憤。又以景仁專管内任，謂其間己，猜隙日生。時司徒義康專秉朝權，湛嘗爲其上佐，遂委心自結，欲因其力以傾景仁。至是宋主加景仁中書令、中護軍。湛愈憤怒，使義康毁景仁，而宋主遇之益隆。景仁對親舊歎曰：「引之令入，入便噬人！」乃稱疾解職，不許。湛議陰遣人殺之。宋主微聞之，遷護軍府於西掖門外，故湛謀不行。義康僚屬及諸附湛者，潛相約勒，無敢歷殷氏之門。唯後將軍司馬庾炳之遊二人之間，皆得其歡心，而密輸忠於朝廷。景仁臥家不朝謁，宋主常使炳之銜命往來，湛不疑也。

五月，魏以穆壽爲宜都王。魏主進宜都公穆壽爵爲王，壽辭曰：「臣祖父崇所以得效功前朝，流福於後者，梁眷之忠也。今眷元勳未録，而臣獨奕世受賞，心實愧之。」魏主悦，求眷後，得其孫，賜爵郡公。

西域九國遣使入貢于魏。龜兹、疏勒、烏孫、悦般、渴槃陁、鄯善、焉耆、車師、粟持九國入貢于魏。魏主以漢世雖通西域，有求則卑辭而來，無求則驕慢不服。蓋自知去中國絶遠，大兵不能至故也。今報使往來〔四〕，徒爲勞費，終無所益。欲不遣使。有司固請，以爲：「不宜拒絶，以抑將來。」乃遣王恩生等二十輩使西域。皆爲柔然所執，恩生見敕連可汗，持魏節不屈。魏主聞之，切責敕連，敕連乃遣恩生等還，竟不能達西域。

六月，高麗王璉遣使入貢于魏。

宋大水，設酒禁。揚州諸郡大水，運徐、豫、南兖穀以賑之。揚州西曹主簿沈亮以爲酒糜穀而不足療飢，請權禁止，從之。

秋，七月，魏伐燕。魏樂平王丕等伐燕，至和龍，燕王以牛酒犒軍。魏人數伐燕，燕日危蹙。楊岷復勸燕王速遣太子入侍。燕王曰：「吾未忍爲此。若事急，且東依高麗，以圖後舉。」岷曰：「魏舉天下以擊一隅，理無不克。高麗無信，始雖相親，終恐爲變。」燕王不聽，密遣陽伊請迎於高麗。

宋禁擅鑄像造寺者。丹楊尹蕭摹之上言：「佛入于中國，已歷四代，形像塔寺，所在千數。材竹銅綵，糜損無極。無關神祇，有累人事，不爲之防，流遁未息。請自今欲鑄銅像及造塔寺者，皆當列言，須報乃得爲之。」詔從之。

丙子（四三六）

宋元嘉十三年，魏太延二年。是歲，燕亡，凡三國。

春，三月，宋殺其司空檀道濟。道濟立功前朝，威名甚重，左右腹心並經百戰，諸子又有才氣，朝廷疑畏之。宋主久疾不愈，劉湛説司徒義康，以爲：「宮車一日晏駕，道濟不復可制。」會宋主疾篤，義康請召道濟入朝。其妻向氏謂道濟曰：「高世之勳，自古所忌。今無事相召，禍其至矣。」至，留累月。宋主稍間，將還未發。會宋主疾動，義康矯詔召道濟入祖道，因執之。三月，下詔稱：「道濟因朕寢疾，規肆禍心。」收付廷尉，并其子植等十一人誅之。又殺其參軍薛彤、高進之。二人皆道濟腹心，有勇力，時人比之關、張。道濟見收，憤怒，目光如炬，脱幘投地曰：「乃壞汝萬里長城。」魏人聞之，喜曰：「道濟死，吴子輩不足復憚。」

楊難當自稱大秦王。難當稱王，改元建義，立王后、太子，置百官皆如天子之制。然猶貢奉宋、魏不絶。

夏，魏伐燕。燕王弘奔高麗。魏伐燕，娥清、古弼攻白狼城，克之。高麗遣將衆數萬，隨陽伊迎燕王。燕尚書令郭生因民之憚遷，開城門納魏兵。魏人疑之，不入。生遂勒兵攻燕王，王引高麗兵入，與生戰，殺之。高麗兵因大掠城中。五月，燕王帥龍城見户東徙，方軌而進，前後八十餘里。焚宫殿，火一旬不滅。古弼部將高苟子帥騎欲追之，弼醉，拔刀止之，故燕王得逃去。魏主聞之，怒，檻車徵弼及娥清至平城，皆黜爲門卒。遣封撥使高麗，令送燕王，不從。魏主議擊之，將發隴右騎卒，劉絜曰：「秦、隴新民，且當優復，俟其饒實，然後用之。」樂平王丕曰：「和龍新定，宜廣修農桑以豐軍實，然後進取，則高麗一舉可滅也。」乃止。

秋，七月，魏伐楊難當于上邽，降之。赫連定之西遷也，楊難當遂據上邽。至是魏主遣樂平王丕討之。先遣齎詔諭難當，難當懼，請奉詔。諸將議以爲：「不誅其豪帥，後必爲亂。大衆遠出，不有所掠，無以充軍實、賞將士。」丕將從之，中書侍郎高允曰：「如諸將之謀，是傷其向化之心。大軍既還，爲亂必速。」丕乃止，撫慰初附，秋毫不犯，秦、隴遂安。

冬，魏置野馬苑。魏主如稒陽，驅野馬於雲中，置苑。

宋鑄渾儀。初，高祖克長安，得古銅渾儀，儀狀雖舉，不綴七曜。是歲，詔太史令錢樂之更鑄渾儀，徑六尺八分，以水轉之，昏明中星，與天相應。

柔然絶魏和親，寇其邊。

丁丑（四三七）

宋元嘉十四年，魏太延三年。

春，三月[五]，魏以南安王渾爲鎮東大將軍，鎮和龍。

夏，五月，魏詔吏民告守令罪。魏主以民官多貪，五月，詔吏民得舉告守令不如法者。於是姦猾專求牧宰之失，迫脇在位，横於閭里。而長吏咸降心待之，貪縱如故。

西域朝貢于魏。魏主復遣侍郎董琬、高明等多齎金帛使西域，招撫九國。琬等至烏孫，其王甚喜，曰：「破落那、者舌二國皆欲稱臣致貢于魏，但無路自致耳。今使君宜過撫之。」乃遣導譯送琬等。旁國聞之，爭遣使者隨琬等入貢，凡十六國，自是每歲朝貢不絶。

涼遣子入侍于魏，遣使如宋。魏主以其妹武威公主妻北涼王牧犍，牧犍遣宋繇謝，且問其母及公主所宜稱。魏主議之，皆曰：「母以子貴，妻從夫爵。牧犍母宜稱河西國太后，公主於其國稱王后，於京師則稱公主。」魏主從之。初，牧犍娶涼武昭王之女，及魏公主至，李氏與其母尹氏遷居酒泉。頃之，李氏卒，尹氏撫之，不哭，曰：「汝國破家亡，今死晚矣。」魏主遣李順徵涼世子封壇入侍。牧犍奉詔，亦遣使如宋，獻雜書并求書數十種，宋皆與之。李順自河西還，魏主問之曰：「卿往年言取涼州之策，朕以東方有事，未遑也。今和龍已平，吾欲西征，可乎？」對曰：「臣疇昔所言，今雖不謬，然國家戎車屢動，士馬疲勞，西征之議，請俟他年。」魏主乃止。

戊寅(四三八)

宋元嘉十五年，魏太延四年。

春，二月，宋以吐谷渾慕利延爲隴西王。

三月，魏罷沙門五十以下者。

高麗殺故燕王弘。初，燕王弘至遼東，高麗王璉遣使勞之曰：「龍城王馮君，爰適野次，士馬勞乎？」弘慚怒，稱制讓之。高麗處之平郭，尋徙北豐。弘素侮高麗，政刑賞罰，猶如其國。高麗乃奪其侍人，取其太子王仁爲質。弘怨高麗，遣使求迎于宋。宋主遣使迎之，高麗遂殺弘并其子孫十餘人。

秋，七月，魏伐柔然，不見虜而還。時漠北大旱，無水草，人馬多死。

冬，十一月，朔，日食。

宋立四學。以雷次宗爲給事中，不受。豫章雷次宗好學，隱居廬山。嘗徵爲散騎侍郎，不就。是歲以處士徵至建康，爲開館於雞籠山，使聚徒教授。宋主雅好藝文，使丹楊尹何尚之立玄學，太子率更令何承天立史學，司徒參軍謝元立文學，并次宗儒學爲四學。宋主數幸次宗學館，令次宗以巾褠侍講，資給甚厚。又除給事中，不就。久之，還廬山。

司馬公曰：史者儒之一端，文者儒之餘事。至於老、莊虛無，固非所以爲教也。夫學者所以求道，天下無二道，安有四學哉！

宋主性仁厚恭儉，勤於爲政，守法而不峻，容物而不弛。百官皆久於其職，守宰以六期爲斷，吏不苟免，民有所係。三十年間，四境之内，晏安無事，戶口蕃息。出租供徭，止於歲賦，晨出暮歸，自事而已。閭閻之内，講誦相聞，士敦操尚，鄉恥輕薄，江左風俗，於斯爲美。後之言政治者，皆稱元嘉焉。

己卯(四三九)

宋元嘉十六年，魏太延五年。是歲，凉亡。凡二國。

春，二月，宋以衡陽王義季都督荆、湘等州軍事。義季嘗春月出畋，有老父被苫而耕，左右斥之，老父曰：「盤于遊畋，古人所戒。今陽和布氣，一日不耕，民失其時，奈何以從禽之樂而驅斥老農也！」義季止馬曰：「賢者也。」命賜之食，辭曰：「大王不奪農時，則境内之民皆飽大王之食，老夫何敢獨受大王之賜乎！」義季問其名，不告而退。

楊保宗奔魏，魏以爲武都王，守上邽。

夏，六月，魏主伐涼。秋，九月，姑臧潰，涼王牧犍降。

北涼王牧犍通於其嫂李氏。李氏毒魏公主，魏主遣醫乘傳救之，得愈。魏主徵李氏，牧犍不遣，使居酒泉。魏使者自西域還，至武威，牧犍左右有告魏使者曰：「我君承蠕蠕可汗妄言云：『去歲魏天子自來伐我，士馬疫死，大敗而還。』我君大喜，宣言於國。」使還以聞，魏主遣尚書賀多羅使涼州觀虛實，還亦言牧犍雖外修臣禮，內實乖悖。魏主欲討之，以問崔浩。浩曰：「牧犍逆心已露，不可不誅。官軍往年北伐，戰馬三十萬匹，死傷不滿八千，而遠方乘虛，遽謂衰耗不能復振。今出其不意，大軍猝至，彼必駭擾，不知所爲，擒之必矣。」魏主曰：「善。」於是大集公卿，議於西堂。弘農王奚斤等皆曰：「牧犍雖心不純臣，然職貢不乏，罪惡未彰，宜加恕宥。國家新征蠕蠕，士馬疲弊，未可大舉。且聞其土地鹵瘠，難得水草，大軍既至，彼必嬰城固守。攻之不拔，野無所掠，此危道也。」初，崔浩惡李順。順使涼州凡十二返，涼武宣王數與遊宴，時爲驕慢之語，恐順泄之，隨以金寶納於順懷，順亦爲之隱。浩知之，密以白魏主，魏主未之信。及是順與古弼皆曰：「姑臧地皆枯石，絕無水草。城南天梯山上，積雪丈餘，春夏消釋，下流成川，居民仰以溉灌。彼聞軍至，決此渠口，水必乏絕，人馬飢渴，難以久留。斤等議是。」浩曰：「史稱『涼州之畜爲天下饒。』若無水草，畜何以蕃？又，漢人終不於無水草之地築城郭、建郡縣也。且雪之消釋，僅能斂塵，何得通渠溉灌乎！此言大爲欺誣矣。」李順曰：「耳聞不如目見。」浩曰：「汝受人金錢，欲爲之遊說，謂我目不見便可欺邪！」魏主隱聽，聞之乃出，見斤等辭色嚴厲，羣臣不敢復言，唯唯而已。羣臣既出，將軍伊馛言曰：「涼州若果無水草，彼何以爲國？宜從浩言。」魏主從之。六月，發平城。使穆壽輔太子晃監國。

又使大將軍嵇敬將二萬人屯漢南以備柔然。命公卿爲書讓牧犍，數其十二罪，且曰：「若親帥羣臣委贄遠迎，謁拜馬首，上策也。六軍既臨，面縛輿櫬，其次也。若守迷窮城，不時悛悟，身死族滅，爲世大戮。宜思厥中，自求多福。」七月，至上郡屬國城，部分諸軍，以源賀爲鄉導。魏主問以方略，對曰：「姑臧城旁有四部鮮卑，皆臣祖父舊民，臣願處軍前，宣國威信，示以禍福，必相帥歸命。外援既服，取其孤城，如反掌耳。」魏主曰：「善。」八月，牧犍求救於柔然。遣其弟董來將兵萬餘人出戰，望風犇潰。魏主至姑臧，遣使諭牧犍出降。牧犍聞柔然欲入魏邊，冀幸魏主東還，遂嬰城固守。魏主分軍圍之。源賀引兵招慰諸部下三萬餘落，故魏主得專攻姑臧，無復外慮。魏主見姑臧水草豐饒，由是恨李順，謂崔浩曰：「卿言驗矣。」始太子晃亦以西伐爲疑，至是詔報之曰：「姑臧東西門外，涌泉合於城北，其大如河。自餘溝渠流入漢中，其間乃無燥地也。」九月，姑臧城潰，牧犍帥其文武五千人面縛請降，魏主釋而禮之。收其城内户口二十餘萬，使張掖王禿髮保周、將軍穆羆、源賀分徇諸部，雜胡降者又數十萬。擊取張掖、樂都、酒泉、武威，皆置將守之。魏主置酒姑臧，謂羣臣曰：「崔公智略有餘，吾不復以爲奇。伊馛弓馬之士，而所見乃與崔公同，此深可奇也。」馛善射，能曳牛卻行，走及犇馬，而性忠謹，故魏主特愛之。

柔然寇魏，不克。魏主之西伐也，穆壽送至河上，魏主敕之曰：「吴提與牧犍相結素深，聞朕西伐，必來犯塞，朕故留壯兵肥馬，使卿輔太子。收田畢，即發兵詣漢南，分伏要害，以待虜至。引使深入，然後擊之，無不克矣。」壽信卜筮，以爲柔然必不來，不爲之備。而柔然敕連可汗果乘虛入寇，留其兄乞列歸與嵇敬相拒於北鎮，自帥精騎深入。平城大駭，穆壽不知所爲，欲塞西郭門，請太子避保南山，竇太后不聽而止。乃遣軍拒之於吐頹山。會嵇敬擊破乞列歸於陰山之北，禽之，及將帥五百人，斬首萬餘級。敕連聞之，遁去。

冬，十月，魏以樂平王丕鎮涼州。魏主東還，留樂平王丕及將軍賀多羅鎮涼州，徙沮渠牧犍宗族及吏民三萬戶于平城。

魏張掖王禿髮保周據郡叛。

十二月，宋太子劭冠。劭美鬚眉，好讀書，便弓馬，喜延賓客。意之所欲，宋主必從之，東宮置兵與羽林等。

魏主還平城。魏主猶以妹婿待沮渠牧犍，拜征西大將軍、河西王如故。涼州自張氏以來，號爲多士。牧犍尤喜文學，其臣闞駰、張湛、劉昞、索敞、陰興、宋欽、趙柔、程駿、程弘，魏主皆禮而用之。初，安定胡叟往從牧犍，牧犍不甚重之，叟謂程弘曰：「貴主居僻陋之國而淫名僭禮，以小事大而心不純壹，外慕仁義而實無道德，其亡可翹足而待也。」遂適魏。至是魏主以爲先識，拜虎威將軍。河內常爽，世寓涼州，不受禮命，魏主以爲宣威將軍。以索敞爲中書博士。時魏方尚武功，貴遊子弟不以講學爲意。敞爲博士十餘年，勤於誘導，肅而有禮，貴遊嚴憚，多所成立。常爽亦置館於溫水之右，教授七百餘人，立賞罰之科，弟子事之如嚴君。由是魏之儒風始振。

魏命崔浩、高允修國史。魏主命崔浩監祕書事，綜理史職。以侍郎高允、張偉參典著作。浩集諸曆家，考校漢元以來日月薄蝕、五星行度，并譏前史之失，別爲魏曆以示高允。允曰：「漢元年，十月，五星聚東井。按星傳：『太白、辰星，常附日而行。』十月日在尾、箕，昏没於申南，而東井方出於寅北，二星何得背日而行？此乃曆術之淺事，而史官欲神其事，不復推之於理。今譏漢史而不覺此謬，恐後人之譏今，猶今之譏古也。」浩曰：「天文欲爲變者，何所不可耶？」允曰：「此不可以空言爭，宜更審之。」後歲餘，浩謂允曰：「先所論者，果如君言。五星乃以前三月聚東井，非十月也。」衆乃歎服。允雖明曆，初不推步論説，惟東宫少傅游雅知之。數以災異問允，允曰：「陰陽災異，知之甚難。既已知之，復懼漏泄，不如不知也。天下妙理至多，何遽問此！」

魏除田禁。魏主問高允爲政何先？允曰：「臣少賤，唯知農事。若國家廣田積穀，公私有備，則饑饉不足憂矣。」時魏多封禁良田，故允及之。魏主乃命悉除其禁以賦百姓。

庚辰(四四〇)

宋元嘉十七年，魏太平真君元年。

春，正月，沮渠無諱寇魏酒泉。凉之亡也，牧犍之弟無諱出奔敦煌。至是寇酒泉，拔之。

夏，四月，朔，日食。

六月，魏大赦，改元。取寇謙之神書之言也。

秋，七月，魏討禿髮保周，殺之。沮渠無諱降。

冬，十月，宋領軍劉湛有罪，誅。以彭城王義康爲江州刺史，江夏王義恭爲司徒、録尚書事，始興王濬爲揚州刺史。宋司徒義康專總朝權。宋主羸疾積年，屢至危殆。義康盡心營奉，藥食非親嘗不進，或連夕不寐。性好吏職，糾剔精盡。凡所陳奏，入無不可。方伯以下，並令選用。生殺大事，或以録命斷之。勢傾遠近，朝野輻湊，義康傾身引接，未嘗懈倦。士之幹練者，多被意遇。嘗謂劉湛曰：「王敬弘、王球之屬，竟何所堪！坐取富貴，復那可解！」然素無學術，不識大體，朝士有才用者皆引入己府〔六〕，府僚無施及忤旨者乃斥爲臺官。自謂兄弟至親，不復存君臣形迹。置私僮六千人，四方獻饋，皆以上品薦義康而以次者供御。領軍劉湛與僕射殷景仁有隙，欲倚義康以傾之。義康權勢已盛，湛愈推崇之，無復人臣之禮，宋主浸不能平。湛初入朝，宋主恩禮甚厚。湛善論治道，諳前代故事，叙致銓理，聽者忘疲。每入雲龍門，不夕不出。及是，宋主意雖内離而接遇不改，嘗謂所親曰：「劉班初自西還，與語，常視日早晚，慮其將去。比入，吾亦視日早晚，苦其不去。」殷景仁密言於宋主曰：「相王權重，非社稷計，宜少裁抑。」宋主然之。義康長史劉斌、王履、劉敬文、孔胤秀等皆以傾諂有寵。宋主嘗疾篤，使義康具顧命詔，義康還省，流涕以告湛及景仁。湛曰：「天下艱難，詎是幼主所御！」義康、景仁皆不答。而胤秀等輒就尚書議曹索晉立康帝舊事，義康不知也。及宋主疾瘳，微聞之。而斌等密謀，必使大業終歸義康〔七〕，遂邀結朋黨，伺察禁省，有不與之同者，必百方搆陷之，由是主相之勢分矣。既而湛遭母憂去職，謂所親曰：「常日正賴口舌爭之〔八〕，故得推遷。今既窮毒，無復此望，禍至其能久乎！」至是宋主收湛，下詔誅之，及斌等八人。義康上表遜位，詔以爲江州刺史，出鎮豫章。初，殷景仁卧疾五年，雖不見上，而密函去來，日以十數，朝政大小，必以咨之。影迹周密，莫有窺其際者。收湛之日，景仁使拂拭衣冠，左右莫曉其意。至夜，聞召，猶稱脚疾，以小牀輿就坐。誅討處分，一皆委之。初，檀道濟薦吴興沈慶之忠謹曉兵，宋主使領隊防東掖門。劉湛謂曰：「卿在省歲久，比當相論。」慶之正色曰：「下官在省十年，自應得轉，不復以此仰累！」收湛之夕，宋主召之，慶之戎服縛袴而入。宋主曰：「卿何意乃爾急裝？」慶之曰：「夜半喚隊主，不容緩服。」乃遣收劉斌，殺之。將軍徐湛之與義康尤親厚，被收，當死。其母會稽公主於兄弟爲長嫡，素爲上所禮，家事大小，必咨而後行。高祖微時，自於新洲伐荻，有納布衫襖，臧皇后手所作也。既貴，以付公主曰：「後世有驕奢不節者，可以此衣示之。」至是，公主入見，號哭，以錦囊盛納衣擲地，曰：「汝家本貧賤，此是我母爲汝父所作。今日得一飽餐，遽欲殺我兒耶！」宋主乃赦之。王履叔父球爲吏部尚書，簡淡有美名，爲宋主所重。以履性進利，屢戒之，不從。至是，履徒跣告球，球曰：「常日語汝云何？」履懼不能對。球徐曰：「阿父在，汝亦何憂！」宋主以球故，竟免履死，廢於家。義康用事，人爭求親暱，唯主簿江湛早能自疏，求出爲武陵内史。檀道濟嘗爲子求昏於湛，湛固辭。道濟因義康以請，湛拒之愈堅。故不染於二公之難。義康停省十餘日，奉辭下渚，上唯對之慟哭，餘無所言。義康問沙門慧琳曰：「弟子有還理否？」琳曰：「恨公不讀數百卷書。」初，吳興太守謝述累佐義康，數有規益，早卒。至是，義康歎曰：「昔謝述唯勸吾退，劉班唯勸吾進。今班存而述死，其敗也宜哉！」宋主亦曰：「謝述若存，義康必不至此。」以蕭斌爲義康諮議參軍，領豫章太守，事無大小，皆以委之。使將軍蕭承之將兵防守。資奉優厚，信賜相係。久之，宋主就會稽公主宴集，甚驩。主起，再拜，悲不自勝，曰：「車子歲暮必不爲陛下所容，今特請其命。」因慟哭，宋主亦流涕，指蔣山曰：「若違今誓，便是負初寧陵。」即封所飲酒賜義康。故終主之身，義康得無恙。

司馬公曰：「文帝之於義康，兄弟之情，其始非不隆也。終於失兄弟之歡，虧君臣之義，迹其亂階，正由劉湛權利之心無有厭已。詩云：「貪人敗類。」其是之謂乎！

義恭懲彭城之敗，雖爲總録，奉行文書而已，宋主乃安之。景仁爲揚州刺史，尋卒。以王球爲僕射，始興王濬爲揚州刺史，范曄、沈演之爲左右衛將軍，對掌禁旅，庾炳之爲吏部郎，俱參機密。曄，寧之孫也〔九〕。有儁才，而薄情淺行，數犯名教，爲士流所鄙。性躁競，自謂才用不盡，常怏怏不得志。吏部尚書何尚之言於宋主曰：「范曄志趣異常，請出爲廣州刺史。若在内釁成，不得不加鈇鉞，鈇鉞亟行，非國家之美也。」宋主曰：「始誅劉湛，復遷范曄，人將謂卿等不能容才，朕信受讒言。但共知其如此，無能爲害也。」

辛巳（四四一）

宋元嘉十八年，魏太平真君二年。

春，正月，宋以彭城王義康爲都督江、交、廣州軍事。義康至豫章，辭刺史，以爲都督三州軍事。前龍驤參軍扶令育上表曰：「彭城王，先朝之愛子，陛下之次弟，若有迷謬之愆，正可道以義方，奈何一旦黜削，遠送南垂。萬一義康年窮命盡，奄忽于南，臣雖微賤，竊爲陛下羞之。陛下徒知惡枝之宜伐，豈知伐枝之傷樹乎！願亟召還，兄弟協和，君臣輯睦，則四海之望塞，多言之路絶矣。」表奏，賜死。

裴子野曰：夫在上爲善，若雲行雨施，萬物受其賜。及其惡也，若天裂地震，萬物所驚駭，誰弗知見！豈戮一人，鉗一口，所能弭滅哉！是皆不勝其忿而有增於疾疹也。以太祖之含弘，尚掩耳於彭城之戮。自斯以後，誰易由言。有宋累葉，罕聞直諒，豈骨鯁之氣，俗愧前古？抑時王之刑政使之然乎？張約隕於權臣，扶育斃於哲后，宋之鼎鑊，吁，可畏哉！

魏新興王俊謀反，伏誅。

魏人伐酒泉，克之。魏以沮渠無諱終爲邊患，遣兵伐之，拔酒泉。無諱乃謀西渡流沙。

楊難當寇宋漢川，宋遣兵討之。難當傾國寇宋邊，謀據蜀土，遣其將苻冲出東洛，宋梁、秦刺史劉真道擊斬之。難當攻拔葭萌，遂圍涪城，不克而還。十二月，宋遣龍驤將軍裴方明等討之。

宋晉寧郡反，討平之。

壬午（四四二）

宋元嘉十九年，魏太平真君三年。

春，正月，魏主詣道壇受符籙。魏寇謙之言於魏主曰：「陛下以真君御世，建静輪天宫之法，開古以來，未之有也。應登受符書，以彰聖德。」魏主從之。自是每世即位，皆受符籙。謙之又奏作静輪宫，必令其高不聞雞犬，欲以上接天神。崔浩亦勸爲之，功費萬計，經年不成。太子晃諫曰：「天人道殊，卑高定分，不可相接，理在必然。今耗府庫，疲百姓，爲無益之事，將安用之！」不聽。

夏，四月，沮渠無諱西據鄯善。李寶入據敦煌。四月，沮渠無諱將萬餘家棄敦煌，西據鄯善，其士卒經流沙渴死者太半。鄯善王比龍將其衆犇且末。李寶自伊吾帥衆二千入據敦煌，繕修城府，安集故民，而奉表于魏。沮渠牧犍之亡也，涼州人闞爽據高昌。唐契爲柔然所迫，擁衆西趨高昌，欲奪其地。契死，弟和收餘衆犇車師前部，拔高寧、白力二城，遣使請降於魏。

五月，宋討楊難當，平之。魏人救之，不克。裴方明等至漢中，與劉真道分兵攻武興、下辯、白水，皆取之。楊難當遣符弘祖守蘭皐，以其子和爲後繼。方明與戰，大破之，斬弘祖。和退走，難當犇上邽。獲其兄子保熾，又獲其子虎，送建康，斬之，仇池平。以胡崇之爲北秦州刺史，鎮其地。立保熾爲楊玄後，守仇池。魏人迎難當詣平城。真道、方明竟坐匿金寶善馬，下獄死。

秋〔一〇〕，七月，晦，日食。

九月，沮渠無諱襲據高昌，宋以無諱爲河西王。唐契之攻闞爽也，爽遣使詐降于沮渠無諱，欲與之共擊契。八月，無諱將其衆趨高昌，比至，契已死，爽閉門拒之。九月，無諱夜襲高昌，屠其城，爽奔柔然。無諱據高昌，遣使奉表于宋。以無諱爲河西王。

冬，十月，柔然遣使如宋。

十二月〔一一〕，宋修孔子廟。詔魯郡修孔子廟及學舍，蠲墓側五户課役以供灑掃。

魏以李寶爲敦煌公。

宋雍州蠻反。宋雍州刺史劉道產善爲政，民安其業，小大豐贍，由是民間有襄陽樂歌。山蠻前後不可制者皆出，緣沔爲村落，户口殷盛。道產卒，蠻追送至沔口。未幾，羣蠻大動，征西司馬朱脩之討之，不利。詔遣將軍沈慶之代之，殺虜萬餘人。

魏尚書李順有罪，誅。魏主使順差次羣臣，賜以爵位。順受賄，品第不平。魏主怒，且以順保庇沮渠氏，面欺誤國，賜死。

癸未（四四三）

宋元嘉二十年，魏太平真君四年。

春，正月，魏擊宋仇池，取之。魏軍進至下辯，宋將軍彊玄明等敗死。胡崇之被擒，餘衆走還漢中。魏遂取仇池，楊保熾走。

烏洛侯國遣使如魏。初，魏之居北荒也，鑿石爲廟，在烏洛侯西北，以祀其先，高七十尺，深九十步。及烏洛侯使至，言石廟具在。魏主遣使致祭，刻祝文於壁而還。去平城四千餘里。

夏，四月，魏殺其武都王楊保宗。秋，七月，宋立楊文德爲武都王。魏河間公齊與武都王楊保宗對鎮雒谷。保宗弟文德説保宗閉險叛魏。齊誘保宗，殺之。其屬苻達、任朏遂舉兵立文德爲王，據白崖，分兵取諸戍，進圍仇池，自號仇池公。魏將軍古弼擊之，文德退走。皮豹子督關中軍至下辯，聞仇池圍解，欲還。弼遣人謂曰：「宋人耻敗，必將復來。軍還之後，再舉爲難，不若練兵蓄力以待之。不出秋冬，宋師必至。以逸待勞，無不克矣。」豹子從之。文德遣使求援於宋。七月，宋以文德爲鎮西大將軍、武都王，屯葭蘆城。武都、陰平氐多歸之。

九月，魏主襲柔然，走之。魏主如漠南，捨輜重，以輕騎襲柔然，分軍爲四道。魏主至鹿渾谷，遇敕連可汗。太子晃曰：「賊不意大軍猝至，宜掩其不備，速進擊之。」尚書劉絜曰：「賊營塵盛，其衆必多。不如須諸軍大集，然後擊之。」晃曰：「塵盛者，軍士驚擾也，何得營上而有此塵乎！」魏主疑之，不急擊。柔然遁去，追之不及，獲其候騎曰：「柔然不覺魏軍至，惶駭北走，經六七日，知無追者，始乃徐行。」魏主深悔之。自是軍國大事，皆與晃謀之。司馬楚之別將督軍糧，柔然欲擊之。俄而軍中有告失驢耳者，楚之曰：「此必賊遣姦人入營覘伺，割以爲信耳。賊至不久，宜急爲備。」乃伐柳爲城，以水灌之。城立而柔然至，冰堅滑，不可攻，乃散走。

冬，十一月，宋人攻魏濁水戍，敗績。宋將軍姜道盛與楊文德合衆攻魏濁水戍，魏皮豹子等救之，道盛敗死。

十二月，魏主還平城。魏主還，至朔方，詔太子晃總百揆。且曰：「諸功臣勤勞日久，皆當以爵歸第，隨時朝宴，論道陳謨，不宜復煩以劇職，更舉賢俊以備百官。」遂還平城。

甲申（四四四）

宋元嘉二十一年，魏太平真君五年。

春，正月，宋主耕籍田，大赦。

魏太子晃總百揆。魏太子晃始總百揆，以中書監穆壽、司徒崔浩、侍中張黎古弼輔之。弼忠慎質直，嘗以上谷苑囿太廣，乞減太半以賜貧民。魏主方與給事中劉樹圍碁，志不在弼。弼侍坐良久，不獲陳聞。忽起，捽樹頭毆之曰：「朝廷不治，實爾之罪。」魏主失容曰：「不聽奏事，朕之過也。樹何罪，置之！」弼具以狀聞，魏主可之。弼曰：「爲臣無禮至此，其罪大矣。」出詣公車，免冠徒跣請罪。魏主召入，謂曰：「吾聞築社之役，蹇蹶而築之，端冕而事之，神降之福。然則卿有何罪！其冠履就職。苟有可以利社稷、使百姓者，竭力爲之，勿顧慮也。」晃課民稼穡，使無牛者借人牛而爲之，芸以償之，凡耕種二十二畝而芸七畝，大略以是爲率。使民各標姓名於田首以知其勤惰，禁飲酒遊戲者。於是墾田大增。

魏禁私養沙門、巫覡。魏主詔：「王公以下至庶人，有私養沙門、巫覡者，皆遣詣官。過二月十五日不出，沙門、巫覡死，主人門誅。」

魏令公卿子弟皆入太學。魏詔：「王公卿大夫之子皆詣太學，其百工商賈之子，各習父兄之業，毋得私立學校。違者，師死，主人門誅。」

二月，魏尚書令劉絜有罪，誅。樂平王丕以憂卒。初，魏尚書令劉絜久典機要，恃寵自專，魏主心惡之。及將襲柔然，絜諫曰：「蠕蠕遷徙無常，前者出師，勞而無功，不如廣農積穀，以待其來。」崔浩固勸魏主行，魏主從之。絜恥其言不用，欲敗魏師。魏主與諸將期會鹿渾谷，絜矯詔易其期。至鹿渾谷，欲擊柔然，絜又止之，使待諸將，留六日，而諸將不至，柔然遂遠遁。軍還糧盡，士卒多死。絜陰使人驚魏軍，勸魏主委軍輕還，不從。又以軍出無功，請治崔浩之罪。魏主曰：「諸將失期，遇賊不擊，浩何罪也！」浩以絜矯詔事白魏主，收絜囚之。魏主之北行也，絜私謂所親曰：「若車駕不返，吾當立樂平王。」又聞尚書右丞張嵩家有圖讖，問曰：「劉氏應王，吾有姓名否？」魏主聞之，命有司窮治，絜、嵩皆夷三族。絜好作威福，諸將破敵，得財物皆與分之。既死，籍其家，財巨萬。樂平戾王丕以憂卒。初，魏王築白臺，丕夢登其上，四顧不見人，命術士董道秀筮之，曰：「吉。」丕默有喜色。至是，道秀亦坐棄市。高允聞之曰：「夫筮者皆當依附爻象，勸以忠孝。王之問也，道秀宜曰：『窮高爲亢。易曰：「亢龍有悔。」又曰：「高而無民。」皆不祥也，王不可以不戒。』如此，則王安於上，身全於下矣。道秀反之，宜其死也。」

宋以江夏王義恭爲太尉。

夏，六月，河西王沮渠無諱卒，弟安周嗣。

魏罷舊俗所祀胡神。魏入中國以來，雖頗用古禮祀天地、宗廟、百神，而猶循其舊俗，所祀胡神甚衆。崔浩請存其合於祀典者五十七所，餘悉罷之。魏主從之。

秋，八月，魏主畋于河西。魏主詔以肥馬給獵騎，尚書令古弼留守，悉以弱馬給之。魏主大怒，欲還臺斬之。弼官屬惶怖，恐并坐誅。弼曰：「吾爲人臣，不使人主盤于遊畋，其罪小，不備不虞，乏軍國之用，其罪大。今蠕蠕方强，南寇未滅，吾爲國遠慮，雖死何傷！且吾自爲之，非諸君之憂也。」魏主聞之，歎曰：「有臣如此，國之寶也。」賜衣一襲。他日，復畋於山北，獲麋鹿數千頭。詔尚書發牛車五百乘以運之。既而謂左右曰：「筆公必不與我，汝輩不如自以馬運之。」尋果得弼表，曰：「秋穀懸黃，麻菽布野，猪鹿竊食，鳥鴈侵費，風雨所耗，朝夕三倍。乞賜矜緩，使得收載。」魏主曰：「果如吾言，筆公可謂社稷之臣矣。」弼頭銳，故魏主常以筆目之。

宋以衡陽王義季爲兖州刺史，南譙王義宣爲荆州刺史。初，宋主以義宣不才，故不用，會稽公主屢以爲言，宋主不得已用之。先賜詔曰：「師護在西，雖無殊績，潔己節用，通懷期物，不恣羣下，聲著西土，士庶所安，論者未議遷之。今之回换，更爲汝與師護年時一輩，欲各試其能。汝往，脱有一事減之者，遷代之譏，必歸於吾矣。」義宣至鎮，勤自課厲，事亦修理。宋主餞義季於武帳岡。將行，敕諸子且勿食，至會所設饌。日旰，不至，皆有饑色。乃謂曰：「汝曹少長豐佚，不見百姓艱難。今使汝曹識有饑苦，知以節儉御物耳。」

裴子野曰：善乎太祖之訓也！夫侈興於有餘，儉生於不足。欲其隱約，莫若貧賤。習其險艱，利以任使。達其情僞，易以躬臨。太祖若能帥此訓也，堅其志操，卑其禮秩，教成德立，然後授以政事，則無怠無荒，可播之九服矣。而崇樹襁褓，迭據方岳。國之存亡，既不是繫，早肆民上，非善誨也。

柔然敕連可汗死，子處羅可汗吐賀真立。

敦煌公李寶入朝于魏，魏人留之。

乙酉（四四五）

宋元嘉二十二年，魏太平真君六年。

春，正月，朔，宋行元嘉曆。初，宋太子率更令何承天撰元嘉新曆，表上之。以月食之衝知日所在。又以中星檢之，知堯時冬至日在須女十度，今在斗十七度。又測景較二至，差三日有餘，知今之南至日應在斗十三四度。於是更立新法，冬至徙上三日五時，日之所在，移舊四度。又月有遲疾，前曆合朔，月食不在朔望。今皆以盈縮定其小餘，以正朔望。詔付外詳之。太史令錢樂之等奏，皆如承天所上，唯月有頻三大二小，比舊爲異，謂宜仍舊。詔可。至是始行之。初，漢京房以十二律中呂上生黄鍾，不滿九寸，更演爲六十律。樂之復演爲三百六十律，日當一管。承天以爲上下相生，三分損益其一，蓋古人簡易之法，猶古曆周天三百六十五度四分度之一也。而房不悟，繆爲六十，乃更設新律，林鍾長六寸一釐，則從中呂還得黃鍾，十二旋宮，聲韻無失。

宋以武陵王駿爲雍州刺史。宋主欲經略關、河，故以駿鎮襄陽。

三月，魏詔中書以經義決疑獄。

夏，四月，魏伐鄯善。北涼之亡也，鄯善人以其地與魏鄰，大懼，曰：「通其使人，知我國虛實，取亡必速。」乃閉斷魏道，使者往來，輒鈔劫之，由是西域不通者數年。魏主發涼州以西兵擊之。

秋，七月，宋討羣蠻平之。武陵王駿遣參軍沈慶之擊蠻，破之。蠻斷驛道，欲攻隨郡，太守柳元景募得六七百人，邀擊，破之。遂平羣蠻，獲十萬餘口。

八月，魏徙雜民於北邊。魏主如陰山之北，發諸州兵三分之一，各於其州戒嚴，以須後命。徙諸種雜民五千餘家於北邊，令就畜牧，以餌柔然。

鄯善降魏，西域復通。

魏伐吐谷渾，慕利延走據于闐。魏軍至寧頭城，吐谷渾王慕利延擁其部落西渡流沙，入于闐，殺其主，據其地，死者數萬人。

九月，魏盧水胡蓋吳反。魏民間訛言：「滅魏者吳。」盧水胡蓋吳聚衆反於杏城，諸種胡爭應之，有衆十餘萬，表降於宋。魏長安鎮將拓跋紇討之，敗死。吴衆愈盛，分兵四掠。魏主發并、秦、雍兵擊破之。河東薛永宗復聚衆以應吴。吴自號天台王，置百官。

冬，十一月，魏人侵宋。魏選六州驍騎二萬，分爲二道，掠淮、泗以北，徙青、徐之民以實河北。

十二月，宋太子詹事范曄謀反，伏誅。初，魯國孔熙先博學文史，兼通數術，有縱横才志。爲員外散騎侍郎，憤憤不得志。父默之爲廣州刺史，以贓獲罪，彭城王義康救解得免。及義康遷豫章，熙先密懷報效。且以爲天文圖讖，宋主必以非道晏駕，禍由骨肉，而江州應出天子。以范曄志意不滿，欲引與同謀，而素不爲曄所重，乃厚結曄甥太子中舍人謝綜。綜引熙先見曄。熙先家饒於財，數與曄博，故爲拙行，以物輸之，由是情好款洽。熙先乃從容説曄弑宋主，立義康。曄愕然。熙先曰：「丈人雅譽過人，讒夫側目久矣，比肩競逐，庸可遂乎！今建大勳，奉賢哲，圖難於易，以安易危，豈可棄置而不取哉！」曄猶豫未決。熙先曰：「又有過於此者，愚則未敢道耳。」曄曰：「何謂也？」熙先曰：「丈人奕葉清通，而不得連姻帝室，人以犬豕相遇，而丈人曾不耻之，欲爲之死，不亦惑乎！」曄門無内行，故熙先以此激之。曄默然不應，反意乃決。綜，述之子也，素爲義康所厚，弟約又娶其女。丹楊尹徐湛之及尼法静皆義康黨，並與熙先往來。法静妹夫許曜領隊在臺，許爲内應。熙先以牋書與義康，陳説圖讖。於是密相署置，及素所不善者，並入死目。又作檄文，稱：「賊臣趙伯符肆兵犯蹕，禍流儲宰，湛之、曄等投命奮戈，斬伯符首。今遣將軍臧質奉璽綬迎彭城王正位宸極。」又詐作義康與湛之書，令誅君側之惡，宣示同黨。宋主之燕武帳岡也，曄等謀以其日作亂。許曜扣刀目曄，曄不敢發。湛之恐事不濟，密白其謀。

宋主乃命有司收付廷尉。熙先望風吐款，詞氣不撓。宋主奇其才，遣人慰勉之曰：「以卿之才而滯於集書省，理應有異志，此乃我負卿也。」熙先於獄中上書謝恩，且陳圖讖，深戒宋主以骨肉之禍。曄在獄爲詩曰：「雖無嵇生琴，庶同夏侯色。」十二月，曄、綜、熙先及其子弟黨與皆伏誅。曄母至市，涕泣責曄，曄色不怍。妹及妓妾來別，曄悲涕流連。綜曰：「舅殊不及夏侯色。」曄收淚而止。謝約不預逆謀，見綜與熙先遊，常諫之曰：「此人輕事好奇，果鋭無檢，不可狎也。」綜母以子弟自蹈逆亂，獨不出視。收籍曄家，樂器服玩，並皆珍麗，妓妾不勝珠翠。母居止單陋，唯有一厨盛樵薪。弟子冬無被，叔父單布衣。

裴子野曰：劉弘仁、范蔚宗皆忸志而貪權，矜才以徇逆，累葉風素，一朝而隕。向之所謂智能，翻爲亡身之具矣。

宋廢其彭城王義康爲庶人，徙安成郡。宋有司奏削義康爵，收付廷尉治罪。詔免爲庶人，絶屬籍，徙安成郡。以沈邵爲安成相，領兵防守。義康在安成，讀書，見淮南厲王事，廢書歎曰：「自古有此，我乃不知，得罪宜矣。」

宋始備郊廟之樂。初，江左二郊無樂，宗廟有歌無舞。是歲，南郊始設登歌。

丙戌（四四六）

宋元嘉二十三年，魏太平真君七年。

春，正月，魏主討蓋吳，宋發兵援之。魏主軍至東雍州，臨薛永宗壘，崔浩曰：「永宗未知陛下自來，衆心縱弛。今北風迅疾，宜急擊之。」魏主從之。永宗出戰，大敗，赴水死。其族人安都先據弘農，棄城奔宋。魏主聞蓋吴在長安北，以渭北地無穀草，欲渡渭南，循渭而西。崔浩曰：「夫擊蛇者，先擊其首，首破則尾不能掉。今吴營去此六十里，輕騎趨之，一日可到，破之必矣。破吴，南向長安亦不過一日。一日之乏，未至有傷。若從南道，則吴入北山，猝未可平也。」魏主不從。吴衆聞之，悉散入北地山，軍無所獲，魏主悔之。遂如長安，所過誅民夷與吴通謀者。諸軍大破吴於杏城，吴復遣使求援於宋。宋以吴爲北地公，發雍、梁兵屯境上，爲吴聲援。

宋伐林邑。初，林邑王范陽邁雖貢奉於宋，而寇盜不絶。宋主遣交州刺史檀和之討之。南陽宗慤，家世儒素，慤獨好武事，常言：「願乘長風，破萬里浪。」至是自請從軍。和之進圍區粟城，遣慤爲前鋒，擊林邑别將，破之。

三月，魏誅沙門，毀佛書佛像。魏主與崔浩皆信重寇謙之，奉其道。浩素不信佛法，每言於魏主，以爲佛法虚誕，爲世費害，宜悉除之。及魏主至長安，入佛寺，沙門飲從官酒。入其室，見大有兵器，出以白魏主。魏主怒曰：「此非沙門所用，必與蓋吴通謀，欲爲亂耳。」命有司案誅闔寺沙門，閲其財産，大得釀具及窟室婦女。浩因説魏主，悉誅境内沙門，焚毁經像，魏主從之。詔曰：「昔後漢荒君，信惑邪僞，以亂天常，使政教不行，禮義大壞，九服之内，鞠爲丘墟。朕欲除僞定真，滅其蹤迹。有司其宣告征鎮，諸有佛像胡書，皆擊破焚燒，沙門無少長，悉阬之。自今以後，有事胡神及造泥人、銅人者門誅。」太子晃素好佛法，屢諫不聽。乃緩宣詔書，使遠近豫聞之，得各爲計，沙門多亡匿獲免，或收藏書像，唯塔廟無復孑遺。

魏人侵宋。初，魏移書於宋，以南國僑立諸州，多濫北境名號，又欲遊獵具區。宋人答曰：「必若因土立州，則彼立徐、揚，豈有其地？知欲觀化南國，則呼韓入漢，厥儀未泯，館邸饋餼，每存豐厚。」至是，魏人侵宋北邊，宋主以爲憂，咨謀羣臣。御史中丞何承天言：「凡備匈奴之策，不過二科：武夫盡征伐之謀，儒生講和親之約。今若欲追蹤衛、霍，自非大田淮、泗，内實青、徐，使民有贏儲，野有積穀，然後發卒十萬，一舉蕩夷，則不足爲也。若但欲遣軍追討，報其侵暴，則彼輕騎奔走，不肯會戰，徒興巨費，不損於彼，報復之役，遂將無已，斯策之最末者也。唯安邊固守，於計爲長耳。夫曹、孫之霸，才均智敵，江淮之間，不居各數百里。何者？斥候之郊，非耕牧之地，故堅壁清野以候其來，整甲繕兵以乘其弊。保民全境，不出此塗。要而歸之，其策有四：一曰移遠就近。今青、兖舊民及冀州新附，在界首者三萬餘家，可悉徙置大峴之南，以實内地。二曰多築城邑，以居新徙之家。假其經用，春夏佃牧，秋冬入保。寇至之時，一城千家，戰士不下二千，其餘羸弱，猶能登陴鼓譟，足抗羣虜三萬矣。三曰纂偶車牛以載糧械。計千家之資，不下五百耦牛，爲車五百兩，參合鉤連，以衛其衆。設使城不可固，平行趨險，賊不能干。有急徵發，信宿可聚。四曰計丁課仗。凡戰士二千，隨所便能，各自有仗，素所服習，銘刻由己，還保輸之於庫，出行請以自新。弓簳利鐵，民不得者，官以漸充之。數年之内，軍用粗備矣。近郡之師，遠屯清、濟，功費既重，嗟怨亦深。以臣料之，未若即用彼衆之易也。今因民所利，導而帥之，兵强而敵不戒，國富而民不勞，比於優復隊伍，坐食糧廪者，不可同年而校矣。」

魏上邽東城反，州兵討平之。魏金城邊固、天水梁會與秦、益雜民萬餘户據上邽東城反，攻逼西城。秦、益刺史封敕文拒卻之。氐、羌及休官、屠各數萬人皆起兵應固、會，敕文擊固，斬之。餘衆推會爲主。魏主遣兵討之，未至，會棄城走。敕文先掘重塹於外，嚴兵守，格鬭從夜至旦。敕文曰：「賊知無生路，致死於我，多殺士卒，未易克也。」乃以白虎幡宣告，降者赦之。會衆遂潰，追討平之。

宋師克林邑。檀和之等拔區粟，斬其將，乘勝入象浦。林邑王陽邁傾國來戰，以具裝被象，前後無際。宗慤曰：「吾聞外國有師子，威服百獸。」乃製其形，與象相拒。象果驚走，和之遂克林邑，陽邁父子挺身走。所獲未名之寶，不可勝計。慤一無所取，還家之日，衣櫛蕭然。

夏，六月，朔，日食。

魏築塞圍。魏發司、幽、定、冀十萬人築畿上塞圍，起上谷，西至河，廣縱千里。

宋築北堤，立玄武湖，起景陽山於華林園。

秋，七月，宋以杜坦爲青州刺史。初，杜預之子耽避晉亂，居河西，仕張氏。秦克凉州，子孫始還關中。高祖滅後秦，坦兄弟從過江。時江東王、謝諸族方盛，北人晚渡者，朝廷悉以傖荒遇之，雖復人才可施，皆不得踐清塗。宋主嘗與坦論金日磾，曰：「恨今無復此輩人！」坦曰：「日磾假生今世，養馬不暇，豈辦見知！」宋主變色曰：「卿何量朝廷之薄也。」坦曰：「請以臣言之：臣本中華高族，世業相承，直以南渡不早，便以傖荒賜隔。況日磾胡人，身爲牧圉乎！」宋主默然。

八月，魏長安鎮將陸俟討蓋吳，斬之。安定胡劉超反，俟又斬之。蓋吳屯杏城，聲勢復振。魏遣高凉王那等討破之，獲其二叔。諸將欲送詣平城，長安鎮將陸俟曰：「長安險固，風俗豪忮。

今不斬吴，變未已也。吴一身潛竄，非其親信，誰能獲之！然停十萬之衆以追一人，又非長策。不如私許吴叔，免其妻子，使自追吴，禽之必矣。」諸將咸曰：「得賊不殺而更遣之，若其不返，將何以任其罪？」俟曰：「此罪，我爲諸君任之。」高凉王那亦以爲然，遂與刻期而遣之。及期，不至，諸將皆咎俟，俟曰：「彼伺之未得其便耳，必不負也。」後數日，果以吴首來，傳詣平城。討其餘黨，悉平之。以俟爲内都大官。會安定盧水胡劉超復反，魏主以俟威恩著於關中，復遣鎮長安。俟單馬之鎮。超等聞之，大喜，以俟爲無能爲也。俟既至，諭以成敗，誘納其女以招之，超無降意。俟乃帥帳下往見之，超設備甚嚴，俟縱酒盡醉而還。頃之，復選敢死士五百人出獵，因詣超營，約曰：「發機當以醉爲限。」既飲，俟陽醉，上馬大呼，手斬超首，士卒應聲縱擊，殺傷千數，遂平之。魏主復徵俟爲外都大官。

吐谷渾復還故土。

丁亥(四四七)

宋元嘉二十四年，魏太平真君八年。

春，三月，魏殺沮渠牧犍。魏師之克敦煌也，沮渠牧犍使人斫開府庫，取金玉及寶器。至是守藏者告之，且言牧犍蓄毒藥，潛殺人前後以百數，姊妹皆學左道。有司索其家，果得所匿物。魏主大怒，賜沮渠昭儀死，并誅其宗族。又有告牧犍猶與故臣民交通謀反者，乃詔賜死。

宋鑄大錢。初，宋主以貨重物輕，改鑄四銖錢。民多翦鑿古錢，取銅盜鑄。江夏王義恭建議，請以大錢一當兩。右僕射何尚之議：「泉貝之興，以估貨爲本，事存交易，豈假多鑄。數少則幣重，數多則物重，多少雖異，濟用不殊。況復以一當兩，徒崇虚價者邪！若今制遂行，富人之貲自倍，貧者彌增其困，懼非所以使之均一也。」宋主卒從義恭議。

宋衡陽王義季卒。義季自義康之貶，遂縱酒不事事，以至成疾而終。

冬，十月，宋胡誕世據豫章反，討平之。胡藩之子誕世殺豫章太守，據郡反，欲奉前彭城王義康爲主。前交州刺史檀和之去官歸，過豫章，擊斬之。

楊文德據葭蘆，五郡氐皆應之。

戊子（四四八）

宋元嘉二十五年，魏太平真君九年。

春，正月，魏人擊楊文德，文德敗走漢中。宋免其官，削爵土。

魏山東饑，罷塞圍役者。

宋吏部尚書庾炳之有罪，免。炳之性强急輕淺，多納賄賂，爲有司所糾。上欲不問，僕射何尚之極陳其短，乃免其官。

夏，四月，宋以武陵王駿爲徐州刺史。彭城太守王玄謨上言：「彭城要兼水陸，請以皇子撫臨州事。」故有是命。

宋罷大錢。當兩大錢行之經時，公私不以爲便，罷之。

秋，般悦國遣使如魏。西域般悦國去平城萬有餘里，遣使詣魏，請與魏東西合擊柔然。魏主許之，中外戒嚴。

魏擊焉耆、龜兹。十二月，破之，西域平。

魏主伐柔然，不見虜而還。

己丑(四四九)

宋元嘉二十六年，魏太平真君十年。

春，正月，魏主復伐柔然，可汗遁走。

秋，七月，宋以隨王誕爲雍州刺史。宋主欲經略中原，羣臣争獻策以迎合取寵。王玄謨尤好進言，宋主謂侍臣曰："觀玄謨所陳，令人有封狼居須意。"御史中丞袁淑曰："陛下今當席卷趙、魏，檢玉岱宗，臣逢千載之會，願上封禪書。"宋主悦。以襄陽外接關、河，欲廣其資力，乃罷江州軍府，文武悉配雍州。湘州入臺租税，悉給襄陽。

魏主伐柔然，大獲。魏主伐柔然，高凉王那出東道，略陽王羯兒出中道。柔然處羅可汗悉國中精兵圍那數十重。那掘塹堅守，相持數日，處羅數挑戰，輒爲那所敗。以那衆少而堅，疑大軍將至，解圍夜去。那追之九日夜，處羅益懼，棄輜重，踰穹隆嶺遠遁。那收其輜重，引軍還，與魏主會於廣澤。羯兒收柔然民畜凡百餘萬。自是柔然衰弱，屏迹不敢犯魏塞。

冬，宋雍州蠻反。沔北諸山蠻寇雍州，將軍沈慶之帥參軍柳元景、隨郡太守宗慤等討之，八道俱進。先是，諸將討蠻者皆營於山下，蠻得據山發矢石以擊，官軍多不利。慶之曰：「去歲蠻田大稔，積穀重巖，不可與之曠日相守也。不若出其不意，衝其腹心，破之必矣。」乃命諸軍斬木登山，鼓譟而前，羣蠻震恐，因其恐而擊之，所向奔潰。

庚寅（四五〇）

宋元嘉二十七年，魏太平真君十一年。

春，正月，宋將軍沈慶之討蠻，平之。沈慶之自冬至春，屢破山蠻，因其穀以充軍食。幸諸山大羊蠻憑險築城，守禦甚固。慶之命諸軍連營於山中，開門相通，各穿池於營内，朝夕不外汲。蠻潛兵夜來燒營，諸軍以池水沃火，多出弓弩夾射之，蠻兵散走。蠻所據險固，不可攻，慶之乃置六戍以守之。久之，蠻食盡，稍稍請降，悉遷於建康，以爲營户。

二月，魏主侵宋，圍懸瓠。魏主將伐宋。宋主聞之，敕淮、泗諸郡：「若魏寇小至，則各堅守。大至，則拔民歸壽陽。」邊戍偵候不明，魏主自將步騎十萬奄至。南頓、潁川太守並棄城走。是時，豫州刺史南平王鑠鎮壽陽，遣參軍陳憲守懸瓠，城中戰士不滿千人，魏主圍之。

三月，宋減百官俸。以軍興，減内外官俸三分之一。

夏，四月，魏師還。魏人晝夜攻懸瓠，作高樓臨城以射之，矢下如雨，城中負户以汲。施大鉤於衝車之端，以牽樓堞，壞其南城。陳憲内設女墻，外立木栅以拒之。魏人填塹，肉薄登城。憲督厲將士苦戰，積尸與城等。魏人乘尸上城，短兵相接，憲鋭氣愈奮，戰士無不一當百，殺傷萬計，城中死者亦過半。魏遣永昌王仁驅所掠六郡生口，北屯汝陽。宋主遣間使命武陵王駿發騎襲之。駿發百里內馬，得千五百匹，分爲五軍，遣參軍劉泰之等將之，直趨汝陽。魏人唯慮救兵自壽陽來，不備彭城。泰之等潛進，擊之，殺三千餘人，燒其輜重，魏人奔散，諸生口悉得東走。魏偵知泰之等兵無後繼，復引兵擊之。士卒驚亂，走死免者九百餘人，馬還者四百匹。魏主攻懸瓠四十二日，宋主遣南平內史臧質、司馬劉康祖共救懸瓠。魏主遣任城公乞地真逆拒之。質等擊斬乞地真。四月，魏主引兵還。宋以陳憲爲龍驤將軍。魏主遺宋主書曰：「前蓋吴反逆，扇動關、隴。彼復使人誘之，是曹正欲譎誑取賂，豈有遠相服從之理！爲大丈夫，何不自來取之，而以貨誘我邊民？我今至此，所得孰與彼多？彼又北通蠕蠕，西結赫連、沮渠、吐谷渾，東連馮弘、高麗。凡此數國，我皆滅之，彼豈能獨立邪！我今北征，先除有足之寇。以彼無足，故不先討耳。我當顯然往取揚州，不若彼翳行竊步也。彼前使裴方明取仇池，既得之，疾其勇功，已不能容。有臣如此尚殺之，烏得與我校耶！彼常欲與我一交戰，我亦不癡，復非苻堅，何時與彼交戰？晝則遣騎圍遶，夜則離彼百里外宿。吴人正有斫營伎，不過行五十里，天已明矣，其首豈得不爲我有哉？彼公時舊臣雖老，猶有智策，知今已殺盡，非天資我邪！」

宋以江湛爲吏部尚書。湛性公廉，與僕射徐湛之並爲上所寵信，時稱江、徐。

六月，魏殺其司徒崔浩，夷其族。浩自恃才略及爲魏主所寵任，專制朝權，嘗薦士數十人，皆起家爲郡守。太子晃曰：「先徵之人，亦州郡之選也。在職已久，勤勞未答，宜先補郡縣，以新徵者代爲郎吏。且守令治民，宜得更事者。」浩固爭而遣之。中書侍郎高允聞之，曰：「崔公其不免乎！苟遂其非而校勝於上，將何以堪之！」魏主使浩、允等共譔國記，曰：「務從實録。」著作令史閔湛、郗標性巧佞。浩嘗注易及論語、詩、書，湛、標上疏言：「馬、鄭、王、賈不如浩之精微，乞收境内諸書，班浩所注，令天下習業。」浩亦薦湛、標有著述才。湛、標又勸浩刊所譔國史于石，以彰直筆。允聞之，謂著作郎宗欽曰：「湛、標所營，分寸之間，恐爲崔門萬世之禍，吾徒亦無噍類矣！」浩竟刊石立於郊壇東，方百步。所書魏之先世，事皆詳實，列於衢路。北人無不忿恚，相與譖浩，以爲暴揚國惡。魏主大怒，使有司案浩及秘書郎吏等罪狀。初，遼東公翟黑子奉使并州，受布千匹。事覺，謀於高允，允曰：「公帷幄寵臣，有罪首實，庶或見原，不可重爲欺罔。」崔覽謂曰：「首實，罪不可測，不如諱之。」黑子怨允曰：「君奈何誘人就死地！」遂不以實對。魏主殺之。魏主使允授太子經。及崔浩被收，太子召允謂曰：「吾自導卿，至尊有問，但依吾語。」太子入言：「高允小心慎密。且制由崔浩，請赦其死。」魏主問曰：「國書皆浩所爲乎？」對曰：「太祖記，前著作郎鄧淵所爲；先帝記及今記，臣與浩共爲之。然浩所領事多，總裁而已，至於著述，臣多於浩。」魏主怒曰：「允罪甚於浩，何以得生！」太子懼曰：「天威嚴重，允小臣，迷亂失次耳。臣曏問，皆云浩所爲。」魏主問：「信如東宫所言乎？」對曰：「臣罪當滅族，不敢虚妄。殿下哀臣，欲匄其生耳。」魏主顧謂太子曰：「直哉！此人情所難，而允能爲之。臨死不易辭，信也；爲臣不欺君，貞也。宜特除其罪以旌之。」遂赦之。召浩臨詰，浩惶惑不能對。允事事申明，皆有條理。魏主命允爲詔，誅浩及僚屬僮吏凡百二十八人，皆夷五族。允持疑不爲。帝頻使催切，允曰：「浩之所坐，若更有餘釁，非臣敢知。若直以觸犯，罪不至死。」魏主怒，命武士執允。太子爲之拜請，魏主意解，乃曰：「無斯人，當更有數千口死矣。」六月，詔誅浩，夷其族，餘皆止誅其身。它日，太子讓允曰：「吾欲爲卿脱死〔一二〕，而卿終不從，激怒帝如此。每念之，使人心悸。」允曰：「夫史者，所以記人主善惡，爲將來勸戒，故人主有所畏忌，慎其舉措。崔浩孤負聖恩，以私欲没其廉絜，愛憎蔽其公直，不爲無罪。至於書朝廷起居，言國家得失，此爲史之大體，未爲多違。臣與浩實同其事，死生榮辱，義無獨殊。誠荷殿下再造之慈，違心苟免，非臣所願也。」太子動容稱歎。允退，謂人曰：「我不奉東宫指導者，恐負翟黑子故也。」魏主既誅浩而悔之。會北部尚書宣城公李孝伯病篤，或傳已卒。魏主悼之曰：「李宣城可惜。」既而曰：「朕失言。崔司徒可惜，李宣城可哀！」孝伯，順從父弟也，自浩之誅，軍國謀議皆出孝伯，寵眷亞於浩。

秋，宋人大舉侵魏，取碻磝，圍滑臺。冬，十月，魏主自將救之。宋將軍王玄謨退走。

宋主欲伐魏，丹楊尹徐湛之、尚書江湛、寧朔將軍王玄謨等並勸之。將軍劉康祖以爲歲月已晚，請待明年。宋主曰：「北方苦虜虐政，義徒並起。頓兵一周，向義之心，不可沮也。」校尉沈慶之諫曰：「我步彼騎，其勢不敵。檀道濟再行無功，到彦之失利而返。今料王玄謨等未踰兩將，六軍之盛，不過往時，恐重辱王師。」宋主曰：「道濟養寇自資，彦之中塗疾動。虜所恃唯馬，今夏水浩汗，河道流通，泛舟北下，碻磝必走，滑臺易拔。克此二城，館穀弔民，虎牢、洛陽，自然不固。比及冬初，城守相接，虜馬過河，即成擒也。」慶之又固陳不可。宋主使湛之等難之。慶之曰：「治國譬如治家，耕當問奴，織當訪婢。陛下今欲伐國，而與白面書生輩謀之，事何由濟！」宋主大笑。太子劭及將軍蕭思話亦諫，皆不從。魏主復與宋主書曰：「彼此和好日久，而彼志無厭，誘我邊民。又聞彼欲自來。彼年已五十，未嘗出户，雖自力而來，如三歲嬰兒，與我鮮卑生長馬上者果如何哉！」七月，宋主遣王玄謨帥沈慶之、申坦水軍入河，受督於青、冀刺史蕭斌。臧質、王方回徑造許、洛，駿、鑠東西齊舉，劉秀之震盪汧、隴，義恭出次彭城，爲衆軍節度。是時軍旅大起，王公妃主及朝士牧守，下至富民，各獻金帛、雜物以助國用。又以兵力不足，悉發六州三五民丁，倩使暫行。募中外有馬步衆藝武力之士應科者，皆加厚賞。有司奏軍用不充，富民家貲滿五十萬，僧尼滿二十萬，並四分借一，事息即還。建武司馬申元吉趣碻磝，魏濟、青刺史皆棄城走。蕭斌與沈慶之留守碻磝，使王玄謨進圍滑臺。隨王誕遣雍州參軍柳元景、將軍尹顯祖、曾方平、薛安都、龐法起將兵出弘農。參軍龐季明年七十餘，自以關中豪右，請入長安招合夷夏，誕許之。乃自貲谷入盧氏，民趙難納之。季明誘説士民，應者甚衆。安都等因之，自熊耳山出，元景繼進。南平王鑠遣豫州參軍胡盛之出汝南，梁坦出上蔡向長社。王陽兒擊豫州，魏荆、豫刺史魯爽、僕蘭皆棄城走。鑠又遣司馬劉康祖助坦進逼虎牢。魏羣臣初聞有宋師，言於魏主，請遣兵救緣河穀帛。魏主曰：「馬今未肥，天時尚熱，速出必無功。若兵來不止，且還陰山避之。國人本著羊皮袴，何用綿帛！展至十月，吾無憂矣。」九月，魏主引兵南救滑臺，命太子晃屯漠南以備柔然。王玄謨士衆甚盛，器械精嚴。而玄謨貪愎好殺。初圍滑臺，城多茅屋，衆請以火箭燒之。玄謨曰：「彼，吾財也，何遽燒之！」城中即撤屋穴處。時河、洛之民競出租穀，操兵來赴者日以千數。玄謨不即其長帥，而以配私暱。家付匹布，責大梨八百，由是衆心失望。攻城數月不下，聞魏救將至，衆請發車爲營，玄謨不從。十月，魏主夜渡河，衆號百萬，鞞鼓之聲，震動天地。玄謨懼，退走。魏人追擊之，死者萬餘人，麾下散亡略盡，委棄軍資器械山積。先是，玄謨遣垣護之以百舸爲前鋒，據石濟。護之聞魏兵將至，馳書勸玄謨急攻，曰：「昔武皇攻廣固，死没甚衆。況今事迫於曩日，豈得計士衆傷疲！願以屠城爲急。」玄謨不從。魏人以所得戰艦，連以鐵鎖三重，斷河以絶護之還路。河水迅急，護之中流而下，每至鐵鎖，以長柯斧斷之，魏不能禁。唯失一舸，餘皆完備而返。蕭斌遣沈慶之將五千人救玄謨。慶之曰：「玄謨士衆疲老，寇虜已逼，小軍輕往，無益也。」斌固遣之。會玄謨遁還，斌將斬之，慶之固諫曰：「佛狸威震天下，控弦百萬，豈玄謨所能當！且殺戰將以自弱，非良計也。」斌乃止。斌欲固守碻磝，慶之曰：「今青、冀虚弱，而坐守窮城，若虜衆東過，清東非國家有也。碻磝孤絶，復作朱脩之滑臺耳。」會詔使至，不聽退師。斌復召諸將議之。慶之曰：「閫外之事，將軍得以專之。詔從遠來，不知事勢。節下有一范曾不能用，空議何施！」斌及坐者並笑曰：「沈公乃更學問。」慶之厲聲曰：「衆人雖知古今，不如下官耳學也。」斌乃使王玄謨戍碻磝，申坦、垣護之據清口，自帥諸軍還歷城。

十一月，魏主進至魯郡，以太牢祠孔子。

魏主命諸將分道並進：永昌王仁自洛陽趣壽陽，尚書長孫真趣馬頭，楚王建趣鍾離，高凉王那自青州趣下邳，魏主自東平趣鄒山。十一月，禽魯郡太守崔邪利。見秦始皇石刻，使人排而仆之，以太牢祠孔子。

雍州參軍柳元景大破魏師于陝，斬其將張是連提，進據潼關而還。

宋略陽太守龐法起等諸軍入盧氏，斬縣令，以趙難爲令，使爲鄉導。柳元景等進攻弘農，拔之，進向潼關。詔以元景爲弘農太守。元景使薛安都、尹顯祖先引兵就法起等於陝，元景於後督租。陝城險固，攻之不拔。魏洛州刺史張是連提帥衆二萬渡崤救陜，安都等與戰於城南。魏人縱突騎，諸軍不能敵。安都怒，脱兜鍪，解鎧，馬亦去具裝，瞋目橫矛，單騎突陳，所向無前，魏人夾射不能中。如是數四，殺傷不可勝數。會日暮，别將魯元保引兵自函谷關至，魏兵乃退。明日，安都等陳於城西南。曾方平謂安都曰：「今勍敵在前，堅城在後，是吾取死之日。卿若不進，我當斬卿。我若不進，卿斬我也。」安都曰：「善。」遂合戰。軍副柳元怙引兵自南門鼓譟直出，旌旗甚盛，魏衆驚駭。安都挺身奮擊，流血凝肘，矛折，易之更入，諸軍齊奮。自旦至日昃，魏衆大潰，斬張是連提及將卒三千餘級，其餘赴河塹死者甚衆，降者二千餘人。明日，元景至，讓降者曰：「汝輩本中國民，今爲虜盡力，力屈乃降，何也？」皆曰：「虜驅民戰，後出者滅族，以騎蹙步，未戰先死，此將軍所親見也。」諸將欲盡殺之，元景曰：「王旗北指，當令仁聲先路。」盡釋而遣之，皆稱萬歲而去。遂克陜城，進攻潼關，據之。關中豪桀所在蠭起，及四山羌、胡，皆來送款。宋主以王玄謨敗退，魏兵深入，柳元景等不宜獨進，皆召還。元景使薛安都斷後，引兵歸襄陽。詔以元景爲襄陽太守。

魏永昌王仁克懸瓠，遂敗宋師于尉武，殺其將劉康祖，進逼壽陽。

魏永昌王仁攻懸瓠、項城，拔之。宋主恐魏兵至壽陽，召劉康祖使還。仁將八萬騎追及康祖於尉武。康祖有衆八千人，軍副胡盛之欲依山險間行取至，康祖怒曰：「臨河求敵，遂無所見，幸其自送，奈何避之！」乃結車營而進，下令軍中曰：「顧望者斬首，轉步者斬足！」魏人四面攻之，將士皆殊死戰。自旦至晡，殺魏兵萬餘人，流血没踝，康祖身被十創，意氣彌厲。魏分其衆爲三，且休且戰，會日暮風急，魏以騎負草燒車營，康祖隨補其闕。有流矢貫康祖頸，墜馬死，餘衆遂潰，魏人掩殺殆盡。南平王鑠使參軍王羅漢以三百人戍尉武。

魏兵至，衆欲南依卑林以自固，羅漢以受命居此，不去。魏人攻而擒之，鎖其頸，使三郎將掌之。羅漢夜斷三郎將首，抱鎖亡奔盱眙。仁進逼壽陽，南平王鑠嬰城固守。

魏主攻彭城，不克。魏軍在蕭城，去彭城十餘里。彭城兵雖多而食少，江夏王義恭欲棄彭城南歸。沈慶之以爲歷城兵少食多，欲爲函箱車陳，以精兵爲外翼，奉二王及妃女直趨歷城。何勗欲席卷奔鬱洲，自海道還京師。義恭去意已判，唯二議未決。長史張暢曰：「若歷城、鬱洲有可至之理，下官敢不高贊！今城中乏食，百姓咸有走志，但以關扃嚴固耳。一旦動足，則各自逃散，欲至所在，何由可得！今軍食雖寡，朝夕猶未窘罄，豈有捨萬安之術而就危亡之道！若此計必行，下官請以頸血汙公馬蹄。」武陵王駿謂義恭曰：「阿父既爲總統，去留非所敢干，道民忝爲城主，必與此城共其存没，張長史言不可異也。」義恭乃止。魏主至彭城，使尚書李孝伯至南門，餉義恭貂裘，餉駿槖駝及騾，且曰：「魏主致意安北，可暫出見我。」駿使張暢開門出見之，孝伯曰：「魏主不圍此城，自帥衆軍直造瓜步，飲江湖以療渴耳。」暢曰：「去留之事，自適彼懷。若虜馬遂得飲江，便爲無復天道。」先是童謡云：「虜馬飲江水，佛狸死卯年。」故暢云然。暢音容雅麗，孝伯亦辯贍，且去，謂暢曰：「長史深自愛，相去步武，恨不執手。」暢曰：「君善自愛，冀蕩定有期，君還宋朝，今爲相識之始。」

宋取陰平、平武郡。宋主起楊文德爲輔國將軍，引兵自漢中西入，摇動汧、隴，陰平、平武悉平。梁、南秦刺史劉秀之遣文德伐啖提氏，不克，執送荆州，使文德從祖兄頭戍葭蘆。

十二月，魏主引兵南下，攻盱眙，不克。進次瓜步，宋人戒嚴守江。魏主引兵南下，使中書郎魯秀出廣陵，高涼王那出山陽，永昌王仁出横江，所過無不殘滅，城邑皆望風奔潰。建康纂嚴。魏兵至淮上。宋主使將軍臧質將萬人救彭城，至盱眙，魏主已過淮。質使胡崇之等營東山、前浦，而自營於城南。魏燕王譚攻之，皆敗没，質軍亦潰。質棄輜重器械，單將七百人赴城。初，盱眙太守沈璞到官，王玄謨猶在滑臺，江淮無警。璞以郡當衝要，乃繕城浚隍，積財穀，儲矢石，爲城守之備。僚屬皆非之，朝廷亦以爲過。及魏兵南向，守宰多棄城走。或勸璞還建康，璞曰：「虜若以城小不顧，夫復何懼！若肉薄來攻，此乃吾報國之秋，諸君封侯之日也，奈何去之！諸君嘗見數十萬人聚於小城之下而不敗者乎？昆陽、合肥，前事之明驗也。」衆心稍定。璞收集得二千精兵，曰：「足矣。」及臧質向城，衆謂璞曰：「虜若不攻城，則無所事衆。若其攻城，則城中止可容見力耳，地狹人多，鮮不爲患。若以質衆能退敵完城者，則全功不在我。若避罪歸都，會資舟楫，必更相蹂踐。正足爲患，不若勿受。」璞歎曰：「虜必不能登城，敢爲諸君保之。舟楫之計，固已久息。虜之殘害，古今未有，屠剥之苦，衆所共見，其中幸者，不過得驅還北國作奴婢耳。彼雖烏合，寧不憚此邪！所謂『同舟而濟，胡、越一心』者也。今兵多則虜退速，少則退緩。吾寧可欲專功而留虜乎！」乃開門納質。質見城中豐實，大喜，因與璞共守。魏人之南寇也，不齎糧用，唯以抄掠爲資。及過淮，民多竄匿，抄掠無所得，人馬飢乏。聞盱眙有積粟，欲以爲北歸之資。攻城不拔，即留數千人守盱眙，自帥大衆南向。由是盱眙得益完守備。魏主至瓜步，壞民廬舍，及伐葦爲筏，聲言欲渡江。建康震懼，民皆荷擔而泣〔一三〕，内外戒嚴。丹陽統内盡户發丁，王公以下子弟皆從役。命劉遵考等將兵分守津要，遊邏上接于湖，下至蔡洲，陳艦列營，周亘江濱。自採石至于暨陽，六七百里。太子劭出鎮石頭，總統水軍，徐湛之守石頭倉城，江湛兼領軍，軍事處置悉以委焉。宋主登石頭城，有憂色，謂江湛曰：「北伐之計，同議者少。今日士民勞怨，不得無慚，貽大夫之憂，予之過也。」又曰：「檀道濟若在，豈使胡馬至此！」

魏及宋平。魏主以橐駝名馬餉宋主，求和請婚。宋主亦餉以珍羞異味。魏主以其孫示使者曰：「吾遠來至此，非欲爲功名，實欲繼好援。宋若能以女妻此孫，我以女妻武陵王，自今匹馬不復南顧。」使還，宋主召羣臣議之，衆謂宜許，江湛曰：「戎狄無親，許之無益。」太子劭怒謂湛曰：「今三王在阨，詎宜苟執異議！」聲色甚厲。坐散，劭又言於宋主曰：「北伐敗辱，數州淪破，獨有斬江、徐，可以謝天下。」宋主曰：「北伐自是我意，江、徐但不異耳。」由是太子與江、徐不平，魏亦竟不成婚。

校勘記

〔一〕三月　「三」原作「二」，據月崖本、成化本、殿本、宋書卷五文帝本紀、通鑑卷一二二宋紀三宋文帝元嘉六年三月改。

〔二〕楊難當襲宋漢中　「中」原作「川」，據月崖本、成化本、殿本、通鑑卷一二二宋紀四宋文帝元嘉十年十一月改。

〔三〕六月　「六」原作「三」，據月崖本、成化本、殿本、通鑑卷一二二宋紀四宋文帝元嘉十一年六月改。

〔四〕今報使往來　「來」原作「求」，據月崖本、成化本、殿本、通鑑卷一二二宋紀四宋文帝元嘉十二年五月改。以下逕改。

〔五〕三月　「三」原作「二」，據月崖本、成化本、殿本、魏書卷四上魏世祖紀、通鑑卷一二三宋紀五宋文帝元嘉十四年三月改。

〔六〕朝士有才用者皆引入己府　「己」字原脱，據月崖本、成化本、殿本、通鑑卷一二三宋紀五宋文帝元嘉十七年四月補。

〔七〕必使大業終歸義康　「必」，殿本、通鑑卷一二三宋紀五宋文帝元嘉十七年四月作「欲」。

〔八〕常日正賴口舌爭之　「日」原作「自」，據殿本、通鑑卷一二三宋紀五宋文帝元嘉十七年五月改。

〔九〕寧之孫也　「孫」原作「子」，據殿本、宋書卷六〇范泰傳及卷六九范曄傳改。

〔一〇〕秋　「秋」字原脱，據月崖本、成化本、殿本補。

〔一一〕十二月　「二」原作「一」，據月崖本、成化本、殿本、宋書卷五文帝紀、通鑑卷一二四宋紀六宋文帝元嘉十九年十二月改。

〔一二〕吾欲爲卿脱死　「死」字原脱，據月崖本、成化本、殿本、通鑑卷一二五宋紀七宋文帝元嘉二十七年六月補。

〔一三〕民皆荷擔而泣　「泣」，殿本、通鑑卷一二五宋紀七宋文帝元嘉二十七年十二月作「立」，疑是。

資治通鑑綱目卷二十六

起辛卯宋文帝元嘉二十八年、魏太武正平元年，盡乙巳宋明帝泰始元年、魏高宗和平六年，凡一十五年

辛卯(四五一)

宋元嘉二十八年，魏正平元年。

春，正月，魏師還。正月，朔，魏主大會羣臣於瓜步山上，班爵行賞有差。魏人緣江舉火，右衛率尹弘言於宋主曰：「六夷如此，必走。」明日，果掠居民，焚廬舍而去。

宋主殺其弟義康。胡誕世之反也，江夏王義恭等奏義康數有怨言，摇動民聽，故不逞之族因以生心。請徙義康廣州。宋主先遣使語之，義康曰：「人生會死，吾豈愛生！必爲亂階，雖遠何益！請死於此，耻復屢遷。」竟未及往。魏師在瓜步，人情恟懼。宋主慮不逞之人復奉義康爲亂，太子劭及武陵王駿、僕射何尚之屢啓宜早爲之所〔一〕，宋主乃遣中書舍人嚴龍就殺之。

魏復取碻磝。宋江夏王義恭以碻磝不可守，召王玄謨還歷城。魏人追擊敗之，遂取碻磝。

魏主攻盱眙，宋將軍臧質拒之。魏師退走，二月，過彭城，宋人追之，不及。初，宋主聞有魏師，命廣陵太守劉懷之逆燒城府、船乘，盡帥其民渡江。山陽太守蕭僧珍斂民入城，臺送糧仗詣盱眙及滑臺者，以路不通，皆留山陽。僧珍又蓄陂水令滿，須魏人至，決以灌之。魏人過山陽，不敢留，因攻盱眙。魏主就臧質求酒，質封溲便與之。魏主怒，築長圍，一夕而合，運東山土石以填塹，作浮橋於君山，絶水陸道。遺質書曰：「吾今所遣鬬兵，盡非我國人，城東北是丁零與胡，南是氐、羌。設使丁零死，正可減常山、趙郡賊；胡死，減并州賊；氐、羌死，減關中賊。卿若殺之，無所不利。」質復書曰：「省示，具悉姦懷。爾自恃四足，屢犯邊境。王玄謨退於東，申坦散於西，爾知其所以然邪？爾獨不聞童謡之言乎？蓋卯年未至，故以二軍開飲江之路耳。寡人受命相滅，期之白登，師行未遠。爾自送死，豈容復令爾生全，饗有桑乾哉！我本不圖全，若天地無靈，力屈於爾，齏之粉之，屠之裂之，猶未足以謝本朝。爾智識及衆力，豈能勝苻堅邪！今春雨已降，兵方四集，爾但安意攻城，糧乏見語，當出廪相貽。得所送劍刀，欲令我揮之爾身邪？」魏主大怒，作鐵床，於其上施鐵鑱，曰：「破城得質，當坐之此上。」質又與魏衆書曰：「爾語虜中諸士庶，佛狸見與書，相待如此。爾等正朔之民，何爲自取糜滅，豈可不知轉禍爲福邪！」并寫臺格以與之云：「斬佛狸首，封萬户侯，賜布絹各萬匹。」魏人以鉤車鉤城樓，城内繫以彄絙，數百人唱呼引之，車不能退。既夜，縋桶懸卒出，截其鉤，獲之。明日，又以衝車攻城，城土堅密，每至頹落不過數升。魏人乃肉薄登城，分番相代，墜而復升，莫有退者，殺傷萬計，尸與城平。凡攻之三旬，不拔。會魏軍中多疾疫，或告以建康遣水軍自海入淮，又敕彭城斷其歸路。二月，朔，魏主燒攻具退走。盱眙人欲追之，沈璞曰：「今兵不多，雖可固守，不可出戰，但整舟楫，示若欲北渡者，以速其走，計不須實行也。」臧質以璞城主，使之上露板，璞固辭，歸功於質。宋主聞，益嘉之。魏師過彭城，宋江夏王義恭震懼，不敢擊。或告：「虜驅南口萬餘，夕應宿安王陂，去城數十里，今追之，可悉得。」諸將皆請行，義恭不許。明日，驛使至，敕義恭悉力急追。魏師已遠，義恭乃遣司馬檀和之向蕭城。魏人先已聞之，盡殺所驅者而去。

令民遭寇者蠲〔二〕。魏人凡破南兗、徐、兗、豫、青、冀六州，殺掠不可勝計，丁壯者即加斬截，嬰兒貫於槊上，盤舞以爲戲。所過郡縣，赤地無餘，春燕歸，巢於林木。魏之士馬死傷亦過半，國人皆尤之。宋主每命將出師，常授以成律交戰日時。是以將帥趑趄，莫敢自決。又江南白丁，輕進易退，此其所以敗也。自是邑里蕭條，元嘉之政衰矣。詔降太尉義恭爲驃騎將軍，鎮軍將軍駿爲北中郎將。初，魏主過彭城，遣語城中曰：「食盡且去，麥熟更來。」及期，江夏王義恭議欲芟麥入保。參軍王孝孫曰：「虜不能復來，既自可保。如其更至，此議亦不可立。百姓飢饉日久，方春野採自資，一入保聚，餓死立至。民知必死，何可制邪！虜若必來，芟麥無晚。」長史張暢曰：「孝孫之議，實有可尋。」典籤董元嗣進曰：「王録事議不可奪。」別駕王子夏曰：「此論誠然。」暢曰：「芟麥移民，可謂大議，一方安危，事係於此。子夏親爲州端，曾無異同。及聞元嗣之言，則懽笑酬答。阿意左右，何以事君！」請命孝孫彈之。」義恭乃止。

三月，魏主還平城。魏主還平城，飲至告廟，以降民五萬餘家分置近畿。

魏以盧度世爲中書侍郎。初，魏中書學生盧度世坐崔浩事亡命，匿高陽鄭羆家。吏囚羆子，掠治之。羆戒其子曰：「君子殺身成仁，雖死不可言。」其子奉父命，吏以火爇其體，終不言而死。及魏主臨江，問宋使者曰：「盧度世亡命，已應至彼。」使者曰：「不聞。」魏主乃赦度世。度世自出，魏主以爲中書侍郎。度世爲其弟娶鄭羆妹以報德。

夏，四月，魏荆州刺史魯爽及其弟秀奔宋。初，魯宗之奔魏，其子軌爲魏荆州刺史、襄陽公，鎮長社，常思南歸。以昔殺劉康祖及徐湛之之父，故不敢來。軌卒，子爽襲父官爵。爽少有武幹，與弟中書郎秀皆有寵於魏主。既而有罪，魏主詰責之。爽、秀懼誅，殺魏戍兵，帥部曲千餘家奔汝南，請降於宋。宋主大喜，以爽爲司州刺史，鎮義陽；秀爲潁川太守。魏人毀其墳墓。徐湛之以爲廟算遠圖，特所獎納，不敢苟申私怨，乞屏居田里。不許。

宋以何尚之爲尚書令，徐湛之爲僕射。尚之以湛之國戚，任遇隆重，每事推之，朝事悉歸湛之。

魏更定律令。魏主命太子少傅游雅、中書侍郎胡方回等更定律令，增損凡三百九十一條。

夏，六月，魏太子晃卒。魏太子晃監國，頗信任左右，營園田，收其利。高允諫曰：「天地無私，故能覆載；王者無私，故能容養。今殿下國之儲貳，萬方所則，而營立私田，畜養雞犬，乃至酤販市廛，與民爭利，謗聲流布，不可追掩。夫天下者，殿下之天下，富有四海，何求而無，乃與販夫販婦競此尺寸之利乎！昔虢之將亡，神賜之土田。漢靈帝私立府藏，皆有顛覆之禍。前鑒若此，甚可畏也。武王愛周、邵、齊、畢，所以王天下。殷紂愛飛廉、惡來，所以喪其國。東宮雋乂不少，頃來侍御左右者，恐非在朝之選。願殿下斥去佞邪，親近忠良，所在田園，分給貧下，販賣之物，以時收散。如此，休聲日至，謗議可除矣。」不聽。太子爲政精察，而中常侍宗愛性險暴，多不法，晃惡之。給事中仇尼道盛有寵於晃，與愛不協。愛恐爲所糾，遂構其罪。魏主怒，斬道盛於都街，東宮官屬多坐死。晃以憂卒，謚曰景穆。魏主徐知其無罪，悔之，欲封其子濬爲高陽王。既而以皇孫世嫡，不當爲藩王，乃止。時濬生四年，聰達過人，魏主愛之，常置左右。

宋青冀刺史蕭斌、將軍王玄謨以罪免。坐退敗也。宋主問沈慶之曰：「斌欲斬玄謨而卿止之，何也？」對曰：「諸將奔退，莫不懼罪，自歸而死，將至逃散，故止之。」

宋魏復通好。

宋以王僧綽爲侍中。僧綽，曇首之子也。幼有大成之度，衆皆以國器許之。好學，有思理，練悉朝典。爲吏部郎，諳悉人物，舉拔咸得其分。及爲侍中，年二十九，沈深有局度，不以才能高人。宋主以其年少，欲以後事託之，朝政大小，皆與參焉。宋主始親政事，委任王華、王曇首、殷景仁、謝弘微、劉湛，次則范曄、沈演之、庾炳之，最後江湛、徐湛之、何瑀之及僧綽，凡十二人。

壬辰（四五二）

宋元嘉二十九年，魏高宗文成帝濬興安元年。

春，二月，魏宦者宗愛弑其君燾而立南安王余。魏世祖追悼景穆太子不已，宗愛懼誅，二月，弑之。僕射蘭延、和疋、薛提等祕不發喪。延、疋以濬沖幼，欲立長君，徵秦王翰，置之祕室。提以濬嫡孫，不可廢。議久不決。宗愛知之，自以得罪於景穆太子，而素惡翰，善南安王余，乃密迎余。矯皇后令召延等，而使宦者持兵伏禁中以次收縛，斬之。殺翰立余。余以愛爲大司馬、大將軍。翰、余皆世祖之子也。

夏，五月，宋人侵魏。宋主聞魏世祖殂，更謀北伐，魯爽等復勸之。太子中庶子何偃以爲：「淮、泗數州瘡痍未復，不宜輕動。」不從。五月，遣蕭思話督張永等向碻磝，魯爽、魯秀、程天祚將荆州甲士四萬出許、洛，雍州刺史臧質帥所領趣潼關。沈慶之固諫，宋主不使行。青州刺史劉興祖上言，以爲：「河南阻飢，野無所掠，脱諸城固守，非旬月可拔。稽留大衆，轉輸方勞，應機乘勢，事存急速。今僞帥始死，兼逼暑時，國内猜擾，不暇遠赴。愚謂宜長驅中山，據其關要。冀州以北，民人尚豐，兼麥已向熟，因資爲易。若中州震動，黄河以南，自當消潰。臣請發青、冀兵，入其心腹。若前驅克勝，則衆軍宜一時濟河，並建司牧，撫柔初附，西拒太行，北塞軍都，因事指麾，隨宜加授。若能成功，清壹可待；若不克捷，不爲大傷。」宋主意止存河南，亦不從。又使侍郎徐爰隨軍向碻磝，銜中旨授諸將方略，臨時宣示。

宋尚書令何尚之致仕，復起視事。尚之以老請致仕，退居方山。議者咸謂尚之不能固志。既而詔書敦諭數四，果起視事。袁淑録自古隱士有迹無名者爲真隱傳以嗤之。

宋太子劭、始興王濬巫蠱事覺，赦不誅。初，潘淑妃生始興王濬。元皇后恚恨而殂，淑妃專總内政。由是太子劭深惡淑妃及濬。濬懼，曲意事劭，劭更與之善。吴興巫嚴道育自言能役使鬼物，因東陽公主婢王鸚鵡出入主家。主與劭、濬信惑之。劭、濬多過失，數爲宋主所詰責。使道育祈請，號曰天師。後遂與道育、鸚鵡及主奴陳天與、黄門陳慶國共爲巫蠱，琢玉爲宋主形像，埋於含章殿前。劭補天與爲隊主。宋主讓之曰：「汝所用隊主副，並是奴邪？」劭懼，以書告濬。濬復書曰：「彼人若所爲不已，正可促其餘命，或是大慶之漸耳。」鸚鵡先與天與通，恐事泄，白劭密殺之。慶國懼曰：「巫蠱事，唯我與天與宣傳往來，今天與死，我其危哉！」乃白其事。宋主大驚，即遣收鸚鵡，封籍其家，得劭、濬書及所埋玉人，命有司窮治其事。道育亡命，捕之不獲。宋主惋歎彌日，遣中使切責劭、濬，劭、濬惶懼陳謝。宋主雖怒甚，猶未忍罪也。

秋，八月，宋攻魏碻磝，不克而退。雍州兵進至虎牢，引還。諸軍攻碻磝，累旬不拔。八月，魏人夜自地道潛出，燒營及攻具。張永夜撤圍退軍，不告諸將，士卒驚擾，魏人乘之，死傷塗地。蕭思話自往，增兵力攻，旬餘不拔。時青、徐不稔，軍食乏。思話命諸軍皆退屯歷城。魯爽至長社，魏戍主棄城走。臧質遣司馬柳元景帥參軍薛安都等向潼關，梁州刺史劉秀之遣司馬馬汪與參軍蕭道成將兵向長安。道成，承之之子也。魏將軍封禮自洹津南渡，赴弘農。九月，魯爽與魏拓跋僕蘭戰于大索，破之，進攻虎牢。聞碻磝敗退，與元景等皆引還。

吐谷渾王慕利延卒，拾寅立。拾寅始居伏羅川，遣使請命于宋、魏。宋以爲河南王，魏以爲西平王。

冬，十月，魏宗愛弑其君余，魏主濬立，討愛，誅之。魏南安隱王余自以違次而立，厚賜羣下，欲以收衆心。旬月之間，府藏虛竭。又好酣飲及聲樂畋獵，不恤政事。宗愛爲宰相，録三省，總宿衛，坐召公卿，專恣日甚。余患之，謀奪其權，愛憤怒。余以十月朔，夜祭東廟，愛使小黄門賈周等就弒而祕之，唯羽林郎中劉尼知之。勸愛立皇孫濬，愛驚曰：「君大癡人！皇孫若立，豈忘正平時事乎！」尼恐愛爲變，密告殿中尚書源賀。賀時與尼俱典兵宿衛，乃與尚書陸麗謀曰：「宗愛既立南安，還復殺之。今又不立皇孫，將不利於社稷。」遂定謀，共立濬。麗，俟之子也。賀與尚書長孫渴侯嚴兵守衛，使尼、麗迎濬於苑中。尼馳還東廟，大呼：「宗愛弒南安王，大逆不道。皇孫已登大位，有詔，宿衛之士皆還宫。」衆咸呼萬歲，遂執宗愛、賈周等，勒兵入奉皇孫即位。殺愛、周，具五刑，夷三族。追尊景穆太子爲皇帝，立乳母常氏爲保太后。

宋西陽蠻反，遣沈慶之討之。

魏殺其外都大官古弼、張黎。魏南安王余之立也，以弼爲司徒，黎爲太尉。及是，黜爲外都大官，坐有怨言，皆被誅。

魏隴西屠各叛，討平之。

魏復建佛圖，聽民出家。魏世祖晚年，佛禁稍弛，民間往往有私習者。至是，羣臣多請復之。乃詔州郡縣各聽建佛圖一區，民欲爲沙門者，聽出家，大州五十人，小州四十人。於是鄉之所毁，率皆修復。魏主親爲沙門下髮。

魏以周忸爲太尉，陸麗爲司徒，杜元寶爲司空。忸尋坐事賜死。麗以迎立之功，受心膂之寄，朝臣無出其右者。賜爵平原王，麗辭曰：「陛下，國之正統，當承基緒。效順奉迎，臣子常職，不敢慆天之功，以干大賞。」魏主不許。麗曰：「臣父奉事先朝，忠勤著效。今年逼桑榆，願以臣爵授之。」魏主曰：「朕豈不能使卿父子爲二王邪！」乃進其父建業公俟爵爲東平王。班賜羣臣，使源賀任意取之。賀辭曰：「南北未賓，府庫不可虚。」固與之，乃取戎馬一匹。魏主之立也，高允預其謀，麗等皆受賞而不及允，允終身不言。忸坐事賜死。時魏法深峻，賀奏：「謀反之家，男子十三以下本不預謀者，宜免死没官。」從之。

魏行玄始曆。初，魏入中原，用景初曆。世祖克沮渠氏，得趙敺玄始曆，時人以爲密，是歲始行之。

癸巳（四五三）

宋元嘉三十年，魏興安二年。

春，正月，宋以始興王濬爲荆州刺史。初，濬以南徐刺史鎮京口，求爲荆州，宋主許之。濬還京口治行，而巫蠱事覺。宋主怒未解，故濬久留京口。既除荆州，乃聽入朝。

宋遣武陵王駿統諸軍討西陽蠻。

二月，宋太子劭弑其君義隆及其左衛率袁淑、僕射徐湛之、尚書江湛而自立，以何尚之爲司空。嚴道育之亡命也，搜捕甚急。道育匿於東宫，又隨始興王濬至京口。濬入朝，復載還東宫。捕得其婢，云道育隨征北還都。宋主乃命京口送婢，須至檢覆，乃廢太子劭，賜濬死。先與王僧綽謀之，使尋漢、魏典故，送徐湛之、江湛。武陵王駿素無寵，故屢出外藩。南平王鑠、建平王宏皆爲宋主所愛。鑠妃，江湛之妹；隨王誕妃，徐湛之之女也。湛勸立鑠，湛之欲立誕。僧綽曰：「建立之事，仰由聖懷。臣謂唯宜速斷，不可稽緩。『當斷不斷，反受其亂。』顧以義割恩，略小不忍。不爾，便應坦懷如初，無煩疑論。事機雖密，易致宣廣，不可使難生慮表，取笑千載。」宋主曰：「卿可謂能斷大事。然此事至重，不可不殷勤三思。且彭城始亡，人將謂我無復慈愛之道。」僧綽曰：「臣恐千載之後，言陛下唯能裁弟，不能裁兒。」宋主默然。江湛出，謂僧綽曰：「卿向言將不太傷切直！」僧綽曰：「弟亦恨君不直。」鑠自壽陽入朝，失旨。宋主欲立宏，嫌其非次，是以議久不決。與湛之屏人語，或連日累夕。常使湛之自秉燭，繞壁檢行，慮有竊聽者。既而以其謀告潘淑妃，妃以告濬，濬馳報劭。劭乃謀爲逆。初，宋主以宗室强盛，慮有内難，特加東宫兵，使與羽林相若，至有實甲萬人。劭性黠而剛猛，宋主深倚之。及將作亂，每夜饗將士，或親行酒。僧綽密以聞。會嚴道育婢將至，劭詐爲詔，豫加部勒，云有所討。夜，呼前中庶子蕭斌、左衛率袁淑、中舍人殷仲素入宫，流涕謂曰：「主上信讒，將見罪廢。内省無過，不能受枉。明旦當行大事，望相與戮力。」因起，偏拜之，衆驚愕，莫能對。久之，淑、斌皆曰：「自古無此，願加善思。」劭怒，變色。斌懼，曰：「當竭身奉令。」淑叱之曰：「卿便謂殿下真有是邪？殿下幼嘗患風，今疾動耳。」劭愈怒，因眄淑曰：「事當克不？」淑曰：「居不疑之地，何患不克！但既克之後，不爲天地所容，大禍亦旋至耳。假有此謀，猶將可息。」左右引淑出，曰：「此何事，而云可罷乎！」淑還省，繞牀行，至四更乃寢。明日，宫門未開，劭以朱衣加戎服上，乘畫輪車，與蕭斌同載，呼袁淑甚急。淑眠不起，劭停車催之。

淑徐起，至車後。劭使登車，又辭不上，劭命殺之。門開而入。舊制，東宮隊不得入城。劭以僞詔示門衛曰：「受敕，有所收討。」令後隊速來。張超之等數十人馳入齋閤，拔刃徑上合殿。宋主其夜與徐湛之屏人語至旦，燭猶未滅，衛兵尚未起。宋主見超之入，舉几捍之，五指皆落，遂弒之。湛之驚起，兵人殺之。劭出坐東堂。江湛聞喧譟聲，歎曰：「不用王僧綽言，以至於此！」劭遣兵殺之。左細仗主卜天與不暇被甲，執刀持弓，疾呼左右出戰，射劭幾中。劭黨擊之，斷臂而死。隊將張泓之、朱道欽、陳滿與天與俱戰死。劭使人殺潘淑妃及太祖親信數十人。濬時在西州府，聞臺内喧噪，不知事之濟不，騷擾不知所爲。將軍王慶曰：「宫内有變，未知主上安危。凡在臣子，當投袂赴難。憑城自守，非臣節也。」濬不聽。俄而劭馳召濬，濬屏人問狀，即戎服乘馬而去。王慶又諫曰：「太子反逆，天下怨憤。明公但當堅閉城門，坐食積粟，不過三日，凶黨自離。公情事如此，今豈宜去！」濬入見劭，劭曰：「潘淑妃遂爲亂兵所害。」濬曰：「此是下情由來所願。」詐以詔召大將軍義恭、尚書令何尚之入，拘於内。并召百官，至者纔數十人。劭遽即位，下詔曰：「徐湛之、江湛弒逆無狀，吾勒兵入殿，已無所及。今罪人斯得，可大赦，改元太初。」即稱疾還永福省，不敢臨喪，以白刃自守。以蕭斌爲僕射，何尚之爲司空。劭不知王僧綽之謀，以爲吏部尚書。武陵王駿屯五洲，沈慶之自巴水來，咨受軍略。典籤董元嗣自建康至五洲，具言太子弒逆。沈慶之密謂腹心曰：「蕭斌婦人，其餘將帥，皆易與耳。東宮同惡，不過三十人。此外屈逼，必不爲用。今輔順討逆，不憂不濟也。」

魏尊保太后爲皇太后。

三月，宋劭殺其吏部尚書王僧綽。劭料撿文帝巾箱及江湛家書疏，得王僧綽所啓饗士并前代故事，收殺之。僧綽弟僧虔爲司徒屬，所親咸勸之逃，僧虔泣曰：「吾兄奉國以忠貞，撫我以慈愛，今日之事，苦不見及耳。若得同歸九泉，猶羽化也。」劭因誣北第諸王侯，云與僧綽謀反，殺之。

夏，四月，宋江州刺史武陵王駿舉兵討劭。宋人立駿。五月，劭及弟濬皆伏誅。劭密與沈慶之手書，令殺武陵王駿。慶之求見駿，駿懼，辭以疾。慶之突入，以劭書示駿。駿泣，求入與母訣。慶之曰：「下官受先帝厚恩，今日之事，唯力是視。殿下何見疑之深！」駿起再拜曰：「家國安危，皆在將軍。」慶之即命內外勒兵。主簿顏竣曰：「今四方未知義師之舉，劭據有天府，若首尾不相應，此危道也。宜待諸鎮協謀，然後舉事。」慶之厲聲曰：「今舉大事，而黃頭小兒皆得參預，何得不敗！宜斬以徇衆。」駿令竣拜謝，慶之曰：「君但當知筆札事耳。」於是專委慶之處分。旬日之間，內外整辦，人以爲神兵。竣，延之之子也。駿戒嚴誓衆，以沈慶之領府司馬，柳元景、宗慤、朱脩之皆爲參佐，顏竣領録事，總內外。以劉延孫爲長史，行留府事。荆州刺史南譙王義宣、雍州刺史臧質皆不受劭命，與司州刺史魯爽同舉兵以應駿。質、爽俱詣江陵見義宣，且遣使勸進於駿。駿至尋陽，命顏竣移檄四方，州郡響應。義宣遣臧質引兵詣尋陽，兖、冀刺史蕭思話、將軍垣護之皆帥所領赴之。義宣板張永爲冀州刺史。永遣司馬崔勳之等將兵赴義。會稽太守隨王誕將受劭命，參軍事沈正說司馬顧琛曰：「國家此禍，開闢未聞。今以江東驍鋭之衆，唱大義於天下，其誰不響應！豈可使殿下北面凶逆，受其僞寵乎！」琛曰：「江東忘戰日久，雖逆順不同，然强弱亦異，當須四方有義舉者，然後應之，不爲晚也。」正曰：「天下未嘗有無父無君之國，寧可自安讎耻而責義於餘方乎！今正以弑逆冤醜，義不同天，舉兵之日，豈求必全邪！馮衍有言：『大漢之貴臣，將不如荆、齊之賤士乎！』況殿下義兼臣子，事實國家者哉！」琛乃與正共入說誕，誕從之。劭自謂素習武事，語朝士曰：「卿等但助我理文書，若有寇難，吾自當之。」及聞四方兵起，始憂懼，戒嚴。四月，柳元景統薛安都等十二軍發湓口，參軍徐遺寶以荆州之衆繼之。駿發尋陽，沈慶之總中軍以從。檄至建康，劭以示太常顔延之曰：「彼誰筆也？」延之曰：「竣之筆也。」劭曰：「何至於是！」延之曰：「竣尚不顧老臣，安能顧陛下。」劭怒稍解。劭疑舊臣不爲己用，乃厚撫魯秀、王羅漢，悉以軍事委之。以蕭斌爲謀主，殷冲掌文符。蕭斌勸劭勒水軍自上決戰，不爾則保據梁山。江夏王義恭以南軍倉猝，船舫陋小，不利水戰，乃進策曰：「賊駿小年未習軍旅，遠來疲弊，宜以逸待之。今遠出梁山，則京都空弱，東軍乘虚，或能爲患。若分力兩赴，則兵散勢離，不如養鋭待期，坐而觀釁。割棄南岸，栅斷石頭，此先朝舊法，不憂賊不破也。」劭善之。斌厲色曰：「南中郎二十年少，能建如此大事，豈復可量！三方同惡，勢據上流，沈慶之甚練軍事，元景、宗慤屢嘗立功，形勢如此，實非小敵。唯宜及人情未離，尚可決力一戰。端坐臺城，何由得久！今主相咸無戰意，豈非天也！」劭不聽。或勸劭保石頭城。劭曰：「昔人所以固石頭城者，俟諸侯勤王耳。我若守此，誰當見救！唯應力戰決之，不然，不克。」太尉司馬龐秀之自石頭先衆南奔，人情由是大震。駿軍于鵲頭。宣城太守王僧達得檄，未知所從。客説之曰：「方今釁逆滔天，古今未有。爲君計，莫若承義師之檄，移告傍郡。苟在有心，誰不響應！此上策也。如其不能，可躬帥向義之徒，詳擇水陸之便，致身南歸，亦其次也。」僧達乃自候道南奔，駿即以爲長史。僧達，弘之子也。駿初發尋陽，沈慶之謂人曰：「王僧達必來赴義。」人問其故，慶之曰：「吾見其在先帝前議論開張，執意明決，以此言之，其至必也。」柳元景以舟艦不堅，憚於水戰，乃倍道兼行，至江寧步上，使薛安都帥鐵騎曜兵於淮上，移書朝士，爲陳逆順，降者相屬。駿自發尋陽，有疾不能見將佐，唯顏竣出入卧内，擁駿於膝，親視起居。疾屢危篤，不任咨稟，竣皆專決。軍政之外，間以文教書檄，應接遐邇，昏曉臨哭，若出一人。如是累旬，自舟中甲士亦不知駿之危疾也。柳元景潛至新亭，依山爲壘，新降者皆勸元景速進。元景曰：「理順難恃，同惡相濟，輕進無防，實啓寇心。」劭使蕭斌等分統水陸精兵萬人攻新亭壘，劭自登朱雀門督戰。元景宿令軍中曰：「鼓繁氣易衰，叫數力易竭。銜枚疾戰，一聽吾鼓聲。」劭將士懷劭重賞，皆殊死戰。元景水陸受敵，意氣彌强，麾下勇士，悉遣出鬭。劭兵垂克，魯秀擊退鼓，劭衆遽止。元景乃開壘鼓譟以乘之，劭衆大潰。劭更帥餘衆自來攻壘，復大破之，殺傷過前，劭僅以身免。魯秀南奔。駿至江寧，江夏王義恭單騎南奔，上表勸進，駿遂即位于新亭。初，劭葬太祖，謚曰景，廟號中宗。至是改謚曰文，廟號太祖。尊母政氏爲皇太后，立妃王氏爲皇后，封拜義恭以下有差。五月，臧質以雍州兵至新亭。豫州刺史劉遵考遣將帥步騎五千軍于瓜步。先是，宋主遣將軍顧彬之將兵東入，受隨王誕節度。誕遣將軍劉季之將兵與彬之俱向建康，誕自頓西陵，爲之後繼。劭遣兵拒之，大敗。劭緣淮樹柵自守，男丁既盡，召婦女供役。魯秀等募勇士攻大航，克之。王羅漢即放仗降，城中沸亂，文武將吏爭踰城出降。蕭斌令所統解甲，自石頭戴白幡來降，詔斬於軍門。諸軍遂克臺城，張超之走至合殿御牀之所，爲軍士所殺，刳腸割心，諸將臠其肉，生噉之。劭入武庫井中，隊副高禽執之。

臧質見之慟哭，劭曰：「天地所不覆載，丈人何爲見哭？」質縛劭於馬上，防送軍門。時不見傳國璽，問劭，曰：「在嚴道育處。」就取得之。斬劭及四子於牙下。濬帥左右南走，遇江夏王義恭，曰：「南中郎今何所作？」義恭曰：「上已君臨萬國。」又曰：「虎頭來得無晚乎？」義恭曰：「殊當恨晚。」勒與俱歸，於道斬之，及其三子。劭、濬父子首並梟於大航，暴尸於市，汙瀦劭所居齋。嚴道育、王鸚鵡並都街鞭殺，焚尸，揚灰於江。殷沖、尹弘、王羅漢及沈璞皆伏誅。贈袁淑爲太尉，謚忠憲公；徐湛之爲司空，謚忠烈公；江湛爲開府儀同三司，謚忠簡公；王僧綽爲金紫光禄大夫，謚簡侯；卜天與益州刺史，謚壯侯。與淑等四家，長給稟禄。

宋復以何尚之爲尚書令。初，劭以尚書令何尚之爲司空，子偃爲侍中。及劭敗，尚之左右皆散，自洗黄閤。宋主以尚之、偃素有令譽，且居劭朝用智將迎，時有全脱，故特免之。復以尚之爲尚書令，偃爲大司馬長史，任遇無改。

宋以柳元景爲護軍將軍。初，宋主之討西陽蠻也，臧質使柳元景將兵會之。及質起兵，欲奉南譙王義宣爲主，潛使元景西還，元景即以質書呈宋主，語其信曰：「臧冠軍當是未知殿下義舉耳。方應伐逆，不容西還。」質以此恨之。及宋主即位，以質爲江州，元景爲雍州，質慮元景爲荆、江後患，建議元景當爲爪牙，不宜遠出。宋主重違其言，以元景爲護軍將軍，領石頭戍事。

宋以南郡王義宣爲荆、湘刺史。

秋，七月，朔，日食。宋主詔求直言，省細作并尚方彫文塗飾，貴戚競利，悉皆禁絶。中軍録事參軍周朗上疏，以爲：「毒之在體，必割其緩處。歷下、泗間，不足戍守。議者必以爲胡衰不足避，而不知我之病甚於胡矣。今空守孤城，徒費財役。使虜但發輕騎三千，更互出入，春來犯麥，秋至侵禾，水陸漕輸，居然復絶。於賊不勞而邊已困，不至二年，卒散民盡，可蹻足而待也。今人知不以羊追狼、蟹捕鼠，而令重車弱卒與肥馬悍胡相逐，其不能濟固宜矣。又，三年之喪，天下之達喪。漢氏節其臣則可矣，薄其子則亂也。凡法有變於古而刻於情，則莫能順焉。至乎敗於禮而安於身，必遽而奉之。今陛下以大孝始基，宜反斯謬。又，舉天下以奉一君，何患不給？一體炫金，不及百兩，一歲美衣，不過數襲。而必收寶連櫝，集服累笥，目豈常視，身未時親，是櫝帶寶、笥著衣也，何糜蠹之劇，惑鄙之甚邪！且細作始并，以爲儉節；而市造華怪，即傳於民。如此，則遷也，非罷也。凡厥庶民，制度日侈，見車馬不辨貴賤，視冠服不知尊卑。尚方今造一物，小民明已睥睨。宫中朝制一衣，庶家晚已裁學。侈麗之源，實先宫閫。又，設官者宜官稱事立，人稱官置。王侯識未堪務，不應强仕。且帝子未官，人誰謂賤？但宜詳置賓友，茂擇正人，亦何必列長史、參軍、别駕從事，然後爲貴哉。又，俗好以毁沈人，不知察其所以致毁；以譽進人，不知測其所以致譽。毁徒皆鄙，則遭毁者宜擢；譽黨悉庸，則得譽者宜退。如此，則毁譽不妄，善惡分矣。凡無世不有言事，無時不有下令。然升平不至，昏危相繼，何哉？設令之本非實故也。」書奏，忤旨，自解去職。侍中謝莊上言：「詔云：『貴戚競利，悉皆禁絶。』此實允愜民聽。若有犯違，則應依制裁糾。若廢法申恩，便爲明詔既下，而聲實乖爽也。臣愚謂大臣在禄位者，尤不宜與民争利。不審可得在此詔不？」莊，弘微之子也。時多變易太祖之制，郡縣以三周爲滿，宋之善政，於是乎衰。

宋主殺其弟南平王鑠。鑠素負才能，常輕宋主。宋主潛使人毒之。

宋廣州反，討平之。南海太守蕭簡據廣州反。簡，斌弟也。詔新南海太守鄧琬、始興太守沈法系討之。簡誑其衆曰：「臺軍是賊劭所遣。」衆信之，爲之固守。琬先至，止爲一攻道。法系至，曰：「宜四面並攻，若守一道，何時可拔！」琬不從，法系曰：「更相申五十日。」日盡又不克，乃從之。八道俱攻，一日即破之。斬簡，廣州平。法系封府庫付琬而還。

甲午(四五四)

宋世祖孝武帝駿孝建元年，魏興光元年。

春，正月，宋鑄孝建四銖錢。元嘉中，官鑄四銖錢，輪郭形制與五銖同，用費無利，故民不盜鑄。及是鑄孝建四銖，形式薄小，輪郭不成。於是盜鑄者衆，雜以鉛錫，翦鑿古錢，錢轉薄小。守宰不能禁，坐死免者相繼。盜鑄益甚，物價踊貴。尋詔錢薄小無輪郭者，悉不得行，民間喧擾。於是沈慶之建議：「宜聽民鑄錢，郡縣置署，樂鑄之家，皆居署內。平其準式，去其雜僞。所禁新品，一時施用，今鑄悉依此格。萬税三千，嚴檢盜鑄。」丹楊尹顔竣駁之，以爲：「五銖輕重，定於漢世，魏晉以降，莫之能改。誠以物貨既均，改之僞生故也。今若巨細總行而不從公鑄，利己既深，情僞無極，私鑄翦鑿盡不可禁，則貨未贍，大錢已竭，數歲之間，悉爲塵土矣。縱行細錢，官無益賦之理；百姓雖贍，無解官乏。唯簡費去華，專在節儉。求贍之道，莫此爲貴。」議者又以銅轉難得，欲鑄二銖錢。竣議以爲：「恣行新細，無解官乏；而民間姦巧大興，天下之貨將糜碎至盡。空嚴立禁，而利深難絶，不一二年，其弊不可復救。市井之間，必生紛擾，富商得志，貧民困窘，此皆甚不可者也。」乃止。

宋主立其子子業爲太子。將置東宫，省率更令，餘各減舊員之半。

二月，宋江州刺史臧質以南郡王義宣舉兵反。夏，宋主遣兵討質，誅之。初，江州刺史臧質，自謂人才足爲一世英雄。太子劭之亂，潛有異圖，以荆州刺史南郡王義宣庸闇易制，欲外相推奉，因而覆之。劭既誅，義宣與質功皆第一，由是驕恣，事多專行。義宣在荆州十年，財富兵强，朝廷所下制度，意有不同，一不遵承。質之江州，舫千餘乘，部伍前後百餘里。帝方自攬威權，而質以少主遇之，政刑慶賞，一不咨禀。擅用湓口米，臺符檢詰，漸致猜懼。帝淫義宣諸女，義宣恨怒。質乃遣密信説義宣，義宣腹心蔡超、竺超民等咸有富貴之望，勸從其計。義宣以豫州刺史魯爽有勇力，素與相結。至是密使人報之，及兗州刺史徐遺寶，期以今秋舉兵。使者至壽陽，爽方飲醉，失義宣指，即日舉兵。竊造法服，登壇，自號建平元年。遺寶亦勒兵向彭城。義宣聞爽已反，狼狽舉兵，與質俱表欲誅君側之惡。爽送所造輿服詣江陵，使征北府户曹板義宣等，文曰：「丞相劉，今補天子，名義宣。車騎臧，今補丞相，名質，皆板到奉行。」義宣駭愕，召司州刺史魯秀，欲使爲後繼。秀見義宣，出，拊膺曰：「吾兄誤我，乃與癡人作賊，今年敗矣！」義宣兼荆、江、兗、豫四州之力，威震遠近。宋主欲奉乘輿法物迎之，竟陵王誕固執不可，曰：「奈何持此座與人！」乃以柳元景、王玄謨統諸將討之。進據梁山洲，於兩岸築偃月壘，水陸待之。三月，義宣移檄州郡。雍州刺史朱脩之僞許之，而遣使陳誠於帝。益州刺史劉秀之斬其使，遣軍襲江陵。義宣帥衆十萬發江津，舳艫數百里。以子慆與竺超民留鎮江陵。義宣知脩之貳於己，乃以魯秀爲雍州刺史，使將萬餘人擊之。王玄謨聞秀不來，喜曰：「臧質易與耳。」冀州刺史垣護之妻，徐遺寶之姊也，遺寶邀護之同反，護之不從，發兵擊之。遺寶奔壽陽。義宣至尋陽，以質爲前鋒，爽亦引兵趣歷陽，與質水陸俱下。將軍沈靈賜將百舸，破質前軍。質至梁山，夾陳兩岸，與官軍相拒。四月，以朱脩之爲荆州刺史，遣將軍薛安都等戍歷陽，沈慶之濟江討爽。爽引兵退，慶之使安都帥輕騎追及斬之，進克壽陽。徐遺寶走死。義宣至鵲頭，慶之送爽首示之。爽累世將家，驍猛善戰，號萬人敵。義宣與質由是駭懼。宋主使元景進屯姑孰。太傅義恭與義宣書曰：「臧質少無美行，弟所具悉。今籍西楚之强力，圖濟其私。凶謀若果，恐非復池中物也。」義宣由此疑之。五月，至蕪湖。質曰：「今以萬人取南州，則梁山中絶。萬人綴梁山，則玄謨必不敢動。下官中流鼓棹，直趣石頭，此上策也。」義宣將從之。劉諶之密言：「質求前驅，此志難測。不如盡鋭攻梁山，事克然後長驅，此萬安之計也。」義宣乃止。會西南風急，質遣將攻陷梁山西壘，又遣兵趨南浦，垣護之與戰，破之。朱脩之斷馬鞍山道，魯秀攻之，不克。王玄謨使護之告急於柳元景，欲退還姑孰，更議進取。元景曰：「賊勢方盛，不可先退，吾當卷甲赴之。」護之曰：「賊謂南州有三萬人，而將軍麾下裁十分之一，若往造賊壘，則虚實露矣。王豫州又不可來，不如分兵援之。」元景曰：「善。」乃留羸弱自守，悉遣精兵助玄謨，多張旗幟。梁山望之如數萬人，皆以爲建康兵悉至，衆心乃安。質請自攻東城。顔樂之曰：「質若復克東城，則大功盡歸之矣。宜遣麾下自行。」義宣乃遣劉諶之與質俱進。頓兵西岸，進攻東城。玄謨督諸軍大戰，薛安都帥突騎衝陳，陷之，斬諶之，質等大敗。垣護之燒江中舟艦，延及西岸營壘殆盡。諸軍乘勢攻之，義宣兵潰，單舸迸走，閉户而泣。質不知所爲，亦走，其衆皆降散。質逃于南湖，追斬其首，送建康，子孫皆棄市。義宣走向江陵，衆散且盡，竺超民具羽儀迎之。時州兵尚萬餘人，秀、超民等猶欲收餘兵更圖一决，而義宣惛沮，無復神守。旦日，超民收送刺姦，秀欲北走，不能去，赴水死。

宋置東揚州、郢州。初，晉氏南遷，以揚州爲京畿，穀帛所資出焉；以荆、江爲重鎮，甲兵所聚在焉，常使大將居之。三州户口，居江南之半。宋主惡其强大，乃分揚州浙東五郡，置東揚州，治會稽。分荆、湘、江、豫州之八郡置郢州，治江夏。罷南蠻校尉，遷其營於建康。太傅義恭議使郢州治巴陵，尚書令何尚之曰：「夏口在荆、江之中，正對沔口，通接雍、梁，實爲津要。既有見城，浦大容舫，於事爲便。」從之。既而荆、揚因此虚耗。尚之請復合二州，不許。

宋省録尚書事官。宋主惡宗室强盛，不欲權在臣下。太傅義恭知其指，故請省之。

宋以朱脩之爲荆州刺史，劉義宣伏誅。荆州刺史朱脩之入江陵，殺義宣，并誅其子十六人及同黨竺超民等。超民兄弟應從誅，何尚之言：「賊既遁走，一夫可擒。若超民反覆昧利，即當取之，非唯免愆，亦可要不義之賞。而超民曾無此意，微足觀過知仁。且爲官保全城府，謹守庫藏，端坐待縛。今戮其兄弟，則與其餘逆黨無異，於事爲重。」乃原之。

秋，七月，朔，日食。

乙未（四五五）

宋孝建二年，魏太安元年。

春，宋鎮北大將軍沈慶之罷就第。宋鎮北大將軍、南兗州刺史沈慶之請老，表數十上，詔聽以公就第。頃之，宋主復欲用慶之，使何尚之往起之。慶之笑曰：「沈公不效何公，往而復返。」尚之慚而止。

秋，八月，宋主殺其弟武昌王渾。渾與左右作檄文，自號楚王，改元永光，以爲戲笑。長史封上之。廢爲庶人，逼令自殺，時年十七。

宋郊廟初設備樂。

冬，十月，宋裁損王侯制度。宋主欲削弱王侯。江夏王義恭等奏裁損王侯車服、器用、樂舞制度凡九事，宋主因諷有司奏增廣爲二十四條：聽事不得南向坐施帳，劍不得爲鹿盧形，内史、相及封内官長止稱下官，不得稱臣，罷官則不復追敬。詔可。

宋以楊元和、楊頭爲將軍。元和，故氐王楊保宗子也。宋朝以其幼弱，未正位號，部落無定主。其族父頭先戍葭蘆，母妻子弟並爲魏所執，而爲宋堅守無貳心。雍州刺史王玄謨請以頭爲西秦刺史，安輯其衆。俟元和稍長，使嗣故業。若其不稱，即以授頭，必能藩扞漢川，使無虜患。若葭蘆不守，漢川亦不可立矣。不從。

丙申(四五六)

宋孝建三年，魏太安二年。

春，正月，魏立貴人馮氏爲后。后，遼西公朗之女也。朗坐事誅，后没入宫。

二月，魏主立其子弘爲太子。魏主立子弘爲皇太子，生三年矣。先使其母李貴人條記所付託兄弟，然後依故事賜死。

宋以宗慤爲豫州刺史。故事，府州部内論事，皆籤前直叙所論之事，置典籤以主之。宋世皇子爲方鎮者多幼，時主皆以親近左右領典籤。至是，雖長王臨藩，素族出鎮，皆以典籤出納教命，刺史不得專其職。及慤爲豫州，吴喜爲典籤，每多違執，慤大怒曰：「宗慤年將六十，爲國竭命，正得一州如斗大，不能復與典籤共臨之！」喜稽顙流血，乃止。

秋，七月，宋以西陽王子尚爲揚州刺史。太傅義恭以宋主之子子尚有寵，將避之，乃辭揚州。而宋主以子尚爲刺史。時熒惑守南斗，宋主廢西州舊館，使子尚移治東城以厭之。别駕沈懷文曰：「天道示變，宜應之以德。雖空西州，恐無益也。」不從。

八月，魏擊伊吾，克之。

冬，十月，宋以江夏王義恭爲太宰。

十一月，魏以源賀爲冀州刺史。賀上言：「今北虜遊魂，南寇負險，疆埸之間，猶須防戍。自非大逆，赤手殺人，其坐贓盜及過誤應入死者，皆可原宥，謫使守邊。則已斷之體，受更生之恩；徭役之家，蒙休息之惠。」魏主從之。久之，謂羣臣曰：「吾用賀言，一歲所活不少，增兵亦多。卿等人人如賀，朕何憂哉！」會人告賀謀反，魏主曰：「賀竭誠事國，朕爲卿等保之。」訊驗，果誣，乃誅告者。因謂左右曰：「以賀忠誠，猶不免誣謗，不及賀者，可無慎哉！」

十二月，宋移青、冀并鎮歷城。宋主欲移青、冀二州并鎮歷城。刺史垣護之曰：「青州北有河、濟，又多陂澤，北虜每來，寇掠必由歷城。二州并鎮，此經遠之略也。北又近河，歸順者易。近息民患，遠申王威，安邊之上計也。」由是遂定。

魏定州刺史許宗之有罪誅。宗之求取不節，以州民馬超謗己，毆殺之，恐其家人告狀，上超詆訕朝政。魏主曰：「此必妄也。朕爲天下主，何惡於超而有此言！必宗之懼罪誣超。」案驗，果然，遂斬之。

宋金紫光禄大夫顔延之卒。延之子竣貴重，凡所資供，一無所受，布衣茅室，蕭然如故。常乘羸牛笨車，逢竣鹵簿，即屏住道側。常語竣曰：「吾平生不憙見要人，今不幸見汝。」竣起宅，延之謂曰：「善爲之，無令後人笑汝拙也。」延之嘗早詣竣，見賓客盈門，竣尚未起，延之怒曰：「汝出糞土之中，升雲霞之上，遽驕傲如此，其能久乎！」竣丁憂踰月，起爲右將軍，丹楊尹如故。竣固辭，表十上，不許。遣中書舍人抱竣登車，載之郡舍，賜以布衣一襲，絮以綵綸，遣主衣就衣諸體。

丁酉(四五七)

宋大明元年，魏太安三年。

春，正月，魏以尉眷爲太尉，録尚書事。

魏侵宋，入兗州。魏人侵宋，敗東平太守劉胡。宋主遣薛安都、沈法系禦之，並受徐州刺史申坦節度。比至，魏兵已去。先是，羣盜聚任城荊榛中，累世爲患，謂之任榛。坦請回軍討之，任榛逃散，無功而還。安都、法系坐白衣領職。坦當誅，羣臣爲請，莫能得。沈慶之抱坦哭於市曰：「汝無罪而死，我行當就汝矣！」有司以聞，乃免之。

夏，六月，宋以顔竣爲東揚州刺史。宋主自即吉之後，奢淫自恣，多所興造。顔竣以蕃朝舊臣，數懇切諫爭，宋主浸不悦。竣疑宋主欲疏之，乃求出外，以占其意。宋主從之，竣始大懼。

秋，七月，宋并雍州爲一郡。雍州所統多僑郡縣，刺史王玄謨言：「僑郡縣無有境土，新舊錯亂，租課不時，請皆土斷。」乃詔并雍州三郡十六縣爲一郡。郡縣流民不願屬籍，訛言玄謨欲反。時柳元景宗强，羣從多爲雍部二千石，乘聲皆欲討玄謨。玄謨令内外晏然以解衆惑，馳使啓上，具陳本末。宋主遣主書吴喜撫慰之，且報曰：「七十老公，反欲何求！君臣之際，足以相保，聊復爲笑，伸卿眉頭耳。」玄謨性嚴，未嘗妄笑，故宋主以此戲之。

八月，宋以竟陵王誕爲南兖州刺史，劉延孫爲南徐州刺史。初，高祖遺詔，以京口要地，非宗室近親，不得居之。延孫之先雖與高祖同源，而從來不序昭穆。宋主既命延孫鎮京口，仍詔與合族。宋主閨門無禮，不擇親疏、尊卑，流聞民間，無所不至。誕寬而有禮，誅劭及義宣，皆有大功，人心竊向之。誕多聚才力之士，蓄精甲利兵，宋主畏忌之，不欲誕居中，使出鎮京口。猶嫌其逼，更徙之廣陵，以延孫腹心之臣，故使鎮京口以防之。

戊戌(四五八)

宋大明二年，魏太安四年。

春，正月，魏設酒禁，置候官。魏主以士民多因酒致鬭及議國政，故設酒禁，釀、酤、飲者皆斬。吉凶之會，聽開禁，有程日。增置内外候官，伺察諸曹及州鎮，或微服雜亂於府寺間，以求百官過失。有司窮治，訊掠取服，百官贓滿二丈皆斬。又增律七十九章。

二月，魏以高允爲中書令。魏起太華殿，中書侍郎高允諫曰：「太祖始建都邑，其所營立，必因農隙。今建國已久，朝會宴息臨望之所，皆已悉備。縱有修廣，亦宜馴致，不可倉猝。今計所當役凡二萬人，老弱供餉又當倍之，期半年可畢。一夫不耕，或受之飢，況四萬人之勞費，可勝道乎！」魏主納之。允好切諫，事有不便，允輒求見，屏人極論，或自朝至暮，或連日不出。語或痛切，魏主不忍聞，命左右扶出，然終善遇之。時有上事爲激訐者，魏主謂羣臣曰：「君父一也。父有過，子何不作書於衆中諫之？而於私室屏處諫者，豈非不欲其父之惡彰於外邪！至於事君，何獨不然。君有得失，不能面陳，而上表顯諫，欲以彰君之短，明己之直，此豈忠臣所爲乎！如高允者，乃真忠臣也。朕有過，未嘗不面言，朕聞其過而天下不知，可不謂忠乎！」允所與同徵者游雅等皆至大官，封侯，而允爲郎，二十七年不徙官。魏主謂羣臣曰：「汝等雖執弓刀在朕左右，未嘗有一言規正。唯伺朕喜悦，祈官乞爵，今皆無功而至王公。允執筆佐國家數十年，爲益不少，不過爲郎，汝等不自愧乎！」乃拜允中書令。時魏百官無禄，允常使諸子樵採自給。司徒陸麗曰：「高允雖蒙寵待，而家貧，妻子不立。」魏主即日至其第，惟草屋數間，布被，緼袍，厨中鹽菜而已。魏主歎息，賜以帛粟，拜其子悦爲郡守。允固辭，不許。帝重允，常呼爲令公而不名。游雅常曰：「前史稱卓子康、劉文饒之爲人，褊心者或不之信。余與高子遊處四十年，未嘗見其喜愠之色，乃知古人爲不誣耳。高子内文明而外柔順，其言吶吶不能出口。昔崔司徒嘗謂：『高生豐才博學，一代佳士。所乏者，矯矯風節耳。』余亦以爲然。及司徒得罪，詔指臨責，聲嘶股栗，殆不能言。高子獨敷陳事理，辭義清辯，人主爲之動容。此非所謂矯矯者乎！宗愛用事，威振四海，王公已下趨庭望拜，高子獨升階長揖。此非所謂風節者乎！夫人固未易知。吾既失之於心，崔又漏之於外，此乃管仲所以致慟於鮑叔也。」

夏，六月，宋以謝莊、顧覬之爲吏部尚書。宋主不欲權在臣下，分吏部尚書置二人，以謝莊、顧覬之爲之。初，晉世，散騎常侍選望甚重，其後用人漸輕。宋主欲重其選，乃用當時名士孔覬、王彧爲之。侍中蔡興宗曰：「選曹要重，常侍閑淡，改之以名而不以實，雖主意欲爲輕重，人心豈可變邪！」後竟如其言。興宗，廓之子也。

裴子野曰：官人之難，尚矣。周禮，始於學校，論之州里，告諸六事，而後貢于王庭。漢家州郡積其功能，五府舉爲掾屬，三公參其得失，尚書奏之天子。一人之身，所閱者衆。故能官得其才，鮮有敗事。魏、晉易是，所失弘多。夫厚貌深衷，險如谿壑，擇言觀行，猶懼弗周。況今萬品千羣，俄折乎一面，庶僚百位，專斷於一司。於是干進務得，無復廉耻之風，謹厚之操。官邪國敗，不可紀綱。假使龍作納言，舜居南面，而欲治致平章，不可必也，況後之人哉！孝武雖分曹爲兩，不能反之於周、漢，朝三暮四，其庸愈乎！

宋沙門曇標謀反，伏誅。南彭城民高闍、沙門曇標以妖妄相扇，與殿中將軍苗允等謀作亂，立闍爲帝。事覺，伏誅。於是詔沙汰沙門，設諸條禁，嚴其誅坐。非戒行精苦，並使還俗。而諸尼出入宫掖，竟不得行。

秋，八月，宋殺其中書令王僧達。僧達幼聰警能文，而跌蕩不拘。宋主初立，擢爲僕射。自負才地，一二年間，即望宰相。既而下遷，再被彈削，僧達耻怨，所上表奏，辭旨抑揚。又好非議時政，上已積憤。路太后兄子嘗詣僧達，升其榻，僧達令舁棄之。太后大怒，固邀上令必殺僧達。會高闍反，上因誣僧達與闍通謀，賜死。

沈約曰：夫君子小人，類物之通稱。蹈道則爲君子，違之則爲小人。是以太公起屠釣爲周師，傅説去板築爲殷相，胡廣累世農夫，致位公相，黄憲牛醫之子，名重京師，非若晚代分爲二途也。魏立九品，蓋論人才優劣，非謂世族高卑。而都正俗士，隨時俯仰，憑藉世資，用相陵駕。因此相沿，遂爲成法。周、漢之道，以智役愚。魏、晉以來，以貴役賤。士庶之科，較然有辨矣。

裴子野曰：古者，德義可尊，無擇負販。苟非其人，何取世族！有晉以來，其流稍改，草澤奇士，猶顯清塗。降及季年，專限閥閲。以謝靈運、王僧達之才華輕躁，使生自寒宗，猶將覆折。重以怙其庇廕，召禍宜哉。

冬，十月，魏主伐柔然，刻石紀功而還。魏主至陰山，會雨雪，欲還。尉眷曰：「今動大衆以威北敵，去都不遠而車駕遽還，虜必疑我有内難。將士雖寒，不可不進。」魏主從之。渡大漠，旌旗千里。柔然處羅可汗遠遁，其别部數千落降于魏。魏主刻石紀功而還。

魏侵宋清口。宋青、冀刺史顏師伯連戰破之。積射將軍殷孝祖築兩城於清水之東。魏鎮西將軍封敕文攻之，清口戍主、振威將軍傅乾愛拒破之。上遣虎賁主龐孟蚪救清口，顏師伯遣中兵參軍苟思達助之，敗魏兵於沙溝。上又遣司空參軍卜天生會傅乾愛及中兵參軍江方興共擊魏兵，屢破之，斬魏將數人。魏征西將軍皮豹子將兵助封敕文寇青州，師伯與戰，幾獲之。

宋以戴法興、戴明寶、巢尚之爲中書舍人。初，宋主在江州，戴法興、戴明寶、蔡閑爲典籤。及即位，皆以爲南臺侍御史兼中書通事舍人。是歲，並以初舉兵預密謀，賜爵縣男。時宋主親覽朝政，不任大臣，而腹心耳目，不得無所委寄。法興頗知古今，素見親待。巢尚之，人士之末，涉獵文史，亦爲中書通事舍人。凡選授遷徙誅賞大處分，宋主皆與法興、尚之參懷。內外雜事，多委明寶。三人權重當時，而法興、明寶大納貨賄，門外成市，家累千金。顧覬之獨不降意。蔡興宗與覬之善，嫌其風節太峻，覬之曰：「辛毗有言：『孫、劉不過使吾不爲三公耳。』」覬之常以爲：「人稟命有定分，非智力所移，唯應恭己守道。而闇者不達，妄意僥倖，徒虧雅道，無關得喪。」乃著定命論以釋之。

己亥(四五九)

宋大明三年，魏太安五年。

夏，四月，宋竟陵王誕反廣陵，宋主遣兵討之。竟陵王誕知宋主意忌之，亦潛爲之備。因魏人入寇，修城浚隍，聚糧治仗。參軍江智淵知誕有異志，請假先還建康，宋主以爲中書侍郎。智淵少有操行，沈懷文每稱之曰：「人所應有盡有，人所應無盡無者，其唯江智淵乎！」俄而事覺，宋主令有司奏請收付廷尉，詔貶爵爲侯，遣之國。使兖州刺史垣閬與戴明寶襲之。明寶夜報誕典籤蔣成，使爲内應。誕聞之，斬成，擊閬殺之，明寶逃還。詔沈慶之將兵討誕。慶之至歐陽，誕遣人齎書説慶之，餉以玉環刀。慶之遣還，數以罪惡。誕閉門自守，分遣書檄，邀結遠近。時山陽内史梁曠，家在廣陵，誕執其妻子，遣使邀曠，曠斬其使。誕遂滅曠家。奉表投城外，數宋主罪惡曰：「陛下宫帷之醜，豈可三緘！」宋主大怒，凡誕左右、腹心、同籍、期親在建康者，誅死以千數。慮誕奔魏，使慶之斷其走路。豫州刺史宗慤、徐州刺史劉道隆並帥衆來會。先是，誕誑其衆云：「宗慤助我。」慤至，繞城躍馬呼曰：「我宗慤也。」誕見衆軍大集，棄城北走，慶之遣兵追之。誕衆皆不欲去，誕乃復還，築壇歃血以誓衆。以劉琨之爲參軍。琨之，遵考之子也，辭曰：「忠孝不得並。琨之老父在，不敢承命。」誕囚之十餘日，終不受，乃殺之。慶之進營逼廣陵城，誕於城上授函表，請慶之爲送。慶之曰：「我受詔討賊，不得爲汝送表。汝必欲歸死朝廷，自應開門遣使，吾爲汝護送。」

五月，宋殺其東揚州刺史顔竣。竣遭母憂，送喪還都，宋主恩待猶厚。會王僧達得罪，疑竣譖之，陳竣前後怨望誹謗之語。竣坐免官。竣懼，上啓請命，上益怒。及誕反，遂誣竣與通謀，收付廷尉，折足賜死。妻子徙交州，復沈其男口於江。

秋，七月，宋克廣陵，劉誕伏誅。沈慶之值久雨，不得攻城。宋主令有司奏免慶之官，詔勿問以激之。誕初閉城，參軍賀弼固諫，誕怒，抽刀向之。及誕兵屢敗，將佐多踰城出降。或勸弼宜早出，弼曰：「公舉兵向朝廷，此事既不可從。荷公厚恩，又義無違背，唯當以死明心耳。」乃飲藥自殺。參軍何康之等謀開門納官軍，不果，斬關出降。誕爲高樓置康之母於其上，暴露之，不與食，母呼康之，數日而死。范義爲誕左司馬，或勸其行，義曰：「子不可以棄母，吏不可以叛君。必若康之而活，吾弗爲也。」沈慶之帥衆攻城，克之。誕走，追及斬之，母妻皆自殺。宋主聞廣陵平，出宣陽門，敕左右皆呼萬歲。侍中蔡興宗陪輦，宋主顧曰：「卿何獨不呼？」興宗正色曰：「陛下今日正應涕泣行誅，豈得皆稱萬歲！」宋主不悦。詔貶誕姓留氏，廣陵城中士民，無大小悉命殺之。慶之請自五尺以下全之，女子爲軍賞。猶殺三千餘口。擢梁曠爲後將軍，贈劉琨之給事黄門侍郎。蔡興宗奉旨慰勞廣陵。興宗與范義素善，收斂其尸，送歸豫章。宋主謂曰：「卿何敢故觸王憲？」對曰：「陛下自殺賊，臣自葬故交，何不可之有！」宋主有慚色。

宋以沈慶之爲司空。

九月，宋築上林苑。

宋徙郊壇，造五路。初，晉人築南郊壇於巳位。至是，尚書右丞徐爰以爲非禮，詔徙於牛頭山西，直宫城之午位。又造五路，依金根車，加羽葆蓋。及廢帝即位，以郊壇舊地爲吉，復還故處。

庚子（四六〇）

宋大明四年，魏和平元年。

春，正月，宋主耕籍田。三月，后親蠶西郊[三]，太后觀禮。

夏，六月，魏伐吐谷渾。吐谷渾王拾寅兩受宋、魏爵命，居止出入，擬於王者，魏人忿之。遣陽平王新成等督諸軍以擊之，虜獲甚衆。

魏復置史官。崔浩之誅，史官遂廢，至是復置。

冬，十月，宋殺其廬陵内史周朗。朗言事切直，宋主銜之，使有司奏朗居母喪不如禮，傳送寧州，於道殺之。朗之行也，侍中蔡興宗方在直，請與朗别，坐白衣領職。

宋以顔師伯爲侍中。師伯以諂佞被親任，羣臣莫及，多納貨賄，家累千金。宋主嘗與之樗蒲，宋主擲得雉，自謂必勝。師伯次擲，得盧，宋主失色。師伯遽斂子曰：「幾作盧！」是日一輸百萬。

柔然攻高昌，殺沮渠安周。柔然攻高昌，殺沮渠安周，滅沮渠氏，以闞伯周爲高昌王。高昌稱王自此始。

辛丑(四六一)

宋大明五年，魏和平二年。

春，正月，雪。宋以正旦朝賀，雪落太宰義恭衣，有六出，義恭奏以爲瑞。宋主悦。義恭以宋主猜暴，懼不自容，每卑辭遜色，曲意祗奉。由是終宋主之世，得免於禍。

夏，宋立明堂。經始明堂，直作大殿於丙、己之地，制如太廟，唯十有二間爲異。

宋雍州刺史海陵王休茂反襄陽，爲其下所殺。雍州刺史海陵王休茂年十七，司馬庾深之行府事。休茂欲專處決，深之及主帥每禁之。左右張伯超有寵，多罪惡，主帥屢責之。伯超説休茂殺行事及主帥而舉兵。休茂從之。殺典籤楊慶，徵集兵衆，建牙馳檄。博士荀詵諫，殺之。休茂出城行營，參軍沈暢之等帥衆閉門拒之，休茂馳還攻城，克之。參軍尹玄慶復起兵攻休茂，生擒，斬之，母妻皆自殺，同黨伏誅。宋主自即位以來，抑黜諸弟。既克廣陵，欲更峻其科。沈懷文曰：「漢明不使其子比光武之子，前史以爲美談。陛下既明管、蔡之誅，願崇唐、衛之寄。」及襄陽平，太宰義恭希旨，復請裁抑諸王，不使任邊州，及悉輸器甲，禁絶賓客。懷文固諫，乃止。宋主畋遊無度，嘗出，夜還，敕開門。侍中謝莊居守，以棨信或虛，執不奉旨，須墨敕乃開。宋主曰：「卿欲效郅君章邪？」對曰：「臣聞王者祭祀、畋遊，出入有節。今陛下晨往宵歸，臣恐不逞之徒，妄生矯詐，是以伏須神筆，乃敢開門耳。」

秋，九月，朔，日食。

宋司空沈慶之罷就第。慶之目不知書，家素富，産業累萬金。一夕徙居婁湖，以宅輸官。非朝賀不出門，車馬率素，從者不過三五人，遇之者不知其三公也。

冬，十月，宋以新安王子鸞爲南徐州刺史。子鸞母殷淑儀寵傾後宫，子鸞愛冠諸子，凡爲上所眄遇者，莫不入其府。初，巴陵王休若爲北徐州，以張岱爲參軍，行府州國事。後歷臨海、豫章、晉安三府，與典籤主帥共事，事舉而情不相失。或問其故，岱曰：「古人言：『一心可事百君。』我爲政端平，待物以禮，悔吝之事，無由而及。明闇短長，更是才用之多少耳。」及是，子鸞復以岱爲别駕行事。

十二月，宋制民歲輸布户四匹。

宋禁士族雜婚。詔士族雜婚者皆補將吏。士族多避役逃亡，乃嚴爲之制，捕得即斬之，往往奔竄湖山爲盜賊。沈懷文諫，不聽。

壬寅（四六二）

宋大明六年，魏和平三年。

春，正月，宋始祀五帝於明堂。

宋策孝、秀于中堂。揚州秀才顧法對策曰：「源清則流絜，神聖則形全。躬化易於上風，體訓速於草偃。」上惡其諒，投策於地。

二月，宋復百官禄。

宋殺其廣陵太守沈懷文。侍中沈懷文素與顔竣、周朗善，數以直諫忤旨。宋主謂曰：「竣若知我殺之，亦當不敢如此。」嘗出射雉，風雨驟至，懷文與王彧、江智淵約相與諫。懷文曰：「風雨如此，非聖躬所宜冒。」彧曰：「懷文所啓，宜從。」智淵未及言，宋主注弩作色曰：「卿欲效顔竣邪！」宋主每燕集，在坐者皆令沈醉，嘲謔無度。懷文素不飲，又不好戲調，宋主謂故欲異己。出爲廣陵太守。至是，朝正，事畢當還，以女病求申期，爲有司所糾，免官，禁錮十年。懷文賣宅，欲還東，上大怒，賜死。三子澹、淵、冲行哭請命，柳元景爲之言曰：「懷文三子，塗炭不可見，願陛下速正其罪。」宋主竟殺之。

夏，四月，宋淑儀殷氏卒。宋主以殷氏卒，痛悼不已，精神罔罔，頗廢政事。葬於龍山，民不堪役，死亡甚衆。自江南葬埋之盛，未之有也。又爲之别立廟。

秋，九月，宋制沙門致敬人主。初，晉庾冰議使沙門敬王者，不果行。至是，有司奏曰：「浮圖爲教，反經蔽道，屈膝四輩而簡禮二親，稽顙耆臘而直體萬乘。臣等參議，以爲沙門接見，比當盡虔。」從之。及廢帝即位，復舊。

宋祖沖之請更造新曆，不報。南徐州從事史祖沖之上言何承天元嘉曆疏舛猶多，更造新曆，以爲：「舊法，冬至日有定處，未盈百載，輒差二度。今令冬至日度，歲歲微差，將來久用，無煩屢改。又，子爲辰首，位在正北，虛爲北方列宿之中。今曆，上元日度，發自虛一。日辰之號，甲子爲先。今曆，上元歲在甲子。又，承天法，日月五星，各自有元。今法，交會遲疾，悉以上元歲首爲始。」宋主令善曆者難之，不能屈。會宋主晏駕，不果施行。

癸卯（四六三）

宋大明七年，魏和平四年。

春，正月，宋吏部郎江智淵卒。宋主每因宴集，好使羣臣自相嘲訐。智淵素恬雅，漸不會旨。嘗使智淵以王僧朗戲其子彧。智淵正色曰：「恐不宜有此戲！」宋主怒曰：「江僧安癡人，癡人自相惜。」僧安，智淵之父也。智淵伏席流涕，由此恩寵大衰。又議殷淑儀謚曰懷，宋主以爲不盡美，銜之。它日至妃墓，指石柱謂智淵曰：「此上不容有『懷』字。」智淵益懼，竟以憂卒。

夏，宋制非臨軍毋得專殺，非手詔毋得興軍。詔：「自非臨軍，不得專殺。罪應重辟，先上須報，違者以殺人論。刺史守宰動民興軍，皆須手詔施行。唯外警內姦，變起倉猝者，不從此例。」

宋以蔡興宗、袁粲爲吏部尚書。粲，淑之兄子也。宋主好狎侮羣臣，自太宰義恭以下〔四〕，不免穢辱。常呼金紫光祿大夫王玄謨爲老傖，僕射劉秀之爲老慳，顔師伯爲齴，其餘短長肥瘦，皆有稱目。

又寵一崑崙奴，令以杖擊羣臣，唯憚蔡興宗方嚴，不敢侵媟。議曹郎王耽之曰：「蔡豫章昔在相府，亦以方嚴不狎，武帝宴私之日，未嘗相召。蔡尚書今日可謂能負荷矣。」

六月，宋以劉德願爲豫州刺史。宋主數與羣臣至殷貴妃墓，謂德願曰：「卿哭貴妃，悲者當厚賞。」德願擗踊號慟，涕泗交流，宋主甚悅，故有是命。

宋大修宫室。宋主爲人機警勇決，記問博洽，文章華敏，又善騎射，而奢欲無度。自晉氏渡江以來，宫室草創。孝武始作清暑殿。宋興，無所增改。至是，始大修宫室，土木被錦繡，賞賜傾府藏。壞高祖所居陰室，於其處起玉燭殿。與羣臣觀之，牀頭有土障，壁上掛葛燈籠、麻蠅拂。侍中袁顗因盛稱高祖儉素之德，宋主曰：「田舍公此已爲過矣。」顗，淑兄子也。

冬，十月，宋主校獵姑孰。魏遣散騎常侍游明根如宋。明根奉使三返，宋主以其長者，禮之有加。

十一月，宋主習水軍于梁山。

甲辰(四六四)

宋大明八年，魏和平五年。

夏，閏五月，宋主駿殂，太子子業立。宋主末年，尤貪財利。刺史二千石罷還，必限使獻奉，又以蒱戲取之，罄盡乃止。終日酣飲，常憑几昏睡，或外有奏事，即肅然整容，無復酒態。由是内外畏之，莫敢弛惰。至是殂於玉燭殿。遺詔：「太宰義恭加中書監，柳元景領尚書令，事無巨細，悉關二公。大事與始興公沈慶之參決。若有軍旅，悉委慶之。尚書中事，委僕射顏師伯。外監所統，委領軍王玄謨。」太子即位，年十六。蔡興宗奉璽綬，太子受之，傲惰無戚容。興宗出告人曰：「國家之禍，其在此乎！」

秋，七月，柔然處羅可汗死，子受羅部真可汗予成立。改元永康。

宋以蔡興宗爲新昌太守，王玄謨爲南徐州刺史。宋罷孝建以來所改制度，還依元嘉。蔡興宗於都座慨然謂顏師伯曰：「先帝雖非盛德之主，要以道始終。三年無改，古典所貴。今殯宫始撤，山陵未遠，而凡諸制度，不論是非，一皆刊削，雖復禪代，亦不至爾。天下有識，當以此窺人。」師伯不從。太宰義恭素畏戴法興、巢尚之等，雖受遺輔政，而引身避事，由是政歸近習。法興等專制朝權，詔敕皆出其手。興宗自以職管銓衡，每至上朝，輒爲義恭陳登賢進士之意，又箴規得失，博論朝政。義恭聞之，戰懼無答。興宗每奏選事，法興、尚之等輒點定回换。興宗於朝堂謂義恭、師伯曰：「主上諒闇，不親萬機，而選舉密事，多被删改，復非公筆，亦不知是何天子意！」義恭、法興皆惡之，左遷新昌太守。既而以其人望，復留之建康。法興等惡王玄謨剛嚴，以爲南徐州刺史。

八月，宋太后王氏殂。太后疾篤，使呼宋主子業。子業曰：「病人間多鬼，那可往！」太后怒，謂侍者：「取刀來，剖我腹，那得生寧馨兒！」

冬，宋饑。東方諸郡連歲旱饑，米一升錢數百，建康亦至百餘錢，餓死者什六七。是歲，宋境内凡有州二十二，郡二百七十四，縣千二百九十九，户九十四萬有奇。

乙巳（四六五）

宋主子業景和元年，太宗明帝彧泰始元年；魏和平六年。

春，宋鑄二銖錢。自孝建以來，民間盜鑄濫錢，商貨不行。更鑄二銖錢，形式轉細。民間效之而更薄小，無輪郭，不磨鑢，謂之「耒子」。

夏，五月，魏主濬殂，太子弘立。初，世祖經營四方，國頗虛耗，重以内難，朝野楚楚。高宗嗣之，與時消息，静以鎮之，懷集中外，民心復安。太子弘即位，時年十二。

魏車騎大將軍乙渾殺司徒陸麗。魏車騎大將軍乙渾專權，矯詔殺尚書楊保年等于禁中。使司衛監穆多侯召平原王陸麗於代郡，多侯謂曰：「渾有無君之心。今宫車晏駕，王德望素重，姦臣所忌，宜少淹留以觀之。朝廷安静，然後入未晚也。」麗曰：「安有聞君父之喪，慮患而不赴者乎！」即馳赴平城。渾所爲多不法，麗數争之。渾殺麗及多侯，而自爲太尉、録尚書事。

六月，魏開酒禁。

秋，七月，魏乙渾自爲丞相。魏乙渾爲丞相，位居諸王上，事無大小，皆取決焉。

八月，宋主殺其太宰江夏王義恭、尚書令柳元景、僕射顔師伯。子業幼而狷暴。及即位，始猶難太后、大臣及戴法興等，未敢自恣。太后既殂，子業欲有所爲，法興輒抑制之，不能平。所幸閹人華願兒怨法興裁其賜與，言於子業曰：「道路皆言法興爲真天子，官爲贋天子。且官居深宫，與人物不接。法興與太宰、顔、柳共爲一體，内外畏服。深恐此坐非復官有。」子業遂賜法興死。初，世祖多猜忌，大臣重足屏息。世祖殂，義恭等相賀曰：「今日始免横死矣。」甫過山陵，皆聲樂酣飲，不捨晝夜。及法興死，諸大臣始復不自安。於是元景、師伯密謀廢子業，立義恭，日夜聚謀而不能決。元景以其謀告沈慶之，慶之與義恭素不厚，又恨師伯專斷朝事，不與己參懷，乃發其事。子業遂自帥羽林兵殺義恭并其四子。召元景，以兵隨之。元景知禍至，入辭其母，整朝服乘車應召。弟叔仁帥左右欲拒命，元景苦禁之。既出巷，軍士大至。元景下車受戮，容色恬然，并其子弟諸姪。獲顏師伯於道，殺之，并其六子。自是公卿以下，皆被捶曳如奴隸矣。初，子業在東宫，多過失，世祖欲廢之，而立新安王子鸞。侍中袁顗盛稱太子之美，乃止。子業由是德之。既誅羣公，以爲吏部尚書。尚書左丞徐爰便僻善事人，頗涉書傳，自元嘉初，入侍左右，豫參顧問，長於附會，飾以典文，大明之世，委寄尤重。時殿省舊人多見誅逐，唯爰巧於將迎，始終無迕。子業每出，常與沈慶之及姊山陰公主同輦，爰亦預焉。主尤淫恣，子業爲置面首左右三十人。吏部郎褚淵貌美，公主請以自侍，子業許之。淵侍公主十日，備見逼迫，以死自誓，乃得免。淵，湛之之子也。子業令太廟别畫祖考之像，入廟，指高祖像曰：「渠大英雄，生擒數天子。」指太祖像曰：「渠亦不惡，但末年不免兒斫去頭。」指世祖像曰：「渠大齇鼻，如何不齇？」立召畫工令齇之。

九月，宋主殺其弟新安王子鸞。新安王子鸞有寵於世祖，子業疾之，遣使賜死。又殺其母弟南海王子師，發殷淑儀墓。又欲掘景寧陵，太史以爲不利於子業，乃止。謝莊爲殷淑儀誄曰：「贊軌堯門。」子業以莊用鉤弋夫人事，欲殺之。或爲之言，得繫尚方。

宋義陽王昶出奔魏。昶爲徐州刺史，素爲世祖所惡，而民間每訛言昶反，是歲尤甚。子業謂左右曰：「我即大位，未嘗戒嚴，使人邑邑。」會昶遣使上表求朝，詰以反狀，使懼，逃歸。子業因下詔討昶，内外戒嚴。自將兵渡江，命沈慶之統諸軍。昶聚兵，移檄統内，皆不受命。昶知事不成，棄母、妻，攜愛妾奔魏。昶頗涉學，能屬文，魏人重之，使尚公主，賜爵丹楊王。

宋以袁顗爲雍州刺史，蔡興宗爲吏部尚書。顗始爲子業所寵任，俄而失指，待遇頓衰。顗懼求出，以爲雍州刺史。其舅蔡興宗謂曰：「襄陽星惡，何可往？」顗曰：「白刃交前，不救流矢。今唯願生出虎口耳。天道遼遠，何必皆驗。」時臨海王子頊爲荆州刺史，朝廷以興宗爲子頊長史，行府州事。興宗辭不行。顗曰：「朝廷形勢，人所共見。在内大臣，朝不保夕。舅今出爲八州行事，顗在襄、沔，地勝兵强，可以共立桓、文之功，豈比受制凶狂，臨不測之禍乎！今得間不去，後復求出，豈可得邪！」興宗曰：「吾素門平進，與主上甚疏，未容有患。宫省内外，人不自保，會應有變。若内難得弭，外釁未必可量。汝欲在外求全，我欲居中免禍，各行其志，不亦善乎！」鄧琬爲晉安王子勛長史，顗與之款狎過常。顗與琬人地本殊，見者知其有異志。興宗尋復爲吏部尚書。

宋聽民私鑄錢。沈慶之復啓聽民私鑄錢，由是錢貨亂敗。千錢長不盈三寸，謂之「鵝眼錢」。劣於此者，謂之「綖環錢」。貫之以縷，入水不沉，隨手破碎。斗米一萬，商貨不行。

冬〔五〕，十月，宋主殺其會稽太守孔靈符。靈符所至有政績。以忤犯近臣，近臣譖之，子業遣使鞭殺，并其二子。

十一月〔六〕，宋主殺其寧朔將軍何邁。邁尚子業姑新蔡長公主。子業納公主於後宫，謂之謝貴嬪，詐言主卒，殺宫婢，送邁第殯葬。邁素豪俠，多養死士，謀廢子業，立晉安王子勛。事泄見殺。

宋主殺其太尉沈慶之。初，沈慶之既發顔、柳之謀，遂自昵於子業，數盡言規諫，子業浸不悦。慶之懼禍，杜門不接賓客。嘗遣左右范羡至蔡興宗所。興宗使謂曰：「公閉門絶客，避悠悠請託者耳。興宗非有求於公者也，何爲見拒？」慶之使羡邀興宗，興宗往説之曰：「主上比者所行，人倫道盡。率德改行，無可復望。今所忌憚，唯在於公。百姓喁喁，所瞻賴者，亦在公一人而已。公威名素著，天下所服。今舉朝遑遑，人懷危怖，指麾之日，誰不響應！如猶豫不斷，欲坐觀成敗，豈惟旦暮及禍，四海重責將有所歸！僕蒙眷異常，故敢盡言，願公詳思其計。」慶之曰：「僕誠知憂危，不復自保。但盡忠奉國，始終以之，以俟天命耳。加以老退私門，兵力頓闕，雖欲爲之，事亦無成。」興宗曰：「當今懷謀思奮者，正求脱朝夕之死耳。殿中將帥，唯聽外間消息。若一人唱首，則俯仰可定。況公統戎累朝，舊日部曲，布在宫省。沈攸之輩皆公家子弟，門徒義附，並三吴勇士。殿中將軍陸攸之，公之鄉人，今入東討賊，大有鎧仗，在青溪未發。公取以配衣麾下，使攸之帥以前驅，僕在尚書中，自當帥百僚按前世故事，更簡賢明，以奉社稷，天下之事立定矣。又，朝廷諸所施爲，民間傳言公悉豫之。公今不決，當有先公起事者，公亦不免附從之禍。聞車駕屢幸貴第，酣醉淹留。又聞屏左右，獨入閤内。此萬世一時，不可失也。」慶之曰：「感君至言。然此大事，非僕所能行。事至，固當抱忠以没耳。」青州刺史沈文秀，慶之弟子也，將之鎮，帥部曲屯白下，亦説慶之因此衆力圖之。再三言之，至於流涕，慶之終不從。及子業誅何邁，量慶之必入諫，先閉青溪諸橋以絶之。慶之果往，不得進而還。子業乃使攸之賜藥，慶之不肯飲，攸之以被揜殺之，時年八十。詐言病卒，贈恤甚厚。王玄謨數流涕諫子業以刑殺過差，子業大怒。玄謨宿將，有威名，道路訛言云已見誅。蔡興宗謂其典籤包法榮曰：「領軍殊當憂懼。」法榮曰：「領軍比日殆不復食。」興宗曰：「領軍憂懼，當爲方略，那得坐待禍至。」因使法榮勸玄謨舉事。玄謨使謝曰：「此亦未易可行，期當不泄君言耳。」將軍劉道隆專典禁兵，興宗嘗與俱從夜出，謂曰：「劉君，比日思一閑寫。」道隆解其意，掐興宗手曰：「蔡公勿多言。」

宋主幽其諸父湘東王彧等於殿内。子業畏忌諸父，恐其在外爲患，皆拘於殿内，毆捶陵曳，無復人理。湘東王彧、建安王休仁、山陽王休祐年長，尤惡之，以彧尤肥，謂之「猪王」，謂休仁爲「殺王」，休祐爲「賊王」。東海王禕性凡劣，謂之「驢王」，以木槽盛食，裸彧内泥水中，使就槽食。前後欲殺以十數，休仁多智數，每以談笑佞諛説之，故得推遷。少府劉曚妾孕臨月，迎入後宫，俟生男以爲太子。彧嘗忤旨，子業裸之，縛其手足，檐付太官，曰：「今日屠猪！」休仁笑曰：「不若待皇太子生，殺取肝肺。」子業乃釋之。及曚妾生子，名曰皇子，爲之大赦。

宋江州刺史晉安王子勛舉兵尋陽。宋主子業以太祖、世祖在兄弟數皆第三，江州刺史晉安王子勛亦第三，故惡之，因何邁之謀，使左右朱景雲送藥賜子勛死。景雲至湓口，停不進。子勛典籤謝道邁聞之，馳告長史鄧琬，琬曰：「身南土寒士，蒙先帝殊恩，以愛子見託，豈得惜門户百口，期當以死報效。幼主昏暴，社稷危殆，雖曰天子，事猶獨夫。今便指帥文武，直造京邑，與羣公卿士，廢昏立明耳。」遂稱子勛教，令所部戒嚴。子勛戎服出聽事，集僚佐，使主帥潘欣之宣旨諭之。四座未對，參軍陶亮首請效死前驅，衆皆奉旨。乃以亮爲諮議中兵，總統軍事。子業使荆州録送長史張悦至湓口，琬稱子勛命，釋其桎梏，迎以所乘車，以爲司馬，共掌内外衆事。旬日得五千人，出頓大雷，移檄遠近。

宋主殺其南平王敬猷、廬陵王敬先、安南侯敬淵。子業召諸妃、主列於前，强左右使辱之。南平王鑠妃江氏不從。子業怒，鞭妃一百，而殺其三子。

宋弑其君子業，而立湘東王彧。先是，民間訛言湘中出天子，子業將南巡荆、湘以厭之，欲先誅湘東王彧，然後發。初，子業既殺諸公，恐羣下謀己，以直閤將軍宗越、沈攸之等有勇力，引爲爪牙，賞賜充牣。越等皆爲盡力，子業恃之，益無所憚，恣爲不道，中外騷然。宿衛之士皆有異志，而畏越等，不敢發。時三王久幽，不知所爲。湘東王彧主衣阮佃夫及子業左右壽寂之、王敬則等陰謀弑子業。先是，子業遊華林園竹林堂，使宫人倮相逐，一人不從命，斬之。夜夢在竹林堂有女子罵曰：「悖虐不道，明年不及熟矣！」子業於宫中求得一人似所夢者斬之。又夢所殺者罵曰：「我已訴上帝矣！」於是巫覡言竹林堂有鬼。子業出華林園，休仁、休祐並從，彧獨在祕書省，不被召，益憂懼。時以南巡，宗越等並聽出外裝束，子業悉屏侍衛，與羣巫綵女射鬼於竹林堂。壽寂之等抽刀前弑之，宣令宿衛曰：「湘東王受太皇太后令，除狂主，今已平定。」休仁就祕書省見彧，即稱臣，引升御座。召見諸大臣，猶著烏帽，休仁呼主衣以白帽代之。凡事悉稱令書施行。宣太皇太后令，數子業罪惡，命湘東王纂承皇極。子業母弟豫章王子尚，頑悖有兄風，及會稽公主皆賜死。休仁等始得出居外舍。釋謝莊之囚。子業猶横尸太醫閣口。蔡興宗謂僕射王彧曰：「此雖凶悖，要是天下之主，宜使喪禮粗足。若直如此，四海必將乘人。」乃葬之秣陵。論功行賞，壽寂之等十四人封爵有差。以東海王禕爲中書監、太尉，晉安王子勛爲車騎將軍、開府儀同三司，建安王休仁爲司徒、尚書令、揚州刺史。彧即位，大赦。子業時昏制謬封，並皆刊削。尊世祖之母路太后爲崇憲太后，立妃王氏爲皇后，彧之妹也。以劉道隆爲中護軍。道隆暱於子業，嘗無禮於建安太妃。至是，建安王休仁求解職，宋主乃賜道隆死。宗越等内不自安，沈攸之以聞，皆伏誅。攸之復入直閤。王彧避宋主諱，以字行。

宋罷二銖錢，禁鵝眼、綖環錢。

宋雍、郢、荆州、會稽郡皆舉兵應尋陽。江州佐吏得宋主所下令書，皆喜，共造鄧琬曰：「暴亂既除，殿下又開黄閤，實爲大慶。」琬取令書投地曰：「殿下當開端門，黄閤是吾徒事耳。」衆皆駭愕。琬乃與陶亮等繕治器甲，徵兵四方。袁顗既至襄陽，即與參軍劉胡繕修兵械，簡集士卒，矯太皇太后令起兵，奉表勸子勛即大位。琬令子勛建牙於桑尾，傳檄建康，稱：「孤志遵前典，廢幽陟明。而湘東王彧矯害明茂，篡竊大寶，藐孤同氣，猶有十三，聖靈何辜，而當乏饗。」郢州刺史安陸王子綏承子勛初檄，欲共攻子業，聞其已隕，即解甲下標。既而聞江、雍猶治兵，行事苟下之大懼，即遣參軍鄭景玄帥軍馳下，并送軍糧。荆州行事孔道存奉刺史臨海王子頊〔七〕都水使者孔璪説會稽行事孔顗，奉太守尋陽王子房皆舉兵以應子勛。

校勘記

〔一〕僕射何尚之屢啓宜早爲之所　「啓」原作「益」，據殿本、通鑑卷一二六宋紀八宋文帝元嘉二十八年春正月改。

〔二〕令民遭寇者蠲　月崖本、成化本、殿本作「宋令民遭寇者蠲其税調」。

〔三〕后親蠶西郊　「西」原作「北」，據月崖本、成化本、殿本、宋書卷六孝武帝紀、通鑑卷一二九宋紀十一宋孝武帝大明四年三月改。

〔四〕自太宰義恭以下　「以下」二字原脱，據成化本、殿本、通鑑卷一二九宋紀十一宋孝武帝大明七年五月補。

〔五〕冬　「冬」字原脱，據月崖本、成化本、殿本補。

〔六〕十一月　「十一月」三字原脱，據月崖本、成化本、殿本補。

〔七〕荆州行事孔道存奉剌史臨海王子頊　「孔道存」三字原脱，據殿本、通鑑卷一三〇宋紀十二宋明帝泰始元年十二月補。

資治通鑑綱目卷二十七

起丙午宋明帝泰始二年、魏顯祖天安元年，盡癸亥齊武帝永明元年、魏高祖太和七年，凡一十八年。

丙午（四六六）

宋泰始二年，魏顯祖獻文帝弘天安元年。

春，正月，宋遣建安王休仁討江州。晉安王子勛遂稱帝。二徐、司、豫、青、冀、湘、廣、梁、益州皆應之。宋中外戒嚴，以建安王休仁都督征討諸軍事，江州刺史王玄謨副之。以沈攸之爲尋陽太守，將兵屯虎檻。玄謨前鋒十軍繼至，每夜各立姓號，不相禀受。攸之謂諸將曰：「今衆軍姓號不同，若有耕夫漁父夜相呵叱，便致駭亂，取敗之道也。請就一軍取號。」衆咸從之。鄧琬詐稱受路太后璽書，帥將佐上尊號於子勛。子勛遂即位，改元義嘉。以琬及袁顗爲僕射，張悦爲尚書。徐州刺史薛安都、冀州刺史崔道固、青州刺史沈文秀、義陽内史龐孟虯、吴郡太守顧琛、吴興太守王曇生、義興太守劉延熙、晉陵太守袁標皆舉兵應之。宋主以庚業代延熙，業至，反與之合。使孔璪慰勞會稽，璪至，反説使附尋陽。益州刺史蕭惠開亦謂將佐曰：「湘東，太祖之昭；晉安，世祖之穆。其於當璧，並無不可。但景和本世祖之嗣，不任社稷，其次猶多。吾荷世祖之眷，當奉九江。」乃遣巴郡太守費欣壽將五千人東下。於是湘州行事何慧文、廣州刺史袁曇遠、梁州刺史柳元怙、山陽太守程天祚皆附於子勛。四方貢計皆歸尋陽，朝廷所保，唯丹楊、淮南數郡，而東兵又已至永世，宫省危懼。宋主謀於羣臣，蔡興宗曰：「今普天同叛，人有異志，宜鎮之以靜，至信待人。叛者親戚布在宫省，若繩之以法，則土崩立至，宜明罪不相及之義。物情既定，人有戰心，六軍精勇，器甲犀利，以待不習之兵，其勢相萬矣。願陛下勿憂。」建武司馬劉順説豫州刺史殷琰使應尋陽，琰初以家在建康，未許，後不得已而從之。宋主復謂興宗曰：「諸處未平，殷琰已復同逆，爲之奈何？」興宗曰：「逆之與順，臣無以辨。然今商旅斷絶，而米甚豐賤，四方雲合，而人情更安，以此卜之，清蕩可必。但臣之所憂，更在事後，猶羊公之言耳。」宋主知琰附尋陽非本意，乃厚撫其家以招之。使垣榮祖説薛安都，安都曰：「我不欲負孝武。」榮祖曰：「孝武之行，足致餘殃。今雖天下雷同，正速死耳。」安都不從，因留榮祖使爲將。

宋兗州刺史殷孝祖帥兵赴建康。

宋主遣兗州刺史殷孝祖之甥葛僧韶説孝祖入朝，孝祖委妻子於瑕丘，帥文武二千人，即日還建康。時内外憂危，咸欲奔散，孝祖忽至，所領皆傖楚壯士，人情大安。乃假孝祖節，督前鋒，遣向虎檻。初，宋主遣畢衆敬詣兗州募人。至是，薛安都以衆敬行兗州事，使殺孝祖諸子。州境皆附之，唯東平太守申纂據無鹽不從。

宋分兵討豫州、會稽。

宋主親總兵，出頓中堂。以山陽王休祐爲豫州刺史，督劉勔、呂安國等軍討殷琰。巴陵王休若督沈懷明、張永、蕭道成等軍討孔覬。時將士多東方人，父兄子弟多已附覬。宋主因送軍，諭之曰：「朕方務德簡刑，使父子兄弟罪不相及。卿等當深達此懷，勿以親戚爲慮也。」衆於是大悦，凡叛人親黨在建康者，居職如故。

宋太后路氏殂。太后延宋主置酒進毒，宋主知之，即以其卮上壽。是日太后殂。

二月，宋臺軍克義興。孔覬遣其將軍晉陵，部陳甚盛。沈懷明等不敢進，咸勸巴陵王休若退保破岡。休若宣令：「敢言退者斬！」衆乃小定。殿中御史吴喜請於宋主，願得精兵三百，致死於東。宋主簡羽林勇士配之。議者以喜刀筆主者，未嘗爲將，不可遣。中書舍人巢尚之曰：「喜昔隨沈慶之，屢經軍旅，勇決習戰，若能任之，必有成績。」乃遣之。喜性寬厚，數使東吴，人並懷之。及聞其來，皆望風降散。至國山，遇東軍，擊破之，斬其將，進逼義興。劉延熙柵斷長橋，保郡自守，喜築圍與相持。庾業於長塘築城〔一〕，與延熙相應。會宋主復遣督護任農夫至，業城未合，攻破走之。收其船仗向義興，助喜攻郡，克之，諸壘皆潰，延熙赴水死。

魏丞相、太原王乙渾謀反，伏誅，太后稱制。渾專權多殺。侍中拓跋丕告其謀反，馮太后收渾，誅之。遂臨朝稱制，引中書令高允、侍郎高閭、將軍賈秀共參大政。

宋臺軍克晉陵、吴興、吴郡。沈懷明等與東軍相持，久不決。會宋主遣將軍江方興、御史王道隆至晉陵，東軍五城相連，一城未固。道隆謂諸將曰：「此城未固，可以藉手，上副聖旨，下成衆氣。」乃帥所領急攻，拔之，斬其將，乘勝進擊，東軍散走，遂克晉陵。孔璪時屯吴興南亭，與王曇生、顧琛皆棄郡奔會稽。宋主以四郡既平，乃留喜使統諸將擊會稽，召張永擊彭城，江方興擊尋陽。

宋以蔡興宗爲僕射，褚淵爲吏部尚書。

宋臺軍克會稽。吴喜、任農夫等引兵向會稽，破其兵，取西陵，斬庾業。上虞令王晏起兵攻郡，孔覬出走，車騎從事中郎張綏封府庫以待喜。晏入城，殺綏，執尋陽王子房，縱兵大掠，獲孔璪及覬，殺璪，謂覬曰：「此事孔璪所爲，無預卿事。可作首辭，當爲申上。」覬曰：「江東處分，莫不由身。委罪求活，便是君輩行意耳。」乃并斬之。顧琛等詣喜歸罪，喜皆宥之。送子房建康，貶松滋侯。

三月，宋臺軍敗于赭圻，殷孝祖死。沈攸之代將擊尋陽軍，大破之。鄧琬鄙闇貪吝，賣官鬻爵，販賣飲博，日夜不休。羣小横恣，競爲威福。於是士民忿怨，中外離心。琬遣孫沖之帥薛常寶等萬人爲前鋒，據赭圻。沖之啓子勛曰：「舟檝已辦，器械亦整，便欲沿流直取白下。願速遣衆軍兼行相接。」子勛乃以陶亮統五州兵，合二萬人俱下〔二〕。亮不敢進，屯軍鵲洲。殷孝祖負其誠節，陵轢諸將，臺軍有親屬在南者，悉欲推治。由是人情乖離。沈攸之内撫將士，外諧羣帥，衆並賴之。孝祖每戰，常以鼓蓋自隨，軍中相謂：「殷統軍可謂死將矣！與賊交鋒，而自標若此，若以十人射之，欲不斃，得乎！」及攻赭圻，孝祖果中流矢而死。人情震駭，並謂攸之當代爲統督。時休仁遣江方興等赴赭圻。攸之以爲孝祖既死，明日不攻，則示之以弱。方興名位相亞，必不爲己下。軍政不一，致敗之由也。乃帥諸軍主詣方興曰：「事之濟否，唯在明旦一戰。不捷，則大事去矣。諸人或謂吾應爲統，自卜懦薄，幹略不如卿。今輒相推，但當相與戮力耳。」方興甚悦，許諾。諸軍主或尤攸之，攸之曰：「吾本欲共濟艱難，以安國活家，豈計名位之升降而自措同異哉！」明日，方興帥諸軍進戰，大破南軍，拔湖、白二城。詔以攸之督前鋒。陶亮大懼，召沖之還鵲尾，留薛常寶守赭圻。時軍旅大起，國用不足，募民上錢穀，補官有差。軍中食少，建安王休仁撫循將士，均其豐儉，吊死問傷，身親隱恤，故十萬之衆，莫有離心。鄧琬遣劉胡帥衆十餘萬屯鵲尾。胡宿將，勇健多權略，屢有戰功，將士畏之。參軍蔡那子弟在襄陽，胡每戰，懸之城外，那進戰不顧。吴喜亦帥所領五千人，并運資實，至于赭圻。

宋斷新錢，專用古錢。

夏，四月，宋臺軍拔赭圻。沈攸之帥諸軍圍赭圻。薛常寶等糧盡，告劉胡求救。胡以囊米，繫流查及船腹而覆之，順風流下，以餉常寶。攸之疑有異，遣人取之，大得囊米。胡又陸運餉之，攸之邀擊，胡被創走。常寶惶懼走還，攸之遂拔赭圻，建安王休仁進屯之。胡等兵猶盛。宋主遣褚淵至虎檻，選用將士。時以軍功除官者衆，版不能供，始用黄紙。

五月，宋臺軍圍壽陽。殷琰使劉順督諸將據宛唐，而以皇甫道烈土豪，柳倫臺使，不受節度。劉勔始至，塹壘未立。順欲擊之，道烈與倫不可，順不能獨進，乃止。勔營既立，不可復攻，因相持守。順等糧盡，琰將杜叔寶載米餉之。吕安國曰：「順精甲八千，而我衆不能居半。所賴者，彼糧行竭，我食有餘耳。若使米至，難可復圖。今可間道襲其米車，出彼不意，若能制之，將不戰而走矣。」勔以爲然。以疲弱守營，簡精兵千人配安國，使從間道抄之，斬其前行五百人，叔寶棄米走。五月，順衆潰走。於是勔鼓行向壽陽，與諸軍分營城外諸山。宋主遣人賫詔宥琰罪。琰與叔寶欲降，而衆心不一，復嬰城固守。

秋，七月，宋以楊僧嗣爲武都王。初，武都王楊元和棄國奔魏，其從弟僧嗣自立，屯葭蘆。費欣壽至巴東，巴東人斬之，阻守三峽。蕭惠開復遣兵出梁州，僧嗣帥羣氏斷其道，間使以聞。宋主乃以僧嗣爲武都王。

八月，宋臺軍克江州，殺子勛。鄧琬以軍久不決，乃以子勛之命，徵袁顗于襄陽，以爲都督。顗性怯橈，在軍中不戎服，談義賦詩，不撫諸將。劉胡以南運未至，就顗借米，顗又不許，由此大失人心。與臺軍相拒於濃湖，久之，將軍張興世曰：「賊據上流，兵强地勝，我雖持之有餘而制之不足。若以奇兵數千潛出其上，因險而壁，見利而動，使其首尾周遑，糧運艱阻，此制賊之奇也。錢溪江岸最狹，去大軍不遠，下臨洄洑，船必泊岸。又有横浦可以藏船，千人守險，萬人不能過。衝要之地，莫出於此。」沈攸之以爲然。乃選戰士七千，輕舸二百配之。興世泝流，上而復下，如是累日。劉胡笑曰：「我尚不敢越彼下取揚州，興世何物人，欲輕據我上！」不爲之備。一夕四更，風便，興世舉帆直前，過鵲尾。胡乃遣兵追之。興世潛遣其將黄道標帥七十舸，徑趣錢溪立營寨。明日，引兵據之。胡自將水步二十六軍來攻。將士欲迎擊之，興世曰：「賊來尚遠，氣盛而矢驟。驟易盡，盛易衰，不如待之。」俄而胡來轉近，船入洄洑。興世命任農夫等帥壯士擊之，衆軍繼進，胡敗走。建安王休仁以錢溪城未固，命攸之等攻濃湖以分胡兵勢。胡果欲更攻興世，未至，顗遽追之，城乃得立。胡還傳唱〔三〕：「錢溪已平。」衆懼，攸之曰：「若然，萬人中應有一人得還，此必彼戰失利，唱空聲以惑衆耳。」勒軍中不得妄動。捷報尋至，攸之以所獲耳鼻示濃湖，顗大駭懼。八月，濃湖軍乏食。鄧琬大送資糧，畏興世，不敢進。胡欲復攻錢溪，既而曰：

「吾少習步戰，未閑水鬬。若步戰，恒在數萬人中。水戰在一舸之上，舸舸各進，不復相關，正在三十人中，此非萬全之計，吾不爲也。」乃託疾不進，遣百舸攻興世，興世擊破走之。顗怒胡不戰，謂曰：「糧運鯁塞，當如此何？」胡乃遣兵步趣南陵，載米三十萬斛，錢布數十舫，豎榜爲城，規欲突過。至貴口，不敢進，興世遣兵擊而虜之。進逼胡營，胡不能制，遂遁去，顗亦走。休仁勒兵入其營，納降卒十萬。顗至鵲頭，爲人所殺。鄧琬憂惶無計，張悦稱疾，呼琬計事，令左右伏甲帳後，以索酒爲約。琬至，悦問計，琬曰：「正當斬晉安王，封府庫，以謝罪耳。」悦曰：「今日寧可賣殿下以求活耶！」因呼酒。伏發斬琬，單舸齎首詣休仁降。蔡那之子繫尋陽作部，脱鎖入城，囚子勛。攸之諸軍至，斬之，傳首建康，時年十一。廢帝之世，衣冠懼禍，咸欲遠出。至是流離外難，百不一存，衆乃服蔡興宗之先見。休仁入尋陽，遣吳喜等向荆、郢、雍、湘、豫章平餘寇。劉胡逃至石城，捕得，斬之。

九月，魏立郡學。魏初立郡學，置博士、助教、生員，從高允之請也。

冬，十月，宋主殺其兄之子安陸王子綏等十三人。宋主既誅子勛，又殺安陸王子綏、臨海王子頊、邵陵王子元。建安王休仁言於上曰：「松滋侯兄弟尚在，非社稷計，宜早爲之所。」於是子房等十人皆賜死。世祖二十八子，於此盡矣。

宋徐州刺史薛安都、汝南太守常珍奇叛降于魏。宋徐州刺史薛安都、梁州柳元怙、兗州畢衆敬、豫章太守殷孚、汝南太守常珍奇並遣使乞降于建康。宋主以南方已平，欲示威淮北，命張永、沈攸之將兵五萬迎安都。蔡興宗曰：「安都歸順不虚，正須單使。今以重兵迎之，勢必疑懼。安都外據大鎮，密邇邊垂，地險兵强，尤宜馴養。如其外叛，招引北寇，將爲朝廷旰食之憂。」宋主不從，謂蕭道成曰：「吾今因此北討，卿意以爲何如？」對曰：「安都狡猾有餘，以兵逼之，非國之利。」亦不聽。安都果懼而叛，常珍奇亦以懸瓠降魏，皆請兵自救。

宋主立其子昱爲太子。宋主無子，嘗以宫人陳氏賜嬖人李道兒，已復迎還生昱。又密取諸王姬有孕者，内之宫中，生男則殺其母，而使寵姬母之。

魏將軍尉元救彭城，入懸瓠。宋兖州刺史畢衆敬降魏師。魏遣將軍尉元、孔伯恭等救彭城，西河公石救懸瓠。宋兖州刺史申纂守無鹽，詐降於元，元受而陰爲之備。及師至，纂果閉門拒之。畢衆敬以子爲建康所誅，亦降於魏。元遣將先據其城，遂長驅而進。西河公石至上蔡，常珍奇出迎，石未即入城。博士鄭羲曰：「珍奇意未可量，不如直入其城，據有府庫，制其腹心。」石遂策馬入城，因置酒嬉戲。羲曰：「觀珍奇色甚不平，不可不備。」石乃嚴兵設備。其夕，珍奇使人燒府屋欲爲變，以石有備而止。淮西七郡民多不願屬魏，連營南奔。魏遣建安王陸馛宣慰，民有陷軍爲奴婢者，馛悉免之，新民乃悦。

宋豫州平。劉勔圍壽陽，戰無不捷，以寬厚得衆心。壽陽既平，宋主使中書爲詔諭殷琰，蔡興宗曰：「叛亂既定，是琰思過之日，宜賜手詔以慰引之。今直中書爲詔，彼必疑之，非所以速清方難也。」不從。琰果疑勔之詐，欲降於魏，主簿夏侯詳曰：「前日之舉，本效忠節。若社稷有奉，便當歸身朝廷，何可北面左衽乎！且今魏軍近在淮次，官軍未測吾之去就，若遣使歸款，必厚相慰納，豈止免罪而已。」琰乃使詳出見勔曰：「城中士民畏將軍之誅，皆欲自歸於魏。願將軍緩而赦之，則莫不相帥而至矣。」勔許諾，琰乃出降。勔悉加慰撫，不戮一人。約勒將士，秋毫無犯，壽陽人大悅。魏軍將至，聞琰已降，乃掠義陽而去。

宋益州平。蕭惠開在益州，多任刑誅，諸郡叛之，合兵圍成都。聞尋陽已平，爭欲屠城。宋主遣其弟惠基使成都，赦惠開，惠開乃降，城圍亦解。召還建康，宋主問以舉兵狀，對曰：「臣唯知逆順，不識天命。」宋主釋之。

宋僑立兗、徐、青、冀州。兗州治淮陰，徐州治鍾離，青、冀治鬱洲。洲在海中，周數百里，累石爲城，高八九尺，虛置郡縣，荒民無幾。

魏取彭城。宋張永、沈攸之進兵逼彭城，魏尉元至，薛安都出迎。元遣李璨與安都先入城，收管籥，别遣孔伯恭以精甲二千安撫内外，然後入。其夜，張永攻之，不克。元不禮於安都，安都悔降，復謀叛魏。元知之，不果發。乃重賂元等，元使璨與安都守彭城，自將擊張永，絶其糧道。

丁未（四六七）

宋泰始三年，魏皇興元年。

春，正月，魏取宋淮北四州及豫州淮西地。宋張永等棄城夜走，會天大雪，士卒凍死太半，手足斷者什七八。尉元邀其前，薛安都乘其後，大破永等於吕梁之東，死者以萬數，枕屍六十餘里，委棄資械不可勝計〔四〕。宋主召蔡興宗以敗書示之曰：「我愧卿甚！」永及攸之皆坐貶，還屯淮陰。宋由是失淮北四州及豫州淮西之地。

裴子野曰：太宗之初，威令所被，不滿百里，而能開誠布款，以致平定。既乃賈其餘勇，師出無名，而長淮以北，倏忽爲戎矣！若以向之虚懷，不矜不伐，則三叛奚爲而起哉！

魏東平王道符反長安，伏誅。

宋青、冀州平。初，尋陽既平，宋主遣沈文秀弟文炳以詔書諭文秀，又遣將軍劉懷珍將兵三千與之偕行，進據朐城。會文秀攻青州刺史明僧暠，走之，衆心兇懼，欲保郁洲。懷珍曰：「文秀欲以青州歸索虜，計齊之士民，安肯甘心左衽邪！今揚兵直前，宣布威德，諸城可飛書而下。奈何守此不進，自爲沮橈乎！」遂進，送文炳入城，文秀猶不降。衆謂宜且堅壁伺隙，懷珍曰：「今衆少糧竭，懸軍深入，正當以精兵速進，掩其不備耳。」乃遣百騎襲其城，拔之。文秀請降，冀州刺史崔道固亦降，宋主皆復其位。

魏將軍慕容白曜侵宋青州，取四城。宋沈攸之之自彭城還也，留王玄載守下邳，沈韶守宿豫，睢陵、淮陽皆留兵戍之。時申纂守無鹽，劉休賓守梁鄒，房崇吉守升城，張讜守團城，與肥城、糜溝、垣苗皆不附魏。魏遣將軍長孫陵、慕容白曜等將兵赴青州。白曜至無鹽，欲攻之，將佐皆以爲攻具未備，不宜遽進。司馬酈範曰：「輕軍深入，豈宜淹緩！且申纂必謂我軍來速，不暇攻圍，將不爲備。今出其不意，可一鼓而克。」白曜從之，引兵僞退。夜進攻之，拔無鹽，殺申纂。欲盡以其人爲軍賞，範曰：「齊，形勝之地，宜遠爲經略。今人心未洽，連城相望，皆有拒守之志，非以德信懷之，未易平也。」白曜曰：「善！」皆免之。將攻肥城，範曰：「肥城雖小，攻之引日。勝之不益軍勢，不勝足挫軍威。彼見無鹽之破，不敢不懼。若飛書諭之，不降則散矣。」白曜從之。肥城果潰，得粟三十萬斛。白曜謂範曰：「此行得卿，三齊不足定也。」遂取垣苗、麋溝二戍，一旬中拔四城，威震齊土。

宋以蔡興宗爲郢州刺史。

魏取升城。宋房崇吉守升城，勝兵不過七百人。魏慕容白曜築長圍攻之，三月乃克。忿其不降，欲盡阬之，參軍事韓麒麟諫曰：「如此，則自此以東，諸城皆人自爲守，不可攻矣！」白曜乃止。崇吉脫身走，其母及申纂妻與魏濟州刺史盧度世有中表親，然已疏遠。及爲魏所虜，度世奉事甚恭，贍給優厚。度世閨門之内，和而有禮，百口怡怡，豐儉同之。

宋崔道固閉門拒魏，沈文秀遣使迎降，請兵於魏。白曜欲遣兵赴之，酈範曰：「文秀室家墳墓皆在江南，擁兵數萬，城固甲堅，强則拒戰，屈則遁去。今無朝夕之急，何遽求援！且其使者，視下色愧，語煩志怯，此必挾詐以誘我，不可從也。不若先取歷城，克盤陽，下梁鄒，平樂陵，然後按兵徐進，不患其不服也。」白曜乃止。文秀果不降。

魏尉元表言：「彭城，宋之要藩，不有重兵積粟，則不可固守。若資儲既廣，則宋人不敢窺淮北矣。且賊向彭城，必由清、泗過宿豫，歷下邳。趨青州亦由下邳、沂水經東安。此皆要地。今先平之，則青、冀諸州可不攻而克。不然，則青、冀雖拔，百姓狼顧，猶懷徼倖之心。臣愚以爲宜釋青、冀之師，先定東南，斷劉彧北顧之意，絶愚民南望之心，則淮北自舉，暫勞永逸矣。若天雨既降，彼或運糧益衆，規爲進取，則近淮之民翻然改圖，青、冀二州，未可猝拔也。」

宋沈攸之自送運米至下邳，魏人遣間詐之曰：「薛安都欲降，求軍迎接。」吴喜請赴之，攸之不許。既而來者益多，攸之謂曰：「諸人既有誠心，若能與薛徐州子弟俱來者，即皆假以鄉縣，唯意所欲。如其不爾，無爲空往來也。」自是不復至。攸之乃使軍主陳顯達將千人助戍下邳而還。

宋以袁粲爲僕射。

秋，八月，宋遣中領軍沈攸之擊彭城，將軍蕭道成鎮淮陰。宋主復遣沈攸之等擊彭城。攸之以清、泗方涸，糧運不繼，固執以爲不可。宋主怒，强遣之，而使行徐州事蕭道成鎮淮陰。道成收養豪俊，賓客始盛。魏之入彭城也，垣崇祖將部曲奔據朐山，道成以爲戍主。朐山濱海孤絶，人情未安。魏人得其叛將，遣騎二萬襲之。崇祖方出送客，城中人懼，皆下船欲去。崇祖還，謂腹心曰：「虜非有宿謀，承叛者之言而來耳，易誑也。今得百餘人還，事必濟矣。卿等可亟去此二里外，大呼而來云：『艾塘義人已破虜，須戍軍速往逐之。』」舟中人果喜，争上岸。崇祖引入，據城，遣羸弱入島，人持兩炬，登山鼓譟，魏軍乃退。垣崇祖亦自彭城奔朐山，遂依蕭道成於淮陰。劉僧副將部曲二千人居海島，道成亦召而撫之。

魏作大像。高四十三尺，用銅十萬斤，黄金六百斤。

魏人拒擊宋師走之，遂取下邳。魏尉元遣兵拒沈攸之，又以攸之前敗所喪士卒瘃墮膝行者還之，以沮其氣。宋主尋悔遣攸之等，復召使還，不及。攸之至睢清口，魏兵擊之，衆潰，還走淮陰，委資械以萬計。尉元以書諭宋徐州刺史王玄載，玄載棄下邳走。魏以辛紹先爲太守。紹先不尚苛察，務舉大綱，教民治生禦寇而已，由是下邳安之。宋宿豫戍將、淮陽太守皆棄城走。慕容白曜進屯瑕丘，宋將軍房法壽襲據磐陽以降。白曜表韓麒麟與法壽對爲冀州刺史。白曜引兵攻崔道固於歷城，不下。攻沈文秀於東陽，文秀請降。魏兵入城暴掠，文秀悔怒，拒守擊魏兵，破之。

魏主始親政事。魏主李夫人生子宏，馮太后自撫養之，遂還政於魏主。魏主始親國事，勤於爲治，賞罰嚴明，拔清節，黜貪污，於是魏之牧守始有以廉絜著聞者。

冬，十月，宋以金贖義陽王昶于魏。宋主遣使以金千兩贖義陽王昶于魏。魏人不許，使昶與宋王書，爲兄弟之儀。上責其不稱臣，不答。魏主復使昶與宋主書，昶曰：「臣本彧兄，未經爲臣。若改前書，事爲二敬。若或不改，彼所不納。臣不敢奉詔。」乃止。魏人愛重昶，凡三尚公主。

十二月，常珍奇復歸于宋。常珍奇雖降於魏，實懷二心，劉勔復以書招之。會魏西河公石攻汝陰，珍奇乘虛燒劫懸瓠，驅掠上蔡、安成、平輿三縣民，屯於灌水。魏人攻之，珍奇奔壽陽。

戊申（四六八）

宋泰始四年，魏皇興二年。

春，正月，魏侵宋。宋豫州刺史劉勔擊卻之，斬其將闞于拔。魏侵宋武津，宋劉勔擊卻之，斬其將于都公闞于拔。淮西民賈元友上書，陳伐魏取陳、蔡之策。上以其書示勔，勔上言：「元友稱虜主幼弱，内外多難，天亡有期。臣以爲虜自去冬蹈藉王土，今春連城圍逼，國家未能復境，何暇滅虜！元友所陳，率多夸誕狂謀，言之甚易，行之甚難。元嘉以來，傖荒遠人，多勸討虜，從來信納，皆貽後悔。

境上之人，唯視强弱：王師至彼，必壺漿候塗；裁見軍退，便抄截蜂起。此前後所見，明驗非一也。」宋主乃止。

宋東徐、兖州降魏。魏以尉元爲徐州刺史。魏尉元遣使説宋東徐州刺史張讜，讜以團城降魏。魏以高閭與讜對爲刺史。元又説宋兖州刺史王整、蘭陵太守桓訢，降之。魏以元爲開府儀同三司、徐州刺史，鎮彭城。召薛安都、畢衆敬入朝，以客禮待之，封侯賜第，資給甚厚。

二月，魏拔宋歷城。崔道固出降。

宋車騎大將軍王玄謨卒〔六〕。

夏，四月，宋減民田租之半。

宋劉勔敗魏兵於許昌。

魏以李惠爲征南大將軍，馮熙爲太傅。惠，李夫人之父；熙，馮太后之兄也。

秋，七月，宋以蕭道成爲南兖州刺史。

冬，十二月，宋改葬昭太后。義嘉之亂，路太后暴殂。既葬，巫師復請發陵，戮玄宫爲厭勝。至是改葬之。

宋以阮佃夫爲游擊將軍。先是，中書侍郎、舍人皆用名流爲之，太祖始用寒士，世祖猶雜用士庶，而巢、戴遂用事。及宋主盡用左右細人，佃夫及中書舍人王道隆、散騎侍郎楊運長並參預政事，權亞人主，巢、戴所不及也。佃夫尤恣横，納貨賂，作威福，朝士貴賤，莫不自結。僕隸皆不次除官，捉車人至中郎將，馬士至員外郎。

己酉（四六九）

宋泰始五年，魏皇興三年。

春，正月，魏拔宋青州，執其刺史沈文秀。沈文秀守東陽，魏人圍之三年，外無救援，士卒晝夜拒戰，甲胄生蟣蝨，無離叛之志。至是，魏人拔東陽，文秀解戎服，正衣冠，持節坐齋内。魏人執之，縛送慕容白曜，使之拜。文秀曰：「各兩國大臣，何拜之有！」白曜還其衣，爲設饌，鎖送平城。魏主宥之，待爲下客，給惡衣疏食。既而重其不屈，拜外都下大夫。於是青、冀之地，盡入於魏矣。

二月，魏以慕容白曜爲青州刺史。白曜撫御有方，東人安之。

魏立三等輸租法，除其雜調。魏自天安以來，比歲旱饑，重以青、徐用兵，山東之民疲於賦役。魏主命因民貧富，分爲三等；輸租之法，等爲三品：上三品輸平城，中輸它州，下輸本州。舊制，常賦之外，有雜調十五，至是罷之。民稍贍給。

宋以太尉盧江王禕爲南豫州刺史。宋河東柳欣慰等謀反，欲立太尉盧江王禕。禕，帝兄，而帝輕之，以孝武謂之「驢王」，徙封盧江。禕御之，遂與欣慰通謀。事覺，詔降禕車騎將軍，出鎮宣城，遣腹心楊運長領兵防衛。欣慰等伏誅。

夏，五月，魏置僧祇、佛圖户。魏徙青、齊民於平城桑乾，立平齊郡以居之。沙門統曇曜奏：

「平齊户及諸民有能歲輸穀六十斛入僧曹者，即爲僧祇户，粟爲僧祇粟，遇凶歲，賑給饑民。」又請：「民犯重罪及官奴，以爲佛圖户，以供諸寺掃灑。」並許之。於是僧祇寺户徧於州鎮矣。

六月，魏立子宏爲太子。

宋主殺其兄廬江王禕。宋主又令有司奏禕忿懟有怨言，詔免官爵，遣使持節，逼令自殺。

冬，十月，朔，日食。

十一月，魏遣使如宋修好。自是信使歲通。

十二月，宋以桂陽王休範爲揚州刺史。宋司徒、揚州刺史、建安王休仁與宋主素相友愛，景和之世，宋主賴其力以脱禍。及泰始初，四方兵起，休仁親當矢石，克成大功，任總百揆，親寄甚隆。由是朝野輻湊，宋主不悦。休仁悟其旨，表解揚州，宋主以休範代之。

宋置三巴校尉。先是，三峽蠻獠歲爲抄暴，故分荆、益四郡，立府於白帝以鎮之。又以孫謙爲巴東、建平太守，敕募千人自隨。謙曰：「蠻夷不賓，蓋待之失節耳，何煩兵役，以爲國費。」遂不受。至郡，開布恩信，蠻獠翕然懷之，競餉金寶。謙皆慰諭不受。

宋臨海賊起。臨海田流自稱東海王，剽掠海鹽，殺鄞令，東土大震。

庚戌（四七〇）

宋泰始六年，魏皇興四年。

春，正月，宋定南郊明堂歲祀。間二年一祭南郊，間一年一祭明堂。

死，既而原之。

宋太子劭納妃江氏。宋納太子妃，令百官皆獻。始興太守孫奉伯止獻琴書，宋主大怒，封藥賜

魏擊吐谷渾，敗之。

夏〔七〕，六月，宋以王景文爲僕射、揚州刺史。宋主宮中大宴，裸婦人而觀之，王后以扇障面。上怒曰：「外舍寒乞！今共爲樂，何獨不視！」后曰：「爲樂之事，其方自多，豈有姑姊妹集而以此爲笑乎！外舍之樂，雅異於此。」上大怒，遣后起。后兄景文聞之曰：「后在家劣弱，今段遂能剛正如此！」

宋以南兗州刺史蕭道成爲黄門侍郎，尋復本任。道成在軍中久，民間或言其有異相，宋主疑之，徵爲黄門侍郎。道成懼，不欲内遷，而無計得留。參軍荀伯玉教其遣數十騎入魏境，魏果遣遊騎行境上。道成以聞，宋主乃使道成復本任。

宋立總明觀。置祭酒一人，儒、玄、文、史學士各十人。

柔然侵魏，魏主自將擊敗之。柔然侵魏，魏主引羣臣議之。僕射南平公目辰曰：「車駕親征，京師危懼，不如持重固守。虜懸軍深入，糧運不繼，不久自退。遣將追擊，破之必矣。」給事中張白澤曰：「蠢爾荒愚，輕犯王略，若鑾輿親行，必望麾崩散，豈可坐而縱敵！以萬乘之尊，嬰城自守，非所以威服四夷也。」魏主從之。柔然大敗，乘勝逐北，降斬數萬，所獲馬仗不可勝計。旬有九日，往返六千里。時魏百官不給禄，少能以廉白自立者。魏主詔：「吏受所監臨羊一口、酒一斛者死，與者從坐。有能糾告尚書以下罪狀者，以所糾官授之。」白澤諫曰：「昔周之下士，尚有代耕之禄。今皇朝貴臣，服勤無報。

若使受禮者刑身，糾之者代職，臣恐姦人闚望，忠臣懈節，求事簡而民安，不可得也。請依律令舊法，仍班禄以酬廉吏。」魏主乃止。

魏殺其青州刺史慕容白曜。初，魏乙渾專政，白曜附之。魏主追以爲憾，誅之。

宋討臨海賊，平之。

辛亥（四七一）

宋泰始七年，魏高祖孝文帝拓跋宏延興元年。

春，二月，宋主殺其弟晉平王休祐，以巴陵王休若爲南徐州刺史。初，宋主爲諸王，寬和有令譽，獨爲世祖所親。即位之初，義嘉之黨多蒙寬宥，隨才引用，有如舊臣。及晚年，更猜虐，好鬼神，多忌諱，文書有禍敗凶喪疑似之言應回避者數百千品，有犯必戮。左右忤意，往往刳斮。淮、泗用兵，府藏空竭，百官絶禄，而奢費過度。每造器用，必爲正御、副御、次副各三十枚。至是寢疾，以太子幼弱，深忌諸弟。晉平王休祐剛很，數忤旨，宋主積不能平。因其從出射雉，陰遣壽寂之等拉殺之，陽言落馬，贈葬如禮。既又忌寂之勇健，亦殺之。建康民間訛言，荆州當出天子，刺史巴陵王休若有貴相。宋主召爲南徐刺史。休若憂懼，將佐亦謂還朝必不免禍。參軍王敬先曰：「荆州帶甲十萬，地方數千里，上可以匡天子，除姦臣，下可以保境土，全一身。孰與賜劍邸第，使臣妾飲泣而不敢葬乎！」休若以白宋主而誅之。

魏西部敕勒叛，討之，不克。

夏，五月，宋主殺其弟建安王休仁。晉平剌王既死，休仁益不自安。宋主亦病，與楊運長等爲身後之計，運長等又慮宋主晏駕，休仁秉政，己不得專權，彌贊成之。於是召休仁入宿尚書下省，遣人賫藥賜死。休仁罵曰：「上得天下，誰之力邪！孝武以誅鉏兄弟，子孫滅絶。今復爲爾，宋祚其得久乎！」宋主慮有變，力疾乘輿出端門。休仁死，乃入。下詔稱：「休仁謀反，懼罪引決，降爲始安縣王，聽其子伯融襲封。」宋主與休仁素厚，雖殺之，每謂人曰：「我與建安年時相鄰，少便款狎。艱難之中，勳誠實重。事計交切，不得不除，痛念之至，不能自已。」因流涕不自勝。

宋以袁粲爲尚書令，褚淵爲僕射。初，宋主在藩與褚淵相善，既即位，深委仗之。及寢疾，淵守吳郡，急召入見。宋主流涕曰：「吾近危篤，故召卿，着黄襬耳。」黄襬者，乳母服也。因與淵謀誅休仁，淵以爲不可，宋主怒曰：「卿癡人！不足與計事！」淵懼而從命。

秋，七月，宋主殺其弟巴陵王休若，以桂陽王休範爲江州刺史。休若至京口，聞建安王死，益懼。宋主以休若和厚，能得物情，恐其將來傾奪幼主，欲遣使殺之，慮不奉詔。乃手書召之，使赴七月七日宴。及至，賜死，而以桂陽王休範刺江州。時宋主諸弟俱盡，唯休範以人材凡劣，不見忌，故得全。

沈約曰：太祖之於義康，以訶訓之微行，成滅親之大禍。開端樹隙，垂之後人。太宗因易隙之情，據已行之典，翦落洪枝，不待顧慮。既而幼主孤立，神器傾移，履霜堅冰，其所由來遠矣。

裴子野曰：太宗保字螟蛉，剿拉同氣，既迷在原之天屬，未識父子之自然。宋德告終，非天廢也。夫危亡之君，未嘗不先棄本枝，嫗煦旁孽，推誠嬖狎，疾惡父兄。前乘覆車，後來并轡。借使叔仲有國，猶不失配天。而它人入室，將七廟絶祀。曾是莫懷，甘心揃落。晉武背文明之託，而覆中州者賈后。太祖棄初寧之誓，而登合殿者元凶。禍福無門，奚其豫擇。友于兄弟，不亦安乎！

宋主殺其豫州都督吳喜。初，吳喜之討會稽也，言於宋主曰：「得諸賊帥，皆即戮之。」既而生送子房，釋顧琛等。宋主以新立功，不問，而心銜之。至是，以其多計數，得人情，恐其不能事幼主，乃召入，賜死。又詔劉勔等曰：「喜輕狡萬端，苟取物情。非忘其功，勢不得已耳。」

宋以蕭道成爲散騎常侍。道成被徵，所親以朝廷方誅大臣，多勸勿行。道成曰：「諸卿殊不見事！主上自以太子稚弱，翦除諸弟，何預它人！今唯應速發，不且見疑。且骨肉相殘，自非靈長之祚，禍難將興，方與卿等戮力耳！」既至，拜散騎常侍。

八月，魏主弘傳位於太子宏，自稱太上皇帝。魏主聰睿夙成，剛毅有斷，而好黃、老、浮屠之學，常有遺世之心。以叔父京兆王子推沈雅仁厚，欲禪以位。乃會公卿大議，皆莫敢言。子推兄任城王子雲對曰〔八〕：「陛下方隆太平，臨四海，豈得上違宗廟，下棄兆民。必欲遺棄塵務，則皇太子宜承正統。夫天下者，祖宗之天下。若更授旁支，恐非先聖之意，啓姦亂之心，不可不慎也。」太尉源賀、尚書陸馛皆附子雲議，魏主怒，變色。中書令高允曰：「臣不敢多言，願陛下上思宗廟託付之重，追念周公抱成王之事。」魏主乃曰：「然則立太子，羣公輔之。」又曰：「陸馛直臣，必能保吾子。」以爲太保，與源賀持節奉璽綬傳位於太子宏。時宏生五年矣，有至性。前年，魏主病癰，親吮之。及是悲泣不自勝，魏主問其故，對曰：「代親之感，内切於心。」宏即位，羣臣奏曰：「漢高祖稱皇帝，而尊其父爲太上皇，明不統天下也。今皇帝幼沖，萬機大政，陛下猶宜總之。謹上尊號曰太上皇帝。」從之。徙居北苑崇光宫，采椽土階，國之大事乃以聞。又建鹿野浮圖於苑中，與禪僧居之。

冬，十月，魏敕勒叛，討破之。魏沃野統萬二鎮敕勒叛，遣太尉源賀討之，皆降。追擊餘黨，俘獲甚衆。詔賀督三道諸軍，屯漠南。先是，每歲秋冬發軍，三道並出，以備柔然，春中乃罷。賀以爲：「往來疲勞，不可支久。請募諸州鎮武健者三萬人，築三城以處之。使三時務農，冬則講武。」不從。

宋人侵魏，魏人擊卻之。宋主命琅邪、蘭陵太守垣崇祖經略淮北，崇祖自郁洲將數百人入魏境七百里，據蒙山。魏人擊卻之。

宋作湘宮寺。宋主以故第爲湘宮寺，備極壯麗。新安太守巢尚之罷還，宋主謂曰：「卿至湘宮寺未？此是我大功德。」散騎侍郎虞愿侍側，曰：「此皆百姓賣兒貼婦錢所爲，佛若有知，當慈悲嗟愍。罪高浮圖，何功德之有！」侍坐者皆失色。宋主怒，使人驅下殿。愿徐去，無異容。宋主棊品甚拙，而每與第一品王抗對弈。抗給曰：「皇帝飛棊，臣不能斷。」宋主終不悟，好之愈篤。愿又曰：「堯以此教丹朱，非人主所宜好也。」宋主怒甚，以其舊臣，優容之。

壬子（四七二）

宋泰豫元年，魏延興二年。

春，正月，宋蠻酋桓誕以沔北降魏。太陽蠻酋桓誕擁沔北八萬餘落降魏，自云桓玄之子。魏以爲東荆州刺史，使起部郎韋珍與誕安集新民，區處諸事，皆得其所。

二月，柔然侵魏，魏擊走之。

宋殺其揚州刺史、江安侯王景文。景文常以盛滿爲憂，屢辭位。宋主不許，詔報曰：「人居貴要，但問心若爲耳。大明之世，巢、徐、二戴，位不過執戟，而權亢人主。今袁粲爲令僕領選，而人往往不知有粲。以此居貴要，當有致憂兢否？夫有心於避禍，不若無心於任運。存亡之要，巨細一揆耳。」至是慮晏駕後，皇后臨朝，景文或有異圖。遣使賫手敕并藥賜死。景文正與客棊，叩函看已，復置局下，神色不變。局竟，斂子内奩畢，徐曰：「奉敕見賜以死。」方以敕示客。中直兵焦度怒曰：「大丈夫安能坐受死！州中文武數百，足以一奮。」景文曰：「知卿至心。若見念者，爲我百口計。」乃作墨啓致謝，飲藥而卒。謚曰懿侯。宋主又嘗夢有人告曰：「豫章太守劉愔反。」既寤，遣人就郡殺之。

夏，四月，宋主彧殂，太子昱立。宋主病篤，以桂陽王休範爲司空，褚淵爲護軍將軍，劉勔爲右僕射，與尚書令袁粲、荆州刺史蔡興宗、郢州刺史沈攸之並受顧命。淵素與蕭道成善，薦之，詔以爲右衛將軍，共掌機事。宋主遂殂，太子昱即位，生十年矣。粲等秉政，承奢侈之後，務弘節儉，欲救其弊。而阮佃夫等用事，貨賂公行，不能禁也。

宋以安成王準爲揚州刺史。準實桂陽王休範之子，而太宗以爲己子。

秋，七月，宋以沈攸之都督荆、襄八州軍事。宋右將軍王道隆以蔡興宗强直，不欲使居上流，以爲中書監，而以沈攸之代之。興宗辭不拜。道隆每詣興宗，躡履到前，不敢就席，良久去，竟不呼坐。攸之自以材略過人，陰畜異志，擇郢州士馬器仗精者以自隨。到官，以討蠻爲名，大發兵力，部勒嚴整。重賦斂以繕器甲，舊應供臺者皆割留之，羈留商旅，蔽匿亡命，所部逃亡，窮追必得而後止。舉錯專恣，不復承用符敕，朝廷疑而憚之。爲政刻暴，或鞭撻士大夫。然吏事精明，人不敢欺，盗賊屏息，外户不閉。

八月，宋中書監樂安公蔡興宗卒。謚曰宣穆。

冬，十月，柔然侵魏，魏擊走之。

宋以劉秉爲僕射。秉和弱無幹能，以宗室清令，故袁、褚引之。

宋以阮佃夫爲給事中。佃夫權任轉重，欲用其所親爲郡，袁粲等不同。佃夫稱敕施行，衆不敢執。

魏制小祀勿用牲。魏有司奏諸祠祀一千七十五所，歲用牲七萬五千五百。太上惡其多殺，詔：「自今非天地、宗廟、社稷，皆勿用牲，薦以酒脯。」

癸丑(四七三)

宋主昱元徽元年，魏延興三年。

春，正月，魏詔守令勸農事，除盗賊。魏詔守令勸課農事，同部之内，貧富相通，家有兩牛，通借無者。縣令能静一縣劫盗者，兼治二縣，即食其禄。能静二縣者，兼治三縣，三年遷爲郡守。郡守自二郡至三郡亦如之，三年遷爲刺史。

二月，宋以晉熙王燮爲郢州刺史。宋桂陽王休範素凡訥，少知解，物情亦不向之，故太宗之末得免於禍。及是，自謂尊親莫二，應入爲宰輔。既不如志，怨憤頗甚。典籤許公輿爲之謀主，令休範折節下士，遠近赴之，收養勇力，繕治器械。朝廷知之，陰爲之備。會夏口闕鎮，以其地居尋陽上流，欲使腹心居之。乃以晉熙王爕爲刺史，而以王奐爲長史行事。爕始四歲，宋主之弟也。復恐其過尋陽爲休範所留，使自太洑徑去。休範大怒，密與公輿謀襲建康。奐，景文之兄子也〔九〕。

吐谷渾寇魏，魏遣兵討降之。

魏以孔乘爲崇聖大夫。乘，孔子二十八世孫也。

秋，七月，魏制河南六州賦法。户收絹一匹，綿一斤，租三十石。

冬，十月，武都王楊僧嗣卒，弟文度立，降魏。

宋尚書令袁粲以母喪去職。詔以衛軍將軍攝職，粲辭。

十二月，朔，日食。

柔然侵魏。

魏州鎮十一水旱。

甲寅（四七四）

宋元徽二年，魏延興四年。

夏，五月，宋江州刺史桂陽王休範舉兵反，攻建康。右衛將軍蕭道成擊斬之。休範反，帥衆二萬、騎五百發尋陽，以書與諸執政，稱：「楊運長等蠱惑先帝，使建安、巴陵無罪被戮，請誅之。」朝廷惶駭。蕭道成曰：「昔上流謀逆，皆因淹緩至敗。休範必懲前失，輕兵急下，乘我無備。今宜頓兵新亭、白下，堅守宮城、東府、石頭，以待賊至。千里孤軍，復無委積，求戰不得，自然瓦解。我請頓新亭以當其鋒，破賊必矣。」袁粲聞難，扶曳入殿。內外戒嚴。道成遂出屯新亭，張永屯白下，沈懷明戍石頭。道成治壘未畢，休範前軍已至新林。捨舟步上，遣其將丁文豪別趣臺城，而自以大衆攻新亭。道成拒戰移時，外勢愈盛，衆皆失色。休範白服登城，以數十人自衛。校尉黃回、張敬兒謀詐降以取之。乃出城放仗，大呼稱降。休範信之，置於左右。回目敬兒，奪休範防身刀，斬之，持首歸新亭。道成遣送詣臺。道逢南軍，送者棄首於水，挺身得達，唱云已平，而無以爲驗，人莫之信。休範將士亦不之知，其將杜黑騾攻新亭甚急〔一〇〕。道成拒戰，自晡達旦，矢石不息。會丁文豪破臺軍，進至朱雀桁，黑騾遂北趣之。王道隆將羽林精兵在門內，召劉勔於石頭。勔至，命撤桁以折南軍之勢，道隆怒曰：「賊至，但當急擊，寧可開桁自弱耶！」勔不敢復言。道隆趣勔進戰，勔戰敗死。黑騾等乘勝度淮，道隆走還，黑騾追殺之。黃門侍郎王蘊重傷而踣，或扶之以免。於是中外大震，白下、石頭之衆皆潰。先是，月犯右執法，太白犯上將，或勸劉勔解職。勔曰：「吾執心行己，無愧幽明，災眚之來，避何可免！」勔晚年頗慕高尚，立園宅名東山，罷遣部曲。蕭道成謂曰：「將軍受顧命，輔幼主，而深尚從容，廢省羽翼，一朝事至，悔可追乎！」勔不從而敗。褚淵弟澄爲撫軍長史，開東府門納南軍，擁安成王準據東府。中書舍人孫千齡開門出降，宮省恇擾，衆莫有鬬志。俄而丁文豪之衆知休範已死，稍欲退散。許公輿詐稱桂陽王在新亭，士民惶惑，詣壘投刺者以千數。道成皆焚之，登城謂曰：「劉休範已就戮，屍在南岡下，我乃蕭平南也，諸君諦視之。刺皆已焚，勿懼也。」即遣陳顯達等將兵入衛，袁粲慷慨謂諸將曰：「今寇賊已逼而衆情離沮，孤子受先帝付託，不能綏靖國家，請與諸君同死社稷！」被甲上馬，將驅之。於是顯達等引兵出戰，大破黑驟、文豪，皆斬之。進克東府，餘黨悉平。

柔然遣使如宋。

六月，宋以蕭道成爲中領軍。道成與袁粲、褚淵、劉秉更日入直決事，號爲四貴。

宋荆州刺史沈攸之等攻江州，克之。休範之反也，沈攸之謂僚佐曰：「桂陽必聲言我與之同，若不顛沛勤王，必增朝野之惑。」乃與徐、郢、湘、雍同討尋陽，殺休範二子而還。

魏罷門、房之誅。魏詔曰：「下民兇戾，不顧親戚，一人爲惡，殃及闔門。朕爲民父母，深所愍悼。自今非謀反大逆外叛，罪止其身。」於是始罷門、房之誅。魏太上勤於爲治，賞罰嚴明，慎擇牧守，進廉退貪。諸曹疑事，舊多奏決，又口傳詔敕，或致矯擅。至是，命事無大小，皆據律正名，不得爲疑奏。合則制可，違則彈詰，盡用墨詔，由是事皆精審。尤重刑罰，大刑多令覆鞫，或囚繫積年。羣臣頗以爲言，太上曰：「滯獄誠非善治，不猶愈於倉猝而濫乎！夫人幽苦則思善，故智者以囹圄爲福堂。朕特苦之，欲其改悔而矜恕爾。」由是囚繫雖滯，而所刑多得其宜。又以赦令長姦，故自延興以後，不復有赦。

秋，七月，柔然寇魏敦煌。柔然寇魏敦煌，尉多侯擊破之。尚書奏：「敦煌僻遠，介居二寇之間，恐不能自固，請徙之凉州。」羣臣皆以爲然，給事中韓秀曰：「敦煌雖逼強寇，然人習戰鬭，足以自全。而能隔閡二虜，使不得通。今徙就凉州，不唯有蹙國之名，且姑臧去敦煌千餘里，防邏甚難，二虜交通，騷動凉州，則關中不得安枕。又，士民重遷，或招外寇，爲國深患，不可不慮也。」乃止。

九月，宋以袁粲爲中書監、領司徒，褚淵爲尚書令，劉秉爲丹陽尹。粲固辭，求反居墓所，不許。淵以褚澄爲吴郡，司徒長史蕭惠明言於朝曰：「褚澄開門納賊，更爲股肱大郡。王蘊力戰幾死，棄而不收。賞罰如此，何憂不亂！」淵甚慚，乃以蘊爲湘州刺史。

冬，十一月，宋主冠。初，宋主昱在東宫時，喜怒乖節，太宗屢敕陳太妃痛捶之。及即位，内畏太后、太妃，外憚諸大臣，未敢縱逸。自加元服，内外稍無以制。自以李道兒之子，故每微行，自稱李將軍。常着小袴衫，營署巷陌，無不貫穿。或夜宿客舍，或晝卧道傍，排突廝養，與之交易，或遭慢辱，悦而受之。

魏建安王陸馛卒。謚曰貞。

乙卯(四七五)

宋元徽三年，魏延興五年。

春，三月，宋以張敬兒都督雍、梁二州軍事。敬兒請爲雍州，蕭道成以其人位俱輕，不許。敬兒曰：「沈攸之在荆州，欲何所作。不出敬兒以制之，恐非公之利也。」道成乃以敬兒鎮襄陽。攸之恐其襲己，陰爲之備。敬兒既至，奉事攸之甚至，攸之以爲誠然。敬兒由是得其事迹，皆密白道成。

夏，六月，魏初禁殺牛馬。

宋南徐州刺史建平王景素有罪，奪官。景素孝友清令，服用儉素，好學禮士，由是有美譽，太宗特愛之。時太祖諸子俱盡，諸孫唯景素爲長。宋主凶狂失德，朝野皆屬心焉。楊運長等欲專權勢，不利立長君，陰欲除之。其腹心將佐多勸景素舉兵，參軍江淹獨諫之，景素不悦。人或告之，運長等即欲發兵討之，袁粲等以爲不可。景素亦遣世子詒闕自陳，乃奪景素征北將軍、開府儀同三司。

丙辰（四七六）

宋元徽四年，魏承明元年。

夏，六月，魏太后馮氏進毒弑其主弘，復稱制，以王叡爲尚書令。初，魏尚書李敷、李訢少相親善。後訢爲相州刺史，受賂爲人所告，敷掩蔽之。魏太上聞之，檻車徵訢，案驗當死。時敷弟弈得幸於馮太后，太上意已疏之。有司以中旨諷訢告敷兄弟陰事，可以得免。訢謂其婿裴攸曰：「吾與敷族世雖遠，恩踰同生，情所不忍。且吾安能知其陰事，將若之何！」攸曰：「何爲爲人死也。有馮闡者，先爲敷所敗，今詢其弟，敷陰事可得也。」訢從之，令范㯹條列敷事三十餘條。有司以聞，太上怒，遂誅敷、弈，訢得減死論。未幾，復爲尚書。馮太后由此怨太上。至是，密行鴆毒。大赦，改元，復臨朝稱制。以馮熙爲太師、中書監。熙以外戚，固辭，乃除洛州刺史。顯祖祔廟，執事之官，故事皆賜爵。祕書令程駿言：「建侯裂地，帝王所重，或以親賢，或因功伐。皇家故事，蓋一時之恩，豈可爲長世之法乎！」太后從之，謂羣臣曰：「凡議事，當依古典正言，豈得但修故事而已！」太后性聰察，知書計，曉政事，被服儉素，膳羞減於故事什七八，而猜忍多權數。魏主宏性至孝，能承顔順志，事無大小，皆仰成焉。太后所幸宦者王琚、苻承祖等，皆依勢用事，官至僕射，爵爲王公，賞賜巨萬。太卜令王叡得幸於太后，超遷尚書。

祕書令李沖雖以才進，亦由私寵。又外禮人望東陽王丕、游明根等，每褒賞叡輩，輒以丕等參之。自以失行，畏人議己，羣下語言小涉疑忌，輒殺之。寵臣小過，笞箠或至百餘，尋復待之如初。

宋加蕭道成左僕射，劉秉中書令。

秋，七月，宋建平王景素起兵京口，不克而死。楊運長、阮佃夫等忌建平王景素益甚，景素乃與參軍殷瀰等謀爲自全之計。遣人往來建康，要結才力之士，將軍黄回等皆與通謀。至是羽林監垣祗祖帥數百人自建康奔京口，云京師已亂，勸令速入。景素信之，即據京口起兵。楊、阮遣將軍任農夫及黄回等將水軍以討之。道成知回有異志，又命將軍李安民等與之偕。回不得發，遂拔京口，擒景素，斬之。黨與皆伏誅。

丁巳（四七七）

宋順帝準昇明元年，魏太和元年。

春，正月，魏略陽氏作亂。二月，討平之。

三月，魏以東陽王丕爲司徒。

秋，七月，宋中領軍蕭道成弒其主昱而立安成王準，自爲司空、録尚書事。宋主昱自京口既平，驕恣尤甚，無日不出，從者並執鋋矛，逢無免者。民間擾懼，行人殆絶。鍼椎鑿鋸，不離左右，一日不殺，則慘然不樂。殿省憂惶，食息不保。阮佃夫等謀因其出，執而廢之。事覺，被殺。太后數訓戒昱，昱欲酖之，未果。嘗直入領軍府，道成晝卧裸袒。昱令起立，畫腹爲的，引滿將射之。道成斂板曰：

「老臣無罪。」乃更以骲箭射，中其齊，投弓大笑。道成憂懼，密與袁粲、褚淵謀廢立。粲曰：「主上幼年，微過易改。伊、霍之事，非季世所行。縱使功成，亦終無全地。」淵默然。功曹紀僧真言於道成曰：「今朝廷猖狂，人不自保，天下之望，不在袁、褚，明公豈得坐受夷滅！」道成然之。或勸道成奔廣陵起兵。青、冀刺史劉善明曰：「宋氏將亡，愚智共知。公神武高世，唯當靜以待之，因機奮發，功業自定，不可遠去根本，自貽猖蹶。」道成乃止。越騎校尉王敬則潛自結於道成，道成命敬則陰結昱左右楊玉夫、楊萬年、陳奉伯等，使伺機便。至是，昱乘露車，與左右於臺岡賭跳，仍往青園尼寺。晚，至新安寺，偷狗飲酒，醉還。玉夫、萬年刎其首，奉伯袖之，稱敕開門出，與敬則。敬則馳詣領軍府，道成戎服乘馬而出，敬則等從入宫。殿中聞昱已死，咸稱萬歲。道成以太后令，召諸大臣入議。道成謂劉秉曰：「此使君家事，何以斷之？」秉未答。道成須髯盡張，目光如電。秉曰：「尚書衆事，可以見付。軍旅處分，一委領軍。」道成讓袁粲，粲不敢當。王敬則拔刃跳躍曰：「天下事皆應關蕭公！敢有開一言者，血染敬則刀。」仍手取白紗帽加道成首，令即位，曰：「事須及熱！」道成正色呵之，褚淵曰：「非蕭公無以了此。」道成乃下議，迎立安成王。秉出，逢從弟韞，問曰：「事當歸兄邪？」曰：「已讓領軍矣。」韞拊膺曰：「兄肉中詎有血邪！今年族矣！」遂以太后令，數昱罪惡，追廢爲蒼梧王。儀衛至東府門，安成王令門者勿開，以待袁司徒。粲至，乃入即位，時年十一。以道成爲司空、録尚書事、驃騎大將軍，出鎮東府；劉秉爲尚書令；袁粲鎮石頭。秉始謂尚書萬機，本以宗室居之，則天下無變。既而道成兼總軍國，布置心膂，與奪自專。褚淵素相憑附，秉、粲閤手仰成矣。粲性冲静，每有朝命，常固辭，不得已，乃就職。至是知蕭道成有不臣之志，陰欲圖之，即日受命。

魏詔工商賤族有役者止本部丞。

九月，魏更定律令。

宋封楊玉夫等二十五人爵有差。

冬，十月，武都王楊文度襲魏仇池，陷之。

魏殺其徐州刺史李訢。訢事顯祖爲尚書，信用范㯹。訢弟瑛諫曰：「㯹能降人以色，假人以財，輕德義而重勢利。聽其言也甘，察其行也賊，不早絶之，後悔無及。」不從。訢與尚書趙黑有隙，發其罪，黑坐黜爲門士。黑恨之，寢食爲之衰少。踰年復入領選，白馮太后，稱訢專恣，出爲徐州。㯹知太后怨訢，乃告訢謀外叛。太后徵至問狀，引㯹證之。訢曰：「汝受我恩，何忍誣我！」㯹曰：「㯹受公恩，何如公於李敷？公忍之於敷，㯹何爲不忍於公！」訢慨然嘆曰：「吾不用瑛言，悔之何及！」黑復於中構成其罪，誅之，然後寢食如故。

十一月，魏懷州亂，討平之。魏懷州民伊祁苟作亂，馮熙討滅之。太后欲屠其城，張白澤諫曰：「凶渠逆黨，盡已梟夷。城中豈無忠良仁信之士，奈何不問白黑，一切誅之！」乃止。

宋荆、襄都督沈攸之舉兵江陵討蕭道成。初，沈攸之與蕭道成同直殿省，相善。至是，以道成名位素出己下，一旦專制朝權，心不平，謂元琰曰：「吾寧爲王陵死，不爲賈充生。」然亦未暇舉兵。張敬兒與攸之司馬劉攘兵善，疑攸之將起事，密問攘兵，攘兵寄敬兒馬鐙一隻，敬兒乃爲之備。攸之有素書十數行，常韜在裲襠角，云是明帝與己約誓。將舉兵，其妾崔氏諫曰：「官年已老，那不爲百口計！」攸之指裲襠角示之。於是勒兵移檄，遣使邀張敬兒及諸州鎮同舉兵。敬兒斬其使，它鎮亦懷兩端。攸之遺道成書，以爲：「少帝昏狂，宜與諸公密議，共白太后，下令廢之。奈何交結左右，親行弒逆。移易朝舊，布置親黨，宫閤管籥，悉關家人。吾不知子孟、孔明遺訓固如此乎！足下既有賊宋之心，吾寧敢捐包胥之節！」朝廷恟懼。初，道成以世子賾行郢州事，修治器械，以備攸之。及徵賾爲左衛將軍，賾乃薦司馬柳世隆自代，謂曰：「攸之一旦爲變，焚夏口舟艦，沿流而東，不可制也。若得攸之留攻郢城，必未能猝拔。君爲其内，我爲其外，破之必矣。」及攸之起兵，賾行至尋陽，衆欲倍道趨建康，賾曰：「尋陽地居中流，密邇畿甸。留屯湓口，内藩朝廷，外援夏首，保據形勝，控制西南，今日會此，天所置也。」或以城小難固，左中郎將周山圖曰：「今據中流，爲四方勢援，不可以小事難之。苟衆心齊壹，江山皆城隍也。」賾乃奉晉熙王燮鎮湓口，道成聞之，喜曰：「真我子也！」

宋中書監袁粲、尚書令劉秉謀誅蕭道成，不克而死。湘州刺史王藴與沈攸之深相結。與袁粲、劉秉密謀誅道成，將帥黄回、卜伯興等皆與通謀。道成初聞攸之事起，往詣粲，粲辭不見。通直郎袁達謂粲不宜示異同。粲曰：「彼若以主幼時艱，與桂陽時不異，劫我入臺，何辭拒之！一朝同止，欲異得乎！」道成乃召褚淵，與之連席，每事共之。時劉韞爲領軍將軍，入直門下省，卜伯興爲直閤，黄回等諸將皆出屯新亭。初，褚淵遭憂去職，朝廷敦迫，不起。粲往譬説，淵乃從。及粲遭憂，淵譬説懇至，粲遂不起，淵由是恨之。至是，淵謂道成曰：「西夏事必無成，公當先備其内耳。」粲謀既定，將以告淵。衆謂不可。粲曰：「淵與彼雖善，豈容大作同異！」乃以謀告淵，淵即以告道成。道成遣軍主蘇烈、薛淵等助粲守石頭。淵曰：「不審公能保袁公共爲一家否？」道成曰：「所以遣卿，正爲能盡臨事之宜，使我無西顧之憂耳。但努力，無多言。」又以王敬則爲直閤，與伯興共總禁兵。粲謀矯太后令，使韞、伯興帥宿衛兵攻道成於朝堂，回等帥所領爲應。劉秉等並赴石頭，本期夜發，秉恇擾不知所爲，晡後即束裝，盡室奔石頭。粲驚曰：「何事遽來？今敗矣！」道成聞之，使王敬則殺韞及伯興。蘇烈等據倉城拒粲。王蘊聞秉走，歎曰：「事不成矣！」道成遣戴僧靜助烈等攻粲，秉踰城走。粲下城，謂其子最曰：「本知一木不能止大厦之崩，但以名義至此。」僧靜踰城獨進，最以身衛粲，僧靜直前斫之。粲謂最曰：「我不失忠臣，汝不失孝子！」遂父子俱死。百姓哀之，爲之謡曰：「可憐石頭城，寧爲袁粲死，不作褚淵生。」秉父子亦爲追者所殺。黄回遂不敢發。粲簡淡平素，無經世材，好飲酒，善吟諷。身居劇任，不肯當事。主事每往諮决，或高詠對之。閑居高卧，門無雜賓，物情不接，故及於敗。

裴子野曰：袁景倩民望國華，受付託之重，智不足以除姦，權不足以處變，蕭條散落，危而不扶。及九鼎既輕，三材將换，區區斗城之裏，出萬死而不辭，蓋蹈匹夫之節而無棟梁之具矣！

沈攸之攻郢城，不克。攸之至夏口，自恃兵强，有驕色。主簿宗儼之勸攸之攻郢城，功曹臧寅以郢城地險，非旬日可拔。若不時舉，挫鋭損威。今順流長驅，計日可捷。既傾根本，則郢城豈能自固！攸之欲留偏師守郢城，自將大衆東下〔一一〕。柳世隆遣人挑戰，肆駡穢辱之。攸之怒，改計攻城。世隆隨宜拒應，攸之不能克。

宋以楊運長爲宣城太守。楊運長出守宣城，於是太宗嬖臣無在禁省者矣。

沈約曰：夫人君南面，九重奧絶，陪奉朝夕，義隔卿士，堦闥之任，宜有司存。既而恩以狎生，信由恩固，無可憚之姿，有易親之色。孝建、泰始，主威獨運，而刑政糾雜，理難徧通，耳目所寄，事歸近習。及覘歡愠，候慘舒，動中主情，舉無謬旨。人主以其身卑位薄，權不得重。曾不知鼠憑社貴，狐藉虎威，外無逼主之嫌，内有專用之效，勢傾天下，未之或悟。及太宗晚運，慮經盛衰，權倖之徒，慴憚宗戚，欲使幼主孤立，永竊國權，構造同異，興樹禍隙，帝弟宗王，相繼屠勦。寳祚夙傾，實由於此矣。

魏拔葭蘆，斬楊文度，以其弟文弘爲武都王。

宋蕭道成自假黄鉞，出頓新亭。道成謂參軍江淹曰：「天下紛紛，君謂何如？」淹曰：「成敗在德，不在衆寡。公雄武有奇略，寬容而仁恕，賢能畢力，民望所歸，奉天子以伐叛逆，五勝也。彼志鋭而器小，有威而無恩，士卒解體，搢紳不懷，懸兵數千里而無同惡相濟，五敗也。雖豺狼十萬，終爲我獲必矣。」行南徐州事劉善明言於道成曰：「攸之苞藏禍心，於今十年。性既險躁，才非持重。而起事累旬，遲回不進。一則暗於兵機，二則人情離怨，三則有掣肘之患，四則天奪其魄。本慮其剽勇輕速，掩襲未備，決於一戰。今六師齊奮，諸侯同舉，此籠中之鳥耳。」

戊午（四七八）

宋昇明二年，魏太和二年。

春，正月，宋沈攸之軍潰，走死。蕭道成自爲太尉，都督十六州諸軍事。攸之盡鋭攻郢城，柳世隆乘間屢破之。攸之素失人情，但劫以威力。及城久不拔，逃者稍多，攸之日夕乘馬歷營撫慰，而去者不息。攸之大怒，令軍中曰：「軍有叛者，軍主任其罪。」於是咸有異計。劉攘兵射書入城請降，世隆納之，攘兵燒營而去。攸之軍遂大散，諸將皆走。臧寅曰：「幸其成而棄其敗，吾不忍爲也！」乃投水死。散軍更相聚結，可二萬人，隨攸之還江陵。張敬兒既斬攸之使者，即勒兵，偵攸之下，遂襲江陵，誅其子孫。攸之將至，聞敬兒已據城，士卒皆散，乃縊而死。初，荆州參軍邊榮爲府録事所辱，攸之爲榮鞭殺録事。及敬兒將至，榮爲留府司馬，或説之降，榮曰：「受沈公厚恩如此，一朝緩急，便易本心，吾不能也。」城潰，軍士執以見敬兒，敬兒曰：「邊公何不早來！」榮曰：「沈公見留守城，不忍委去。本不祈生，何須見問。」敬兒曰：「死何難得！」命斬之。榮懽笑而去。榮客程邕之抱榮曰：「與邊公周遊，不忍見其死，乞先見殺。」兵人以告，敬兒曰：「求死甚易，何爲不許！」乃先殺邕之，而後及榮，軍人莫不垂泣。蕭道成還鎮東府，以其子賾爲江州刺史，嶷爲中領軍。加道成太尉、都督南徐等十六州諸軍事，褚淵爲中書監、司空。吏部郎王儉神彩淵曠，好學博聞，少有宰相之志。道成以爲長史，待遇隆密，事皆委之。

夏，四月，宋蕭道成殺南兖州刺史黄回。回不樂在郢州，固求南兖，遂帥部曲輒還，因改受之。蕭道成以回終爲禍亂，召入東府殺之。以蕭映行南兖州事。

五月，魏禁宗戚士族與非類昏偶。以違制論。

秋，八月，宋禁公私奢侈。蕭道成以大明以來，公私奢侈，奏罷御府，省二尚方彫飾器玩。又奏禁民間華僞雜物，凡十七條。

宋以蕭賾爲領軍將軍，蕭嶷爲江州刺史。

九月，朔，日食。

宋蕭道成自爲太傅、揚州牧，加殊禮。蕭道成欲傾宋室，夜召長史謝朏，屏人與語，久之，朏無言。道成慮朏難捉燭小兒，取燭遣出。朏又無言，道成乃呼左右。朏，莊之子也。王儉知其指，它日，請間言於道成曰：「功高不賞，古今非一。以公今日位地，欲終北面，可乎？」道成正色裁之，而神彩內和。儉因曰：「儉蒙公殊眄，所以吐所難吐，何賜拒之深也！宋氏失德，非公豈復寧濟。但人情澆薄，不能持久。公若小復推遷，則人望去矣。豈唯大業永淪，七尺亦不可得保。」道成曰：「卿言不無理。」儉曰：「公今名位，故是經常宰相，宜禮絶羣后，微示變革。然當先令褚公知之。」少日，道成造褚淵，款言移晷，乃曰：「我夢得官。」淵曰：「今授始爾，恐一二年間未容便移。」道成還，以告儉。儉曰：「褚未達耳。」即唱議加道成太傅，假黄鉞。道成謂所親任遐曰：「褚公不從，奈何？」遐曰：「彦回惜身保妻子，非有奇才異節，遐能制之。」淵果無違異。詔進道成假黄鉞、大都督中外諸軍事、太傅、領揚州牧，劍履上殿，入朝不趨，贊拜不名。

冬，十月，宋以蕭映爲南兖州刺史，蕭晃爲豫州刺史。

十二月，魏太后殺其青州刺史南郡王李惠。惠，李夫人之父也，馮太后忌之，誣以南叛，殺之。太后以猜嫌所夷滅者十餘家，而惠所歷皆有善政，魏人尤冤惜之。

宋定音樂。尚書令王僧虔奏：「朝廷以宫縣合和鞞拂，節數雖會，慮乖雅體。今之清商，實由銅爵，中庸和雅，莫近於斯。而情變聽移，亡者將半，民間競造新聲，煩淫無極，宜命有司悉加補綴。」從之。

魏以高允爲中書監。高允以老疾告歸鄉里，尋復以安車徵至平城，拜鎮軍大將軍、中書監。固辭，不許，詔乘車入殿，朝賀不拜。

己未(四七九)

宋昇明三年，齊太祖高帝蕭道成建元元年，魏太和三年。是歲宋亡齊代〔一二〕。

春，正月，宋以蕭嶷爲荆州刺史、蕭賾爲僕射。

宋以謝朏爲侍中。太傅道成以朏有重名，欲引參佐命，以爲左長史。嘗與論魏、晉故事，因曰：「石苞不早勸晉文，死方慟哭，方之馮異，非知機也。」朏曰：「晉文世事魏室，必將身終北面。借使魏行唐、虞故事，亦當三讓彌高。」道成不悦。以朏爲侍中，更以王儉爲左長史。

三月，朔，日食。

宋蕭道成自爲相國，封齊公，加九錫。以十郡爲齊國，官爵禮儀，並放天朝。

齊公道成殺宋臨川王綽。時楊運長爲道成所殺。綽，義慶之孫也，以凌源令潘智與運長善，遣人説之曰：「君先帝舊人，身是宗室近屬，如此形勢，豈得久全！若招合内外，計多有從者。」智以告道成，道成殺之。

齊以王儉爲僕射。宋司空褚淵引何曾自魏司徒爲晉丞相故事，求爲齊官，道成不許。以王儉爲僕射，時年二十八。

夏，四月，齊公道成進爵爲王。增封十郡。

齊王道成殺宋武陵王贊。

齊王道成稱皇帝，廢宋主爲汝陰王，徙之丹楊。以褚淵爲司徒。宋主下詔禪位于齊，而不肯臨軒。王敬則勒兵入迎，太后懼，自帥閹人索得之，敬則啓譬令出。宋主收淚謂曰：「欲見殺乎？」敬則曰：「出居别宫耳。官先取司馬家亦如此。」宋主泣而彈指曰：「願後身世世勿復生天王家！」宫中皆哭。宋主又拍敬則手曰：「必無過慮，當餉輔國十萬錢。」是日，百僚陪位。侍中謝朏在直，當解璽綬，陽爲不知，曰：「有何公事？」傳詔云：「解璽綬授齊王。」朏曰：「齊自應有侍中。」乃引枕卧。傳詔懼，使朏稱疾，朏曰：「我無疾，何所道！」遂朝服步出。乃以王儉爲侍中，解璽綬。禮畢，宋主出就東邸。光禄大夫王琨在晉世已爲郎中，至是，攀車慟哭，曰：「人以壽爲懽，老臣以壽爲戚。既不能先驅螻蟻，乃復頻見此事！」嗚咽不自勝，百官雨泣。司空褚淵等奉璽綬，詣齊宫勸進。淵從弟炤謂淵子賁曰：「不知汝家司空將一家物與一家，亦復何謂！」齊王即皇帝位，奉宋主爲汝陰王，築宫丹楊，置兵守衛。以褚淵爲司徒[一三]，賀者滿座。炤歎曰：「彦回少立名行，何意披猖至此！門户不幸，乃復有今日之拜。使彦回作中書郎而死，不當爲一名士邪！名德不昌，乃復有期頤之壽！」淵固辭不拜。奉朝請裴顗上表，數齊主過惡，掛冠徑去，齊主殺之。太子賾請殺謝朏，齊主曰：「殺之遂成其名，正應容之度外耳。」久之，因事廢于家。齊主問爲政於參軍劉瓛，對曰：「政在孝經。凡宋氏所以亡，陛下所以得者，皆是也。陛下若戒前車之失，加以寬厚，雖危可安。循其覆轍，雖安必危矣。」齊主歎曰：「儒者之言，可寶萬世。」

齊主以其子嶷爲揚州刺史。

齊主令羣臣言事。齊主命羣臣各言得失。淮南、宣城太守劉善明「請除宋氏大明、泰始以來苛政，以崇簡易。交州險遠，宋末政苛，遂至怨叛，今宜懷以恩德。且彼土所出，唯有珠寶，實非聖朝所須之急。討伐之事，謂宜且停」。給事黄門郎崔祖思言：「人不學則不知道，此悖逆禍亂所由生也。今無員之官，空受禄力。宜開文武二學，令限外官，各從所樂，依方習業。廢惰者遣還故郡，優殊者待以不次。又，今陛下雖躬履節儉，而羣下猶習侈靡。宜褒進朝士之約素清修者，貶退其驕奢荒淫者，則風俗可移矣。」宋元嘉之世，事皆責成郡縣。世祖徵求急速，始遣臺使督之。自是使者旁午，公私勞擾。聞喜公子良極陳其弊，以爲：「臺有求須，但明下詔敕，爲之期會，則人思自竭。若有稽違，自依糾坐之科。今雖臺使盈湊，會取正屬所辦，徒相疑憤，反更淹懈，宜悉停之。」員外散騎劉思效言：「宋自大明以來，徵賦有加而天府尤貧。小民殆無生意，而貴族富室以侈麗相高，乃至山澤之民，不敢采食其水草。今宜一新王度，革正其失。」齊主皆加褒賞，或付有司詳擇所宜，奏行之。尋詔：「二宫諸王，悉不得營立屯邸，封略山湖。」

魏罷候官。魏詔：「候官千數，重罪受賕不列，輕罪吹毛發舉，宜悉罷之。」更置謹直者數百人，使防邏街術，執誼鬬者而已。自是吏民始安其業。

齊褚淵、王儉等進爵有差。處士何點戲謂人曰：「我作齊書已竟，其贊曰：『淵既世族，儉亦國華；不賴舅氏，遑恤國家！』」點，尚之之孫也。淵、儉母皆宋公主，故點云然。

五月，齊主道成弑汝陰王，滅其族。或走馬過汝陰王之門，衛士恐。有爲亂者奔入殺王，以疾聞，齊主賞之。遂殺宋宗室，無少長皆死。劉澄之與褚淵善，淵爲之固請，故遵考之族獨得免。

齊以垣崇祖爲豫州刺史。齊主謂崇祖曰：「吾新得天下，索虜必以納劉昶爲辭，侵犯邊鄙。壽陽當虜衝，非卿無以制。」故有是命。

魏葭蘆鎮主楊廣香降齊。

齊主立其世子賾爲太子，諸子皆爲王。

秋，九月，魏隴西王源賀卒。謚曰宣。

齊以王玄邈爲梁州刺史〔一四〕。初，晉壽民李烏奴與白水氐寇梁州，刺史范柏年說降之。及朝廷遣王玄邈代柏年，詔與烏奴俱下。烏奴勸柏年不受代，柏年計未決。左衛帥胡諧之嘗就柏年求馬不得，譖於齊主曰：「柏年欲據梁州。」齊主使南郡王長懋誘柏年〔一五〕，殺之。烏奴叛，引氐兵爲寇。玄邈誘擊破之。初，玄邈爲青州刺史，齊主在淮陰，爲宋太宗所疑，欲北附魏，遣書結玄邈。玄邈長史房叔安曰：「將軍居方州之重，無故舉忠孝而棄之，三齊之士，寧蹈東海而死耳，不敢隨將軍也！」玄邈乃不答書。及罷州還，至淮陰，嚴軍直過。至建康，啓太宗，稱道成有異志。及齊主爲驃騎，引爲司馬，玄邈甚懼，齊主待之如初。賞叔安忠正，欲用爲梁州，會病卒。

于魏。

魏遣梁郡王嘉奉丹楊王劉昶以伐齊。魏遣將奉昶伐齊，許昶以克復舊業，世胙江南，稱藩于魏。

魏使高允議定律令。是歲，魏詔中書監高允議定律令。允雖篤老，志識不衰。詔以允家貧養薄，令樂部十人，五日一詣允，以娛其志。朝晡給膳，朔望致牛酒，月給衣服綿絹。入見備几杖，問以政治。

契丹入附于魏。契丹莫賀弗勿干帥部落萬餘口入附于魏，居白狼水東。

庚申(四八〇)

齊建元二年，魏太和四年。

春，二月，魏師攻齊壽陽，不克而還。魏梁郡王嘉與劉昶攻壽陽。將戰，昶四向拜將士，流涕縱横，曰：「願同戮力，以雪讎耻！」魏步騎號二十萬，豫州刺史垣崇祖欲治外城，堰肥水以自固。文武皆曰：「昔佛貍入寇，城中士卒數倍，猶以郭大難守，退保内城。且自有肥水，未嘗堰也，恐勞而無益。」崇祖曰：「若棄外城，虜必據之。外修樓櫓，内築長圍，則坐成擒矣。守郭築堰，是吾不諫之策也。」乃於城西北堰肥水，堰北築小城，周爲深塹，使數千人守之，曰：「虜見城小，以爲一舉可取，必悉力攻之，以謀破堰。吾縱水衝之，皆爲流屍矣。」魏人果攻小城，崇祖著白紗帽，肩輿上城，決堰下水，魏人馬溺死以千數，魏師退走。

齊檢定民籍。宋自孝建以來，政綱弛紊，簿籍訛謬。至是，詔黄門郎虞玩之等更加檢定。玩之上表，以爲：「元嘉中，故光禄大夫傅隆年出七十，猶手自書籍，躬加隱校。今欲求治取正，必在勤明令長。

謂宜以元嘉二十七年籍爲正，更立明科，一聽首悔。迷而不返，依制必戮。若有虚昧，州縣同科。」從之。

齊置巴州。齊以羣蠻數爲叛亂，分荆、益置巴州以鎮之。是時齊境有州二十三，郡三百九十，縣千四百八十五。

齊以蕭鸞爲郢州刺史。西昌侯鸞，齊主兄道生之子也。早孤，齊主養之，恩過諸子。

夏，五月，齊立建康都墻。自晉以來，建康外城唯設竹籬，而有六門。至是改立都墻。齊主又以建康居民舛雜多姦盗，欲立符伍以相檢括。王儉諫曰：「京師之地，四方輻湊，若必持符，則事煩而理不曠。謝安所謂不爾何以爲京師也。」乃止。

齊甬城、汝南降魏。

九月，朔，日食。

柔然遣使如齊。

魏攻朐山，齊人擊敗之。魏梁郡王嘉圍朐山，戍主玄元度嬰城固守，大破魏師。臺遣崔靈建等將萬餘人自淮入海，夜至，各舉兩炬。魏師望見，遁去。

冬，十月，齊以何戢爲吏部尚書。齊主以戢資重，欲加常侍。褚淵曰：「聖旨每以蟬冕不宜過多。臣與儉已左珥，若復加戢，則八座遂有三貂。帖以驍、游，足矣。」乃加戢驍騎將軍。

魏徐、兖州民作亂，遣兵討之。淮北四州民不樂屬魏，常思歸江南，齊主多遣間諜誘之。於是徐、兗之民所在蠭起，聚保五固，推司馬朗之爲主。魏遣尉元、薛虎子等討之。

十一月，齊制病囚診治之法。丹楊尹王僧虔上言：「郡縣獄相承有上湯殺囚，名爲救疾，實行冤暴。愚謂囚病必先刺郡，求職司與醫對診，遠縣家人省視，然後處治。」從之。

十一月，齊以楊後起爲武都王。後起，難當之孫也。

十二月，齊以褚淵爲司徒。淵入朝，以腰扇障日，征虜功曹劉祥曰：「作如此舉止，羞面見人，扇障何益！」淵曰：「寒士不遜！」祥曰：「不能殺袁、劉，安得免寒士！」祥好文學，性剛疏，撰宋書，譏斥禪代。王儉以聞，徙廣州卒。太子宴朝臣，右衛率沈文季與淵語相失，文季怒曰：「淵自謂忠臣，不知死之日何面目見宋明帝！」太子笑曰：「沈率醉矣。」

魏封王叡爲中山王。叡既進爵，置王官二十二人，皆當時名士。又拜叡妻爲妃。

辛酉（四八一）

齊建元三年，魏太和五年〔一六〕。

春，正月，魏人圍甬城，齊擊敗之。魏人侵齊淮陽，圍軍主成買於甬城。齊遣將軍李安民、周盤龍等救之。買力戰而死。盤龍子奉叔以二百人陷陳深入，魏以萬餘騎張左右翼圍之。盤龍馳馬奮矟，直突魏陳，所向披靡。奉叔已出，復入求盤龍，父子兩騎縈擾，魏數萬之衆，莫敢當者。魏師敗退。

二月，齊敗魏師于淮陽。

魏沙門法秀作亂，伏誅。法秀以妖術惑衆，謀作亂於平城，收掩擒之。加以籠頭鐵鎖，無故自解。魏人穿其頸骨，祝之曰：「若果有神，當令穿肉不入。」遂穿以徇，三日而死。所連及百餘人，皆以反法當族。王叡請誅首惡，宥其餘黨，太后從之，所免千餘人。

齊罷南蠻校尉官。晉、宋之際，荆州刺史多不領南蠻校尉，别以重人居之。豫章王嶷刺荆、湘，始領之。嶷罷，更以王奂爲之，奂辭曰：「西土戎燼之後，痍毁難復。今又割撤太府，制置偏校，不足助實，交能相弊。且資力既分，職司增廣，衆勞務倍，文案滋煩，國計非允。」遂罷之。

夏，五月，鄧至羌入貢于魏。鄧至者，羌之别種，國於宕昌之南。

魏王叡卒。叡疾病，太后屢至其家，及卒，贈謚立廟。文士作誄者百餘人，及葬，自稱姻舊，縗絰哭送者千餘人。魏主以叡子襲代爲尚書令。

秋，七月，朔，日食。

齊遣使如魏。宋昇明中，遣使者殷靈誕、苟昭先如魏，靈誕聞齊受禪，謂魏典客曰：「宋、魏通好，憂患是同。宋今滅亡，魏不相救，何用和親！」及劉昶南伐，靈誕請爲司馬，不許。魏宴羣臣，置齊使車僧朗於靈誕下，僧朗不肯就席。靈誕遂與忿詈。劉昶賂宋降人刺殺僧朗，魏人厚送其喪，并靈誕等南歸。昭先白其語，靈誕下獄死。

九月，魏徐、兗州平，以薛虎子爲徐州刺史。魏尉元、薛虎子克五固，斬司馬朗之，東南皆平。以虎子爲徐州刺史。時州鎮戍兵，資絹自隨，不入公庫。虎子表曰：「國家欲取江東，先須積穀彭城。今在鎮之兵，不減數萬，資糧之絹，人十二匹。用度無準，未及代下，不免飢寒，公私損費。今徐州良田十餘萬頃，水陸肥沃，清、汴通流，足以溉灌。若以兵絹市牛，可得萬頭，興置屯田，一歲之中，且給官食。且耕且守，不妨捍邊。一年之收，過於十倍之絹。暫時之耕，足充數載之食。於後兵資皆貯公庫，五稔之後，穀帛俱溢，非直戍卒豐飽，亦有吞敵之勢。」魏主從之。虎子爲政有惠愛，兵民懷之。會沛郡、下邳太守以贓汙爲虎子所案，告虎子與江南通，魏主曰：「虎子必不然。」推案，果虛，詔二人皆賜死。

吐谷渾王拾寅卒，子度易侯立。

魏新律成。凡八百三十二章，門、房之誅十有六，大辟二百三十五，雜刑三百七十七。

壬戌(四八二)

齊建元四年，魏太和六年。

春，三月，齊以張緒爲國子祭酒〔一七〕。置學士二百人。

齊主道成殂，太子賾立。齊主召褚淵、王儉受遺詔輔太子而殂，太子即位。高帝沈深有大量，博學能文。性清儉，主衣中有玉導，曰：「留此正長病源！」即命擊碎，仍按檢有何異物，皆隨此例。每曰：「使我治天下十年，當使黄金與土同價。」

齊以褚淵録尚書事，王儉爲尚書令，王奂爲僕射，豫章王嶷爲太尉。

魏罷虎圈。魏主臨虎圈，詔曰：「虎狼猛暴，捕之傷人，無益有損，其勿捕貢。」

夏，六月，齊主立其子長懋爲太子。

秋，齊南康公褚淵卒。淵卒，世子賁耻其父失節，服除，遂不仕，以爵讓其弟蓁，屏居墓下終身。

齊罷國子學。以國哀故也。

魏以李崇爲荆州刺史。魏以荆州巴、氐擾亂，以李崇爲刺史，發兵送之。崇辭曰：「邊人失和，本怨刺史。今奉詔代之，自然安靖。但須一詔而已，不煩發兵自防，使之懷懼也。」遂輕將數十騎馳至上洛，宣詔慰諭，民夷帖然。崇命邊戍掠得齊人者悉還之，由是齊人亦還其生口，二境交和，無復烽燧之警。徙兖州刺史。兖土舊多劫盜，崇命村置一樓，樓皆懸鼓，盜發之處亂擊之，旁村始聞者，以一擊爲節，次二，次三，俄頃之間，聲布百里，皆發人守險，由是盜無不獲。其後諸州皆效之。

冬，十一月，魏主始親祀七廟。魏主將親祀七廟，命有司具儀法，依古制備牲牢器服及樂章。自是四時常祀皆親之。

癸亥（四八三）

齊世祖武帝賾永明元年，魏太和七年。

春，齊復郡縣官田秩，遷代以小滿爲限〔一八〕。詔以邊境寧晏，治民之官，普復田秩。宋末，以治民之官六年過久，乃以三年爲斷，謂之小滿。遷換去來，又不能依三年之制。至是，乃詔自今一以小滿爲限。

夏，四月，齊殺其尚書垣崇祖、散騎常侍荀伯玉。齊主之爲太子也，自以年長，與創大業，朝事率皆專斷。所信任左右張景真，驕侈僭擬，内外莫敢言。司空諮議荀伯玉素爲太祖所親厚，密以啓聞。太祖怒，命檢校東宫。宣敕詰責，使以太子令收景真，殺之。齊主憂懼稱疾。月餘，太祖怒不解，王敬則扣頭啓曰：「官有天下日淺，太子無事被責，人情恐懼。願官往東宮解之。」因宣旨裝束，太祖不得已，至東宮，召諸王宴，盡醉乃還。伯玉由是愈見親信，而齊主深怨之。豫州刺史垣崇祖亦不親附太子，太祖臨終，指伯玉以屬齊主。至是，齊主誣崇祖招結江北荒人，欲與伯玉作亂，皆收殺之。

閏月，魏主之子恂生。魏主後宮林氏生子恂，馮太后以恂當爲太子，賜林氏死，自撫養之。

五月，齊殺其車騎將軍張敬兒。敬兒好信夢。初爲南陽守，妻尚氏夢一手熱；爲雍州，夢一胛熱；爲開府，夢半身熱。敬兒意欲無限，謂所親曰：「吾妻復夢舉體熱矣。」齊主聞而惡之。會有人告敬兒貨易蠻中，疑有異志。會齊主於華林園設齋，於坐收敬兒。敬兒脱冠貂投地曰：「此物誤我！」遂殺之。敬兒女爲征北諮議謝超宗子婦，超宗謂丹楊尹李安民曰：「『往年殺韓信，今年殺彭越。』尹欲何計！」安民具啓之。收付廷尉，賜死。

秋，七月，齊以王僧虔爲特進、光禄大夫。初，齊主以侍中王僧虔爲光禄大夫，開府儀同三司。僧虔固辭開府，謂兄子儉曰：「汝行登三事，我若受此，是一門二台司也，吾實懼焉。」累年不拜。至是許之，加特進。儉作長梁齋，制度小過，僧虔不悦，竟不入户，儉即日毁之。初，王弘與兄弟集會，任子孫戲適。僧達跳下地作虎子，僧綽正坐，采蠟燭珠爲鳳皇，僧達奪取打壞，亦復不惜。僧虔累十二博棊，既不墜落，亦不重作。弘歎曰：「僧達俊爽，當不減人，然恐終危吾家。僧綽當以名義見美，僧虔必爲長者，位至公台。」已而皆如其言。

冬，十月，熒惑逆行入太微。齊有司請禳之，齊主曰：「應天以實不以文。我克己求治，思隆惠政，災若在我，禳之何益！」

齊遣將軍劉纘如魏。纘屢至魏，馮太后遂私幸之。

十二月，朔，日食。

魏始禁同姓爲昏。

魏秦州刺史于洛侯有罪伏誅。洛侯性殘酷，刑人或斷腕拔舌，分懸四體，州民皆反。有司劾之，魏主遣使至州，宣告吏民，然後斬之。齊州刺史韓麒麟爲政尚寬，從事劉普慶説曰：「公杖節方夏，而無所誅斬，何以示威？」麒麟曰：「刑罰所以止惡，仁者不得已而用之。今民不犯法，又何誅乎？若必斷斬然後可以立威，當以卿應之！」普慶慚懼而退。

校勘記

〔一〕庾業於長塘築城　「長」原作「民」，據成化本、殿本、通鑑卷一三一宋紀十三宋明帝泰始二年春正月條改。

〔二〕合二萬人俱下　「俱」字原脱，據成化本、殿本、通鑑卷一三一宋紀十三宋明帝泰始二年二月條補。

〔三〕胡還傳唱　殿本、通鑑卷一三一宋紀十三宋明帝泰始二年七月條作「胡遣人傳唱」。

〔四〕委棄資械不可勝計　「可」字原脱，據成化本、殿本、通鑑卷一三二宋紀十四宋明帝泰始三年春正月條補。
〔五〕常珍奇復歸于宋　「復歸于」三字，成化本、殿本作「叛魏歸」。
〔六〕宋車騎大將軍王玄謨卒　成化本、殿本「宋」字上有「常珍奇犇宋」五字。
〔七〕夏　「夏」字原脱，據月崖本、成化本、殿本補。
〔八〕子推兄任城王子雲對曰　「兄」，魏書卷一九景穆十二王列傳、通鑑卷一三三宋紀十五宋明帝泰始七年八月條作「弟」。
〔九〕景文之兄子也　「兄」字原脱，據月崖本、成化本、殿本、通鑑卷一三三宋紀十五宋蒼梧王元徽元年二月條補。
〔一〇〕「聖大夫」以下至「其將杜黑」共四三四字原脱，據台灣中央圖書館館藏宋刻本、月崖本、成化本、殿本補。
〔一一〕自將大衆東下　「衆」原作「將」，據月崖本、成化本、殿本、通鑑卷一三四宋紀十六宋順帝昇明元年十二月改。
〔一二〕是歲宋亡齊代　「是歲」以下六字原脱，據月崖本、成化本、殿本補。
〔一三〕以褚淵爲司徒　「徒」原作「空」，據殿本、南齊書卷二高帝本紀下、南史卷二八褚裕之傳、通鑑卷一三五齊紀一齊高帝建元元年四月改。

〔一四〕齊以王玄邈爲梁州刺史 成化本、殿本「齊」字上有「冬十月」三字。

〔一五〕齊主使南郡王長懋誘柏年 「長」字原脱，據月崖本、成化本、殿本、南齊書卷二一蕭長懋傳、通鑑卷一三五齊紀一齊高帝建元元年冬十月補。

〔一六〕魏太和五年 「太」原作「泰」，據殿本、魏書卷七高祖紀上改。

〔一七〕春三月齊以張緒爲國子祭酒 按通鑑卷一三五齊紀一齊高帝建元四年系於春正月下。

〔一八〕遷代以小滿爲限 「遷代以」、「爲」四字原脱，據月崖本、成化本、殿本補。

資治通鑑綱目卷二十八

起甲子齊武帝永明二年、魏高祖太和八年，盡丙子齊高宗建武三年、魏高祖太和二十年，凡一十三年。

甲子(四八四)

齊永明二年，魏太和八年。

春，正月，齊以竟陵王子良爲司徒。子良，齊主之子也，少有清尚，傾意賓客，開西邸以居之〔一〕。范雲、蕭琛、任昉、王融、蕭衍、謝眺、沈約、陸倕並以文學見親，號曰八友。柳惲、王僧孺、江革、范縝、孔休源亦預焉。子良篤好釋氏，招致名僧講論，或親爲賦食行水，世頗以爲失宰相體。范縝盛稱無佛。子良曰：「君不信因果，何得有富貴貧賤？」縝曰：「人生如樹花同發，隨風而散：或拂簾幌墜茵席之上，或關籬墻落糞溷之中。墜茵席者，殿下是也；落糞溷者，下官是也。貴賤雖殊，因果何在！」子良無以難。縝又著神滅論，以爲：「形者，神之質；神者，形之用也。神之於形，猶利之於刀；未聞刀没而利存，豈容形亡而神在哉！」子良使王融謂之曰：「卿才美，何患不至中書郎。而故乖刺爲此，甚可惜也！宜急毁之〔二〕。」縝大笑曰：「使縝賣論取官，已至令、僕矣。」蕭衍好籌略，有文武才幹，王儉深器之，曰：「蕭郎出三十，貴不可言。」後子良啓以范雲爲郡，齊主曰：「聞其恒相賣弄，朕不復窮，法當宥之以遠。」子良曰：「不然。雲動相規誨，諫書具存。」遂取以奏，凡百餘紙，辭皆切直。齊主歎息，謂子良曰：「不謂雲能爾。方使弼汝，何宜出守。」文惠太子嘗出東田觀穫，顧謂衆賓曰：「刈此，亦殊可觀。」衆皆唯唯。雲獨曰：「三時之務，實爲長勤。伏願殿下知稼穡之艱難，無徇一朝之宴逸。」

夏，六月，齊以茹法亮爲中書舍人。時中書舍人四人，各住一省，謂之四户。以法亮及呂文顯等爲之，權傾朝廷，餉遺歲數百萬。法亮嘗語人曰：「何須求外禄，此一户中，年辦百萬。」蓋約言之也。後因天文有變，王儉極言文顯等專權徇私所致，齊主不能改。

秋，魏始班禄。魏舊制：户調帛二匹，絮二斤，絲一斤，穀二十斛。又入帛一匹二丈，委之州庫，以供調外之費。所調各隨土所出。至是始詔班禄，而户增調帛三匹，穀二斛九斗以給之。調外亦增二匹。禄行之後，贓滿一匹者死。舊律，枉法十匹，義贓二十匹，罪死。至是，義贓一匹，枉法無多少，皆死。秦、益刺史李洪之以外戚貴顯，首以贓敗，賜死。餘守宰死者四十餘人。受禄者無不跼蹐，賕賂殆絶。然吏民犯他罪者，魏主率寬之，疑罪奏讞多減死徙邊。都下決大辟，歲不過五六人，州鎮亦簡。久之，淮南王佗奏請依舊斷禄，太后召羣臣議之。中書監高閭以爲：「飢寒切身，慈母不能保其子。今給禄，則廉者足以無濫，貪者足以勸慕。不給，則貪者得肆其姦，廉者不能自保。」詔從閭議。

閭又表，以爲：「北狄所長者野戰，所短者攻城。若以狄之所短，奪其所長，則雖衆不能成患，雖來不能深入。又，狄散居野澤，隨逐水草，戰則與家業並至，奔則與畜牧俱逃，不齎資糧而飲食自足，是以歷代能爲邊患。六鎮勢分，倍衆不鬬，互相圍逼，難以制之。請依秦、漢故事，於六鎮之北築長城，擇要害地開門造城，置兵扞守。狄既不攻城，野掠無獲，草盡則走，終必懲艾。計六鎮東西不過千里，一夫一月之功，可城三步之地，强弱相兼，不過用十萬人，一月可就。雖有暫勞，可以永逸。凡長城有五利：罷遊防之苦，一也；北部放牧，無抄掠之患，二也；登城觀敵，以逸待勞，三也；息無時之備，四也；歲常遊運，永得不匱，五也。」魏主優詔答之。

冬，十月，齊以長沙王晃爲中書監。初，太祖臨終，以晃屬齊主，使處輦下近藩，勿令遠出。且曰：「宋氏若非骨肉相殘，他族豈得乘其弊！汝深誡之！」舊制，諸王在都，唯得置捉刀四十人。至是，晃自南徐刺史罷還，私載數百人仗。齊主聞之，大怒，將糾以法。豫章王嶷叩頭流涕曰：「晃罪誠不足宥。陛下當憶先朝。」齊主垂泣而罷，然終不被親寵。武陵王曄多才藝而疏悻，亦無寵。嘗侍宴，醉伏地，貂抄肉柈。帝笑曰：「肉汙貂。」對曰：「陛下愛毛羽而疏骨肉。」帝不悦。

高麗王璉入貢于魏，亦入貢于齊。時高麗方强，魏置諸國使邸，齊第一，高麗次之。

十一月，齊以始興王鑑爲益州刺史。益州自晉以來，皆以名將爲刺史。至是，大度獠恃險驕恣，刺史陳顯達遣使責其租賧，獠殺其使。顯達分部將吏，聲言出獵，夜襲斬之，男女無少長皆死。而刼帥韓武方亦聚黨爲暴，郡縣不能禁。乃以鑑爲刺史。鑑至上明，武方出降，長史請殺之。鑑曰：「殺之失信，無以勸善。」乃啓宥之。於是蠻夷爲寇者，皆望風降附。道路或云：「陳顯達不肯就徵。」而顯達使至，咸勸鑑執之。鑑曰：「顯達立節本朝，必自無此。」居二日，聞顯達已還家出城矣。鑑時年十四，喜文學，器服如素士，蜀人悦之。

齊增封豫章王嶷四千户。宋元嘉之世，諸王入齋閤，得白服帬帽，唯出太極四廟，乃備朝服。自後此制遂絶。齊主於嶷友愛，聽依元嘉故事。嶷固辭，唯車駕至其第，乃白服烏帽侍宴。至於器服制度，動皆陳啓，務從減省。又嘗求解揚州，以授竟陵王子良，上曰：「畢汝一世，無所多言。」嶷長七尺八寸，善修容範，出入殿省，見者肅然。太祖嘗欲以爲太子，而嶷事齊主愈謹，故友愛不衰。

乙丑（四八五）

齊永明三年，魏太和九年。

春，正月，魏禁讖緯巫卜。詔曰：「圖讖之興，出於三季。既非經國之典，徒爲妖邪所憑。今皆焚之，留者以大辟論。」又嚴禁諸巫覡及委巷卜筮非經典所載者。

齊復立國學。釋奠先師用上公禮。

三月，魏主封諸弟皆爲王。太后置學館，選師傅以教諸王。始平王勰於兄弟最賢，敏而好學，善屬文，魏主尤奇愛之。後徙封爲彭城王。

夏，五月，齊以王儉領國子祭酒。自宋世祖好文章，士大夫無專經者。儉少好禮學及春秋，言論造次，必於儒者，由是衣冠翕然，更尚儒術。儉撰次朝儀國典，晉、宋故事，無不諳憶，當朝理事，斷決如流。博議引證，無能異者。令史諮事常數十人，賓客滿席，應接無滯。十日一還學監試諸生，巾卷在庭，劍衛令史，儀容甚盛。作解散髻，斜插簪，朝野多慕效之。儉常謂人曰：「江左風流宰相，唯有謝安。」意以自比也。上深委仗之，士流選用，奏無不可。

秋，七月，魏以梁彌承爲宕昌王。初，宕昌王梁彌機死，子彌博立，爲吐谷渾所逼，奔仇池。魏仇池鎮將穆亮以彌承爲衆所附，擊走吐谷渾，立之而還。

冬，十月，魏詔均田。魏初，民多蔭附。蔭附者皆無官役，而豪强徵斂倍於公賦。給事中李安世上言：「歲飢民流，田業多爲豪右所占奪，雖桑井難復，宜更均量，使力業相稱。又，所爭之田，宜限年斷，事久難明，悉歸今主，以絶詐妄。」魏主善之，由是始議均田。十月，詔諸男夫十五以上受露田四十畝，婦人二十畝，奴婢依良丁。牛一頭，受田三十畝，限止四牛。所授之田，率倍之，三易之田，再倍之，以供耕作及還受之盈縮。人年及課則受田，老免及身没則還田。奴婢、牛隨有無以還受。初受田者，男夫給二十畝，課種桑五十株，桑田皆爲世業，身終不還。恒計見口，有盈者無受無還，不足者受種如法，盈者得賣其盈。諸宰民之官，各隨近給公田有差，更代相付，賣者坐如律。

魏以任城王澄都督梁、益、荆州軍事。柔然犯魏塞，魏任城王澄帥衆拒之，柔然遁去。氐、羌反，詔以澄爲梁州刺史。澄至州，討叛柔服，氐、羌皆平。

齊富陽民唐寓之作亂。初，太祖命虞玩之等檢定黄籍。齊主即位，别立校籍官，置令史，限日得數巧。外監吕文度啓上，籍被却者謫戍，緣淮十年，民多逃亡避罪。富陽民唐寓之因以妖術惑衆，三吴卻籍者奔之，衆至三萬。文度與茹法亮、吕文顯皆以姦諂有寵，文度專制兵權，領軍守虚位而已。法亮權勢尤盛，王儉常謂人曰：「我雖有大位，權寄豈及茹公耶！」

柔然部真可汗死，子伏名敦可汗豆崘立。

丙寅(四八六)

齊永明四年，魏太和十年。

春，正月，朔，魏主朝會，始服衮冕。

齊討唐寓之，平之。唐寓之攻陷錢唐、東陽，殺太守。齊發禁兵擊斬之，乘勝縱掠，軍還，軍主陳天福坐棄市。天福，齊主寵將也，既伏誅，内外震肅。遣使慰勞遭賊郡縣，百姓被驅逼者，悉無所問。

武都王楊後起卒，種人集始立。

魏置三長，定民户籍。魏無鄉黨之法，唯立宗主督護。民多隱冒，三五十家始爲一户。内祕書令李冲上言：「宜準古法：五家立鄰長，五鄰立里長，五里立黨長，取鄉人强謹者爲之。鄰長復一夫，里長二夫，黨長三夫，三載無過，則升一等。其民調，一夫一婦，帛一匹，粟二石。大率十匹爲公調，二匹爲調外費，三匹爲百官俸。此外復有雜調。八十，一子不從役。孤、老、貧、病不能自存者，三長内迭養食之。」詔百官議。中書令鄭義等皆以爲不可。太尉丕曰：「此法若行，公私有益。但方秋校比，民必勞怨。請至冬遣使，於事爲宜。」冲曰：「『民可使由之，不可使知之。』若不因調時，民徒知立長校户之勤，未見均徭省賦之益，心必生怨。及今行之，令得其利，則差易矣。」太后從之。民始皆愁苦，豪强者尤不願。既而課調省十餘倍，上下安之。

三月，柔然遣使如魏。三月，柔然遣使如魏。時敕勒叛柔然，柔然可汗自將討之，追至西漠。魏僕射穆亮請乘虛擊之，高閭曰：「秦、漢之世，海内一統，故可遠征。今南有吴寇，何可捨之深入虜庭乎！」魏主曰：「『兵者凶器，聖人不得已而用之。』先帝屢出征伐者，以有未賓之虜故也。今朕承太平之業，奈何無故動兵革乎！」厚禮其使者而歸之。

夏，四月，魏制五等公服。朱衣玉佩，大小組綬。

秋，九月，魏作明堂辟雍。魏改中書學爲國子學。

魏分置州郡。凡三十八州，二十五在河南，十三在河北。

丁卯（四八七）

齊永明五年，魏太和十一年。

春，正月，魏定樂章。凡非雅者除之。

齊南陽降魏。齊荒人桓天生據南陽故城，請兵於魏，以寇齊境。齊遣將軍陳顯達討之。

魏光祿大夫咸陽公高允卒。允歷事五帝，出入三省，五十餘年，未嘗有譴，馮太后及魏主甚重之。允仁恕簡靜，雖處貴重，情同寒素。執書吟覽，晝夜不去手。誨人以善，恂恂不倦，篤親念故，無所遺棄。顯祖徙青、徐望族於代，其人多允婚媾，流離饑寒，允傾家賑施，咸得其所。又隨其才行，薦之於朝。議者多以初附間之，允曰：「任賢使能，何有新舊。必若有用，豈可以此抑之。」至是卒，年九十八，贈司空，謚曰文，賻襚甚厚。魏初以來，存亡蒙賚，皆莫及也。

二月，齊敗魏師，取舞陽。桓天生引魏兵至沘陽，陳顯達遣戴僧静等與戰於深橋，大破之。天生退保沘陽，僧静圍之，不克而還。齊以顯達爲雍州刺史，進據舞陽城。

夏，五月，魏詔宗戚有服者復勿事。魏詔復七廟子孫及外戚緦麻服已上，賦役無所與。

魏大旱。秋，七月，詔有司賑貸。魏春夏大旱，代地尤甚，牛疫民死。齊州刺史韓麒麟上表曰：「京師民庶，不田者多，遊食之口，三分居二。豐稔積年，矜夸成俗。貴富之家，童妾袨服，工商之族，僕隸玉食。而農夫闕糟糠，蠶婦乏短褐。故令耕者日少，田有荒蕪，飢寒實在於斯。愚謂凡侈異之物，皆宜禁斷，吉凶之禮，備爲格式，勸課農桑，嚴加賞罰。數年之中，必有盈贍。往年校比户貫，租賦輕少。臣所統齊州，租粟纔可給俸，略無入倉，雖於民爲利而不可長久。脱有戎役，或遭天災，恐供給之方，無所取濟。可減絹布，增穀租，年豐多積，歲儉出賑。所謂私民之穀，寄積於官。官有宿積，則民無荒年矣。」於是詔有司開倉賑貸，聽民出關就食。遣使造籍，以分去留，所過給糧，所至三長贍養之。

八月，柔然侵魏，魏人擊敗之。高車阿伏至羅自立爲王。柔然伏名敦可汗殘暴，部衆離心。八月，寇魏邊，魏以尚書陸叡爲都督，擊破之。初，高車阿伏至羅有部落十餘萬，役屬柔然。伏名敦之侵魏也，阿伏至羅諫，不聽。怒與從弟窮奇帥部落西走，自立爲王。二人甚親睦，分部而立。伏名敦擊之，屢爲所敗，乃引衆東徙。

九月，魏出宫人，罷末作。魏詔罷起部無益之作，出宫人不執機杼者。又罷尚方錦繡綾羅之工，民欲造者，任之。是時，魏久無事，府藏盈積。詔盡出御府衣服珍寶、太官雜器、太僕乘具、内庫弓矢刀鋋十分之八，外府衣物、繒布、絲纊非供國用者，以其太半班賚百司，下至工商皂隸，逮于六鎮邊戍，畿內孤寡貧癃有差。後又出宫人，以賜北鎮人貧無妻者。

魏以高祐爲西兖州刺史。魏主問祕書令高祐曰：「何以止盜？」對曰：「昔宋均立德，猛虎渡河。卓茂行化，蝗不入境。況盜賊，人也，苟守宰得人，治化有方，止之易矣。」又言：「今之選舉，不採識治之優劣，專簡年勞之多少，非所以盡人才也。若停薄藝，棄朽勞，唯才是舉，則官方穆矣。又，勳舊之臣，才非撫民者，可加以爵賞，不宜委以方任。所謂王者可私人以財，不私人以官者也。」魏主善之。祐出鎮滑臺，命縣立講學，黨立小學。

戊辰（四八八）

齊永明六年，魏太和十二年。

春，正月，魏詔犯死刑而親老無他子旁親者以聞。

夏，四月，魏侵齊，據隔城，齊擊敗之。桓天生復引魏兵出據隔城，齊遣將軍曹虎督諸軍討之。將軍朱公恩將兵踰伏，遇天生遊軍，與戰，破之，遂進圍隔城。天生引魏兵來戰，虎奮擊，大破之，拔隔城，斬其太守，天生棄城走。

齊侵魏，攻沘陽，魏擊卻之。魏築城於醴陽，陳顯達攻拔之，進攻沘陽。城中將士皆欲出戰，鎮將韋珍曰：「彼初至氣鋭，未可與爭。待其力攻疲弊，然後擊之。」乃憑城拒戰，旬有二日，夜開門掩擊，顯達還。

冬，十月，齊始讀時令於太極殿。

齊詔糴買穀帛。齊主以中外穀帛至賤，用右丞李珪議，出上庫及諸州錢糴買之。

齊吳興饑。西陵戍主杜元懿言：「吳興無秋，會稽豐登，商旅往來，倍多常歲。牛埭稅，格日可增倍。乞爲領攝一年，格外可長四百許萬。」事下會稽，行事顧憲之議以爲：「始立牛埭之意，非苟逼蹴以取稅也。乃以風濤迅險，濟急利物耳。後之監領者，不達其本，各務己功，或禁遏他道，或空稅江行。況吳興薦饑，民流衆散。舊格尚減，將何以加。而元懿不仁，幸災摧利，若事不副言，懼貽譴詰，必百方侵苦，爲公賈怨。書云：『與其有聚斂之臣，寧有盜臣。』此言盜公爲損蓋微，斂民所害乃大也。愚又以便宜者，非能於民力之外，用天分地。率皆即日不宜於民，方來不便於公。名與實反，有乖政體。凡如此等，誠宜深察。」齊主納之而止。

魏主詔羣臣言事。魏主訪羣臣以安民之術。祕書丞李彪上封事，曰：「豪富之家，奢僭過度，第宅車服，宜爲等制。又，國之興亡，在冢嗣之善惡。冢嗣善惡，在教諭之得失。高宗嘗謂羣臣曰：『朕始學幼冲，情未能專。既臨萬機，不遑温習。今日思之，豈唯予咎，抑亦師傅之不勤。』尚書李訢免冠謝。此近事之可鑒者也。謂宜準古立師傅之官，以訓導太子。去歲京師不稔，移民就豐，既廢營生，又損國體。曷若豫儲倉粟，安而給之。宜析州郡常調九分之二，京師度支歲用之餘，各立官司，年豐糴粟積之於倉，儉則加私之二糶之於人。年登則常積，歲凶則直給。數年之中，穀積而人足，雖災不爲害矣。又，宜於河表七州人中，擢其門才，引令赴闕，隨能序之。以廣聖朝均新舊之義，以懷江、漢歸有道之情。又，父子兄弟，異體同氣，罪不相及，乃君上厚恩。至於憂懼相連，固自然之恒理也。無情之人，父兄繫獄，子弟無慘容。子弟逃刑，父兄無愧色。宴安自若，衣冠不變，骨肉之恩，豈當然也！臣以爲父兄有犯，宜令子弟素服肉袒，詣闕請罪。子弟有坐，宜令父兄露板引咎，乞解所司。若不許者，慰勉留之。如此，足以敦厲凡薄，使人知耻。又，朝臣遭喪，假滿赴職。衣錦乘軒，從祀陪燕。傷人子之道，虧天地之經。愚謂凡遭大父母、父母喪者，非有軍旅之警，皆宜聽其終服。若無其人，職業有曠，則優旨慰諭，起令視事。國之吉慶，無所預焉。」魏主皆從之。由是公私豐贍，雖有水旱，而民不困。

己巳(四八九)

齊永明七年，魏太和十三年。

春，正月，魏主祀南郊，始備大駕。

齊以王晏爲吏部尚書。初，齊主爲鎮西長史，主簿王晏以傾諂見親。及爲太子，晏爲中庶子。以齊主得罪於太祖，遂稱疾自疏。及即位，以爲丹楊尹，意任如舊，朝夕進見，議論政事。至是出爲江州刺史，晏不願出，復留爲吏部尚書。

夏，五月，齊中書監王儉卒。儉卒，禮官欲謚爲文獻，王晏與儉不平，啓齊主曰：「此謚宋氏以來，不加異姓。」出謂人曰：「平頭憲事已行矣。」乃謚文憲。徐湛之孫孝嗣爲御史中丞，風儀端簡。儉嘗薦以自代，至是徵爲五兵尚書。

魏汝陰王天賜、南安王楨有罪，免死奪爵。魏汝陰王天賜、南安王楨皆坐贓當死。馮太后及魏主引見王公，令曰：「卿等以爲當存親以毀令邪，當滅親以明法邪？」羣臣皆言：「二王，景穆皇帝之子，宜蒙矜恕。」太后不應。魏主詔曰：「二王所犯難恕，而太皇太后追惟高宗孔懷之恩。且楨事母孝謹，聞於中外，並特免死，奪爵禁錮。」初，魏朝聞楨貪暴，遣中散閭文祖察之，文祖受賂，爲之隱。事覺，亦抵罪。太后謂羣臣曰：「文祖前自謂廉，今竟犯法。人心信不可知。」魏主曰：「卿等自審不勝貪心者，聽辭位歸第。」中散慕容契曰：「小人之心無常，而帝王之法有常。以無常之心，奉有常之法，非所克堪，乞從退黜。」魏主曰：「契知心不可常，則知貪之可惡矣，何必求退！」遷宰官令。

秋，八月，魏遣使如齊。魏主使羣臣議：「久與齊絶，今欲通使，何如？」尚書游明根曰：「朝廷不遣使者，又築醴陽，其直在彼。今復遣使，不亦可乎。」魏主從之。

冬，十二月，齊遣使如魏。

齊以張緒領揚州中正，江斆爲都官尚書。長沙王晃屬張緒用吴興聞人邕，緒不許。晃使固請，緒正色曰：「此是身家州鄉，殿下安得見逼！」中書舍人紀僧真得幸於齊主，容表有士風，請於齊主曰：「臣出自武吏，階榮至此。無復所須，唯就陛下乞作士大夫。」齊主曰：「此由江斆、謝瀹，可自詣之。」僧真詣斆，登榻坐定，斆顧左右曰：「移吾牀遠客。」僧真喪氣而退，告齊主曰：「士大夫故非天子所命！」斆，湛之孫；瀹，朏之弟也。

庚午（四九〇）

齊永明八年，魏太和十四年。

春，正月，齊人歸魏隔城之俘。

秋，七月，齊以蕭緬爲雍州刺史。緬留心獄訟，得劫，皆赦遣，許以自新，再犯乃加誅。民畏而愛之。

齊荆州刺史巴東王子響有罪，伏誅。子響有勇力，好武事，自選帶仗左右六十人，皆有膽幹，數以牛酒犒之。私作錦袍、絳襖，欲以餉蠻，交易器仗。長史劉寅、司馬席恭穆等密以啓聞。子響怒執寅等殺之。齊主欲遣戴僧靜討之，僧靜曰：「巴東王年少，長史執之太急，忿不思難故耳。天子兒過誤殺人，有何大罪。忽遣軍西上，人情惶懼，僧靜不敢奉敕。」齊主不答而心善之。乃遣衛尉胡諧之、將軍尹略、中書舍人茹法亮帥數百人詣江陵，檢捕羣小，敕之曰：「子響若束手自歸，可全其命。」軍副張欣泰曰：「今段之行，勝既無名，負成奇耻。彼凶狡相聚，爲其用者，或利賞逼威，無由自潰。若頓軍夏口，宣示禍福，可不戰而擒也。」諧之不從。至江津，築城燕尾洲。子響白服登城，遣使相聞，曰：「天下豈有兒反！今便單舸還闕，受殺人之罪，何築城見捉邪！」尹略獨答曰：「誰將汝反父人共語！」子響灑泣，具酒饌餉臺軍，略棄之江流。子響呼茹法亮，法亮執其使。子響怒，遣兵西渡，與臺軍戰，而自與百餘人，操萬鈞弩從江隄上射之。臺軍大敗，略死，諧之逃去。齊主又遣丹楊尹蕭順之將兵繼至。子響即日乘舴艋赴建康。太子長懋素忌子響，密諭順之，使早爲之所，勿令得還。子響見順之，欲自申明，順之不許，縊殺之。久之，齊主遊華林園，見一猿透擲悲鳴，問左右，曰：「猿子前日墜崖死。」齊主思子響，因嗚咽流涕，頗責法亮，順之慚懼而卒。初，方鎮皆啓子響爲逆，兗州刺史垣榮祖曰：「此非所宜言。正應云：『劉寅等孤負恩獎，逼迫巴東，使至於此。』」齊主以爲知言。臺軍焚燒江陵，府舍皆盡。齊主以樂藹爲荆州治中。謫繕修廨舍數百區，頃之咸畢，而役不及民，荆部稱之。

九月，魏太后馮氏殂。

魏主勺飲不入口者五日，哀毁過禮。中部曹華陰楊椿諫曰：「聖人之禮，毁不滅性。縱陛下欲自賢於萬代，其若宗廟何！」帝感其言，爲之一進粥。於是王公表請時定兆域，既葬，公除。詔曰：「奉侍梓宫，猶希髣髴。山陵遷厝，所未忍聞。」十月，王公固請，乃葬永固陵。太尉丕等進曰：「臣等老朽，歷奉累朝，國家舊事，頗知所聞。願抑至情，奉行舊典。」魏主曰：「祖宗情專武略，未修文教。朕今仰稟聖訓，庶習古道，論時比事，又與先世不同。」乃問尚書游明根、高閭等曰：「聖人制卒哭之禮，授服之變，皆奪情以漸。今旬日之間，言及即吉，得無傷於理乎？」對曰：「踰月而葬，葬而即吉，此金册遺旨也。」魏主曰：「朕惟中代所以不遂三年之喪，蓋由君上違世，繼主初立，君德未流，臣義不洽，故身襲衮冕，行即位之禮。朕誠不德，在位過紀，足令億兆知有君矣。於此之日而不遂哀慕之心，使情禮俱失，豈不深可恨耶！」閭曰：「杜預論古天子無行三年之喪者，以爲漢文之制，闇與古合，是以臣等敢有請耳。」魏主曰：「金册之旨，羣公之請，所以然者，慮廢政事故爾。朕今不敢闇默不言以荒庶政，唯欲衰麻廢吉禮，朔望盡哀誠。如預之論，蓋亦誣矣。」祕書丞李彪曰：「漢明德馬后保養章帝，及后之崩，葬不淹旬，尋已從吉。然漢章不受譏，明德不損名。願陛下察之。」魏主曰：「朕所以眷戀衰經，不從所議者，實情不能忍，豈徒苟免嗤嫌而已哉！」羣臣又言：「春秋烝嘗，事難廢闕。」魏主曰：「先朝恒以有司行事，朕蒙慈訓，始親致敬。今昊天降罰，人神喪恃，想宗廟之靈，亦輟歆祀。脱行饗薦，恐乖冥旨。且平時公卿每稱四海晏安，禮樂日新，可以參美唐、虞。今乃欲苦奪朕志，使不踰於魏、晉，何耶？」李彪曰：「今雖治安，然江南未賓，漠北不臣，臣等猶懷不虞之慮耳。」魏主曰：「魯公帶經從戎，晉侯墨衰敗敵，固聖賢所許。如有不虞，雖越紼無嫌，而況衰麻乎！豈可於晏安之辰，豫念軍旅之事，以廢喪紀哉！古人亦有稱王者除衰而諒闇終喪者，若不許朕衰服，則當除衰拱默，委政冢宰。二事之中，唯公卿所擇。」明根曰：「淵默不言，則大政將曠。仰順聖心，請從衰服。」太尉丕曰：「魏家故事，尤諱之後三月，必迎神於西，禳惡於北，具行吉禮。」魏主曰：「若能以道事神，不迎自至。苟失仁義，雖迎不來。此乃平日所不當行，況居喪乎！朕在不言之地，不應如此喋喋。但公卿執奪朕情，遂成往復，追用悲絕。」遂乃號慟而入，羣臣亦哭而出。初，太后忌魏主英敏，恐不利於己，盛寒閉之，絕食三日，欲廢之，而立咸陽王禧。東陽王丕、僕射穆泰、尚書李冲固諫，乃止。魏主初無憾意，唯深德丕等。又有宦者譖魏主於太后，太后杖之數十，魏主默然受之。及太后殂，亦不復追問。

冬，十月，齊以伏登之爲交州刺史。交州刺史房法乘專好讀書，常屬疾不治事，由是長史伏登之得擅權，改易將吏。法乘聞之大怒，繫登之於獄。登之厚賂法乘妹夫崔景叔，得出，因將部曲襲執法乘，囚之，啓法乘心疾，不任視事。詔以登之爲刺史。

齊議鑄錢，不果行。初，太祖以南方錢少，更欲鑄錢。奉朝請孔顗上言：「食貨相通，理勢自然。李悝云：『糴甚貴傷民，甚賤傷農。』三吳歲被水潦而糴不貴，是錢少，非穀賤，此不可不察也。鑄錢之弊，在輕重屢變。重錢患難用，而難用爲累輕。輕錢弊盜鑄，而盜鑄爲禍深。民所以爲盜鑄，嚴法不能禁者，由上惜銅愛工。謂錢爲無用之器，務欲數多而易成，不詳慮其爲患也。夫民之趨利，如水走下。

今開其利端，從以重刑，是導其爲非而陷之於死也。漢鑄輕錢，巧僞者多。及鑄五銖，民計其費不能相償，私鑄益少。此不惜銅不愛工之效也。宋文帝鑄四銖，至景和，錢益輕，雖有周郭，而鎔冶不精，於是盜鑄紛紜而起，不可復禁。此惜銅愛工之驗也。凡鑄錢，與其不衷，寧重無輕。自漢至宋五百餘年，制度世有興廢，而不變五銖者，明其輕重可法，得貨之宜故也。自鑄四銖，又不禁民翦鑿，爲禍既博，鍾弊于今，豈不悲哉！自晉氏不鑄錢，後經寇戎水火，所失歲多，士農工商，皆喪其業。愚以爲宜如舊制，大興鎔鑄，錢重五銖，一依漢法。嚴斷翦鑿，輕小破缺無周郭者，悉不得行。官錢小者，銷以爲大，利貧良之民，塞姦巧之路。錢貨既均，百姓樂業，市道無爭，衣食滋殖矣。」太祖然之，使州郡大市銅炭。會晏駕，事寢。是歲，益州行事劉悛言：「嚴道銅山舊鑄錢處，可以經略。」齊主從之。頃之，以功費多而止。

齊免前坐卻籍戍邊者。齊自校籍謫戍，百姓怨望。至是，乃詔：「自宋昇明以前，皆聽復注。其謫役者，各許還本。此後有犯，嚴加翦治。」

高車遣使如魏。

辛未（四九一）

齊永明九年，魏太和十五年。

春，正月，魏主始聽政。

齊太廟加薦褻味，別祀于清溪故宅。詔太廟四時之祭：薦宣皇帝，起麵餅、鴨臛；孝皇后，筍、鴨卵；高皇帝，肉膾、葅羹；昭皇后，茗、粣、炙魚，皆所嗜也。齊主夢太祖謂己：「宋氏諸帝常在太廟從我求食，可別爲吾致祠。」乃命豫章王妃庾氏四時祠於清溪故宅，用家人禮。

司馬公曰：昔屈到嗜芰，屈建以爲不可以私欲干國之典，而況天子而以庶人之禮祭其父乎！衛成公欲祀相，寧武子猶非之。而況降祀祖考於私室，使庶婦尸之乎！

二月，齊遣使如魏。散騎常侍裴昭明、侍郎謝竣如魏弔，欲以朝服行事，主客曰：「弔有常禮，以朱衣入凶庭可乎？」昭明等曰：「受命本朝，不敢輒易。」往返數四，魏主命著作郎成淹與之言。昭明曰：「魏朝不聽使者朝服，出何典禮？」淹曰：「羔裘玄冠不以弔，此童稚所知也。」昭明曰：「齊高皇帝之喪，魏遣李彪來弔，初不素服，齊朝亦不以爲疑。何今日而見逼邪！」淹曰：「齊不能行亮陰之禮，踰月即吉。彪不得主人之命，固不敢以素服往厠其間。今皇帝仁孝，居廬食粥，豈得以此方彼乎！」昭明曰：「三王不同禮，孰能知其得失！」淹曰：「然則虞舜、高宗非邪？」昭明、竣相顧而笑曰：「非孝者無親，何可當也！」乃對曰：「弔服唯主人裁之！然違本朝之命，返必獲罪矣。」淹曰：「使彼有君子，卿將命得宜，且有厚賞。若無君子，卿出而光國，得罪何傷！自當有良史書之。」乃以衣、幍給之。魏主嘉淹之敏，遷侍郎，賜絹百疋。

三月，魏主謁永固陵。魏主謁陵踰月，設薦於太和廟，始進蔬食，追感哀哭，終日不飯。

魏自正月不雨，至于夏四月。自正月不雨，至于是月，有司請祈百神，帝曰：「成湯遭旱，以至誠致雨，固不在曲禱山川。今普天喪恃，幽顯同哀，何宜遽行祀事！唯當責躬以待天譴。」

魏遣使如齊。魏遣員外散騎常侍李彪等聘于齊，齊爲置燕設樂。彪辭曰：「主上孝思罔極，興墜正失。朝臣雖除衰絰，猶以素服從事，是以使臣不敢承奏樂之賜。」從之。彪凡六奉使，齊主甚重之。將還，親送至琅邪城，命羣臣賦詩以寵之。

魏作明堂太廟。

五月，魏主更定律令，親決疑獄。魏主更定律令於東明觀，親決疑獄。命李沖議定輕重，潤色辭旨，然後書之。沖忠勤明斷，加以慎密，爲魏主所委，情義無間。舊臣貴戚，莫不心服，中外推之。

秋，七月，魏定廟祧之制。詔曰：「烈祖有創業之功，世祖有開拓之德，宜爲祖宗，百世不遷。平文之功少於昭成，而廟號太祖，道武之功高於平文，而廟號烈祖，於義未允。今尊烈祖爲太祖，以世祖、顯祖爲二祧，餘皆以次而遷。」

八月，魏正祀典。先是，魏常以正月吉日於朝廷設幕，中置柏樹，設五帝座而祠之。又有探策之祭。魏主皆以爲非禮，罷之。移道壇於桑乾之陰，改曰崇虛寺。詔曰：「國家饗祀諸神，凡一千二百餘處。今欲減省，務從簡約。朝日夕月，皆欲以二分之日於東、西郊行禮。然月有餘閏，行無常準。若一依分日，或值月於東而行禮於西，序情即理，不可施行。昔祕書監薛謂等以爲朝日以朔，夕月以朏。卿等以爲如何？」游明根等請如謂說，從之。魏舊制，宗廟四時之祭，皆用中節。至是，詔用孟月擇日而祭。舊制，每歲祀天於西郊，魏主與公卿從二千餘騎，戎服遶壇，謂之蹋壇。明日，戎服登壇，祀畢，又遶壇，謂之遶天。至是亦罷之。

九月，魏主祥祭于廟。冬，十月，謁永固陵。十一月，禫祭，遂祀圓丘、明堂，饗羣臣，遷神主于新廟。有司上言，求卜祥日。詔曰：「筮日求吉，既乖敬事之志，又違永慕之心。今直用晦日。」前一日，夜宿于廟，帥羣臣哭已，易服縞冠、革帶、黑屨，侍臣易服黑介幘、白絹單衣、革帶、烏履，遂哭盡乙夜。明日，易祭服，縞冠素紕，白布深衣縄履，侍臣去幘易帽。既祭，出廟，立哭久之乃還。十月，謁永固陵，毁瘠猶甚。司空穆亮諫曰：「王者爲天地所子，爲萬民父母。未有子過哀而父母不戚，父母憂而子獨悦豫者也。今和氣不應，風旱爲災，願陛下襲輕服，御常膳，庶使天人交慶。」詔曰：「孝悌之至，無所不通。今飄風旱氣，皆誠慕未濃，幽顯無感也。所言過哀之咎，諒爲未衷。」十一月，禫祭，始服衮冕。易黑介幘，素紗深衣，拜陵而還。冬至，祀圜丘，遂祀明堂，臨太華殿，服通天冠，絳紗袍，以饗羣臣。樂縣而不作。服衮冕，辭太和廟，帥百官奉神主遷于新廟。

魏正官品，考牧守。

十二月，高麗王璉卒。

璉壽百餘歲，魏主爲之制素委貌，布深衣，舉哀於東郊，策謚曰康。孫雲嗣立。

魏主始迎春于東郊。

魏置樂官。初，魏世祖克統萬及姑臧，獲雅樂器服工人，其後樂工浸盡，音制多亡。至是，始命有司訪民間曉音律者，議定雅樂，當時無能知者。然金石羽旄之飾，稍壯麗於往時矣。乃詔置樂官，命中書監高閭參定。

齊律書成。初，晉張斐、杜預共注律三十卷，自泰始以來用之，律文簡約，或一章之中，兩家所處，生殺頓異，臨時斟酌，吏得爲姦。齊主留心法令，詔獄官詳正舊注。刪定郎王植集定奏之，詔公卿參議。竟陵王子良總其事。衆不能壹者，制旨平決。是歲書成，廷尉孔稚珪以爲：「律文雖定，苟用失其平，則冤魂猶結。古之名流，多有法學，今之士子，莫肯爲業。縱有習者，世議所輕，將恐此書永淪走吏之手矣。今若置律助教，國子有欲讀者，策試擢用，庶幾士流勸慕。」詔從之，事竟不行。

魏以咸陽王禧爲司州牧。魏冀州刺史咸陽王禧入朝，州民三千人詣闕，言禧有惠政，請世胙冀州。詔曰：「利建雖古，未必今宜。經野由君，理非下請。」乃以禧爲司州牧。

魏以宦者苻承祖爲悖義將軍，封佞濁子。初，魏太后寵任宦者苻承祖，官至侍中，賜以不死之詔。太后殂，承祖坐贓應死，魏主原之，削職禁錮，除悖義將軍，封佞濁子，月餘卒。承祖方用事，親姻爭趣附以求利。其從母楊氏爲姚氏婦，獨否，常謂承祖之母曰：「姊雖有一時之榮，不若妹有無憂之樂。」與之衣服，多不受；强與之，則曰：「我夫家世貧，美衣服使人不安。」不得已，或受而埋之。與之奴婢，則曰：「我家無食，不能飼也。」常著弊衣，自執勞苦。承祖遣車迎之，不肯起。强使人抱置車上，則大哭曰：「爾欲殺我！」由是苻氏内外號爲「癡姨」。及承祖敗，有司執其二姨至殿庭，其一姨伏法，魏主見姚氏姨貧弊，特赦之。

魏封李延祖四人爲侯。李惠之誅也，思皇后之昆弟皆死，惠從弟鳳亦坐他事死。子安祖等四人逃匿，遇赦乃出。既而魏主訪舅氏存者，得安祖等，皆封侯，加將軍。既而謂曰：「王者設官以待賢才，由外戚而舉者，季世之法也。卿等既無異能，且可還家。自今外戚無能者視此。」時人皆以爲魏主待馮氏太厚，待李氏太薄。高閭嘗以爲言，不聽。

壬申（四九二）

齊永明十年，魏太和十六年。

春，魏主始祀明堂。魏主宗祀顯祖於明堂，以配上帝，遂登靈臺以觀雲物，降居青陽左个，布政事。自是每朔行之。

魏定行次爲水德。魏主命羣臣議行次。高閭議，以爲：「帝王莫不以中原爲正統，不以長短爲與奪[三]、善惡爲是非。晉承魏爲金，趙承晉爲水，燕承趙爲木，秦承燕爲火。秦之既亡，魏乃稱制。且魏得姓，出於軒轅，臣愚以爲宜爲土德。」李彪等以爲：「神元與晉武往來通好，至于桓、穆，志輔晉室，是則司馬祚終而拓跋受命。昔秦并天下，漢猶比之共工，卒繼周爲火德。況劉、石、苻氏，地褊世促，豈可捨晉而爲土邪？」穆亮等皆附其議。乃詔爲水德，祖申、臘辰。

魏罷租課。

魏詔疏屬異姓王公遞降一等。魏宗室及功臣子孫封王者衆，詔：「自非烈祖之胄，餘王皆降爲公，公降爲侯，而品如舊。」唯上黨王長孫觀以其祖有大功，特不降。丹楊王劉昶封齊郡公，號宋王。

魏主初朝日于東郊。自是朝日、夕月皆親之。

魏修堯、舜、禹及周公、孔子之祀。祀堯於平陽，舜於廣寧，禹於安邑，周公於洛陽，皆令牧守執事。其宣尼之廟，祀於中書省，改謚曰文聖尼父，親行拜祭。

夏，四月，魏班新律。

齊豫章王嶷卒。嶷性仁謹廉儉，不事財賄。齋庫失火，燒荆州還資，評直三千餘萬，杖主局數十而已。疾篤，遺令諸子曰：「才有優劣，位有通塞，運有貧富，此自然之理，無足以相陵侮也。」及卒，第庫無見錢，敕月給錢百萬。謚曰文獻。

齊以竟陵王子良爲揚州刺史。

秋，七月，吐谷渾遣子入朝于魏。初，魏主召吐谷渾王伏連籌入朝，不至，而修洮陽、泥和二戍，置兵焉。魏遣兵伐之，拔二戍。及馮后之喪，使人告哀，伏連籌拜命又不恭，羣臣請討之，魏主不許。又請還其貢物，魏主曰：「貢物乃人臣之禮，今而不受，是棄絶之。彼雖欲自新，其路無由矣。」因命歸洮陽、泥和之俘。於是吐谷渾遣其世子賀虜頭入朝于魏。

魏遣使如齊。魏散騎常侍宋弁聘于齊，及還，魏主問：「江南何如？」弁曰：「蕭氏父子無大功於天下，既以逆取，不能順守。政令苛碎，賦役繁重。朝無股肱之臣，野有愁怨之民。其得没身幸矣，非貽厥孫謀之道也。」

八月，魏敗柔然于大磧。

柔然弑其可汗伏名敦。

魏主養老于明堂。魏司徒尉元、大鴻臚卿游明根累表請老，魏主引見，賜元玄冠素衣，明根委貌青紗單衣而遣之。至是親養老於明堂，以元爲三老，明根爲五更。帝再拜三老，親袒割牲，執爵而饋，肅拜五更，且乞言焉。元、明根勸以孝友化民。又養國老、庶老於階下。禄三老以上公，五更以元卿。

九月，魏主謁永固陵。魏主以太后再期，哭於永固陵左，終日不輟聲，凡二日不食。

冬，齊遣使如魏。魏主甚重齊人，親與談論，顧謂羣臣曰：「江南多好臣。」侍臣李元凱對曰：「江南多好臣，歲一易主。江北無好臣，百年一易主。」魏主甚慚。

齊詔太子家令沈約撰宋書。約撰宋書，疑立袁粲傳。齊主曰：「袁粲自是宋室忠臣。」約又多載宋世祖、太宗諸鄙瀆事。齊主曰：「孝武事迹不容頓爾。我昔經事明帝，卿可思諱惡之義。」於是多所刪除。

魏南陽公鄭羲卒。羲嘗爲西兗州刺史，在州貪鄙。及卒，尚書奏謚曰宣。詔以羲雖有文業，而治闕廉清，可謚文靈。

癸酉(四九三)

齊永明十一年，魏太和十七年。

春，正月，齊以陳顯達爲江州刺史，崔慧景爲豫州刺史。顯達自以門寒位重，每遷官，常有愧懼之色，戒其子勿以富貴陵人。而諸子多事豪侈，顯達曰：「麈尾蠅拂，是王、謝家物，汝不須捉此。」取而燒之。

初，齊主造露車三千乘，欲步道取彭城，魏人知之。而劉昶亦數泣訴於魏主，乞處邊戍，招集遺民，以雪私耻。魏主乃於淮、泗間大積馬芻，齊主聞之，以慧景爲豫州刺史。

齊太子長懋卒。齊主晚年好遊宴，尚書曹事分送太子省之，由是威加内外。太子性奢靡，治堂殿園囿過於上宫，而莫敢以聞者。及卒，齊主乃見其服玩，大怒，敕皆毁除。太子素惡西昌侯鸞，嘗曰：「我殊不喜此人，不解其故，當由其福薄故也。」及鸞得政，太子子孫無遺焉。

二月，魏主始耕藉田。

齊雍州刺史王奂有罪，伏誅。奂惡寧蠻長史劉興祖，誣其構扇山蠻，殺之。齊主大怒，遣中書舍人吕文顯、曹道剛收奂，敕鎮西司馬曹虎會之。奂子彪素凶險，奂不能制。輒發州兵，閉門拒守。奂門生鄭羽叩頭啓奂，乞迎臺使。奂曰：「我不作賊，欲先遣啓自申。正恐曹、吕輩小人相陵藉，故且閉門自守耳。」彪遂出，與虎戰，兵敗走歸。司馬黄瑶起、寧蠻長史裴叔業起兵攻奂，斬之。執彪及弟爽、弼并誅之。彪弟肅獨得脱，奔魏。

夏，四月，齊主立其孫昭業爲太孫。東宫文武悉改爲太孫官屬。

五月，魏主親録囚徒。魏主謂司空穆亮曰：「自今朝廷政事，日中以前，卿等自先論議；日中以後，朕與卿等共決之。」

秋，七月，魏主立其子恂爲太子。

魏詔大舉伐齊。魏主以平城地寒，六月雨雪，風沙常起，將遷都洛陽。恐羣臣不從，乃議大舉伐齊，欲以脅衆。命太常卿王諶筮之，遇革，魏主曰：「『湯、武革命，順乎天而應乎人。』吉孰大焉！」任城王澄曰：「陛下弈葉重光，帝有中土。今出師而得革命之象，未爲全吉也。」魏主厲聲曰：「社稷我之社稷，任城欲沮衆邪！」澄曰：「社稷雖爲陛下之有，臣爲社稷之臣，安可知危而不言耶！」魏主還宫，召澄，屏人謂曰：「平城用武之地，非可文治。移風易俗，其道誠難。朕欲因此遷宅中原，卿以爲何如？」澄曰：「陛下欲卜宅中土以經略四海，此周、漢之所以興隆也。」魏主曰：「北人習常戀故，必將驚擾，奈何？」澄曰：「非常之事，故非常人之所及。陛下斷自聖心，彼亦何所能爲！」魏主曰：「任城，吾之子房也。」於是戒嚴。齊主聞之，亦發揚、徐民丁，廣設召募以備之。

齊主賾殂，太孫昭業立。以竟陵王子良爲太傅，蕭鸞爲尚書令。中書郎王融自恃人地，三十内望爲公輔。嘗夜直省中，撫案歎曰：「爲爾寂寂，鄧禹笑人。」行逢朱雀桁開，喧湫不得進，搥車壁歎曰：「車前無八騶，何得稱丈夫！」竟陵王子良愛其文學，特親厚之。融見齊主有北伐之志，數上書奬勸，因大習騎射。及聞有魏師，子良於東府募兵，版融寧朔將軍，使典其事。融傾意招納，得江西傖楚數百人。會齊主不豫，詔子良甲仗入侍，太孫間日參承。齊主疾亟，暫絶，太孫未入。融欲矯詔立子良，詔草已立。會及太孫來，融戎服絳衫，口斷其仗不得進。頃之，齊主復蘇，問太孫所在，召入，以朝事委僕射西昌侯鸞而殂。融以子良兵禁諸門。鸞聞之，馳至雲龍門，不得進，鸞曰：「有敕召我。」排之而入，奉太孫登殿，命左右扶出子良。融知不遂，釋服還省，歎曰：「公誤我矣！」世祖留心政事，務總大體，嚴明有斷，郡縣久於其職，長吏犯法，封刃行誅。故永明之世，百姓豐樂，賊盜屏息。然頗好遊宴，華靡之事，常言恨之，未能頓遣。鸞性儉素，居官名嚴能，世祖重之。遺詔子良輔政，鸞知尚書事。子良素仁厚，不樂世務，乃更推鸞。齊主昭業少養於子良妃袁氏，慈愛甚著。及王融有謀，遂深忌之，以子良居中書省，使郎將潘敞領仗屯太極西階以防之。既成服，諸王皆出，子良乞停至山陵，不許。稱遺詔，以鸞爲尚書令，子良爲太傅。蠲逋調，省御府池田邸治，減關市征稅。先是，蠲原之詔，多無事實，督責如故。及是恩信兩行，衆皆悦之。

魏山陽公尉元卒。謚曰景桓。

魏主發平城。魏主發平城南伐，步騎三十餘萬，使太尉丕與廣陵王羽留守。羽曰：「太尉宜專節度，臣正可爲副。」魏主曰：「老者之智，少者之決，汝無辭也。」

齊中書郎王融有罪，伏誅。齊主昭業性辯慧，美容止，而矯情飾詐，陰懷鄙慝，與左右羣小共衣食，同卧起。始從竟陵王子良在西州，文惠太子每禁節之，昭業密就富人求錢。夜開後閤，淫宴諸營署。師史仁祖、侍書胡天翼相謂曰：「若言之二宫，則其事未易。若爲異人所毆，及犬物所傷，豈直罪止一身，亦當盡室及禍。」相繼自殺，二宫不知也。所愛左右，皆逆加官爵，疏於黄紙，使囊盛帶之，許南面之日，依此施行。侍疾居喪，憂容號毁，裁還私室，即歡笑酣飲。常令女巫禱祀，速求天位。世祖有疾，與何妃書，作一大喜字，而三十六小喜字繞之。世祖不知，以爲必能負荷大業，臨終，執其手曰：「若憶翁，當好作！」遂殂。大斂始畢，悉呼世祖諸伎，備奏衆樂。即位十餘日，即收王融下廷尉。融求援子良，子良憂懼，不敢救，遂賜死，時年二十七。初，融欲與東海徐勉相識，勉謂人曰：「王君名高望促，難可輕襲衣裾。」太學生魏準爲融所賞，常勸融立子良，太學生虞義、丘國賓竊相謂曰：「竟陵才弱，王中書無斷，敗在眼中矣。」及融誅，召準詰問，惶懼而死，舉體皆青，時人以爲膽破，而勉由是知名。

九月，齊主追尊其父爲文帝。廟號世宗。

魏主至洛陽，罷兵。魏主至肆州，見道路民有跛眇者，停駕慰勞，給衣食終身。大司馬安定王休執軍士爲盜者，將斬之。魏主遇，欲赦之。休曰：「陛下親御六師，將遠清江表，今始行至此，而小人已爲攘盜，不斬之，何以禁姦！」帝曰：「誠如卿言。然王者時有非常之澤，可特赦之。」既而謂司徒馮誕曰：「大司馬執法嚴，諸君不可不慎。」於是軍中肅然。

司馬公曰：人主之於其國，譬猶一身，視遠如視邇，在境如在庭。舉賢才以任百官，修政事以利百姓，則封域之内，無不得其所矣。是以先王黈纊塞耳，前旒蔽明，欲其廢耳目之近用，推聰明於四遠也。彼廢疾者宜養，當命有司均之境内。今獨施於所遇，則所遺者多矣。況赦罪人以橈有司之法，尤非人君之體也。惜哉！孝文，魏之賢君，而猶有是乎！

至并州，刺史王襲治有聲迹，魏主嘉之。襲教民多立銘道側，虚稱其美，魏主怒，降襲號二等。九月，至洛陽。詣故太學觀石經。霖雨不止，詔諸軍前發。魏主戎服，執鞭乘馬而出。羣臣稽顙於馬前，魏主曰：「今者之舉，天下所不願，臣不知陛下獨行何之？臣等敢以死請！」魏主大怒曰：「吾方經營天下，期於混壹，而卿等屢疑大計，斧鉞有常，卿勿復言！」策馬將出，於是安定王休等並殷勤泣諫。魏主乃諭羣臣曰：「今者興發不小，動而無成，何以示後！苟不南伐，當遷都於此，王公以爲何如？欲遷者左，不欲者右。」安定王休等相帥如右，南安王楨進曰：「成大功者，不謀於衆。今陛下苟輟南伐之謀，遷都洛邑，此臣等之願，蒼生之幸也。」羣臣皆呼萬歲。時舊人雖不願内徙，而憚於南伐，無敢言者，遂定遷都之計。李沖曰：「願陛下暫還代都，俟經營畢功，然後臨之。」魏主曰：「朕將巡省州郡，至鄴小停，春首即還，未宜歸北。」乃遣任城王澄還平城，諭留司百官曰：「此真所謂革矣，王其勉之。」又使將軍于烈還鎮平城。

魏關中亂，討平之。北地民支酉聚衆數千，起兵於長安北，遣使告齊梁州刺史陰智伯。智伯遣兵數千應之。秦、雍七州民皆響震，衆至十萬，各守堡壁，以待齊救。魏河南王幹及穆亮與戰，皆不利。酉等進向長安，盧淵、薛胤等拒擊，大破之，降者數萬。淵唯誅首惡，餘悉不問，獲酋斬之。

冬，十月，魏營洛都。魏主徵穆亮，使與尚書李沖、將作大匠董爾經營洛都。設壇於滑臺城東，以告行廟。任城王澄至平城，衆始聞遷都，莫不驚駭。澄援引古今，徐以曉之，衆乃開伏。澄還報，魏主喜曰：「向非任城，事不成矣！」

魏以王肅爲輔國將軍。王肅見魏主於鄴，陳伐齊之策。魏主與之言，不覺促席移晷。自是器遇日隆，人莫能間。或屏左右，語至夜分，自謂相得之晚。時魏主方議興禮樂，變華風，凡威儀文物，多肅所定。

齊益州刺史劉悛坐贓禁錮。初，悛罷廣、司二州，傾貲以獻世祖，家無留儲。在益州，作金浴盆，餘物稱是。及齊主即位，以悛所獻減少，怒，欲殺之。西昌侯鸞救之，得免，猶禁錮終身。

甲戌（四九四）

齊主昭業隆昌元，昭文延興元，高宗明帝蕭鸞建武元年；魏太和十八年。

春，正月，齊以隨王子隆爲撫軍將軍。西昌侯鸞將謀廢立，引蕭衍與同謀。荆州刺史、隨王子隆性温和，有文才，鸞欲徵之，恐其不從。衍曰：「隨王雖有美名，其實庸劣。既無智謀之士，爪牙唯仗司馬垣歷生、武陵太守卞白龍耳。二人唯利是從，若啗以顯職，無有不來。隨王止須折簡耳。」鸞從之。徵二人，並至，續召子隆爲撫軍將軍。豫州刺史崔慧景，高、武舊將，鸞疑之，以衍爲寧朔將軍，戍壽陽。慧景懼，白服出迎，衍撫安之。

魏主南巡，祭比干墓。魏主過比干墓，祭以太牢，自爲文曰：「嗚呼介士，胡不我臣！」

齊蕭鸞殺直閤將軍周奉叔。齊主昭業寵幸中書舍人綦母珍之、朱隆之，直閤將軍曹道剛、周奉叔，宦者徐龍駒等。有司相語云：「寧拒至尊敕，不可違舍人命。」龍駒常居含章殿，南面畫敕，左右侍直，與齊主不異。齊主自山陵之後，即與左右微服遊走市里，擲塗賭跳，作諸鄙戲。世祖聚錢及金帛不可勝計，未期歲，用垂盡。西昌侯鸞數諫，不從，心忌鸞，欲除之。以衛尉蕭諶、征南諮議蕭坦之，皆祖父舊人，甚親信之。何后亦淫泆，與左右楊珉通，齊主恣之。齋閤夜開，無復分別。鸞遣坦之入奏誅珉，何后流涕救之，坦之固請，齊主不得已而許之。鸞又啓誅徐龍駒，齊主亦不能違，而心忌鸞益甚。諶、坦之見齊主狂縱日甚，恐禍及己，乃更勸鸞廢立，陰爲耳目，齊主不之覺也。周奉叔恃勇挾勢，陵轢公卿。鸞忌之，使二人説齊主出奉叔爲外援，以爲青州刺史，將之鎮，稱敕召入，毆殺之。齊主爲南郡王時，杜文謙爲侍讀。至是，嘗説綦母珍之曰：「天下事可知，不早爲計，吾徒無類矣！」珍之曰：「計將安出？」文謙曰：「先帝舊人，多見擯斥，召而使之，誰不慷慨！若密報奉叔，使殺蕭諶，則宮內之兵，皆爲我用。勒兵入尚書，斬蕭令，兩都伯力耳。」珍之不能用。及鸞殺奉叔，并收殺之。

魏以韓顯宗爲中書侍郎。

顯宗上書曰：「竊聞輿駕今夏不巡三齊，當幸中山。蠶麥方急，何以堪命！願早還北京，以省諸州供張之苦。洛陽宮殿故基，皆魏明帝所造，前世已譏其奢，宜加裁損。北都富室，競以第舍相尚。宜因遷徙，爲之制度。端廣衢路，通利溝渠。陛下還洛陽，輕將從騎。王者於闈闥之內，猶施警蹕，況涉履山河而不加三思乎！至於景昃而食，夜分而寢，又非所以嗇神養性，保無疆之祚也。伏願陛下垂拱司契，而天下治矣。」魏主頗納之。顯宗，麒麟之子也。顯宗又言：「州郡貢察，徒有秀、孝之名，而無其實。朝廷但檢其門望，不復彈坐。如此，則可令別貢門望，何假冒秀、孝之名哉！夫門望者，乃其父祖之遺烈，何益於時。益於時者，賢才而已。苟有其才，雖屠釣奴虜，聖主不恥以爲臣。苟非其才，雖三后之胤，墜於皁隸矣。議者或云：『世無奇才，不若取以門望。』此亦失矣。豈可以世無周、邵，遂廢宰相邪！但當校其寸長銖重者先叙之，則賢才無遺矣。又，刑罰之要，在於明當，不在於重。今內外之官，欲邀當時之名，爭以深酷爲無私，迭相敦厲，遂成風俗。陛下居九重之內，視人如赤子。百司分萬務之任，遇下如仇讎。是則堯、舜止一人，而桀、紂以千百。和氣不至，蓋由於此。又，昔周居洛邑，猶存宗周。漢遷東都，京兆置尹。春秋之義，邑有宗廟曰都。況代京，陵廟所託，王業所基，而可同之郡國乎！謂宜建畿置尹，一如故事。古者四民異居，欲其業專志定也。太祖創基，日不暇給，然猶分別士庶，不令雜居，工伎屠沽，各有攸處。但不設科禁，久而混殽。今聞洛邑居民之制，專以官位相從，不分族類。夫官位無常，朝榮夕悴，則是衣冠皂隸不日同處矣。借使一里之内，或習歌舞，或講詩、書，縱羣兒隨其所之，則必不棄歌舞而從詩、書矣。故使工伎之家，習士人風禮，百年難成。士人之子效工伎容態，一朝而就。此乃風俗之原，不可不察。況今遷徙之初，皆是公地，分别工伎，在於一言，有何可疑而闕盛美！又，南人昔有淮北，僑置郡縣。仍而不改，名實難辨。宜皆釐革，小者并合，大者分置。君人者以天下爲家，不可有所私。比來頒賚，動以千計。若分以賜鰥寡孤獨，所濟實多。今直以與親近之臣，殆非周急不繼富之謂也。」魏主善之。

三月，魏主還平城。魏主至平城，使羣臣更論遷都利害。燕州刺史穆羆曰：「今四方未定，未宜遷都。且征伐無馬，將何以克？」魏主曰：「廐牧在代，何患無馬！」尚書于果曰：「先帝以來，久居於此，一旦南遷，衆情不樂。」平陽公丕曰：「遷都大事，當訊之卜筮。」魏主曰：「昔周、召聖賢，乃能卜宅。今無其人，卜之何益！且『卜以決疑，不疑何卜！』黄帝卜而龜焦，天老曰：『吉。』黄帝從之。然則至人之知未然，審於龜矣。王者以四海爲家，或南或北，何常之有！朕之遠祖，世居北荒。平文始都東木根山，昭成更營盛樂，道武遷于平城。朕幸屬勝殘之運，何爲獨不得遷乎！」羣臣乃不敢言。

夏，四月，魏罷西郊祭天。

齊竟陵王子良卒〔四〕。

司馬公曰：王融乘危徼幸，謀易嗣君。故以子良之賢王，素守忠慎，而不免憂死。其所以然，由融速求富貴而已。輕躁之士，烏可近哉！

五月，朔，日食。

魏遣使如齊。魏遣散騎常侍王清石聘于齊。清石世仕江南，魏主謂曰：「卿勿以南人自嫌。彼有知識，欲見則見，欲言則言。凡使人以和爲貴，勿迭相矜夸，見於辭色，失將命之體也。」

魏以宋王劉昶都督吳、越、楚諸軍事，鎮彭城。魏以宋王劉昶爲大將軍，鎮彭城。以王肅爲府長史。昶不能撫接義故，卒無成功。

魏安定王休卒。自卒至殯，魏主三臨其第，葬日送之出郊，慟哭而返。

齊蕭鸞弑其君昭業，而立新安王昭文，自爲驃騎大將軍、録尚書事、宣城公。中書令何胤，以后之從叔，爲齊主昭業所親，與謀誅鸞，胤不敢當，乃謀出鸞於西州。時蕭諶、蕭坦之握兵權，僕射王晏總尚書事。鸞以廢立之謀告晏及丹楊尹徐孝嗣，皆從之。驃騎録事樂豫謂孝嗣曰：「外傳籍籍，似有伊、周之事。君蒙武帝殊常之恩，荷託附之重，恐不得同人此舉。人笑褚公，至今齒冷。」孝嗣不能從。直閤將軍曹道剛疑外間有異，密有處分，謀未能發。鸞慮事變，以告坦之，坦之馳謂諶曰：「廢天子，古來大事。聞道剛等轉已猜疑，衛尉明日若不就事，無所復及。弟有百歲母，豈能坐聽禍敗，正應作餘計耳！」諶惶遽從之。鸞使諶先入，遇道剛及朱隆之，皆殺之。鸞引兵入雲龍門，齊主聞變，猶爲手敕呼蕭諶。俄而諶引兵入閤，齊主拔劍自刺，不入，輿接而出，行至西弄，弑之。輿屍出殯徐龍駒宅，葬以王禮。諸嬖幸皆伏誅。以太后令，追廢昭業爲鬱林王，迎立新安王昭文。吏部尚書謝瀹方與客棋，聞變，竟局還卧，竟不問外事。大匠虞悰竊歎曰：「王、徐遂縛袴廢天子，天下豈有此理邪！」朝臣被召入宮。國子祭酒江斅至雲龍門，託藥發，吐車中而去。鸞欲引中散大夫孫謙爲腹心，使兼衛尉，給甲仗百人。謙不欲與之同，輒散甲士，鸞亦不之罪也。新安王即位，年十五。以西昌侯鸞爲驃騎大將軍、録尚書事、揚州刺史、宣城郡公。

齊以始安王遥光爲南郡太守。遥光，鸞兄子也。鸞有異志，遥光贊成之。鸞欲樹置親黨，故用爲南郡守而不之官。

九月，魏主考績黜陟百官。初，魏主詔：「三載考績，即行黜陟。各令當曹考其優劣爲三等，其上下二等仍分爲三。六品已下，尚書重問。五品已上，親與公卿論之。上上者遷，下下者黜，中者守本任。」於是親臨朝堂，黜陟百官，謂：「諸尚書未嘗獻可替否，進賢退不肖。録尚書事廣陵王羽無勤恪之聲，有阿黨之迹，而令僕左右丞，不能相導，罷黜削禄有差。任城王澄以神志驕傲，解少保。尚書于果以不勤事削禄。」餘皆面數其過而行之。又謂陸叡曰：「人言『北俗質魯，何由知書！』然今知書者甚衆，顧學與不學耳。朕修百官，興禮樂，其志固欲移風易俗。使卿等子孫漸染美俗，聞見廣博耳。」

齊宣城公鸞殺鄱陽王鏘等七人。宣城公鸞權勢益重，中外皆知其蓄不臣之志。鄱陽王鏘每詣鸞，鸞語及家國，言淚俱發，鏘以此信之。宫臺之内，皆屬意於鏘。制局監謝粲説鏘及隨王子隆曰：「二王但出天子置朝堂，夾輔號令。粲等閉城上仗，誰敢不同！東城人正共縛送蕭令耳。」子隆欲定計，鏘意猶豫。命駕將入，復還與母别，日暮不成行。典籤告之，鸞遣兵殺鏘及子隆、謝粲等。時太祖諸子，子隆最壯大，有才能，故鸞尤忌之。江州刺史晉安王子懋聞二王死，欲起兵，謂防閤陸超之曰：「事成則宗廟獲安，不成猶爲義鬼。」董僧慧曰：「此州雖小，宋孝武嘗用之。若舉兵向闕，以請鬱林之罪，誰能禦之！」子懋母阮氏在建康，密遣迎之。阮氏報其同母兄于瑶之爲計。瑶之馳告鸞，鸞遣軍主裴叔業與瑶之先襲尋陽。子懋部曲多雍州人，皆勇躍願奮。叔業畏之，遣瑶之説子懋曰：「還都正當作散官，不失富貴也。」子懋既不出兵，衆情稍沮。參軍于琳之説叔業取子懋，叔業遣將隨之，拔白刃入齋。子懋罵曰：「小人，何忍行此！」琳之以袖障面，使人殺之。王玄邈執董僧慧，將殺之。僧慧曰：「晉安舉義，僕實豫謀，死不恨。願大斂畢，退就鼎鑊。」玄邈義之，白鸞免死。子懋子昭基，九歲，以方二寸絹爲書，參其消息，僧慧視之曰：「郎君書也！」悲傷而卒。于琳之勸陸超之逃亡。超之曰：「人皆有死，此不足懼！吾若逃亡，非唯孤晉安之眷，亦恐田横客笑人。」玄邈等欲囚以還都，超之端坐俟命。超之門生謂殺超之當得賞，密自後斬之，頭墜而身不僵。玄邈厚加殯斂。門生亦助舉棺，棺墜，厭其首，折頸而死。鸞遣將軍王廣之襲南兖州刺史安陸王子敬，斬之。又遣徐玄慶西上害荆州刺史臨海王昭秀。行事何昌寓曰：「僕受朝廷意寄，翼輔外藩。殿下未有愆失，何容即以相付邪！若朝廷必須殿下，當自啓聞，更聽後旨。」昭秀由是得還建康。鸞以孔琇之行郢州事，使殺郢州刺史晉熙王銶。琇之辭，不許，遂不食而死。裴叔業進向湘州，欲殺南平王鋭，防閤周伯玉大言於衆曰：「此非天子意。今斬叔業，舉兵匡社稷，誰敢不從！」典籤叱左右斬之。遂殺鋭，又殺銶及南豫州刺史宜都王鏗。

冬，十月，齊宣城公鸞自爲太傅，揚州牧，進爵爲王。宣城公鸞謀繼大統，多引名士與參籌策。侍中謝朏心不願，乃求出爲吴興太守。至郡，致酒數斛，遺其弟吏部尚書瀹曰：「可力飲此，勿豫人事！」

司馬公曰：「衣人之衣者懷人之憂，食人之食者死人之事。」二謝兄弟，比肩貴近，安享榮禄，危不預知。爲臣如此，可謂忠乎！

鸞雖專政，人情未服。自以胛有赤誌，以示王洪範而謂之曰：「人言此是日月相，卿幸勿泄。」洪範曰：「公日月在軀，如何可隱，當轉言之。」

齊宣城王鸞殺衡陽王鈞等四人。

鑠與鄱陽王鏘齊名。鏘好文章，鑠好名理，時人稱爲鄱、桂。鏘死，鑠不自安，至東府見鸞，還，謂左右曰：「向録公見接殷勤不已，而面有慚色，欲殺我也。」是夕遇害。江夏王鋒有才行，鸞嘗與之言：「遥光才力可委。」鋒曰：「遥光之於殿下，猶殿下之於高皇。衛宗廟，安社稷，實有攸寄。」鸞失色。及殺諸王，鋒遺鸞書誚責之，鸞深憚之，使兼祠官於太廟，夜，遣兵收之。鋒手擊數人皆仆地，然後死。遣茹法亮殺巴陵王子倫。子倫性英果，時鎮琅邪，有守兵。鸞恐不肯就死，以問典籤華伯茂。伯茂曰：「今若以兵取之，恐不可即辦。若委伯茂，一夫力耳。」乃自執酖逼之，子倫正衣冠，出受詔，謂法亮曰：「先朝昔滅劉氏，今日理數固然。君是身家舊人，今銜此使，當由事不獲已。此酒非勸酬之爵。」因仰之而死，時年十六。法亮及左右皆流涕。初，諸王出鎮，皆置典籤，主帥一方之事，悉以委之。時入奏事，刺史美惡，專繫其口，莫不折節奉之。於是威行州部，大爲姦利。武陵王曄爲江州，性烈直，不可干。典籤趙渥之謂人曰：「今出都易刺史！」及見世祖，盛毁之，曄遂免還。南海王子罕戍琅邪，欲暫遊東堂，典籤姜秀不許。子罕泣謂母曰：「兒欲移五步亦不得，與囚何異。」永明巴東之亂，世祖謂羣臣曰：「子響遂反！」戴僧静曰：「諸王都自應反，豈唯巴東。」上問其故，對曰：

「天王無罪，而一時被囚，取一杯漿，亦諮籤帥。籤帥不在，則竟日忍渴。諸州唯聞有籤帥，不聞有刺史，何得不反！」及鸞誅諸王，皆令典籤殺之，無能拒者。孔珪聞之，流涕曰：「若不立籤帥，故當不至於此。」鸞亦深知其弊，乃詔：「自今諸州有事，密以奏聞，勿遣典籤入都。」自是典籤之任浸輕矣。

蕭子顯曰：帝王之子，生長富厚，朝出閨闈，暮司方岳，防驕翦逸，積代常典。故用左右爲主帥，動息皆應聞啓。處地雖重，行己莫由。威不在身，恩未下及，一朝艱難總至，望其釋位扶危，何可得矣！斯宋氏之餘風，至齊室而尤弊也。

魏主發平城。魏以太尉東陽王丕爲太傅、録尚書事，留守平城。魏主親告太廟，使高陽王雍、于烈奉遷神主于洛陽，遂發平城。

齊宣城王鸞廢其君昭文爲海陵王而自立。齊主昭文在位，起居飲食，皆諮宣城王鸞而後行。至是，鸞以皇太后令，廢昭文爲海陵王而自立。以王敬則爲大司馬，陳顯達爲太尉。尚書虞悰稱疾不陪位。齊主鸞欲引參佐命，使王晏諭之，悰曰：「主上聖明，公卿戮力，寧假朽老以贊惟新乎！不敢聞命。」因慟哭。朝議欲糾之，徐孝嗣曰：「此亦古之遺直。」乃止。

齊禁牧守薦獻。詔：「藩牧守宰，或有薦獻，事非任土，悉加禁斷。」

魏禁蠻毋得侵掠齊境。詔曰：「緣邊之蠻，多掠南土，父子乖離，室家分絶。朕方蕩壹區宇，子育萬姓，若苟如此，南人豈知德哉！可禁蠻民，勿有侵暴。」

十一月，齊以始安王遥光爲揚州刺史，聞喜公遥欣爲荆州刺史。

齊主立其子寶卷爲太子。

魏主至洛陽。

魏置牧場于河陽。魏主敕將軍宇文福行牧地。福表石濟以西，河内以東，距河凡十里。魏主自代徙雜畜置其地，使福掌之。畜無耗失，以爲司衛監。初，世祖平統萬及秦、涼，以河西水草豐美，用爲牧地，畜甚蕃息，馬至二百餘萬匹，橐駝半之，牛羊無數。及高祖置牧場於河陽，常畜戎馬十萬匹。每歲自河西徙牧并州，稍復南徙，欲其漸習水土，不至死傷，而河西之牧愈蕃。及正光以後，皆爲寇盜所掠，無孑遺矣。

齊主鸞弑海陵王。鸞詐稱王有疾，數遣御師瞻視，因而殞之。

魏賜郢州刺史韋珍穀帛。珍在州有聲績，魏主賜以駿馬穀帛。珍集境内孤貧者，散與之，謂之曰：「天子以我能撫綏卿等，故賜以穀帛，吾何敢獨有之！」

十二月，魏禁胡服。魏主欲變易舊風，詔禁民胡服，國人不悦。散騎常侍劉芳、黄門侍郎郭祚皆以文學見親禮，大臣貴戚皆不平。帝使陸凱私諭之曰：「至尊但欲詢訪前世法式耳，終不親彼而相疏也。」衆意乃稍解。

魏主自將伐齊。魏主以齊主自立，謀大舉伐之。會邊將言，齊雍州刺史曹虎遣使請降，乃分遣諸將出兵應接。以尚書盧淵督襄陽前鋒，淵辭，不許。淵曰：「恐曹虎爲周魴耳。」魏主欲自將伐齊，引公卿入議。鎮南將軍李冲曰：「臣等正以遷都草創，人思少安。爲内應者未得審諦，不宜輕動。」魏主曰：「彼降款虛實，誠未可知。若其虛也，朕巡撫淮甸，訪民疾苦，使彼知君德之所在，有北嚮之心。若其實也，今不以時應接，則失乘時之機，孤歸義之誠，敗朕大略矣。」任城王澄曰：「虎無質任，使不再來，詐可知也。今新遷之民，扶老携幼，居無一椽之室，食無甔石之儲。冬月垂盡，東作將起，而驅之使擐甲執兵，泣當白刃，殆非歌舞之師也。且諸軍已進，待平樊、沔，然後順動，亦何晚之有！今卒然輕舉，上下疲勞，恐挫損天威，更成賊氣，非策之得者也。」穆亮及諸公卿皆以爲宜行，澄謂亮曰：「公輩平居論議，不願南征，何得對上即爲此語！面背不同，豈大臣之義乎！」沖曰：「任城可謂忠於社稷。」然魏主竟不從。遂發洛陽，詔諸將所獲男女皆放還南。曹虎果不降。

乙亥(四九五)

齊建武二年，魏太和十九年。

春，二月，魏主攻鍾離，不克。遣使臨江，數齊主之罪而還。齊遣將軍王廣之、蕭坦之、沈文季督諸軍以拒魏。魏徐州刺史拓拔衍攻鍾離，齊徐州刺史蕭惠休拒守，間出，擊破之。魏大將軍劉昶、將軍王肅攻義陽，齊司州刺史蕭誕拒之。肅屢破誕兵。昶性褊躁，御軍嚴暴，人莫敢言。參軍陽固苦諫，昶怒，欲斬之，使當攻道。固志意閑雅，臨敵勇決，昶始奇之。二月，魏主至壽陽，衆號三十萬。道遇甚雨，命去蓋。見軍士病者，親撫慰之。遣使呼城中人，齊豫州刺史豊城公遥昌使參軍崔慶遠出問師故，魏主曰：「齊主何故廢立？」慶遠曰：「廢昏立明，古今非一，未審何疑？」魏主曰：「卿主若不忘忠義，何以不立近親，而自取之乎？」慶遠曰：「霍光亦捨近親而立宣帝，唯其賢也。」魏主曰：「霍光何以不自立？」慶遠曰：「非其類也。主上正可比宣帝耳，安得比光。且若然者，武王伐紂而不立微子，亦爲貪天下乎？」魏主大笑，賜慶遠酒殽衣服而遣之。魏主循淮而東，民皆安堵，租運屬路。遂至鍾離。齊遣將軍崔慧景救之。劉昶、王肅衆號二十萬，塹柵三重，并力攻義陽。王廣之不敢進。黄門侍郎蕭衍間道夜發，徑上賢首山，魏人不敢逼。黎明，城中望見援軍，遣長史王伯瑜出攻魏柵，因風縱火，衍等自外擊之，魏解圍去。追擊破之。魏主欲南臨江，會司徒馮誕卒，乃遣使臨江，數齊主罪惡而還。魏主欲築城置戍於淮南，賜相州刺史高閭璽書問之。閭表對曰：「昔世祖以回山倒海之威，步騎數十萬，南臨瓜步，諸郡盡降，而盱眙小城，攻之不克。班師之日，兵不戍一城，土不闢一廛。夫豈無人？以爲大鎮未平，不可守小故也。夫壅水者先塞其原，伐木者先斷其本。本原尚在，而攻其末流，終無益也。壽陽、盱眙、淮陰，淮南之本原也。三鎮不克其一，而留守孤城，少置兵則不足以自固，多置兵則糧運難通。大軍既還，士心孤怯。夏水盛漲，救援甚難。以新擊舊，以勞禦逸，若果如此，必爲敵擒。天時向熱，雨水方降，願陛下踵世祖之成規，旋轅洛邑，蓄力觀釁，布德行化，中國既和，遠人自服矣。」尚書令陸叡上表，以爲：「長江浩蕩，彼之巨防。南土鬱蒸，夏多疾病，而遷鼎草創，庶事甫爾，兵傜並舉，聖王所難。驅罷弊之兵，討堅城之虜，將何以取勝乎？願早還洛邑，使根本深固。然後命將出師，何憂不服！」魏主從之。齊人據渚邀斷津路。魏軍主奚康生縛筏積柴，因風縱火，依煙直進，飛刀亂斫，齊兵遂潰。魏主使前將軍楊播將步卒三千、騎五百爲殿。時春水方長，齊兵大至，戰艦塞川。播結陳於南岸以禦之，諸軍盡濟。齊兵四集圍播，播爲圓陳以禦之，身自搏戰，所殺甚衆。相拒再宿，軍中食盡，圍兵愈急。魏主在北岸，以水盛不能救〔五〕。既而水減，播引精騎歷齊艦大呼曰：「我今欲渡，能戰者來！」遂擁衆而濟。播，椿之兄也。時魏使者盧昶等猶在建康，齊人飼以蒸豆，昶懼食之。謁者張思寧辭氣不屈，死於館下。及還，魏主讓昶曰：「人誰不死，何至自同牛馬，屈身辱國，縱不遠慚蘇武，獨不近愧思寧乎？」乃黜爲民。

魏太師馮熙卒。熙卒于平城，平陽公丕不樂南遷，與陸叡表請魏主還臨熙葬。帝曰：「開闢以來，安有天子遠奔舅喪者乎！今經始洛邑，豈宜妄相誘引，陷君不義！付法官貶之。」仍迎熙柩，葬洛陽。

夏，四月，魏圍齊南鄭，不克而還。魏主之在鍾離也，梁州刺史拓跋英請以州兵會擊漢中，許之。齊梁州刺史蕭懿遣部將尹紹祖等將兵據險，立五栅以拒之。英曰：「彼帥賤，莫相統壹。我選精卒并攻一營，彼必不相救。若克一營，四營皆走矣。」乃急攻一營，拔之，四營俱潰。乘勝長驅，進逼南鄭。懿遣其將姜脩擊英，英掩擊，盡獲之。將還，齊軍繼至，將士已疲，大懼，欲走。英故緩轡徐行，神色自若，登高望敵，東西指麾，狀若處分，然後整列而前。齊軍疑有伏，遷延引退。英追擊破之，遂圍南鄭。禁將士毋得侵暴，遠近悦附，爭供租運。城中恟懼，參軍庾域封題空倉數十，指示將士曰：「此粟皆滿，足支二年，但努力堅守！」衆心乃安。會魏主召英還，英使老弱先行，自將精兵爲後拒，遣使與懿别。懿以爲詐，英去二日，乃遣將追之。英下馬與戰，懿兵不敢逼而返。英入斜谷，會天大雨，士卒截竹貯米，執炬火於馬上炊之。先是，懿遣人誘説仇池諸氐，使起兵斷英運道及歸路。英勒兵奮擊，且戰且前，矢中英頰，卒全軍還仇池，討叛氐，平之。英，楨之子；懿，衍之兄也。英之攻南鄭也，魏主詔雍、涇、岐州發兵六千人戍南鄭，俟克城則遣之。李沖諫曰：「秦川險阨，地接羌、夷。西師出後，氐胡叛逆，運糧擐甲，迄兹未已。今復豫差戍卒，懸擬山外，脱攻不克，徒動民情，連結胡夷，事或難測。輒依旨密下刺史，待克鄭城，然後差遣。然西道險阨，單徑千里，今欲深戍絶界之外，孤據羣賊之中，敵攻不可猝援，食盡不可運糧。古人有言：『雖鞭之長，不及馬腹。』南鄭於國，實馬腹也。今鍾離、壽陽，密邇未拔；赭城、新野，跬步弗降。東道既未可以近力守，西藩寧可以遠兵固。若果欲置者，臣恐終以資敵也。」魏主從之。

魏主如魯城，祠孔子，封其後爲崇聖侯。魏主如魯城，親祠孔子，拜孔氏四人、顔氏二人官。仍選諸孔宗子一人封崇聖侯，奉孔子祀，命修其墓，更建碑銘。將如碻磝，命謁者僕射成淹具舟楫，欲自泗入河，泝流還洛。淹諫以河流悍猛，非萬乘所宜乘。魏主曰：「我以平城無漕運之路，故京邑民貧。今遷洛陽，欲通四方之運，而民猶憚河流之險，故朕有此行，所以開百姓之心也。」

魏攻齊赭陽，齊擊敗之。魏城陽王鸞等攻赭陽，圍守百餘日，諸將欲不戰以疲之。李佐獨晝夜攻擊，士卒死者甚衆。齊遣右衛率垣歷生救之。諸將欲退，佐獨逆戰而敗，歷生追擊，大破之。魏主降封鸞爲定襄縣王，削户五百。佐削官爵，徙瀛州。

五月，魏廣川王諧卒。諧卒，魏主曰：「古者大臣之喪，有三臨之禮。魏、晉以來，王公之喪，哭於東堂。自今諸王之喪，期親三臨，大功再臨，小功、緦麻一臨，罷東堂之哭。廣川王於朕，大功也。」將大斂，素服深衣往哭之。

魏主至洛陽。魏減冗官之禄。

六月，魏禁胡語，求遺書，法度量。魏主欲變北俗，謂羣臣曰：「卿等欲朕遠追商、周，爲欲不及漢、晉邪？」咸陽王禧對曰：「羣臣願陛下度越前王耳。」魏主曰：「然則當變風易俗，當因循守故邪？」對曰：「願聖政日新。」魏主曰：「爲止於一身，爲欲傳之子孫邪？」對曰：「願傳之百世。」魏主曰：「然則必當改作，卿等不得違也。」對曰：「上令下從，其誰敢違！」魏主曰：「夫名不正，言不順，則禮樂不可興。」於是下詔：「斷諸北語，一從正音，違者免官。」又詔求遺書，祕閣所無，而有益於時用者，加以優賞。又詔改用長尺大斗，其法依漢志爲之。

齊殺其領軍蕭諶及西陽王子明等。齊主之廢鬱林王也，許蕭諶以揚州，既而除南徐州刺史。諶恃功干政，所欲選用，輒命尚書申論。齊主聞而忌之，以其弟誕、誄方將兵拒魏，隱忍不發。至是殺之，并其諸弟，及西陽王子明、南海王子罕、邵陵王子貞。

秋，八月，魏置羽林虎賁。凡十五萬人。

魏立國子太學，四門小學。

魏以薛聰爲直閤將軍。魏主遊華林園，觀故景陽山，侍郎郭祚請復修之，魏主曰：「魏明帝已失之於前，朕豈可襲之於後乎！」魏主好讀書，手不釋卷。又善屬文，詔策旨自爲之。好賢樂善，情如飢渴，所與遊接，常寄以布素之意。如李沖、李彪、高閭、王肅之徒，皆以文雅見親，貴顯用事。制禮作樂，鬱然可觀，有太平之風焉。治書侍御史薛聰，彈劾不避强禦，魏主或欲寬貸，聰輒爭之。魏主每曰：「朕見聽，不能不憚，況諸人乎！」自是貴戚斂手。累遷直閤將軍。魏主外以德器遇之，內以心膂爲寄，親衛禁兵，委聰管領，時政得失，動輒匡諫，而厚重沈密，外莫窺其際。每欲進以名位，輒苦讓不受，魏主亦雅相體悉，謂之曰：「卿天爵自高，固非人爵之所能榮也。」

九月，魏六宮、文武遷于洛陽〔六〕。

魏以高陽王雍爲相州刺史。魏主戒雍曰：「作牧亦易亦難，其身正，不令而行，所以易；其身不正，雖令不從，所以難。」

冬，十月，魏詔州牧考官屬得失以聞。

十一月，魏主祀圜丘。魏主引諸儒議圜丘禮。李彪建言：「魯人將有事于上帝，必先有事于泮宮。請前一日告廟。」從之。

十二月，魏班品令，賜冠服。魏主見羣臣於光極堂，宣下品令。光祿勳于烈子登引例求遷官，烈表曰：「聖明之朝，理應廉讓，而登引人求進，是臣素無教訓，乞行黜落。」魏主曰：「此乃有識之言，不謂烈能辨此！」乃引見登，謂曰：「以卿父有謙遜之美、直士之風，進卿校尉。」魏主謂羣臣曰：「國家從來有一事可歎，臣下莫肯公言得失是也。夫人君患不能納諫，人臣患不能盡忠。自今朕舉一人，如有不可，卿等直言其失。若有才能而朕所不識，卿等亦當舉之。得人有賞，不言有罪。」

齊修晉諸陵，增置守衛。

魏行太和五銖錢。先是，魏人未嘗用錢，魏主始命鑄之。是歲，鼓鑄粗備，詔公私用之。

丙子（四九六）

齊建武三年，魏太和二十年。

春，正月，魏改姓元氏，初定族姓。魏主下詔，以爲：「北人謂土爲拓，后爲跋。魏之先出於黄帝，以土德王，故爲拓跋氏。夫土者，黄中之色，萬物之元也。宜改姓元氏。諸功臣舊族自代來者，姓或重複，皆改之。」魏主雅重門族，以范陽盧敏、清河崔宗伯、滎陽鄭羲、太原王瓊四姓，衣冠所推，咸納其女，以充後宫。又更爲六弟聘室，而以前所納者爲妾媵。又詔以「代人穆、陸、賀、劉、樓、于、嵇、尉八姓，勳著當世，位盡王公，勿充猥官，一同四姓。其舊爲部落大人，而三世官在給事已上，若本非大人，而三世官在尚書已上者，皆爲姓。其大人之後而官不顯，若本非大人而官顯者皆爲族」。時趙郡諸李，人物尤多，故世之言高華者，以五姓爲首。魏主與羣臣論選調，李沖曰：「未審張官列位，爲膏粱子弟乎，爲致治乎？」魏主曰：「欲爲治耳。」沖曰：「然則今日何爲專取門品，不拔才能乎？」魏主曰：「君子之門，借使無當世之用，要自德行純篤，朕故用之。」沖曰：「傅説、吕望豈可以門地得之！」魏主曰：「非常之人，曠世乃有一二耳。」李彪曰：「魯之三卿，孰若四科？」韓顯宗曰：「陛下豈可以貴襲貴，以賤襲賤。」魏主曰：「必有高明卓然、出類拔萃者，朕亦不拘此制。」

司馬公曰：選舉之法，先門地而後賢才，此魏、晉之深弊，雖魏孝文之賢，而不能免斯蔽也。故夫明辨是非，而不惑於世俗者，誠鮮矣！

二月，魏詔羣臣聽終三年喪。

三月，魏宴羣臣及國老、庶老於華林園。詔：「國老、黄耇已上，假中散大夫、郡守；耆年已上，假給事中、縣令。庶老，直假郡縣，各賜鳩杖、衣裳。」詔：「諸州中正各舉民望，五十已上守素衡門者，授以令、長。」

齊詔去乘輿金銀飾。齊主志慕節儉，故有是詔。太官嘗進裹蒸，齊主曰：「我食此不盡，可四破之，餘充晚食。」又嘗用皂莢，以餘濼授左右曰：「此可更用。」太官元日上壽，有銀酒鎗，齊主欲壞之。王晏等咸稱盛德，衛尉蕭穎胄曰：「朝廷盛禮，莫若三元。此器舊物，不足爲侈。」齊主不悦。後預曲宴，銀器滿席。穎胄曰：「陛下前欲壞酒鎗，恐宜移在此器。」齊主甚慚。齊主躬親細務，綱目亦密。於是郡縣及六署、九府常行職事，莫不啓聞取決。文武勳舊，皆不歸選部，親近憑勢，互相通進。南康侍郎鍾嶸上書言：「古者，明君揆才頒政，量能授職，三公坐而論道，九卿作而成務，天子唯恭己南面而已。」齊主不懌，謂太中大夫顧暠曰：「鍾嶸何人，欲斷朕機務！」對曰：「嶸雖位末名卑，而所言或有可採。且繁碎職事，各有司存。今人主總而親之，是人主愈勞，而人臣愈逸，所謂『代庖人宰而爲大匠斵』也。」齊主不顧而言他。

魏詔漢、魏、晉諸陵皆禁樵蘇。

夏，五月，魏主祭方澤。

秋，七月，魏主廢其后馮氏。初，文明太后欲其家貴重，簡馮熙女入掖庭，得幸。未幾，有疾還家爲尼。及太后殂，魏主立熙少女爲后，既而其姊疾愈，思之，復迎入宮，拜左昭儀。后寵浸衰，昭儀因譖而廢之。后素有德操，遂居瑶光寺爲練行尼。

魏旱。魏主以久旱，不食三日。羣臣請見，魏主遣舍人辭焉，且問來故。王肅對曰：「今四郊雨已霑洽，獨京城微少。庶民未乏一餐，而陛下輟膳三日，臣下惶惶，無復情地。」魏主使應之曰：「朕不食數日，猶無所感。比來中外皆言四郊有雨，朕疑其欲相寬勉，未必有實。方將遣使視之，果如所言，即當進膳。如其不然，朕何以生爲，當以身爲萬民塞咎耳！」是夕大雨。

八月，魏太子恂有罪，廢爲庶人。恂不好學，體素肥大，苦河南地熱，常思北歸。魏主賜之衣冠，恂常私著胡服。中庶子高道悦數切諫，恂惡之，謀輕騎奔平城，手刃道悦於禁中。魏主大駭，引見羣臣，議欲廢之。太傅穆亮、少保李冲免冠謝。帝曰：「大義滅親，古人所貴。恂欲違父逃叛，跨據恒、朔，天下之惡孰大焉！若不去之，乃社稷之憂也。」乃廢恂爲庶人，置於河陽無鼻城，以兵守之。

秋，十月，魏吐京胡反，州兵討平之。魏吐京胡反，詔元彬行汾州事，討破之。胡去居等六百餘人保險不服，彬請兵二萬以討之，魏主大怒曰：「小寇何有發兵之理！若不克者，先斬刺史，然後發兵！」彬大懼，身先將士，討平之。

魏置常平倉。

魏恒州刺史穆泰、定州刺史陸叡謀反，魏主遣任城王澄討禽之。初，魏文明太后欲廢魏主，穆泰切諫而止，由是有寵。及魏主南遷，所親任者多中州儒士，宗室及代人往往不樂。泰出爲定州刺史，自陳久病，土温則甚，乞爲恒州。魏主爲之徙恒州刺史陸叡爲定州，以泰代之。泰至，叡未發，遂相與謀作亂，推陽平王頤爲主。頤僞許之，而密以聞。任城王澄有疾，帝召見，謂曰：「穆泰謀爲不軌，今遷都甫爾，北人戀舊，南北紛擾，朕洛陽不立也。此大事，非卿不能辦。强爲我北行，儻其微弱，直往擒之。若已强盛，可承制發并、肆兵擊之。」遂授澄節。行至雁門，太守夜告：「泰已引兵西就陽平。」澄遽令進發。右丞孟斌曰：「事未可量，宜依敕召兵，然後徐進。」澄曰：「泰既謀亂，應據堅城。而更迎陽平，度似勢弱。既不相拒，發兵非宜，但速往鎮之，民心自定。」乃倍道兼行。先遣御史李焕單騎入代，曉諭泰黨，示以禍福，皆莫爲之用。泰攻焕，不克而走，追擒之。澄至，窮治黨與，收陸叡繫獄，民間帖然。

魏除逋亡緣坐法。初，魏主以有罪徙邊者多逋亡，乃制一人逋亡，闔門充役。光州刺史崔挺諫曰：「善人少，惡人多。若一人有罪，延及闔門，則司馬牛受桓魋之罰，柳下惠嬰盜跖之誅，豈不哀哉！」魏主從之。

校勘記

〔一〕開西邸以居之　殿本作「開西邸多聚古人器服以充之」。

〔二〕宜急毁之　「急」原作「除」，據月崖本、成化本、殿本、通鑑卷一三六齊紀二齊武帝永明二年春正月改。

〔三〕不以長短爲與奪　「長短」，成化本、殿本、通鑑卷一三七齊紀三齊武帝永明十年春正月作

「世數」。

〔四〕齊竟陵王子良卒　月崖本、成化本、殿本「良」字下有「以憂」二字。

〔五〕以水盛不能救　「能」原作「敢」，據月崖本、成化本、殿本、通鑑卷一四〇齊紀六齊明帝建武二年三月改。

〔六〕魏六宮文武遷于洛陽　「六宮文武」四字原脱，據月崖本、成化本、殿本補。

資治通鑑綱目卷二十九

起丁丑齊高宗建武四年、魏高祖太和二十一年，盡甲申梁高祖天監三年、魏世宗正始元年，凡八年。

丁丑(四九七)

齊建武四年，魏太和二十一年。

春，正月，魏主立其子恪爲太子。

齊主殺其尚書令王晏，以徐孝嗣爲尚書令。初，晏爲世祖所寵任。及齊主謀廢鬱林王，晏即欣然推奉。及齊主即位，晏自謂佐命新朝，事多專決，齊主惡之。始安王遥光勸齊主誅晏，齊主曰：「晏於我有功，且未有罪。」遥光曰：「晏尚不能爲武帝，安能爲陛下乎！」齊主默然。晏意望開府，數呼相工自視，云當大貴。又好與賓客屏人語。齊主聞之，疑晏欲反，遂召晏於華林省，誅之，并北中郎司馬蕭毅。毅奢豪，好弓馬，故齊主因事陷之。鬱林王之將廢也，晏從弟思遠謂晏曰：「兄荷世祖厚恩，今一旦贊人如此事，彼以權計相須，未知將來何以自立！若及此引決，猶可保全門户，不失後名。」晏曰：「方噉粥，未暇此事。」及拜驃騎，謂子弟曰：「隆昌之末，阿戎勸吾自裁，若從其語，豈有今日。」思遠遽應曰：「如阿戎所見，今猶未晚也。」思遠知齊主意已疑異，乘間謂曰：「時事稍異，兄亦覺不？凡人多拙於自謀而巧於謀人。」晏不應。思遠退，晏方歎曰：「世乃有勸人死者！」旬日而敗。晏外弟阮孝緒亦知晏必敗，逃匿不見。嘗食醬美，問知得於晏家，吐而覆之。及晏敗，人爲之懼，孝緒曰：「親而不黨，何懼之有？」卒免於罪。

二月，魏主如平城，穆泰、陸叡伏誅，新興公丕以罪免死爲民。魏主至平城，引見穆泰、陸叡之黨問之，無一人稱枉者，時人皆服任城王澄之明。泰伏誅，叡死於獄。宥其妻子，徙遼西。初，魏主遷都，變易舊俗，新興公丕不樂。及變衣冠，而丕獨胡服於其間。太子恂將遷洛陽，丕子隆、超與穆泰等密謀留恂，因舉兵斷關，規據陘北。丕在并州，隆等以其謀告之，丕口雖折難，心頗然之。至是，有司奏隆、超皆泰黨，罪當族，丕應從坐。魏主以丕常受詔許以不死，聽免死爲民，殺隆、超。初，丕及陸叡與僕射李冲、領軍于烈俱受不死之詔。叡既誅，魏主賜冲、烈詔曰：「叡之反逆，既異餘犯，雖欲矜恕，如何可得！然猶聽自死，免其孥戮。丕連坐應死，特恕爲民。朕本期始終，而彼自棄絶。故此別示，想無致怪。謀反之外，皎如白日耳。」又以北方酋長及侍子畏暑，聽秋朝洛陽，春還部落，時人謂之「雁臣」。

司馬公曰：夫爵禄廢置，殺生予奪，人君所以馭臣之大柄也。先王之制，雖有親故、賢能、功貴、勤賓，苟有其罪，不直赦也。必議於槐棘之下，可赦則赦，可宥則宥，可刑則刑，可殺則殺，輕重視情，寬猛隨時。故君得以施恩而不失其威，臣得以免罪而不敢自恃。及魏不然，勳貴之臣，往往豫許之以不死。使彼驕而觸罪，又從而殺之。是以不信之令誘之，使陷於死地也。刑政之失，無此爲大焉！

三月，魏主殺其故太子恂。恂既廢，頗自悔過。中尉李彪表恂復與左右謀逆，魏主賜恂死。

魏宋王劉昶卒。

魏主還洛陽。魏主至龍門，遣使祀夏禹。至蒲阪，祀虞舜。至長安，遣使祀周文王、武王于豐、鎬，遂還洛陽。

秋，七月，魏立昭儀馮氏爲后。后欲母養太子恪，恪母高氏暴卒。

八月，魏主自將伐齊。魏發河北五州兵二十萬以伐齊。假彭城王勰中軍大將軍，辭曰：「昔陳思求而不允，愚臣不請而得，何否泰之相遠也！」魏主笑曰：「二曹以才名相忌，吾與汝以道德相親。」齊主聞有魏師，遣軍主胡松助戍赭陽，鮑舉助戍舞陰。

氐帥楊靈珍叛魏。魏以氐帥楊靈珍爲南梁州刺史。靈珍舉州降齊，襲魏武興王楊集始。集始窘急，亦降于齊。魏遣李崇討之。

九月，魏主攻齊南陽，不克。初，魏荆州刺史薛真度攻齊南陽，太守房伯玉擊敗之。魏主怒，以南陽小郡，志必滅之。至是引兵攻之，衆號百萬。襲宛，克之。伯玉嬰內城拒守，魏主遣中書舍人孫延景數之曰：「卿事武帝，蒙殊常之寵，不能建忠致命而盡節於其讎，罪一也；頃年薛真度來，卿傷我偏師，罪二也；今鑾輅親臨，不面縛麾下，罪三也。」宛城東南有橋，魏主過之。伯玉使勇士數人，衣班衣，戴虎頭帽，伏於竇下，突出擊之，魏主人馬俱驚。召善射者射殺之，乃得免。

魏伐氐，克武興，楊靈珍奔齊。李崇槎山分道，出氐不意，表裏襲之。羣氐散歸，靈珍戰敗，遂克武興。靈珍奔還漢中，齊以爲武都王。魏主聞之喜曰：「使朕無西顧之憂者，李崇也。」以崇爲梁州刺史，安集其地。

冬，十一月，魏主圍新野，遂敗齊兵于沔北。魏主至新野，齊太守劉思忌拒守，攻之不克，築長圍以守之。韓顯宗屯赭陽，胡松引蠻兵攻其營，顯宗力戰，破之，斬其裨將。顯宗至新野，魏主謂曰：「卿破賊斬將，殊益軍勢。朕方攻堅城，何爲不作露布？」對曰：「頃聞王肅獲賊二三人，驢馬數匹，皆爲露布，臣常哂之。近雖得摧醜虜，擒斬不多，尤而效之，其罪彌大。」魏主益賢之。齊主詔徐州刺史裴叔業救雍州。叔業啓稱：「北人不樂遠行，惟樂鈔掠。若侵虜境，則司、雍之寇自然分矣。」從之。叔業引兵攻虹城，獲男女四千餘人。齊主復遣中庶子蕭衍、尚書崔慧景救雍州。齊將軍韓秀方等十五將皆降於魏。魏敗齊兵於沔北。

十二月，齊侵魏太倉口，魏豫州刺史王肅敗之。齊將軍魯康祚侵魏太倉口，魏豫州刺史王肅使長史傅永將甲士三千擊之。齊、魏夾淮而軍，相去十餘里。永曰：「南人好夜斫營，必於淮中置火以記淺處。」乃夜分兵爲二部，伏於營外，又以瓠貯火，密使人於深處置之，戒曰：「見火起，則亦然之。」是夜，康祚等果引兵斫永營，伏兵夾擊之。康祚等走趣淮水，火既競起，不知所從，溺死及斬首數千級。裴叔業侵魏楚王戍，肅復令永擊之。永將心腹一人馳詣楚王戍，令填外塹，夜伏戰士千人於城外。曉而叔業等至城東，部分將置長圍。永伏兵擊其後軍，破之。叔業自將精兵數千救之，永登門樓，望叔業南行數里，即開門擊其營，大破之。叔業進退失據，遂走。左右欲追之，永曰：「吾弱卒不滿三千，彼精甲猶盛，非力屈而敗，自墮吾計中耳。既不測我之虛實，足使喪膽，俘此足矣。」魏主遣謁者就拜永汝南太守。永有勇力，好學能文，魏主常歎曰：「上馬能擊賊，下馬作露板，惟傅脩期耳！」

齊以劉季連爲益州刺史。曲江公遥欣好武事，齊主以諸子尚幼，内仗遥欣，外倚后弟劉暄、内弟江祐。故以始安王遥光爲揚州，遥欣爲荆州。而遥欣在江陵多招材勇，厚自封殖，齊主惡之。南郡太守劉季連密表遥欣有異迹，齊主乃以季連爲益州刺史，使據遥欣上流以制之。

高昌弑其君馬儒。是歲，高昌王馬儒遣使入貢于魏，求内徙。魏主遣韓安保迎之，割伊吾之地五百里以居儒。高昌人戀土，不願東遷，殺儒，立麴嘉爲王，復臣於柔然。

戊寅（四九八）

齊永泰元年，魏太和二十二年。

春，正月，魏拔新野。齊沔北守將皆棄城走。魏攻新野，拔之，縛劉思忌，問之曰：「今欲降未？」思忌曰：「寧爲南鬼，不爲北臣！」乃殺之。於是沔北大震，湖陽、赭陽戍主及南鄉太守相繼南遁。舞陰戍主黄瑶起爲魏所獲，魏主以賜王肅，肅臠而食之。

齊主殺其河東王鉉等十人。齊主有疾，以近親寡弱，而高、武子孫猶有十王，欲盡除之，以問太尉陳顯達，對曰：「此等何足介慮！」以問始安王遥光，遥光以爲當以次施行。遥光每與齊主屏人久語畢，齊主索香火，嗚咽流涕，明日必有所誅。會齊主疾甚暴絶，遥光遂殺河東王鉉、南康王子琳等十人，於是太祖、世祖及世宗諸子皆盡矣。鉉等已死，乃使公卿奏其罪，請誅之，下詔不許。再奏，然後許之。

南康侍讀江泌哭子琳，淚盡，繼之以血，親視殯葬畢，乃去。

二月，魏人克宛。三月，敗齊兵于鄧城。魏人拔宛北城，房伯玉面縛出降。三月，崔慧景至襄陽，沔北五郡已没〔一〕。慧景與蕭衍及軍主劉山陽、傅法憲等帥五千餘人進行鄧城，魏數萬騎奄至，諸軍登城拒守。時將士蓐食輕行，皆有飢懼之色。慧景於南門拔軍去，諸軍不相知，相繼皆遁。山陽斷後死戰，且戰且卻，魏兵夾路射之，士卒赴溝死者相枕。山陽苦戰，魏兵乃退。諸軍皆還襄陽，魏主以十萬衆圍樊城，曹虎閉門自守，魏主去如懸瓠。

魏攻齊義陽，齊圍魏渦陽以救之。義陽圍解，齊師亦潰。魏鎮南將軍王肅攻義陽，齊裴叔業圍渦陽以救之。魏南兗州刺史孟表守渦陽，糧盡，食草木皮葉。魏主使將軍傅永、劉藻、高聰等救渦陽。叔業進擊，大破之，斬首萬級，俘三千餘人，獲器械雜畜財物以千萬計。王肅請更遣軍救渦陽，魏主曰：「少分兵則不足制敵，多分兵則禁旅有闕，卿審圖之。」義陽當止則止，當下則下，若失渦陽，卿之過也。」肅乃解義陽之圍，與統軍楊大眼、奚康生等救渦陽。叔業見魏兵盛，夜引兵退。明日，士衆奔潰，魏人追之，殺傷不可勝數。

魏中尉李彪免，僕射李沖卒。彪家世孤微，初遊代都，以李沖好士，傾心附之。沖亦重其材學，禮遇甚厚，公私汲引。及爲中尉，彈劾不避貴戚，魏主賢之，以比汲黯。彪自以結知人主，不復藉沖，稍稍疏之，唯公坐斂袂而已，無復宗敬之意，沖浸御之。及魏主南伐，彪與沖及任城王澄共掌留務。彪性剛豪，多所乖異，數與沖爭辨，形於聲色。自以身爲法官，他人莫能糾劾，事多專恣。沖不勝忿，乃積其前後過惡，上表劾之，請付廷尉。魏主覽表，歎悵久之，曰：「道固可謂溢矣，而僕射亦爲滿也。」有司處彪大辟，魏主宥之，除名而已。冲雅性温厚，及收彪之際，瞋目大呼，投折几案，詈辱肆口，遂發病荒悸，言語錯繆，醫不能療，或以爲肝裂，旬餘而卒。魏主哭之，悲不自勝。冲勤敏强力，久處要劇，終日視事，未嘗厭倦，纔四十而髮白。兄弟六人，少多忿競。及冲貴，禄賜皆與共之，更成敦睦。然多援引族姻，私以官爵，一家歲禄萬匹，人以此少之。

魏以彭城王勰爲宗師。魏以勰爲宗師，使督察宗室，有不率教者以聞。

夏，四月，齊大司馬王敬則反會稽，至曲阿敗死。齊大司馬會稽太守王敬則自以高、武舊將，心不自安。齊主外雖禮之，而内實相疑。聞其衰老，且居内地，故得少寬。敬則世子仲雄善琴，齊主以蔡邕焦尾琴借之。仲雄作懊儂歌曰：「常歎負情儂，郎今果行許。」又曰：「君行不淨心，那得惡人題！」齊主愈猜愧。會疾病，乃以張瓌爲平東將軍、吴郡太守，以防敬則。敬則聞之曰：「東今有誰，只是欲平我耳。東亦何易可平，吾終不受金罌！」金罌，謂鴆也。徐州行事謝朓，敬則子婿也。敬則子幼隆遣人告之，朓執其使以聞。敬則五官掾王公林勸敬則急送啓賜兒死，單舟星夜還都。敬則不應，召山陰令王詢問發丁可得幾人？詢稱縣丁猝不可集。敬則怒，將出斬之。公林又諫曰：「凡事皆可悔，惟此事不可悔。官詎不更思！」敬則唾其面曰：「我作事，何關汝小子！」遂舉兵反。前中書令何胤隱居若邪山，敬則欲劫以爲尚書令。長史王弄璋等諫曰：「何令高蹈，必不從。不從，便應殺之。舉大事先殺名賢，事必不濟。」乃止。胤，尚之之孫也。敬則以奉南康侯子恪爲名，子恪亡走，未知所在。始安王遥光遂勸齊主盡誅高、武子孫，於是悉召入宮。孩幼者與乳母俱入。須三更，當盡殺之。子恪徒跣自歸，二更達建陽門。而齊主眠不起，中書舍人沈徽孚與左右單景雋謀少留其事。須臾，齊主覺，景雋啓子恪已至。齊主驚問曰：「未邪？未邪？」景雋具對。齊主撫牀曰：「遥光幾誤人事！」乃賜王侯供饌，明日，悉遣還第。敬則帥實甲萬人過浙江。張瓌遣兵拒之。聞鼓聲，皆散走，瓌逃民間。敬則以舊將舉事，百姓擔篙荷鍤，隨之者十餘萬。至武進陵口，慟哭而過。曲阿令丘仲孚謂吏民曰：「賊乘勝雖鋭，而烏合易離。今若收船艦，鑿長岡埭，瀉瀆水以阻其路。得留數日，臺軍必至，如此，則大事濟矣。」以是敬則軍不得進。五月，齊主詔前軍司馬左興盛、將軍胡松等築壘於曲阿長岡。敬則急攻之，臺軍不能敵，欲退，而圍不開，各死戰。松引騎兵突其後，敬則軍大敗，斬之。是時齊主疾已篤，敬則倉猝東起，朝廷震懼。太子寶卷急裝欲走，敬則聞之，喜曰：「檀公三十六策，走爲上策。計汝父子，惟有走耳。」晉陵民以附敬則，應死者甚衆。太守王瞻言：「愚民易動，不足窮法。」許之，所全活以萬數。謝朓以功遷吏部郎，三讓不許。中書疑朓官未及讓，祭酒沈約曰：「近世小官不讓，遂成恒俗。謝今所讓，又別有意。夫讓出人情，豈關官之大小耶！」朓妻常懷刃欲刺朓，朓不敢相見。

秋，七月，魏省宮掖費用以給軍賞。魏彭城王勰表以一歲國秩、職俸、親恤裨軍國之用。魏主乃詔損皇后私府之半，六宮嬪御、五服男女供恤亦減半，在軍者三分省一，以給軍賞。

齊以蕭衍爲雍州刺史。

齊主鸞殂，太子寶卷立。齊主性猜多慮，簡於出入，竟不郊天。又深信巫覡，每出先占利害。

東出云西，南出云北。初有疾，甚祕之。至是殂，遺詔：「以徐孝嗣爲尚書令，沈文季、江祏爲僕射，江祀爲侍中，劉暄爲衛尉。軍政委陳太尉，衆事委孝嗣、遥光、坦之、江祏，大事與文季、祀、暄參懷。心膂之任可委劉悛、蕭惠休、崔慧景。」太子寶卷即位，惡靈在太極殿，欲速葬。徐孝嗣固爭，得踰月。每當哭，輒云喉痛。太中大夫羊闡入臨，無髮，俯仰幘脱，寶卷輟哭大笑，謂左右曰：「禿鶖啼來乎！」

八月，高車叛魏。九月，魏主自齊引兵還，討降之。魏發高車兵南伐。高車憚遠役，奉袁紇樹者爲主，相帥北叛。魏主遣將軍宇文福討之，大敗而還。更命江陽王繼討之。尋聞齊高宗殂，下詔稱「禮不伐喪」，引兵還，北伐高車。會得疾甚篤，彭城王勰内侍醫藥，外總軍國之務，遠近肅然，人無異議。又密爲壇於汝水之濱，告天地及顯祖，乞以身代。魏主疾有間。十一月，至鄴。江陽王繼上言：「高車頑昧，避役逃遁，若悉追戮，恐遂擾亂。請遣使推撿，斬魁首一人，餘加慰撫。若悔悟從役，即令赴軍。」從之。於是叛者往往自歸。繼先遣人慰諭樹者。樹者亡入柔然，尋自悔，相帥出降。魏主善之，曰：「江陽可大任也。」遂班師。

己卯(四九九)

齊主蕭寶卷永元元年，魏太和二十三年。

春，正月，齊遣太尉陳顯達帥師侵魏。顯達督將軍崔慧景等軍四萬擊魏，欲復雍州諸郡。魏遣將軍元英拒之。

魏主還洛陽。魏主謂任城王澄曰：「朕離京以來，舊俗少變不？」對曰：「聖化日新。」魏主曰：

「朕入城，見車上婦人猶戴帽，着小襖，何謂日新！」對曰：「着者少，不著者多。」帝曰：「任城，此何言也！必欲使滿城盡著耶？」澄與留守官皆免冠謝。

魏后馮氏有罪，退處後宮。

魏主連年在外，馮后私於宦官高菩薩。魏主還洛，收菩薩等案問，具伏。以文明太后故，不忍廢，賜后辭訣。入居後宮，諸嬪御奉之猶如后禮，惟命太子不復朝謁而已。初，馮熙以太后兄尚公主，生三女，二爲皇后，一爲昭儀，貴寵冠羣臣，賞賜累巨萬。熙爲太保，子誕爲司徒，脩爲侍中，聿爲黄門郎。侍郎崔光嘗謂聿曰：「君家富貴太盛，終必衰敗。」聿曰：「君無故詛我，何也？」光曰：「不然。物盛必衰，此天地之常理。若以古事推之，不可不慎。」後歲餘，脩以罪黜，誕、熙卒，幽后廢，聿亦擯棄，馮氏遂衰。

魏以彭城王勰爲司徒。

二月，齊師取魏馬圈、南鄉。

三月，魏主自將禦之，齊師敗績。

齊陳顯達與魏元英戰，屢破之。攻馬圈城四十日，城中食盡，突圍走。顯達入城，將士競取城中絹，遂不窮追。又遣軍進擊南鄉，拔之。魏主謂任城王澄曰：「顯達侵擾，不親行，無以制之。」遂發洛陽。崔慧景攻魏順陽，魏主遣將軍慕容平城救之。時魏主久疾，彭城王勰常居中侍醫藥，晝夜不離左右，飲食必先嘗而後進，蓬首垢面，衣不解帶。魏主以勰爲都督中外諸軍事。勰辭曰：「臣侍疾無暇，安能治軍。願更請一王，使總軍要，臣得專心醫藥。」魏主曰：「吾病如此，深慮不濟。安六軍、保社稷者，皆憑於汝，何容更請人乎！」命廣陽王嘉斷均口，邀齊兵歸路。齊兵大敗，以烏布幔盛顯達，數人擔之，間道南走。魏收軍資億計，班賜將士，追奔至漢水而還。士卒死者三萬餘人。顯達之北伐也，軍入汋均口。馮道根曰：「汋均迅急，易進難退。魏若守隘，則首尾俱急。不如悉棄船於酇城，陸道步進，列營相次，鼓行而前，破之必矣。」不從。道根以私屬從軍，及顯達夜走，道根每及險要，輒停馬指示之，衆賴以全。顯達素有威名，至是大損。御史奏免顯達官，不許，更以爲江州刺史。崔慧景亦棄順陽走還。

夏，四月，魏主弘殂于穀塘原，馮氏誅死，太子恪立。魏主疾甚，北還，至穀塘原，謂司徒勰曰：「吾病殆，必不起，天下未平，嗣子幼弱，社稷所倚，唯在於汝。霍子孟、諸葛孔明以異姓猶受顧託，況汝親賢，可不勉之！」勰泣曰：「臣以至親，久參機要，寵靈輝赫，海内莫及。今復任以元宰，總握機政。震主之聲，取罪必矣。陛下愛臣，更爲未盡始終之美。」魏主默然久之，乃手詔太子曰：「汝叔父勰，清規懋德，松竹爲心，吾百年後，其聽勰辭蟬冕，遂其冲挹之性。」又謂勰曰：「後宫久乖陰德，吾死後，可賜自盡，葬以后禮。」遂以北海王詳爲司空，王肅爲尚書令，廣陽王嘉爲左僕射，宋弁爲吏部尚書，與太尉禧、僕射澄六人輔政。四月，殂于穀塘原。高祖友愛諸弟，始終無間。嘗從容謂咸陽王禧等曰：「我後子孫邂逅不肖，汝等觀望，可輔則輔之，不可輔則取之，勿爲他人有也。」親任賢能，從善如流，精勤庶務，朝夕不倦。常曰：「人主患不能處心公平，推誠於物。能是二者，則胡、越之人，皆可使如兄弟矣。」用法嚴，於大臣無所容貸，然人有小過，常多闊略。郊廟之祭，未嘗不親其禮。每出巡遊，有司奏修道路，輒曰：「粗修橋梁，通車馬而已，勿去草剗令平也。」在淮南行兵，如在境内，禁士卒無得踐傷粟稻。或伐民樹，皆留絹償之。宮室非不得已不修，衣冠浣濯而服之，鞍勒鐵木而已。幼多力善射，及年十五，遂不復畋獵。常謂史官曰：「時事不可以不直書。人君威福在己，無能制之者。若史策復不書其惡，將何所畏忌耶！」彭城王勰與任城王澄謀，以陳顯達去尚未遠，祕不發喪，徙御卧輿，勰出入神色無異。遣使奉詔徵太子，密以凶問告留守于烈。烈處分行臺，舉止無變。太子至魯陽，遇梓宫，乃發喪，即位。以遺詔賜馮后死。東宫官屬多疑勰有異志，密防之，而勰推誠盡禮，卒無間隙。咸陽王禧至，謂勰曰：「汝此行不唯勤勞，亦實危險。」勰曰：「兄年長識高，故知有夷險。彦和握蛇騎虎，不覺艱難。」禧等聞馮后死，相謂曰：「設無遺詔，亦當去之，豈可令失行婦人，宰制天下，殺我輩也！」

魏以彭城王勰爲驃騎大將軍，都督冀、定七州軍事。魏主恪欲以彭城王勰爲相，勰屢陳遺旨，請遂素懷，魏主對之悲慟。勰懇請不已，乃以爲定州刺史。猶固辭，不許，乃之官。

魏僕射任城王澄免。澄以王肅羈旅，而位加己上，誣以謀叛，案驗不實，坐免。

魏主追尊其母高氏爲后。魏追尊皇妣高氏爲文昭皇后，配饗高祖。封后兄肇爲平原公，顯爲澄城公。數日之間，富貴赫弈。

秋，八月，齊主殺其僕射江祏、侍中江祀。始安王遥光起兵東城，右將軍蕭坦之討平之。齊主自在東宫，不好學，唯嬉戲無度。及即位，不與朝士相接，專親信宦官及左右御刀、應敕等。是時，揚州刺史始安王遥光、尚書令徐孝嗣、右僕射江祏、右將軍蕭坦之、侍中江祀、衛尉劉暄更直内省，分日帖敕。雍州刺史蕭衍聞之，謂從舅張弘策曰：「六貴同朝，勢必相圖，亂將作矣！」乃密修武備，招聚驍勇以萬數，多伐材竹，沈之檀溪，積茅如岡阜。時衍兄懿罷益州還，行郢州事。衍使弘策説懿曰：「六貴比肩，爭權相圖。主上媟近左右，慓輕忍虐，嫌忌積久，必大行誅戮。始安欲爲趙王倫，形迹已見。然性猜量狹，徒爲禍階。蕭坦之忌克陵人，徐孝嗣聽人穿鼻，江祏無斷，劉暄闇弱。一朝禍發，中外土崩。郢州控帶荆、湘，雍州士馬精强，世治則竭誠本朝，世亂則足以匡濟。若不早圖，後悔無及。」弘策又自説懿曰：「以卿兄弟英武，天下無敵。據郢、雍二州，爲百姓請命，廢昏立明，易於反掌，此桓、文之業也。勿爲豎子所欺，取笑身後。」懿不從。齊主稍欲行意，而江祏執制堅確，左右茹法珍等亦每爲所裁折，無不切齒。祏以齊主失德寖彰，議廢之，而立江夏王寶玄。劉暄嘗爲寶玄郢州行事，執事過刻。寶玄恚曰：「舅殊無渭陽情。」暄由是忌寶玄，不同祏議。謀於始安王遥光。遥光自以年長，意欲自取，以微旨動祏。祀亦以少主難保，勸祏立遥光。祏意回惑，以問蕭坦之。坦之時居喪起復，謂祏曰：「明帝立，已非次，天下至今不服。若復爲此，恐四方瓦解也。」遂還宅行喪。遥光遣所親劉渢致意於謝朓，欲引以爲黨，朓不答。頃之，遥光以朓兼衛尉，朓懼，即以其謀告左興盛。又説劉暄曰：「始安一旦南面，則劉渢、劉晏居卿今地，但以卿爲反覆人耳。」暄馳告遥光及祏，收朓付廷尉，死獄中。暄又以遥光若立，則己失元舅之尊，不肯同祏議。故祏遲疑久不決。遥光大怒，遣左右刺暄，暄覺之，遂發祏謀。齊主收祏、祀殺之，自是無所忌憚，益自恣，日夜與近習於後堂鼓叫戲馬。常以五更就寢，日晡乃起。臺閣奏案，月數十日乃報，或不知所在。五省黄案，皆爲宦者裹魚肉還家。遥光素有異志，與其弟荆州刺史遥欣密謀舉兵，將發，而遥欣卒。江祏誅，遥光懼，陽狂稱疾，不復入臺。謀舉兵以討劉暄爲名，夜遣數百人破東冶，出囚，於尚方取仗。將軍垣歷生説遥光夜攻臺，燒城門，遥光狐疑不敢出。向曉，有詔召徐孝嗣屯衛宮城，蕭坦之率臺軍討遥光。遥光遣歷生出戰，臺軍屢敗。遥光諮議蕭暢潛出，詣臺自歸，衆情大沮。垣歷生出戰，因棄矟降。至夜，城潰，遥光扶匐牀下。軍人牽出，斬之。以孝嗣爲司空，文季、坦之爲僕射。

魏南徐州刺史沈陵奔齊。魏徐州刺史京兆王愉年少，軍府事皆決於長史盧淵。淵知南徐刺史沈陵將叛，敕諸城潛爲之備。屢以聞於魏朝，不聽。陵遂殺將佐，帥宿豫之衆奔齊，濱淮諸戍以有備得全。郡縣捕送陵黨，淵撫而赦之，衆心乃安。

閏月，齊主殺其僕射蕭坦之、領軍劉暄。江祏等既敗，齊主左右捉刀、應敕之徒皆恣横用事，時人謂之「刀敕」。蕭坦之剛狠而專，嬖倖畏而憎之。至是，齊主遣兵圍其宅而殺之。茹法珍等譖劉暄有異志，齊主曰：「暄是我舅，豈應有此？」直閤徐世標曰：「明帝猶滅武帝之後，舅焉可信耶！」遂亦殺之。初，高宗臨殂，以隆昌事戒齊主曰：「作事不可在人後。」故齊主數與近習謀誅大臣，皆發於倉卒，決意不疑。於是大臣人人莫敢自保。

九月，魏主謁長陵。欲引白衣吴人茹皓同車。皓奮衣將登，給事黄門侍郎元匡進諫，帝推之使下，皓失色而退。

冬，十月，齊主殺其司空徐孝嗣、將軍沈文季。孝嗣以文士不顯同異，故名位雖重，猶得久存。中郎將許準爲孝嗣陳説事機，勸行廢立。孝嗣遲疑，須齊主出遊，閉城門，召百僚集議廢之。沈文季自託老疾，不預朝權。侍中沈昭略謂之曰：「叔父行年六十，爲員外僕射，欲求自免，豈可得乎！」文季笑而不應。至是，齊主召孝嗣、文季、昭略入華林省，使茹法珍賜以藥酒。昭略怒罵孝嗣曰：「廢昏立明，古今令典。宰相無才，致有今日！」

十二月，齊太尉陳顯達舉兵襲建康，敗死。顯達自以高、武舊將，當高宗之世，內懷危懼，深自貶損。常乘朽弊車，道從鹵簿，止用羸小者十數人。及齊主立，顯達彌不樂在建康，得江州，甚喜。有疾不治，既而自愈。聞齊主屢誅大臣，傳云當遣兵襲江州，乃舉兵，令長史庾弘遠等與朝貴書，數齊主罪惡，云：「欲奉建安王爲主。」齊主以崔慧景爲平南將軍，督衆軍擊顯達。將軍胡松據梁山，左興盛屯杜姥宅。十二月，顯達發尋陽，敗胡松於采石，建康震恐。興盛帥諸軍拒之。顯達潛軍夜渡襲宮城，不克，退走，臺軍追斬之。庾弘遠被執，臨刑索帽著之曰：「子路結纓，吾不可以不冠而死。」謂觀者曰：「吾非賊，乃是義兵，爲諸君請命耳。陳公太輕事，若用吾言，天下將免塗炭。」其子子曜抱父乞代，并殺之。齊主既誅顯達，益自驕恣，漸出遊走，又不欲人見之。每出，先驅斥所過人家，唯置空宅，犯者應手格殺。一月凡二十餘出，出輒不言定所。常以三四更中，鼓聲四出，火光照天，幡戟横路。士民震驚，啼號塞道，四民廢業，樵蘇路斷，吉凶失時，乳婦寄產，或輿病棄尸，不得殯葬。嘗至沈公城，有一婦人臨產，不能去，因剖腹視其男女。又好擔幢，侍衛滿側，逞諸變態，曾無愧色。常著織成袴褶，金薄帽，執七寶矟，急裝縛袴，乘馬馳驅，略不暇息。

魏以郭祚爲吏部尚書。王肅爲魏制官品百司，皆如江南之制。凡九品，品各有二。侍中郭祚兼吏部尚書，清謹，重惜官位。每有銓授，雖得其人，必徘徊久之，然後下筆，曰：「此人便已貴矣。」人以是多怨之。然所用者，無不稱職。

庚辰(五〇〇)

齊永元二年，魏世宗宣武帝恪景明元年。

春，正月，齊豫州刺史裴叔業以壽陽叛降于魏，魏遣司徒彭城王勰鎮之。叔業聞齊主數誅大臣，心不自安，遣人至襄陽問蕭衍曰：「天下大勢可知，恐無復自存之理。不若回面向北，不失作河南公。」衍報曰：「羣小用事，豈能及遠！唯應送家還都以安慰之。若意外相逼，當勒馬步直出橫江，以斷其後，則天下之事，一舉可定。若欲北向，彼必遣人相代。以河北一州相處，河南公寧可復得耶！」叔業沈疑未決，乃遣其子芬之入建康爲質，亦遣信詣魏豫州刺史薛真度，問以入魏可不之宜。真度勸其早降，叔業遂遣使奉表降魏。魏遣驃騎大將軍彭城王勰、將軍王肅帥步騎十萬赴之。復以彭城王勰爲司徒，領揚州刺史，鎮壽陽。叔業尋卒。

三月，齊巴西亂，討平之。

魏敗齊師于壽陽，遂取合肥、建安。齊豫州刺史蕭懿遣司馬陳伯之等泝淮而上，以逼壽陽。魏彭城王勰、王肅擊，大破之，進攻合肥，擒齊將李叔獻。統軍宇文福言於勰曰：「建安，淮南重鎮，彼此要衝。得之則義陽易圖，不得則壽陽難保。」勰然之，使福攻建安，建安降。

夏，四月，齊遣將軍崔慧景將兵討壽陽。慧景還兵，奉江夏王寶玄，逼建康，兵敗皆死。齊主遣平西將軍崔慧景將水軍討壽陽，自出送之，召慧景單騎而進，裁交數言，拜辭而去。既出，喜甚。

過廣陵數十里，會諸軍主曰：「吾荷三帝厚恩，當顧託之重。幼主昏狂，朝廷壞亂，危而不扶，責在今日。欲與諸君共建大功，以安社稷，何如？」衆皆響應。於是還軍向廣陵，司馬崔恭祖納之。齊主遣左興盛督諸軍以討之。慧景濟江，遣使奉江夏王寶玄爲主。寶玄斬其使，而密與相應，分部軍衆，隨慧景向建康。攻竹里，拔之。萬副兒說慧景曰：「今平路皆爲臺軍所斷，不可議進。惟宜從蔣山龍尾上，出其不意耳。」慧景從之，分遣千餘人，魚貫緣山，自西巖夜下，鼓叫臨城，臺軍驚散。宮門閉，慧景引衆圍之。左興盛走逃淮渚，慧景擒殺之。時豫州刺史蕭懿將兵在小峴，齊主遣密使告之。懿方食，投箸而起，自採石濟江。恭祖先勸慧景遣二千人斷西岸兵，令不得度。不從。至是請擊懿軍，又不許。獨遣崔覺將數千人渡南岸，戰敗。恭祖掠得東宮女伎，覺逼奪之。恭祖積忿恨，詣城降，衆心離壞。慧景將腹心數人潛去，從者於是稍散，爲人所殺。寶玄逃亡，數日乃出，齊主殺之。初，慧景欲交處士何點，點不顧。及圍建康，逼召點，點往赴之，日談佛義，不及軍事。慧景敗，齊主欲殺點，蕭暢曰：「點若不誘賊共講，未易可量。以此言之，乃應得封。」齊主乃止。點，胤之兄也。

齊以蕭懿爲尚書令。

齊曲赦建康、徐、兗。先是，崔慧景既平，詔赦其黨。而嬖倖用事，誣富家爲賊黨，殺而籍其貲。或謂中書舍人王咺之曰：「赦書無信，人情大惡。」咺之曰：「正當復有赦耳。」由是再赦。而嬖倖貪虐如初。是時齊主所寵左右凡三十一人，黃門十人。直閤徐世摽素被委任，其黨茹法珍、梅蟲兒等與之爭權，譖殺之。自是二人用事，並爲外監，口稱詔敕。王咺之專掌文翰，與相唇齒。齊主呼所幸潘貴妃父寶慶及法珍爲阿丈，蟲兒及營兵俞靈韻爲阿兄。數往諸刀敕家遊宴。寶慶恃勢作姦，富人悉誣以罪，延及親鄰，皆盡殺其男口。奄人王寶孫年十三四，號「倀子」，最有寵，參預朝政，咺之、蟲兒之徒亦下之。控制大臣，移易詔敕，乃至騎馬入殿，詆訶天子，公卿見之，莫不攝息焉。

秋，八月，齊攻魏壽陽，魏人擊敗之，遂取淮南地。初，齊將軍陳伯之再攻壽陽，魏彭城王勰拒之。汝陰太守傅永將郡兵救壽陽。伯之防淮口甚固，永去淮口二十餘里，牽船上汝水南岸，直南趣淮，夜進入城。勰喜甚，曰：「吾北望已久，恐洛陽難可復見，不意卿能至也。」令永引兵入城，永曰：「永來欲以卻敵，若如教旨，乃是與殿下同受攻圍，豈救援之意！」遂軍於城外。至是勰與永并勢，擊伯之於肥口，大破之。伯之遁還，淮南遂入于魏。魏主召勰還，以王肅爲揚州刺史。

齊後宮火。齊後宮火。時嬖倖之徒，皆號爲鬼。有趙鬼者，能讀西京賦，言於齊主曰：「柏梁既災，建章是營。」齊主乃大起芳樂、玉壽等諸殿，以麝塗壁，刻畫裝飾，窮極綺麗。役者自夜達曉，猶不副速。後宮服御，極選珍奇，鑿金爲蓮華以帖地，令潘妃行其上，曰：「此步步生蓮華也。」嬖倖因緣爲姦利，課一輸十，百姓困盡，號泣道路。

冬，十月，齊主殺其尚書令蕭懿。蕭懿之入援也，蕭衍使所親馳説懿曰：「誅賊之後，則有不賞之功。當明君賢主，尚或難立，況於亂朝，何以自免！若賊滅之後，勒兵入宮，行伊、霍故事，此萬世一時也。如其不爾，便託外拒，遂還歷陽。若但放兵，受其厚爵，高而無民，必生後悔。」長史徐曜甫亦苦勸之，懿並不從。崔慧景死，懿爲尚書令，弟暢爲衛尉，掌管籥。時齊主出入無度，或勸懿因其出門，舉兵廢之。懿不聽。嬖臣茹法珍等憚懿，說齊主曰：「懿將行隆昌故事。」齊主然之。曜甫知之，密具舟江渚，勸懿奔襄陽。懿曰：「自古皆有死，豈有叛走尚書令耶！」至是，齊主賜懿藥於省中，懿且死，曰：「家弟在雍，深爲朝廷憂之。」懿弟姪皆亡匿於里巷，無人發之者，惟融捕得，被誅。

魏以彭城王勰爲司徒，録尚書事。勰雅好恬素，不樂勢利。高祖重其事幹，故委以權任，雖有遺詔，復爲魏主所留。固辭，不免。常悽然歎息。勰爲人美風儀，好文史，小心謹慎，未嘗有過。雖閑居獨處，亦無惰容。愛敬儒雅，傾心禮待。清正儉素，門無私謁。

十一月，齊雍州刺史蕭衍起兵襄陽，行荆州事蕭穎胄亦以南康王寶融起兵江陵。初，齊主疑衍有異志，使直後鄭植往刺之。衍知之，置酒於其弟寧蠻長史紹叔家，謂曰：「朝廷遣卿見圖，今日乃可取，良會也。」及聞懿死，夜召張弘策等入宅定議。明日，集僚佐謂曰：「昏主暴虐，當與卿等共除之！」是日，建牙集衆，得甲士萬餘人，馬千餘匹，船三千艘。出檀溪竹木裝艦，葺之以茅，事皆立辦。時南康王寶融爲荆州刺史，長史蕭穎胄行府州事，齊主遣將軍劉山陽就穎胄兵襲襄陽。衍知其謀，遣參軍王天虎詣江陵，徧與州府書，聲云：「山陽西上，并襲荆、雍。」穎胄疑未決。山陽至巴陵，衍復令天虎齎書與穎胄及其弟穎達，謂張弘策曰：「用兵之道，攻心爲上。近天虎往，人皆有書。今段乘驛，止有兩函與行事兄弟，云『天虎口具』，彼間人問天虎而無所説，必謂行事與天虎共隱其事，則行事進退無以自明，必入吾謀内。是馳兩空函，定一州矣。」山陽果遲回不上，穎胄大懼，夜呼參軍席闡文、柳忱，閉齋定議。闡文曰：「蕭雍州蓄養士馬，非復一日，必不可制。就能制之，歲寒復不爲朝廷所容。今若殺山陽，與雍州舉事，立天子以令諸侯，則霸業成矣。山陽既不信我，今斬送天虎，則彼疑可釋。至而圖之，罔不濟矣。」忱曰：「朝廷狂悖日滋，雍州之事，且藉以相斃耳。獨不見蕭令君乎？前事之不忘，後事之師也。」穎達亦勸穎胄從闡文等計。詰旦，穎胄謂天虎曰：「卿與劉輔國相識，今不得不借卿頭！」乃斬天虎送山陽，山陽大喜，單車詣穎胄。穎胄伏兵斬之。乃以南康王寶融教纂嚴，以蕭衍都督前鋒，穎胄都督行留諸軍事。穎胄有器局，既舉大事，虛心委己，衆情歸之。送劉山陽首於蕭衍，且言年月未利，當須明年二月進兵。衍曰：「舉事之初，所藉者一時驍鋭之心。事事相接，猶恐疑怠。若頓兵十旬，糧用自竭。若童子立異，則大事不成。況處分已定，安可中息哉！昔武王伐紂，行逆太歲，豈復待年月乎！」遂表勸寶融稱尊號，不許。十二月，穎胄及司馬夏侯詳移檄建康州郡，數齊主及梅蟲兒、茹法珍罪惡。遣將軍楊公則向湘州，參軍鄧元起向夏口。夏侯詳之子亶爲殿中主帥，自建康亡歸，稱奉宣德太后令：「南康王纂承皇祚，方俟清宮，未即大號。可封十郡爲宣城王、相國、荆州牧，選百官。」太后，海陵王之母也，廢居宣德宮，故亶假而稱之。竟陵太守曹景宗遣人説衍迎寶融，正尊號，然後進軍。衍不從。王茂謂張弘策曰：「今以南康置人手中，彼挾天子以令諸侯，節下前進爲人所使，此豈他日之長計乎！」弘策以告，衍曰：「若前塗大事不捷，故自蘭艾同焚。若其克捷，則威振四海，誰敢不從，豈碌碌受人處分者耶！」初，陳顯達、崔慧景之亂，上庸太守韋叡曰：「陳雖舊將，非命世才。崔頗更事，懦而不武，其赤族宜矣。定天下者，殆必在吾州將乎？」乃遣二子自結於蕭衍。及衍起兵，叡帥郡兵二千倍道赴之。馮道根居母喪，亦帥鄉人子弟來赴。齊主聞劉山陽死，詔將軍薛元嗣等將兵運糧百四十餘船〔二〕，送郢州刺史張沖，使拒西師。又使將軍房僧寄守魯山。

辛巳（五〇一）

齊和帝寶融中興元年，魏景明二年。

春，正月，齊南康王寶融稱相國，蕭衍發襄陽。齊南康王稱相國，以蕭穎胄爲左長史，蕭衍爲征東將軍。蕭衍發襄陽，留弟偉總府州事，憺守壘城。

魏彭城王勰歸第。以咸陽王禧爲太保，北海王詳爲大將軍、録尚書事，于烈爲領軍。魏太尉咸陽王禧不親政務，驕奢貪淫，魏主惡之。禧遣奴就領軍于烈求羽林虎賁，烈以無詔拒之。禧復遣謂曰：「我天子叔父，身爲元輔，有所求須，與詔何異！」烈厲色曰：「烈非不知王之貴也，奈何使私奴索天子羽林！烈頭可得，羽林不可得！」禧怒，以烈爲恒州刺史。烈遂稱疾不出。北海王詳密以禧過惡白帝，且言彭城王勰大得人情，不宜久輔政。帝然之。詔勰以王歸第，禧進位太保，詳爲大將軍、録尚書事。復以于烈爲領軍，軍國大事皆得參焉。魏主時年十六，不能親決庶務，委之左右。於是倖臣茹皓、趙脩及外戚高肇等始用事，魏政浸衰。脩尤親幸，旬月間，累遷至光禄卿。每遷官，魏主親至其宅設宴，王公皆從。

二月，齊蕭衍圍郢城。齊蕭衍至竟陵，命王茂、曹景宗爲前軍。至漢口，諸將議併兵圍郢，分兵襲西陽、武昌。衍曰：「漢口不闊一里，箭道交至，房僧寄以重兵固守，與郢城爲掎角。若悉衆前進，僧寄必絶我軍後。不若遣王、曹諸軍濟江，與荆州軍合，以逼郢城。吾自圍魯山，以通沔、漢，使鄖城、竟陵之粟方舟而下，江陵、湘中之兵相繼而至，兵多食足，何憂兩城之不拔！天下之事，可以卧取之耳。」乃使茂等濟江，張冲遣兵迎戰，茂等擊破之，冲嬰城自守。景宗遂據石橋浦，連軍相續，下至加湖。衍築漢口城以守魯山，楊公則舉湘州之衆會于夏口。蕭穎胄命荆州諸軍皆受公則節度，以劉坦行湘州事。坦先嘗在湘州，多舊恩，迎者屬路。下車，選吏詣十郡，發民運租米三十餘萬斛以助荆、雍之軍，由是資糧不乏。三月，張冲病卒，將軍薛元嗣與冲子孜、内史程茂等共守郢城。

三月，齊相國南康王寶融廢其君寶卷爲涪陵王而自立。齊南康王寶融即位於江陵，改元。以蕭穎胄爲尚書令，荆州刺史蕭衍爲左僕射、征東大將軍、都督征討諸軍、假黄鉞，夏侯詳爲中領軍。封庶人寶卷爲涪陵王。寶卷以陳伯之爲江州刺史，西擊荆、雍。四月，蕭衍出沔，命王茂等逼郢城。薛元嗣不敢出，諸將欲攻之，衍不許。

夏，五月，魏咸陽王禧謀反，伏誅。魏主既親政事，嬖倖擅權。禧意不自安，與妃兄李伯尚、氐王楊集始等謀反。會魏主出獵北邙，禧欲發兵，衆情不壹，至晡遂散。集始既出，即馳至北邙告之。魏主倉猝不知所爲，左中郎將于忠曰：「臣父留守，必無所慮。」魏主遣忠馳觀之，于烈已分兵嚴備，使忠還奏曰：「此屬猖狂，不足爲慮，願陛下清蹕徐還，以安物望。」魏主遂還。烈遣直閤叔孫侯擒之〔三〕，賜死於第。以其家財分賜高肇、趙脩之家及中外百官。魏主以禧無故而反，由是益疏忌宗室。

齊巴東、巴西郡遣兵擊荆州。巴西太守魯休烈、巴東太守蕭惠訓不從蕭穎胄之命，惠訓遣子璝將兵擊穎胄，穎胄遣劉孝慶屯峽口拒之。

齊涪陵王遣軍救郢州，屯加湖。

齊涪陵王寶卷遣軍主吳子陽、陳虎牙等救郢州，屯巴口。六月，西臺遣席闡文勞蕭衍軍，齎蕭穎胄等議謂衍曰：「今頓兵兩岸，不併軍圍郢，定西陽、武昌，取江州，此機已失。莫若請救於魏。」衍曰：「漢口路通荆、雍，控引秦、梁，糧運資儲，仰此氣息。所以兵壓漢口，連結數州。今若併軍圍郢，又分兵前進，魯山必阻沔路〔四〕，搤吾咽喉。糧運不通，自然離散，何以持久？鄧元起欲以三千兵往取尋陽，彼若知機，一説士足矣。脱距王師，固非三千兵所能下也。進退無據，未見其可。西陽、武昌，取之即得。然既得之後，即應鎮守，不減萬人，糧儲稱是，卒無所出。脱東軍有上者，以萬人攻一城，兩城勢不得相救。若我分軍應援，則首尾俱弱。如其不遣，孤城必陷，一城既没，相次土崩，大事去矣。若郢州既拔，席卷沿流，西陽、武昌自然風靡。丈夫舉事，欲清天步，擁數州之兵以誅羣小，懸河注火，奚有不滅！豈容北面請救戎狄，以示弱於天下！卿爲我輩白鎮軍，前途攻取，但以見付，但借鎮軍靖鎮之耳。」子陽等進軍加湖，去郢三十里，築壘自固。房僧寄病卒，衆推軍主孫樂祖代守魯山。

秋，七月，齊雍州刺史張欣泰謀立建安王寶寅，不克而死。

齊涪陵王寶卷作芳樂苑，山石皆塗以五采。望民家有好樹美竹，則毁墻撤屋而徙之。於苑中立市，使宫人宦者共爲裨販，以潘貴妃爲市令，自爲録事，小有得失，妃則與杖。又好巫覡，左右詐云見先帝大嗔，不許數出。寶卷大怒，拔刀尋之，既不見，乃縛菰爲高宗形，北向斬之，縣首苑門。雍州刺史張欣泰與弟欣時密謀結胡松及王靈秀、鴻選等誅諸姦倖，廢寶卷。會寶卷遣中書舍人馮元嗣救郢，茹法珍、梅蟲兒、李居士、楊明泰送之於中興堂。欣泰等使人於坐殺元嗣，傷明泰、蟲兒〔五〕，居士、法珍等散走。靈秀詣石頭迎建康王寶寅向臺城，百姓數千人皆空手隨之。欣泰聞事作，馳入宮。會法珍得返，閉門上仗，鴻選亦不敢發。寶寅至杜姥宅，日已暝，人皆潰去。寶寅亦逃，三日乃出，寶卷復其爵位。欣泰與胡松皆被誅。

齊蕭衍克加湖，魯山、郢城降。齊蕭衍使王茂、曹仲宗等乘水漲襲加湖，加湖潰，於是郢、魯二城相視奪氣。魯山乏糧，將奔夏口，蕭衍斷其走路，孫樂祖以城降。程茂、薛光嗣亦以郢城降。郢城之初圍也，士民男女近十萬口。閉門二百餘日，疾疫流腫，死者什七八。茂、元嗣議降，使張孜爲書與衍。張冲故吏房長瑜曰：「前使君忠貫昊天，郎君但當坐守畫一以荷祈薪。若天運不與，當幅巾待命，下從使君。今從諸人之計，非惟郢州士女失高山之望，亦恐彼所不取也。」孜不能用。蕭衍以韋叡行郢府事，收瘞死者而撫其生者，郢人遂安。諸將欲頓軍夏口，衍以爲宜乘勝直指建康，張弘策、庾域亦以爲然。衍命衆軍即日上道。緣江至建康，凡磯浦村落，軍行宿次，立頓處所，弘策逆爲圖畫，如在目中。

魏揚州刺史安國侯王肅卒。初，肅以父死非命，四年不除喪。高祖曰：「三年之喪，賢者不敢過。」命肅以祥禫之禮除喪。然肅猶素服，不聽樂終身。至是卒於壽陽，謚曰宣簡。

齊殺其寧朔將軍崔偃。崔慧景之死也，其少子偃逃潛得免。及西臺建，以偃爲寧朔將軍。偃上書曰：「臣惟高宗之孝子忠臣而昏王之賊臣亂子者，江夏王與陛下，先臣與鎮軍是也。雖成敗異術，而所由同方。陛下初登至尊，與天合符。天下纖芥之屈，尚望陛下申之，況先帝之子、陛下之兄，所行之道，即陛下所由哉！此尚不恤，其餘何冀！豈可幸小民之無識而罔之，若使曉然知其情節，相帥而逃，陛下將何以應之哉！」事寢不報。偃又上疏曰：「近冒陳江夏之冤，非敢以父子之親而傷至公之義，誠不曉聖朝所以然之意。若以狂主雖狂，而實是天子；江夏雖賢，而實是人臣。先臣奉臣逆君爲不可，未審今之嚴兵勁卒方指象魏者，其故何哉！臣謹案鎮軍將軍臣穎胄、中領軍臣詳，皆社稷之臣也。同知先臣股肱江夏，匡濟王室，天命未遂，主亡與亡，而不爲陛下瞥然一言。知而不言，不忠；不知而不言，不智。臣言畢矣，乞就湯鑊。然先臣之忠，有識所知，南、董之筆，千載可期，亦何待陛下屈申而爲褒貶！顧小臣惓惓之愚，爲陛下計耳。」齊主優詔報之，尋收下獄，殺之。

八月，齊蕭衍克尋陽。初，齊涪陵王寶卷遣陳伯之鎮江州，以爲吳子陽等聲援。子陽等既敗，蕭衍曰：「用兵未必須實力，所聽威聲耳。今陳虎牙狼狽奔歸，尋陽人情理當恟懼，可傳檄而定也。」乃命搜囚俘，得伯之幢主蘇隆之，厚加賜與，使説伯之，許即用爲江州。隆之返命，雖許歸附，而云大軍未須遽下。衍曰：「伯之意首鼠，及其猶豫，急往逼之，勢不得不降。」乃引兵下至尋陽，伯之東甲請罪。初，巴東之亂，司馬席恭祖不從見殺。至是，其子謙爲新蔡太守，從伯之鎮尋陽，聞衍東下，曰：「我家世忠貞，有隕不二。」伯之殺之。衍以伯之爲江州刺史，虎牙爲徐州刺史。

齊巴東、西軍至上明。齊魯休烈、蕭璝破峽口，進至上明，江陵大震。蕭穎胄恐，馳告蕭衍，令遣楊公則還援根本。衍曰：「公則泝流上江陵，何能及事！休烈等烏合之衆，尋自退散，政須少時持重耳。良須兵力，兩弟在雍，指遣往徵，不爲難至。」穎胄乃遣蔡道恭拒璝。

九月，齊蕭衍引兵東下。齊主寶融詔蕭衍若定京邑，得以便宜從事。衍留鄭紹叔守尋陽，引兵東下，謂曰：「卿，吾之蕭何、寇恂也。」比克建康，紹叔督江、湘糧運，未嘗乏絶。

魏築洛陽諸坊。魏司州牧廣陽王嘉請築洛陽三百二十三坊，各方三百步，曰：「雖有暫勞，姦盜永息。」詔發畿内夫五萬人築之，四旬而罷。

魏立后于氏。烈弟勁之女也。

冬，十月，齊蕭衍圍建康。衍既克江、郢，涪陵王寶卷遊騁如故。聞至近道，乃聚兵爲固守之計。衍遣曹景宗等進頓江寧。李居士自新亭選精騎薄之，景宗奮擊，破之。因乘勝而前，新亭城主江道林引兵出戰，被擒。衍至新林，遣呂僧珍據白板橋。李居士帥鋭卒萬人直來薄壘，僧珍曰：「吾衆少，不可逆戰。可勿遥射，須至塹裏，當并力破之。」俄而皆越塹拔柵，僧珍分人上城，矢石俱發，自帥馬步三百人出其後，城上人復踰城而下，内外奮擊，居士敗走。衍諸弟皆自建康自拔赴軍。十月，寶卷遣將軍王珍國、胡虎牙將精兵十萬陳於朱雀航南，王寶孫持白虎幡督戰，開航背水，以絶歸路。衍軍小卻，王茂下馬，單刀直前，其甥韋欣慶執鐵纏矟以翼之，衝擊東軍，應時而陷。曹景宗縱兵乘之，呂僧珍縱火焚營，將士皆殊死戰，鼓譟震天地。珍國等不能抗，寶孫切罵諸將，將軍席豪發憤，突陳而死。軍遂大潰，衍軍長驅至宣陽門，諸將移營稍前。寶卷將軍徐元瑜以東府城降，李居士以新亭降。衍鎮石頭，寶卷閉門自守，衍命諸軍築長圍守之。遣弟秀鎮京口，恢鎮破墩，從弟景鎮廣陵。

十一月，魏以北海王詳爲司徒。初，詳欲奪彭城王勰司徒，故譖而黜之。又以司空長史于忠鯁直，忿之。忠曰：「人生自有定分，若應死於王手，避亦不免。若其不爾，王不能殺！」忠以討咸陽王禧功，封魏郡公，遷武衛將軍。詳因忠表讓，勸魏主詔停其封，優進太府卿。

齊尚書令蕭穎胄卒。穎胄以蕭璝與蔡道恭相持不決，憂憤而卒。夏侯詳祕之，徵兵雍州，蕭憺將兵赴之。璝等亦聞建康已危，衆懼而潰，及魯休烈皆降。詳乃發穎胄喪，贈丞相，謚獻武。於是衆望盡歸於衍。詳請與憺共參軍國，詔以詳爲僕射、荆州刺史，憺行府州事。

魏以任城王澄都督淮南軍事。魏鎮南將軍元英上書曰：「蕭寶卷驕縱日甚，虐害無辜。其雍州刺史蕭衍掃土興兵，順流東下，唯有孤城，更無重衛，乃皇天授我之日，曠載一逢之秋。此而不乘，將欲何待！臣乞躬帥步騎三萬，直指沔陰，據襄陽之城，斷黑水之路。長驅南出，進拔江陵，則三楚可收，岷、蜀斷絶。又命揚、徐聲言俱舉，建業窮蹙，文軌可齊。一爽此期，則并吞無日矣。」不報。車騎大將軍源懷亦言：「廣陵、淮陰觀望得失，宜東西齊舉，以成席卷之勢。若使蕭衍克濟，上下同心，豈惟後圖之難，亦恐揚州危逼。何則？壽春之去建康纔七百里，彼若内外無虞，君臣分定，乘舟藉水，倏忽而至，未易當也。」魏主乃以任城王澄爲都督淮南諸軍事、揚州刺史，使爲經略。既而不果。懷，賀之子也。

魏東豫州刺史田益宗侵齊，戰于赤亭，齊人敗績。魏東豫州刺史田益宗上表曰：「蕭氏君臣交爭，無暇外維州鎮。請使兩荆之衆，西擬隨、雍，揚州之卒頓于建安，二豫之軍，直據南關，不過十旬，克之必矣。」元英又奏：「義陽孤絶，密邇王土。若失此不取，恐爲深患。」魏主從之。益宗遂侵齊，齊建寧太守黄天賜與戰，敗績。

十二月，齊人弒涪陵王寶卷。蕭衍入建康，以太后令，追廢寶卷爲東昏侯，自爲大司馬，承制。

齊崔慧景之逼建康也，涪陵王寶卷拜蔣子文神爲鍾山王。及衍至，又尊爲靈帝，迎入後堂，使巫禱祝。悉以軍事委王珍國。時城中實甲猶七萬人，寶卷常於殿中騎馬出入，以金銀爲鎧冑，飾以孔翠。晝眠夜起，一如平常。及長圍既立，屢戰不勝，尤惜金錢，不肯賞賜。雕鏤雜物，倍急於常。衆情怨怠，皆思早亡，莫敢先發。法珍、蟲兒説寶卷曰：「大臣不留意，使圍不解，宜悉誅之。」珍國及其副張稷懼禍，謀弑寶卷。使後閤舍人錢彊夜開雲龍門，珍國、稷引兵入殿，御刀豐勇之爲内應。寶卷方在含德殿作笙歌，兵入，斬之。稷召僕射王亮等令百僚署牋，以黄油裹寶卷首，遣博士范雲等送詣石頭。右衛將軍王志歎曰：「冠雖弊，何可加足！」取庭中樹葉挼服之，僞悶，不署名。衍覽牋無志名，心嘉之。志，僧虔之子也。衍與雲有舊，即留參幃幄。亮在朝以依違取容。衍至新林，百僚皆間道送款，亮獨不遣。城中出者，多被劫剥。楊公則獨率麾下親衛送之，衍使張弘策先入清宫，封府庫圖籍。時城内珍寶委積，弘策禁勒部曲，秋毫無犯。收潘妃及法珍、蟲兒、晅之等四十一人，皆以屬吏。以宣德太后令，追廢寶卷爲東昏侯。以衍爲大司馬、録尚書事，依晉武陵王遵承制故事，百僚致敬。以王亮爲長史。衍入屯閲武堂，下令大赦。凡昏制謬賦、淫刑濫役，悉皆除盪。潘妃有國色，衍欲留之，以問領軍王茂。茂曰：「亡齊者此物，留之恐貽外議。」乃并法珍等誅之。以宫女二千分賚將士。

齊大司馬衍執豫州刺史馬仙琕、吴興太守袁昂，既而釋之。

齊蕭衍之東下也，豫州刺史馬仙琕擁兵不附，衍使其故人姚仲賓説之，仙琕先爲設酒，乃斬於軍門以徇。衍圍宫城，州郡皆請降，吴興太守袁昂獨拒之不受命。昂，顗之子也。衍使江革爲書與昂曰：「竭力昏主，未足爲忠。家門屠滅，非所謂孝。豈若翻然改圖，自招多福。」昂復書曰：「一餐微施，尚復投隕。況食人之禄，而頓忘一旦，非惟物議不可，亦恐明公鄙之。所以躊躇，未遑薦璧。」武康令傅暎謂昂曰：「昔太尉遭元嘉之禍，開闢未有，故殺身以明節。司徒當寄託之重，理無苟全，故不顧夷險，以徇名義。今嗣主昏虐不悛，荆、雍協舉，天人之意，亦可知矣。願明府深慮，無取後悔。」及建康平，衍使豫州刺史李元履巡撫東土，敕曰：「袁昂道素之門，世有忠節，天下須共容之，勿以兵威陵辱。」元履至，宣衍旨。昂亦不請降，開門撤備而已。仙琕聞臺城不守，號泣謂將士曰：「我受人任寄，義不容降，君等皆有父母。我爲忠臣，君爲孝子，不亦可乎！」乃悉遣兵出降，餘壯士數十，閉門獨守。俄而兵入，仙琕令士皆持滿，兵不敢近。日暮，仙琕乃投弓曰：「諸君但來見取，我義不降。」乃檻送石頭。衍釋之，使待袁昂至俱入，曰：「令天下見二義士。」皆厚遇之。

齊大司馬衍入鎮殿中。

齊始興内史王僧粲襲湘州，不克。僧粲自稱湘州刺史，引兵襲長沙。去城百餘里，長沙人皆欲走，行事劉坦悉聚其舟焚之，遣軍拒僧粲。戰數不利，前鎮軍鐘玄紹刻日翻城應僧粲，坦聞其謀，陽爲不知，因理訟至夜，而城門遂不閉以疑之。玄紹未發，明旦，詣坦問其故。坦久留與語，密遣親兵收其家書，具得本末。於坐斬之，焚其文書，餘黨無所問，州郡遂安。建康平，楊公則還州，僧粲等散走。公則克己廉慎，輕刑薄賦，頃之，湘州户口幾復其舊。

壬午（五〇二）

齊中興二年，梁高祖武帝蕭衍天監元年，魏景明三年。是歲齊亡梁代〔六〕。

春，正月，齊大司馬衍迎宣德太后入宮稱制。二月，衍自爲相國，封梁公，加九錫。

初，衍與范雲、沈約、任昉同在竟陵王西邸，至是，引雲爲諮議，約爲司馬，昉爲記室，參謀議。謝朏、何胤先棄官居家，衍奏徵爲軍諮祭酒，朏、胤皆不至。衍内有受禪之志，沈約進曰：「齊祚已終，明公當承其運，雖欲謙光，不可得已。」衍曰：「吾方思之。」約曰：「公初建牙樊、沔，此時應思。今王業已成，何所復思！若天子還都，公卿在位，則君臣分定，無復異心，豈復有人方更同公作賊！」衍然之，召雲等告之。雲對略同約旨，衍曰：「卿明早將休文更來。」雲出，語約，約曰：「卿必待我！」雲許諾，而約應期入。衍命草具其事，約乃出懷中詔書并諸選置。雲至殿門，不得入，約出，問曰：「何以見處？」約舉手向左，雲笑曰：「不乖所望。」有頃，大司馬召雲入，曰：「我起兵三年矣，諸將不爲無功，然成帝業者，卿二人也。」乃詔進衍位相國、揚州牧，封十郡爲梁公，備九錫，置百司。

梁公衍殺齊湘東王寶晊。

寶晊頗好文學，衍忌之，稱其謀反，并其弟寶覽、寶宏皆殺之。

梁以沈約爲僕射，范雲爲侍中。

梁公衍納東昏余妃，頗妨政事。范雲以爲言，未從。雲與將軍王茂同入見，雲曰：「昔沛公入關，婦女無所幸，此范增所以畏其志大也。今明公始定建康，海内想望風聲，奈何襲亂亡之迹，以女德爲累乎！」茂起拜曰：「雲言是也。公必以天下爲念，不宜留此。」梁公默然。雲即請以余氏賚茂，梁公許之，賜雲、茂錢各百萬。

梁公衍進爵爲王。

三月，梁王衍殺齊邵陵王寶攸等三人，鄱陽王寶寅出奔魏。衍殺齊邵陵王寶攸、晉熙王寶嵩、桂陽王寶貞。鄱陽王寶寅穿墻夜出，遁匿山澗，晝伏宵行，抵壽陽之東城。魏戍主杜元倫馳告任城王澄，澄以車馬侍御迎之〔七〕，待以客禮。寶寅請喪君斬衰之服，澄以喪兄齊衰之服給之。仍帥官僚赴弔，寶寅居處有禮，澄深器重之。

齊主發江陵，以蕭憺都督荆、湘六州軍事。齊主東歸，以蕭憺爲荆州刺史。荆州軍旅之後，公私空乏，憺厲精爲治，廣屯田，省力役，存問兵死之家，供其乏困。自以少年居重任，謂佐吏曰：「政之不臧，士君子所宜共惜。吾今開懷，卿其無隱！」於是人人得盡意，民有訟者皆立前待符教，決於俄頃，曹無留事。荆人大悅。

夏，四月，梁王衍稱皇帝，廢齊主爲巴陵王，遷太后于別宮，封拜其功臣有差。齊主至姑孰，下詔禪位于梁。四月，宣德太后遣尚書令亮等奉璽綬詣梁宮。梁王即位于南郊，贈兄懿爲丞相，封長沙王，謚曰宣武。奉和帝爲巴陵王，宫于姑孰。奉宣德太后爲齊文帝妃，封文武功臣車騎將軍夏侯詳等十五人爲公侯。以王亮爲尚書令，王瑩爲中書監，沈約爲僕射，范雲爲吏部尚書。

梁主衍弑巴陵王于姑孰，齊御史中丞顏見遠死之。梁主欲以南海郡爲巴陵國，徙王居之。沈約曰：「不可慕虚名而受實禍。」梁主頷之，乃遣所親鄭伯禽詣姑孰，以生金進王。王曰：「我死不須金，醇酒足矣。」乃飲沉醉，伯禽就摺殺之。王之鎮荆州也，琅邪顏見遠爲録事參軍。及即位，爲御史中丞，既禪位，見遠不食數日而卒。梁主聞之曰：「我自應天從人，何預天下士大夫事，而顏見遠乃至於此！」

梁立贖刑條格。

梁以蕭寶義爲巴陵王。寶義幼有廢疾，不能言，故獨得全。使奉齊祀。齊南康侯子恪及弟祁陽侯子範嘗因事入見，梁主從容謂曰：「天下公器，非可力取，苟無期運，終必敗亡。宋孝武性猜忌，兄弟粗有令名者皆酖之，朝臣以疑似枉死者相繼。然或疑而不能去，或不疑而卒爲患。我初平建康，人皆勸我除卿輩以壹物心，於時行之，誰謂不可！正以江左以來，代謝之際，必相屠滅，感傷和氣，所以國祚不長。又，我與卿宗屬未遠，情同一家，豈可遽如路人！且建武塗炭卿門，我起義兵，非惟自雪門耻，亦爲卿兄弟報仇。自取天下於明帝家，非取之於卿家也。曹志，魏武之孫，爲晉忠臣。況卿今日猶是宗室，我方坦然相期，卿無復懷自外之意。」子恪兄弟凡十六人，皆仕梁清顯，竟以壽終。

梁徵謝朏、何胤、何點，不至。梁徵謝朏、何胤爲光禄大夫，何點爲侍中，胤、點終不就。

梁置謗木、肺石函。梁主詔：「公車府謗木、肺石傍各置一函，若肉食莫言，欲有横議，投謗木函。若有功勞才器冤沈莫達者，投肺石函。」梁主身服浣濯之衣，常膳唯以菜蔬。每簡長吏，務選廉平，皆召見於前，勗以政道。小縣令有能，遷大縣；大縣有能，遷二千石。由是廉能莫不知勸。

魏滅魯陽蠻。魯陽蠻圍魏湖陽，將軍李崇擊破之。徙萬餘户於幽、并六鎮，尋叛南走，所在追討，比及河，殺之皆盡。

五月，盗入梁宫，捕得，伏誅。齊東昏侯嬖臣孫文明等夜帥其徒作亂，燒神虎門、總章觀，殺衛尉張弘策。軍司馬呂僧珍以宿衛兵拒之，不能卻。將軍王茂、張惠紹引兵赴救，討捕，悉誅之。

梁江州刺史陳伯之反，兵敗奔魏。伯之目不識書，與奪決於主者。鄧繕有舊恩於伯之，伯之以爲別駕。河南褚緭居建康，素薄行，仕宦不得志，頻造尚書范雲，雲不之禮。緭怒，投伯之，大見親狎。伯之又以朱龍符爲參軍，並乘伯之愚闇，恣爲姦利。梁主遣人代繕，伯之不受命。繕於是日夜説伯之反，緭等共贊成之。伯之乃集府州僚佐謂曰：「奉齊建安王教，帥江北義勇十萬，已次六合。我荷明帝厚恩，誓死以報。」即命纂嚴，使緭詐爲蕭寶寅書以示僚佐。召臨川内史王觀爲長史，觀不應命。豫章太守鄭伯倫起兵拒守。詔以王茂爲江州刺史，帥衆討之。伯之謂緭等曰：「今先平豫章，然後席卷北向，以撲飢疲之衆，不憂不濟。」六月，引兵趣豫章，攻不能下。王茂軍至，伯之表裏受敵，遂敗走，間道渡江，與虎牙及緭等俱奔魏。

六月，梁益州刺史劉季連反。梁主以鄧元起爲益州刺史，遣左右送劉季連子弟三人入蜀諭旨。季連受命，飭還裝，元起始得之官。初，季連爲南郡，不禮於元起。都録朱道琛有罪，季連欲殺之，逃匿得免。至是，道琛爲元起典籤，請先使檢校資糧，緣路奉迎。元起許之。道琛既至，言語不恭，見人器物輒奪之，有不獲者，語曰：「會當屬人，何須苦惜！」於是軍府大懼，謂元起至，必誅季連，禍及黨與。季連亦懼，乃召兵算之，有精甲十萬，歎曰：「據天險之地，握此强兵，進可以匡社稷，退不失作劉備，捨此安之！」遂召佐史，矯稱齊宣德太后令，聚兵復反，收道琛殺之。元起至，巴西太守朱士略納之。蜀民投附，新故三萬餘人。糧食乏，或説之曰：「蜀土政慢，民多詐疾。若檢巴西一郡籍注，因而罰之，所獲必厚。」元起然之，涪令李膺諫曰：「使君前有嚴敵，後無繼援，山民始附，於我觀德。若糾以刻薄，民必不堪，衆心一離，雖悔無及。膺請出圖之，不患資糧不足也。」元起曰：「善。」膺退，帥富民上軍資米，得三萬斛。

秋，八月，梁定正雅樂。梁主素善鐘律，欲釐正雅樂，乃自制四器，名之爲「通」。每通施三絃，黄鐘絃用二百七十絲，長九尺，應鐘絃用一百四十二絲，長四尺七寸四分差強，中間十律，以是爲差。因以通聲轉推月氣，悉無差違，而還得相中。又制十二笛，黄鐘笛長三尺八寸，應鐘笛長二尺三寸，中間十律，以是爲差。以寫通聲，飲古鐘玉律，並皆不差。於是被以八音，施以七聲，莫不和韻。先是，宮懸止有四鎛鐘，雜以編鐘、編磬、衡鐘凡十六虡。至是，始設十二鎛鐘，各有編鐘、編磬，凡三十六虡，而去衡鐘，四隅植建鼓。

冬，十一月，梁主立其子統爲太子。統生五歲，能徧誦五經。

梁大旱，饑。是歲，江東大旱，米斗五千，民多餓死。

癸未(五〇三)

梁天監二年，魏景明四年。

春，正月，梁以沈約、范雲爲僕射，尚書令王亮廢爲庶人。

劉季連降梁。成都城中食盡，人相食。劉季連計無所出，梁主遣主書宣詔受季連降，季連肉袒請罪。鄧元起遷季連于城外，俄而造焉，待之以禮。季連謝曰：「早知如此，豈有前日之事！」元起送季連詣建康，入東掖門，數步一稽顙。梁主笑曰：「卿欲慕劉備，而曾不及公孫述，豈無卧龍之臣耶！」赦爲庶人。

夏，四月，魏以蕭寶寅爲齊王。寶寅伏於魏闕之下，請兵伐梁，雖暴風大雨，終不暫移。會陳伯之降魏，亦請兵自效。魏以寶寅爲揚州刺史、丹楊公、齊王，禮賜甚厚，配兵一萬，令屯東城。以伯之爲江州刺史，屯陽石，俟秋冬大舉。寶寅明當拜命，慟哭至晨。過期猶絶酒肉，悴色粗衣，未嘗嬉笑。

梁班新律。初，梁主命删定郎蔡法度損益舊律。至是書成，詔班行之。

五月，梁范雲卒，以左丞徐勉、將軍周捨同參國政。雲盡心事上，知無不爲，臨繁處劇，精力過人。及卒，衆謂沈約宜當樞管，上以約輕易，不如尚書左丞徐勉，乃以勉及右衛將軍周捨同參國政。捨雅量不及勉，而清簡過之，兩人俱稱賢相。勉每有表奏，輒焚其藁。捨豫機密二十餘年，國史、詔誥、儀體、法律、軍旅謀謨皆掌之，與人言謔終日，而竟不泄機事，衆尤服之。

梁斷郡縣獻奉。斷諸郡縣獻奉二宫，唯諸州及會稽許貢任土，若非地産，亦不得貢。

六月，魏發兵伐梁。魏任城王澄表稱：「蕭衍頻斷東關，欲令巢湖泛溢，以灌淮南諸戍。壽陽去江五百餘里，衆庶惶惶，並懼水害。請豫勒諸州，纂集士馬，首秋大集，應機經略，雖混壹不能必果，江西自是無虞矣。」魏發六州二萬人，仲秋畢會，并壽陽先兵三萬，委澄經略。

梁以謝朏爲司徒。朏逃竄踰年，一旦輕舟自出詣闕，以爲司徒、尚書令。朏辭脚疾，不堪拜謁，角巾白輿詣雲龍門謝〔八〕。詔乘小車就席。明日，梁主幸其宅，宴語盡懽。朏固陳本志，不許。朏素憚煩，不省職事，衆頗失望。

秋，七月，魏復鹽池之禁。魏既罷鹽池之禁，而其利皆爲富强所專，乃復收之。

魏以彭城王勰爲太師。魏主以勰爲太師，勰固辭。魏主賜詔敦諭，又爲家人書，祈請懇至。勰不得已，受命。

冬，十月，魏都督元英攻梁義陽，拔數城。攻阜陵，不克。梁司州刺史蔡道恭聞魏軍將至，遣將軍楊由帥城外居民保賢首山，爲三栅。英勒軍圍之，栅民斬由降魏。任城王澄命統軍黨法宗分兵擊東關，拔關要、潁川、大峴三城，白塔、牽城、清溪皆潰。法宗等進拔焦城，破淮陵。先是，梁遣馮道根戍阜陵。初到，修城隍，遠斥候，如敵將至，衆頗笑之。道根曰：「怯防勇戰，此之謂也。」城未畢，法宗等奄至，衆皆失色。道根命大開門，緩服登城，選精鋭出戰，破之。魏人見其意思閑緩，戰又不利，遂引去。梁乃以道根爲豫州刺史。

魏以僕射源懷爲行臺巡北邊。魏既遷洛陽，北邊荒遠，因以飢饉，百姓困弊。乃加僕射源懷行臺，使持節巡行北邊，賑貧乏，考殿最，事之得失，先決後聞。懷通濟有無，飢民賴之。沃野鎮將于祚，后之世父，與懷通婚。時于勁方用事，勢傾朝野，祚頗有受納。懷將入鎮，祚郊迎道左，懷不與語，即劾奏免官。懷朔鎮將元尼須與懷舊交，貪穢狼藉，置酒謂懷曰：「命之長短，繫卿之口。」懷曰：「今日源懷與故人飲酒之坐，非鞫獄之所也。明日，公庭始爲使者，檢鎮將罪狀之處耳。」竟案抵罪。懷又奏：「邊鎮事少而置官猥多，沃野一鎮自將以下八百餘人，請一切五分損二。」魏主從之。

梁吉翂請代父死，梁主赦之。馮翊吉翂父爲原鄉令，爲姦吏所誣，逮詣廷尉，罪當死。翂年十五，檛登聞鼓，乞代父命。梁主以其幼，疑人教之，使廷尉卿蔡法度訊之。翂曰：「囚雖愚幼，豈不知死之可憚！顧不忍見父極刑，故求代之。此非細故，奈何受人教耶！」法度乃更和顏誘之，終無異辭。法度以聞，上乃宥其父罪。丹楊尹王志欲以歲首舉充純孝，翂曰：「異哉王尹，何量翂之薄乎！父辱子死，道固當然。若翂當此舉，乃是因父取名，何辱如之！」固拒而止。

魏散騎常侍趙脩有罪，伏誅。脩恃寵驕恣，爲衆所嫉。高肇從而構之，中尉甄琛、黄門郎李憑、廷尉王顯素諂附脩，懼連及，助肇攻之。魏主命尚書元紹檢訊，下詔暴其姦惡，免死，鞭一百，徙敦煌爲兵。甄琛、王顯監罰，欲令必死，密加鞭至三百，即召驛馬，縛置鞍中，急驅之行八十里，乃死。魏主聞之，責元紹不重聞。紹曰：「脩之佞幸，爲國深蠹，臣不因釁除之，恐陛下受萬世之謗。」魏主以其言正，不罪也。明日，甄琛、李憑坐脩黨免官。散騎常侍高聰與脩尤親狎，以諂事高肇獨得免。

甲申(五〇四)

梁天監三年，魏正始元年。

春，正月，梁襲魏壽陽，不克。梁將軍姜慶真乘魏任城王在外，襲壽陽，據其外郭。任城太妃孟氏勒兵登陴，激厲文武，安慰新舊，勸以賞罰，將士咸有奮志。太妃親巡城守，不避矢石。蕭寶寅引兵至，合擊之，慶真敗走。

魏攻梁鐘離，梁遣兵救之，大敗。魏任城王澄攻梁鐘離，梁主遣將軍張惠紹等將兵送糧，澄遣將軍劉思祖邀之，戰于邵陽，大敗梁兵，俘惠紹等十將，殺虜士卒殆盡。尚書論思祖功，應封千户侯。侍中元暉求二婢於思祖，不得，事遂寢。詔澄：「以四月淮水將漲，南軍得時，勿昧利以取後悔。」會大雨，淮水暴漲，澄引還壽陽。軍還狼狽，失亡四千餘人。軍司賈思伯爲殿，澄曰：「仁者必有勇，於軍司見之矣。」思伯託以失道，不伐其功。

夏，五月，魏司徒北海王詳有罪，幽死。詳驕奢好聲色，貪冒無厭，請託公行，中外嗟怨。將軍茹皓以巧思有寵於魏主，弄權納賄，詳亦附焉。高肇本出高麗，時望輕之。魏主專委以事，肇忌詳位居其上，欲去之，乃譖之云：「詳、皓謀逆。」四月，魏主召中尉崔亮，使彈詳、皓。詔賜皓死，宥詳，免爲庶人。徙太府寺，圍禁之，詳遂暴卒。先是，有獻雞雛，四翼四足者。詔以問侍中崔光。光上表曰：「漢元帝時，有雌雞伏子，漸化爲雄，冠距鳴將。又有雄雞生角，劉向以爲小臣執政之象，石顯伏誅之效也。靈帝時，南宫寺雌雞欲化爲雄，但頭冠未變，蔡邕以爲雞身已變，未至於頭，而上知之，將有其事而不遂成之象也。若應之不精，政無所改，頭冠或成，爲患滋大。是後黄巾破壞四方，天下遂大亂。今之雞狀雖與漢不同，而其應頗相類，誠可畏也。翼足衆多，亦羣下相扇助之象。雛而未大，足羽差小，其勢尚微，易制御也。臣聞災異之見，所以示吉凶，明君覩之而懼，乃能致福，闇主覩之而慢，所以致禍。或者今亦有自賤而貴，關預政事，如前世石顯之比者邪！願陛下進賢黜佞，則妖弭慶集矣。」後數日，皓等伏誅，魏主由此愈重光。高肇説魏主，使羽林虎賁守諸王第，殆同幽禁。彭城王勰切諫，不聽。勰志尚高邁，避事家居，而出無山水之適，處無知己之遊，獨對妻子，常鬱鬱不樂。

梁司州刺史蔡道恭卒。魏人圍梁義陽，城中兵不滿五千人，食纔支半歲。魏軍攻之，晝夜不息，道恭隨方抗禦，應手摧卻，相持百餘日，斬獲不可勝計。魏軍憚之，將退。會道恭疾篤，呼從弟靈恩、兄子僧勰及諸將佐，謂曰：「汝等當以死固節，無令吾没有遺恨！」衆皆流涕。道恭卒，靈恩攝行州事，代之城守。

魏大旱。魏大旱，邢巒奏：「昔者明王重粟帛，輕金玉，何則？粟帛養民而安國，金玉無用而敗德故也。先帝深鑒奢泰，務崇節儉，至以紙絹爲帳扆，銅鐵爲轡勒，府藏之金，裁給而已。逮景明初，貢篚相繼，商估交入，金玉常有餘，國用常不足。苟非爲之分限，但恐歲計不充，自今請非要須者，一切不受。」魏主納之。

秋，七月，梁甬城降魏。

八月，梁義陽降魏。魏立元英爲中山王。魏人聞蔡道恭卒，攻義陽益急。梁遣將軍馬仙琕救之，轉戰而前，兵勢甚鋭。元英結壘士雅山，分命諸將伏於四山，示之以弱。仙琕乘勝直掩英營，英僞北以誘之，至平地，縱兵擊之。統軍傅永擐甲執槊，突陳横過。梁兵射永，洞其左股，永拔箭復入。仙琕敗走，永復與諸軍追之，盡夜而返，時年七十餘矣，軍中莫不壯之。仙琕盡鋭決戰，一日三交，皆大敗而返。蔡靈恩勢窮，遂降於魏。三關戍將亦棄城走。英使司馬陸希道爲露板，嫌其不精，命傅永改之。永不增文彩，直爲之陳列軍事處置形要而已，英深賞之曰：「觀此經算，雖有金城湯池，不能守矣。」魏立英爲中山王。梁衛尉鄭紹叔忠於事上，所知無隱，善則推功於上，不善則引咎歸己，梁主以是親之。詔於南義陽置司州，移鎮關南，以紹叔爲刺史。紹叔立城隍，繕器械，廣田積穀，招集流散，百姓安之。魏置郢州於義陽，以司馬悅爲刺史。

九月，魏築九城于北邊。柔然侵魏。魏詔車騎大將軍源懷行北邊，指授規略，以便宜從事。懷至雲中，柔然遁去。懷以爲用夏制夷，莫如城郭。還至恒、代，案視要害之地，欲東西爲九城，及儲糧積仗之宜，犬牙相救之勢，凡五十八條，表上之，曰：「今定鼎成周，去北遥遠，代表諸國頗或外叛，仍遭旱飢，戎馬甲兵十分闕八。宜準舊鎮，東西相望，令形勢相接，築城置戍，分兵要害，勸農積粟，警急之日，隨便翦討。彼遊騎之寇，終不敢攻城，亦不敢越城南出。如此，北方無憂矣。」魏主從之。

魏詔羣臣議樂。高祖詔高閭、公孫崇考定雅樂，久之，未就。會高祖殂，高閭卒。景明中，崇上所調金石及書。至是，魏主始命八座以下議之。

冬，十一月，魏營國學。時魏學業大盛，燕、齊、趙、魏間，教授者不可勝數，弟子著録多者千餘人，州舉茂異，郡貢孝廉，每年逾衆。

梁除贖刑法。

十二月，魏更定律令。詔殿中郎等議定律令，彭城王勰等監之。

校勘記

〔一〕沔北五郡已没　「北」原作「郡」，據月崖本、成化本、殿本改。

〔二〕詔將軍薛元嗣等將兵運糧百四十餘船　「將兵運糧百四十餘船」九字原脱，據月崖本、成化本、殿本、通鑑卷一四三齊紀九齊東昏侯永元二年八月補。

〔三〕烈遣直閣叔孫侯擒之　「擒之」，殿本、通鑑卷一四四齊紀十齊和帝中興元年五月作「收禧」。

〔四〕魯山必阻沔路　「沔」字原脱，據月崖本、成化本、殿本、通鑑卷一四四齊紀十齊和帝中興元年六月補。

〔五〕傷明泰蟲兒　「傷」字原在「兒」字下，據月崖本、成化本、殿本、通鑑卷一四四齊紀十齊和帝中興元年秋七月乙正。

〔六〕是歲齊亡梁代　此六字原脱，據月崖本、成化本、殿本補。

〔七〕澄以車馬侍御迎之　「御」，成化本、殿本作「衛」。

〔八〕角巾白輿詣雲龍門謝　「白」，梁書卷一五謝朏傳、南史卷二〇謝朏傳作「肩」，通鑑卷一四五梁紀一梁武帝天監二年六月作「自」。

資治通鑑綱目卷三十

起乙酉梁高祖天監四年、魏世宗正始二年，盡乙巳梁高祖普通六年、魏肅宗孝昌元年，凡二十一年。

乙酉(五〇五)

梁天監四年，魏正始二年。

春，正月，梁置五經博士，立州郡學。梁主雅好儒術，以東晉、宋、齊雖置國學，而無講授之實。魏、晉浮蕩，儒教淪歇，風節罔樹，抑此之由。乃下詔曰：「二漢登賢，莫非經術，服膺雅道，名立行成。其置五經博士，廣開館宇，招内後進！給其餼廩，其射策通明者，即除爲吏。」又選學生往雲門山，從何胤受業，命胤選經明行修者以聞。分遣博士祭酒巡州郡立學。

梁漢中太守夏侯道遷以郡叛降于魏，魏遣將軍邢巒入漢中，遂取梁州。初，梁夏侯道遷從裴叔業鎮壽陽，與叔業有隙，單騎奔魏。魏王肅使守合肥。肅卒，道遷奔梁，梁以爲漢中太守，復叛降魏。魏以邢巒爲鎮西將軍，將兵赴之。巒至漢中，所向摧破，魏以巒爲梁、秦二州刺史。楊集起、集義聞魏克漢中而懼，帥羣氐叛之，繼擊破之。梁遣將軍孔陵等拒魏，邢巒遣統軍王足擊破之，遂入劍閣。陵等退保梓潼，足又進擊，破之。梁州十四郡地，東西七百里，南北千里，皆入于魏。

夏，四月，梁益州刺史蕭淵藻殺前刺史鄧元起。州民作亂，淵藻討平之。初，益州刺史當陽侯鄧元起乞歸，詔以西昌侯淵藻代之。元起營還裝，糧儲器械，取之無遺。淵藻恨之，又求其良馬，不得，遂因醉殺之而誣以反。梁主疑焉，元起故吏羅研詣闕訟之，梁主曰：「果如我所量也。」使讓淵藻曰：「元起爲汝報讎，汝爲讎報讎，忠孝之道如何！」貶號爲冠軍將軍，贈元起征西將軍，謚曰忠侯。

李延壽論曰：元起勤乃胥附，功惟闢土，勞之不圖，禍機先陷。冠軍之貶，於罰已輕，梁之政刑，於斯爲失。年之不永，不亦宜乎！

益州民焦僧護作亂，蕭淵藻年未弱冠，議自擊之，或陳不可，淵藻斬之。乃乘肩輿巡行賊壘，賊弓亂射，矢下如雨，從者舉楯禦矢，淵藻命去之，由是人心大安。擊僧護等，皆平之。

六月，梁初立孔子廟。

秋，七月，魏統軍王足攻涪城。八月，大敗梁軍，殺其將魯方達等三十九人。梁將軍王景胤等與魏王足戰，屢敗。七月，足進逼涪城。八月，秦、梁刺史魯方達等十五將戰敗，皆死。景胤等二十四將又敗，亦死。

魏有芝生於太極殿。侍中崔光上表曰：「氣蒸成菌。生於墟落穢濕之地，不當生於殿堂高華之處。今忽有之，誠足異也。夫野木生朝，野鳥入廟，古人皆以爲敗亡之象，故太戊、中宗懼災修德，殷道以昌，所謂『家利而怪先，國興而妖豫』者也。今西南二方，兵革未息，郊甸之内，大旱踰時，民勞物悴，莫此之甚，承天育民者所宜矜恤。願陛下側躬聳意，惟新聖道，節夜飲之樂，養方富之年，則魏祚可以永隆，皇壽等於山嶽矣。」於是魏主好宴樂，故光言及之。

冬，十月，梁遣臨川王宏、僕射柳惔帥師伐魏，次于洛口。

武興氐王楊紹先叛魏。楊集起、集義立楊紹先爲帝，魏遣楊椿討之。

十一月，魏王足奔梁。足圍涪城，蜀人震恐，益州城戍降者什二三，民自上名籍者五萬餘户。邢巒表於魏主曰：「建康、成都相去萬里，陸行既絶，而水軍非周年不達，一可圖也。頃經劉季連、鄧元起之亂，資儲空竭，吏民無復固守之志，二可圖也。淵藻裙屐少年，未洽治務，宿昔名將，多見囚戮，所任皆左右少年，三可圖也。蜀之所恃，唯在劍閣，今已奪其險，方軌無礙，四可圖也。淵藻是衍至親，必無死理，若克涪城，必將逃走，蜀卒駑怯，弓矢寡弱，五可圖也。今若不取，後圖便難。況益州殷實，户口十萬。比之壽春、義陽，其利三倍。若欲進取，時不可失。」不從。巒又表曰：「昔鄧艾、鍾會帥十八萬衆，傾中國資儲，僅能平蜀，所以然者，鬭實力也。況臣才非古人，何宜以二萬之衆而希平蜀。所以敢者，正以據得要險，士民慕義，任力而行，理有可克耳。臣誠知戰伐危事，未易可爲。自渡劍閣以來，鬢髮中白。故欲先取涪城，以漸而進。若得涪城，則中分益州之地，斷水陸之衝，彼外無援軍，孤城自守，何能復持久哉！臣今欲使軍軍相次，聲勢連接，先爲萬全之計，然後圖功，得之則大利，不得則自全。又，巴西、南鄭相距千里。昔以統綰勢難，曾立巴州，以鎮夷獠，梁州藉利，因而表罷。彼土民望，嚴、蒲、何、楊，豪右甚多，文學風流，亦爲不少。但以去州既遠，不獲仕進，是以鬱怏，多生異圖。比道遷建義之始，嚴玄思自號巴州刺史，克城以來，仍使行事。巴西廣袤千里，户餘四萬，若於彼立州，鎮攝華獠，大帖民情。從塹江已還，不勞征伐，自爲國有。」魏主亦不從。先是，魏主以王足行益州刺史，既而更以羊祉代之。足聞之不悦，輒引兵還，遂不能定蜀。久之，奔梁。

巴西叛魏降梁[一]。邢巒在梁州，接豪右以禮，撫小民以惠，州人悦之。使軍主李仲遷守巴西。仲遷溺於酒色，費散兵儲，城人斬之，以城降梁。

梁大有年。米斛三十錢。

丙戌(五〇六)

梁天監五年，魏正始三年。

春，正月，魏邢巒討武興氐，滅之，置東益州。楊集義圍魏關城，邢巒使傅豎眼討之，克武興，執楊紹先，送洛陽。集起、集義亡走，遂滅其國，以爲東益州。

魏秦、涇二州亂。魏秦州屠各王法智聚衆二千，推吕苟兒爲主。涇州民陳瞻亦聚衆稱王。魏遣將軍元麗討之。

二月，魏求直言。侍御史陽固上表曰：「當今之務，宜親宗室，勤庶政，貴農桑，賤工賈，絶談虚窮微之論，簡桑門無用之費，以救飢寒之苦。」時魏主委任高肇，疏薄宗室，好桑門之法，不親政事，故固言及之。

三月，朔，日食。

魏豫州刺史陳伯之叛，復歸梁。臨川王宏爲書遺陳伯之曰：「尋君去就之際，非有它故，直以不能内審諸己，外受流言，沈迷猖蹶，以至於此。主上屈法申恩，吞舟是漏，將軍松柏不翦，親戚安居，高臺未傾，愛妾尚在。而將軍魚游於沸鼎之中，鷰巢於飛幕之上，不亦惑乎！想早勵良圖，自求多福。」伯之遂自壽陽梁城擁衆降梁，梁以爲通直散騎常侍。久之而卒。

夏，四月，魏罷鹽池之禁。初，魏御史中尉甄琛言：「周禮，山林川澤有虞、衡之官，爲之厲禁，蓋取之以時，不使戕賊而已。雖置有司，實爲民守之也。夫一家之長，必惠養子孫；天下之君，必惠養兆民。未有爲人父母而吝其醯醢，富有羣生而榷其一物者也。今縣官鄣護河東鹽池而收其利，是專奉口腹而不及四體也。天子富有四海，何患於貧！乞弛鹽禁，與民共之。」録尚書事勰、尚書繼奏曰：「琛之所陳，坐談則理高，行之則事闕。古之善治民者，必汙隆隨時，豐儉稱事，役養消息以成其性命。是故聖人斂山澤之貨，以寬田疇之賦；收關市之稅，以助什一之儲。取此與彼，皆非爲身，所謂資天地之産，惠天地之民也。今鹽池之禁，爲日已久，積而散之，以濟軍國，非專爲供太官之膳羞，給後宮之服玩也。然自禁鹽以來，有司多慢，出納之間，或不如法。是使細民嗟怨，負販輕議，此乃用之者無方，非作之者有失也。竊謂宜如舊式。」魏主卒從琛議。

魏遣中山王英督諸軍以拒梁師。五月，梁取宿預、梁城、小峴、合肥等城。魏以中山王英爲征南將軍，都督揚、徐諸軍事，帥衆十餘萬以拒梁軍，所至以便宜從事。梁江州刺史王茂取河南城，魏遣將軍楊大眼擊敗之，追至漢水，攻拔五城。五月，梁右衛率張惠紹拔宿預，北徐州刺史昌義之拔梁城。豫州刺史韋叡攻小峴，未拔。出行圍柵，魏出數百人陳於門外，叡欲擊之，諸將皆曰：「向者輕來，未有戰備，徐還授甲，乃可進耳。」叡曰：「不然。魏城中二千餘人，足以固守。今無故出人於外，必其驍勇者也。苟能挫之，其城自拔。」衆猶遲疑，叡指其節曰：「朝廷授此，非以爲飾，韋叡法不可犯也。」遂進擊之，士皆殊死戰，魏兵敗走，因急攻之，中宿而拔，遂至合肥。先是，司馬胡略等攻合肥〔二〕，久未下。叡夜堰肥水，舟艦繼至，攻魏小城，魏將楊靈胤帥衆五萬奄至。衆懼，請奏益兵。叡笑曰：「賊至城下，益兵何及！且吾益兵，彼亦益兵，兵貴用奇，豈在衆也！」遂擊破之。叡使軍主王懷靜築城以守堰，魏攻拔之，乘勝至堤下，兵勢甚盛。諸將欲還，叡怒，命取繖扇麾幢，樹之堤下，示無動志。魏人來鑿堤，叡親與之爭，魏兵卻，因築壘於堤以自固。起鬬艦，高與合肥城等，四面臨之，城中人皆哭。守將杜元倫中弩死，城遂潰，俘斬萬餘級。叡體素羸，未嘗跨馬。每戰，嘗乘板輿督厲將士，勇氣無敵。晝接賓旅，夜算軍書，張燈達曙。撫其衆，常如不及，故投募之士爭歸之。所至頓舍，館宇藩墻，皆應準繩。進至東陵，有詔班師。諸將以城近，恐其追躡。叡悉遣輜重居前，身乘小輿殿後，魏人服叡威名，望之不敢逼，全軍而還。於是遷豫州治合肥。盧江太守裴邃克魏羊石、霍丘城。六月，青、冀刺史桓和克朐山、固城。張惠紹進趣彭城，魏奚康生救之〔三〕，惠紹兵不利。

魏以邢巒都督東討軍事。

魏驃騎大將軍馮翊公源懷卒。懷性寬簡，常曰：「爲貴人當舉綱維，何必事事詳細！譬如爲屋，外望高顯，楹棟平正，基壁完牢，足矣！斧斤不平，斲削不密，非屋之病也。」卒謚曰惠。

秋，七月，魏討秦、涇二州，平之。呂苟兒帥衆十餘萬圍逼秦州，元麗擊破降之。太僕卿楊椿別討陳瞻，瞻乘險拒守。諸將或請伏兵山蹊，斷其出入，待糧盡而攻之。或欲斬木焚山，然後進討。椿曰：「皆非計也。自官軍之至，所向輒克，賊所以深竄，正避死耳。今約勒諸軍，勿更侵掠，賊必謂我見險不前。待其無備，然後奮擊，可一舉平也。」乃止屯不進。賊果出抄掠，椿復以馬畜餌之。久之，陰簡精卒，銜枚夜襲斬之，二州皆平。

九月，魏邢巒擊梁師，敗之，復取宿預。梁蕭宏逃歸。冬，十月，魏徵邢巒還，遣齊王蕭寶寅與元英圍鍾離。魏發定、冀、瀛、相、并、肆六州十萬人以益南行之兵。梁主遣將軍角念屯蒙山，蕭及屯固城，桓和屯孤山。魏都督邢巒遣軍攻〔四〕，皆走之。又敗梁將軍藍懷恭于睢口，進圍宿預，斬懷恭。張惠紹、蕭昞棄宿預、淮陽遁還。臨川王宏以帝弟將兵，軍容甚盛，北人以爲百餘年來所未有也。次洛口，前軍克梁城，諸將欲乘勝深入，宏性懦怯，部分乖方。魏詔邢巒與中山王英合攻梁城，宏懼，召諸將議旋師。呂僧珍曰：「知難而退，不亦善乎！」宏曰：「然。」柳惔曰：「大衆所臨，何城不服，何謂難乎！」裴邃曰：「是行也，固敵是求，何難之避！」馬仙琕曰：「王安得亡國之言！天子掃境内以屬王，有前死一尺，無郤生一寸！」昌義之怒，須髮盡磔，曰：「呂僧珍可斬也！百萬之師出未逢敵，望風遽退，何面目見聖主乎！」朱僧勇、胡辛生拔劍曰：「欲退自退，下官當前向取死。」議者出，僧珍曰：「殿下昨來風動，意不在軍，深恐大致沮喪，故欲全師而返耳。」宏停軍不前。魏人遺以巾幗，且歌之曰：「不畏蕭娘與呂姥，但畏合肥有韋虎。」虎謂叡也。僧珍欲遣裴邃取壽陽，宏不聽，令軍中曰：「前行者斬！」於是將士人懷憤怒。魏奚康生馳謂中山王英曰：「梁人自克梁城，久不進軍，必畏我也。王若進據洛水，彼自奔敗。」英曰：「蕭臨川雖騃，韋、裴之屬未可輕也。宜觀形勢，勿與交鋒。」張惠紹號令嚴明，所至獨克，軍于下邳。下邳人多欲降者，惠紹諭之曰：「我若得城，諸卿皆是國人，若不能克，徒使諸卿失鄉里，非朝廷弔民之意也。今且安堵復業，勿妄自辛苦。」降人咸悦。會夜暴風雨，軍中驚，臨川王宏與數騎逃去。將士皆散歸，棄甲投戈，填滿水陸，死者近五萬人。宏乘小船濟江，夜至白石壘，叩門求入。臨汝侯淵猷登城謂曰：「百萬之師，一朝鳥散，國之存亡，未可知也。恐姦人乘間爲變，城不可夜開。」諸軍聞宏逃歸，亦皆引退。魏主詔英乘勝平蕩東南，魏人逐北至馬頭，攻拔之，城中糧儲，悉遷之北。議者曰：「魏不復南向矣。」梁主曰：「此欲進兵，爲詐耳。」乃命修鍾離城，敕昌義之爲戰守之備。十月，英進圍鍾離，魏主詔邢巒引兵會之。巒上表曰：「南軍雖野戰非敵，而城守有餘，今盡鋭攻鍾離，得之則所利無幾，不得則虧損甚大。且介在淮外，借使束手歸順，猶恐無糧難守，況殺士卒以攻之乎！又，士卒疲弊死傷，懼無可用之力。謂宜修復舊戍，撫循諸州，以俟後舉。」不聽。巒又表曰：「若不顧萬全，直襲廣陵，出其不備，或未可知。若正欲以八十日糧取鍾離城者，臣未之前聞也。鍾離天險，必無克狀。臣寧荷怯懦不進之責，不受敗損空行之罪也。」魏主乃以將軍蕭寶寅代巒。侍中盧昶素惡巒，與侍中元暉共譖之，使中尉崔亮彈巒。巒以漢中所得美女賂暉，暉言於魏主曰：「巒新有大功，不當以赦前小事案之。」遂不問。暉、昶恃寵貪縱，時人謂之「餓虎將軍」、「飢鷹侍中」。暉尋遷吏部尚書，官有定價，選人謂之市曹。十一月，梁主詔將軍曹景宗都督諸軍二十萬救鍾離。敕景宗頓道人洲，俟衆軍俱進。景宗固求先據邵陽洲尾，不許。景宗違詔而進，值風復還，上聞之曰：「景宗不進，蓋天意。若孤軍獨往，必致狼狽，今破賊必矣。」

柔然庫者可汗死，子佗汗可汗伏圖立。改元始平，請和于魏，不許。

魏以羊祉爲梁州刺史，傅豎眼爲益州刺史。初，漢李勢之末，羣獠始出，北自漢中，南至邛、笮，布滿山谷。勢亡，蜀人多東徙，山谷皆爲獠所據。其近郡縣者，頗輸租賦，遠者，郡縣不能制。梁、益歲伐獠以自潤，公私利之。及邢巒爲梁州，獠近者皆安堵樂業，遠者不敢爲寇。巒既罷去，祉及豎眼代之。祉性酷虐，不得物情。獠引梁兵爲寇，祉擊破之。豎眼施恩布信，大得獠和。

丁亥（五〇七）

梁天監六年，魏正始四年。

春，三月，梁將軍曹景宗、豫州刺史韋叡大敗魏師于鍾離。魏中山王英與將軍楊大眼等衆數十萬攻鍾離。鍾離城北阻淮水，魏人於邵陽洲兩岸爲橋，樹栅數百步，跨淮通道。城中纔三千人，昌義之隨方抗禦。魏人使其衆負土填塹，嚴騎蹙之，人未及回，以土迮之，俄而塹滿。衝車所撞，城土輒頽，義之用泥補之，衝車雖入而不能壞。魏人晝夜苦攻，分番相代，墜而復升，莫有退者。一日戰數十合，前後殺傷萬計，魏人死者與城平。二月，魏主召英還，英表稱必克，願少寬假。於是梁主命韋叡救鍾離，受曹景宗節度。叡自合肥由陰陵大澤行，值澗谷，輒飛橋以濟師。人畏魏兵盛，多勸緩行，叡曰：

「鍾離鑿穴而處，負戶而汲，車馳卒奔，猶恐其後，而況緩乎！魏人已墮吾腹中，卿曹勿憂也。」旬日至邵陽，梁主豫敕景宗曰：「韋叡，卿之鄉望，宜善敬之。」景宗見叡，禮甚謹，梁主聞之曰：「二將和，師必濟矣。」乃進頓邵陽洲，叡塹洲爲城，去魏城百餘步。馮道根能走馬步地，計馬足以賦功，比曉而營立。英大驚曰：「是何神也！」景宗等器甲精新，軍容甚盛，魏人望之奪氣。城中知有外援，勇氣百倍。楊大眼勇冠軍中，將萬餘騎來戰，所向皆靡。叡結車爲陳，大眼聚騎圍之，叡以强弩二千，一時俱發，殺傷甚衆。矢貫大眼右臂，大眼退走。明旦，英自帥衆戰，叡乘素木輿，執白角如意以麾軍，一日數合，英乃退。魏師復夜攻城，飛矢雨集，軍中驚，叡於城上厲聲呵之，乃定。梁主命景宗等豫裝高艦，與魏橋等，爲火攻之計。叡攻其南，景宗攻其北。三月，淮水暴漲六七尺，叡使馮道根等乘艦擊魏洲上軍，盡殪。別以小船載草灌膏，焚其橋。風怒火盛，烟塵晦冥，死士拔柵斫橋，倏忽俱盡。道根等身自搏戰，軍人奮勇，呼聲動天地，無不一當百，魏軍大潰。英脱身走，大眼亦焚營去。諸壘土崩，水死者十餘萬，斬首亦如之。逐北至濊水上，英單騎入梁城，緣淮百餘里，尸相枕藉，生擒五萬人，收其資糧、器械山積。義之德景宗及叡，設錢二十萬，官賭之。景宗擲得雉，叡徐擲得盧，遽取一子反之，曰：「異事。」遂作塞。羣帥爭先告捷，叡獨居後，世尤以此賢之。詔增景宗、叡爵邑，義之等受賞各有差。

夏，六月，梁馮翊等七郡叛降魏。

八月，魏中山王英、齊王蕭寶寅以罪除名。有司奏英、寶寅罪當誅，詔免死，除名爲民。

魏以李崇爲揚州刺史。崇多事産業，長史辛琛屢諫不從，遂糾之。詔並不問。崇謂琛曰：「長史後必爲刺史，不知得上佐何如人耳！」琛曰：「若萬一叨忝，得一方正長史，朝夕聞過，是所願也。」崇有慚色。

冬，十月，梁以徐勉爲吏部尚書。勉精力過人，雖文案填積，坐客充滿，應對如流，手不停筆。嘗與門人夜集，客求官，勉正色曰：「今夕止可談風月，不可及公事。」時人咸服其無私。

閏月，梁以臨川王宏爲司徒，沈約爲尚書令，袁昂爲僕射。

魏尚書令高肇弒其主之后于氏及其子昌。時高貴嬪有寵而妬，高肇勢傾中外，后暴疾殂，人皆咎高氏。然宮禁事祕，莫能詳也。后所生子昌尋卒，侍御師王顯失於療治，時人亦以爲承高肇之意云。

戊子（五〇八）

梁天監七年，魏永平元年。

春，正月，梁定官品。百官九品，爲十八班，班多者爲貴。

二月，梁置州望、郡宗、鄉豪。專掌搜薦。

梁以領軍蕭昺爲雍州刺史。領軍掌中外兵要，宋孝建以來，制局用事，與領軍分兵權，領軍拱手而已。及吴平侯昺在職峻切，官曹肅然。制局監皆近倖，頗不堪，以是不得久留中，出刺雍州。

夏，五月，梁以安成王秀爲荆州刺史。先是，巴陵蠻爲寇，久不能討。秀燔其林木，蠻失其險，州境無寇。

秋，七月，魏立貴嬪高氏爲后。高后既立，高肇益貴重用事。多變更先朝舊制，削封秩，黜勳人，怨聲盈路。羣臣宗室皆卑下之，唯度支尚書元匡與抗衡，先造棺置聽事，欲輿詣闕論肇罪，自殺以諫。肇惡之。會匡與劉芳議權量，肇主芳議，匡表肇指鹿爲馬。有司處匡死刑，詔貶其官。

梁右衛將軍竟陵公曹景宗卒。謚曰壯。

八月，魏京兆王愉反信都，魏遣尚書李平將兵討之。魏主爲京兆王愉納于后之妹爲妃，不愛，愛妾李氏，生子。于后召李氏入宮，棰之。魏主復以愉驕縱不法，杖之五十，出爲冀州刺史。高肇又數譖之，愉不勝忿，詐稱高肇弑逆，遂即帝位，立李氏爲后。魏以尚書李平爲都督，討之。平軍至經縣，夜有蠻兵數千斫營，矢及平帳。平堅卧不動，俄而自定。

九月，魏主殺其叔父彭城王勰。魏高后之立也，勰固諫，不聽。高肇怨之，數譖勰於魏主。京兆王愉之反，遂誣勰北與愉通，南招蠻賊。魏主信之，召勰入宴禁中，至夜皆醉，各就别所消息。使左衛元珍引武士齎毒酒飲之，勰曰：「吾無罪，願一見至尊，死無恨。」珍曰：「至尊何可復見！」武士以刀環築之，勰大言曰：「冤哉，皇天！忠而見殺。」乃飲毒酒，武士就殺之。向晨，以尸歸第，云王因醉而卒，謚曰武宣。在朝貴賤，莫不喪氣，行路士女皆流涕曰：「高令公枉殺賢王。」由是中外惡之益甚。

魏李平克信都，執元愉〔五〕，高肇陰殺之，奏除平名。京兆王愉逆戰，李平破之，愉走入城，平圍之。愉不能守，燒門突走。平入信都，追執愉以聞。羣臣請誅愉，魏主弗許，高肇密使人殺之。魏主將屠李氏，崔光曰：「李氏方妊，刑至刳胎，乃桀、紂所爲，酷而非法。請俟産畢，然後行刑。」從之。李平捕愉餘黨千餘人，將盡殺之。參軍高顥曰：「此皆脅從，前既許之原免矣，宜爲表陳。」平從之，皆得免死。肇子植爲濟州刺史，有功當封，不受，曰：「家荷重恩，爲國致效，乃其常節，何敢求賞！」肇及中尉王顯素惡平，顯彈平在冀州隱截官口，肇奏除平名。初，顯祖之世，柔然萬餘户降魏，置之高平、薄骨律二鎮。及太和之末，叛走略盡，唯千餘户在。太中大夫王通請徙置淮北，以絶其叛。詔楊椿徙之，椿言：「先朝處之邊徼，所以招附殊俗，且别異華，戎也。今新附之户甚衆，若舊者見徙，新者必不自安，是驅之使叛也。且此屬衣毛食肉，樂冬便寒，南土濕熱，往必殲盡。進失歸附之心，退無藩衛之益，置之中夏，或生後患，非良策也。」不從。遂徙於濟州。及愉作亂，皆浮河赴愉，所在鈔掠，如椿之言。

魏郢州叛降于梁，魏遣兵討之。

魏郢州司馬彭珍等叛，潛引梁兵趨義陽，三關戍主以城降梁。魏郢州刺史婁悦嬰城自守，魏以中山王英將步騎出汝南救之。

冬，十月，魏懸瓠叛降梁。十二月，魏復取之。

魏懸瓠軍主白早生殺豫州刺史司馬悦，求援於梁司州刺史馬仙琕。時梁安成王秀爲都督，參佐咸謂宜待臺報，秀曰：「彼待我以自存，援之宜速，待敕雖舊，非所以應急也。」即遣兵赴之。仙琕遣副將齊苟兒助守懸瓠。魏主以邢巒行豫州事，將兵擊早生。巒曰：「早生非有深謀大智，正以司馬悦暴虐，乘衆怒而作亂。民迫於凶威，不得已而從之。縱使梁兵入城，水路不通，糧運不繼，亦成禽耳。早生得梁之援，必守而不走。若臨以王師，士民必翻然歸順，不出今年，當傳首京師矣。」巒至鮑口，早生遣將逆戰，巒大破之，乘勝長驅至懸瓠，圍其城。鎮東參軍成景儁殺宿預戍主嚴仲賢，以城降梁。時魏郢、豫諸城皆没，唯義陽一城爲魏堅守。蠻帥田益宗帥羣巒以附之。十一月，魏遣將軍楊椿攻宿豫。命中山王英趨義陽，英以衆少，累表請兵，弗許。英至懸瓠，輒與巒共攻之。十二月，齊苟兒等降，斬白早生。英乃趨義陽。

魏敗梁師于義陽，復取郢州。魏義陽太守辛祥與婁悦共守義陽，梁將軍胡武城、陶平虜攻之。祥夜襲其營，擒平虜，斬武城，由是州境獲全。論功當賞，婁悦耻功出其下，間之於執政，賞遂不行。

高車敗柔然于蒲類海，殺佗汗可汗。其子豆羅伏跋豆伐可汗醜奴立。改元建昌。

己丑(五〇九)

梁天監八年，魏永平二年。

春，正月，梁主祀南郊。宋、齊舊儀，祀天皆服衮冕。至是，用著作佐郎許懋說，始服大裘。又以齋日不樂，詔：「輿駕始出，鼓吹從而不作，還宫，如常儀。」時有請封會稽、禪國山者，梁主命諸儒草封禪儀，欲行之。懋建議曰：「舜柴岱宗，是爲巡狩。而鄭引孝經鉤命決云：『封于泰山，考績柴燎。禪乎梁甫，刻石紀號。』此緯書之曲說，非正經之通義也。如管夷吾所説七十二君，燧人之前，世質民淳，安得泥金檢玉！結繩而治，安得鐫文告成！妄亦甚矣。若聖主，不須封禪；若凡主，不應封禪。秦始皇嘗封泰山，孫皓嘗封國山，皆由主好名於上，而臣阿旨於下，非盛德之事，不足爲法也。」上嘉納之，因推演懋議，稱制旨以答請者，由是遂止。

魏復取三關。魏中山王英至義陽，將取三關。先策之曰：「三關相須如左右手，若克一關，兩關不待攻而破。攻難不如攻易，宜先攻東關。」又恐其并力於東，乃使長史李華帥五統向西關，以分其兵勢，自督諸軍向東關。攻之，六日而拔。進攻廣峴及西關，梁將馬仙琕等皆棄城走。梁主使韋叡救仙琕，至安陸，增築城二丈餘，更開大塹，起高樓。衆頗譏其怯，叡曰：「爲將當有怯時，不可專勇。」英急追仙琕，將復邵陽之耻，聞叡至乃退。

梁主遣使求成于魏，魏主不肯。初，魏主遣中書舍人董紹慰勞叛城，白早生囚之，送建康。吕僧珍與之言，愛其文義，言於梁主，梁主遣謂紹曰：「今聽卿還，令卿通兩家之好，彼此息民，豈不善也！」因召見，慰勞之，且曰：「戰爭多年，民物塗炭，吾是以不耻先言，卿宜備申此意。夫立君以爲民也，凡在民上，豈可不思此乎！」紹還魏言之，魏主不從。

三月，魏侵梁雍州，梁擊敗之。魏荆州刺史元志將兵七萬侵潺溝，驅迫羣蠻，羣蠻悉渡漢水降梁，梁雍州刺史吴平侯昺納之。綱紀皆以蠻累爲邊患，不如因此除之，昺曰：「窮來歸我，誅之不祥。且魏人來侵，吾得蠻以爲屏蔽，不亦善乎！」乃受其降，命司馬朱思遠等擊志于潺溝，大破之。

秋，九月，魏詔太常卿劉芳造樂器。魏公孫崇造樂尺，以十二黍爲寸。太常卿劉芳非之，更以十黍爲寸。尚書令高肇等奏：「崇所造樂器度量皆與經傳不同，詰其所以，云依經文，聲則不協。請更令芳依禮造成，從其善者。」詔從之。

冬，十一月，魏主親講佛書，作永明、閑居寺。時魏主專尚釋氏，不事經籍，中書侍郎裴延儁上疏曰：「漢光武、魏武帝雖在戎馬之間，未嘗廢書。先帝遷都行師，手不釋卷，良以學問多益，不可暫輟故也。陛下親講大覺，塵蔽俱開。然五經治世之模楷，應務之所先，伏願互覽兼存，則内外俱周矣。」

時佛教盛於洛陽，沙門自西域來者三千餘人，魏主別爲之立永明寺千餘間以處之。處士馮亮有巧思，魏主使擇嵩山形勝之地，立閑居寺，極巖壑土木之美。由是遠近承風，無不事佛，比及延昌，州郡共有一萬三千餘寺。

庚寅（五一〇）

梁天監九年，魏永平三年。

春，正月，梁以沈約爲光祿大夫。約文學高一時，而貪冒榮利，用事十餘年，政之得失，唯唯而已。自以久居端揆，有志台司，論者亦以爲宜，而梁主不用。

梁作緣淮塘。北岸起石頭迄東冶，南岸起後渚籬門迄三橋。

三月，魏主之子詡生。詡母胡充華，武始伯國珍之女也。初入掖庭，同列以故事祝之曰：「願生諸王、公主，勿生太子。」充華曰：「妾之志異於諸人，奈何畏一身之死，而使國家無嗣乎！」及有娠，同列勸去之，充華不可，私自誓曰：「若幸而生男，次第當長，男生身死，所不憾也。」既而生詡。

梁主視學。梁主幸國子學，親臨講肄。詔皇太子以下及王侯之子皆入學。

夏，四月，梁制尚書令史初用士流。舊制，尚書五都令史皆用寒流。至是，詔曰：「尚書五都，職參政要，總領衆局，方軌二丞。可革用士流，秉此羣目。」於是劉納、劉顯、孔虔孫、蕭軌、王顒並以才地兼美，首膺其選。

六月，梁宣城郡吏作亂，吳興太守蔡撙討平之。宣城郡吏吳承伯挾妖術聚衆，攻郡殺太守，奄至吴興，吏民奔散。或勸太守蔡撙避之，撙不可，募勇敢閉門拒守。承伯盡鋭攻之，撙出戰，大破斬之。撙，興宗之子也。

冬，十月，魏中山王英卒。

梁行大明曆。梁主即位三年，詔定新曆，散騎侍郎祖暅奏其父沖之考古法爲正，曆不可改。至是行之。

辛卯(五一一)

梁天監十年，魏永平四年。

春，正月，魏元會始用新舞。魏劉芳等奏：「所造樂器、二舞、登歌、鼓吹等已成，乞集議用之。」詔：「舞可用新，餘且仍舊。」

梁以張稷爲青、冀刺史。僕射張稷自謂功大賞薄，侍宴，酒酣，怨望形於辭色。梁主曰：「卿兄殺郡守，弟殺其君，有何名稱！」稷曰：「臣乃無名稱，至於陛下，不爲無勳。東昏暴虐，義師伐之，豈在臣而已！」梁主捋其須曰：「張公可畏人！」乃以爲青、冀刺史。王珍國亦怨望，罷梁、秦刺史還，酒後啓云：「臣近入梁山便哭。」梁主大驚曰：「卿若哭東昏，則已晚；若哭我，我復未死！」因此疏退。久之，除都官尚書。

是歲，梁之境内有州二十三，郡三百五十，縣千二十二。是後州名浸多，廢置離合，不可勝記。魏朝亦然。

魏汾州山胡反，討平之。

三月，梁朐山叛降魏。夏，五月，梁遣兵圍朐山。冬，十二月，取之。琅邪民王萬壽殺太守劉晣，據朐山，召魏軍。魏徐州刺史盧昶遣戍主傅文驥赴之。張稷遣兵拒之，不勝。四月，文驥遂據朐山，梁遣馬仙琕圍之。盧昶本儒生，不習軍旅。朐山糧樵俱竭，傅文驥以城降。十二月，昶引兵先遁，諸軍皆潰。會大雪，軍士凍死墮手足者過半，仙琕追擊，大破之。二百里間，僵尸相屬，免者什一二，收其糧畜器械，不可勝數。唯蕭寶寅全軍而歸。盧昶之在朐山也，中尉游肇言於魏主曰：「朐山蕞爾，僻在海濱，卑濕難居，於我非急，於賊爲利。爲利，故必致死而爭之；非急，故不得已而戰。以不得已之衆，擊必死之師，恐稽延歲月，所費甚大。假得朐山，終難全守，所謂無用之田也。聞賊屢以宿豫求易朐山，持無用之地，復舊有之强，兵役時解，其利爲大。」魏主將從之。會昶敗，遷肇侍中。肇，明根之子也。馬仙琕爲將，能與士卒同勞逸，衣不過布帛，居無幃幕衾屏，飲食與廝養最下者同。常潛入敵境，伺知壁壘村落險要處，故攻戰多捷，士卒亦樂爲之用。

魏以甄琛爲河南尹。琛表曰：「國家居代，患多盜竊，世祖廣置主司里宰，多置吏士爲其羽翼，始得禁止。遷都已來，四遠赴會，五方雜沓，寇盜公行，里正職輕任碎，多是下才，不能督察。請少高其品，選下品中應遷者進而爲之。」詔從之。琛又奏以羽林爲游軍，於諸坊巷司察盜賊，於是洛城清靜，後常踵焉。

壬辰（五一二）

梁天監十一年，魏延昌元年。

春，正月，梁免老小質作。梁主敦睦九族，優借朝士，有犯罪者，屈法申之。百姓有罪，則案之如法，其緣坐則老幼不免，一人亡逃，舉家質作，民既窮窘，姦宄益深。嘗有秣陵老人遮車駕曰：「陛下爲法，急於庶民，緩於權貴，非長久之道。誠能反是，天下幸甚。」於是詔：「自今罪應質作而老小者停送。」

魏以高肇爲司徒，清河王懌爲司空。高肇自尚書令爲司徒，自以去要任，怏怏形於言色。右丞高綽、博士封軌素以方直自業，及肇爲司徒，綽送迎往來，軌竟不詣肇。綽顧不見軌，乃遽歸，嘆曰：「吾平生自謂不失規矩，今日舉措，不如封生遠矣。」清河王懌有才學聞望，懲彭城之禍，因侍宴，謂肇曰：「天子兄弟詎有幾人，而翦之幾盡！昔王莽頭禿，藉渭陽之資，遂篡漢室。今君身曲，亦恐終成亂階。」會大旱，肇擅録囚徒，欲以收衆心。懌言於魏主曰：「昔季氏旅於泰山，孔子疾之。誠以君臣之分，宜防微杜漸，不可瀆也。減膳録囚，乃陛下之事，今司徒行之，豈人臣之義乎！明君失之於上，姦臣竊之於下，禍亂之基，於此在矣。」魏主笑而不應。遂詔尚書與羣司鞫理獄訟，令飢民就食北方。

冬，十月，魏立子詡爲太子。魏自是始不殺太子之母。以僕射郭祚領少師。祚嘗從幸東宮，懷黄甗以奉太子。時應詔左右趙桃弓深爲魏主所信任，祚私事之，時人謂之「桃弓僕射」、「黄甗少師」。

十一月，梁修五禮成，行之。初，齊步兵校尉伏曼容表求制一代禮樂，世祖選學士十人修五禮，丹楊尹王儉總之。儉卒，祭酒何胤、尚書令徐孝嗣、將軍何修之繼掌之。經齊末兵火，僅有在者。梁初，尚書以庶務權輿，議欲省之，詔曰：「禮壞樂缺，宜以時修定。」於是僕射沈約等奏：「請五禮各置舊學士一人，令舉學古一人自助，其中疑者，依石渠、白虎故事，請制旨斷決。」乃以右軍記室明山賓等分掌五禮，佟之總其事。佟之卒，以鎮北諮議伏暅代之。暅，曼容之子也。至是，五禮成，列上之，合八千一十九條，詔有司遵行。

癸巳(五一三)

梁天監十二年，魏延昌二年。

春，二月，梁鬱洲叛降魏，梁討平之。鬱洲迫近魏境，朐山之亂，或陰與之通，朐山平，心不自安。而青、冀刺史張稷不得志，政令寬弛，僚吏頗多侵漁。鬱洲民徐道角等夜襲州城，殺稷降魏，魏遣兵赴之。於是魏飢，民餓死者數萬。游肇諫，以爲：「朐山濱海，卑濕難居，鬱洲又在海中，得之尤爲無用。其地於賊要近，去此閑遠，以閑遠之兵，攻要近之衆，不可敵也。方今年飢民困，惟宜安靜，而復勞以軍旅，費以饋運，臣見其損，未見其益。」魏主不從。遣兵未發，梁北兖州刺史康絢遣兵討平之。

閏月，梁侍中沈約卒。梁主嘗與侍中建昌侯沈約各疏栗事，約少上三事，出，謂人曰：「此公護前，不則羞死！」梁主聞之怒。梁主有憾於張稷，從容與約語及之，約曰：「已往之事，何足復論！」梁主怒而起，約懼不覺，及還，憑空頓於户下，因病。夢齊和帝以劍斷其舌，乃呼道士奏赤章於天，稱：「禪代之事，不由己出。」梁主大怒，譴責數四。約益懼，遂卒。有司謚曰文，上曰：「情懷不盡曰隱。」改謚曰隱侯。

夏，五月，魏壽陽大水。壽陽久雨，大水入城，廬舍皆没。魏揚州刺史李崇勒兵泊於城上，城不沒者二板。將佐勸崇棄城保北山，崇曰：「淮南萬里，繫於吾身，一旦動足，百姓瓦解，吾豈以愛身而取愧於王尊哉！但憐此士民無辜同死，可結筏隨高，人規自脱，吾必與此城俱沒。」治中裴絢叛降于梁，崇遣從弟神等討之。絢敗走，執之，絢曰：「吾何面見李公乎！」乃投水死。崇表以水災求解，魏主不許。崇沈深寬厚，有方略，得士心。在壽春十年，常養壯士數千人，寇來無不摧破，鄰敵謂之「卧虎」。梁主屢設反間以疑之，而魏主素知其忠篤，委信不疑。

六月，梁新作太廟。

秋，八月，魏恒、肆二州地震、山鳴。踰年不已，民覆壓死傷甚衆。

魏以崔光爲太子少傅。魏主幸東宫，以崔光爲太子少傅，命太子拜之。光辭，不許。太子南面再拜，光北面立，不敢答，唯西面拜謝而出。魏太子尚幼，每出入東宫，左右乳母而已，宫臣皆不之知。詹事楊昱上言：「乞自今召太子，必降手敕，令臣等翼從。」從之。

甲午（五一四）

梁天監十三年，魏延昌三年。

春，二月，梁主耕籍田。宋、齊籍田皆用正月，至是始用二月，及致齋祀先農。

魏東豫州亂，討平之。魏東豫州刺史田益宗衰老，與諸子孫聚斂無厭，部内苦之，咸言欲叛。魏主聞之，詔遣其子魯生赴闕，久未至，詔徙益宗爲濟州刺史。慮其不受代，遣將軍李世哲帥衆襲之，奄入廣陵。魯生與其弟奔關南，招引梁兵，攻取光城已南諸戍。世哲擊破之，以益宗還，拜光禄大夫。

冬，十一月，魏遣司徒高肇督諸軍侵梁益州。魏王足之伐梁也，梁主命寧州刺史李略禦之，許事平用爲益州。足退，梁主不用，略怨望，有異謀，梁主殺之。其兄子苗奔魏。會校尉淳于誕亦自漢中入魏，二人共説魏主以取蜀之策，魏主信之。以高肇爲大都督，將步騎十五萬攻益州。游肇諫曰：「今頻年水旱，不宜勞役，蜀地險隘，鎮戍無隙，豈得承浮説而動大軍！舉不慎始，悔將何及！」不從。

梁築淮堰。魏降人王足陳計，求堰淮水以灌壽陽。梁主以爲然，使水工陳承伯、將軍祖晅視地形，咸謂：「淮内沙土漂輕，功不可就。」弗聽。發徐、揚民率二十户取五丁以築之，假康絢都督諸軍，并護堰作。役人及戰士合二十萬，南起浮山，北抵巉石，依岸築土，合脊於中流。

魏以楊津爲華州刺史。津，椿之弟也。先是，官受調絹，尺度特長，吏緣爲姦，百姓苦之。津令悉依公尺，其輸物尤善者，賜以柸酒，劣者亦爲受之，但無酒以示耻。於是輸者競勸，更勝於舊。

魏免其侍御史陽固官。魏中尉王顯謂侍御史陽固曰：「吾作太府卿，府庫充實，何如？」固曰：「公收百官之禄四分之一，州郡贓贖，悉輸京師，以此充府，未足爲多。且『有聚斂之臣，寧有盗臣』，可不戒哉！」顯不悦，因事奏免固官。

乙未(五一五)

梁天監十四年，魏延昌四年。

春，正月，魏主恪殂，太子詡立。魏世宗殂，侍中、中書監崔光，侍中、領軍于忠，詹事王顯，庶子侯剛迎太子詡於東宮。顯欲須明即位，光曰：「天位不可暫曠，何待至明！」顯曰：「須奏中宮。」光曰：「帝崩，太子立，國之常典，何須中宮令也！」於是請太子止哭，立於東序，忠扶太子西面哭十餘聲止。光攝太尉，奉策進璽綬，太子跪受，服衮冕之服，御太極殿，即皇帝位。光等與夜直羣官立庭中，北面稽首稱萬歲。高后欲殺胡貴嬪，中給事劉騰以告侯剛、于忠、崔光，光使置貴嬪别所，嚴加守衛，由是貴嬪深德四人。於是悉召西伐東防兵。廣平王懷扶疾入臨，云：「欲上殿哭大行，見主上。」衆愕然，無敢對者。崔光攘衰振杖，引漢趙憙故事，辭色甚厲。懷曰：「侍中以古義裁我，我敢不服！」

魏侍中王顯伏誅，以太保高陽王雍、尚書令任城王澄同總國事。先是，高肇擅權，尤忌宗室有時望者，任城王澄懼不自全，乃酣飲陽狂，朝廷機要無所關豫。至是，肇擁兵於外，朝野不安。于忠與門下議，以魏主幼，未能親政，宜使太保高陽王雍入居西柏堂省決庶政，以任城王澄爲尚書令，總攝百揆，奏皇后授之。王顯有寵於世宗，恃勢使威，爲世所疾。恐不爲澄等所容，密謀矯皇后令，以高肇録尚書事，以顯與高猛同爲侍中。忠等聞之，託以侍療無效，執顯於禁中，殺之。下詔如門下奏，百官總己聽於二王，中外悦服。

二月，魏司徒高肇伏誅。魏主告哀於高肇，且召之。肇還，入哭盡哀。高陽王雍與于忠密謀，伏邢豹等數人於省下，引入搤殺之，下詔暴其罪惡，削除職爵，葬以士禮，於厠門出尸歸其家。

魏以高陽王雍爲太尉，清河王懌爲司徒，廣平王懷爲司空。

魏尊貴嬪胡氏爲太妃，廢其太后高氏爲尼。

魏復百官禄，蠲綿麻税。魏于忠既居門下，又總宿衛，遂專朝政，權傾一時。初，高祖以用度不足，百官之禄四分減一，民稅絹一疋別輸綿八兩〔六〕，布一疋別輸麻十五斤，忠悉罷之。

夏，四月，梁淮堰潰，復築之。浮山堰成而復潰，或言蛟龍能乘風雨破堰，其性惡鐵，乃運鐵數千萬斤沈之，亦不能合。乃伐樹爲井幹，填以巨石，加土其上。緣淮百里木石皆盡，負者肩穿，疾疫死者相枕，蠅蟲晝夜聲合。

魏破叛氐于沮水。

六月，魏冀州沙門作亂，討平之。魏冀州沙門法慶以妖幻惑衆作亂，以尼惠暉爲妻，自號大乘。又合狂藥，令人服之，父子兄弟，不復相識，唯以殺害爲事。詔光禄大夫元遥討平之。

秋，八月，魏侍中于忠殺僕射郭祚、尚書裴植，免太保高陽王雍，遣就第。魏尚書裴植自謂人門不後王肅，以朝廷處之不高，常怏怏，表請解官隱嵩山，世宗不許。及爲尚書，志氣驕滿，好面譏毁羣官。僕射郭祚冒進不已，與植皆惡于忠專横，密勸高陽王雍使出之。忠聞之大怒，令有司誣奏植、祚罪，皆賜死。忠又欲殺高陽王雍，崔光固執不從，乃免雍官，還第，朝野冤憤。

魏尊太妃胡氏爲太后。居崇訓宫。

魏以清河王懌爲太尉，廣平王懷爲司徒，任城王澄爲司空，于忠爲尚書令，元叉爲散騎侍郎〔七〕，叉妻胡氏爲女侍中。叉，江陽王繼之子，其妻，太后妹也。

九月，魏太后稱制，以于忠爲冀州刺史，司空澄領尚書令。太后聰悟，頗好讀書屬文。始臨朝聽政，猶稱令以行事，羣臣上書稱殿下，政事皆手筆自決。加胡國珍侍中，封安定公。自郭祚等死，詔令生殺皆出于忠，王公畏之，重足脅息。太后既親政，乃出忠爲冀州刺史，以司空澄領尚書令。澄奏：「安定公宜出入禁中，參諮大務。」詔從之。

梁攻魏西峽石，據之。梁將軍趙祖悦襲魏西峽石，據之以逼壽陽。田道龍等散攻諸戍，魏李崇分遣諸將拒之。

魏以胡國珍爲中書監。

冬，十月，魏奪常山公于忠、博平公崔光爵。十二月，以高陽王雍爲太師，録尚書事。初，魏于忠用事，自謂有定社稷之功，諷百僚令加己賞。太傅雍等議封忠常山郡公，崔光博平縣公。至是尚書元昭等上訴不已，太后制公卿再議。太傅懌等上言：「奉迎侍衛，臣子常職，不容以此爲功。臣等前議，正以畏其威權，苟免暴戾故也。請皆追奪。」太后從之。高陽王雍上表自劾，曰：「于忠專權，生殺自恣，而臣不能違。忝官尸禄，孤負恩私，請返私門，伏聽司敗。」太后不問，尋以雍爲太師、領司州牧、録尚書事，與太傅懌、太保懷、侍中胡國珍同釐庶政。

魏晉壽郡叛降梁〔八〕。魏益州刺史傅豎眼性清素，民獠懷之。將軍元法僧代之，素無治幹，加以貪殘，葭萌民任令宗因衆心之患魏，殺晉壽太守，以城降梁，民獠多應之。梁益州刺史鄱陽王恢遣張齊將兵迎之。

魏太后攝行祭事。太后以魏主幼未能祭，欲代行事，禮官議以爲不可。太后以問侍中崔光，光引漢和熹太后祭宗廟故事以對，太后大悅，從之。

梁大寒，淮、泗皆冰。浮山堰士卒死者什七八。

丙申（五一六）

梁天監十五年，魏肅宗孝明帝詡熙平元年〔九〕。

春，二月，魏攻梁硤石，克之。魏遣將軍崔亮攻硤石，蕭寶寅決淮堰。亮攻硤石未下，與李崇約水陸並進，崇屢違期不至。胡太后以諸將不壹，乃以尚書李平爲行臺，節度諸軍。平至硤石，督李崇、崔亮等刻日進攻，無敢乖互，戰屢有功。梁主使將軍昌義之救浮山，未至，康絢已擊魏兵却之。使義之救峽石，崔亮遣將軍崔延伯守下蔡，延伯取車輪去輞，削銳其輻，兩兩接對，揉竹爲絚，貫連相屬，並十餘道，横水爲橋，兩頭施大鹿盧，出没隨意，不可燒斫。既斷趙祖悦走路，又令戰艦不通。義之不得進。李平部分水陸攻硤石，克外城，祖悦出降，斬之。胡太后賜亮書，使乘勝深入。平部分諸將，進攻浮山堰。亮違平節度，以疾請還，平奏處亮死刑。太后赦之，魏師遂還。

魏侍中侯剛有罪，削户三百。魏中尉元匡奏彈：「于忠幸國大災，專擅朝命，宜加顯戮。自世宗晏駕以後，太后未親覽，以前諸不由階級，擅相拜授者，並宜追奪。」太后曰：「忠已特原，餘如奏。」匡又彈侍中侯剛掠殺羽林。剛本以善烹調爲嘗食典御，以有德於太后，頗專恣用事，王公皆畏附之。廷尉處剛大辟，太后曰：「剛因公事掠人，邂逅致死，於律不坐。」少卿袁翻曰：「邂逅，謂情狀已露，隱避不引，考訊以理者也。今此羽林，問則具首，剛口唱打殺，撾築非理，安得謂之邂逅！」太后乃削剛户三百，解嘗食典御。

三月，朔，日食。

夏，四月，梁淮堰成。堰長九里，下廣百四十丈，上廣四十五丈，高二十丈，樹以杞柳，軍壘列居其上。或謂康絢曰：「四瀆，天所以節宣其氣，不可久塞，若鑿湫東注，則游波寬緩，堰得不壞。」絢乃開湫東注，又縱反間於魏曰：「梁懼開湫，不畏野戰。」蕭寶寅信之，鑿山五丈，開湫北注，水猶不減，魏軍罷歸。水之所及，夾淮方數百里。李崇作浮橋於硤石，又築城於八公山東南，以備城壞。

魏復封于忠爲靈壽公，崔光爲平恩侯。

梁圍魏武興。秋，七月，魏擊敗之，遂復取東益州。魏元法僧遣其子景隆將兵拒張齊，齊與戰於葭萌，大破之，屠十餘城，遂圍武興。法僧嬰城自守，境内皆叛，遣使告急於魏，魏以傅豎眼爲益州刺史赴之。豎眼入境，轉戰三日，行二百里，九遇皆捷，民獠皆喜，迎拜於路者相繼。張齊退保白水，豎眼入州，白水以東民皆安集〔一〇〕。魏梓潼太守苟金龍領關城戍主，梁兵至，金龍疾病，不堪部分。其妻劉氏帥厲城民，乘城拒戰百有餘日。戍副高景謀叛，劉氏斬之，與將士分衣減食，勞逸必同；莫不畏而懷之。井在城外，爲梁兵所據。會天大雨，劉氏命出公私布絹衣服懸之，絞取水而儲之。梁兵退，魏人封其子爲平昌縣子。張齊數出白水侵葭萌。七月，傅豎眼擊敗之。齊走還，諸戍皆棄城走，東益州復入于魏。

九月，梁淮堰壞。淮水暴漲，堰壞，其聲如雷，聞三百里，緣淮城戍村落十餘萬户皆漂入海。初，魏人患淮堰，以任城王澄爲大都督，勒衆十萬攻之。李平以爲不假兵力，終當自壞，既而果然。

魏詔議邊鎮選舉法。任城王澄以北邊鎮將選舉彌輕，恐賊虜闚邊，山陵危迫，奏請重鎮將之選，修警備之嚴，詔公卿議之。廷尉少卿袁翻議曰：「比緣邊州郡，官不擇人，唯論資級。或值貪汙之人，廣開戍邏，多置帥領，或用其左右姻親，或受人貨財請屬，皆無防寇之心，唯有聚斂之意。勇力之兵，驅令抄掠，奪爲己富。羸弱老小，微解工作，苦役百端。伐木芸草，販貿往還，窮其力，薄其衣，用其功，節其食，綿冬歷夏，加之疾苦，死於溝瀆者什常七八。是以鄰敵伺間，擾我疆埸，皆由邊任不得其人故也。愚謂今後，邊鎮郡縣府佐統軍至于戍主，皆令王公已下各舉所知，必選其才，不拘階級。稱職敗官，所舉之人隨事賞罰。」太后不能用。及正光之末，北邊盗賊羣起，遂逼舊都，犯山陵，如澄所慮。

冬，魏作永寧寺。胡太后作永寧寺於宫側，又作石窟寺於伊闕口，皆極土木之美。爲九層浮圖，高九十丈，刹高十丈，塔廟之盛，未之有也。李崇上表曰：「高祖遷都垂三十年，明堂未修，太學荒廢，城闕府寺頗亦頹壞，非所以追隆堂構，儀刑萬國者也。宜罷尚方雕靡之作，省永寧土木之功，分石窟鐫琢之勞，因農之隙，修此數條，使國容嚴顯，禮化興行，不亦休哉！」太后不能用。任城王澄奏曰：「昔高祖遷都，城内置寺，僧尼各一而已。正始三年，沙門惠深始違前禁，自是都城之中，寺踰五百。往者代北有法秀之謀，冀州有大乘之變，則知太和之制，非徒使緇素殊途，蓋亦以防微杜漸。況此僧徒，戀著城邑，正以誘於利欲，不能自已，此乃釋氏之糟糠，國典所共棄也。臣謂城内寺宜悉徙於郭外，僧不滿五十者，併小從大，外州準此。」詔從之，然卒不能行。時民多絶户爲沙門，李瑒上言：「不孝之大，無過於絶祀。

豈得背禮肆情，棄家絶養，缺當世之禮，而求將來之益！孔子云：『未知生，焉知死？』安有棄堂堂之政而從鬼教乎！且今南服未寧，民多避役，若復聽之，恐比屋皆爲沙門矣。」都統僧暹等以瑒謗佛，泣訴於太后。太后責之，瑒曰：「天曰神，地曰祇，人曰鬼。傳曰：『明則有禮樂，幽則有鬼神。』然則明者爲堂堂，幽者爲鬼教。佛本出於人，名之爲鬼，愚謂非謗。」太后不得已於暹等，罰瑒金一兩。

柔然大破高車，殺其王彌俄突。柔然伏跋可汗壯健善用兵，是歲，西擊高車，大破之，執其王彌俄突，殺之，漆其頭爲飲器。鄰國叛去者，皆擊滅之，其國復强。

丁酉（五一七）

梁天監十六年，魏熙平二年。

春，正月，魏制諸錢，新舊通行，僞者罪之。魏初，民間皆不用錢。高祖始鑄太和五銖錢，民欲鑄者，聽就官鑪，銅必精鍊，無得殽雜。世宗又鑄五銖，禁不依準式者。既而洛陽及諸州鎮所用不同，商貨不通。任城王澄上言曰：「不行之錢，律有明式，指謂鵝眼〔一一〕、鐶鑿，更無餘禁。計河南諸州今所行者，悉非制限。河北既無新錢，復禁舊者，專以單絲之縑，疏縷之布，狹幅促度，不中常式，裂匹爲尺，以濟有無，徒成杼軸之勞，不免飢寒之苦。錢之爲用，貫繦相屬，不假度量，平均簡易，濟世之宜，謂爲深允。乞下諸方州鎮，新舊諸錢，内外全好，並得通行。其鵝眼、鐶鑿及盜鑄巧僞不如法者，據律罪之。」詔從之。然河北少錢，民猶用物交易，錢不入市。

魏考勳籍。魏人多竊冒軍功，左丞盧同閲吏部勳書，得竊階者三百餘人，乃奏：「總集吏部、中兵二局動簿，對句奏案，更造兩通，一關吏部，一留兵局。又，在軍斬首成一階以上，令行臺軍司給券，當中豎裂，一支付勳人，一支送門下，以防僞巧。」從之。中尉元匡奏取景明已來考簿、除書、勳案，欲以案校竊階盜官之人。任城王澄曰：「法忌煩苛，治貴清約。御史之體，風聞是司，聞有冒勳妄階，正應攝其一簿，研檢虛實，繩以典刑。豈有移一省之案，尋兩紀之事乎？」乃止。

三月，梁詔文錦不得爲人獸之形。敕織官，文錦不得爲仙人鳥獸之形，爲其裁翦，有乖仁恕。

魏司徒廣平王懷卒，以胡國珍爲司徒。

夏，四月，梁罷宗廟牲牢，薦以蔬果。詔以宗廟用牲牢，有累冥道，宜皆以麪爲之。於是朝野諠譁，以爲宗廟去牲，乃是不復血食。八坐乃議以大脯代一元大武。尋詔以餅代脯，其餘盡用蔬果。

冬，十二月，柔然遣使如魏。柔然伏跋可汗遣使請和於魏，用敵國之禮。魏主引見，讓以藩禮不備，議依漢待匈奴故事，遣使報之。司農少卿張倫上表曰：「大明在御，國富兵强，抗敵之禮，何憚而爲。且虜雖慕德而來，亦欲觀我强弱。若使王人銜命虜庭，與爲昆弟，恐非祖宗之意也。苟事不獲已，應爲制詔，示以上下之儀，命宰臣致書，諭以歸順之道，觀其從違，徐以恩威進退之，則王者之體正矣。豈可以戎狄兼并，而遽虧典禮乎！」不從。

梁以馮道根爲豫州刺史。道根謹厚木訥，行軍能敕檢士卒。諸將爭功，道根獨默然。爲政清簡，吏民懷之。上嘗歎曰：「道根所在，令朝廷不復憶有一州。」

魏採銅鑄錢。魏崔亮請於王屋等山採銅鑄錢，從之。是後民多私鑄，錢稍薄小，用之益輕。

戊戌(五一八)

梁天監十七年,魏神龜元年。

春,二月,梁安成王秀卒。秀雖與上布衣昆弟,及爲君臣,小心畏敬,過於疏賤,上益以此賢之。秀與弟始興王憺尤相友愛,憺爲荆州,常平分其禄以給秀,秀稱心受之,亦不辭多也。

夏,四月,魏胡國珍卒,追號太上秦公。國珍卒,贈假黄鉞、相國、太師,號曰太上秦公,葬以殊禮。迎太后母皇甫氏之柩與合葬,謂之太上秦孝穆君。諫議大夫張普惠以爲太上之名不可施於人臣,上疏陳之,左右莫敢爲通。會胡氏穿壙遇石,普惠乃密表曰:「天無二日,土無二王。『太上』者,因上而生名也,皇太后稱令以繫敕下,蓋取三從之道。今尊司徒爲太上,恐乖繫敕之意。比克吉定兆,而以淺改卜,亦或天地神靈所以垂至戒,啓聖情也。伏願停逼上之號,以邀謙光之福。」太后乃集五品以上博議。王公皆希太后意,争詰難普惠,普惠應機辯析,無能屈者。太后不從。

魏復徵綿麻税。魏尚書奏復徵民綿麻之税,張普惠上疏曰:「高祖廢大斗,去長尺,改重稱,以愛民薄賦。知軍國須綿麻之用,故於絹增綿,於布增麻,民以稱尺所减,不啻綿麻,故鼓舞供調。自兹所税,浸復長闊,百姓嗟怨,聞於朝野。宰輔不尋其本,遽罷綿麻。既而尚書以國用不足,復欲徵斂。去天下之大信,棄已行之成詔,追前非,遂後失。不思庫中大有綿麻,而羣臣共竊之也。何則?所輸或美,未聞有司依律以罪州郡;小有濫惡,則坐户主,連及三長。是以在庫絹布,踰制者多。羣臣受俸,人求長闊厚重,未聞以端幅有餘還求輸官者也。今欲復調綿麻,當先正稱尺,明立嚴禁,無得放溢,使天下知二聖之心愛民惜法如此，則太和之政復見於神龜矣。」

魏主始月一視朝。張普惠以魏主好遊騁苑囿，不親視朝，過崇佛法，郊廟之事多委有司，上疏切諫，曰：「殖不思之冥業，損巨費於生民，近供無事之僧，遠邀未然之報，未若收萬國之懽心，以事其親，使天下和平，災害不生也。伏願淑慎、威儀，爲萬邦式，躬致郊廟之虔，親紆朔望之禮，釋奠成均，竭心千畝。撤僧寺不急之華，還百官久折之秩，則節用愛人，四海俱賴矣。」尋敕外議釋奠之禮，又自是每月一陛見羣臣，皆用普惠之言也。

五月，梁司徒臨川王宏有罪免，尋復其位。梁司徒揚州刺史、臨川王宏妾弟殺人，匿於宏府。梁主敕宏出之，即日伏辜。南司奏免宏官，梁主注曰：「愛宏者，兄弟私親；免宏者，王者正法。所奏可。」宏自洛口之敗，常懷愧憤，都下每有竊發，輒以宏爲名，屢爲有司所奏，梁主輒赦之。以吴平侯昺監揚州。昺有風力，爲梁主所重，軍國大事皆與議決。在州尤稱明斷，符教嚴整。復以宏行司徒。

司馬公曰：宏爲將則覆三軍，爲臣則涉大逆，高祖貸其死罪可矣。數旬之間，還爲三公，於兄弟之恩誠厚矣，王者之法果安在哉！

魏補三字石經。初，洛陽有漢所立三字石經，屢經喪亂，初無損失。及魏馮熙、常伯夫爲洛州，毀以建浮圖，遂大頹落。國子祭酒崔光請遣官守視，命博士李郁等補其殘缺，太后許之。會元乂、劉騰作亂，事遂寢。

秋，七月，魏河州羌反，討平之。魏河州羌却鐵忽反，以源子恭爲行臺討之。子恭至，嚴勒州郡及諸軍，毋得犯民一物，亦不得輕與賊戰，然後示以威恩，使知悔懼。鐵忽等相帥降。子恭，懷之子也。

九月，魏太后胡氏弒其故太后高氏。魏胡太后以天文有變，欲以高太后當之，既而暴卒，以尼禮葬之。

魏遣使如西域求佛書。魏胡太后遣使者宋雲與比丘惠生如西域求佛經。雲等行四千里至赤嶺，乃出魏境。又西行再期，至乾羅國，得佛書百七十部而還。

魏復鹽禁。是歲，魏太師雍等奏：「鹽池天藏，資育羣生，先朝爲之禁限，非與細民爭利。但以豪貴封護，近民吝守，貧弱遠來，邈然絶望。因置主司，裁察强弱。什一之税，自古有之，遠近齊平，公私兩利。及甄琛罷禁，乃爲繞池之民擅自固護，語其障禁，倍於官司，請禁之便。」從之。

己亥(五一九)

梁天監十八年，魏神龜二年。

春，正月，梁以袁昂爲尚書令，王暕、徐勉爲僕射。

魏太后始稱詔。

二月，魏羽林虎賁作亂，殺將軍張彝。魏征西將軍張彝之子仲瑀上封事，求銓削選格，排抑武人，不使豫清品。於是喧謗盈路，立牓大巷，克期會集，屠害其家。彝父子晏然，不以爲意。至是，羽林虎賁近千人，相帥至尚書省詬罵，求仲瑀兄始均不獲，以瓦石擊省門。上下懾懼，莫敢禁討。遂至其第，曳彝捶辱，焚其第舍。始均拜賊，請其父命，賊就毆擊，投之火中。仲瑀重傷走免，彝僅有餘息，再宿而死。遠近震駭，胡太后收掩羽林虎賁凶强者八人斬之，其餘不復窮治。大赦以安之，因令武官得依資入選，識者知魏之將亂矣。初，燕高湖奔魏，其子謐爲侍御史，坐法徙懷朔，世居北邊，遂習鮮卑之俗。謐孫歡，沈深有大志，家貧，執役在平城，富人婁氏女見而奇之，遂嫁焉。始有馬，得給鎮爲函使，至洛陽，見張彝之死，還家，傾貲以結客。或問其故，歡曰：「宿衛相帥焚大臣之第，朝廷懼其亂而不問，爲政如此，事可知矣，財物豈可常守邪！」歡與司馬子如、劉貴、賈顯智、孫騰、侯景、尉景、蔡儁相友善，並以任俠雄於鄉里。

魏以崔亮爲吏部尚書。立停年格。時官員既少，應選者多，吏部尚書李韶銓注不行，大致怨嗟。乃更以崔亮爲尚書。亮爲格制，不問士之賢愚，專以停解日月爲斷，沈滯者稱其能。亮甥劉景安與亮書曰：「殷、周以鄉塾貢士，兩漢由州縣薦才，魏、晉因循，又置中正，雖未盡美，什收六七。而朝廷貢才，止求其文，不取其理，察孝廉唯論章句，不及治道；立中正不考才行，空辨氏姓。取士不博，沙汰未精。舅當銓衡，宜須改張易調，如何反爲停年格以限之，天下士子誰復修厲名行哉！」洛陽令薛琡上書曰：「黎元之命，繫於長吏。若選曹唯取年勞，不簡賢否，執簿呼名，一吏足矣。數人而用，何謂銓衡！」書奏，不報。後復奏：「乞令王公貴臣薦賢以補郡縣。」詔公卿議之，事亦寢。其後甄琛等繼亮爲尚書，利其便己，踵而行之，魏之選舉失人，自亮始也。

魏以任城王澄爲司徒，京兆王繼爲司空。

魏復減百官禄。魏累世强盛，東夷、西域貢獻不絶，又立互市，以致南貨，至是府庫盈溢。太后嘗幸絹藏，命從行者百餘人各自負絹，稱力取之，少者不減百餘疋。崔光止取兩疋，衆皆愧之。時宗戚權倖，競爲豪侈。世宗嘗命宦者白整爲高祖、高后鑿二佛龕於龍門山，皆高百尺。劉騰復爲世宗鑿一龕，凡用十八萬二千餘工而未成。太后復建寺不已，令諸州各建五級浮圖，民力疲弊。諸王、貴人、宦官、羽林各建寺於洛陽，相高以壯麗。太后設會施僧動以萬計，賞賜左右，所費不貲，而未嘗施惠及民。府庫漸虚，乃減削百官禄力。任城王澄上表曰：「蕭衍常蓄窺覦之志，宜及國家强盛，早圖混壹。比年公私貧困，宜節省浮費，以周急務。」太后不能用。魏自永平以來，營明堂、辟雍，役者不過千人，有司復借以修寺，十餘年竟不能成。起部郎源子恭上書曰：「廢經國之務，資不急之費，宜徹減諸役，早圖成就，使祖宗有嚴配之期，蒼生覩禮樂之富。」詔從之，然亦不能成也。

魏陳仲儒奏律準法，不行。魏人陳仲儒請依京房立準以調八音，曰：「夫準本以代律，取其分數，調校樂器。而調聲之體，宫商宜濁，徵羽用清。若依公孫崇，止以十二律聲，而云還相爲宫，清濁悉足。唯黄鍾管最長，故以黄鍾爲宫，則往往相順。若均之八音，猶須錯采衆音，配成其美。若以應鍾爲宫，蕤賓爲徵，則徵濁而宫清，雖有其韻，不成音曲。若以中吕爲宫，則十二律中全無所取。今依京房書，中吕爲宫，乃以去滅爲商，執始爲徵，然後方韻。而崇乃以中吕爲宫，猶用林鍾爲徵，何由可諧！但聲音精微，史傳簡略，舊志準十三絃，隱間九尺，不言須柱以不。又，一寸之内有萬九千六百八十三分，微細難明。仲儒私考，準當施柱，但前卻柱中，以約準分，則相生之韻，已自應合。其中絃粗細，須與琴宫相類，施軫以調聲，令與黄鍾相合。中絃下依數畫六十律清濁之節，其餘十二絃須施柱如箏，即於中絃案盡一周之聲，度著十二絃上。然後依相生之法，以次運行，取十二律之商徵。商徵既定，又依琴五調調聲之法以均樂器，然後錯采衆聲以文飾之，若事有乖此，聲則不和。」尚書蕭寶寅奏仲儒學不師受，輕欲制作，事遂寢。

秋，八月，魏中尉元匡免，復以爲平州刺史。魏中尉東平王匡以論議數爲任城王澄所奪，憤恚，復治其故棺，欲奏攻澄。澄因奏匡罪狀，廷尉處以死刑。詔削官爵，而以侯剛代之。郎中辛雄奏曰：「匡歷奉三朝，骨鯁之迹，朝野具知，故高祖賜名曰匡。先帝已容之於前，陛下亦宜寛之於後。若終貶黜，恐杜忠臣之口。」乃復除匡平州刺史。

九月，魏太后遊嵩高。初，魏胡太后數幸宗戚勳貴之家，侍中崔光表諫曰：「禮，諸侯非問疾、弔喪而入諸臣之家，謂之君臣爲謔。不言王后夫人，明無適臣家之義。夫人，父母在有歸寧，没則使卿寧。漢上官皇后將廢昌邑，霍光，外祖也，親爲宰輔，后猶御武帳以接羣臣，示男女之別也。願陛下簡息遊幸，則率土屬賴，含生仰悦矣。」不聽。至是遊嵩高，數日而還。

冬，十二月，魏司徒任城王澄卒。謚曰文宣。

高麗王雲卒。子安立。

魏汰郎官。魏以郎選不精，大加沙汰，唯朱元旭、辛雄、羊深、源子恭、祖瑩等以才用見留，餘皆罷遣。

庚子（五二〇）

梁普通元年，魏正光元年。

春，正月，日食。

梁左將軍馮道根卒。梁主春祠二廟，既出宫，有司以道根訃聞，梁主問中書舍人朱异曰：「吉凶同日，可乎？」對曰：「昔衛獻公聞柳莊死，不釋祭服而往哭之。道根有勞王室，臨之，禮也。」梁主即幸其宅，哭之慟。

高麗入貢于梁。

秋，七月，魏侍中元叉殺太傅清河王懌，幽太后于北宫。魏太傅、侍中、清河王懌美風儀，胡太后逼而幸之。然素有才能，輔政多所匡益，好學禮士，時望甚重。侍中、領軍將軍元叉恃寵驕恣，懌每裁之以法。衛將軍劉騰權傾内外，吏部用其弟爲郡，懌抑而不奏。叉、騰皆怨之，乃使主食胡定自列云「懌貨定使毒魏主」。魏主時年十一，信之。叉奉魏主御顯陽殿，騰閉永巷門，太后不得出。懌入，叉厲聲止之，懌曰：「汝欲反邪！」叉曰：「正欲縛反者耳！」命宗士執懌，騰稱詔集公卿議，論懌大逆。衆畏，無敢異者。唯僕射新泰公游肇抗言以爲不可，終不下署。叉、騰遂殺懌，詐爲太后詔，自稱有疾，還政魏主，幽太后於北宫，魏主亦不得省見，裁聽傳食而已。太后不免飢寒，乃嘆曰：「養虎得噬，我之謂矣。」叉遂與太師高陽王雍等同輔政，帝謂叉爲姨父。叉與騰表裏擅權，叉爲外禦，騰爲内防，常直禁省，威振内外。朝野聞懌死，無不喪氣，胡夷爲之剺面者數百人，游肇憤邑而卒，謚曰文貞。

江、淮海溢。

魏相州刺史中山王熙起兵討元叉，不克而死。弟略奔梁，梁以爲中山王。魏相州刺史中山王熙，英之子也，與弟略、纂皆爲清河王懌所厚，聞懌死，起兵於鄴，表請誅元叉、劉騰。長史柳元章等執之，元叉遣使斬之於鄴。熙好文學，有風義，名士多與之遊，將死，與故知書曰：「太后見廢北宫，清河横受屠酷，主上幼年，獨在前殿。君親如此，無以自安，故帥兵民欲建大義於天下。但智力淺短，旋見囚執，上慚朝廷，下愧相知。本以名義干心，不得不爾，流腸碎首，復何言哉！凡百君子，各敬爾儀，爲國爲身，善勗名節！」聞者憐之。熙首至洛陽，親故莫敢視，前驍騎將軍刁整獨收而藏之。略亡抵故人河内司馬始賓，始賓與略轉依西河太守刁雙，匿之經年。時購略甚急，略懼，雙曰：「會有一死，所難遇者爲知己死耳，願不以爲慮。」略固求南奔，雙乃使從子昌送略渡江。梁封爲中山王。

梁車騎將軍永昌侯韋叡卒。時梁主方崇釋氏，士民無不從風而靡，獨叡自以位居大臣，不欲與俗俯仰，所行略如平日。卒謚曰嚴。

魏以高陽王雍爲丞相。

柔然殺伏跋可汗，其弟阿那瓌立，尋出奔魏，國人立婆羅門爲可汗。初，柔然佗汗可汗納伏名敦之妻侯吕陵氏，生伏跋可汗及阿那瓌等六子。伏跋既立，忽亡其幼子祖惠。有巫地萬言：「祖惠今在天上，我能呼之。」乃於大澤中施帳幄，祀天神，祖惠忽在帳中，自云恒在天上。伏跋大喜，號地萬爲聖女，納爲可賀敦，信用其言，干亂國政。祖惠浸長，語其母曰：「我常在地萬家，上天者，地萬教我也。」

其母以告伏跋，不信。既而地萬譖祖惠殺之。侯呂陵氏遣其大臣具列等殺地萬，伏跋欲誅具列。會阿至羅入寇，伏跋擊之，敗還，侯呂陵氏與大臣共殺伏跋，立其弟阿那瓌爲可汗。阿那瓌立十日〔一二〕，其族兄示發擊之，阿那瓌戰敗奔魏。示發殺侯呂陵氏。

冬，十月，魏以汝南王悅爲太尉。魏清河王懌死，汝南王悅了無恨元叉之意，以桑落酒候之，盡其私佞。叉大喜，以悅爲侍中、太尉。

十一月，魏立阿那瓌爲蠕蠕王。柔然可汗阿那瓌將至，魏主使京兆王繼、侍中崔光等迎之，賜勞甚厚。引見置宴，置阿那瓌位於親王之下。立爲朔方公、蠕蠕王。時魏方强盛，於洛水橋南御道東作金陵、燕然、扶桑、崦嵫四館，道西立歸正、歸德、慕化、慕義四里，以處四方降者。及阿那瓌入朝，以燕然館處之。阿那瓌屢求返國，朝議異同不決，以金百斤賂元叉，遂聽北歸。

魏以京兆王繼爲司徒。

魏遣使如梁。魏、梁始復通好。

辛丑（五二一）

梁普通二年，魏正光二年。

春，正月，梁置孤獨園。以收養貧民也。魏發兵納阿那瓌于柔然，不克。魏發近郡兵萬五千人，使懷朔鎮將楊鈞將之，送柔然可汗阿那瓌返國。右丞張普惠上疏曰〔一三〕：「蠕蠕久爲邊患，今革面稽首，束身歸命，撫之可也。乃更自勞擾，興師郊甸之內，投諸荒裔之外，救累世之勍敵，資天亡之醜虜，臣未見其可也。況今旱暵方甚，干時而動，其可濟乎！脱其顛覆，鈞之肉，其足食乎！宰輔專好小名，不圖安危大計，此微臣所以寒心者也。」弗聽。阿那瓌之南奔也，其從父兄婆羅門討示發，破之，國人推婆羅門爲彌偶可社句可汗。魏遣使者牒云具仁往諭之，使迎阿那瓌。具仁至柔然，婆羅門殊驕慢，無遜避心，責具仁禮敬。具仁不屈，婆羅門乃遣大臣將兵二千隨具仁迎阿那瓌。阿那瓌懼，不敢進，請還洛陽。

三月，魏元叉殺將軍奚康生，以宦者劉騰爲司空，京兆王繼爲太保，崔光爲司徒。魏元叉、劉騰之幽胡太后也，右衛將軍奚康生預其謀，叉使之領左右。康生子難當娶侯剛女，剛子，叉之妹夫也。叉以康生通姻，深相委託，三人常俱宿禁中。康生性粗武，叉稍憚之，康生亦微懼不安。魏主朝太后于西林園，文武侍坐，酒酣迭舞，康生乃爲力士儛，及折旋之際，每顧視太后，舉手蹈足頷首，爲執殺之勢，太后解其意而不敢言。日暮，太后欲攜帝宿宣光殿，侯剛不可，康生曰：「至尊，陛下之兒，隨陛下可也。」太后自起援帝，下堂去。帝前入閤，左右競相排，閤不得閉。康生奪千牛刀，斫之，乃得定。帝既升宣光殿，康生乘酒勢將出處分，爲叉所執。光禄勳賈粲紿太后曰：「侍官懷恐不安，陛下宜親安慰。」太后適下殿，粲即扶帝出東序，前御顯陽殿，還閉太后於宣光殿。叉遂殺康生，流難當。以劉騰爲司空，公私屬請，唯視貨多少，刻剥六鎮，歲入以巨萬萬計，遠近苦之。京兆王繼自以權位太盛，請以司徒讓崔光。乃以繼爲太保，崔光爲司徒。

秋，七月，梁以裴邃爲豫州刺史。邃鎮合肥，欲襲壽陽，陰結壽陽民爲内應。恐魏覺之，先移魏揚州云：「聞欲修白捺故城，稍相侵逼，此亦須營歐陽，設交境之備。」揚州刺史長孫稚謀於僚佐，皆曰：

「此無修白捺之意，宜以實報之。」録事參軍楊侃曰：「白捺小城，本非形勝。邃好狡數，今集兵遣移，恐有他意。」稚大窘，令侃報移曰：「彼之纂兵，想別有意，何爲妄構白捺！『他人有心，予忖度之。』勿謂秦無人也。」邃得移，以爲魏人已覺，即散其兵。

高車擊柔然，柔然可汗婆羅門降魏。冬，十月，魏分柔然爲二國〔一四〕。高車伊匐擊柔然可汗婆羅門，大破之，婆羅門帥十部落詣涼州，請降於魏。柔然餘衆相帥迎阿那瓌，阿那瓌乞兵送還。詔中書門下博議，涼州刺史袁翻曰：「自國家都洛以來，蠕蠕、高車迭相吞噬，始則蠕蠕授首，既而高車被擒。今高車自奮於衰微之中，克雪讎耻，誠由種類繁多，終不能相滅。自二虜交鬭，邊境無塵，數十年矣，此中國之利也。今蠕蠕兩主相繼歸誠，戎狄禽獸，終無純固之節。然存亡繼絶，帝王本務。若棄而不受，則虧我大德。若納而撫養，則損我資儲。或全徙內地，則非直其情不願，亦恐終有劉、石之患。且蠕蠕尚存，則高車猶有內顧之憂，未暇窺窬上國。若其全滅，則高車跋扈之勢，豈易可知。今蠕蠕雖亂，部落猶衆，處處棋布，以望舊主。高車雖强，未能盡服也。愚謂蠕蠕二主並宜存之，居阿那瓌於東，處婆羅門於西，分其降民，各有攸屬。阿那瓌所居非所經見，不敢臆度。婆羅門請修西海故城以處之。西海在酒泉之北，去高車所居金山千餘里，實北虜往來之衝要，二地沃衍，大宜耕稼。宜遣一良將，配以兵仗，監護婆羅門，因令屯田，以省轉輸之勞。其北則臨大磧，野獸所聚，使蠕蠕射獵，彼此相資，足以自固。外以輔蠕蠕之微弱，內亦防高車之畔渙，此安邊保塞之長計也。若婆羅門能收離聚散，復興其國者，漸令北轉，徙度流沙，則是我之外藩，高車勍敵，西北之虞可以無慮。如其姦回反覆，不過爲逋逃之寇，於我何損哉？」朝議是之。乃置阿那瓌於吐若奚泉，婆羅門於故西海郡。

十一月，魏討叛氐，不克。魏以東益、南秦氐皆反，以河間王琛爲行臺討之。琛恃劉騰之勢，貪暴無所畏忌，大爲氐所敗。

壬寅（五二二）

梁普通三年，魏正光三年。

夏，四月，高車王弟越居弑其王伊匐而自立。

五月，朔，日食，既。

冬，十一月，魏行正光曆。初，魏世宗以玄始曆浸疏，命更造新曆。至是，著作郎崔光取張龍祥等九家所上曆，候驗得失，合爲一曆，行之。

梁西豐侯正德奔魏，既而逃歸。初，梁主養臨川王宏之子正德爲子。及太子統生，正德還本，賜爵西豐侯，怏怏不滿意，常蓄異謀。是歲奔魏，魏人待之甚薄，正德逃歸，梁主泣而誨之，復其封爵。

柔然王婆羅門叛魏，魏討而執之。柔然婆羅門叛魏，亡歸嚈噠。魏以平西長史費穆爲行臺，將兵討之，柔然遁去。穆曰：「戎狄之性，見敵即走，乘虛復出，若不使之破膽，終恐疲於奔命。」乃簡精騎，伏山谷，以步兵之羸者爲外營。柔然果至，奮擊破之，婆羅門爲凉州軍所擒，送洛陽。

癸卯（五二三）

梁普通四年，魏正光四年。

春，二月，柔然大饑，魏遣使撫之。柔然大饑，阿那瓌帥其衆入魏境，求賑給。魏以左丞元孚爲行臺，持節撫之。將行，表陳便宜，曰：「蠕蠕久來强大，今自亂亡，宜因此時善思遠策。昔漢宣之世，呼韓款塞，漢遣董忠、韓昌領邊郡士馬送出朔方，因留衛助。光武時亦使中郎將段彬置安集掾史，隨單于所在，參察動静。今宜略依舊事，借其閑地，聽其田牧，粗置官屬，示相慰撫。嚴戒邊兵，因令防察，使親不至矯詐，疏不容反叛，最策之得者也。」不從。

三月，魏劉騰卒。

夏，四月，柔然王阿那瓌執魏使者，犯魏邊。魏發兵擊之，不及而還。魏元孚持白虎幡勞阿那瓌於柔玄、懷荒二鎮之間。阿那瓌衆號三十萬，陰有異志，遂拘留孚，引兵而南，所過剽掠，至平城乃聽孚還。有司奏孚辱命，抵罪。遣尚書令李崇、僕射元纂帥騎十萬擊柔然。阿那瓌聞之，驅民北遁，崇追之三千餘里，不及而還。纂使參軍于謹追至郁對原，前後十七戰，屢破之。謹性深沉，有識量，涉獵經史。少時，屏居閭里，不求仕進。或勸之仕，謹曰：「州郡之職，昔人所鄙。台鼎之位，須待時來。」纂聞而辟之。崇長史魏蘭根説崇曰：「昔緣邊初置諸鎮，地廣人稀，或徵發中原强宗子弟，或國之肺腑，寄以爪牙。中年以來，有司號爲『府户』，役同厮養，官婚班齒，致失清流，而本來族類，各居榮顯，顧瞻彼此，理當憤怨。宜改鎮立州，分置郡縣，凡是府户，悉免爲民，入仕次叙，一準其舊，文武兼用，威恩並施。此計若行，國家庶無北顧之慮矣。」崇爲之奏聞，事寢不報。

魏沃野鎮民破六韓拔陵反。初，元叉既幽胡太后，常入直於魏主所居殿側，曲盡佞媚，帝寵信之。叉出入，恒令勇士持兵先後。時出休於千秋門外，施木欄楯，使腹心防守以備竊發。其始執政，矯情自飾，時事得失，頗以關懷。既得志，遂驕愎貪吝，嗜酒好色，與奪任情，紀綱壞亂。父京兆王繼尤貪縱，受賂遺，請屬有司，莫敢違者。牧守令長，率皆貪汙之人。由是百姓困窮，人人思亂。未幾，沃野鎮民破六韓拔陵聚衆反，殺鎮將，諸鎮華夷之民往往響應。拔陵南侵，遣衛可孤攻圍武川、懷朔二鎮。尖山賀拔度拔及其三子允、勝、岳皆有材勇，懷朔鎮將楊鈞擢度拔爲統軍，三子爲軍主以拒之。

冬〔一五〕，魏崔光卒。光寬和樂善，終日怡怡，未嘗忿恚。于忠、元叉用事，皆尊敬之，事多咨決，而不能救裴、郭、清河之死，時人比之張禹、胡廣。且死，薦賈思伯爲侍講。帝從思伯受春秋，思伯傾身下士。或問曰：「公何以能不驕？」思伯曰：「衰至便驕，何常之有！」當世以爲雅談。

十一月，朔，日食。

十二月，梁鑄鐵錢。梁初唯揚、荆、郢、江、湘、梁、益用錢，交、廣用金銀，餘州雜以穀帛交易。後鑄五銖錢，而民間私用古錢，禁之不能止。乃議罷銅錢，鑄鐵錢。

甲辰（五二四）

梁普通五年，魏正光五年。

春，三月，魏遣臨淮王彧督諸軍討拔陵。夏，四月，高平敕勒胡琛反。拔陵陷武川、懷朔鎮。五月，彧兵敗績。魏復遣都督李崇討之。魏以臨淮王彧討破六韓拔陵。四月，高平鎮敕勒酋長胡琛反，攻高平鎮以應拔陵。魏將盧祖遷擊破之，琛北走。衛可孤攻懷朔鎮經年，外援不至，楊鈞使賀拔勝詣臨淮王彧告急。勝募敢死少年十餘騎，夜伺隙潰圍出，賊追及之，勝曰：「我賀拔破胡也。」賊不敢逼。勝見彧説之曰：「懷朔被圍，旦夕淪陷，大王今頓兵不進。懷朔若陷，則武川亦危，賊之鋭氣百倍，雖有良、平，不能爲大王計矣。」彧許爲出師。勝還，復突圍而入。鈞復遣勝出覘武川，武川已陷。勝馳還，懷朔亦潰，勝父子俱爲可孤所虜。五月，彧與拔陵戰於五原，兵敗，賊勢日盛。魏主引羣臣問計，尚書元脩義請遣重臣督軍鎮恒、朔以捍寇，魏主曰：「去歲李崇求改鎮爲州，開鎮户非冀之心，致有今日之患。然崇貴戚重望，器識英敏，意欲還遣崇行，何如？」羣臣皆以爲然。乃加崇使持節、北討大都督，命將軍崔暹、廣安王深皆受節度。

司馬公曰：李崇之表，所以銷禍於未萌，制勝於無形。魏肅宗既不能用，及亂生之日，曾無愧謝之言，乃更以爲崇罪，彼不明之君，烏可與謀哉！

魏秦州莫折大提反，陷高平。大提死，子念生代領其衆。魏遣兵討之。魏自破六韓拔陵反，二夏、豳、涼寇盜蜂起。秦州刺史李彦殘虐，城内薛珍等殺之，推其黨莫折大提爲秦王。魏遣雍州刺史元志討之。南秦州人亦殺刺史崔遊，以城應大提。大提遣其黨襲高平，克之，殺鎮將、行臺。大提尋卒，子念生自稱天子。魏遣尚書元脩義爲西道行臺，帥諸將討之。

秋，七月，魏將軍崔暹討拔陵，戰于白道，敗績。崔暹違李崇節度，與拔陵戰于白道，大敗。拔陵并力攻崇，崇力戰，不能禦，引還雲中。廣陽王深上言：「先朝都平城，以北邊爲重，盛簡親賢，擁麾作鎮，配以高門子弟，以死防遏，非唯不廢仕宦，乃更獨得復除，當時人物，忻慕爲之。太和中，李冲用事，涼州土人悉免厮役。帝鄉舊門，仍防邊戍，本鎮驅使，遂隔清途。自非得罪當世，莫肯與之爲伍。又以或多逃逸，乃峻邊兵之格，鎮人不聽浮遊在外，於是少年不得從師，長者不得遊宦，獨爲匪人，言之流涕！自定鼎伊、洛，邊任益輕，唯底滯凡才，乃出爲鎮將，轉相模習，專事聚斂。或諸方姦吏，犯罪配邊，爲之指蹤，政以賄立，邊人無不切齒。及阿那瓌背恩縱掠，發奔命追之，十五萬衆度沙漠，不日而還。邊人見之，遂輕中國。李崇求改鎮爲州，抑亦先覺，朝廷未許。而拔陵爲亂，此段之舉，指望銷平。而崔暹隻輪不返，將士之情莫不解體。今日所慮，非止西北，將恐諸鎮尋亦如此，天下之事，何易可量！」書奏，不省。詔徵崔暹繫廷尉，暹賂元叉，卒得不坐。

莫折念生寇魏東益州，不克。莫折念生遣其都督楊伯年等攻仇鳩、河池二戍，東益州刺史魏子建擊破之。東益州本氐王楊紹先之國，將佐以城民勁勇，二秦反者皆其族類，請收其器械。子建曰：「城民數經行陳，撫之足以爲用，急之則腹背爲患。」乃悉召而慰諭之，既而漸分其父兄子弟外戍諸郡，內外相顧，卒無叛者。

八月，梁徐州刺史成景儁拔魏童城。

魏都督元志討莫折念生，戰于隴口，敗績。魏散騎侍郎李苗上書曰：「凡食少兵精，利速戰，糧多卒衆，宜持久。今隴賊猖狂，非有素蓄，其勢在於疾攻，遲則人情離沮，故高壁深壘者，王師全制之策也。但天下久泰，人不曉兵，奔利不相待，逃難不相顧，將無法令，士非教習，不思長久之計，各有輕敵之心。如令隴東不守，汧軍敗散，則兩秦遂强，三輔危弱，國之右臂於斯廢矣。宜勒大將，堅壁勿戰，別命偏裨帥精兵數千出麥積崖以襲其後，則汧、岐之下，羣妖自散矣。」以苗爲統軍，與别將淳于誕俱出梁、益，未至，莫折念生遣其弟天生將兵下隴。元志與戰，兵敗，東保岐州。

魏改鎮爲州。東西部敕勒皆叛魏，附於拔陵，魏主始思李崇、元深之言。詔：「諸州鎮軍貫非有罪配隸者，皆免爲民。」改鎮爲州。

魏秀容人乞伏莫于等反，酋長爾朱榮討平之。榮，羽健之玄孫也。御衆嚴整，時四方兵起，榮陰散其畜牧資財，招合驍勇，結納豪傑，於是侯景、司馬子如、賈顯度、段榮、竇泰皆往依之。

九月，梁取魏睢陵、荆山，襲壽陽，不克。成景儁拔魏睢陵，趙景悦圍荆山。裴邃帥騎三千襲壽陽，夜斬關而入，克其外郭。魏揚州刺史長孫雅禦之，一日九戰，後軍失道不至，邃引兵還。别將擊魏淮陽，魏使行臺酈道元、都督河間王琛救壽陽，安樂王鑒救淮陽，梁兵敗績。

魏涼州亂，刺史宋穎以吐谷渾兵討平之。魏涼州幢帥于菩提執刺史宋穎據州反，穎密求救於吐谷渾，伏連籌自將救涼州，于菩提棄城走，追斬之。城民復推穎爲刺史。

冬，十月，梁取魏建陵、曲木、琅邪等城。裴邃攻魏建陵城，克之，拔曲木。將軍彭寶孫拔琅邪、檀丘。裴邃拔狄城、甓城，進屯黎漿。魏東海太守以司吾城降。將軍曹世宗拔曲陽、秦墟，魏守將多棄城走。

魏營州人就德興反，魏遣兵討之，不克。

胡琛寇魏豳、夏、北華三州，魏遣兵討之。

魏朔方胡反，夏州刺史源子雍討平之。魏朔方胡反，圍夏州刺史源子雍，城中食盡，衆無二心。子雍欲自出求糧，留其子延伯守統萬，將佐皆曰：「不若父子俱去。」子雍泣曰：「吾世荷國恩，當畢命此城。但無食可守，故欲往東州爲諸君營數月之食，若幸而得之，保全必矣。」乃帥羸弱詣東夏州運糧，延伯與將佐哭而送之。行數日，爲胡帥曹阿各拔所擒。子雍潛遣人齎書，敕城中努力固守。延伯曰：「吾父吉凶未可知，方寸焦爛。但奉命守城，所爲者重，不敢以私害公。諸君幸得此心。」於是衆感其義，莫不奮厲。子雍雖被擒，胡人常以民禮事之，子雍爲陳禍福，賊衆遂降。子雍見行臺北海王顥，具陳諸賊可滅之狀，顥使爲先驅。時東夏闔境皆反，子雍轉鬭而前，九旬之中，凡數十戰，遂平東夏州，徵稅粟以饋統萬，二夏由是獲全。子雍，懷之子也。

魏以費穆爲朔州刺史。魏廣陽王深上言：「今六鎮盡叛，高車二部亦與之同，以此疲兵擊之，必無勝理。不若選練精兵守恒州諸要，更爲後圖。」遂與李崇引兵還平城。崇謂諸將曰：「雲中者，白道之衝，賊之咽喉。若此地不全，則并、肆危矣。當留一人鎮之，誰可者？」衆舉費穆，崇乃請穆爲朔州刺史。

賀拔度拔父子及宇文肱糾合鄉里豪傑，襲衛可孤，殺之。度拔尋與鐵勒戰死。肱，逸豆歸之玄孫也。

魏北討都督李崇免。李崇引祖瑩爲長史，廣陽王深奏瑩詐增首級，盜没軍資，瑩坐除名，崇亦免官削爵徵還。深遂專總軍政。

十一月，莫折念生遣其弟天生陷魏岐州，殺都督元志。

蜀賊寇魏雍州，討平之。

十二月，梁復取三關，圍魏郢州，不克。

魏汾州胡反。

魏秦州平。魏魏子建招諭南秦諸氐，稍稍降附，遂復六郡十二戍。魏以子建爲行臺，梁、巴、秦、益皆受節度。

梁以散騎常侍朱异掌機政。是歲周捨坐事免，朱异代掌機密，軍旅謀議，方鎮改易，朝儀詔敕皆典之。异多藝能，精力敏贍，梁主任之。

乙巳(五二五)

梁普通六年，魏孝昌元年。

春，正月，梁取魏南鄉郡及馬圈等城。

魏徐州刺史元法僧反，魏發兵討之，遂降梁。法僧素附元乂，見乂驕恣，恐及禍，謂中書舍人張文伯曰：「吾欲與汝去危就安，能從我乎？」文伯曰：「我寧死見文陵松柏，安能去忠義而從叛逆乎！」法僧殺之，遂殺行臺高諒，稱帝改元。魏發兵擊之，法僧乃遣其子景仲降梁。長史元顯和舉兵與戰，法僧擒之，執其手慰諭之，顯和曰：「翁以地叛，獨不畏良史乎！我寧爲忠鬼，不能爲叛臣。」法僧殺之。梁以元略爲大都督，與將軍陳慶之等將兵應接。

魏行臺蕭寶寅、都督崔延伯討莫折天生，敗之。岐、雍、隴東皆平。莫折天生軍於黑水，魏以崔延伯爲都督討之，與行臺蕭寶寅軍于馬嵬。延伯素驍勇，寶寅趣之使戰，延伯曰：「明晨爲公參賊勇怯。」乃選精兵數千，西渡黑水，直抵天生營下，徐引兵還。天生開營爭逐之，其衆十倍，蹙延伯於水次，寶寅望之失色。延伯自爲後殿，不與之戰，使其衆先渡，部伍嚴整，天生兵不敢擊。寶寅喜曰：「崔君之勇，關、張不如。」延伯曰：「此賊非老奴敵也，明公但安坐，觀老奴破之。」乃勒兵出戰，身先士卒，陷其前鋒，將士盡鋭競進，大破之，俘斬十餘萬，追奔至小隴，岐、雍及隴東皆平。將士稽留採掠，天生遂塞隴道，由是諸軍不能進。寶寅破宛川，俘其民，以女十人賞岐州刺史魏蘭根，蘭根辭曰：「此縣介於强寇，不能自立，故附從以救死。官軍之至，宜矜而撫之，奈何助賊爲虐，翦以爲賤役乎！」悉求其父兄而歸之。

梁裴邃敗魏師于壽陽。 梁裴邃拔魏新蔡郡，梁主詔西昌侯淵藻將衆前驅，豫章王綜與諸將繼進。邃拔鄭城，汝、潁之間，所在響應。魏河間王琛等憚邃威名，軍於城父，累月不進，魏朝遣使賁齋庫刀以趣之。琛至壽陽，欲決戰，長孫稚以爲未可，不聽，引兵出擊。邃爲四甄以待之，使將軍李祖憐先挑戰而僞退，稚、琛悉衆追之，四甄競發，魏師大敗，斬首萬餘級。琛走入城，稚勒兵而殿，遂閉門自固，不敢復出。

魏討徐州不克。梁以元法僧爲司空。 魏安樂王鑒將兵討元法僧，擊元略於彭城南。略大敗，鑒不設備，法僧出擊，大破之。梁以法僧爲司空，封始安郡公。魏復遣安豐王延明、臨淮王彧擊之。

二月，魏元叉解領軍。 魏劉騰既卒，胡后及魏主左右防衛微緩。元叉亦自寬，時出遊不返。太后知之，對魏主謂羣臣曰：「今隔絶我母子，不聽往來，復何用我爲！我當出家，修道於閑居寺耳。」因欲自下髪，魏主及羣臣叩頭泣涕苦請，太后聲色愈厲。魏主乃宿於嘉福殿，遂與太后密謀黜叉。然魏主深匿形迹，太后有忿恚言，皆以告叉。叉殊不以爲疑。於是二宫無復禁礙。丞相高陽王雍雖位居叉上，而深畏憚之。會太后與魏主遊洛水，雍邀二宫幸其第，相與定圖叉之計。於是太后謂叉曰：「元郎若忠於朝廷，無反心，何故不去領軍，以餘官輔政！」叉甚懼，乃求解領軍，許之。

三月，梁遣豫章王綜總督衆軍，攝徐州事。召元法僧等還建康。法僧至建康，梁主寵待甚厚，元略惡其爲人，與之言未嘗笑。

柔然阿那瓌爲魏討拔陵，敗之。自稱敕連頭兵豆伐可汗。

夏，四月，魏太后復臨朝，誅其尚書令元叉。以元順爲侍中，鄭儼、徐紇、李神軌爲中書舍人。叉雖解兵權，猶總内外，侍中穆紹勸太后速去之。潘嬪有寵於魏主，宦官説之云：「叉欲害嬪。」嬪泣訴於魏主曰：「叉非獨欲殺妾，又將不利於陛下。」魏主信之，因叉出宿，解叉侍中。明旦，將入宫，門者不納。太后遂復臨朝攝政，詔削劉騰官爵，除叉名爲民。清河國郎中令韓子熙上書爲清河王懌訟冤，乞誅叉等。太后命發騰墓，散其骨，籍没家貲，盡殺其養子。侯剛亦坐黜，尋卒於家。唯叉以妹夫故，未忍誅。先是，黄門侍郎元順以剛直忤叉意，出爲齊州刺史。太后徵還，爲侍中，侍坐於太后。順曰：「陛下奈何以一妹之故，不正元叉之罪，使天下不得伸其冤憤！」太后嘿然。順，澄之子也。未幾，有告叉謀誘六鎮降户反於定州，太后猶未忍殺。羣臣固執不已，魏主亦以爲言，乃賜叉死。江陽王繼廢於家，病卒。太后頗事粧飾，數出遊，元順面諫曰：「禮，婦人夫没，自稱未亡人，首去珠玉，衣不文彩。陛下母臨天下，年垂不惑，修飾過甚，何以儀刑後世！」太后慚而還，召順責之曰：「千里相徵，豈欲衆中見辱邪！」順曰：「陛下不畏天下之笑，而耻臣之一言乎！」順與穆紹同直，醉入其寢，紹擁被而起，正色讓順曰：「身二十年侍中，與卿先君亟連職事，縱卿方進用，何宜相排突也！」遂謝事還家，詔諭久之，乃起。初，鄭儼爲胡國珍參軍，私得幸於太后。至是拜中書舍人，領嘗食典御，晝夜禁中。每休沐，太后常遣宦者隨之，儼見其妻，唯得言家事。徐紇先以諂事趙脩，坐徙抱罕。後又諂事清河王懌，懌死，復諂事元叉。太后以紇爲懌所厚，亦召爲中書舍人。紇又諂事鄭儼，儼以紇有智數，仗以爲謀主。紇以儼有内寵，傾身承接，共相表裏，勢傾内外，號爲徐、鄭。儼累遷至中書令，紇累遷至給事黄門侍郎，仍領舍人，總攝中書門下之事，軍國詔令莫不由之。紇有機辯强力，終日治事，略無休息，不以爲勞。時有急詔，令數吏執筆，人别占之，造次俱成，不失事理。然無經國大體，專好小數，見人矯爲恭謹，遠近輻湊附之。神軌亦得幸於太后，亦領中書舍人。嘗求婚於散騎常侍盧義僖，義僖不許。侍郎王誦謂曰：「昔人不以一女易衆男，卿豈易之邪！」義僖曰：「所以不從，正爲此耳。從之，恐禍大而速。」誦乃堅握義僖手曰：「我聞有命，不敢以告人。」女遂適他族。婚夕，太后遣中使宣敕停之，内外惶怖，義僖夷然自若。義僖，度世之孫也。

胡琛遣其將万俟醜奴寇魏涇州，崔延伯討之，敗死。胡琛據高平，遣万俟醜奴、宿勤明達等寇魏涇州，將軍盧祖遷、伊甕生討之，不克。蕭寶寅、崔延伯既破莫折天生，引兵會祖遷等於安定，軍威甚盛。醜奴時以輕騎挑戰，兵未交，輒委走，延伯恃勇，乘勝擊之。將戰，有賊數百騎持文書詐降，寶寅、延伯未及閲視，宿勤明達引兵至，與降賊腹背擊之，延伯大敗，寶寅退保安定。延伯恥其敗，乃繕甲兵，募驍勇，獨出襲賊，平其數柵。賊還擊之，魏兵大敗，延伯中流矢卒，於是賊勢益盛。而羣臣自外來者，皆言賊弱，以求悦媚，將帥求益兵者往往不與。

五月，梁豫州刺史夷陵侯裴邃卒。邃深沈有思略〔一六〕，爲政寬明，將吏愛而憚之。及卒，梁以夏侯亶代之。

梁人圍小劍，魏擊敗之。梁益州刺史臨汝侯淵猷遣其將樊文熾、蕭世澄等將兵圍魏長史和安於小劍，魏益州刺史邴虯遣統軍胡小虎救之。文熾襲擒之，使小虎説和安降。小虎遥謂安曰：「我失備，爲賊擒，觀其兵力，殊不足言。努力堅守，魏行臺援兵已至。」語未終，軍士殺之。軍司淳于誕救小劍，文熾置柵於龍鬚山以防歸路。誕密募壯士夜燒其柵，梁軍望見歸路絶，皆恟懼，誕乘而擊之，文熾大敗，僅以身免，虜世澄等十一將，斬獲萬計。

六月，梁豫章王綜叛，降魏。魏師入彭城，立綜爲丹楊王，更名贊。初，梁主納齊東昏侯寵姬吴淑媛，七月而生綜，宫中多疑之。淑媛寵衰怨望，謂綜曰：「汝七月生兒，安得比諸皇子！然汝太子次第，幸保富貴，勿世也！」與綜相抱而泣。綜由是自疑，夜於静室披髮席藁，私祭齊氏七廟。微服至曲阿拜齊太宗陵。俗説割血瀝骨，滲則爲父子。遂潛發東昏侯冢，并自殺一男試之，皆驗。由是常懷異志，專伺時變。綜有勇力，能手制奔馬。輕財好士，屢求邊任，梁主未之許。常於内齋布沙於地，終日跣行，足下生胝，日能行三百里。又使通問於蕭寶寅，謂之叔父。人皆知之而不敢言。及在彭城，魏臨淮王彧兵逼彭城，勝負久未決。梁主慮綜敗没，敕引軍還。綜恐不復得至北邊，乃密送降款於彧。魏人皆不之信，彧募人入綜軍驗其虛實，無敢行者。監軍御史鹿悆請行，單騎徑趣彭城，爲綜軍所執，問其來狀，悆曰：「臨淮王使我來，欲有交易耳。」綜聞之，謂成景儁等曰：「我常疑元略規欲反城，將驗其虛實，故遣左右爲略使，入魏軍中，呼彼一人。今其人果來，可遣人詐爲略有疾在深室，呼至户外，令人傳言謝之。」綜又遣腹心梁話迎悆，密以意狀語之。乃引至一所，令一人自室中出，爲元略致意曰：「我昔相呼，欲聞鄉事。晚來疾作，不獲相見。」悆曰：「早奉音旨，冒險祇赴，不得瞻見，内懷反側。」遂辭退。悆還，於路復與梁話申固盟約。綜遂與話夜投彧軍。及旦，齋閤不開，魏軍呼曰：「汝豫章王昨夜已來在我軍中，汝尚何爲！」城中求王不獲，軍遂大潰。魏人入彭城，乘勝追擊梁兵，復取諸城，至宿預而還。將士死者什七八，唯陳慶之帥所部還。梁主聞之驚駭，有司奏削綜爵土，絶屬籍。西豐侯正德志行不悛，從綜北伐，棄軍輒還，亦免官削爵，尋皆赦之。綜至洛陽，見魏主，還就館，爲東昏侯舉哀，服斬衰三年。拜司空，封丹楊王，更名贊。綜長史江革、司馬祖暅之皆爲魏所虜，安豐王延明聞其才名，厚遇之。革稱足疾不拜。延明使暅之作欹器銘，革唾罵之。延明令革作寺碑，革辭，延明將箠之，革厲色曰：「江革行年六十，得死爲幸，誓不爲人執筆！」延明知不可屈，乃止。日給脱粟三升，僅全其生而已。梁主密召夏侯亶還，使休兵合肥，俟淮堰成復進。

西部鐵勒降魏。魏廣陽王深擊拔陵，破之，降其衆二十萬。破六韓拔陵圍魏廣陽王深於五原，軍主賀拔勝出戰，賊稍退。深拔軍向朔州，勝常爲殿。雲州刺史費穆招撫離散，四面拒敵。時北境州鎮皆没，唯雲中一城獨存。久之，援軍不至，糧仗俱盡，穆棄城南奔爾朱榮於秀容。于謹言於深曰：「今寇盜蜂起，未易專用武力勝也。謹請奉大王之威命，諭以禍福，庶幾可離。」許之。謹通諸國語，乃單騎詣叛胡營，見其酋長，開示恩信，於是西部鐵勒酋長乜列河等將三萬餘户詣深降。深欲引兵迎之，謹曰：「破六韓拔陵兵勢甚盛，聞乜列河等東降，必引兵邀之，若先據險要，未易敵也。不若以乜列河餌之，而伏兵以待之，必可破也。」深從之。拔陵果引兵邀擊乜列河，盡俘其衆，伏兵發，拔陵大敗，復得乜列河之衆而還。柔然頭兵可汗大破破六韓拔陵，拔陵避柔然，南徙渡河。前後降附者二十萬人，深與行臺元纂表「乞於恒州北别立郡縣，安置降户，隨宜賑賚，息其亂心」。不從。詔分處之於冀、定、瀛三州就食。深謂纂曰：「此輩復爲乞活矣。」

秋，八月，魏柔玄鎮民杜洛周反于上谷，魏遣兵討之。洛周反，高歡、蔡儁、尉景、段榮、彭樂皆從之。魏以常景爲行臺，與都督元譚討之。

冬，十二月，魏荆、郢羣蠻叛，魏討敗之。梁取魏順陽、馬圈。魏方有事西北，二荆、西郢羣蠻皆反，寇掠襄城，屯據險要，道路不通。引梁將曹義宗等圍魏荆州，魏更以臨淮王彧討魯陽蠻。辛雄爲行臺左丞，趣葉城。别遣裴衍、王羆自武關出〔一七〕，救荆州。衍等未至，彧軍已屯汝上，州郡被蠻寇者爭來請救，彧以處分道别，不欲應之。辛雄曰：「王秉麾閫外，見可而進，何論别道！」彧恐後有得失之責，邀雄符下。雄遂符彧，令速赴擊。羣蠻聞之，果散走。雄上疏曰：「凡人所以臨陳忘身，觸白刃而不憚者，一求榮名，二貪重賞，三畏刑罰，四避禍難，非此數者，雖聖主不能使其臣，慈父不能厲其子矣。明主深知其情，故賞必行，罰必信，使親疏貴賤勇怯賢愚，聞鍾鼓之聲，見旌旗之列，莫不奮激，競赴敵場，豈厭久生而樂速死哉！利害懸於前，欲罷不能耳。自秦、隴逆節，蠻左亂常，已歷數年，扞禦之師，敗多勝少，跡其所由〔一八〕，皆不明賞罰故也。陛下雖降明詔，賞不移時，然將士之動，歷稔不決，亡軍之卒，晏然在家，是使節士無所勸慕，庸人無所畏懾。進而擊賊，死交而賞賒，退而逃散，身全而無罪，此其所以望敵奔沮，而莫肯盡力者也。陛下誠能號令必信，賞罰必行，則軍威必張，盗賊必息矣。」疏奏，不省。曹義宗等取魏順陽、馬圈。

梁邵陵王綸有罪，免官削爵土。綸攝南徐州事，肆行非法。遨遊市里，問賣䱇者曰：「刺史何如？」對言：「躁虐。」綸怒，令吞䱇而死。百姓惶駭，道路以目。嘗逢喪車，奪孝子服而著之，匍匐號叫。籤帥以聞，梁主責之，綸不能改。於是遣代。綸乃取一老公短瘦類梁主者，加以衮冕，置之高坐，朝以爲君，自陳無罪，就坐剥褫，捶之於庭。梁主恐其奔逸，以禁兵取之。將賜之死，太子統流涕固諫，乃免綸官，削爵土。

魏山胡劉蠡升反。

校勘記

〔一〕巴西叛魏降梁　「西」原作「東」，據月崖本、成化本、殿本、通鑑卷一四六梁紀二梁武帝天監四年十一月改。

〔二〕司馬胡略等攻合肥　「胡略」，通鑑卷一四六梁紀二梁武帝天監五年五月作「胡景略」。

〔三〕魏奚康生救之　「生」字原脱，據月崖本、成化本、殿本、通鑑卷一四六梁紀二梁武帝天監五年六月補。

〔四〕魏都督邢巒遣軍攻　「攻」原作「宿」，據月崖本、成化本、殿本、通鑑卷一四六梁紀二梁武帝天監五年七月改。

〔五〕執元愉　「元」原作「王」，據月崖本、成化本、殿本改。

〔六〕民税絹一疋别輸綿八兩　「綿」原作「緯」，據月崖本、成化本、殿本、通鑑卷一四八梁紀四梁武帝天監十四年三月改。

〔七〕元叉爲散騎侍郎　「叉」，原作「乂」，據魏書卷一八元叉傳、通鑑卷一四八梁紀四梁武帝天監十四年八月改。以下逕改不出校。

〔八〕魏晉壽郡叛降梁　「魏」字上原有「十二月」三字，據月崖本、成化本、殿本删。

〔九〕魏肅宗孝明帝詡熙平元年　「孝」原作「晉」，據月崖本、成化本、殿本、魏書卷九魏肅宗紀改。

〔一〇〕白水以東民皆安集　「集」，成化本、殿本、通鑑卷一四八梁紀四梁武帝天監十五年五月作「業」。

〔一一〕指謂鶇眼　「鶇」，成化本、殿本、通鑑卷一四八梁紀四梁武帝天監十六年春正月作「雞」。

〔一二〕阿那瓌立十日　「阿」字原脱，據月崖本、成化本、殿本、通鑑卷一四九梁紀五梁武帝普通元年九月補。

〔一三〕右丞張普惠上疏曰　「右」，通鑑卷一四九梁紀五梁武帝普通二年春正月作「左」。

〔一四〕魏分柔然爲二國　月崖本、成化本、殿本「國」字下有「以處阿那瓌婆羅門」八字。

〔一五〕冬　「冬」字原脱，據月崖本、成化本、殿本補。

〔一六〕邃深沈有思略　「深沈」原作「沈深」，據月崖本、成化本、殿本、通鑑卷一五〇梁紀六梁武帝普通六年五月乙正。

〔一七〕王羆自武關出　「羆」原作「熊」，據成化本、殿本、通鑑卷一五〇梁紀六梁武帝普通六年十二月改。

〔一八〕跡其所由　「跡」原作「蹟」，據成化本、殿本、通鑑卷一五〇梁紀六梁武帝普通六年十二月改。